임건상전집

임건상전집

임 건 상 저

혜안

책을 엮으면서

한국사 전공자들은 일제의 식민지 침탈 속에서 왜곡된 우리의 역사를 극복하기 위하여 많은 노력을 기울여 왔다. 그런 중에 우리측 연구성과를 중심으로 하면서 북한과 일본 연구자들의 성과도 폭넓게 참고하는 분위기가 성숙되어 왔다. 북한의 연구는, 물론 최근에 이르러 이데올로기의 도구로 전락한 경향을 띠고 있긴 하지만 우리의 근대역사학 가운데 하나의 축으로 형성된 사회경제사학의 흐름을 계승한 것이기 때문에 우리에게 시사하는 바가 적지 않다. 특히 이번에 '전집' 형태로 묶어본 임건상(林建相)의 글들은 북한의 연구성과 중에서도 고전적인 것으로 이미 우리 학계에도 널리 알려진 편이다.

편자는 대학원 수학 시절에 임건상의 『조선의 부곡제에 관한 연구』가 그의 학부논문을 토대로 한 글이라는 주위의 말씀에 맹목적으로 이끌려 어렵게 복사본을 구해 보고 그에 대해 관심을 갖게 되었다. 그러다가 이곳 부산대학교 대학원 수업중에 북한측 연구성과를 다루면서 『조선의 부곡제에 관한 연구』를 대학원생들과 함께 읽게 되었다. 그것이 계기가 되어 주위 연구자들이 쉽게 접할 수 있도록 이 책을 분담해서 입력하고, 이왕에 시작한 일이니 그가 발표한 논문들도 함께 수습·정리하기로 하였다. 그의 글들은 그렇게 많지는 않으나, 이들 가운데 몇몇은 국내학계에서 쉽게 접할 수 없어 일본의 대학도서관이나 연구소 등지를 수소문하여 구하였다. 그 바람에 수년이 지나 버렸는데, 이 공동성과를 여러 연구자들과 공유하기 위해 『임건상전집』으로 출간하게 되었다. 편자가 수습한 임건상이 발표한 글들은 다음과 같다.

1. 『조선역사교재』, 조선로동당 중앙당학교, 1955.
2. 『조선의 부곡제에 관한 연구』, 과학원출판사, 1963.
3. 「서평 : 조선 고대사에 대하여」, 『력사과학』 1955-1호.
4. 「삼국의 사회경제구성에 대한 몇 가지 문제 - 제 계급들의 호상관계를 중심으로 - 」, 『삼국시기의 사회경제구성에 관한 토론집』, 사회과학원 력사연구소, 1958.
5. 「삼국시기 사회경제구성에 관하여」, 『력사과학』 1959-2호.
6. 「김석형의 논문 〈삼국의 계급 제 관계〉에서 제기된 몇 가지 이론상 문제에 대한 의견」, 『력사과학』 1960-1호.
7. 「조선에 존재한 노예제 사회의 시기문제에 관하여」, 『력사과학』 1960-2호 부록.
8. 「우리 나라 부곡제의 존재시기에 관하여」, 『력사과학』 1961-3호.
9. 「고조선 위치에 대한 고찰」, 『고조선에 관한 토론논문집』, 과학원출판사, 1963.
10. 「신라의 정전제에 대하여」(1 · 2), 『력사과학』 1977-4호, 1978-1호.

이 가운데 전집에 수록하지 않은 것은 개설서인 『조선역사교재』와 부곡제에 관한 단행본과 내용상 겹치는 「우리 나라 부곡제의 존재시기에 관하여」 등이다. 그리고 수록한 글 가운데 읽어 내기 어려운 부분은 다른 자료와 철저하게 대조해 보기도 하고, 표기방식이 우리와 다른 것은 원문을 건드리지 않는 범위 내에서 고치기도 하여 비교적 완벽한 내용을 담아 내도록 노력하였다.

그렇다면 임건상은 어떠한 행적을 가진 인물일까. 그가 1950년대 북한의 고대사 성격논쟁에서 김석형(金錫亨)을 필두로 한 '봉건제론'에 대해 백남운(白南雲)과 더불어 '노예제론'를 내세웠다는 것은 이미 잘 알려진 사실이다. 위에 소개한 그의 글은 대부분 이것과 관련된다. 이 밖에 그의 구체적인 행적을 알려주는 자료는 거의 없는 편이나, 다만 그가 월북하기 이전 시기의 행적은 단편적으로 보인다.

먼저 서울대학교 문리과대학 동창회 명부에 따르면, 그의 본적은 경기(京畿)이며, 사학과 제2회 졸업생(1948년 8월 10일)이다.

한편 그는 경성대학 조선사연구회(京城大學朝鮮史硏究會)에서 편찬한 『조선사개설(朝鮮史槪說)』(弘文書舘, 1949. 5)의 집필에 참여한 사실이 있다. 이 책의 '범례(凡例)'에 의하면, "本書는 主로 李仁榮 敎授 指導下에 李洵馥·林建相·金思億·孫寶基·韓沾劤·李明九 等 諸君이 分擔執筆하였음."이라는 구절이 보인다. 이로 보아 임건상은 서울대학교 사학과 졸업생으로서 이인영 교수가 주도했던 『조선사개설』 집필에 참여했음을 알 수 있다.

이러한 『조선사개설』은 임건상의 역사인식이 어떠했는지를 알려줄 뿐만 아니라 해방공간의 사정을 말해 주는 개설서로서, 사학사적으로 중요한 의미를 갖고 있다. 특히 여기에서 손진태(孫晉泰)가 쓴 「서(序)」, 이인영(李仁榮)이 쓴 「발(跋)」, 「범례」 등이 주목된다. 간행은 비록 2년 늦어졌지만 발문에 의하면, 이 책은 해방 1주년을 맞아 '우리 역사'를 찾아보겠다는 '욕망'을 만족시키기 위해 만든 것이었다. 또 당시에 유행하던 최남선의 『고사통(故事通)』을 비판하고, 아울러 일본학자 하야시(林泰輔)의 『조선통사(朝鮮通史)』와 미시나(三品彰英)의 『조선사개설(朝鮮史槪說)』이 외국인의 편견에 불과한 것임을 밝히고 있다. 그리고 서문에서 밝힌 "進步的인 科學的 頭腦와 고도의 民族愛의 情熱"이라는 표현은 이 책의 역사관을 파악하게 해 준다.

한편 이 책의 전체적인 체제상 특히 주목되는 것은 시대구분 문제다. 범례에 "時代區分은 종래의 시간적 구분법(상고·중세·근세·최근세 등) 혹은 왕조중심의 구분법(삼국시대·신라통일시대·고려시대·이조시대 등)을 취하지 않고 社會構成의 발전단계에 의하여 행하였음."이라고 밝힌 것은 시사하는 바가 많다. 이는 당시 신민족주의 역사학을 표방한 손진태나 이인영이 민족 문제를 최우선 과제로 인식하면서도 사회경제사학의 방법론을 수용하고 있음을 말해 준다. 그리고 이러한 시대구분의 관점에서 신라통일기 이후 한말까지를 '봉건적 귀족국가시대'로 파악하고 다만 편별로 '신라'·'고려'·'조선' 등을 병기하고 있다.

이 같은『조선사개설』의 집필에 참여한 임건상의 역사인식은 1950년대 북한의 '노예제론 대 봉건제론' 논쟁에서 노예제론에 서는 배경이 되었던 것으로 짐작된다. 당시 북한의 고대사 성격논쟁에 대해서는 이미 많은 연구자들에 의해 논의된 바 있으므로 여기서는 언급을 피한다.

마지막으로『임건상전집』을 엮으면서 도움을 주신 많은 분들께 고마움을 전한다. 먼저『조선의 부곡제에 관한 연구』의 입력을 도와준 부산대학교 사학과 강사들, 특히 위의 책과 나머지 논문의 입력과 교정에 수고를 해 준 김현라 선생에게 감사한다. 그리고「고조선 위치에 대한 고찰」의 마지막 교정을 보아주신 인하대학교 사학과 서영대 교수,『조선의 부곡제에 관한 연구』의 해제를 써 준 밀양대학교 교양학부 이수훈 교수, 복잡한 지도 교정을 맡아준 부산대학교 선석열 선생, 구하기 힘들었던 자료를 일본에서 찾아주신 부산대학교 고고학과 정한덕 교수, 부산대학교 백승옥 선생께도 고마움을 전한다. 아울러 부산대학교 한국민족문화연구소의 지원과 도서출판 혜안 편집실 김현숙 님의 철저한 교감에 대해서도 고맙게 생각한다.

2001년 7월
부산대학교 사학과 교수 채상식 씀

차 례

논 문

『조선의 부곡제에 관한 연구』 해제

이 수 훈(밀양대 교양부 부교수)

1

불과 10여 년 전만 하더라도 임건상의 『조선의 부곡제에 관한 연구』는 구하기 어려운 책이었다. 북한에서 출판된 관계로 원본은 고사하고 제대로 된 복사본도 수중에 넣기 힘들었다. 그 동안 많은 연구자들이 두 번 또는 세 번씩 복사하여 활자가 분명하지 않은 판본을 이용할 수밖에 없었는데, 늦게나마 이 책을 출판하게 되어 다행스럽게 생각한다.

이 책의 저자인 임건상은 북한학계에서 1950년대 말부터 1960년대 초까지 진행된 삼국시기의 사회경제구성에 관한 토론에서 백남운과 함께 삼국시기의 사회경제구성을 총체적 노예제 사회로 규정한 대표적인 학자로 알려져 있다. 그는 삼국사회를 봉건사회로 파악한 김광진·김석형과 다른 입장을 견지하면서 삼국의 민(民)을 기본적으로 노예제 사회에 존재한 촌락공동체 농민층(자유민과 예속민으로 구분함)으로 이해하였다. 인신적 예속과 착취의 정도에 초점을 맞추어 삼국시기의 노비(奴婢)와 하호(下戶), 그리고 부곡민(部曲民)을 노예 또는 노예적 성격을 가진 존재(집단적인 예속민)로 보았다. 특히 피정복공동체 주민에 대한 정복공동체의 수취형태(공납형태)가 집단적인 방식을 취하였으며, 6세기 신라에서도 이러한 집단적 수취방식은 일정하게 존속하였다고 파악하였다.

1963년에 출간된 이 책에서도 저자는 이러한 총체적 노예론자의 시각을 그대로 유지하면서 우리 나라의 부곡제(部曲制) - 저자는 부곡(部曲)과 향(鄕), 소(所), 처(處)와 장(莊)이 동일하게 군현제의 일환으로 존재한 자연촌락적인 천인집단이므로 이들을 하나의 제도로서 범칭한 것이 부곡제라고 규정함 - 를 분석하고 있다. 전체적으로 부곡제＝천인촌락제의 기조 위에 서 있는 만큼 현재의 관점에서 보면 연구사적인 의미만 남고 극복된 부분도 적지 않다. 그러므로 여기서 부곡제에 관한 기왕의 연구성과[1]를 일일이 검토하면서 이 책의 내용을 분석할 생각은 없다. 하지만 부곡제의 기원과 구조적인 문제를 해명하기 위해서 고대사 분야뿐만 아니라 고고학적인 연구성과까지 원용하려고 시도하는 등 눈여겨 볼 대목도 있으므로 간단한 해제를 겸해 이 책의 내용과 체제를 정리하고, 그 문제점과 성과를 몇 가지 덧붙여 두고자 한다.

2

　이 책은 머리말과 결론, 그리고 본문 5장으로 구성되어 있는데, 그 서술방식은 고려시대 부곡제의 존재형태를 언급하고 이를 삼국시대까지 소급·연계시켜 검증하는 형태를 취하고 있다. 먼저 고려시대 부곡제의 성격을 군현제와 관련하여 살펴보았고, 다음으로 고려시대 부곡제의 구조 - 주민의 신분, 예속형태, 수탈형태 등 - 를 검토하고 있다. 뒤이어 이러한 고려시대 부곡제의 특성이 도출된 과정과 역사적 배경을 찾으려고 삼국의 성립과 발전과정, 그리고 성읍제(군현제)[2]의 편성과정을 고찰하고 있다. 이를 각 장별로 나누어 제시하면 다음과 같다.

---

1) 부곡제에 관한 기왕의 연구성과를 파악하는 데는 다음의 논문들이 참고된다. 具山祐, 「고려시기 부곡제의 연구성과와 과제」, 『釜大史學』 12, 1988 ; 朴宗基, 「서론 - 部曲制 연구동향」, 『高麗時代 部曲制研究』, 1990 ; 具山祐, 「高麗前期 鄕村支配體制 연구의 현황과 과제」, 『釜大史學』 23, 1999.

2) 임건상은 주·군·현 자체가 신라의 정치적 통일과정 중에서 정복된 인근 소국의 중심 성읍을 거점으로 설치되었던 만큼 이를 편의상 성읍제라고 하여, 주군제(또는 군현제)와 구분하지 않고 혼용하였다.

저자는 제1장에서 고려시대 부곡제는 본래 촌락적인 것으로서 군현제의 일환을 이루었지만 본래적인 군현제와는 별개의 독자적인 특수 행정구였다고 규정하였다. 그리고 부곡과 향은 내용상 특별한 구별이 없이 동일하게 군현제에 소속된 자연촌락이었으며, 소는 일정한 생산물을 왕실(국가)에 공급하던 특수촌락으로 보았다. 또한 처와 장은 왕실 및 사원 소유의 농장으로 판단하였다. 이들 부곡과 향, 소, 처와 장이 각기 자기의 특색을 가지고 있었지만 동일하게 군현제의 일환으로서 촌락적 특수조직을 형성하였다는 점에서 동일한 시원적 형태로부터 분화·발전하였을 것으로 추정하고 있다. 나아가 군(郡)과 현(縣)을 국부적으로 개편하면서 부곡 등의 소속이 변경되거나 이동됨에 따라 비래지(飛來地)가 발생하였으며, 군과 현의 격을 올리고 내리거나 부곡 등의 소속을 변경·이동시키는 것은 지방토호들의 이해와 직접적으로 관련되었다고 파악하였다.

제2장에서는 부곡민 등(향과 소, 그리고 처와 장의 주민도 포함)은 신분상으로 일반 군현민과 엄격하게 구별되며 노비와 거의 동일시되는 천민이었다고 규정하였다. 그 근거로 부곡민 등이 일련의 범죄와 직접 관련되었으며, 노비류에 속한 진척·역자와 동일한 신분계층에 놓여 있었고, 노비법의 적용을 받았다는 점 등을 들고 있다. 하지만 부곡민 등은 매매되었거나 그 누구에게도 양도된 사실이 없었다는 측면에서 노비와는 완전히 구별되었다는 견해를 밝히고 있다.

나아가 부곡제의 예속형태도 노비처럼 개별적이었던 것이 아니라 일정한 촌락의 전체 주민을 대상으로 하는 집단적인 형태를 취하였으며, 진척·역자와 같이 일부 특수한 직무에 구속된 소수의 집단에 대한 것과도 구별되었다는 입장이다. 요컨대 부곡제는 노비에 매우 가까운 신분에 속하는 사람들로 구성된 특수 촌락제로서, 그것이 군현제의 일환을 이루고 있다고 하여도 군현제의 본래적 체계와는 또 다른 측면에서 고찰하여야 한다는 것이 저자의 시각이다. 특히 부곡제의 본질적인 내용이 일정한 토지소유와 관계되는 문제가 아니라 인간집단에 대한 예속과 관계되는 문제였다는 점을 상기시키고 있다. 아울러 부곡과 향, 소, 처와 장에 대한 예속

형태에 약간의 차이점이 있음을 지적하고 있다. 즉 소, 처와 장의 주민은 형식상 지방 주, 군, 현에 소속되었지만 실제로는 중앙의 해당기관에 예속된 천민집단이었음에 반해, 부곡과 향의 주민은 국가 관료기구에 기식(寄食)하면서 간접적으로―주, 군, 현의 기관을 매개로 하여―그들의 천적을 장악한 호장(지방토호)들에 의해 실질적으로 지배·예속된 형태였다고 주장하였다. 그러나 어느 것이나 군현제를 통한 예속형태를 취할 수밖에 없었는데, 그것은 바로 군현제의 협력, 즉 중앙정부와 지방토호세력들 사이의 일정한 타협에 의하여 부곡제가 성립될 수 있었음을 뒷받침한다고 강조하였다.

또한 부곡제에 대한 수탈형식은 국가적 수탈제도―일반 농민에 대한 국가조부수탈―에 의하여 규정되었으며, 그 실현형태는 군현제에 소속한 부곡제의 행정기구인 (부곡)장을 대변인으로 하여 수행되었다고 하였다. 다만 부곡과 향, 소, 처와 장이 각각 일정한 특수성을 갖는 것으로 이해하였다. 부곡과 향에 대한 수탈형태는 주, 군, 현에 소속된 호장의 수탈권을 일정하게 인정하면서도 국가가 직접 통제하는 부곡장과 향장을 배속하여 호장의 전횡을 방지·통제한 이중적인 방식을 취하였으며, 그에 따라 부곡민과 향민은 일반 군현민과는 다르게 이중적인 수탈을 당할 수밖에 없었다고 파악하였다. 소들에 대한 수탈은 왕실 및 중앙기관들의 직접적인 장악을 통해서가 아니라 주, 군, 현에 소속시킨 형태에서 일정한 산물을 제정하여 상공·별공 등 공부의 내용으로 수탈하였다고 하였다. 처와 장은 왕실과 사원 등에 예속된 촌락적 천민집단으로서 일체의 국가조부를 왕실과 사원 등에 공급하였는데, 군과 현을 통한 간접적인 수탈형태를 취하였다는 점에서, 왕실 등이 직영하는 궁원전(宮院田)과는 구별되었다고 주장하였다.

제3장에서는 부곡제의 존재 시기를 다루었는데, 여기서는 『동국여지승람』 편찬자의 견해―부곡과 향이 신라시대에, 소와 처·장은 모두 고려시대에 발생하였다고 파악―를 전혀 근거가 없다고 비판하였다. 먼저 부곡과 향은 삼국시대부터 존재하였는데 신라의 영토뿐만 아니라 백제와 가야

의 지역에도 광범하게 분포하였으며, 고구려에서도 실재하였을 것으로 추정하였다. 소는 고려시대에 처음으로 출현하였던 것이 아니라 벌써 7세기에 그 존재를 일부 확인할 수 있으며, 통일신라시대 이후에 광범한 지역에 걸쳐 확장되었을 뿐만 아니라 고려시대에도 새롭게 설치되었다고 주장하였다. 또한 처와 장은 이미 삼국시대부터 부분적으로 존재하였지만 주로 고려시대에 설치되었을 것으로 추정하였다.

이러한 부곡제는 12세기 이후에 급속하게 소멸과정을 밟아 15세기에 이르러서는 그 외피만 남긴 채 거의 자취를 감추게 되었으며, 불과 10개 내외의 부곡과 향만이 현존하였다는 견해를 밝혔다. 통일신라시대 이후에 부곡과 향으로부터 분화·개편되어 고려시대에 이르러서도 상당한 정도로 신설·확장되었던 소도 12세기 이후로는 부곡·향과 함께 소멸되었다고 이해하였다. 특히 12세기의 농민폭동과 13세기 이후의 몽고 침략군을 반대하는 가열찬 투쟁이 봉건 고려왕조의 집권적 통제력을 마비시키고, 부곡제를 다시 수습할 수 없을 정도로 파괴하였다고 파악하였다. 다만 고려 전기에는 부곡과 향이 어느 정도 보존되는 한편, 이들 부곡과 향을 계승한 소와 처·장의 형태로 부곡제의 역사적인 의의가 일정하게 보유되었다는 입장이다.

제4장에서는 부곡제 발생의 역사적 조건을 삼국의 성립 및 발전 과정-토호세력들 간의 정치적 통일과정-속에서 찾으려고 시도하였다. 기원 전후에 철기문화가 광범한 지역에 급속하게 보급됨에 따라 생산력이 비약적으로 발전하였는데, 이는 진국(辰國)의 분해를 촉진하여 각 지역에 소국(小國)-정치적 소집단, 곧 국읍(國邑)을 중심으로 한 별읍(別邑) 및 읍락들의 통일체-들의 분립을 가져왔다고 하였다. 나아가 경제적·정치적·군사적인 힘을 보유한 소국의 지배세력[국읍의 주수(主帥)]들은 자급자족적인 경제체계의 확립·강화를 위하여 촌락민들에 대한 집단적인 예속을 강요하였으며, 이러한 점이 부곡제 발생의 사회경제적인 전제가 되었다고 주장하였다.

또한 저자는『삼국사기(三國史記)』신라본기(新羅本紀)와 백제본기(百

濟本紀)의 초기기록에 근거하여 1~3세기에 신라와 백제가 진국(辰國)의 붕괴 이후 분산적인 주변의 소국들에 대한 적극적인 군사적·정치적 통일을 추진하여 지방행정구—물론 획일적일 수는 없고 정복이냐 투항이냐 등에 따라 다양하게 규정될 수 있다—로 편입하고, 지방의 토호세력들을 새로운 국가기구(관료기구)로 재편성하여 강력한 통일국가로 발전하여 갔다고 하였다. 중앙의 국왕은 지방의 토호들을 자기 지배하에 관료화함으로써 사실상 토호 지배하에 있던 토지와 주민들을 장악하게 되었지만, 이러한 지배를 현실화하는 과정에서 지방토호의 경제적·군사적인 기반을 근본적으로 거세할 수는 없었으며, 지방토호세력이 가진 토지와 주민에 대한 일정한 지배관계(예속화)를 허용·이용하였다고 주장하였다. 나아가 이와 같은 사실이 광범한 지방에 부곡제적 예속형태를 성립하게 한 역사적 전제라고 파악하고 있다.

제5장에서는 부곡제가 군과 현에 소속된 특수 촌락제(천민집단)였다는 관점에 입각하여, 부곡제 발생의 제 전제를 삼국시대 성읍제(城邑制: 군현제)의 편성과 촌락의 구조, 그리고 촌주집단이 가진 특성을 통해서 파악하고자 하였다. 먼저 백제와 신라가 정치적 통일과정 중에서 새롭게 편입한 소국의 중심 성읍을 지방행정조직의 거점으로 설치하였다는 전제 아래, 백제의 5방성(方城)과 22담로(擔魯), 그리고 신라의 6탁평(啄評)과 52읍륵(邑勒), 상주·하주(上州·下州), 사방군주(四方軍主), 군(郡), 현(縣) 등의 지방행정조직을 살펴보고 있다. 백제는 사비 천도 이후 얼마 지나지 않은 시기에 5개 방을 두고, 그 밑에 군(큰 성)과 현(작은 성)을 예속시켜 —백제 멸망시에는 37군 200성— 지방을 통치하였으며, 신라는 6세기 이후에 군주가 파견된 사방성(四方城)을 중심으로 전국을 4개 지역으로 구분하고—사방군주가 설치되기 이전의 법흥왕대에는 상주·하주로 구분되었다고 함—, 그 밑에 군과 현을 두어 지방을 다스렸다고 주장하였다.

다음으로 6세기 이후 신라에서 촌주들을 외위(外位)와 직명[職名: 외촌주(外村主)·내촌주(內村主)·군상촌주(郡上村主)] 등으로 국가의 말단기구, 곧 촌락행정의 책임자로서 예속시켰다면, 이것은 그만큼 지방촌락에 대한 전제왕권의 침투가 강화된 것을 의미하며, 촌주의 입장에서는 국가권력을 배경으로 종래의 자기 세력을 합법화한 것이 된다는 견해를 밝히고 있다. 나아가 「신라촌락문서(新羅村落文書)」에 근거하여 8세기 신라 촌락의 촌주가족은 30~40명 이상의 가부장적 대가족 형태였으며, 촌주는 자기의 대가족을 중심으로 촌내의 기타 가족들과 친족적 관계를 구축하여 촌내의 주민들을 자기에게 예속시켰다고 이해하였다.

또한 부곡제의 성립시기를 다음과 같이 3단계로 구분하고 있다. 제1기(1~2세기)는 부곡제의 시원적인 형태, 곧 토호(큰 치)와 촌락적 예속민의 예속관계가 나타났던 단계이지만 아직 제도화된 것은 아니라고 규정하였다. 제2기(3~5세기)는 부곡제가 성읍제의 일환으로 등장하였던 단계로서 지방토호세력들의 근거지인 국읍이 통일국가(백제, 신라 등)의 지방성읍으로 편성되었으며, 지방토호에게 예속된 촌락들이 부곡과 향으로 편성되었다고 하였다. 그러나 아직 지방토호들의 세력이 상당한 정도로 지방에 뿌리를 내리고 있었으므로 부곡과 향에 대한 국가의 지배는 아직 철저하게 관철되지는 못하였다고 주장하였다. 제3기(6세기)는 부곡제의 확립기로서 국가권력이 점차 지방으로 침투·확대됨에 따라 부곡제가 성읍제(군현제)의 일환으로 제도화·공고화되었다고 파악하였다.

3

이상에서 이 책의 내용을 간략하게 정리하였는데, 부곡제에 관한 연구성과가 상당한 정도로 축적된 현재의 관점에서 보면 그 의미를 상실한 부분이 적지 않다. 부곡민 등(향과 소, 처와 장의 주민도 포함됨)이 천인신분이라는 견해는 양인설(良人說)이 학계의 주류를 형성하고 있어 거의 설득력을 잃고 있다. 또한 부곡제의 구조를 군현제와 신분제라는 두 가지 측면에서—저자는 부곡과 향, 소, 처와 장이 동일하게 군현제의 일환으로 존재한 자연촌락적인 천인집단이었다고 주장함—체계적으로 분석하였다는 연구사적인 위치는 인정된다. 하지만 부곡제의 본질적인 내용이 일정한 토지소유와 관계되는 문제가 아니라 인간집단에 대한 예속과 관계되는 문제였다는 저자의 견해에서도 알 수 있듯이, 토지소유 및 경영형태와 관련된 부분을 몰각하였다는 비판은 면하기 어렵다. 나아가 부곡제의 존재시기에 있어서도 저자는 삼국시대(부곡과 향, 처와 장) 또는 통일신라시대(소)부터 존재하였다고 추정하였지만, 현재 학계에서는 대개 삼국시대(부곡과 향) 또는 고려시대(소·처·장)로 파악하고 있다.

이러한 연구사적인 상황을 고려하면서 이 책의 문제점과 성과를 몇 가지 지적해 두고자 한다. 먼저 고려시대 부곡제의 존재 형태를 삼국시대까지 소급·연계시키려고 시도한 점은 마땅히 높이 평가되어야 하지만 서술된 내용을 놓고 볼 때 의도한 바와 일정한 거리가 있음을 부인할 수 없다. 곧 제4장에서 부곡제 발생의 역사적 조건을 파악하고자 삼한 소국과 토호세력들의 통합과정을 분석하였다. 그러나 1~3세기에 진행된 삼한 소국과 토호세력의 정치적인 통일이 구체적으로 부곡제의 발생과 어떠한 관련을 갖고 있었는가 하는 점을 제대로 부각시키지 못하였다. 부곡제의 성립을 뒷받침하는 논리적인 근거를 제시하기보다는 직접적인 관련이 없는 당시의 역사적인 상황－소국(小國)의 구조, 국읍과 읍락의 관계, 신라와 백제의 발전 과정 등－이나 신라의 관위명(官位名)을 설명하는 데 너무 치우쳤으며, 불확실한 자료에 의거하여 성급하게 결론을 도출한 느낌이 든다. 또한 제5장에서도 삼국시대 성읍제(군현제)의 특성뿐만 아니라 촌락의 구조와 촌주집단까지도 자세하게 분석하였다. 하지만 성읍제(군현제)와 부곡제의 관련성에 대해서는 물론이거니와 촌락 또는 촌주집단이 부곡제의 성립과 서로 어떻게 연계되어 있었는가 하는 점에 대해서도 제대로 천착하지 못한 감이 있다.

다음으로 관점은 참신하지만 이를 뒷받침할 실증적인 근거가 부족하므로 논리적인 비약이 불가피하였던 점들을 지적할 수 있다. 곧 부곡제의 성립시기를 확실한 기준도 없이 1기(1~2세기), 2기(3~5세기), 3기(6세기)로 구분하거나, 고구려와 지역적으로 상당하게 떨어진 유질부곡(有疾部曲 : 경남 남해의 창선도)을 근거로 고구려에 부곡제가 존재하였다고 추정한 점, 그리고 8세기 신라 촌락의 촌주가족이 30~40명 이상의 가부장적 대가족 형태였으며 촌주의 대가족을 중심으로 촌락민들이 친족적·혈연적으로 결집·예속되었다고 파악한 견해 등이다.

또한 이 책에서는 사료를 자의적으로 해석한 결과 전혀 엉뚱하거나 적절하지 못한 결론을 도출한 부분도 적지 않은데, 그 중 몇 가지 사례를 제시하면 다음과 같다. 먼저 통일신라시대 사원의 장들도 처·장의 형태를 가졌다는 전제하에 이를 뒷받침하는 자료로『삼국유사』탑상(塔像)4 영취사(靈鷲寺)조의 "移其縣於他所 創寺於其地 名靈鷲寺焉"이라는 구절을 제시하고, 여기서 옮긴 현(縣)을 관할구역으로 파악하여 사원이 한 현을 두었던 범위를 차지하였다고 해석하고 있다. 그런데 다른 곳에 옮긴 것은 현의 관할구역이 아니라 현아(縣衙 : 관청)로 보는 것이 옳다.3) 그리고 저자는 삼국의 정치적 통일 과정을 추적하면서『삼국사기』신라본기와 백제본기의 1~3세기 기록에 토대하여 신라와 백제가 인접 소국들에 대한 적극적인 통일을 추진하였다고 파악하고 있다. 하지만 과연 이 시기에 신라[실제로는 진한 사로국(斯盧國)]와 백제[실제로는 마한 백제국(伯濟國)]가 진한과 마한의 소국들을 주도적으로 통합할 수 있었는가 하는 점은 좀 더 신중한 검토를 요하는 부분이다. 특히『삼국사기』백제본기1 온조왕 26·27년조의 기사에 근거하여 1세기경에 백제가 마한의 중심부(目支國)

---

3) 김세익, 「『조선의 부곡제에 관한 연구』에 대하여(서평)」,『력사과학』65‐3, 1965, 62쪽 참조. 뿐만 아니라 김세익은 위의 논문에서 임건상이『조선의 부곡제에 관한 연구』에서 범한 사료의 해석과 평가에 관한 오류를 몇 가지로 나누어 지적하고 있다. 먼저 임건상이 '약초소'로 파악한 '藿所'는 약초소가 아니라 미역을 비롯한 해초류를 생산하던 천인들의 거주 구역이었으며, 또한 "除役所는 즉 宮司 및 소의(에) 속하는 민호로서 부역을 면제된(받은) 자이다(除役所 卽宮司及所屬民戶 不供賦役者)"라는 견해에 대해서도 '及所屬宮司'를 그렇게 이해하기는 어렵고, 오히려 이것은 궁사와 그에 속하는 민호이지 所는 아니라고 보았다. 다음으로 소가 감옥의 기능을 하였다는 증거로서 임건상이 제시한 '盜配所'의 기록("犯盜配所逃亡者……")은 도적질한 자로서 유배한 곳에서 도망한 자를 말하는 것이지 도배소는 아니라는 견해를 밝히고 있다.

를 격멸하여 병합하였다고 주장하지만, 백제가 마한의 맹주국인 목지국 세력을 와해시킨 것은 3세기 중엽 이후로 보는 것이 현재 학계의 유력한 견해이다.

나아가 저자는 『삼국사기』 신라본기2 유례이사금(儒禮尼師今) 10년 (293)조의 "春二月 改築沙道城 移沙伐州豪民八十餘家"라는 구절에 근거하여, 3세기에 (신라)국왕이 사벌주(沙伐州 : 오늘날의 경북 상주) 지방의 토호 친족집단을 거세하였으며, 중앙에서 관리를 파견하여 주민들을 직접 장악 통치하였다고 이해하였다. 그러나 실제로 3세기 당시에 사벌주가 신라의 영토였는지도 의문이며, 상주(常駐)하는 지방관을 파견하여 이 지역에 대한 직접적인 지배를 관철하였다는 견해도 쉽게 수긍하기 어렵다. 또한 저자는 삼한 소국의 토호세력들이 신라와 백제의 중앙 관료기구에 흡수되었음을 논증하기 위해 신라의 관위명을 분석하였다. 여기서『삼국사기』신라본기1 유리이사금(儒理尼師今) 9년조의 기사를 근거로 신라의 관위가 초기부터 17등급으로 완비되지는 않았지만 그 기본 형태는 이미 유리왕대에 제도화되었다는 견해를 밝히고 있으나 현재의 연구성과를 토대로 할 때 그대로 받아들이기가 힘들다. 그리고『삼국사기』와 「창녕진흥왕척경비(昌寧眞興王拓境碑)」의 해당 기록을 잘못 이해하여 일정한 구역을 가리키는 상주(上州)·하주(下州)와 사방군주(四方軍主)가 파견된 중요 거점을 구분하지 못하고 연속선상에서 파악하거나, 주[州 : 사방성(四方城)], 군(郡 : 큰 성), 현(縣 : 작은 성)이라는 누층적인 시각에서 신라의 지방통치조직을 이해한 것도 문제점이다. 우리 나라의 고대사를 연구하는데 있어 가장 큰 어려움은 관련 사료가 부족하다는 점이다. 하지만 저자의 경우처럼 초기기록이 전하는 내용의 시기적인 편차를 신중하게 검토하지 않고 비판없이 활용하는 것은 자칫 오류를 범할 수 있다.

마지막으로 이 책의 성과에 대해서도 간략하게 제시해 두고자 한다. 저자는 부곡제 발생의 역사적 조건을 삼국의 성립과 발전 과정 속에서 구하면서 삼한 소국의 구조를 치밀하게 분석하였다. 특히『삼국지(三國志)』 한전(韓傳)의 "諸亡逃至其中 皆不還之"라는 구절에 착안하여 소도[蘇塗

: 별읍(別邑)]가 일정한 구역―범죄자들이 망명하여 토속신에게 구명(救命)을 의탁하면서 다시는 돌아오지 않고 생활하는 일정한 구역―과 자기의 경제체계를 가지고 있었다고 파악하거나, 도망자의 집단이었다고 이해한 대목은 매우 시사적이다.

또한 『삼국지』 한전(韓傳)의 "國邑雖有主帥 邑落雜居 不能善相制御"라는 구절을 독특한 방식으로 해석하여, 삼한 소국의 국읍과 읍락 사이에 내재하였던 상호관계를 새로운 시각에서 접근·분석할 수 있도록 하였다. 대부분의 연구자들이 이 구절을 "국읍에는 비록 주수가 있었으나 읍락에 잡거하여 서로 잘 통제할 수 없었다"라고 해석한 데 반해, 저자는 "국읍에는 비록 주수가 있었으나 읍락이 잡거하여 잘 통제할 수 없었다"라고 해석하였다. 그리하여 이 구절은 소국들의 상호관계를 설명하는 것으로 국읍 사이에 개재하는 읍락(촌락)들에 대한 주수(主帥)들의 세력범위가 왕왕 착잡(錯雜)한 결과, 그들 간에 충돌을 야기시키거나 완충지대 역할을 한 일부 읍락이 존재하였음을 시사한다고 하였다. 이 기사를 단순히 원시시대 공동체들의 고립적 상태를 보여주는 것으로 파악할 수는 없으며, 오히려 읍락들이 촌락공동체적 강인성을 보존하였음을 뒷받침한다는 입장이다.

17등급의 신라관위(一吉湌, 沙湌, 級湌 등)에 대한 뜻풀이도 흥미로운데, 일길찬(7등급)은 길지(吉之 : 14등급, '큰치, 큰지')에 대한 '웃길지'로, 사찬(8등급)과 급찬(9등급)은 각각 '새찬, 새치' 또는 '밑찬, 밑치'로 추정하고 있다. 그리고 사돌간(沙咄干 : 8등급)과 급벌찬(級伐湌 : 9등급)의 돌(咄)과 벌(伐)은 화(火)·달(達)·라(羅)·홀(忽)과 함께 마을·고을(城邑)을 가리키는 차음자(借音字)라는 전제하에 사돌간은 '새 마을의 치'로, 급벌찬은 '밑 마을의 치'로 파악하였다.

지금까지 이 책의 내용과 문제점, 그리고 성과에 대해서 간략하게 언급하였는데, 무엇보다도 부곡제의 기원을 삼한 소국의 정치적인 통합 과정과 성읍제(군현제)의 편성 과정에서 찾으려고 시도한 점은 역사의 계기적인 변화·발전을 모색하였다는 측면에서 높이 평가할 만하다. 또한 이미

30여 년 전에 출간된 책이지만 당시까지의 고고학적인 연구성과를 적극적
으로 도입하여 고대사회를 분석하는 틀로 활용한 점도 입론의 타당성 여
부를 떠나 시사적이다.

조선의 부곡제에 관한 연구

목 차

머리말

　필자가 부곡제(部曲制)라고 한 것은 삼국시기로부터 고려시기에 걸쳐 존재한 부곡(部曲)-향(鄕), 소(所), 처(處)-장(莊) 등을 하나의 제도로서 범칭한 것이다. 우리 나라 역사에 존재한 부곡제는 자연촌락적인 일종의 천인(賤人)집단으로서 군현제(郡縣制)에 소속하여 광범한 지역에 분포되어 있었다.

　일반적으로 계급사회에 있어서 군, 현제라고 하면 계급적 지배를 위한 지방행정의 지역적 단위, 즉 인민 대중에 대한 수탈체계로서의 지방통제 단위, 기구를 말한다. 그러나 그것은 매 나라, 매 시기에 따라서 경제, 정치 및 군사적 제 관계에 의하여 각이한 형태로 규정되어 자체의 특성을 갖는다.

　우리 나라 역사에서의 군, 현제도 각 계급 상호 관계와 사회경제 발전의 제 특성에 의하여 제약되지 않을 수 없었으며 자체의 고유한 발전 형태를 갖지 않을 수 없었다. 바로 천인집단으로서의 부곡제가 군, 현제의 일환(一環)을 이루고 있었다는 사실은 과거 우리 사회의 군, 현제의 특성을 보여주는 주요한 측면으로 될 것이다.

　필자는 이 논문에서 부곡제의 일반적 형태와 구조를 해명함으로써 우리 역사에서의 군, 현제 편성의 제 특수적 형태를 구명하는 동시에 삼국시기로부터 고려시기에 이르는 사회경제적 특성의 주요한 한 고리를 해명할 과업을 제기하였다.

　광범한 지방에 분포된 부곡제에 대한 과학적 연구는 우리 나라 역사를 심오하게 연구하는 데 있어서 중요한 의의를 갖는다. 그리하여 지난 시기 일부 학자들에 의하여 부곡제에 관한 연구는 부분적으로 진행되었으나 그것은 부곡제의 한 측면에 대한 고찰을 시도한 것에 불과하였다고 생각된다. 그리하여 부곡제 전반을 포괄하는 문제에 대한 연구는 거의 미개척 분야의 하나로 계속 남아 있게 되었다.

오늘 현존하는 부곡제에 관한 사료의 거의 대부분은 이미 그 소멸과정을 밟고 있던 시기의 것, 혹은 소멸된 이후 시기의 그 명칭만을 남긴 극히 단편적인 것들로서 부곡제 전반에 걸치는 연구는 많은 측면에서 제약되지 않을 수 없었다.

우리 나라에서 고대 구조와 연결된 부곡제는 사회경제적 관계의 제 특성을 반영한 역사적 산물이 아닐 수 없다. 실로 부곡제는 고려시기에 이르러서 이미 그 소멸과정을 밟고 있었으며 이조시기에는 벌써 부곡제의 본래적 내용조차 희미하게 되어 이 때에 부곡제라고 하면 단순히 군, 현제에서의 하나의 하부 말단 행정단위로밖에 이해할 수 없을 정도로 되고 있었다.

그리하여 필자는 우선 고려시기의 부곡제가 군, 현제에서 차지하는 기본적 형태와 그 구조를 과학적으로 해명하고 그것이 실제적으로 역사적 의의를 가지고 존재하던 시기를 확정한 다음 우리 나라 역사에서 부곡제를 발생케 한 역사적, 사회경제적 제 전제를 구명함으로써 부곡제의 역사적 성격을 규정하려 한다.

이 문제를 해명함에 있어서 조선의 촌락(공동체)적 형태와 지방토호세력에 대한 문제는 중요한 연구대상으로 되지 않을 수 없다. 이 문제를 대상으로 연구할 때에 중앙과 지방토착 세력 간의 대립과 통일 관계에 의하여 제약되는 지방행정의 특성을 파악할 수 있게 될 것이다. 그리하여 필자는 자연촌락(공동체)적 구조에 뿌리박고 있는 지방토호세력에 대한 역사적 고찰을 시도함으로써 삼국시기에 선행하여 이미 그들에게 예속된 촌락적 집단 형태들을 발견하려고 하였다. 이 때에 촌락적 예속민 집단에 대한 토호의 지배형태를 필연적으로 낳게 한 사회경제적 제 측면에 대한 분석은 토호들이 토대로 삼고 있는 촌락적 수탈 기반을 정확히 파악하는 데 있어서 중요한 의의를 갖는다. 예속적 촌락들에 대한 제 관계를 부곡제의 구조 및 일반적 형태와 대비할 때에 그 곳에서 우리는 부곡제의 시원적(始源的) 형태를 발견할 가능성을 얻게 된다. 바로 그 형태는 지방 토호세력과 삼국의 중앙세력 간의 일정한 타협 형태 여하에 따라서 역사적으로 규정될 운명에 놓여 있었다. 그것은 거꾸로 말하면 그 존재 형식 여하에 따라서 정치적 통일과정의 제 특성과 지방 통치기구의 편성 형태도 규정되지 않을 수 없었다는 것을 의미한다.

이상과 같이 부곡제에 관한 연구는 단순히 그 형태 구조를 해명할 과업으로 그치는 것이 아니다. 과거 우리 사회의 많은 문제들을 내포하고 있는 부곡제를 과학적으로 해명하는 것은 직접적으로는 우리 나라의 사회경제적 발전을 촉진 혹은 제약하는 데 있어서 크게 작용한 중앙집권적 전제기구의 특수성을 규정하는 제 관계의 주요한 측면을 해명하는 것으로 되며 나아가서는 유구한 우리 나라 역사발전의 제 특수성을 밝힐 수 있는 주요한 관건의 하나로 될 것이다.

제1장 군, 현제의 일환으로서의 고려시기의 부곡제

1. 군, 현제 하에서의 부곡-향, 소, 처-장의 구분

고려시기에 부곡(部曲), 향(鄕), 소(所), 처(處), 장(莊) 등은 각기 일정하게 독자성을 가지고 모두 군, 현제에 소속되어 있었다. 『동국여지승람』에 의하면

"① 지금 생각건대 신라가 주, 군을 편성할 때에 그 전정(田丁), 호구(戶口)가 현을 이룰 만하지 못한 곳에는 혹은 향을 두고, 혹은 부곡을 두어 소재하는 읍에 소속시켰다. ② 고려시에 또 소라고 한 것이 있는데 금(金)소, 은(銀)소, 구리(銅)소, 철(鐵)소, 실(絲)소, 비단(紬)소, 종이(紙)소, 기와(瓦)소, 탄(炭)소, 소금(塩)소, 먹(墨)소, 약초(藿)소, 자기(甕器)소, 어량(魚梁)소, 생강(薑)소의 구별이 있어서 각각 그 생산물을 공급하였다. ③ 또 처란 것, 또 장이란 것이 있어서 각각 궁전, 사원 및 내장택(內莊宅)에 소속하여 그 조세를 바쳤다."[1]

라고 부곡과 향, 소, 처와 장 등 세 개 부류로 구분하였다.

①의 부류는 '전정 호구'가 현을 이룰 만하지 못하여 혹은 부곡, 혹은 향을 군, 현제에 두게 되었다는 것으로, 말하자면 현보다 작은 지방행정단위였다는 것이다. 그러나 이러한 견해는 『동국여지승람』의 편찬자도 말하

---

1) 『東國輿地勝覽』 卷7, 驪州牧 古跡 登神莊 註, "今按新羅建置州郡時 其田丁戶口未堪爲縣者 或置鄕 或置部曲 屬于所在之邑 高麗時 又有稱所者 有金所銀所銅所鐵所絲所紬所紙所瓦所炭所塩所墨所藿所甕器所魚梁所薑所之別 而各供其物 又有稱處者 又有稱莊者 分隷于各宮殿寺院及內莊宅 以輸其稅".

고 있는 바와 같이 하나의 추측에 불과한 것으로, 이러한 견해가 근본적으로 잘못된 것이라는 것은 후론에서 충분히 설명될 것이다. 그것은 여하간에 부곡-향이 신라시기 주, 군, 현제를 편성할 때에 군, 현제와 관련하여 설치되었다는 견해는 부곡-향을 군, 현제와 분리하여 생각할 수 없다는 것과 그것들이 지역적 개념을 가지고 있었다는 것을 증시한다.

다산(茶山) 정약용(丁若鏞)은 『경세유표(經世遺表)』에서 상기 『동국여지승람』의 견해를 발전시켜

> "자성촌락(自成村落)을 부곡이라고 하였는데 그 후 부곡을 파괴하여 몇 개씩 합쳐 제 현을 편성하였을 것이다."2)

라고 하였다.

즉 정다산은 부곡을 군, 현제 편성 이전 시기의 자연촌락으로 이해하였던 것이다. 부곡을 자연촌락으로 본 정다산의 견해는 부곡의 원 뜻을 해명하는 데 있어서 중요한 시사로 된다.

정다산은 향에 대하여서는 별로 주석을 가하지 않고 있으나 '향'이란 것은 일반적으로 '시골'을 의미하는 한자로서 '향리(鄕里)', '향곡(鄕曲)' 등으로도 표현되어 촌락을 가리키기도 한다. 이렇게 보면 부곡과 향은 동일하게 촌락을 가리키는 동의이기(同意異記)로 된다.

이것을 다시 언어학적으로 고찰하여 보기로 하자. 홍기문 박사는 『월인석보(月印釋譜)』를 인용하면서 '부(部)'는 '주비'를 가리키며 '주비'는 부락, 촌락의 뜻이라는 것을 밝혔다.3)

'부'를 '주비'＝촌락으로 해석한다면 '부'는 '향'과 통하는 말이며 부곡은 향곡과 동일한 의미로 된다. 즉 본래의 '주비'＝촌락에 대하여 '부곡'은 이두(吏讀)로서의 표기이며 '향'은 한자식 표기에서 오는 구별에 지나지 않는 것으로 될 것이다.

이렇게 보아서 큰 잘못이 없다면 부곡과 향을 내용상 구별할 아무런 근

---

2) 『經世遺表』 卷8, 田制10 井田議, "……自成村落 名之曰部曲 其後破其部曲 以爲諸縣 其部曲之分授也".
3) 홍기문, 『리두연구』, 과학원출판사, 1957, 81쪽.

거도 없게 된다. 이어서 『고려사』에 산견되는 부곡과 향에 관한 기사들이 대체로 "향, 부곡……"식으로 서로 붙어 돌아가는 말로 되고 있다는 것과 『동국여지승람』이 부곡과 향을 구분하지 않고 있는 것들을 이해할 수 있다.

그렇다면 어찌하여 동일한 내용에 대하여 혹은 부곡이니, 혹은 향이니 하는 식으로 각이하게 써 오게 되었던 것인가? 그러나 이 문제는 그리 복잡한 내용이 있어 보이지 않는다. 결론부터 먼저 말한다면 부곡과 향과의 구별은 지방 지방에 따라서 혹은 부곡으로, 혹은 향으로 불려 온 오랜 관습상 호칭에서 온 것이라고 생각된다.

이상으로 부곡-향은 특별한 내용상 구별이 따로 있었던 것이 아니라 동일하게 군, 현제에 소속된 자연촌락이었다는 것을 알 수 있다.

②의 부류인 소는 지방 특정 생산물을 국가에 공납하고 있는 특수지역으로서 역시 군, 현에 속하여 있었다.

'소'는 '곳(處)'과 같은 의미를 갖는 글자로서 이두로서는 '庫'로도 쓰인다.4) '금소', '은소', '구리소' …… 등등은 모두 금, 은, 구리 …… 등이 생산되는 '곳', 즉 금, 은, 구리 …… 등의 특수 산물이 생산되는 '고장'으로도 해석된다.

그러나 '소'라는 말은 단순히 '곳'이란 지역적 개념만이 있는 것이 아니었다. 예컨대 "무릇 174개 소의 목장을 분해하였는바, 소내(所內)에 2개 소를 속하게 하고 관청에 10개 소……"5) 운운의 '소'에서 보는 바와 같이 소가 왕실과 직접 관련되고 있는 것을 알 수 있다. 이리하여 소가 일정한 특수 생산물이 생산되는 곳인 동시에 그 생산물을 왕실(국가)에 공급하던 '곳'이란 것이 논증된다.

③의 부류인 처와 장은 왕실 및 사원에 소속되어 일체의 국가 부담을

---

4) 『大明律直解』卷5, 盜賣田宅條, "公私處所屬山枝水梁草枝金銀銅錫鐵冶等
庫乙奪占爲在乙良(若强占官民山場湖泊茶園蘆蕩及金銀銅錫鐵冶者)".

5) 『三國史記』卷6, 文武王 9年(669), "頒馬阹九(凡?)一百七十四所屬所內二
十二 官十 賜庾信太大角干六 仁問太角干五 角干七人各三 伊飡五人各二
蘇判四人各二 波珍飡六人・大阿飡十二人各一 以下七十四所隨宜賜之".

왕실, 사원 등에 납부하였다. 말하자면 귀족들에게 사여되는 식읍 혹은 녹읍과 매우 유사한 형태를 가졌다고 보인다.

상술한 바와 같이 처는 소와 같은 의미로 쓰이는바, 소가 일정한 특산물을 국가에 공급하던 '고장'을 가리킨다면 처는 농장으로서의 왕실 및 사원 소유의 '곳'을 의미할 것이다. 『대명률직해(大明律直解)』의 '전고(田庫)'6)는 바로 종래의 처와 일정하게 연관되는 것 같으며 '처간(處干)'7) 즉 '곳한(直干)'8)이 '전호(佃戶)'로 해석되게 된 것도 그러한 형편을 증좌하는 것으로 될 것이다.

그러면 '처(處)'와 '장(莊)'은 어떻게 구별되었는가? '장(莊)'은 시골을 가리키는 뜻과 함께 또 '庄', '庒'으로도 씌어 농장의 뜻을 갖는 한자이다. 그리하여 처와 장이 동일한 내용에 대한 이두 혹은 한자 표기로 되며 『고려사』에 왕실 소유의 농장으로서 "三百六十庄處……"9) 운운한 바와 같이 처-장을 따로 구별하는 의미에서가 아니라 같은 내용의 말을 반복함에 불과하였다.

이상과 같이 『동국여지승람』의 편찬자는 ①을 다만 '전정 호구'의 다과에 의하여 군, 현과의 차별을 찾아보려고 하였고 부곡-향의 주민이 일반 군, 현민과 형태상 크게 구별되지 않고 있었다는 것을 시사하였다. 이에 대하여 ②와 ③은 국가 및 왕실 등에 소속되어 그 곳의 특수 생산물, 혹은 농산물을 공급한 곳으로서 ①과 구별하였다. 그러나 ②와 ③도 역시 군, 현의 관할 하에 속하여 군, 현의 행정적 기구를 통하여 왕실과 연결되고 있었으므로 이러한 점은 ①과 동일한 유형에 속한다는 것을 찾아보았다.

이상과 같이 부곡-향, 소, 처-장이 각기 자기의 특색을 가지고 있었다고는 하나 모두 동일하게 군, 현제의 일환으로서 촌락적 특수 조직을 형성

---

6) 『大明律直解』 卷5, "近巡陳荒田庫乙用良人丁多少以折給耕種爲乎事(告官於附近荒田內驗力撥付耕種)".

7) 『高麗史』 卷28, 忠烈王 4年(1278), "處干耕人之田 …… 卽佃戶也".

8) 홍기문, 『리두 연구』, 과학원출판사, 1957, 94쪽.

9) 『高麗史』 卷78, 食貨1, "典法判書趙仁沃等亦上疏曰 …… 三百六十庄處之田 所以奉供上也".

하고 있었다는 점을 고려할 때에 그것들이 그 어느 일정한 역사적 시기에 동일한 시원적 형태로부터 분화 발전하였다는 것, 바로 이러한 전제로부터 출발하여 동일한 유형을 갖게 된 것이 아니겠는가?

상술한 바와 같이 고려시기 부곡-향의 주민들은 주로 일반 군, 현민과 마찬가지로 농업에 종사하고 있었다. 그러나 일부 부곡-향 중에는 반드시 그렇게만 볼 수는 없고 소의 주민과 같이 일정한 특수 생산물의 공급을 위하여 광산, 수공업, 목축 …… 등등에 종사하고 있는 것들도 있었다. 예컨대 다음의 도표는 그러한 내용을 그 명칭상에 이러저러하게 반영하고 있는 것들로 된다.

향·부곡 명칭	내 용	군·현명(이조시)	비고(동국여지승람)
炭村부곡	목탄 산지	忠州	권14
鹽亭부곡	소금 산지	海美縣	권20
馬駒부곡	말 목장	榮川郡	권25
竹林부곡	참대 산지	固城縣	권32
造紙부곡	종이 산지	靈光郡	권36
金山부곡	금 산지	玉果縣	권39
皮村향	가죽 공예	義城縣	권25
銅泉향	구리(銅) 산지	昌原府	권32
倉椋부곡	국가 양곡창고 관리	寧海府	권24
藝能부곡	배우들의 부락	善山府	권29
狄村향	투항 혹은 포로가 된 북방족의 부락	寶城郡	권40

물론 이상의 부곡-향 들이 꼭 그 이름과 같이 그 곳 주민들이 종사하던 내용과 부합되었다고 단정하기에는 아직 해명을 요하는 문제들이 남아 있지마는 대체로 그 명칭과 담당 내용이 크게 어긋나지는 않았을 것이라고 생각한다. 부곡-향 들 중에는 오직 명칭상에서뿐만 아니라 실제로 그들이 담당하고 있었던 내용에서도 몇 개의 실례를 찾아볼 수 없는 것은 아니다.

부곡·향의 명칭	내 용	군·현명(이조시)	비 고
望雲향(혹은 부곡)	목장 및 魚梁	靈生郡	동국여지승람 권36
大山부곡	목장	洪州牧	동국여지승람 권19
穿山부곡	은광	密陽	동국여지승람 권26
川邑부곡	소금	金海	경상도지리지
藥水향	소금	茂長縣	동국여지승람 권36
兄邊부곡	祭祀所	東萊	동국여지승람 권23

이렇듯 일부 부곡-향에서 보는 바와 같이 그것들은 사실상 소와 구별할 수 없게 되어 있는 것을 알 수 있다. 이러한 사실을 주의깊게 봄으로써 그것을 부곡-향, 소 등이 본래 동일한 시원적 형태로부터 분화하였다는 하나의 그 흔적으로 볼 수는 없겠는가?

『동국여지승람』을 중심으로 하여 『경상도지리지』와 『세종실록지리지』를 상호 대조하면서 세밀히 검토하여 본다면 부곡-향, 소 등이 때때로 혼동되어 있는 것을 곧 발견할 수 있다.

동국여지승람		경상도지리지	세종실록지리지	주·군·현명
山川조	古跡조			(이조시기)
望雲향	望雲부곡			전라도 靈光郡
薪谷부곡		신곡소		경상도 星州牧
薪蔦부곡			신소	전라도 海南縣
馬良부곡			마량향	전라도 珍原縣
從政부곡			종정향	전라도 金溝縣
骨若里부곡			골약리소	전라도 光陽縣
銅泉향			동천소	경상도 昌平府

또한 부곡과 장이 서로 혼동된 것으로서는 '송장(松莊)부곡'(『동국여지승람』)과 '송장'(『세종실록지리지』)에서 서로 다르게 기재한 실례를 들 수 있다.10)

---

10) 『東國輿地勝覽』 卷10 振威縣古跡, "松莊部曲 在縣南十里 舊屬水原府 本朝 世宗六年 來屬";『世宗實錄地理志』 振威縣, "松莊", "舊屬水原府 今上六年甲辰來屬".

이와 같이 우리는 부곡-향, 소, 처-장 간에 있어서 사실상 구별할 수 없는 몇 개의 실례를 알고 있는 만큼 그간의 이러한 혼동도 단순한 오기에서 온 것이라고 처리될 수 없다고 생각한다.

즉 전기 일부 부곡-향 중에는 소와 사실상 구별할 수 없는 것들이 있었다는 것과 또 동일한 것의 명칭이 혹은 부곡-향으로, 혹은 소로, 혹은 장으로 때에 따라 각이하게 불렸다는 것 등은 그들이 모두 동일한 유형에 속한다는 것을 중시하며 뿐만 아니라 그 시원적인 동일성, 다시 말하여 그들이 상호 동일한 것으로부터 분화된 것이라는 근거를 더욱 확실성 있게 하여 준다고 인정할 수 있을 것이다.

2. 부곡제와 속현(屬縣) 및 촌

부곡-향, 소, 처-장 등이 동일한 유형에 속하고 있으므로 필자는 편의상 이것들을 부곡제란 개념에 크게 포괄하였다.

부곡제는 군, 현제에서 어떠한 위치를 차지하였으며 또 어떠한 형태로서 군, 현제의 일환을 이루고 있었던가? 우리는 이 문제를 고찰하는 데 있어서 사료상 제한으로 불가피하게 주로 고려시기의 부곡제를 대상으로 할 수밖에 없다.

우선 부곡과 현과의 관계를 고찰하기로 하자. 우리가 과거 조선의 지리서적들을 본다면 부곡 등이 일견 군, 현의 속현(屬縣)으로 되고 있는 것을 곧 발견할 수 있다.11)

19세기의 탁월한 지리학자 고산자(古山子) 김정호(金正浩)의 『대동여지도(大東輿地圖)』에는 진주(晉州)지방에 오랫동안 유존되었던 화개(花開) 및 살천(薩川) 두 부곡의 흔적에 대하여 고현(古縣)조에 기입하였다. 이상의 두 부곡은 우리 나라 역사상 가장 오랫동안 보존되었던 부곡들로서 그 곳이 과연 어느 때에 현으로 개편된 사실이 있었는지는 필자로서는

---

11) 『東國輿地勝覽』 卷21, 慶州府, “屬縣 安康縣 · 杞溪縣 · 慈仁縣 · 神光縣 · 仇史部曲 · 竹長部曲 · 北安部曲”.

찾아볼 수 없었다. 이상의 두 부곡이 사실상 현으로 개편된 사실이 없었다면 김정호가 고현으로 처리한 것은 부곡들이 종종 속현으로 기입되고 있는 지리서적들에 의거한 것으로 될 것이다. 즉 김정호는 추상적으로 부곡과 (고)현의 일치를 표시하였을 따름이다.

이상과 같이 부곡 등을 속현으로 보게 된 것은 이조시기 이후였다고 생각되는바, 후론할 바와 같이 부곡제는 이조시기에 들어와서는 그 흔적조차 매우 희미하게 남기게 되었던 시기였다.

그러나 부곡 등을 일종의 속현과 같은 것으로 보게 된 것은 일정한 이유가 있었다. 속현은 본래 중앙정부에서 파견하는 조관(朝官)을 두지 않고 조관을 둔 군이나 현에 속한 현을 의미하였다. 바로 부곡제는 속현과 같이 조관이 파견되지 않고 소재 군, 현에 소속한 형태를 취하고 있었다는 데로부터 속현과 같은 것으로 보게 된 것 같다.

그러나 경주 임내(任內)의 속현조에서 보는 바와 같이 부곡이 속현으로 포함되어 있다고 하여도 엄밀히 따져 보면 속현과는 사실상 구별되어 있었다.12) 이러한 구별을 더욱 명백히 보여주는 것은 밀양의 속현인 수산현(守山縣)에서 찾아볼 수 있다. 즉 수산현은 본시 천산부곡(穿山部曲)이었는데 고려시기에 수산현으로 개편되었던 것이다.13) 이렇게 보면 부곡과 속현과는 동일하게 군, 현제의 지방행정단위이면서도 또한 서로 구별되고 있었다는 것을 알 수 있다.

그렇다면 부곡과 현과는 상호 어떠한 관계에서 구별되었던가?

> "이전의 덕산부곡(德山部曲)을 고려 태조시(太祖時)에 재산현(才山縣)으로 고쳤고 정종(定宗) 숭경(崇慶) 임신(壬申)에 다시 덕산부곡으로, 대위왕(大尉王 : 忠宣王)대에 경화옹주(敬和翁主)의 고향이라 하여 다시 재산현으로 고쳐 이조시기에 이에 따랐다."14)

---

12) 주 11) 참조.
13) 『東國輿地勝覽』卷26, 密陽都護府, "屬縣 守山縣 在府南四十里 本穿山部曲 高麗改今名爲縣".
14) 『慶尙道地理志』才山縣, "古之德山部曲 高麗太祖時 改才山縣 定宗崇慶 壬申(?)還爲德山部曲 大尉王代 以敬和翁主鄕 還爲才山縣 本朝因之".

이것을 알기 쉽게 도해한다면 다음과 같다.

    신라시   고려 태조시   정종시   충선왕시   이조시
    덕산부곡 → 재산현 → 덕산부곡 →   재산현 →

이상의 기사를 평면적으로 고찰한다면 다만 명칭상 변화에 불과한 것 같이 보인다. 충선왕이 옹주의 본향(本鄕)이라 하여 부곡을 현으로 고친 데 대하여『동국여지승람』에서는

> "재산현은 (안동)부 동쪽 75리에 있는데 본시 덕산부곡이던 것을 고려 충선왕이 경화옹주의 고향이라 하여 지금 이름으로 고치어 **현으로 승격시켰다.**"15)

라고 기록하였다.

이상으로 명백한 바와 같이 부곡을 현으로 고친 것은 곧 그 승격을 의미한다. 그렇다면 반대로 현을 부곡으로 고친 것은 그 격을 떨어뜨린 것(降格)을 의미할 것이다. 전기 재산현을 다시 덕산부곡으로 떨어뜨린 이유는 알 수 없으나 고려 의종(毅宗)시에 국왕과 대신을 저주한다는 무고(誣告)를 하였다 하여 무고한 본인은 투강(投江)되고 그가 살고 있던 감음현(減陰縣)을 부곡으로 떨어뜨린 실례로써16) 그 현의 격을 떨어뜨린 사실과 그 이유를 알 수 있다.

이상으로써 전기 덕산부곡 ⇄ 재산현의 관계는 단순한 명칭상 변경에

---

15)『東國輿地勝覽』卷24, 安東都護府 屬縣, "才山縣 在府東七十五里 本德山部曲 高麗忠宣王 以敬和翁主之鄕 改今名陞爲縣". 옹주에 대하여『고려사』卷77, 百官2 內職에 "忠宣王改宮主爲翁主 忠惠以後 後宮·女職 尊卑無等 私婢官妓 亦封翁主·宅主"란 기사가 있다. 이것으로 당시(13세기) 賤人들 중에서 국왕의 婢妾으로 되어 옹주로 된 자가 많았다는 것을 알 수 있으며 옹주로 되자 그의 천인 신분의 해방과 동시에 그의 본향에 대하여서까지 일정한 은전이 베풀어지고 있는 것을 알 수 있다.

16)『高麗史』卷57, 地理志2 減陰縣, "毅宗十五年(1161) 縣人子和等 誣告鄭敍妻與縣吏仁梁 呪咀上及大臣 投子和于江 **降縣爲部曲**".

있는 것이 아니라는 것을 알 수 있으며 전기한 도해도 다음과 같이 되어
야 할 것이다.

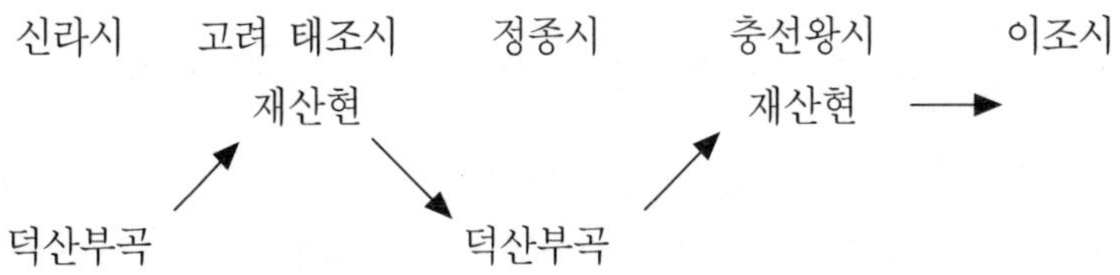

　이와 같이 부곡과 속현은 엄격히 구별되고 있었으며 때로는 부곡으로부
터 현으로 승격되자 몇 개 주변의 부곡을 이에 예속시키는 경우도 있었
다.17)
　부곡이 현으로 승격되고 혹은 군, 현이 부곡으로 떨어지는 따위는 부곡
제 전반에서 보는바, 다시 다음의 몇 개의 실례를 든다면

　　"이전 보신향(寶薪鄕)은 고려 현종(顯宗)시에 지금 이름(深岳縣)으
　로 고치어 현으로 하고 한양에 속하게 하였다."18)
　　"본주(忠州)의 다인철소(多仁鐵所)는 고려 고종(高宗) 42년(1255)
　토인(土人 : 그 곳 주민)이 몽고 침략자를 방어하는 투쟁에서 공을 세
　웠으므로 현으로 올리었다."19)
　　"폐지된 부원현(富原縣)은 고양군(高陽郡) 동쪽 30리에 있는바, 과
　천현(果川縣)으로부터 내속(來屬)한 것으로 즉 (이전의) 용산처(龍山
　處)였다."20)

---

17)『東國輿地勝覽』卷8, 陽智縣 建置沿革, "本水州陽良部曲 本朝 恭靖王元
　年(1399) 改今名 陞爲縣 置監務 太宗十三年(1413) 例爲縣監 移縣治于廣州
　秋溪鄕　又割竹州之高安・大谷・木岳・蹄村四部曲以屬之　自忠清道來隷
　本道".
18)『東國輿地勝覽』卷11, 交河縣 古跡, "古寶薪鄕 高麗顯宗時 改今名爲縣 屬
　漢陽".
19)『東國輿地勝覽』卷14, 忠州牧 古跡, "本州之多仁鐵所 高麗高宗四十二年
　以土人禦蒙兵有功 陞爲縣".

40   임건상전집

　　"보우(普愚)란 중이 미원장(迷原莊)의 소설암(小雪菴)에 거처하고
있었는데 공민왕 병신(1356)에 보우가 거처한 곳이라 하여 (장을) 현
으로 승격시키고 감무(監務)를 두었다."[21]

등등 향, 소, 처, 장 들이 현으로 승격되고 있는 사실을 보며

　　"명종(明宗) 6년(1176)에 명학소(鳴鶴所) 사람 망이(亡伊)가 무리를
지어 주(公州)를 공격하여 함락시키게 되자 조정에서는 그 소를 승격
시켜 충순현(忠順縣)으로 하고 현령과 현위(縣尉)를 두어 이를 무마
하였다. 그 후 (망이가) 투항하였으나 다시 반역하므로 이어 그를(충
순현으로 승격시킨 것) 깎아 버렸다."[22]

는 사실은 소를 현으로 올리고 현을 소로 떨어뜨린 구체적 예증으로 되는
바, 향, 처, 장에 있어서도 그 승격의 기사로 미루어 보아 그 반대의 현상
을 또한 추정하기 어렵지 않다.

　　그러나 이상과 같은 현상은 오직 부곡제에서만 보는 것은 아니었다. 과
거 조선의 군, 현제의 연혁(沿革)에서 보는 바와 같이 부, 주, 군, 현 사이
에서도 주민의 공로 혹은 범죄 등에 의하여 주, 군, 현의 명호(名號)를 올
리고 내리는 것을 허다히 찾아볼 수 있는 것이다.[23]

　　그렇다면 부곡제와 군, 현제와의 관계는 오직 그 편제상 차등 즉 부곡
등이 현 밑에 놓인 행정단위에 불과하였던 것인가? 이것을 해명하기 위하
여 부곡제와 촌과의 관계를 고찰해야 할 것이다.

---

20) 『東國輿地勝覽』卷11, 高陽郡 古跡, "富原廢縣 在郡東三十里 自果川縣來
　　 屬 卽龍山處也".
21) 『世宗實錄地理志』楊根郡, "普愚寓居迷原莊之小雪菴 恭愍王丙申 以普愚
　　 故陞爲縣 置監務……".
22) 『高麗史』卷56, 地理志1 公州, "明宗六年州鳴鶴所人亡伊 嘯聚黨與 攻陷
　　 本州 朝廷陞其所 爲忠順縣置令尉 以撫之 後降而復叛 尋削之".
23) 예컨대 善山 같은 곳은 "按一善本新羅之郡 陞爲州 復爲郡又降爲縣 凡四
　　 五轉"(『東國輿地勝覽』卷29, 善山都護府 宮室 北館 註)하였다 하며 이러한
　　 형편에 대하여 『增補東國文獻備考』卷18, 輿地考 郡縣沿革條에는 "考見輿
　　 地勝覽沿革 賊或因邑民 有功而陞號 有罪而革邑"이라고 하였다.

전술한 바와 같이 부곡 등은 자연촌락의 구조를 가지고 있었다. 이러한 사실을 다시 확증하여 주는 것은 부곡제의 소멸 형태이다. 즉

"감미곡부곡, 마전부곡, 신곡부곡은 지금은 **없어지고 직촌**으로 되었다."[24]

"두야지부곡은 지금은 **없어지고** 경산현의 **직촌**으로 되었다."[25]

"곡산향, 녹명향은 지금은 모두 **망하여 직촌**으로 되었다."[26]

"가을산소는 이전에 함양(咸陽)에 속하였는데 지금은 **없어지고** 직촌으로 되었다."[27]

등은 그 몇 개 예증에 불과하다.

이상과 같이 15세기에 이르러서는 부곡 등은 폐망되어 본래의 촌의 존재로 되고 있는 것을 알 수 있다. 그러나 상술에서 보는 바와 같이 부곡 등이 직촌으로 되게 된 것은 부곡과 현과의 사이에서 보는 공로 혹은 책벌에 의하여 발생한 것이 아니었다. 그것은 부곡 등의 자연적 소멸과정에서 발생한 직접적 원인 즉 호구(戶口)의 유산, 혹은 사실상 부곡제의 폐기에서 온 것이었다.[28] 바로 "인물이 모두 망하였다"[29]든가 "다만 이전 이름만이 있고 모두 본부(本府)의 직촌으로 되었다"[30] 등과 같이 부곡이 직촌으로 된 것은 부곡의 소멸과정을 보여주는 것들이었다.[31]

---

24) 『世宗實錄地理志』 安城郡 屬部曲, "甘彌谷部曲·馬田部曲·薪谷部曲 今亡爲直村".

25) 『慶尙道地理志』 壽城縣, "豆也只部曲 今廢爲慶山縣直村".

26) 『世宗實錄地理志』 固城縣, "曲山鄕·鹿鳴鄕 今皆亡爲直村".

27) 『世宗實錄地理志』 安陰縣, "加乙小所 舊屬咸陽 今亡爲直村".

28) "梨浦部曲 越安山境 在南陽界 只有四戶"(『世宗實錄地理志』 仁川郡)와 같이 겨우 4호가 남게 되었거나 "長川部曲·連山部曲·茂林部曲·平安部曲·已上四部曲 皆有人民"(同上 尙州牧)과 같이 사람들은 살고 있으나 부곡으로서의 기능은 사실상 소멸되었다는 것을 보여준다.

29) 『慶尙道地理志』 巨濟縣.

30) 『世宗實錄地理志』 水原都護府, "但有舊名 皆屬本府爲直村".

31) 고려 말기 부곡제가 소멸상태에 놓인 데 대하여 忠烈王 22년(1296) 洪子藩의 건의문에는 "諸州縣及鄕所部曲人吏 無一戶者 多矣"(『高麗史』 卷84, 刑

이상의 제 사실은 부곡이 본래 촌락적이었다는 것을 보여주는 충분한 근거로는 되나 군, 현제의 제도상에서 부곡과 촌 사이의 관계를 명백히 하여 주지는 못한다.

과거 조선의 촌은 자연촌락인 동시에 하부 말단의 행정구로도 되어 군, 현에 직접 포괄된 국가수탈의 기반을 이루고 있었다. 그리하여 촌에는 독자적인 행정기관을 두지 않고 다만 촌주(村主) 혹은 촌정(村正)을 통하여 군, 현이 직접 장악하였었다.

그러나 부곡제는 속현과 마찬가지로 자체의 일정한 행정기관을 가지고 있었다. 그것은 지방관아에 주던 '공수전(公須田)'이 부곡에도 해당되어[32] 있다는 사실로써 증명된다. 이러한 점으로만 본다면 부곡 등은 촌보다 큰 것으로도 보인다. 그러나 문제는 그와 같이 단순하지는 않다.

> "무림(茂林)부곡은 주(州) 북쪽 30리에 있는데 이전의 무흥촌(茂興村)이다."[33]

이 사실만 가지고 본다면 마치도 촌이 승격하여 부곡으로 된 것 같이도 보인다. 그러나

> "일러 오기를 주 북면 임하촌(林下村) 사람 태(太)가 성을 가진 자가 도적을 잡는 데 공을 세워 그 촌을 영순현(永順縣)으로 하였다."[34]

란 것을 보면 촌이 곧 현으로 승격되고 있는 것을 알 수 있다.

이처럼 촌을 현으로 승격시킨 것을 본다면 그 반대의 사실, 즉 촌을 떨어뜨린 사실을 생각할 수 있을 것이다. 그런데 주지한 바와 같이 촌은 군, 현의 제도상에서 최하 말단 단위인 만큼 군, 현제 편성상으로만 볼 때에는

法1 職制)라고 쓰고 있다. 이것으로써 12세기 이후 부곡제의 소멸과정은 사실상 인정할 수 있다.

32) 『高麗史』 卷78, 食貨1 公廨田 成宗 2年(983) 6月.

33) 『東國輿地勝覽』 卷28, 尙州牧 古跡, "茂林部曲 在州北三十里 古茂興村".

34) 『高麗史』 卷57, 地理2 尙州牧, "諺傳 州北面林下村人姓太者 捕賊有功 陞其村爲永順縣". 『東國輿地勝覽』 卷28, 尙州牧 古跡條에도 동일한 내용이 실려 있으나 여기에는 '諺傳'이란 말이 없다.

더 그 밑으로 떨어뜨릴 곳이 없다. 그렇다면 전기 무흥촌을 무림부곡으로 고친 것도 촌을 현으로 승격시킨 것과 동일하게 승격시킨 것으로 이해하여야 할 것인가?

그런데 많은 부곡들이 현으로 승격된 사실은 있으나 반대로 부곡을 다시 그 어떠한 것으로 떨어뜨린 실례는 전연 없다(물론 전술한 부곡이 직촌으로 된 것은 그 자연소멸 과정에서 나타난 현상에 불과하였다). 이러한 사실은 촌이 승격되어 부곡으로 되었다고 볼 근거가 없다는 것을 의미한다. 그렇다면 전기한 무림부곡은 무흥촌을 승격시킨 것으로 볼 수 없다는 것은 명백하여진다. 간단히 생각하여 부곡이 촌락적이었다는 점과 동시에 군, 현제의 일종의 행정구였다는 점은 자연촌락이며 동시에 군, 현제의 기초로 되고 있던 촌과 군, 현제에 있어서 동등한 위치에 놓여 있는 것 같이도 보인다. 그러나

> "전조(前朝 : 고려) 5도(道) 양계(兩界)의 역자(驛子) 진척(津尺) 부곡인은 모두 (고려) 태조시에 항거한 자들로서 모두 천역(賤役)에 종사하게 되었다."[35]

라고 한 것으로 미루어 보면 부곡은 보통 촌과 구별되어 천인들의 촌락으로 되고 있다는 것을 알 수 있다. 이와 같이 부곡이 보통 촌과 구별된다면 무흥촌이 무림부곡으로 고쳐진 것은 그 승격이 아니라 반대로 어떠한 범죄적 사실에 의하여 천인촌락으로 떨어뜨린 것으로 간주해야 할 것이다.

이리하여 부곡 등을 올리고 떨어뜨리는 것이 군, 현제에 있어서 단순한 명호(名號)의 변경을 의미하는 것이 아니라는 것은 명백하여지며 최하 말단행정구로서의 촌도 부곡으로 떨어뜨리게 되는 가능성을 찾아볼 수 있었다. 그리하여 바로 무흥촌이 무림부곡으로 된 것은 촌을 부곡으로 떨어뜨린 구체적 실례의 하나로 될 것이다.

결국 촌을 중심으로 본다면 촌을 올릴 때는 현으로, 떨어뜨릴 때는 부

---

35) 『太祖實錄』卷1, 太祖 元年 8月 己巳, "前朝五道兩界 驛子 · 津尺 · 部曲人 皆是太祖時逆命者 俱當賤役".

곡으로 된다. 즉

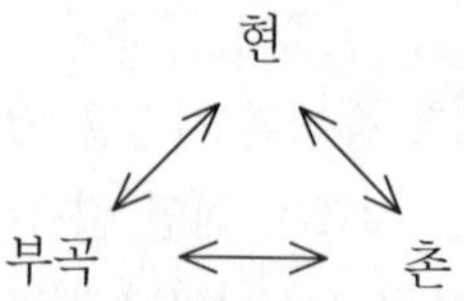

이상의 고찰에 근거하여 부곡 등이 속현과 구별되는 것도 단순히 군, 현제 자체의 체계상에서 오는 것이 아니라 특수 조직으로서의 부곡제의 성격에서 차별되었던 것이다. 일정한 행정기관을 가지고 주, 군, 현에 속하였던 속현과 마찬가지로 부곡 등도 일정한 자체의 기관을 가지고 주, 군, 현에 속하여 있었다는 바로 그 동일한 형태에서 부곡 등을 속현과 동일한 개념으로 이해하였던 것이 아닌가?

특수 행정조직으로서의 부곡제가 군, 현제상에서 차지한 위치를 좀더 명백히 구명하기로 하자.

"밀성(密城 : 오늘 밀양) 사람 조천(趙阡)이 수령(守令)을 죽이고 (三別抄) 폭동군에 호응하였으므로 밀성을 떨어뜨리어 귀화(歸化)부곡으로 하였다."36)

이와 같이 큰 고을을 일시에 부곡으로 떨어뜨린 실례는 이 외에도 전주(全州) 등에서도 찾아볼 수 있다.

이 사실은 반드시 현을 떨어뜨릴 때에 한하여 부곡 등이 발생하는 것이 아니라는 것을 보여주며 군, 현제의 본래 체계와는 별개의 특수한 행정단위로서 군, 현제의 일환으로 되고 있었다는 것을 증시한다.

밀양이나 전주와 같은 큰 고을이 부곡으로 된 것은 물론 특례에 불과하다. 그러나 이 사실을 통하여 보면 부곡의 규모를 반드시 속현이나 촌과 같은 것으로만 제한하여 생각할 수 없다는 것을 알 수 있다. 고려시기의 전제(田制)에 의하면 '공수전' 정급(定給)의 내용으로서 1000정(丁) 이상

---

36) 『高麗史』 卷124, 朴義, "密城人趙阡殺守應賊 降密城爲歸化部曲".

의 장정을 갖는 부곡이 실제로 존재하였던 것을 시사하고 있다. 편의상 '공수전' 정급을 도표로 보면 다음과 같다.37)

표준정수	급전수	
	주, 현	향, 부곡
1000정 이상	300결	20결
500정 이상	150결	
200정 이상	?	
100정 이상	70결	15결
100정 이하	60결	
60정 이상	40결	
50정 이하	?	10결
30정 이상	20결	
20정 이하	10결	

위의 도표에서 보는 바와 같이 고려시기 1000정 이상을 갖는 부곡의 실제적 존재를 인정할 수 있는가 하면 20정 이하의 주, 현의 존재도 인정하게 된다. 이것은 전기 밀양이나 전주 등이 부곡으로 되었던 사실과 함께 부곡의 규모가 일정한 지역적 혹은 인구의 다과와는 하등의 관계가 없었다는 것을 의미한다. 그리하여 부곡이 단순히 군, 현제에서 하부 말단행정구로서가 아니라 일정한 특수 행정구(그 기관)로서 군, 현에 소속되어 군, 현제의 일환을 이루고 있었다는 것을 의미한다. 즉 부곡제는 본래 촌락적인 것으로서 군, 현제의 일환을 이루고 있다고는 하나 군, 현제 그 자체의 체계에서 볼 때 본래적인 군, 현제와는 또한 별개의 독자적인 특수 행정구로서 군, 현에 소속되어 있었다는 것을 확증할 수 있다.

이와 같이 부곡제가 군, 현제의 속현적인 것, 동시에 촌락적(한 개 촌락 혹은 몇 개 촌락을 합친 것) 특수한 행정단위로서 군, 현제의 일환을 이루고 있는 것은 고려시기 군, 현제의 구조의 특수성을 파악할 때에 더욱 명백히 될 것이다.

---

37)『高麗史』卷78, 食貨1 公廨田 成宗 2年(983) 6月.

3. 부곡제 및 비래지(飛來地)를 통해 본 군, 현제

군, 현제에서 비지(飛地) 혹은 비래지(飛來地)에 대하여 일반적으로 잘 알려져 있는 것 같지 않다.

"고매(古買)부곡은 청도군(淸道郡) 동촌과 경주 서촌 (사이)에 월입 (越入)하여 (밀양)부를 떨어지기를 95리이다."[38]

즉 밀양부에 속한 고매부곡은 밀양부치(密陽府治)를 95리나 떨어진 청도군 동촌과 경주 서촌 사이에 놓여 있었다.

"이포(梨浦)부곡은 안산(安山)을 넘어 뛰어 남양(南陽)지방에 있다."[39]

즉 인천부(仁川府)에 속한 이포부곡은 안산현을 지나 남양현에 있었다는 것이다. 이에 대하여 『동국여지승람』에는 이포부곡은 인천으로부터 수로로 30리가 되며 육로로는 안산, 광주(廣州)를 지나 남양 땅에 이르러서 비로소 있게 되니 몇 백 리나 떨어져 있는 것으로 된다고 하였다.[40] 이와 같이 소속 군, 현령 내에 있지 않고 타 군, 현령 내에 있게 되거나 혹은 타 군, 현 짬에 놓인 땅을 곧 비(래)지라고 한다. 이러한 비래지는 일일이 예거할 수 없을 정도로 전국 각지에 산재하고 있었다.

비례지의 폐단에 대하여서는 이조 초기에 수차 논의된 일이 있으며[41]

---

38) 『東國輿地勝覽』卷26, 密陽都護府 古跡, "古買部曲 越入淸道郡東村及慶州西村 距府九十五里".
39) 『世宗實錄地理志』仁川郡, "梨浦部曲 越安山境 在南陽界".
40) 『東國輿地勝覽』卷9, 仁川都護府 古跡條, "梨浦部曲 在府南水路三十里 由陸則過安山·廣州·南陽之境 始至其地 幾百里許".
41) 『世宗實錄』卷22, 世宗 5年 12月 丁卯, "前知順安縣事朴甸上救幣陳言四十八條 …… 臣亦嘗觀平山南面 越入延安相距六舍 又聞春川任內麒麟縣 相距七舍 准陽任內瑞知縣 相距十二舍, 亥安·伊布二縣 越入楊口 相距七舍 民之往來甚困 而還上貸償 廢農亦甚 此皆民間積幣 願令其道監司 遠近舍數分棟 從宣施行". '舍'는 일반적으로 하루 노정을 가리키나 『經國大典』에는 30里를 1舍라고 하였다.

부분적으로 개편한 사실도 있었으나[42] 이조 말까지도 근본적인 정리를 보지 못하였던 것 같다. 그것은 『대동여지도』에 일부 비래지들이 나타나고 있는 것으로 알 수 있다.

이와 같은 군, 현제의 불합리성이 정리되지 못하여 이조 말까지도 비래지 등이 은연히 보존된 것은 비래지가 있게 된 그 유원한 역사적 근원에서 찾아야 할 것이며 동시에 그것을 용이하게 정리하지 못하게 한 그 어떠한 요인이 있었다는 것을 인정해야 할 것이다.

우선 과거 조선의 군, 현제의 특성에서 비래지를 고찰하여 보기로 하자. 정다산은 비래지를 부곡과 관련시켜 다음과 같이 설명하였다. 즉

"대체로 군, 현을 쪼개는 것은 마땅히 큰 개울이나 큰 영(嶺)으로 경계를 삼아야 하며 그렇지 않으면 혹은 계곡이나 혹은 언덕으로 혹은 대로(大路)로 경계를 삼아서 반드시 일정한 구역을 정함으로써 그 한계를 넘지 못하게 하여야 할 것이다. 그러한 연후에 제도의 이치가 있으며 (경계를 가지고) 싸움도 일어나지 않을 것이다. 그러나 우리 나라의 군, 현을 나누는 분계선은 많은 경우에 정연하지 못하여 혹은 한 동네나 두어 동네가 이웃 현을 넘어서 그 밖에 있거나 혹은 한 동네나 두어 동네가 이웃 현 안에 끼워 있으며 혹은 경계를 접하고 있다고 하여도 개(犬) 이빨 모양으로 서로 들쑥날쑥하여 분할의 계선이 명백하지 못하다."

라고 말하면서 계속하여 그렇게 된 원인으로서 부곡과 관련시켰다. 즉 정다산은 계속하여 부곡을 자성촌락(自成村落)으로 보고

"그 후 부곡을 파괴하여 제 현을 편성하였으니 (군, 현)은 부곡들을

---

42) 『東國輿地勝覽』 卷10, 振威縣 古跡條에 "永新廢縣 在縣南十五里 一云永豊 舊屬陽城縣 本朝太宗時 以犬牙相入 移屬水原府……"하였다는 것으로 그 개편의 사실을 알 수 있으며 『太宗實錄』 卷28, 太宗 14年 8月 丁巳條에 "近年以來 州縣可幷者幷之 可置員吏者置之 然未盡革"하였다는 것으로써 전 지역에 걸쳐 철저히 개편되지 못한 사실을 말하고 있다.

몇 개씩 합치어 이루어진 것일 것이다."[43]

라고 하였다.

정다산의 견해에 의하면 자연발생적인 촌락들에 의거하여 군, 현제가 편성되었기 때문에 군, 현의 경계가 둘쑥날쑥하게 되었으며 비래지와 같은 것이 나타나게 되었다는 것이다. 정다산의 견해는 비래지를 고찰하는 데 있어서 매우 중요한 암시를 준다. 일정한 구획에 의하여 행정구로 정비된 것이 아니라 자연촌락을 그대로 말단행정구로 편입하였다는 것, 그리하여 자연촌락의 자연적 및 역사적 조건에 제약되는 군, 현제의 특성을 갖게 되었다는 것을 추정할 수 있다.

그러나 이상의 설명만으로써 비래지의 유래를 다 설명하였다고는 물론 말할 수 없다. 우리는 군, 현제에 있어서 공로 혹은 책벌로써 군, 현의 격을 올리고 떨어뜨린 특성을 반드시 고려해야 할 것이다. 정다산도 이러한 군, 현제의 부단한 변경을 비판하고 있다.[44] 또한 숙종(肅宗)시의 대신의 한 사람이었던 남구만(南九萬)도 반역 혹은 공로로써 군, 현을 올리고 내리는 법은 중국법에도 없으며 이조의 『경국대전(經國大典)』 등에도 전연 보이지 않는 것으로 이것은 일시적인 특명(特命)에 불과한 것이지 일정한 법규는 아니라는 것을 강조하고 있다.[45] 조선의 탁월한 실학자의 한 사람

---

43) 『經世遺表』 卷8, 田制10 井田議2, "大抵郡縣分割 宜以大川大嶺爲界 不然 或限之以溪渠 或限之以岡陵 或限之以大路 必有一定之城 不可踰之限 然後 制度有理 爭訟不興 乃我邦郡縣 其割界分疆 多無義理 或一坊二坊 越在隣縣之外 或一坊二坊 忽揷隣縣之中 或連疆接 犬牙相錯 絶無分割之跡 蓋原建置之時 非有神聖大人 迺疆迺理 以爲是也 鳥合獸聚 自成村落 名之曰部曲 其後破其部曲 以爲諸縣 其部曲之分授也".

44) 『經世遺表』 卷9, 奉天省, "州郡升降之法 本不合理 大抵王者建國經野分州 法制一定 不宜變動在昔高麗之世 州郡陞號者 歲增月衍 或以王妃之姓鄕 或以勳臣之本鄕 或以高僧之本鄕 遂使官制紊亂 諂風大行 逮我聖朝因循爲法 此必宜改者也".

45) 『增補東國文獻備考』 卷18, 輿地考 郡縣沿革, "外方州縣 有惡逆之人 則降邑號 罷守令 非但中國律令之所無 我朝經國大典 前後續錄 皆無此文 考見輿地勝覽沿革 則或因邑民有功而陞號 有罪而革邑 此一時之特命 而非一定

인 반계(磻溪) 유형원(柳馨遠)도 주민의 공로 혹은 범죄로써 군, 현의 격을 올리고 내리는 것이 상벌의 정도(正道)와 어긋나며 오히려 그것으로 분쟁이 생겨서 폐단이 많다는 것을 역설하였다.[46]

이처럼 군, 현의 격을 올리고 떨어뜨리는 것이 많은 폐단을 가졌다는 것은 무엇으로 설명될 것인가?

"신종(神宗) 7년(1204) 동경(東京) 사람이 신라가 다시 일어난다고 상주, 청주, 충주, 원주 등지에 격문을 보내어 폭동을 기도하였다 하여 지경주사(知慶州事)를 떨어뜨리고 경주 소관의 군, 현과 향-부곡 들을 박탈하여 안동과 상주에 나누어 소속시켰다."[47]

이와 같이 책벌로써 소속 부곡 등을 타 군, 현에 따돌린 실례는 또한 수원에서도 찾아볼 수 있다. 즉

"처음 홍두적(紅頭賊)이 양광도(楊廣道) 내의 여러 고을에 대하여 투항할 것을 강요하였을 때에 수원이 선참으로 투항하였다 하여 군으로 떨어뜨리고 소속한 4개 부곡을 깎아서 안성(安城)에 소속시켰다. 이에 이르러 김용(金鏞)이란 자가 수원 사람의 뇌물을 먹고 다시 부(府)로 올리고 그 부곡을 다시 돌려주었다."[48]

수원의 4개 부곡을 얻게 된 안성에 대하여서는

"공민왕(恭愍王) 10년(1361) 홍두적이 송도(松都)에 침입하자 국왕이 남으로 피난하였다. 침략자가 선봉 부대를 파견하여 양광도 내의

　　之格例也".

46) 『增補東國文獻備考』 卷18, 輿地考 郡縣沿革, "高麗以來　州縣陞革皆因土人之功罪　夫誅賞之道　各於其人而止矣　州縣陞革　本非有係於賞罰　而紛更不一　其幣無窮".

47) 『高麗史』 卷57, 地理志2 東京, "(神宗)七年　以東京人　造新羅復盛之言　傳檄尙·淸·忠·原州道　謀亂　降知慶州事　奪管內州府郡縣鄕部曲　分隷安東·尙州".

48) 『高麗史』 卷131, 金鏞, "初紅賊招降楊廣諸州　水原府先降　降爲郡　削其四部曲　隷安城　至是　鏞納水原人賂　復陞爲府　還其部曲".

여러 고을의 투항을 강요하는 환경에서 도처에서 적의 선봉부대를 막아내지 못할 때에 다만 (안성현) 사람이 거짓 투항하고 적을 위하여 잔치를 베풀어 취하게 한 후 적의 괴수 6명의 목을 자르니 적이 이로 인하여 감히 더 남하하지 못하였다. 11년에 이러한 공로에 의하여 현을 올리어 지군사(知郡事)로 하고 수원 임내의 양량(楊良), 감미탄(甘彌呑), 마전(馬田), 신곡(薪谷)의 4개 부곡을 주었다. 그러나 후에 김용이 뇌물을 받고 3개 부곡을 다시 수원에 속하게 하였다."[49]

는 것이다.

이상의 고찰로써 부곡이 군, 현의 격을 승강시키는 데 따라 이리저리 그 소속을 개편하게 되는 것을 보았다. 『동국여지승람』의 군, 현의 건치연혁조(建置沿革條)에 흔히 보이는 소속 부곡 등이 그 소속을 빈번히 변경하고 있는 것을 전부 상기와 같이 공로나 벌책에 의한 것으로만 생각할 수는 없지만 대체로는 군, 현의 격을 올리고 내림에 따라서 변경되는 경우가 많았다는 것으로 이해하여서 억측은 아니다.

이와 같이 군, 현제의 부단한 부분적 개편을 보게 됨에 따라 일부 속현 부곡 등의 소속의 이동, 특히는 부곡 등의 현으로의 승격 등의 국부적 변경은 필연코 군, 현 간의 경계를 들쑥날쑥하지 않을 수 없게 하였으며 이러한 과정에서 비래지와 같은 기형적 형태가 도처에 발생하게 되었을 것은 또한 있을 수 있는 것이었다고 생각된다.

전기한 수원에 속하였던 양성, 감미탄, 마전 부곡 등이 모두 한때 수원 영역 내에 있었던 시기를 가정한다면, 보다 수원에 가깝게 있었던 양성부곡이 양지현으로 승격되었을 때에 양성부곡보다 더 동남쪽에 있었던 감미탄, 마전부곡은 양지현 밖에 놓인 수원의 비래지로 될 수밖에 없었다는 것,[50] 또한 양성부곡이 양지현으로 승격되자 새로 양지현에 속하게 된 제

---

49) 『高麗史』卷56, 地理志 1 安城縣, "恭愍王十年 紅賊入松都 王南巡 賊遣先鋒 招降楊廣道州郡 所至莫敢挫其鋒 唯縣人佯爲降附 設宴犒之 乘其醉 斬魁首六人 賊由是不敢南下 十一年以功陞知郡事 割水原任內陽良・甘彌呑・馬田・薪谷四部曲 以與之後金鏞受賂 以三部曲 還屬水原".

촌부곡은 본래 죽산(竹山)지방 동쪽 60리에 있었다 하니 양지현에 속하게 될 때부터 양지현의 비래지로 되고 있었다.[51] 이러한 사실들은 군, 현의 국부적인 개편에 의하여 비래지들이 나타나게 된 구체적 실례들로 될 것이다.

대범하게 보아 비래지가 군, 현을 국부적으로 개편함에 따라서 변경되는 부곡 등의 소속 이동에 의하여 발생하였다면 이러한 군, 현제상 기형적 형태를 불가피하게 한 기본 원인은 어떠한 것이었던가 하는 문제가 제기된다. 우선 이 문제를 해명하기 위하여 수원부가 군으로 떨어지고 소속 부곡들을 떼였을 때에 어찌하여 수원 사람이 뇌물을 써가면서 그것을 회복하려 하였겠는가 하는 문제를 고찰하자.

군, 현을 떨어뜨렸을 때 그 곳 주민들이 뇌물 기타 방법으로 종전의 상태를 회복하려는 운동은 밀양, 경주 등지에서도 있었다.

밀양이 귀화부곡으로 떨어졌던 사실은 전술한 바 있거니와 부곡으로 떨어뜨리는 문제가 제기되었을 때에 대신들에게 뇌물을 써서 격을 떨어뜨리는 것을 적용시키지 못하도록 하기 위한 운동들이 있었으며 그리하여 상당한 기간 그것은 집행되지 못하고 있다가 결국 얼마 후에 집행되기는 되었으나 "밀양이 큰 군이어서 공부(貢賦) 수입이 큰데 부곡으로 떨어뜨린다면 다스리는 자가 없게 되어 인민이 흩어질" 것이니 국가에 손실을 가져올 것이라고 표방하여 복구운동을 전개하고 있는 것을 볼 수 있다.[52]

---

50) 감미탄, 마산 부곡은 모두 안성군 동쪽 10리에 있었는데 수원에서 동으로 38리나 떨어진 양지현이 안성군의 북쪽 89리에 있었다 하니 전기 두 부곡은 양성부곡보다도 훨씬 동남쪽에 있었던 것으로 된다(『東國輿地勝覽』 卷8, 陽智9 水原 安城).

51) 『東國輿地勝覽』 卷8, 陽智縣 古跡, "蹄村部曲 在縣東六十里 越竹山境".

52) 『高麗史』 卷57, 地理志2 密城郡, "忠烈王元年(1275)以郡人趙阡 殺郡守 以應珍島叛賊三別抄 降爲歸化部曲 屬之鷄林 先是臺省屢請降號 用事者受邑人賂 每沮之 至是 復極論 從之". 이상의 사실을 보다 구체적으로 보여주는 것은 다음의 기사이다. 『高麗史』 卷124, 朴義, "密城人趙阡殺守應賊 降密城爲歸化部曲 義賂左右白王曰 密城大郡貢賦甚夥 降爲部曲無鎭撫者 恐其民流散 乃置蘇復別監".

경주에서도 경주는 옛적의 국도(國都)이며 남쪽의 거진(巨鎭)인데 격을 떨어뜨린다는 것은 곤란하다는 것이 그 복구운동의 표면상 구실이었다.[53]

이상의 사실로써 군, 현의 격을 올리고 내리는 데 대하여 주민들, 정확히 말하여 군, 현의 상층의 이해관계와 저촉되고 있었다는 것을 알 수 있다. 경주를 떨어뜨렸을 때 당시 집정자인 최충헌(崔忠獻)은

> "동경(경주) 사람이 신라가 다시 부흥한다는 말로써 주, 군에 격문을 보내어 모반을 선동하였으므로 불가불 징계하여야 한다."[54]

고 한 것을 보면 경주 인민들이 전체적으로 국가적 징벌을 직접 받게 되었다는 것을 의미한다. 그러면 이 '징계'란 구체적으로 어떠한 내용을 갖는 것인가?

수원에서와 같이 경주에서도 소속 부곡들을 떼어서 타 군에 소속시켰다. 이런 것이 '징계'의 내용으로 된다면 그 곳 주민들과는 어떠한 이해관계를 갖는 것인가?

이 문제를 해명하기 위하여 우선 어떠한 고을에 촌, 부곡 들이 붙게 되는가를 보기로 하자. 전술한 안성에서와 같이 공로에 의하여 수원의 4개의 부곡을 얻었다면 그로써 일정한 이득이 돌아온다는 것을 시사한다. 이러한 또 하나의 실례로서

> "태종이 여주(驪州)가 원경왕후의 고향이라 하여 부(府)로 승격시키고 음죽현(陰竹縣) 북쪽의 어서이촌(於西伊村)을 떼어 줌으로써 이롭게 하였다."[55]

란 것이 있다. 이로써 안성군이 4개 부곡을 얻었다면 그것은 이 곳 주민에

---

53) 『高麗史節要』 卷14, 神宗 7年, "有人言於忠獻曰 東京古之國都 實南方巨鎭 降爲知官 無乃不可乎".
54) 『高麗史節要』 卷14, 神宗 7年, "……忠獻曰 東京人造新羅復興之言 傳檄州郡謀逆扇亂 不可不懲".
55) 『東國輿地勝覽』 卷7, 驪州牧 建置沿革, "太宗以元敬王后之鄕 復陞爲府 割陰竹縣北於西伊村以益之".

게 이익을 주었다는 것은 명백하다.

다시 말한다면 부곡을 붙이고 떼어 내는 것은 실제상 소속 군, 현의 주민의 이해관계와 결부되고 있는 것을 알 수 있다.

촌, 부곡을 붙여준다는 것은 해당 군, 현의 전정호구(田丁戶口)의 증대를 그만큼 가져다 줄 것은 사실인바, 그것은 곧 그만큼 그 곳 주민의 부담을 가볍게 하여 준다는 것을 의미하는 것으로 될 것이다. 왜냐 하면 고려시기 군, 현의 세공액(歲貢額)이 일정하게 군, 현에 따라 규정되어 있었기 때문인바56) 해당 군, 현의 조세수입 원천으로 되는 주민의 증대는 그만큼 그 곳 주민의 국가 공부의 부담을 가볍게 할 가능성을 부여한 것으로 될 것이다.

그러나 이조 초 세조(世祖)가 도관찰사(道觀察使)들에게

　　"우리 나라는 땅이 좁은데 관리가 많아서 백성이 그 피해를 입고 있다. 내가 경기의 여러 군을 병합하였더니 서리는 원망하고 백성은 즐거하였다.

　　내가 백성의 심정에 따라 적은 읍을 합치려 하니 그대들은 이 뜻을 알고 가히 합하여야 할 읍과 쪼갤 땅을 일일이 조사하여 나에게 알릴 것이다."57)

라고 한 내용에서 군, 현제의 정리사업이 직접적으로 지방 서리들의 이해관계와 충돌되고 있는 사실을 볼 수 있으며 결국 세조의 뜻도 실현되지 못하고 말았던 것이다.

이조시기까지도 지방토착세력인 토호, 즉 지방 향리(鄕吏)세력은 전통적으로 하나의 촌락적 친족집단을 이루고 있었다는 것은 잘 알려진 사실이다.

『연조귀감(椽曹龜鑑)』에 의하면 신라 말 지방의 토호세력의 신장과 고

---

56) 『高麗史』 卷78, 食貨志1 貢賦, "光宗卽位(946)命 …… 定州縣歲貢之額".
57) 『增補文獻備考』 卷18, 輿地考 郡縣沿革, "世祖元年(1456) 諭八道觀察使曰
　　我國地小官多　民受其瘼　予於京畿倂合數郡　吏怨而民樂之　予欲從民之情
　　幷合小邑　卿知此意　可幷之邑　可割之地　悉商慶以聞".

려왕조가 수립된 이후 그들을 호장(戶長)의 직호(職號) 하에 집권적 지방통제에 인입한 과정을 설명하고[58] 있는바, 이로써 중앙정부는 지방토호들인 토착세력과의 타협에 의하여 집권적 군, 현제의 위계적(位階的) 편성을 수습하려 한 것을 알 수 있게 한다.

물론 고려 초기 토호세력에 대한 제한정책, 집권화의 제반 제도의 편성과 전국적 규모에서의 토지제도의 정비 등 일련의 지방통제의 수습을 보이고 있으나 이러한 것이 과연 지방토착세력을 수습하는 데 있어서 어느 정도의 효과가 있었는지는 매우 의심스럽다.

『세종실록』에 의하면 "고려시기 지방향리들이 중앙정부의 문무반(文武班)의 조관(朝官)의 본을 따서 호장을 대상(大相), 중윤(中尹), 좌윤(左尹) 등의 직호로서 부르며 구정(丘正), 악정(嶽正) 등의 이름을 갖는 서기를 두며 조관의 관복을 패용하였다"[59]는 것을 알 수 있다. 이것으로써 고려시기 지방향리들의 세력이 상당히 컸다는 것을 이해할 수 있다.

이러한 토착 토호세력이 고려왕조의 봉건적 집권적 체제와 어떠한 형태로서 타협되었겠는가 하는 것은 우리의 주목되는 바이다. 여기에 있어서 필자는 지방토호세력과 중앙집권적 봉건체제 간의 모순의 해결로서 지방토착세력에 대해 일정한 지방적 특권을 부여하였으리라는 것을 찾아보려한 것이다. 바로 실제적으로 지방에 둥지를 틀고 있는 토착세력의 존재야말로 군, 현제의 정리사업조차 국왕의 뜻대로 되지 못하게 한 중요한 원인이었으며 군, 현의 격을 올리고 떨어뜨리게 함으로써 지방세력의 이해상저촉을 야기케 하는 내재적인 요인이 있다고 보이는 것이다.

상술한 바와 같은 군, 현에 대한 일정한 변경을 가져오는 사실이 지방

---

58) 『椽曹龜鑑』卷1, 所引 安東金氏家譜, "羅末諸邑土人 能號令治邑者 麗朝統合後 仍賜職號 俾治其事 治民者稱戶長 又質其子弟於京師 遣王官 監之".

59) 『世宗實錄』卷81, 世宗 20年 4月 朔, "世宗二十年(1438) 戊午四月甲寅 議府據禮曹呈啓 高麗舊制外方鄕吏 比朝官文武班 戶長有大相・中尹・左尹之號 記官有丘正・嶽正之號 …… 由是大官鄕吏例用犀帶象笏玉瓔玉環 至本朝皆禁之".

세력의 경제적, 정치적 이해관계와 직접 결부되고 있었다는 것을 알 수 있다. 그리하여 결국 집권제적 지방통제의 특수한 형태도 이에서 규정된다고 이해할 수 있다면 고려시기의 군, 현제도의 실제상 형태는 토호 혹은 그 친족집단에 대한 계층적 편성으로서의 특성을 가진다고 할 수 있을 것이다. 고려의 군, 현제는 국가가 토호의 토착세력을 인정하고 그와 결탁함으로써 그들의 세력에 대응하는 지위 격식을 주어 군, 현제 하에 계층적으로 인입한 형태를 가졌다고 인정된다.

그리하여 군, 현의 격을 올리고 내리는 것과 소속 부곡 등을 붙이고 떼는 것은 형식상 주민 전체에 대한 조부 부담의 이해상 관계가 있어 보이나 내면적으로는 지방토착세력인 토호들의 직접적 이해와 관련되어 있었다고 보아야 할 것이다.

물론 군, 현의 소속 지역 즉 소속 부곡 등이 떨어져 나가면 떨어져 나간 부분의 부담은 군, 현의 주민에게 더 들씌워질 것은 상상하기 어렵지 않으나 반대로 새로운 지역, 즉 부곡 등이 새로 소속되었다고 하여서 그 곳 군, 현 주민에게 얼마만한 부담의 감소를 가져왔는지는 의심스럽다. 군, 현의 격을 올리고 내리는 것 또는 소속 부곡 등의 첨가 혹은 삭제가 지방토착세력의 이해관계와 직접적으로 관련되어 있었다면 그것은 군, 현의 계층적 지위 여하와 소속 부곡의 다과 여하에 따라서 직접적으로 지방토착세력의 확대, 특히는 경제적으로 중간착취(특히 공부에서)에서 얻어지는 이득과 직접 관련되었다는 것으로 되지 않겠는가.

이상으로써 집권제에 대한 지방세력의 원심적 운동의 하나의 반영으로서 군, 현제의 기형화, 다시 말하여 군, 현제 하에 특수 조직으로서의 부곡제의 편성을 허용하지 않을 수 없었다고 보인다. 그리하여 군, 현제의 국부적인 빈번한 변동에 따라서 비(래)지의 발생을 필연케 한 것, 그것을 오랫동안 극복하지 못하고 보존시킨 역사적 요인을 이해할 수 있었을 것이다.

이상은 군, 현제도 상에 있어서의 중앙과 지방세력 간의 모순, 그 모순으로부터 도출된 하나의 옹색한 해결로서 산생한 비래지의 존재를 설명할 수 있을 것이다. 그러나 비래지 발생이 부곡제와 불가분리의 관련을 가지고 있었던 만큼 그 근본적 내재적 요인에 대한 역사적 규정성은 부곡제 구조의 본질적 해명에 의하여 더욱 정확히 구명될 것이다.

제2장 고려시기의 부곡제의 구조

1. 부곡제 하의 주민의 신분

부곡제는 자연촌락적 구조를 가지고 군, 현제의 일환을 이루고 있었다. 그러나 군, 현제 그것만으로써는 부곡제의 본질적 구조를 다 해명하지 못하였다. 그것은 부곡제가 일반 군, 현제의 일환을 이루고 있는 동시에 또 이와는 다른 측면을 가지고 있었다는 것을 보여주고 있기 때문이다.

전술한 고려 태조시기에 고려왕조에 항거하였다는 이유로써 그 주민들을 부곡 등 민으로 편입하여 천역(賤役)에 종사케 하였다는 사실은 그들의 신분을 양인(良人)으로부터 천인(賤人)으로 떨어뜨린 것을 의미한다.

이와 같이 군, 현에서 반역 등의 사건이 발생하였을 때에 그 책벌로써 군, 현을 부곡 등으로 떨어뜨리게 된 것은 그 곳 주민 전체를 일반 군, 현민(양인)으로부터 천민 신분으로 떨어뜨린 것으로 된다. 바로 『고려사』에 '천향–부곡' 등으로 기재되고 있는 것은 부곡민 등이 일반 군, 현민과는 다르게 천민 신분에 속하였다는 것을 가리키는 것이다.

부곡–향의 주민 신분을 천민으로 보게 되는 단적 실례로서 고려 인종(仁宗)시 묘청(妙淸) 등의 폭동군을 진압한 후 그 참가자들에 대한 처벌 기사를 들 수 있다. 즉

> "완강히 항거한 자는 서경역적(西京逆賊)이란 네 글자를 자자(刺字)하여 섬에 유배보내고 그 다음 길에 속하는 자는 서경 두 자를 자자하여 **향–부곡**에 나누어 보내고, 그 나머지는 여러 주, 부, 군, 현에 나누어 두게 하였으며 처자들은 관대히 보아 **양인**으로 허락하였다."[1)

이에 의하면 그들의 처자를 제외하고는 모두 양인 신분을 박탈당한 것으로 된다. 그 중 유배된 자에 대하여서는 사실상 사형수에 준하는 엄벌을 적용한 것으로 되겠지만2) 가장 경하게 처벌된 자들도 그 고향과는 멀리 떨어진 지방으로 유배—즉 각지 주, 군, 현에 구속된 처지를 면치 못하였을 것은 의심할 바 없다.

이렇게 보면 부곡—향에 배속된 것은 사형수에 준하는 유배보다는 좀 낮은 처벌로 된다고 하더라도 지방관청에 구속된 사람들보다는 무거운 처형으로 된다. 더욱이 부곡 및 향에 배속된 자는 자자까지 찍히게 되어 종신 부곡—향에 구속되었다는 것을 말하고 있다. 물론 이 사실은 하나의 특례를 보여주는 것으로 모든 부곡—향의 주민이 자자를 찍힌 사람들이었다는 것을 의미하지 않는다. 그러나 부곡—향에 배속되게 된 자가 일반 주, 군에 구속된 것보다도 중형으로 되었다는 것은 주목되는 바이며 부곡—향의 주민들의 신분을 파악하는 데 있어서 중요한 시사로 된다.

고려시기 부곡제에 대한 신분적 법적 규정들은 부곡제 하의 주민들의 신분을 더욱 명백히 파악할 수 있는 가능성을 준다. 우선 부곡제에 대하여 사회적으로 어떠한 제재를 가하고 있는가를 찾아보기로 하자.

ㄱ. "인종시기(12세기)에 식목도감(式目都監)은 국자감(國字監) 학생의 입학자격을 규정하여 …… 무릇 잡로(雜路) 및 공상(工商), 음악 등 천한 일에 종사하는 자, 가까운 친척 간에 통혼한 자, 가도(家道)가 바르지 못한 자, 반역죄를 범하였다가 귀향한 자, 천향—부곡민 등의 자손과 일반 범죄를 범한 자는 입학시키지 않는다.……"3)

---

1) 『高麗史』卷98, 金富軾, "……其勇悍抗拒者 黥西京逆賊四字 流海道 其次 黥西京二字　分配鄕·部曲　其餘分置諸州府郡縣　妻子聽任便許爲良人 ……".

2) 유배형이 극형으로서 사실상 다 사형죄에 준하고 있는 것은 다음의 기사로써 알 수 있다. 『高麗史』卷6, 靖宗 元年, "庚戌制曰 先王憂服未闋 其犯斬罪者 杖配無人島 絞罪者 杖配有人島".

3) 『高麗史』卷74, 選擧2 學校, "仁宗朝 式目都監詳定學式國子學生…凡係雜路及工商樂名等賤事者 大小功親犯嫁者 家道不正者 犯惡逆歸鄕者 賤鄕部

ㄴ. "정종(靖宗) 11년(1045) 4월에 오역(五逆), 오천(五賤), 불충(不忠), 불효(不孝), 향-부곡, 악공(樂工), 잡류(雜類)의 자손은 과거시험에 응시할 수 없다고 결정하였다."[4]

ㄷ. "향-부곡, 진(津), 역(驛), 양계(兩界)의 주진(州鎭)에 편입된 사람은 중(僧侶)이 될 수 없다."[5]

이상의 제 규정에는 소, 처-장의 문구가 기재되어 있지 않으나 '천한 일에 종사하는 자'라든지, '잡로(雜路)', '잡류(雜類)' 등의 내용에는 실제에 있어서 소, 처-장 등도 포함되어 있었다는 것을 추상하기 어렵지 않다. 『삼국사기』의 편찬자인 김부식이 향-부곡을 '잡소(雜所)'[6]라고 한 것과 소를 '동, 철, 자기 …… 등 잡소(雜所)'[7]로서 처리하고 있는 것은 부곡-향, 소 등을 모두 '잡소'로 처리하고 있다는 것을 의미한다.[8]

이상과 같이 부곡 등의 주민이 일반 군현민과 구별되어 천민으로서의 일련의 법적 제한을 당하고 있는 것을 알 수 있었다.

주지하는 바와 같이 천민 신분이란 개념에 포괄된 범위는 넓어서 밑으로는 노예로부터 위로는 단순히 천한 일에 종사하는 소위 신양역천(身良役賤)에 이르는 계층의 총칭으로 되고 있다. 때문에 부곡민 등에 대하여서도 단순히 천민 신분이란 규정만으로써는 그 신분의 계층을 명백히 할

曲人等子孫及身犯私罪者 不許入學".

4) 『高麗史』卷73, 選擧1 科目1, "(靖宗)十一年四月判 五逆・五賊・不忠・不孝・鄕・部曲・樂工雜類子孫 勿許赴擧".

5) 『高麗史』卷85, 刑法2 禁令, "禁鄕・部曲・津・驛・兩界・州鎭編戶人 爲僧".

6) 『三國史記』卷34, 地理志1 註, "方言所謂鄕・部曲等雜所".

7) 『高麗史』卷78, 食貨志1 貢賦, "睿宗三年(1108)二月判 …… 銅・鐵・瓷器・紙・墨雜所……".

8) 『高麗史』卷81, 兵1 五軍, "雜色工匠"；卷84, 刑法1 職制, "公私奴隷・鄕吏・驛子・工商雜類"；卷78, 食貨1 祿科田, "鄕・津・驛子・軍匠雜色之田"；동상, "鄕吏・津尺・驛子雜口分位田"；卷2, 太祖 26年 夏 4月, "官寺奴婢・津・驛雜尺"；『高麗史』卷82, 兵2 鎭戍, "城外諸陵屬雜人" 등에서 보는 바와 같이 '雜'이란 노비를 포함한 천인 혹은 천역 부문에 대하여 포괄적으로 쓰이는 글자였다.

수 없다. 우선 부곡민들이 노비와 엄격히 구별되던 별개의 계층에 속하였든가, 혹은 본질적으로 노비의 범주에 속하였든가 하는 문제를 명백히 하여야 할 것이다.

이 문제를 해명하기 위하여 전술한 몇 개의 법적 규정들을 다시 검토하여 보기로 하자.

우리는 전기 법적 규정들에서 부곡민 등이 일련의 범죄자들과 동일시되고 있는 사실과 또 그들이 진척(津尺), 역자(驛子)와 같은 계층에 놓여 있었다는 사실을 발견할 수 있었다.

첫째로, 부곡민 등이 일련의 범죄와 직접 관련되고 있었다는 것을 어떻게 이해할 것인가?

일반적으로 범죄자들을 노비화하는 것은 우리 나라에서 오랜 역사를 갖는 것으로 『고려사』에는 고조선시기에

> "8조의 금령(禁令)을 세워 서로 도적한 자는 (물건 주인의) 노비로 한다고 하였다. 우리 나라에서 노비는 바로 이로써 시작되었다."9)

라고 쓰고 있다. 이 외에도 우리가 『삼국지(三國志)』 위서(魏書) 동이전(東夷傳)을 보더라도 고대 우리 나라에서 형벌에 의한 노비화의 규정들을 허다히 찾아볼 수 있는 것이다.10)

물론 범죄자라고 해서 모조리 곧 노비로 하였다고 볼 수는 없으나 적지 않은 경우에 범죄와 직접 관련되어 노비의 발생을 보게 되는 것만은 사실이다. 이러한 관점에서 또한 일부 부곡, 향 등의 주민이 범죄 사실과 관련되고 있는 것을 이해한다면 부곡민에서 노비적 성격을 찾아볼 수 있는 근

---

9) 『高麗史』卷85, 刑法2 奴婢, "……設禁八條 相盜者 沒入爲其家奴婢 東國奴婢 盖始於此". 이 기사는 『漢書』의 "樂浪朝鮮民 犯禁八條 …… 相盜者 男沒入爲其家奴 女子爲婢……"를 말한 것으로 이것으로써 우리 나라 역사에서 노비가 처음으로 발생하였다는 것은 물론 잘못이다. 여하간 '형벌 노비'의 첫 기사를 보여주는 점에서 귀중한 사료로 된다.
10) "用刑嚴急 殺人者死 沒其家人 爲婢"(夫餘) ; "有罪諸加評議便殺之 沒入妻子爲奴婢"(高句麗) 등등.

거도 충분히 있어 보인다.

둘째로, 부곡민 등이 진척, 역자와 동일한 신분계층에 놓여 있었다는 것은 부곡제의 신분을 규정하는 데 있어서 또 하나의 척도로 된다.

우선 역자의 성격을 고찰하기로 하자. '역자'는 '역졸(驛卒)', '역정(驛丁)', '역노(驛奴)'로도 불리는 역참(驛站)에 예속된 천민이었다.

『성호사설(星湖僿說)』 권9에

> "나라 풍속에 내노(內奴), 사노(私奴), 역노, 교노(校奴)의 부류를
> 공천이라 하였고 사대부(士大夫)나 서인(庶人)의 노예를 사천(私賤)
> 이라고 한다."11)

라고 함으로써 역자는 간혹 역노와 같이 공천에 속한다는 것을 밝히고 있다. 이러한 견해는 『반계수록(磻溪隨錄)』 권22에도

> "지금 역졸은 모두 역의 노비이다."12)

라고 하여 역자는 곧 노비 신분에 속하였다는 것을 설명하였다.

물론 '지금'이란 말은 『반계수록』의 저자인 유형원의 생존 당시인 이조 시기를 가리키지만 '나라의 풍속'이란 '나라'는 반드시 그가 살던 시기의 이조 봉건국가만을 염두에 두고 한 말은 아닐 것이다. 여하간 '공천'이란 국가 소유의 노비를 가리키는 말로서 결국 역자는 역노로도 쓰이는 바와 같이 노비류에 속하는 계층이었다는 것이 명백하다.

이렇듯 역자의 성격을 노비로 볼 수 있는 근거는 또한 『고려사』에

> "…… 역자, 관사(官寺), 창고, 궁사(宮寺)노, 사노(私奴)로써 연호군
> (烟戶軍)을 편성 …… 운운"13)

이란 것으로도 알 수 있다.

---

11) 『星湖僿說』 卷9, "國俗 內奴・寺奴・驛奴・校奴之類 謂之公賤 士庶之奴
　　謂之私賤".
12) 『磻溪隨錄』 卷22, "今驛卒 皆是驛奴婢".
13) 『高麗史』 卷81, 兵1 五軍, "…驛子・官寺・倉庫・宮司奴 私奴 爲烟戶軍".

이상과 같이 역자의 성격이 노비류에 속하였다면 역자와 동일한 신분적 규정을 들씌운 부곡민도 노비층에 가장 가까운 신분에 속하였다고 일단 규정할 수 있을 것이다. 그리하여 우리는 부곡민 등이 천민이라 하여도 보다 노비층에 가까운 신분에 속하는 계층이었다는 것을 파악하게 되었다.

과연 부곡민 등에 대한 신분적 규정을 노비적인 것으로 본다면 부곡제에 대하여 노비법이 어떻게 적용되었던가?

ㄱ. 전기한 바와 같이 부곡민이 중이 될 수 없었다는 규정은

"노비는 중이 될 수 없다."14)

라는 규정에 준한 것으로 이해되며,

ㄴ. "대간(台諫)이 정문(鄭文)의 외조부가 처인(處仁)부곡 출신이라 하여 (그의 등용을) 반대하여 상소하였다"15)는 문제 제기는 고려시기의 노비법에

"우리 나라의 법은 팔대(八代)에 걸치는 호적(戶籍) 내에 천류에 관계된 사실이 없어야 비로소 관직에 오를 수 있다."16)

라고 한 규정에 저촉되었기 때문이며,

ㄷ. "제색(諸色) 공장이 공로를 세웠을 때 다만 돈이나 쌀로써 상을 주며 벼슬을 주는 것을 허용하지 않는다"17)라는 것도 노비법에

"옛 제도의 노비는 비록 큰 공로가 있다고 하여도 전백(錢帛)으로 상을 주는 것이지 관작을 주지 않는다."18)

는 규정을 적용한 것으로 될 것이다. 사실에 있어서 노비, 역자, 각종 수공업자 등은 관직에 오를 수 없었던 것이다.19)

---

14) 『高麗史』 卷85, 刑志2 奴婢, "(仁宗)十三年(1135)禁奴婢代身僧".
15) 『高麗史』 卷95, 鄭文, "臺諫駁奏 (鄭)文外祖系出處仁部曲".
16) 『高麗史』 卷31, 忠烈王 26年, "小邦之法於其八世戶籍 不于賤類 然後乃得筮仕".
17) 『高麗史』 卷81, 兵1 五軍, "諸色工匠其勞者 賞以錢穀 不許職事".
18) 『高麗史』 卷129, 崔忠獻, "舊制 奴婢雖有大功 賞以錢帛 不援官爵".

ㄹ. "문씨(文氏)는 광주 갑향(甲鄕) 사람으로서 이미 판전교시사(判典校寺事) 강호문(康好文)에게 시집갔었다.……"[20]란 기사에 결혼 관계를 '계귀(笄歸)'란 문구로 표현하고 있다.

우리가 이 '계귀(笄歸)'란 문구를 한문투로 본다면 아무런 의심도 가질 수 없으나 종종 첩으로 시집간 것에 대하여는 이렇게 표현하는 경우가 있다. 문씨의 예는 비록 그러한 한 실례로 되겠지만 문씨가 갑향 사람이었다는 데 주의할 필요가 있다. 이처럼 과거 조선에서 양반들이 일반적으로 결혼관계를 표시할 때에는 흔히 '적(適)'자를 써 왔으며 '계귀'란 말로 쓴 것은 보통 경우에는 찾아볼 수 없는 실례였다는 데 또한 주의할 필요가 있다. 즉 문씨는 갑향의 천인이기 때문에 일반 양인이나 양반 여자가 결혼할 때 보통 써 오던 '……적모(適某)'로 표현하지 않고 '……계귀모(笄歸某)'로 천시하여 쓴 것이 아니겠는가? 이러한 또 하나의 실례는 전기한 외조부가 부곡 출신이라 하여 문제에 올랐던 정문의 어머니에 대한 기사에서도 찾아볼 수 있는바[21] 바로 향 사람인 문씨와 같이 '비(婢)'에 준하는 천인 신분에 속하여 있었기 때문에 그처럼 천시하여 쓰게 된 것은 당시 신분을 엄격히 따져 쓰던 봉건 유생들의 글발로 보아 가히 짐작할 수 있는 것이다.[22]

---

19) 『高麗史』 卷84, 刑2 職制, "公私奴隷·鄕吏·驛子·工商雜類 冒受官職 請令本府 不論官品 直收爵牒 ……", "諸色匠人 受官職者 如有問罪事亦如之".

20) 『高麗史』 卷121, 康好文妻文氏, "文氏 光州甲鄕人 旣笄歸判典校寺事康好文". '甲鄕'은 『東國輿地勝覽』 卷39, 全羅道 昌平縣 古跡條에 보인다.

21) 『高麗史』 卷95, 鄭文, "(鄭)倍傑妻崔氏賢而無子 養其族女 及笄 勸倍傑 以爲妾……".

22) 소위 '笄歸'란 말은 한문으로 해석하여 '출가할 나이에 이른 여자'를 가리키는 말로 되고 있으나 이러한 표현이 우리 나라에서는 '머리얹어 준다'란 것과 상통하여 천시하는 말로 쓰이게 된 것이 아닌가 하는 의심을 갖게 된다. 이러한 식으로 봉건 유생들이 엄격히 양천을 구별하였던 실례는 흔히 볼 수 있는바 예컨대 仁祖 2년(1624) 의주 甲子 帳籍에서도 찾아볼 수 있다.
　　　　[入居八品官帳]
　　　△ 戶幼學崔元祐 …… 戶妻白氏

ㅁ. 진주에 속한 화개(花開), 살천(薩川) 두 부곡장은 머리를 빡빡 깎았으므로 '중머리'라고 하였다고 한다.23) 이에 대하여 백남운 원사는 『삼국유사』에 보이는

　"방언으로 개즐지(皆叱知)란 말은 노복을 말함이다."24)

라고 한 '개즐지'를 '깨치' 또는 '갯치'로 읽고, 『삼국지』에 보이는 한족(漢族) 노예들에 대하여

　"모두 단발시키어 노비로 하였다."25)

라고 한 진한(辰韓)에 관한 기사와 결부시키어 깩기(머리를 깎인 자)의 뜻으로 해석하여26) 화개, 살천 부곡장의 '중머리'를 설명한 바 있다. 이렇

[衙前]
　△ 戶免鄕崔德元 本慶州 …… 妻池時
[白丁]
　△ 戶白丁李哲位 …… 妻李時
[各司奴婢]
　△ 戶寺奴加應伊金 …… 戶妻仁合

이상에서 보는 바와 같이 양인 이상의 처에 대하여는 '氏'로 기록하였으나 천인의 처에 대하여는 '氏'를 쓰지 않고 그와 음이 근사한 '時'로 쓰고 있으며 노비의 처에 대하여서는 이름만을 써 놓았다.

23) 『高麗史』卷57, 地理2 晋州, "有花開·薩川兩部曲其長皆剃頭稱爲僧首". 이에 대하여 『世宗實錄地理志』晋州條에는 "右二部曲長 皆剃頭 稱爲僧首 方言聲轉 今爲矢乃"라고 하였으나 '矢乃'란 말은 알 수 없다(矢乃를 薩川과 결부시키고 있는 견해가 있으나 그대로 수긍하기는 곤란하다).
24) 『三國遺事』卷2, 孝昭王代 竹旨郞, "鄕云 皆叱知 言奴僕也".
25) 『三國志』韓傳 註, "……我等漢人 名戶來 我等輩千五百人 伐材木 爲韓所擊得 皆斷髮爲奴 積三年矣".
26) 『朝鮮社會經濟史』, 353~354쪽. 백남운 원사는 부곡의 원어를 '깩기'에서 온 것으로 보고 일본의 '가키베(勝部=歸化部曲)'란 말도 '깩기'에서 유래되었다고 논단하였다. 일찍이 일본학자 宮崎道三郞는 「勝部考」란 논문에서 勝部(가찌베)의 '가찌'를 신라의 皆叱知(갯지)와 同語임을 논하고 '가찌베'에서 '가키베(部曲)'란 말이 나온 것이라고 설명하였다. 이 학설은 설득력을 갖는 것으로 많은 학자들로부터 지지를 받고 있는 것 같다(中田薰 編, 『宮崎先生

게 해석함으로써 부곡민의 노예적 성격을 설명하려 한 것으로, 말하자면 노예와 마찬가지로 원래 일부 머리를 깎은 부곡민도 있었던 것인데 그 후 그러한 흔적이 일부 부곡장에 보존되어 온 것으로 해석한 것이다. 이러한 백남운 원사의 견해는 일정한 근거가 있어 보인다.『고려사』에

> "이안인이란 자가 있어 자기 처의 머리를 깎은 후 자기 집의 종이라고 하고 팔아 먹으려다가 뜻을 이루지 못하여……"[27]

운운한 기사가 있다. 이것은 머리를 깎아 놓음으로써 노비란 것을 증명하려 하였던 것으로도 생각되는바, 고려시기에도 노비 중에는 단발된 노비들이 흔히 있었다는 것을 말함이 아닐까?

이상으로써 곧 부곡민 등의 계급적 성격을 물론 논증할 수는 없다. 그러나 그들이 고려시기에만 하더라도 노비와 아주 가까운 신분적으로 거의 동일시되는 처지에 있었다는 것은 충분히 논증되었다고 본다.

우리는 이상의 고찰을 전제로 하여 부곡민 등의 노비적 성격을 보다 적극적으로 규명할 수 있는 단계에 이르렀다.

> "① 군, 현 사람과 진, 역, 부곡 사람과의 교가(交嫁)에서 출생된 자는 모두 진, 역, 부곡에 속하며 ② 진, 역, 부곡 사람과 잡척(雜尺)에 속하는 사람과의 교가에서 출생된 자는 반씩 나누고 나머지 수는 어미 편에 따른다."[28]

法制史論集』, 507 · 508 · 628쪽). 나는 고대 일본에서 部 혹은 部曲을 '베' 혹은 '가키베'라 부르게 된 '베'를 조선의 '주비'의 말이 줄어서 비, 베로 된 것이 아닌가 하는 의문을 가지며 '가키베'는 바로 '깩기주비'에서 유래하였으리라고 생각하고 싶다. 즉 '깩기주비'란 머리를 '깩기운 사람들의 부락'의 뜻이요, '가키베'는 조선 고어의 '깩기주비'의 줄어든 말로서 처음 '가찌베(勝部)'로 쓰다가 나중에는 部(部曲)를 가리키는 통용어로 된 것이 아니었던가 생각한다.

27)『高麗史』卷133, 辛禑1, "有李安仁者 剃妻髮 稱爲家婢 賣之不得……".
28)『高麗史』卷84, 刑1 戶婚, "郡縣人與津驛 · 部曲人 交嫁所生 皆屬津 · 驛 · 部曲 津 · 驛 · 部曲與雜尺人 交嫁所産 中分之 剩數從母".

상기 법적 규정 중 ① 부곡민과 양인과의 관계에서 낳은 자식들은 모두 부곡민으로 된다는 것은

> "무릇 천인류(이 경우는 노비)에 속하게 되는 것은 그 아버지나 어머니나 어느 한 쪽이 천민(노비)에 속하였다면 곧 천민(노비)으로 된다."29)

에서 보는 바와 같이 부모 중 어느 한 쪽이라도 천민이었다면 그 자식은 무조건하고 천민(노비)이 된다는 규정에 준한 것이다. 이 규정을 피상적으로만 보면 그간의 소생자의 신분을 규정하는 문제에 그치는 것 같이도 보이나 내면적으로는 노비-천민이 제3자(그 주인)에게 예속된 부자유민이란 사실, 즉 자유민(양인)과 부자유민(천인)과의 교가에서 출생된 자에 대한 소속 문제가 곧 제3자(이 때에는 천인을 소유하고 있는 자)의 이해관계와 직접 관련되고 있다는 것을 간과하여서는 아니 될 것이다. 즉 이 규정은 그간의 소생자에 대하여 군, 현 사람(양인)은 부 혹은 모로서의 아무런 권리나 의무도 없게 되며 그 출생자는 오직 제3자의 예속물로 된다는 것을 규정한 것으로 된다.

이러한 노비의 교가관계는 결코 정상적인 가족관계로 될 수 없으며 공고한 결합이라고 할 수 없다. 즉 완전한 의미에서의 가족 구성을 이룬 것으로는 될 수 없는 것이다. 왜냐 하면 그들의 결합관계는 제3자(노비의 주인)의 요구에 따라서 언제든지 파괴될 수 있는 불안한 상태에 놓여 있었으며 그들의 자식들은 또한 제3자의 이해관계에 따라서 언제든지 자기의 부모의 곁으로부터 떠나야 하였기 때문이다.

이상과 같이 노비와 양인과의 상관관계를 부곡민과 양인과의 상관에 준하게 하였다는 것은 부곡민의 가족관계를 거의 노비들에서 보는 바와 같은 것으로 규정할 수 있는 충분한 근거를 보여준다고 할 것이다. 이 문제는 ②의 내용을 분석함으로써 더욱 명백해질 것이므로 ②의 내용을 고찰하기로 하자.

---

29)『高麗史』卷85, 刑2 奴婢, "凡爲賤類 若父若母一賤則賤".

여기에 부곡(진, 역) 사람과 기타의 천인(부곡, 진, 역 간의 상호 관계도 포함하여)과의 사이에서 출생한 자를 그 부모 편에서 동일하게 나눈다는 것은 그들의 신분이 동일하다는 데 있는바, 중분(中分)한다는 것은 그간에 출생된 자식의 총계를 놓고 본 것으로 만약 4명의 자식을 낳았다면 2명은 부곡에 2명은 상대방에 귀속한다는 것이며, 나머지는 어머니 편에 따른다는 것은 만일 5명을 낳았다면 2명씩 나누어 속하게 하고 나머지 1명은 어머니가 속하고 있는 편에 귀속시킨다는 말이다.

고려시기 노비법에

"천한 자는 어머니 편에 따라서 규정된다."[30]

란 규정이 있다. 바로 전술의 부곡민과 기타의 천인과의 교가에서 출생한 자식들을 각각 부모 편에 나누어 놓고 남는 자는 어머니 편에 따른다는 규정은 상기 노비법을 적용한 것이다.

노비수모법(奴婢隨母法)의 법적 규정은 양인남자와 여자노비와의 교가에서 제기되는 문제를 생각할 수도 있지만 노비 상호간의 상관에서 출생한 자식에 대한 귀속 문제에 있어서도 적용된다. 우리가 전자의 경우를 놓고 본다면 단순히 출생자가 귀속할 신분 문제인 것 같이도 보이나 후자의 경우를 놓고 볼 때 수모법의 본질은 단순히 어떠한 신분에 귀속하는가 하는 문제뿐만이 아니라는 것이 명백히 될 것이다. 왜냐하면 노비 사이의 결혼에서 낳은 자식의 신분 문제는 본시 논의될 것도 없는 만큼 수모법이 노비 간에서 출생한 자식의 신분 문제에 있는 것이 아니라 제3자(주인)의 입장에서 규정된 것, 즉 자기 소유의 노비에서 소생한 자에 대한 소유 문제에 있었다는 것을 명백히 드러내 놓고 있기 때문이다. 즉 동일한 주인의 노비 사이에서 출생한 자식의 소속은 문제로 될 수 없지만 만일에 노와 비가 각각 그 주인을 달리하였다면 그 간에서 출생한 자의 귀속 여하가 문제로 제기될 것은 물론이다. 바로 이런 경우에 대하여 수모법은 그들의 자식이 비의 주인의 소유로 된다는 것을 규정한 것으로 된다. 문제는 바로

---

30)『高麗史』卷85, 刑2 奴婢 靖宗 5年(1039), "立賤者隨母之法".

이러한 점에 있었던 것이다.

부곡민에 대한 이러한 규정의 적용은 무엇을 의미하겠는가? 전기한 부곡민과 잡척과의 사이에서 출생한 자식의 귀속 문제에 대한 규정을 5명의 자식을 낳았다고 가정하고 도해한다면 다음과 같이 될 것이다.

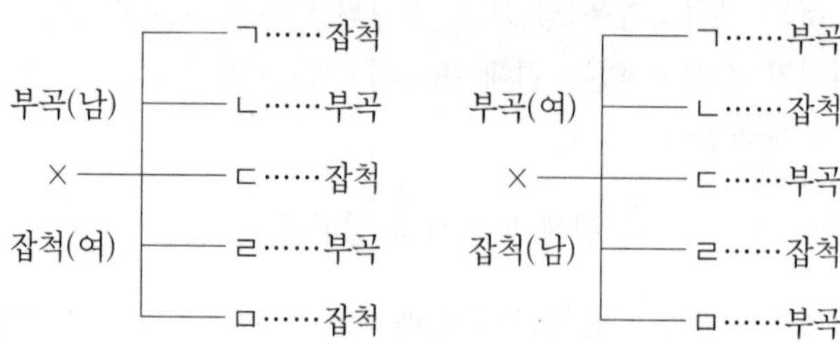

이 도표에 그들의 제3자(그것이 국가이던 개인이던 간에 표면상으로는 은폐되어 있다)를 개입시킨다면 다음과 같이 될 것이다.

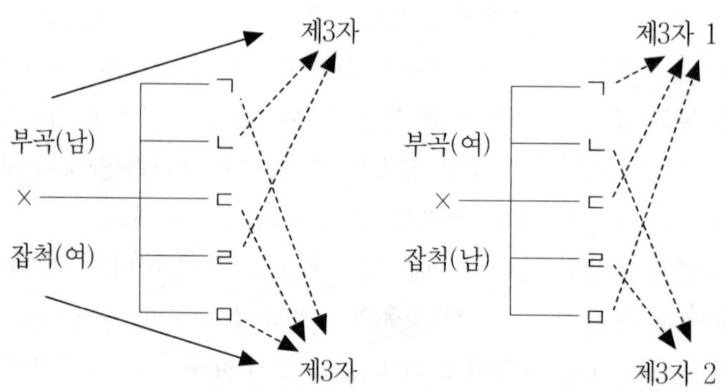

이상의 도표에서 보는 바와 같이 자식들은 제3자에 의하여 이리 찢기고 저리 찢기고 있다. 이 때에 부모는 자기 자식에 대하여 자신이 속한 천민의 멍에를 남겨 주었을 뿐 기타의 아무런 힘도 가지고 있지 못하였다.

이렇게 놓고 보면 부곡민과 기타의 신분층과의 가족구성이란 것이 결코 공고한 것이라고 할 수 없다. 이러한 가족구성은 부처간의 결합이 마치도 노비간의 결합과 마찬가지로 단순한 동서관계로 간주되었다는 것-다시 말하여 그들의 결합이란 것은 공고한 합법적인 것으로 되지 못하였다는 것으로 된다.

이상으로 부곡민이 노비법에 준하여 규정되는 노비에 매우 가까운 신분에 속하였다는 것은 더욱 명백해졌으리라고 믿는다.

필자가 부곡제의 가족관계를 분석하기 위하여 예증으로 든 것은 물론 정상적인 것이라고는 할 수 없다. 일반적으로는 부곡민은 부곡민 상호간에 잡척은 잡척끼리 통혼하는 것이 통례이다. 그러나 부곡민과 잡척 간의 통혼에 관한 상기 규정이 있는 만큼 실제상 그러한 관계가 있었던 것이며 이 경우에서 우리는 부곡민의 가족관계의 본질을 뚜렷이 찾아볼 수 있게 되는 것이다. 그리하여 필자는 부곡민과 잡척 간의 통혼관계를 중요하게 분석하게 된 것이다.

이 규정에서 그들 간에서 소생한 자식에 대한 귀속 문제는 표면상으로는 그가 어떠한 역(役)을 짊어지게 되는가를 규정한 것으로 되겠지만 그것은 내용상으로 보면 그의 노동력의 열매를 누가 따먹게 되는가 하는 문제이다. 때문에 그들 간에 개재하는 제3자를 찾아보게 되었다. 그렇다고 하여 여기의 제3자는 마치 노비주와 같이 부곡민을 직접 인격적으로 소유한 그러한 소유자를 가리키는 것으로 되지 않는다. 이러한 점이 부곡민과 그들의 노동력을 착취하는 제3자와의 관계의 특징을 규정할 수 있게 한다.

그리하여 우리의 부곡세에서는 부곡민이 매매되었거니 또는 그 누구에게 양도된 사실도 없었다. 이 사실은 그들이 또한 노비와는 완전히 구별되는 신분에 속하였다는 것을 의미한다. 그것은 동시에 그들이 어떠한 재산으로도 간주되지 않았다는 것으로 된다. 우리는 이 사실을 그들이 집단적으로 예속된 형태를 취하고 있었다는 것을 보게 됨으로써 명백히 해명될 것이다.

이상과 같이 부곡제는 노비에 매우 가까운 신분에 속하는 사람들로 구성된 특수 촌락제였다. 그리하여 그것이 군, 현제의 일환을 이루고 있다고 하여도 군, 현제의 본래적 체계와는 또 다른 측면에서 고찰하여야 한다는 명백한 결론을 갖게 된다.

2. 부곡제의 예속 형태

부곡제는 일정한 촌락의 전체 주민을 전체적으로 천민 신분에 구속하여 군, 현에 소속시킨 특수한 촌락에 대한 통제조직이기도 하다. 부곡제에 구속된 주민들이 천민 신분에 속하였다는 사실은 그 어떠한 자에게 예속되었다는 것을 시사한다. 그런데 부곡제에 있어서는 노비의 예속 형태와는 다르게 즉 개별적으로서가 아니라 집단적으로 또 진척, 역자와 같이 일부 특수 직무에 구속된 소수의 집단에 대한 것과도 구별되어 자연촌락적 규모로써 예속되었다는 데 그 특징을 갖게 되었던 것이다.

전술에서 본 바와 같이 부곡제는 일면에서 군, 현에 소속되어 군, 현제의 일환을 이루고 있었다. 그러나 부곡제가 군, 현에 소속되고 있는 구체적 형태, 특히 부곡제가 노비적인 천민집단의 특수 촌락이었다는 사실에 의하여 규정되는 구체적 소속 형태에 대하여서는 아직 미해결의 문제로 남아 있다.

이 문제를 고찰하기 위하여 우선 고려왕조의 집권화와 지방토착세력(토호)과의 대립과 그 통일을 반영한 군, 현제의 제 특성을 분석하여야 할 것이다.

주지하는 바와 같이 이조시기까지도 지방토호를 중심으로 하는 친족적 세력은 소위 '동성부락'의 형태로서 오랫동안 우리의 촌락 구성의 특색을 이루고 있었다. 이것은 촌락들이 자연촌락으로서의 오랜 전통을 가지고 촌락들의 폐쇄성을 보다 강하게 보유하고 있는 중요한 측면을 보여주는 것으로 된다.

이러한 형편은 부곡제 하에 놓인 촌락들에 있어서는 더욱 그 오랜 형태를 보유하였다고 추측된다. 부곡제에 있어서도 그것이 자연촌락의 구조 위에 설정되었던 만큼 촌락의 오랜 토착세력으로서 토호세력을 인정할 수 있다.

"……제 소(부곡-향, 소, 처-장)에는 모두 토성(土姓)을 갖는 이민(吏民)이 있었다."31)

여기에 토성을 갖는 이민이란 것은 부곡장(部曲長)을 비롯한 제 소의 행정적 '장(長)'-관리화된 토호를 가리키는바, 그들이 각기 그 곳의 토착세력인 토호로 되고 있었다는 것은 재론할 필요도 없을 것이다.

고려 초에 집권적 군, 현제가 재수습 편성될 때에 일반 군, 현의 향리를 '호장(戶長)'으로 부르게 하고 부곡-향 등의 향리는 다만 '장'으로 부르게 함으로써 서로 구분하였다는 것32)은 신라 말 이후 지방통제조직의 문란 마비와 토호들의 대두에 기인하여 향리들의 칭호가 혼란된 것을 다시 수습한 것으로 될 것이다. 이 사실은 부곡장 등이 지방향리로서 또한 지방토착세력자였다는 것을 증시하는 동시에 일반 군, 현의 향리 호장과는 또한 엄격히 구별되어야 하였다는 것을 의미한다.

과연 부곡제는 그 곳의 토호도 포함하여 전체 집단이 천민 신분을 벗어날 수 없었다. 이 사실은 (부곡)장이 국가의 일정한 하부관리로서의 직책을 가지고 있었다고 하여도 그가 부곡 내의 토착세력이었다는 조건에 의하여 역시 그도 사실상 천민 신분을 벗어날 수 없었으며 따라서 사회적 정치적 제한을 당하지 않을 수 없었다. 만일 그에게서 (부곡)장이란 직책을 벗겨 버린다면 일반 부곡민과 동일한 위치에 놓일 존재였다.

"나라의 제도에 의하면 부곡리(吏)는 비록 공로가 있다고 하여도 5품(品) 이상으로 올라갈 수 없다."33)

이러한 신분적 규정은 궁녀(宮女)의 자손들,34) 전리(電吏), 장수(杖首),

---

31)『東國輿地勝覽』卷7, 驪州牧 古跡, "……右諸所 皆有土姓吏民焉".
32)『高麗史』卷75, 選擧3 鄕職, "(顯宗)十三年(1022) 四月 崔士威奏 鄕吏稱號 混雜 自今諸州府郡縣吏 仍稱戶長 鄕・部曲・津・驛吏 只稱長 從之".
33)『高麗史』卷125, 柳淸臣, "國制 部曲吏 雖有功不得過五品".
34)『高麗史』卷100, 李役昌, "宮人本賤隷 舊例宮人子孫限七品 唯登科者至五品".

소유(所由), 문복(門僕), 주선(注膳), 막사(幕士), 구사(驅史), 장부(丈夫)
등 궁중 혹은 국가 기관의 하급 이속 또는 고관 벼슬아치에게 붙여주던
하복(下僕)들의 자손 등에 적용되고 있는 것[35]과 동일한 품위상(品位上)
제한을 당하고 있었다. 이로써 부곡장도 역시 천민 신분에 준하여 제한당
하고 있었다는 것으로 된다.

부곡장을 포함한 부곡민 전체 집단에 대한 천민 신분으로서의 규정은
부곡제에 대한 예속 형태를 규정하는 중요한 측면이 아닐 수 없다. 그러나
(부곡)장을 대표로 하는 부곡제의 예속민 집단은 결코 단순한 단일한 계
급적 구성을 갖는 것은 아니었다고 보아야 할 것이다.

부곡 내에 부곡장과 같은 토착세력으로서 토호들의 존재를 인정하게 된
것은 부곡민이 전체적으로 천민 신분에 구속되었다고 하여도 그간의 복잡
한 계급구성을 시사한다.

전술한 바와 같이 반역죄 등에 의하여 부곡 등에 배속된 사람들은 자기
의 가족들과 분리되었었다. 이 사실은 그들이 자기의 가족을 가지지 못하
였다는 것을 의미할 것이다. 과연 그들이 부곡 내에서 새로운 가족을 구성
하였는지는 전연 알 수 없다. 여하간 그들이 알몸뚱이로 부곡에 배속되었
으리라고 보이는 만큼 자체의 생활자료나 생산도구를 전연 소유하지 못하
였을 것이라고 보아야 할 것이다. 그리하여 그는 그 누구에게 의존하지 않
을 수 없으며 일정하게 생활 보장을 얻지 않는다면 생존할 수 없었으리라
는 것은 의심할 바 없다. 그러나 그들의 전부가 부곡과 같은 협소한 행정
기관의 공천으로서 일하게 되었다고는 생각되지 않는다. 그렇다면 그들은
일정하게 직접 생산에 종사하게 되었을 것인데 과연 어떠한 관계에서 생
산에 종사하게 되었겠는가?

이 문제를 좀더 구체적으로 보기 위하여 어떠한 군, 현이 부곡으로 떨
어졌을 경우를 가정하여 보자. 이 때에 종전의 군, 현 내의 모든 주민이

---

35) 『高麗史』卷75, 選擧3 限職, “仁宗三年(1125)正月判 電史・杖首・所由・
門僕・注膳・幕士・驅史・丈夫等子孫 …… 例赴擧其登製述明經兩大業者
限五品……”.

일시에 부곡민으로 떨어지게 되는 만큼 그 곳의 노비도 또 노비주도 기타의 모든 계층이 모두 부곡민 신분을 갖게 되었을 것은 응당히 생각할 수 있는 일이다. 이들이 모두 부곡민으로 되었다고 하여 종전의 노비가 노비적 처지를 벗어날 수 없었을 것도 이해하기 어렵지 않다. 즉 노비와 노비주 간의 개별적인 예속관계에 어떠한 변화를 가져올 수도 없는 일이었다. 이러한 경우에서 용이하게 이해할 수 있는 바와 같이 그 신분 규정이란 것은 우선 부곡집단에 대한 것이었다.

이상과 같이 부곡민의 신분이 기본상 노비적이었다고 하여도 부곡의 내부 구성을 놓고 보면 복잡한 계급관계로 보아야 한다는 것을 의미한다. 그리하여 우리가 부곡민 등의 신분 규정을 보게 된 것도 부곡민 등의 집단에 대한 사회적 국가적인 법적 규정에 불과한 것이며 그것으로 곧 그들의 계급적 성격을 일률적으로 규정할 수는 없는 것이다.

사실에 있어서 부곡제의 기본적 형태는 자연촌락적인 것이었다. 그리하여 부곡제에 의하여 촌락의 전 주민이 동일하게 천민 신분에 구속되었다고 하여도 그 내부에는 또한 복잡한 계급적 구조를 갖는 것이며 노비와 노비주도 있었으며 수공업자도, 부분적으로는 상인36)도 있었던 것이다.

이상과 같이 부곡 내부에 있어서는 일반 촌락들에서와 마찬가지로 각이한 계급들로 구성되어 있었다. 이와 같이 부곡 내부의 계급적 구조에서 볼 때 전기한 부곡-향에 배속된 자들이 부곡장 혹은 부곡의 상층과 어떠한 예속관계에 놓일 수 있는 가능성은 충분히 있었다고 추정할 수 있다. 물론 부곡장이 부곡집단을 대표하며, 부곡 내부에서의 주장자였던 만큼 배속되어 온 자에 대한 처리 문제는 부곡장의 권한에 속하였을 것이다.

부곡제에 대한 천민 신분으로의 규정이 그 내부에서의 계급구성과 직접적 관계를 갖지 않고 촌락의 전 주민을 하나의 집단으로 하는 것이라면 그 예속 형태도 이에 의하여 규정되리라는 것은 자명한 일이다.

---

36) 『高麗史』 卷104, 朴球, "朴球蔚州屬部曲人 其先富商 球籍其資以饒財稱……". 이 기사만 가지고서는 박구의 선조도 곧 부곡민이었는지는 명백하지 않으나 부곡 내에 박구와 같은 큰 부호가 있었다는 것은 인정할 수 있다.

상술한 바와 같이 부곡제는 자연촌락적 범위로서 설정되었으나 부곡제는 천인집단을 지배하는 하나의 특수 제도였다.

"도병마사가 팔조음(八助音)부곡 성(城)이 해변가 평지에 있어서 때때로 동해로 기어드는 외적의 침입으로 피해를 입게 되어 인민이 불안해하니 그 성을 옮기자고 요청하는 글을 올렸다. 국왕이 승낙하여 이에 좇았다."37)

즉 부곡(성)을 옮겼다는 것은 천민집단을 이동시킨 것을 의미하는바, 부곡의 위치가 이동되었다고 하여 그들의 천인으로서의 신분이 해방된 것은 아니었다. 이로써 군, 현에 소속한 촌락적 규모를 가진 부곡제의 본질적 내용은 일정한 토지소유와 관계되는 문제인 것이 아니라 인간집단에 대한 예속과 관계되는 문제였다는 것을 똑똑히 알 수 있다.

바로 부곡제가 인간집단에 대한 예속 형태에 기초하였기 때문에 때로는 국가권력에 의하여 일부 부곡민은 임의로 국가적 천역에 구사되었다. 예컨대 국가 둔전(屯田) 경작에 부곡민을 집단적으로 인입하고 있는 것은 부곡제가 인간집단에 대한 예속과 그 지배를 기초로 하고 있다는 증좌로 될 것이다. 즉,

"현종 15년(1024) 정월에 도병마사(都兵馬使)가 제기하여 서경기(西京畿) 내의 하음(河陰) 부곡민 100여 호를 가주(嘉州) 남쪽 둔전에로 옮기었다."38)

둔전은 국유지로서 군량 조달을 위하여 수병(戍兵) 때로는 한민(閑民)으로써 경영되었다.39) 비록 둔전을 한민들로써 경작케 하였다 하더라도

---

37) 『高麗史』卷9, 文宗 32年(1078) 9月 甲午, "都兵馬使奏 八助音部曲城在海濱平地 屢被東路海賊來侵 民不安居 請從其城 制從之".
38) 『高麗史』卷82, 兵2 屯田, "顯宗十五年正月都兵馬使奏 發西京畿內河陰部曲民百餘戶 徙嘉州南屯田".
39) 『高麗史』卷82, 兵2 屯田 辛禑 元年 2月 下旨, "屯田之法 役以戍兵·閑民 擇其曠地 量宜屯種 以省漕輓之費".

국가는 종곡 농량은 물론 농우, 농기구를 보장하였으며 둔전관의 감독하에서 경영되었다.[40] 그리하여 한민들은 사실상 둔전의 예속민들로서 자기 경리를 갖는 일반 군, 현의 농민들과는 구별되었다.[41] 이와 같이 둔전에 예속된 한민이란 자기의 토지도 자기 경리의 수단도 갖지 못한 말하자면 토지에서 유리된 농민들을 둔전에 배속시킨 것으로 해석되는바, 때문에 그들은 용이하게 둔전에 흡수될 수 있었다고 생각된다.

이상으로써 부곡제는 촌락적 범위에 설정되었으나 그것은 주민집단에 대한 지배에 기초하였다는 것을 명백히 증시한다. 그러면 부곡제에 대하여 국가는 어떻게 장악하였던가?

우리 나라에서 양, 천을 구별하여 호적을 작성한 것은 언제부터 시작되었는지는 확인할 수 없다. 그러나 "구제(舊制)에 의하면 양인과 천인을 분간하여 호적을 작성하였다……"[42]라는 것으로 보면, 호적 작성에 있어서 양, 천의 구분은 상당히 오랜 역사를 갖는 것 같다. 호적상 양, 천의 구분은 개별적 인간에 대한 문제에서뿐만 아니라 가호별로도 양가, 천가로 구분되었다. 즉

> "가호를 상, 중, 하로 나누어 호적에 기입하며 또 가호는 양, 천으로 구분된다."[43]

지방 주, 군, 현은 호적을 장악하고 호적에 의하여 일체의 국가 부담을

---

40) 『高麗史』 卷82, 兵2 屯田 辛禑 5年 1月 門下府郎舍上疏, "東西兩界 用兵 最急 宜於閑曠之地 設屯田 遣公廉者 備官牛農器勸督耕耘 以備軍須".

41) 『高麗史』 卷82, 兵2 屯田 恭愍王 5年 6月 敎, "敎曰一全羅道臨坡屯田 近來權勢之家 稱爲賜給 奪占殆盡 仰都評議使別置屯田官 諸家占奪一皆復舊 沿海之地築堤捍水 可作良田者 往往而有 宜令有司相地 用防倭之卒爲之 農夫諸家賜給田平衍膏腴 可屯田者 以賊家及行省所占人物 分隊給地 以責其事 各道凡古屯田處 皆用臨坡屯田之例". 이 기사에서 우리는 둔전 경작의 일면을 이해할 수 있는바, '한민'들의 둔전 경작도 이에 준한 것이 아니겠는가?

42) 『高麗史』 卷79, 食貨志2 戶口, "依舊制 良賤生口分揀成籍……".

43) 『高麗史』 卷118, 趙浚, "籍其戶爲上中下 又戶分良賤".

부과하였다.44) 그러나 천적에 대하여서는 천인을 소유 혹은 지배하는 자,
혹은 국가기관이 또한 장악하였으리라는 것도 추상하기 어렵지 않다.

　"왕(忠烈王)이 한때 탐라도의 민호를 등록하여 내고(內庫)에 예속
　시키려고 하였다."45)

　이 사실은 제주도민을 내고에 예속시키어 제주도로부터 일체의 수탈물
을 내고에 수납케 하려 한 것을 말하는바,

　"제도(諸島)의 거주민은 그 선조들의 죄행으로 말미암아 섬에서 생
　장하였는바, 농사할 만한 토지를 갖지 못하여 생활이 어려운데 또 광
　록시(光祿寺)가 무시로 빼앗아 가니 날로 곤궁함에 이르렀다. (도민에
　대하여서도) 제 주, 군의 예에 따라서 공역(貢役)을 고르게 하여 주는
　것이 좋을 것이다."46)

라고 한 최승로(崔承老)의 상소문에서 보는 바와 같이 섬 사람이 중형자
의 후손이었으므로 천민 신분47)을 면치 못하였다는 것, 그리하여 광록

---

44)『高麗史』卷79, 食貨2 戶口, "國制 民年十六爲丁 始服國役 六十爲老而免
　　役 州郡每歲計口籍民 貢于戶部 凡徵兵調役以戶籍抄定", "恭讓王二年七
　　月都堂啓 舊制 兩班戶口必於三年一成籍 一件納於官 一件藏於家 各於戶
　　籍內 戶主世系及同居子息・兄弟・姪壻之族派・至於奴婢所傳宗派・所生
　　・名歲・奴妻婢夫之良賤 一皆備錄 易以考閱".
45)『高麗史』卷108, 李混, "王嘗欲籍耽羅民戶隷內庫".
46)『高麗史』卷93 崔承老, "諸島居民 以其先世之罪 生長海中 土無所食 活計
　　甚難 又光祿寺徵求無時 日至窮困 請從州郡之例 平其貢役".
47) 일반적으로 중죄자의 후손들이 사회적, 정치적 제재를 당하였던 사실은 "儀
　　以逆民之後 限其職"(『高麗史』卷123, 榮儀)하였다는 것으로 알 수 있거니
　　와 모든 섬 사람이 중죄에 의한 유배자 및 그 후손들이었다는 데로부터 사
　　회적 제한과 정치적 억제를 당하지 않을 수 없었으며 그리하여 천민 신분을
　　들씌우게 되었다.『高麗史』卷3, 成宗 9年(990) 9月, "求訪老子・順孫・義
　　夫・節婦 有全州求禮縣民孫順興 其母病死 畵像奉祀 三日一詣墳墓 饗之
　　如生 雲梯縣祗弗驛民車達兄弟三人 同養老母 車達謂其妻 事姑不謹 卽以
　　棄離 二弟亦不婚聚 同心孝養 西都牧丹里朴光廉母亡七日 忽見枯木宛似母
　　形負至其家 養之盡禮 南海狼山島民能宜女咸富 其父死於毒虺 殯于寢室

시[48]란 기관에 예속되어 공역을 일반 군, 현민보다 혹독하게 수탈당하였다는 것을 알 수 있다. 바로 제주도민을 국왕이 내고에 예속시키려 하였던 사정을 상기 최승로의 상소문에서 짐작할 수 있는 것이다.

내고나 광록시가 천민을 등록, 예속시키어 공역 등을 수탈하자면 우선 그들의 천적을 장악하였으리라는 것은 추정하기 어렵지 않다. 또한 그것은 13세기 이후 각처에 응방(鷹坊)들이 설치되어 많은 지역의 주민들이 응방에 예속하게 되었을 때 응방은 자기의 예속하에 놓인 주민들의 호적(천적)을 장악하고 있었다[49]는 사실에서 증명될 수 있다.

이상과 같이 섬 혹은 촌락민들에 대한 예속 형태에 있어서 그 곳 주민 집단의 호적(천적)을 장악하고 있는 것을 볼 수 있었다. 그것은 천민집단의 천적을 장악함으로써 합법적인 예속관계의 설정, 즉 주종관계의 구체

凡五月供膳 無異平生 慶州延日縣民鄭康俊女字伊 及京城宋興坊崔氏女 早寡不嫁 孝事舅姑 撫養兒息 折衝府別將趙英 葬母家園 朝夕祀之 其咸富等男女七人 並令旌表門閭 免其徭役 車達兄弟等四人 **免出驛島 隨其所願 編籍州縣** 順興等五人 擬授官階 以揚孝道…趙英超十等 授銀靑光祿大夫 檢校侍郎御司憲左武侯衛翊府郎將 仍賜公服一襲 銀三十兩綵二十匹……”. 이 기사는 고려 成宗시 온 나라에서 효자·열녀 등을 조사하여 표창한 사실을 기록한 것인바, 이에 의하면 일반 군·현민, 벼슬아치와 驛民, 島民에 대한 표창 내용상 차별을 두어 도민의 천민 신분을 명백히 하고 있는 것을 알 수 있다. 즉 도민에 대한 표창은 천인인 역민과 함께 일반 군·현민으로 편입되어 그 천인 신분으로부터 해방시킨 것으로 되고 있다.

48) 광록시는 관청명으로서 唐制에 의하면 司膳의 관청으로 되고 있다. 그러나 『高麗史』 백관지에 보이지 않는 것은, 고려 초기에 일시 있었다가 폐지된 때문인지 모르겠다.

49) 예컨대 『高麗史』 卷99, 崔惟淸傳에 “……羅州長興管內諸島民 請專屬捕鷹 又籍洪州曲楊村民戶口 悉屬鷹坊”에서 보는 바와 같이 촌민을 등록(호적을 장악)하여 응방에 예속시키고 있는 실례는 허다히 들 수 있는바, 동서 卷89, 后妃2 齊國大長公主傳에 “嘉林縣人告達魯花赤曰 縣之村落分屬元成殿及 貞和院·將軍房·忽赤巡軍 唯金所一村在 今鷹坊迷刺里 又奪而有之 我等 何以獨供賦役 達魯花赤曰 若此者多矣 非獨汝縣也”라고 한 것에서 보는 바와 같이 가림현뿐만 아니라 많은 촌락들이 이러 저러한 기관에 직속되고 있는 것을 보게 된다.

적 내용의 한 측면을 보여주는 것으로 된다. 이러한 사실은 부곡제에 대한 예속 형태를 고찰하는 데 있어서 중요한 시사로 되지 않을 수 없다.

다음 사료는 소(所)의 예속 형태를 어느 정도 추정할 수 있는 가능성을 준다. 즉

"……영주(永州) 이지은소는 이전에 현이었는데 중간에 그 읍의 사람이 국명을 위반하였다 하여 현을 폐지하고 그 곳 주민을 등록(籍民)하여 백금(은)을 바치게 하여 그 곳이 은소로 된 지 오래다."50)

여기의 적민(籍民)은 현을 폐지하고 소로 떨어뜨리게 되자 그 곳 주민 전체를 천민으로 떨어뜨리게 된 사실과 직접 관련되고 있다. 그것은 전기한 제주도민과 응방에 예속된 주민들을 등록한 따위와 같이 천적에 올린 것을 의미할 것이다. 은소로 적민한 것은 곧 '은호(銀戶)'로 삼았다는 것인바51) 은호는 은을 공납할 의무를 짊어진 은소의 천민 신분을 말함일 것이다.

소의 은호, 금호 …… 등의 천적은 그 공물[은공(銀貢) 등]을 수납하는 중앙의 국가기관이 장악하였을 것은 의심할 바 없으며 따라서 그 천적은 소가 소속하는 지방 주, 군, 현과 중앙 해당기관에 각각 보관되었을 것이다. 이와 같이 소의 주민은 형식상 지방 주, 군, 현에 소속된 것으로 되나 실제로는 중앙의 해당기관에 예속된 천민집단으로 일체의 국가 부역은 면제되었던 것이다. 즉

"제역소(除役所)는 즉 궁사(宮司) 및 소의 속하는 민호로서 부역을 면제된 자이다."52)

---

50) 『東國輿地勝覽』 卷27, 河陽縣 古跡 梨旨廢縣 註, "崔瀯碑 至元後元年 (1264) 上護軍安子由等 朝京師回 以天后命 復駙馬先王 若曰 永州梨旨銀 所古爲縣 中以邑子違國命 廢而籍民 稅白金稱銀所者久……".
51) 『東國輿地勝覽』 卷27, 河陽縣 古跡 梨旨廢縣 註 , "……維縣梨旨 隸永之 州 傳昔邑子 有不自修 擧縣顚覆 帶累承羞 廢爲銀戶 世載悠悠……".
52) 『高麗史』 卷75, 選擧3, 銓注註, "除役所 卽宮司及所屬民戶 不供賦役者".

라고 한 것은 국가(중앙기관)가 직접 소의 천민을 자기에게 예속시키고 있다는 증좌로 된다. 이와 같이 국가 부역을 면제하고 있는 것은 노비들이 국가 혹은 개인에게 예속된 천인 신분이었다는 데로부터 일체의 국가 부담을 면제되고 있었던 것에 준한 것이다. 그리하여 전기한 응방에 예속된 촌민(천민)들도 국가 부역을 면제[53]되고 있었거니와 처-장에 있어서도 처간은 국가 부역을 짊어지지 않았을 것은 또한 추정할 수 있는 바이다.[54]

소, 처-장의 천인집단의 천적을 왕실 및 중앙 해당기관이 장악하였다면 부곡-향의 천적은 누구에게 장악되었던가? 이 문제는 곧 부곡-향을 누가 실제적으로 지배하였는가 하는 문제로 될 것이다.

이에 대한 직접적인 사료는 찾아볼 수 없었다. 그러나 다음의 사료는 이 문제를 해명하는 데 있어서 귀중한 내용을 제공한다.

> "전조(고려왕조)가 주, 부, 군, 현을 설치할 때에 또한 그 임내(任內)에 향, 소, 부곡을 두었다. (그것이) 한 고을 임내에 많은 것은 10여 현(부곡 등)에 이르며 그 큰 것은 본관(주, 군, 현의 장관)이 관할하는 호수(戶數)를 능가하였는데 한두 명의 호장(戶長)이 그를 주관하였다."[55]

여기의 지방장관이 장악하고 있는 호수와 호장이 주관하는 호수가 구분되어 있으며 호장이 주관한 호수라는 것은 바로 부곡 등이었다는 것을 보

---

53)『高麗史』卷99, 崔惟淸, "屬鷹坊者 悉免徭".

54) 처-장의 농민을 處干으로 이해한다면『高麗史』卷28, 忠烈王 4年(1278) 秋 7月에 "乙酉王(忠烈王) 在元 哈伯平章謂康守衡·趙仁規曰 昨有勑 其議可 以安集百姓者來奏 王遂命宰樞與三品以上議之 皆曰 上下皆撤處干 委以賦 役可也 處干 耕人之田 歸租其主 庸調於官 卽佃戶也 時權貴多聚民 謂之 處干 以逋三稅 其弊尤重 守衡曰 必以點戶奏"라고 한 것으로 알 수 있는 바와 같이 본래 처-장의 처간(즉 곳한)은 직접 국가에 부역을 짊어지지 않 고 직접 소속 왕실 등에 의하여 부역도 수탈되었던 것인데 토지제도의 문란 과 대지주들에게로의 토지집중에 따라서 왕실 등에 예속된 처간의 형태를 자기 농장에 도입하여 처간에 대하여 직접 부역을 수탈한 것으로 보인다.

55)『太宗實錄』卷28, 太宗 14年 7月 乙亥, "前朝 設州·府·郡·縣 又置任內 鄕·所·部曲 一州任內 多至十餘縣 大者過於本官戶數 一二戶長主之".

여준다. 이로써 필자가 제1장 2절에서 논증한 호장-향리 들이 부곡제와
직접적인 이해관계를 가지고 있었다는 것은 충분한 근거로써 논증될 것이
다.

　이상과 같이 호장들이 군, 현에 소속한 부곡 등의 주민을 주관하였다면
그들의 천적은 실제로 호장들에게도 장악되었을 것이 아닌가? 그러나 과
연 호장(지방토호세력)들이 부곡 등의 천적을 장악하였겠는가 하는 문제
는 많은 의심을 가질 수 있다.

　우리는 이 문제를 해명하기 위하여 '부곡주'에 관한 문제를 고찰하여야
할 것이다.

　　"부곡인 및 노(奴)가 그 주인이나 주인의 주친(周親) 존장(尊長)을
　　간통하였을 때, 화간이면 교형에 처하고 강간이면 참형에 처한다.
　　……"56)

　이 법률 조항에서 부곡민이 노비와 동등한 처지에서 취급되고 있는 것,

---

56) 『高麗史』卷84, 刑1 奸非, "部曲人及奴 奸主及主之固親尊長 和絞强斬 和
　　者婦女減一等 奸主緦麻以上親減一等". 이 법률 조항은 唐律의 "其部曲及
　　奴 姦主及及主之期親若期親之妻者絞 婦女減一等 强者斬 卽姦主之緦麻以
　　上親及緦麻以上之妻者流 强絞"와 매우 흡사하다. 물론 고려의 법률이 당률
　　과 적지 않은 부분에서 유사한 것은 고려율이 당률을 많은 경우 참고하였다
　　는 데 있다. 그런데 당률에 의하면 "奴婢部曲身繫於主"(『唐律疎議』卷17,
　　賦盜1)라고 하였고 「唐律疎議釋文」에는 "此等之人 隨主屬貫 又別無戶籍
　　若此之類 名爲部曲"(『唐律疎議』卷22, 末附載)이라고 하여 부곡민은 부곡
　　주의 사유민으로서 그들은 따로 호적을 작성하지 않고 부곡주의 호적에 기
　　입되고 있다. 이러한 따위는 발해국에 있어서도 "部曲奴婢無姓者 皆從其
　　主"(『松漠記聞』卷上 渤海)로 보인다. 이상과 같이 부곡주에게 개별적 인간
　　으로서 예속된 당나라의 부곡제와 우리 고려시기의 부곡제는 전연 다른 형
　　태를 가지고 있었다. 이러한 형편에서 부곡제에 관한 전기 법조를 참고로 할
　　때 혹시 우리에게는 사실상 당나라의 부곡주와 같은 것이 없었다고 하여도
　　그러한 것과 사실 내용상에서 상통하는 것이 있었으므로 당률과 유사한 내
　　용을 갖게 된 것이 아니겠는가? 때문에 부곡주라 하여도 우리에게서는 당률
　　의 것과는 다른 형태로서 찾아보아야 할 것이다.

특히 노비와 마찬가지로 부곡민도 소위 '주인'이 있었다는 것을 보게 되는 것이다. 그러나 필자의 과문으로서는 우리 나라에서 부곡주에 관한 기록으로는 이 기록 이외에 또다시 찾아볼 수 없었다. 과연 이것만으로는 부곡주가 어떠한 것이었는지 거의 알 길이 없으나 여하간 부곡주가 실제로 존재하였던 것만은 일단 부정할 수 없을 것이다.

그런데 상기 법률 조항은 부곡주도 부곡민과 함께 부곡 내에서 생활하였거나 혹은 부곡 밖에 있으면서도 직접적인 관계를 맺고 자주 접촉하고 있었다는 것을 전제하고 있다. 왜냐 하면 상기 문맥으로 보아 부곡민과 부곡주와의 관계는 노비와 그 주인과의 관계에서 보는 바와 같이 직접적 관계를 갖는 것으로 이해할 수 있게 되어 있기 때문이다. 이렇게 이해하여서 큰 잘못이 없다면 부곡민을 지배하고 있는 어떠한 계층이 부곡 내 혹은 그 밖에 있었던 것으로 될 것이며 또 그렇게 해석하는 것이 자연스러울 것이다.

그런데 전술한 바와 같이 부곡 등을 호장들이 주관하였다면 부곡민 등은 실제에 있어서 부곡 밖에 있는 군, 현의 호장-향리 들의 지배하에 예속된 것으로 되며 그리하여 부곡 등이 소속된 군, 현의 호장-향리 들은 부곡주로 될 수도 있게 된다.

물론 부곡제를 주관한 호장-향리 들이 부곡 등의 촌 내에서 생활한 것 같지는 않지만 그들이 지방토착세력으로서 주관하는 부곡 등의 주민과 직접적 관계를 맺을 수도 있다고 보면 전기 법규는 실제적인 의의를 갖는 것으로 되지 않겠는가?

우리에게서는 부곡 등을 주관하던 호장들이 곧 '부곡주'로 표현되었다면 '부곡주', 즉 군, 현의 호장들이 부곡의 천적을 장악할 수 있는 가능성은 충분히 있어 보인다. 그러나 부곡에 대한 호장의 지배를 곧 소, 처-장에 대한 중앙정부가 직접 지배하는 형태와 동일한 것으로 보기에는 적지 않은 무리가 생긴다. 왜냐 하면 소, 처-장은 직접 국왕의 권위에 의하여 장악 지배되고 있으나 부곡-향은 지방 하급관리인 호장에 의하여 주관되고 있다. 그리하여 부곡-향의 천적을 과연 호장 개인에게 내어 맡길 수는 없을 것이다. 그러나 그가 지방 주, 군, 현의 실무 사업을 장악하고 있었던 만큼 부곡 등의 천적이 주, 군, 현의 관청에 보관되었다고 하여도 내용상으로는 얼마든지 호장의 권한으로 그것을 실질적으로 장악할 수 있었을 것이다. 즉 주, 군, 현(관청)에 들어 앉은 호장들이 주, 군, 현의 기구를 통하여 그 곳에 예속된 부곡민을 얼마든지 장악 수탈할 수 있었다고 보인다.

즉 소, 처-장에 대하여서는 국왕의 권한하에 소속 주, 군, 현의 기관을 통하여 직접 그들의 천적을 장악함으로써 천인집단에 대한 예속 형태를 보이고 있으나, 부곡-향에 대해서는 주, 군, 현의 토착관리로서 국가 관료기구에 기식(寄食)하고 있는 호장-지방토호들이 주, 군, 현의 기관을 매개로 하여 간접적으로 그들의 천적을 장악함으로써 천인집단을 실질적으로 지배한 예속 형태였다고 생각한다.

그러나 어느 것이나 군, 현제를 통한 예속 형태를 취하고 있는 것은 우리의 부곡제의 특성으로 되고 있는바, 부곡제가 군, 현제의 일환을 이루고 있는 것은 바로 군, 현제의 협력, 즉 중앙정부와 지방토호세력들과의 일정한 타협에 의하여 부곡제의 성립을 가능케 하고 있다는 것을 실증하는 것으로 된다.

3. 부곡제에 대한 수탈 형태

부곡제가 인간집단에 대한 일종의 예속을 기초로 하고 있었으나 그 자체가 곧 어떠한 생산관계에 의하여 규정될 수 있는 존재는 아니었다. 그것은 부곡제 자체의 내적 구조에 있어서 각이한 계급들로 구성된 하나의 폐쇄적인 자연경제에 토대한 자연촌락 내의 전 주민을 집단적으로 예속화한 형태를 가지고 있었다는 것으로써 설명될 것이다.

따라서 군, 현제에 소속한 형태를 갖는 부곡제에 대한 수탈 형식은 국가적 수탈제도에 의하여 규정되었으며 그 실현 형태는 군, 현제에 소속한 부곡제의 행정기구를 통하여, 즉 (부곡)장을 대변인으로 하여 수행되었다.

물론 매우 오랜 역사 시기를 통하여 존재한 부곡제에 대한 수탈 형태는 사회경제적 발전에 따라서 일정하게 제약되지 않을 수 없었을 것이다. 그러나 부곡제가 군, 현제의 일환으로 되고 있는 한에 있어서 그에 대한 수탈관계는 국가적 제도의 한계를 벗어날 수 없었으리라는 것은 많은 논증이 필요치 않을 것이다.

부곡제 하의 천민들은 일부 특수 생산 부문에 종사하는 것을 제외하고는 기본적으로 농민들이었다. 비록 일정한 특산물을 공급할 의무를 짊어진 소의 주민이라 할지라도 현이 소로 되고, 소가 현으로 승격되는 사실로써 알 수 있는 바와 같이 그들도 기본적으로 농민 대중이었다는 것을 확증할 수 있다. 그리하여 부곡제에 대한 수탈은 대범하게 보아 일반 농민 대중에 대한 국가 조부 수탈에 준하여 수탈되지 않을 수 없다. 다만 부곡-향, 소, 처-장이 각각 일정한 특수성을 갖는 것으로 이해할 수 있다.

1) 부곡-향 : 『고려사』에 의하면 부곡-향에 대한 수탈 형태는 기본적으로 국가 조세 수탈 형태에 속하여 있다. 즉

"숙종(肅宗) 7년(1102) 3월에 삼사(三司)가 제의하기를 동경 관내 주, 군의 향-부곡 19개 소가 오랜 한벌로 인하여 인민이 굶주리고 있으니 바라건대 **법규에 의하여** (수확의) 4분 이상의 손실을 본 곳에 대하여는 조(租)를 면제해 주고, 6분 이상이면 조조(租調)를, 7분 이상이 되면 역(役)도 모두 면제하여 주되 이미 조세를 납부한 자는 내년의 조세를 감해 주기를 바란다. 국왕이 승인하였다."[57]

이 사실은 부곡-향민이 일반 군, 현민과 동일하게 기본적으로 농업에 종사하면서 국가적 부담을 짊어지고 있었다는 것을 보여준다. 물론 이 사실만을 피상적으로 관찰한다면 부곡-향에 대하여서도 일반 군, 현민에 대한 국가적 수탈 형태와 별로 구별되는 것이 없어 보인다. 그러나 고려에서 이러한 '손실답험법(損實踏驗法)'의 제정은 이미 문종(文宗) 4년(1050)에 실시되고 있었으니[58] 일반 군, 현민에 대하여서는 벌써 50여 년 전에 실

---

57) 『高麗史』 卷80, 食貨3 賑恤, "(肅宗)七年三月 三司奏 東京管內州郡鄕·部曲十九所 因去年久旱 民多飢困 乞依令文 損四分以上免租 六分以上免租調 七分以上課役俱免 已輸者 聽折減來年租稅 制可".

제로 적용되었던 것으로 된다. 즉 일반 군, 현민에 대하여서는 이미 50여 년 전에 적용되던 '손실답험법'이 부곡-향에 대하여서는 실제로 적용되지 않고 있었다는 것으로 될 것이다. 이 외에도 이러한 문제가 부곡-향에 대하여 수차 제기되고 있는 것은 사실에 있어서 '손실답험법'을 적용하는 데 있어서 부곡-향에 대해서는 일정한 차별을 두었던 때문일 것이다.59)

이러한 사정은 전술한 광록시가 여러 섬들에 대하여 공역(貢役)을 혹독히 부과하여 일반 군, 현에 부과하는 규정대로 적용하자는 최승로의 상소문에서 본 그것과 마찬가지로 조세 수탈에 있어서 부곡-향에 대하여서는 일반 군, 현과는 일정한 차별을 두었다는 것을 의미하는 것이 아니겠는가? 사실에 있어서 부곡-향민은 신분상 천민들로서 일반 군, 현민과는 사회적으로 차별되어 있었던 만큼 응당 수탈에 있어서 또한 어떠한 형태로든지 간에 일정한 차별을 면치 못하였을 것은 자명한 일이다.

설사 국가 규정의 조세 부과량에 있어서는 일반 군, 현과 하등의 차이가 없었다고 치더라도 부곡-향에 대하여 지방 호장들이 직접적 이해관계를 가지고 소속 부곡 등을 실지로 장악 지배하였다면 그것은 부곡-향에 대한 조세 수탈에서 어떠한 몫이 호장에게 주어지고 있었다는 것과 관련되었다고 보아야 할 것이다.

전술한 바 이조 태종시까지도 지방 부곡 등이 한두 명의 호장에게 주관

---

58) 『高麗史』 卷78, 食貨1 踏驗損實, "文宗四年十一月判 田一結率十分爲定 損至四分除租 六分除租布 七分租布役俱免".

59) 『高麗史』 卷80, 食貨3 災免之制, "靖宗二年(1036)六月 三司言 去年密城管內牢山部曲等三所 大水漂損田禾 請放一年租稅 從之". 이 사실도 이미 成宗시(988년)에 "判 禾穀不實州縣 近道限八月 中道限九月十日 遠道限九月十五日 申報戶部 以爲恒式"으로 되어 있는 규정을 적용한 것으로 생각되거니와 일반 군·현과 부곡-향 등 잡소를 구분하여 조세를 면제하고 있는 것은 "(肅宗)五年(1100)二月 免州府郡縣部曲雜所 今年稅布半"(동상)이라 한 것이라든지 "(睿宗)三年(1108)二月 以封王太后 諸州郡縣進奉長吏從卒等各田丁稅布全放 內莊宅及宮院諸寶 穀米請貸 未還者 限乙未年 東西州鎭及諸州縣鄕部曲等雜所長吏 漏失雜物色徵還及徭貢 未收者 限乙酉年 銀金限癸卯年 並皆放除"(동상)라 한 것 등으로 알 수 있다.

되고 있었다는 것은 호장들에게 부곡 등에 대한 조부, 요역의 수탈 관리
체계가 일정하게 내어 맡겨지고 있었다는 것을 증시한다. 그러나 이 때에
이르러서는 사실상 부곡제의 본래적 내용은 우리 역사상에서 소멸된 이후
시기였던 만큼 호장들이 조부, 요역을 도맡아 하였다는 것은 다만 형식상
군, 현제 상에 잔존한 일부 부곡 혹은 부곡으로부터 개편된 속현 등에 대
한 전통적인 역사적 지배형태의 타성에서 보존된 것으로 될 것이다. 그리
하여 이 때에 있어서도(이미 부곡제는 소멸된 이후 시기이다) 호장들이
속현에 대하여 의연히 조부, 요역을 주관한다는 것은 강력한 중앙집권적
봉건체제의 재편성 과정에 있어서 지장으로 되지 않을 수 없었을 것이다.
그러나 이조정부는 그러한 뿌리 깊은 호장의 지방 재지세력을 좀체로 곧
제거할 수 없었으며[60] 세조 통치시에 이르러 또다시 호장들이 주, 군, 현
에서 차지하는 권임(權任)을 철폐하여 구폐(舊弊)를 일소하자는 상소문들
이 제기되게 되었던 것[61]도 우연한 것은 아니었다.

  이상과 같이 이조 초기의 형편은 부곡제에 대한 호장들의 오랜 수탈 관
계의 일면을 엿볼 수 있게 하는바, 그것을 고려 이전 시기에 있어서 지방
의 오랜 토착세력자로서의 호장-향리 들과 집권적 군, 현제와의 상호관계
에서 파악한다면 부곡제에 대한 수탈권이 소속 군, 현의 호장들에게 일단

---

60)『太宗實錄』卷28, 太宗 14年 7月 乙亥, "司憲府大司憲柳觀等上疏 一前朝
　　設州府郡縣 又置任內鄕·所·部曲 一州任內 多至十餘縣 大者過於本官戶
　　數 一二戶長主之 其擾民作弊 何可勝言 近年以來 州縣可幷者 幷之 可置
　　員吏者 置之 然未盡革 往者 全羅監司尹向啓聞 凡其道內任內之吏 皆合於
　　仰官 奸猾之弊息矣 其時因此下 令各道 皆以此例施行 他道監司 不能体此
　　卒莫之行使 任內之吏 作弊如舊 乞下攸司 復申此令".
61)『世祖實錄』卷46, 世祖 14年 6月 戊申, "司諫院大司諫芮承錫等上疏曰
　　…… 又聞諸邑鄕吏世執操縱之權 雖在守令之前 尙肆姦猾之謀 若以徵歛之
　　故委諸其手 是猶縱虎羊圈 雖欲勿噬 得乎 今也任內郡縣古號旣革 而其吏
　　猶存 稱爲縣司 而帶印施令 主邑守令 懶於親理 以一縣之氓 委一吏之手
　　租賦徭役 悉出其人 斜科橫歛 問有紀極 浚民膏血以充主邑之經費 主邑以
　　爲能吏 而寵任之 專任一邑 無所忌憚 瘠公肥私 貽害生靈 因循之弊 至於
　　此極 伏願自今以後 任內鄕吏號爲上戶長 權任屬縣者 一皆禁革 以除積年
　　之弊".

일임되었던 것이 아니겠는가 하는 추측을 가질 수 있다.

전기 가림현(嘉林縣) 내의 촌락들을 세력자들이 각기 자기의 예속하에 두게 되었을 때에 그 곳의 나머지 주민들에게 부과되는 부역이 가중되었던 것이다. 이 사실은 왕실 및 중앙 기관, 혹은 응방 등에 예속된 촌락들에 대하여 요역을 면제하였기 때문에 나머지 현의 주민에 대하여 부과된 부역 부담이 집중되었다는 것을 의미함과 동시에 예속된 촌락에 대한 조부는 사실상 그들을 장악한 자들에게 차지되었다는 것을 증명한다. 이러한 제 사실은 또한 호장(지방세력)들이 부곡 등에 대하여 조부 수탈에서 상당한 몫이 주어지고 있었다는 것과 분리하여 생각할 수 없으며 제1장 3절에서 본 바와 같이 호장들이 부곡제에 대하여 그처럼 날카로운 신경을 쓰지 않으면 아니 될 이유가 바로 이러한 수탈관계에 직접 참여하고 있었다는 데 있었다고 보인다.

호장들이 주관한 호수(戶數)에 문제를 삼고 논리적 추리를 더욱 전진시킬 수 있다면 부곡 등에 대한 호장의 수탈은 공부(貢賦) 및 요역 수탈에 중요한 내용이 있었던 것이 아니었던가. 공부는 지방 생산물(많은 경우에 지방 특산물 및 수공업 제품) 일반에 걸친 소위 공물(貢物) 수탈이며, 요역은 직접적으로 되는 노동력의 수탈이다. 주지한 바와 같이 호장의 중요한 직책의 하나는 지방 주민들에 대한 공부 및 요역을 국가에 보장할 의무를 지고 있는바, 이 때에 일반 군, 현의 직촌(直村)에 대하여서는 국가에 공급하고 부곡에 대하여서는 내용상 호장들의 수중에 장악된 것이 아니겠는가. 국가는 지방의 주, 군, 현 관내의 호수에 따라서 일정한 공부량을 규정할 때에 군, 현에 소속된 부곡 등에 대하여서는 사실상 공부 부과의 대상으로부터 제외하였던 것이 아닌가 생각된다. 이러한 수탈관계를 삼국시기의 부곡제에서 상고한다면 더욱 충분한 가능성을 인정할 수 있을 것이다(제5장 참조).

그러나 부곡 등이 주, 군, 현에 소속되어 호장은 군, 현제의 기관을 매개로 하여 수탈하게 되었던 만큼 여기에 부곡장-향장과 주, 군, 현의 호장과의 관계는 부곡-향에 대한 수탈관계를 고찰하는 데 있어 중요한 한 측면을 보여줄 것이다.

부곡장-향장과 군, 현의 호장과의 관계를 보여주는 구체적 사료는 전연 찾아볼 수 없으나 부곡장-향장이 부곡-향의 천민집단을 대표한다면 호장은 우선 부곡장 등을 장악함으로써 그 곳으로부터의 공부, 요역을 용이하게 수탈할 수 있게 되었을 것이다. 그러나 부곡 등이 국가로부터 일정한 공수전을 받고 있었다는 것은 부곡 등이 또한 자체의 일종의 행정기관을 가졌으리라는 것을 이해하기 어렵지 않다. 이 때에 부곡장-향장은 국가기관에 직접 소속된 하리(下吏)로서 군, 현의 호장과 대립될 수 있다. 이러한 관계는 중앙집권적 고려왕조의 지방통제, 특히 호장들에 대한 통제 방식의 하나로서 조직될 수 있다. 즉 일방으로 부곡 등에 대한 호장의 수탈권을 일정하게 인정하면서도 반면에 국가가 직접 통제하는 부곡장 등을 배속하여 호장의 전횡을 방지 통제하자는 것이 아니었던가 생각한다.

이렇게 보면 결국 부곡-향민은 이중적으로 수탈을 당하게 되지 않을 수 없었으며 이러한 형편에서 일반 군, 현민과는 다르게 부곡-향에 대한 '손실답험법'을 적용하자는 문제도 우연한 것은 아니었다고 보인다.

이상의 고찰만으로써는 부곡-향에 대한 수탈관계는 아직 많은 문제가 있다. 그러나 이 문제는 다음의 소, 처-장에 대한 수탈관계에 대한 고찰에서 어느 정도 보충될 부분도 있다. 특히 전술한 바와 같이 일부 부곡들의 명칭에서와 또는 직접 그들이 종사하고 있는 산업 부문에서 소와 유사한 내용을 가지고 있었다는 사실을 고려할 필요가 있는 것이다.

2) 소 : 현존하는 소의 대부분이 군, 현에 소속하여 단순한 지방명으로 전하고 있으나 "초자소(椒子所)는 옛적에는 초자은소(銀所)라고 하였다"[62] "거변소(居邊所)는 고칭(古稱)으로는 거칠물금소(金所)이다"[63] 등에서 보는 바와 같이 본래에는 모두 그 내용을 표명하고 있었다.

지리지들에서 소들을 몇 개 부문으로 나누어 보면 금, 은, 구리, 쇠 등의 광산을 비롯하여 생강, 약초, 차(茶), 소금, 물고기, 사기그릇, 종이, 먹 등

---

62) 『世宗實錄地理志』 淸州牧, "椒子所 古作椒子銀所".
63) 『世宗實錄地理志』 大興縣, "居邊所 古稱居叱勿金所".

특수 작물 및 수공업 부문이 들어 있으며 이외에 목장 등 축산 부문도 포함되어 생산 부문 전반에 걸치어 있다. 또 특례로서는 신(神)을 위한 특수 지역64) 및 감옥65) 등도 있었다.

이상과 같이 소는 매우 광범한 범위에 걸치는 내용을 가지고 있다. 그러나 기본적으로는 『동국여지승람』에서 보는 바와 같이 일정한 지방 특수 산물을 공급할 것(예컨대 은소, 금소 …… 등)을 부과한 또 하나의 천민집단이며 그 천민집단도 기본적으로는 자연촌락 범위로 구속되어 그 소(촌락)가 소속한 군, 현의 기관을 통하여 수탈되었다.

전기한 바와 같이 예컨대 은소의 주민을 은호(銀戶)라고 한 것은 은공(銀貢)을 부과한 때문인바, 때로는 몇 해씩이나 은공을 바치지 못한 일도 허다하였던 것으로66) 그 은공 수탈이 가혹하였다는 것을 시사한다. 즉,

　　"동, 철, 자기, 종이, 먹 등 잡소의 별공물(別貢物)의 색징(色徵)이 매우 가혹하여 장인(匠人)이 고통스러움을 참기 어려워 도망하므로 소관 관청으로 하여금 각 소에 대한 별(別), 상공물(常貢物)의 다소를 참작하여 주재(奏裁)케 하였다."67)

라고 한 내용에서도 충분히 찾아볼 수 있는 바와 같이 은공 등의 특정 산물 수탈이 가혹하였음을 추정하기 어렵지 않다. 위의 기록에서 보는 소에 대한 상공과 또 별공물 색징은 주목되는 바로서 그것이 소에 부과된 주요

---

64) 『慶尙道地理志』固城縣, "句當所 守令春秋行祭所也".

65) 『東國輿地勝覽』卷22, 梁山郡 古跡, "於谷所 在郡西五里 有小城 俗號水蛭獄 古爲所時 因罪人之地". 이외에도 죄수의 수용소로서 『高麗史』에는 "犯盜配所 逃亡者 刑決鈸面 配遠陸州縣"(卷85, 刑法2 盜賊)의 '도배소'와 12세기 자수한 농민폭동에 가담했던 자를 수용하였던 "順州歸化所安置賊數百人……"(卷20, 明宗 17年 9月)의 '귀화소'를 들 수 있다.

66) 『高麗史』卷80, 食貨 賑恤 災免之制, "(高宗)三十三年(1246)五月 制以西海道州郡被兵 蠲徭貢七年 又減谷州·樹德兩所銀貢五年".

67) 『高麗史』卷78, 食貨1 貢賦, "銅·鐵·瓷器·紙·墨雜所 別貢物色徵求過極 匠人艱苦而逃避 仰所司 以其各所別常貢物多少酌定 奏裁". 여기에 소민을 장인으로 묘사한 것은 상기 소의 공부 내용이 주로 수공업적 부문으로 되었던 까닭인 것 같다.

수탈 부문을 이루고 있었다고 보인다. 이렇게 보면 소민에 대하여서는 공부에 있어서 특별한 의의를 부여한 것으로 되며 때문에 그 특별 부과의 공급을 위하여 국가 요역에서 제외된 '제역소(除役所)'로 되었던 것이 아니겠는가? 즉 소민도 기본상 농업에 종사하였다고 보이는 만큼 상공, 별공의 색징을 소집단에 부과한 특정 산물의 주요 공급물 내용으로 본다면, 이러한 특정 산물의 보장을 위하여 국가 요역의 내용을 특정 산물 생산을 위한 집단적 노력 수탈, 즉 요공(徭貢) 수탈로 대신한 것으로 될 것이다.

왕실 및 중앙 기관들에 예속된 소들은 말하자면 왕실을 중심으로 한 자족적 생산체계의 한 부분을 담당한 것으로 되는바, 그것은 왕실이 직접적으로 장악하고 있는 것이 아니라 주군현제를 통하여-즉 주, 군, 현에 소속시킨 형태에서 일정한 산물을 제정하여 상공, 별공 등 공부의 내용으로 수탈하였던 것이다.

3) 처-장 : 처-장은 왕실 혹은 사원 등에 예속된 촌락적 천민 집단제로서 일체 국가 조부를 소속 왕실 혹은 사원에 공급하였다.

『고려사』에 의하면

"그 요물고(料物庫)에 360장, 처의 토지가 속하여 있었다."[68]

'요물고'에 소속한 처-장에 대하여 보다 구체적으로 보여주는 것은

"생각건대 옛적 국왕이 전제(田制)를 세울 때 적전(籍田)을 경작하는 것은 천지(天地) 종묘(宗廟)에 제사를 위한 것이며 360의 장-처의 토지는 국왕에게 공상(供上)을 위한 것이고 전시과(田柴科)와 구분전(口分田)은 사대부(士大夫)를 우대하기 위한 것이다."[69]

라고 한 기사이다. 이와 같이 처-장은 왕실의 중요한 재원(財源)이었다.

---

68) 『高麗史』 卷76, 食貨1 田制 辛禑 14年 6月, "其料物庫 屬三百六十庄處之田".
69) 『高麗史』 卷78, 田制 辛禑 14年 7月 典法判書 趙仁沃等上疏, "竊惟 祖宗 分田之制 躬耕籍田 所以奉天地宗廟之祀也 三百六十庄處之田 所以奉供上也 田柴口分之田 所以優士大夫礪廉恥也".

이와 마찬가지로 사원 예속의 처-장이 사원의 재원으로 된다는 것은 다시 말할 것도 없다.

그러나 처-장은 왕실 등이 직영하는 궁원전(宮院田)[70]과는 구별되어 일정한 촌락의 전 주민을 집단적으로 예속시킨 형태하에 그를 직접적으로서가 아니라 군, 현제에 소속시킴으로써 군, 현의 기관을 통하여 국가 부담의 일체의 조세 부담에 준하여 수탈하고 있다. 이 때에 전조는 물론 공물 및 부역도 수탈하여 말하자면 처-장민(처간 혹은 장호)은 일체의 국가 부담을 요물고 혹은 사원에 수납하였던 것이다.

> "근래에 들건대 궁원 소속의 장호(莊戶)의 요역이 빈번하고 무거워서 백성이 고통을 당하니 전중성(殿中省)은 조사하여 돌보아줄 것이다."[71]

라고 한 것을 보면 장호에게 무거운 요역이 부과되고 있는 것을 알 수 있다. 그 요역이 궁원에 수탈되었다는 것은 종부시(宗簿寺)[72]의 후신인 전중성에 대하여 요역을 감해 줄 것을 지시하고 있는 것으로 추정할 수 있

---

70) 『高麗史』 卷78, 食貨1 田制 經理 顯宗 13年(1022) 2月 戶部奏, "泗州是豊沛之地 前此抽減民田 屬之宮莊 民不堪征稅 乞於州境內 審量公田 如數償之 從之". 이 기사로 보면 농민들의 경작지를 빼앗아 내어 궁장에 속하게 하여 토지를 잃게 된 농민들에게 다시 토지를 보장한 것을 의미한다. 여기의 궁장에 속한 토지는 우리가 말하는 촌락적 규모로서의 처·장이 아니었던 것은 명백한바, 그 경리는 지방 농민들을 동원하여 직영 형태로서 경영하였다는 것을 보여준다. 실례로 "睿宗三年(1108) 二月制 近來州縣官 祗以宮院朝家田 令人耕種……"(『高麗史』 卷79, 食貨2 農桑)이라고 한 것을 보면 주·현 守令이 주·현민을 동원하여 궁원전을 경작시켰던 것이다. 또 "太祖 除內屬奴婢在宮供役外 出居外郊 耕田納稅"(『高麗史』 卷93, 崔承老)와 같이 왕실 소유의 노비로서 경작시킨 것도 있었다.

71) 『高麗史』 卷5, 顯宗 20년(1029) 乙亥 敎, "近聞 宮院所屬莊戶 徭役煩重 民不聊生 殿中省 檢覈存恤". 여기의 장호를 꼭 처-장의 장호로 규정할 근거는 약하다. 그러나 적지 않은 처-장이 궁원에 소속되고 있었던 만큼 장호는 처간과 동일한 것으로 볼 근거가 없는 것은 아니다.

72) 『高麗史』 卷76, 百官1, "宗簿寺 掌族屬譜牒 穆宗朝有殿中省……".

다. 왜냐 하면 일반 군, 현민에 대한 부역은 호부(戶部)에서 장악하고 있었기 때문이다. 그리하여 장호는 그 소속 궁원의 요역을 부담한 것으로 되는바, 궁원 직속의 직영지에 대한 경작 혹은 특정 산물에 대한 요공 형태로 되었는지는 사료상 명백하지 않다.

이상과 같이 부곡-향, 소, 처-장에 대한 수탈 형태는 자연촌락에 구속된 천민집단에 대한 각기 예속 관계와 그 형태에 의하여 약간의 차이점을 보이고 있으나 그것이 주, 군, 현에 소속하여 일반 군, 현민에 대한 국가적 제 수탈 형태에 준하였다는 것, 그리하여 그 수탈관계는 군, 현제의 기관을 통하였다고는 하나 그와 이러저러하게 관계되고 있는 자와 내용상 연결되어 있었다는 것을 이해할 수 있었다.

제3장 조선역사에서 부곡제의 존재시기

광범한 지역에 분포되고 있던 부곡 등은 일부 고려시기에 실존한 것을 제외하고는 대체로 그 이름만 남아 있는 것이 많다. 그리하여 부곡 등이 우리 나라 역사상에 있어서 과연 어느 시기에 가장 광범한 범위에 걸치어 존재하였겠는가 하는 문제는 부곡제 연구에 있어서 중요한 문제의 하나로 제기된다.

이 문제를 고찰함에 있어서 우선 『동국여지승람』의 견해를 검토하기로 하자. 전술한 바와 같이 『동국여지승람』의 편찬자는 신라시기 주, 군, 현을 설치할 때에 전정 호구가 적어서 현을 이룰 만하지 못한 곳을 부곡-향이라 하여 소재하는 고을에 소속시킴으로써 부곡-향이 처음으로 발생한 것으로 보았으며 소, 처-장은 고려시기의 것으로 설명하였다.

첫째로, 전정 호구가 현을 이룰 만하지 못하여 부곡-향을 두게 되었다는 견해가 전적으로 근거가 없다는 것은 이미 증명되었다.[1] 그러나 부곡-향이 신라시기에 주, 군, 현을 설치할 때에 나타난 것으로 본 견해에는 일리가 있다. 그렇다고 하여도 신라시기에 주, 군, 현을 설치한 시기가 과연 어느 때를 가리키는 것인지 그것만으로써는 명백하지 않다. 『동국여지승람』의 편찬자는 이 문제에 있어서 다만 부곡-향이 매우 오래 되었을 것이라고 보고 또 그것이 주, 군, 현제와 관련되고 있음으로 보아 막연하게 신라시기에 주, 군, 현을 설치할 때에 두게 되었을 것이라고 추정한 것 같다.

다음으로 소와 처-장을 고려시기에 한정시킨 견해는 어떠한가? 그러나

---

1) 『東國文獻備考』에는 소를 설명하여 "麗時 未堪爲縣者 稱所"(卷54, 財用考)라고 하였다. 여기의 '未堪爲縣者' 운운한 것도 『동국여지승람』의 잘못을 무비판적으로 소에 적용시킨 것으로 생각된다.

소, 처-장을 고려시기에 처음으로 두게 되었다는 긍정적 사료는 없다. 뿐만 아니라 "삼국시기에 존재한 이지소(梨旨所)는 고려시에 이지현으로 고치어 영주(永州)에 소속시켰다"[2]라고 한 기사에서 보는 바와 같이 소가 반드시 고려시기에 처음으로 있게 된 것은 아니었다. 구체적으로 7세기 중엽에 신라 국내의 174개 소의 목장 중 22개 소를 '소내(所內)'에 속하게 한 소를 보는 것이며 이것으로써 벌써 7세기에 광범한 지역에 소들이 분포되고 있었다는 사실을 알 수 있는 것이다.

처-장에 대하여서도 동일한 사실을 인정할 수 있다. 고려 태조 원년(918)에 왕실 소유의 '내장(內莊)'을 보게 되는바,[3] 이 내장을 곧 처-장의 장으로 볼 것인지는 갑자기 판단할 수 없으나 그 곳에 심곡사(審穀使)를 파견하고 있는 것은 이 내장이 왕실 직영의 농장이 아니었다는 것을 암시한다. 이 때에 심곡사는 내장뿐만 아니라 동궁(東宮 : 왕세자)이 소유한 식읍에도 파견되고 있는바, 그 곳에 저장된 곡식이 오래 되어 썩게 되었기 때문에 그것을 조사하기 위한 것이었다. 이렇게 보면 여기의 내장도 식읍과 같은 형태를 갖는 것으로 이해할 수도 있게 된다. 만일에 이 내장을 처-장의 형태로 본다면 왕실 소유의 처-장은 이미 고려 이전 시기에 실제로 존재하였다고 추정하기 어렵지 않다.

다른 한편으로 보면 통합신라시기에 사원들이 장(莊, 혹은 田莊)을 소유하고 있었다. 그런데 고려시기의 일부 처-장은 사원이 차지하였다면 통합신라시기의 사원의 장들도 처-장의 형태를 가졌으리라는 것은 단순한 추측이 아닐 것이다. 이러한 견해를 더욱 확증하여 주는 것은 "그 현을 딴 곳으로 옮기고 그 곳에 절을 세워 영취사(靈鷲寺)라고 이름 지었다"[4]라고 한 기사이다. 즉 사원을 세우기 위하여 그 곳의 현(縣)을 딴 지방으로 옮기었다면 그 사원이 차지한 지역은 한 현을 두었던 범위를 차지하였다는 것을 의미하며 따라서 그 이전에 현에 소속한 촌락들이 사원의 처-장

---

2) 『慶尙道地理志』 兼梨旨縣, "在三國時 梨旨所 在高麗時 爲梨旨縣 屬永州".
3) 『高麗史』 卷1, 太祖 元年(918) 6月 乙丑. 원문은 제1장 1절 주 6) 참조.
4) 『三國遺事』 卷3, 靈鷲寺, "移其縣於他所 創寺於其地 名靈鷲寺焉".

으로 편입되었을 것은 또한 있을 수 있는 일이다.

이상과 같이 통합신라시기에 이미 사원들이 처-장을 소유하였다면 왕실도 이 때에 자기 소유의 처-장을 가지었으리라는 것은 또한 추정하기 어렵지 않다.

그런데 우리가 사료에 엄밀히 입각하여 고찰할 때에 고려시기 이전의 기사에는 '처'란 곳은 전연 보이지 않는다.

전술한 바와 같이 농장을 의미하는 말로서 처는 이두이며 장은 한자 표기라면 처는 장보다도 선행하여 써 온 것으로 볼 수 있으며 이렇게 이해하는 데 잘못이 없다면 삼국시기에 이미 장이 존재한 만큼 처도 존재하였으리라는 것을 추정하여 잘못은 아닐 것이다.

이상과 같이 부곡-향, 소, 처-장이 모두 고려 이전 시기에 실제로 존재하였다는 결론을 갖게 되는 동시에 『동국여지승람』의 견해가 부정확하다는 것을 지적할 수 있다.

1. 부곡제에 대한 숫적 통계

필자는 『동국여지승람』에서 약 802개 소의 부곡, 향, 소를 찾아낼 수 있었다.[5] 이것을 부곡, 향, 소로 각각 나누어 보면 다음과 같다.

---

5) 부곡·향·소 등의 명칭이 이두식으로 되어 있는 것이 많아서 동일한 부곡 등에 대하여 각기 다르게 기록된 것도 없지 않다. 예컨대,

　　桃坪部曲－桃平部曲
　　置等所－置等良所
　　沙等村部曲－沙圖部曲
　　省火岾所－省火尺所
　　古智邊部曲－古智道部曲－古知道部曲
　　高平部曲－高牙部曲－高雅部曲

등등 필자의 통계에는 가능한 한 표현상 중복된 것을 피하여 계산하였으나 그 완전을 기하였다고는 할 수 없다.

	개 수	총수에 대한 비율
부곡	417	52%
향	141	18%
소	244	30%

그러나 초보적인 계산에 의하더라도 우리 나라 역사상 실제로 존재한 그 총수는 이보다 훨씬 많았으리라고 생각된다. 802개 소의 부곡 등의 거의 대부분은 동상서 고적조에 그 이름만 남아 있는 것들이 대부분인바 이외에도 『삼국사기』, 『고려사』, 『경상도지리지』 및 『세종실록지리지』 등에서 『여지승람』에 보이지 않는 새로운 부곡 등을 발견하게 되는 것이다. 예컨대 전라도에 대한 『여지승람』과 『세종실록지리지』의 기사6)를 대조하여 보면 39개 소가 더 늘어난다.

	부곡	향	소	계
여지승람	84	51	90	225
세종실록지리지	61	58	105	224
세종실록지리지에 새로 보이는 것	6	7	26	39
여지승람과 세종실록지리지를 합한 실수	90	58	116	264

위의 도표에서 보이는 바와 같이 『세종실록지리지』와 그보다 약 70여 년 후에 편찬된 『동국여지승람』 간에는 부곡, 향, 소의 통계상 상당한 차이를 보여준다. 이러한 차이를 보여주게 된 것은 이조시기에 이르러서는 부곡 등이 사실상 소멸되어 거의 대부분은 다만 옛 이름만 남기게 되었거나 일부 옛 흔적을 겨우 남기게 되었다는 데 기인되었다고 생각된다.

---

6) 『世宗實錄地理志』 全羅道 全州牧 古屬縣條에 "太宗九年 以都觀察使尹向 陳言 道內縣鄕·所·部曲皆合于本官 今錄古屬者 以備後日之稽考耳"라고 한 것으로 보아 전라도에 한하여서는 『세종실록지리지』 편찬 당시 찾아볼 수 있는 부곡 등은 모조리 기입되었다고 보인다.

『삼국사기』 지리지 삼국유명미상지분(三國有名未詳地分)에 49개 향이 들어 있는바, 이 49개 향의 이름은 기타의 문헌에 전연 보이지 않는다. 이렇게 보면 실제로 존재한 부곡, 향, 소의 실수는 『동국여지승람』의 통계보다 훨씬 늘어날 것은 명백하게 된다.7)

전술에서 약간 언급한 바와 같이 15세기 당시에 이르러서는 이미 부곡 등이 거의 소멸되고 있었다는 것을 볼 수 있었다. 『동국여지승람』 편찬 당시에 현존한 것을 보면 부곡이 12, 향이 1, 소는 전무하였다. 그것도 동서를 증보(增補)한 시기(1530년)에는 부곡이 1개 소 줄어들고 있다.

이상의 숫자가 보여주는 바와 같이 15세기 당시에는 불과 10개 내외의 부곡이 현존한 것으로 되고 있으며 그것도 조만간에는 완전히 소멸될 운명에 놓여 있었던 것이다.

800여 개에 대비하여 이조 초기에 불과 10개 내외로 남게 되었다는 사실은 이조시기에 들어온 이후 부곡제가 종국적으로 소멸과정에 있었다는 것을 단적으로 증명한다. 그런데 그것조차도 과연 어느 정도 부곡제의 본래적 내용을 보유하였겠는가 하는 문제는 매우 의심스러운 것이다.

정다산과 같은 박식한 학자도 부곡제에 대하여 다만 그것이 아득한 옛날의 산물이란 것을 간파하였을 뿐 부곡제의 본질을 파악하지 못하였으며 전술한 바 『동국여지승람』의 편자들도 부곡에 대한 정확한 인식을 갖지 못하고 다만 군, 현제의 일종의 '속현(屬縣)'과 같은 것으로 이해하고 있었을 따름이다.

이와 같이 이조 초기에 부곡제에 대한 일반적 인식이 오직 군, 현제 하에 특수한 한 행정구에 불과한 것으로 그치고 있는 것은 부곡제가 자체의

---

7)『新增東國輿地勝覽』卷7, 驪州牧 古蹟 註에 "……右諸所皆有土姓吏民焉 金富軾撰三國史地理志 不復具錄 而鄭麟趾撰高麗史 亦因之 今旣著姓氏 則其姓氏所本之地 不可不載 故據周官六翼而質之 當今有所可攷者 繼十之一二 竝附入于逐邑古蹟之下云", 즉 부곡 등의 姓氏를 알아볼 수 있는 것을 '주관육익'과 대조하여 보니 불과 10~20%밖에 되지 않았다는 것을 말하고 있다. 이것은 당시 부곡 등이 소멸되어 사실상 알아볼 수 없게 된 것이 많았다는 것을 가리킨다.

본래적 형태를 보존하였던 시기는 훨씬 상대로 올라가야 한다는 것을 가리킨다. 동시에 이조 초기에 몇 개 보존된 부곡들에 대한 것도 다만 부곡제의 오랜 역사적 전통에 의하여 군, 현제 상에 그 잔해를 일부 남긴 것으로 설명될 것이다.

우리는 고려시기의 부곡제에 대하여서는 상당한 정도로 그 본래적 형태를 찾아볼 수 있었다. 이 사실은 고려시기에 부곡제가 일정하게 본래의 형태로서 실제로 존재하였다는 것을 가리킨다고 보아야 할 것이다.

그러나 필자가 찾아볼 수 있었던 고려시기에 현존한 부곡 등은 불과 70개 소였다.[8] 이 숫자는 대체로 역사적 사건과 관련하여서였거나 혹은 군, 현 관계 사료에 단편적으로 보이는 것들인바, 물론 고려시기에 현존한 것의 전부를 표시한 것으로 되지 못한다는 것은 다시 말할 것도 없다. 전게한 바와 같이

　　"전조(고려)가 주, 부, 군, 현을 설치할 때에 또한 군, 현 임내(任內)에 향, 소, 부곡을 두었는데 한 고을 임내에 많을 때는 10현(향, 소, 부곡)을 두었다.……"

이렇게 볼 때 고려시기에 부곡, 향, 소 등이 상당히 많았다는 것은 짐작하기 어렵지 않다.[9]

그렇다면 과연 고려시기에 어느 정도의 부곡 등이 실제로 존재하였다고 보아야 할 것인가?

우리의 주목을 끄는 것은 고려시기에 부곡 등이 현으로 승격되고 있는 사실인바 그 승격 상태를 보면 다음과 같다.

---

8) 이 숫자는 『三國史記』地理志, 『高麗史』地理志, 『慶尙道地理志』, 『慶尙道續撰地理志』, 『世宗實錄地理志』 및 『東國輿地勝覽』 등에서 찾아낸 것이다.

9) 필자는 한때 착오를 범하여 고려시기의 것으로 찾아볼 수 있었던 것만을 가지고 대체로 고려시기 현존한 그 전부를 보았던 일이 있다. 『조선사 1』, 교육도서출판사, 1956, 280쪽 ; 「삼국의 사회경제구성에 대한 몇 가지 문제」, 『삼국시기의 사회구성에 관한 토론집』, 과학원 출판사, 1958, 88쪽.

	총 수	부곡, 향, 소→현		군, 현→부곡, 향, 소	
		수	총수에 백분비	수	총수에 백분비
부 곡	47	25	53%	8	17%
향	19	13	68%	0	-
소	4	4	100%	1	25%
계	70	42	60%	9	13%

* 동일한 것의 승강을 각각 해당 부문에 포함하여 계산함

이상의 통계는 대략적인 것에 불과하나 대체로 고려시기 부곡, 향, 소의 변동 정형은 일정하게 반영되었다고 보아야 할 것이다.

이상 도표에서 보는 바와 같이 부곡 등이 현으로 승격된 것이 그 총수의 60%를 보이고 있는 데 대비하여 반대로 새로 부곡으로 된 것은 불과 13%를 차지하고 있다. 이에 의하여 우리는 고려시기에 부곡 등이 증가하는 방향이 아니라 반대로 현으로 개편되어 감으로써 점차 소멸에로의 운동을 전개하고 있는 것을 보게 되었다. 특히 주목되는 것은 12세기를 전후하여 그 이전과 그 이후 시기에 부곡제의 변동과정의 차이점을 보여주는 점이다.

편의상 부곡이 현으로 개편된 것을 12세기를 전후로 하여 나누어 본다면 다음과 같이 된다.

	총 수	12세기 이전	12세기 이후
부곡→현	25	5	20

이상의 도표가 표시하는 바와 같이 고려시기에 부곡제가 소멸운동을 전개하고 있었다고 하여도 그것은 12세기 이후로 들어서면서 급속도로 진행되고 있는 것을 말할 수 있다. 이 사실을 좀더 구체적으로 보기 위하여 고려시기에 새로이 발생한 부곡들을 분석하여 보기로 하자.10)

10) 고려시기 부곡 등으로 된 것은 9개였는바, 그 중 1개 소의 소를 제외하면 나머지는 전부 부곡이었다. 그 1개의 소는 12세기 亡伊 폭동군을 기만 회유하기 위하여 망이의 고향인 鳴鶴所를 일시 忠順縣으로 올렸다가 다시 명학소

고려시기 새로 부곡으로 된 것들을 도표로 보면 다음과 같다.

	부곡명	신라 시기		고려 전기		고려 후기		비 고
		명 칭	시 기	명 칭	시 기	명 칭	시 기	
1	구시	여량현	경덕왕시	구시부곡	고려시			
2	죽장	장진현	경덕왕시	죽장부곡	고려시			
3	소삼	현무현	경덕왕시	소삼부곡	고려시			
4	금양	성량현	경덕왕시	금양부곡	고려시			
5	덕산	덕산부곡	신라시	재산현	태조시	덕산부곡	정종시	재산현
6	감음			감음현	고려시	감음부곡	의종시	감음현
7	귀화			밀성군	고려시	귀화부곡	충렬왕시	밀성군
8	?			전주목	고려시	? 부곡	공민왕시	전주목

* 비고는 고려시기 다시 회복된 것

이상의 1∼4는 『삼국사기』 편찬 당시(1145년)에 현존한 부곡들로 되고 있다. 그것들은 추측컨대 고려 초에 부곡으로 된 것 같이 생각된다.[11] 5는 본래 부곡이던 것이 고려 초에 현으로 되었다가 다시 부곡으로 된 것이다. 6∼8도 역시 12세기 이후에 일시 부곡으로 되었다가 곧 군, 현으로 회복된 것이다. 이렇게 그 내용을 검토하여 보면 사실상 고려시기에 부곡으로 된 것은 고려 초기에 설정된 4개 부곡으로 된다.

이상과 같이 12세기 이전에 대비하여 12세기 이후에 부곡 등이 현으로 개편되어 가는 수가 급속히 증가하였다. 12세기 이후에 부곡으로 떨어지게 된 것을 본다면 밀양이나 전주와 같은 큰 고을을 포함하여 일시적인 책벌(이것은 특례로 된다)에 의한 것으로서 그것도 사실상 곧 군, 현으로 모두 회복된 것들로 되고 있다. 이러한 사실은 고려시기 부곡제의 역사적 위치를 고찰하는 데 있어서 매우 중요한 암시로 된다. 즉 이상의 통계에 근거하여 12세기 이후에 부곡제는 급속히 소멸과정을 밟게 되었다는 것,

---

로 떨어뜨린 것을 말함이다.

11) 『경상도지리지』河東縣조에 의하면 금양 부곡은 고려 초기에 새로이 설치된 것으로 되고 있다.

그리하여 이후 부곡제는 그 외피만을 남기게 되어 이조 초기에 이르러서는 전술한 바와 같이 오직 군, 현제에 소속한 한 형태로서밖에 인식할 수 없게 되었다는 것도 이해하기 어렵지 않을 것이다.

잠시 이상의 통계의 정확성을 확인하기 위하여 12세기 이후 우리 나라의 사회경제적 정세를 고찰하여 보기로 하자.

우리 나라의 역사상 12세기는 봉건지주에로의 토지의 집중화, 이에 따르는 중앙집권제의 문란과 봉건 지주관료들 간의 정권투쟁이 격화되었다. 이에 따라서 농민들에 대한 수탈의 강화에 의한 농민생활의 급속한 영락과 유산, 그리하여 계급적 모순 대립이 격화되던 시기로 특징지어진다. 약 반세기에 걸치는 농민폭동들은 온 나라를 휩쓸었다. 이런 때에 지방토호들의 세력도 대두하는 기회로 되었다. 그리하여 고려왕조의 정치적 위기는 급격히 조성되지 않을 수 없었다.

12세기 계급투쟁의 앙양기에 있어서 천인집단으로서 예속된 부곡민들도 가혹한 착취를 반대하며 동시에 노비적 천인 신분으로부터 벗어나기 위하여 집단적 투쟁을 전개하였을 것은 상상하기 어렵지 않다. 1136년 서경지방의 폭동군을 진압하자 곧 서경의 부곡, 향 들을 군, 현으로 승격시킨 것이라든지,[12] 명학소를 충순현으로 고친 것 등은 모두 봉건 통치자들이 폭동군에 가담한 부곡, 향, 소의 주민들에 대한 회유, 양보였던 것이다. 이 외에도 노올(奴兀)부곡이 폭동에 가담한 단편적 기록을 보는바,[13] 당시 천인 집단부락에서의 폭동화는 봉건통치층에 대하여 커다란 위협으로 되지 않을 수 없었을 것이다.

여기서 더욱 중요한 사실은 12세기 농민폭동의 거대한 승리로서 광범한

---

12) 『高麗史』 卷58, 地理志3, 江東·江西·中和·順和·三和·三登 등 제 현은 仁宗 14년 즉 1136년에 서경지방의 폭동군을 진압한 해에 부곡 등을 해체하여 새로 편성된 것들이다.

13) 『高麗史』 卷128, 鄭方義, "時陝州賊光明·計勃亦豪橫 爲一方巨富 晋之(人?)與方義有隙者二十餘人 往投陝州賊黨之居奴兀部曲者 請兵欲擊方義 賊從之 方義出擊走之 乘勝至奴兀部曲 盡殺其黨 明年晋人討方義殺之 昌大率二百餘人 登城州人攻之 昌大遁去 其黨亦散 晋州平".

지역에 설치되었던 부곡 등 제 천인집단에 대한 해체인바, 그것을 봉건통치자로 하여금 불가피하게 한 사실이다.14) 더욱이 13세기 이후 원(元 : 몽고) 침략군을 반대하는 전후 40년 간의 간고한 투쟁시기는 농민폭동의 일정한 전취물을 공고화하는 데 있어서 유리한 정세로 되었다. 봉건통치자들은 강화도로 들어가 수수방관하고 있을 때 애국적 인민들은 각지에서 몽고 침략자를 격파하였다. 인민들의 투쟁은 계속 앙양된 기세의 일로를 밟았다. 이런 때에 봉건 고려왕조의 집권적 통제력은 마비되고 부곡제는 다시 수습할 수 없을 정도로 파괴되지 않을 수 없게 되었다. 이에 대하여 1296년(충렬왕 22) 5월에 홍자번(洪子藩)은

> "제 주, 현 및 향, 소, 부곡의 주민과 그 향리가 흩어져 한 집도 없게 된 것이 많다"15)

라고 썼다.

이상으로 12세기 이후 부곡제가 급속히 소멸에로의 과정을 밟게 되었다는 필자의 통계는 진실성을 갖는다고 인정할 수 있게 되었다.

---

14) 김석형 박사는 12세기 농민폭동이 가지는 의의에 대하여 다음과 같이 썼다. 즉 "붕괴되어 가는 노예소유제를 완전히 청산하지는 못하였다 하더라도 이 제도의 완만한 붕괴과정에서 12세기로부터 13세기 후반기에 걸치는 고려의 대농민 폭동은 이의 붕괴를 촉진시키는 데 크게 작용하였다고 볼 수 있다. 고려의 이 대농민 폭동이 가지는 역사적 의의를 우선 여기서 찾아야 할 것이다. …… 고려 중엽(12세기)까지 그렇게도 많았던 향·소·부곡 등 賤民의 부락이 15세기 이조 초에 들어와서는 벌써 일반 양인의 부락과 다름없이 된 사실, 즉 양인과 노비의 중간이라고 볼 수 있는 이러한 천민들이 법제적으로는 일반 양인과 다름없이 된 것은 무엇을 말하는 것인가? 여기서 우선 공동체적 관계는 보다 농후하게 저러한 '천민'들의 부락에 잔존하였던 것을 고려할 필요가 있다. 그렇다면 이로써 공동체적 관계의 한 개 측면은 청산되었다고 말할 수 있다. '천민'들은 그 사회 경제적 처지를 향상시켰고 공동체적 관계의 청산에도 큰 촉진 작용을 하였던 것이다. 고려시기 특히 12세기 후반기 이래의 농민폭동이 우리 나라 역사발전에 기여한 또 하나의 공적이 여기에 있다"(『봉건지배계급을 반대한 농민들의 투쟁 - 고려편 - 』, 과학원출판사, 1960, 211~213쪽).

15)『高麗史』卷84, 刑1 職制, "諸州縣及鄕所部曲人吏無一戶者多矣".

그렇다면 조선에서 부곡제가 광범히 설치되었던 시기는 12세기 이전으로 올려보아야 한다는 결론을 얻게 된다. 그러나 12세기 이전의 현존 부곡 등을 확정할 수 있는 것은 거의 몇 개에 불과한 형편에 있다. 그리하여 필자는 1424~1432년 어간에 편찬된 『경상도지리지』에 기재된 경상도 내의 부곡, 향, 소의 수효를 대체로 고려 말기의 실수와 별로 큰 차이가 없을 것으로 보고[16] 그것을 『동국여지승람』에 기재된 경상도 내의 것과 대비함으로써 12세기 이전의 고려시기에 현존한 부곡 등의 실수를 추상하여 보았다.

『동국여지승람』의 경상도 내의 부곡 등과 『경상도지리지』의 것을 대비하여 도표로 표시하면 다음과 같다.

		부곡	향	소	계
* 동 국 여 지 승 람		224	35	44	303
경상도지리지	기재된 총수	67	12	16	95
	편찬 당시 폐망된 수	22	5	6	33
	편찬시 현존수	45	7	10	63

* 경상도 내의 것

전술한 바와 같이 필자가 고려시기 현존 부곡, 향, 소로서 우선 확정할 수 있었던 것은 70개에 불과하였다. 그러나 상기 도표에서 고려 말기의 경상도에 국한한 부곡, 향, 소를 95개 정도로 인정한다면 전국적 범위에서의 70개의 통계는 고려시기 현존한 것의 극히 일부에 불과한 것으로 매우 막연한 숫자로 된다. 그리하여 고려시기에 현존한 실수의 근사치를 찾아보

---

16) 『太宗實錄』 卷23, 太宗 14年(1414) 7月條에 의하면 당시 "近年以來 州縣可 幷者幷之 可置員吏者置 然未盡革"하였다고 하였으니 어느 정도 부곡 등이 정리되었을 것으로 생각되나 이보다 10여 년을 경과한 시기에 편찬된 『慶尙 道地理志』에 의하면 경상도 내에서는 그리 정리된 것 같지 않은 형편을 보여주고 있다. 그리하여 사실상 동서 편찬 당시 廢亡되고 있던 부곡 등도 적지 않게 보존되어 있으며 『경상도지리지』의 편찬자는 폐망되고 있던 부곡·향·소 들도 모두 기재하고 있는 것이다.

는 데 있어서 95개를 근거로 하여 계산하는 것이 보다 실수에 가까운 숫자를 얻어 낼 수 있을 것이다. 그런데 과연 95란 숫자가 12세기 이후 경상도 내의 실존의 그 전부인지는 갑자기 판단하기 곤란하다. 그렇다고는 하나 상기 도표가 보여주는 바와 같이 95개 중 『경상도지리지』 편찬 당시에 이미 폐망된 것으로 기재된 33개(35%)를 12세기 이후 소멸되어 온 것의 일부로 본다면 95개란 숫자는 경상도 내에서 12세기 당시 현존 실수와 그리 어긋나는 것으로는 생각되지 않는다. 이렇게 볼 때 고려시기에 경상도 내에서 현으로 승격한 13개의 부곡 등을 95에 가산한다면 우리가 찾아 낼 수 있는 고려 전기에 실제로 존재한 부곡, 향, 소의 최소한 수는 어느 정도 얻을 수 있을 것이다. 95에 13을 가산한 108개는 아직도 『동국여지승람』의 경상도 내 303개에 비하여 약 30%에 불과하다. 물론 경상도 내의 고려시기 현존 숫자의 근사치로서 108개를 찾아 낸 것도 그 실수는 그보다 상당히 많았으리라는 것을 인정하는 조건하에서 우리가 찾아 낼 수 있는 한도 내에서의 숫자에 불과하였다. 303이란 숫자도 그러한 정도로서의 근사치였던 만큼 대략적으로 보아 경상도 내의 총수 303에 대한 고려시기 현존 수인 108의 비율을 가지고 전국적인 실존 숫자를 확대하여 본다면 고려시기의 실제로 존재한 부곡, 향, 소의 총수의 근사치를 추론할 가능성을 얻게 될 것이다.

2. 부곡제의 분포 상태

전술에서 고려시기에 상당한 수효의 부곡, 향, 소 등이 존재하였다는 것을 인정하게 되었으나 『동국여지승람』의 802개의 부곡 등이 전적으로 고려시기에 실존한 총수는 아니었다. 그것은 부곡 등이 고려시기의 산물이 아니라는 것을 의미하는 동시에 고려에 선행한 시기에 있어서도 상당한 정도의 부곡 등이 실제적으로 존재하였다는 것을 가리키는 것이다.

필자가 고려에 선행한 시기에 현존한 부곡 등으로 확정할 수 있는 것은 불과 62개이다. 그러나 우리의 주목을 끄는 것은 그 중에 '삼국시대의 지명만 있고 분명치 않은 지역'으로서의 49개의 향이 포함되어 있는 그것이다. 『삼국사기』의 편찬자 김부식은 "방언의 소위 향, 부곡 등 잡소는 다시 갖추어 기록하지 않는다"[17]라고 하여 삼국의 향, 부곡 등을 무시하여 기록하지 않으면서도 12세기 『삼국사기』 편찬 당시 그 지명을 확정할 수 없는 것에 대하여는 '삼국유명미상지분(三國有名未詳地分)'이란 항목하에 49개의 향을 기록하였던 것이다. 이로써 고려에 선행한 시기 상당히 많은 부곡 등이 현실적으로 존재한 것을 인정할 수 있는 충분한 근거를 찾아볼 수 있다.

편의상 62개 중 49개를 제외한 13개의 분포를 본다면 그 대부분이 경상도지방, 즉 신라의 중심지역에 집중되어 있는 것을 알 수 있다.

이조 시기 도명	부곡	향	소	계
경 상 도	5	5	1	11
전 라 도	-	1	-	1
경　　기	1	-	-	1
계	6	6	1	13

그 중 삼국시기의 것을 추려 내어 보면 경상도지방의 것으로 되고 있다.

	부 곡	향	소	계
경 상 도	2	1	1	4

물론 극히 단편적인 것을 가지고 고려시기에 선행한 시기의 부곡 등이 경상도에 집중되어 분포되어 있었다는 결론을 끄집어 낼 수는 없다. 그러나 우리가 『동국여지승람』의 802개의 분포를 본다면 위의 도표가 전연 무근거한 것을 가리키지 않았다는 것을 알 수 있을 것이다. 802개를 편의상 이조시기 8도의 구분에 의하여 분류하여 보면 다음과 같이 된다.

---

17) 『三國史記』 卷34, 地理志1, "方言所謂鄕部曲等雜所 不復具錄".

	부 곡	향	소	계	백분비
경상도	224	35	44	303	38%
전라도	84	51	90	225	28%
충청도	69	23	60	152	19%
경 기	23	12	7	42	5%
강원도	10	4	33	47	6%
황해도	-	7	10	17	2%
평안도	7	8	-	15	1.9%
함경도	-	1	-	1	0.1%
계	417	141	244	802	

* 『신증동국여지승람』에 의함

우리는 위의 도표에서 부곡, 향, 소 등이 주로 경상도, 전라도 및 충청도 —즉, 하삼도(下三道)지방에 그 총수의 75%, 그 중에도 경상도지방에 35%가 집중되고 있는 것을 확인할 수 있으며 경상도로부터 북으로 올라가면서 점점 희박하여지고 있는 것을 보게 된다. 이것을 지도상에 옮겨 보면 다음과 같이 새로운 사실을 발견하게 될 것이다.

그것은 첫째로, 부곡, 향, 소 들의 분포 정형을 전반적으로 보면 대동강 유역 이남지역에 한정되어 있는 동시에 그의 대부분이 남부조선 전 지역에 걸쳐 광범히 산재되고 있다는 것, 둘째로, 부곡이 경상북도지방에 보다 집중되고 있는 데 대하여 향은 낙동강 유역 이서지방과 충청 및 전라도 지방에 보다 집중되어 분포되고 있는 것, 셋째로, 전라도, 충청도 및 강원도 지방에서 보다 많은 소를 발견하게 된다는 것 등이다. 이러한 내용을 통하여 다음과 같은 사실을 고찰할 수 있을 것이다.

(1) 대동강 유역 지방, 즉 평양 근방의 몇 개의 부곡, 향은 분명히 고려시기에 설치되었다는 것을 말할 수 있다. 주지하는 바와 같이 대동강 이북지방은 사실상 통합신라의 영토 밖으로 되어 있었다. 그리하여 고려 태조는,

"평양은 옛 도읍이므로 황폐화된 지 오래 되었으나 아직도 그 흔적이 남아 있다. 그러나 가시덤불이 무성하여 번인(蕃人 : 女眞人)이 이 곳에서 수렵을 하게 되어 침략하게 되니 변방 고을이 피해를 크게 입

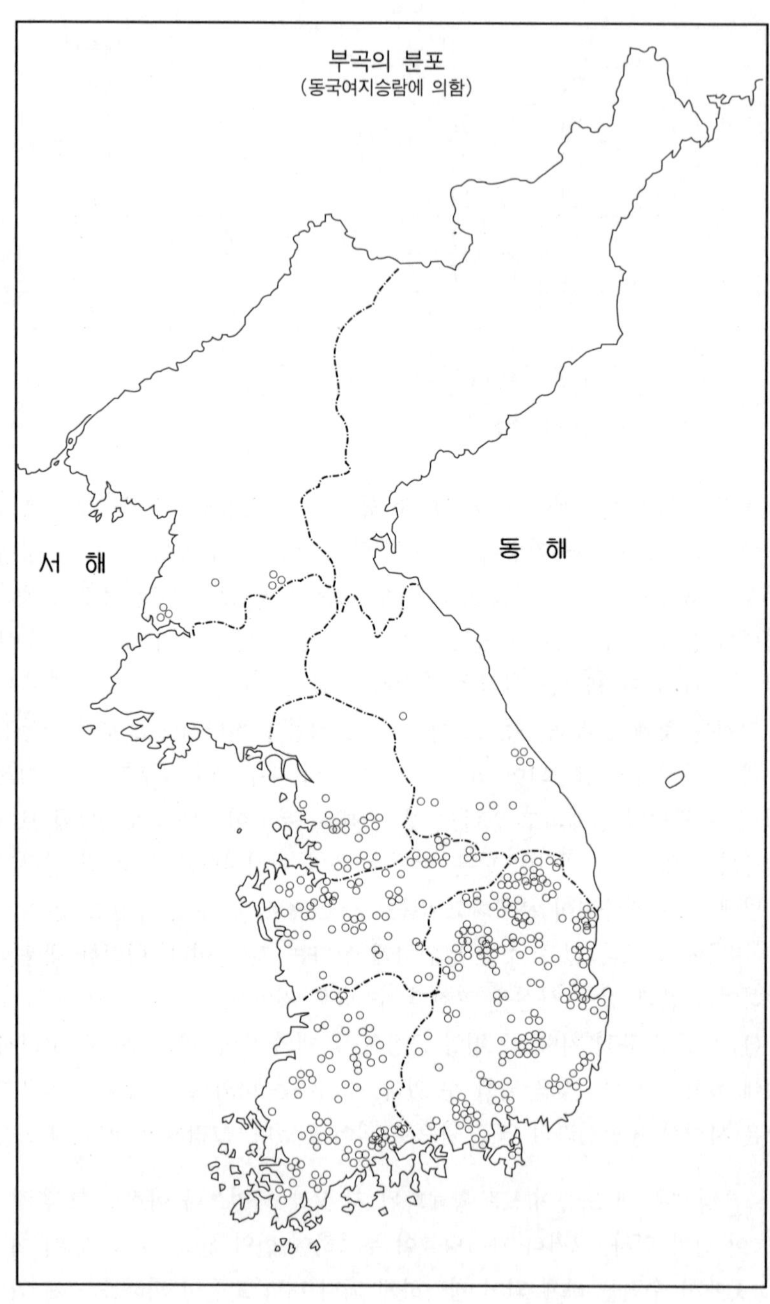
부곡의 분포
(동국여지승람에 의함)
서 해
동 해

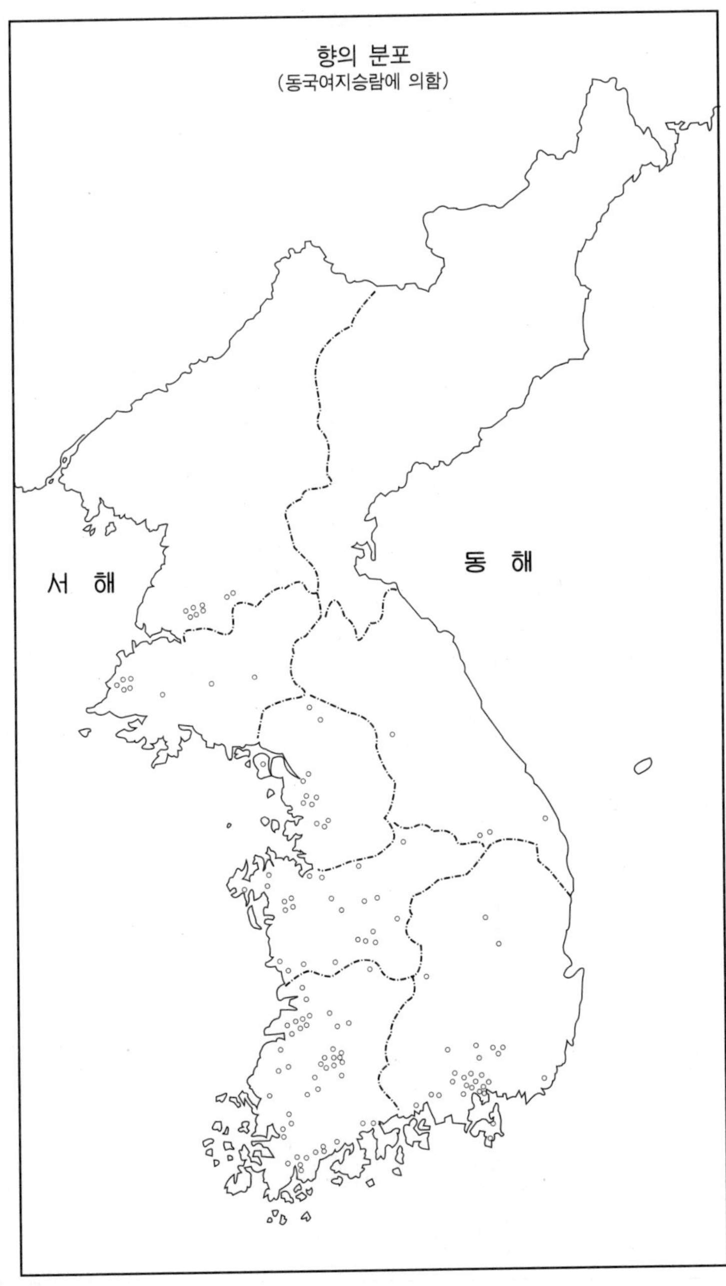

향의 분포
(동국여지승람에 의함)
서 해
동 해

소의 분포
(동국여지승람에 의함)
서 해
동 해
개성
경주

게 된다."[18)

라고 하면서 황해도 일대의 주민을 이 곳에 이주시켜[19) 평양을 재건하게 되었던 것이다. 대동강 이북지역이 이러한 형편에 있었던 만큼 그 곳에 설치된 부곡 등은 의심할 바 없이 고려 초기에 이 지방이 다시 우리 강토로서 확보될 때였을 것이다.

그런데 황해도지방에는 한 개의 부곡도 없으며 다만 약간의 향, 소가 있을 뿐이다. 이것은 일반적으로 부곡, 향, 소 들이 하삼도에 집중되어 있고 북으로 가면서 희박하여지고 있는 점에서 고찰한다면 그럴 수도 있어 보인다. 그러나 고려 초기에 평양 주변에 새로이 부곡 등을 신설하였다면 고려의 도읍인 개성으로부터 그리 멀리 떨어지지 않은 황해도지방에도 일정하게 설치되었을 것으로 짐작되나 그 이상 재료는 현재 형편으로는 얻어보기 힘들다. 필자가 고려시기 현존한 것으로 확증할 수 있었던 것, 즉 70개의 부곡, 향, 소의 분포를 보더라도 역시 황해도지방에는 단 한 개의 향만을 찾아볼 수 있었다.

	부 곡	향	소	계
경 상 도	21(11)	2(2)	1(1)	24(13)
전 라 도	6(5)	3(1)	1(1)	10(6)
충 청 도	3(1)	-	2(2)	5(3)
경 기	6(1)	2(1)	-	8(2)
강 원 도	-	-	-	-
황 해 도	-	1	-	1
평 안 도	9(7)	8(8)	-	17(15)
함 경 도	-	1(1)	-	1(1)
불 명	2	2	-	4
계	47(25)	19(13)	4(4)	70(40)

( )는 고려시기 현으로 승격된 것

---

18) 『高麗史』卷1, 太祖 元年 9月 丙申, "平壤古都荒廢雖久 基址尙存 而荆棘滋茂 審人有獵於其間 因而侵掠 邊邑爲害大矣".
19) 『高麗史』卷58, 地理志3 西京, "太祖元年(918)以平壤廢 量綻監 · 白 · 黃 · 海 · 鳳諸州民 以實之".

이 도표에서도 역시 평양 부근의 것을 제외한다면 하삼도지방에 집중되어 분포된 것을 알 수 있다. 이로써 황해도지방에 부곡 등이 매우 적게 설치되게 된 원인에 대하여 우리는 몇 가지 추측을 할 수 있다.

우선 부곡, 향, 소 들이 기본상 통합신라의 판도 안에 들어 있다는 사실과 그 대부분이 하삼도에, 그 중에도 신라의 중심지역이던 경상도지방에 집중되어 있는 사실 등은 부곡제가 보다 광범히 설치되었던 시기를 확정하는 데 있어서 중요한 시사로 된다. 그것은 그 현존하던 시기를 고려시기로 볼 것이 아니라 통합신라 내지는 그 이전 시기로 올려보아야 한다는 논거를 제공한다고 할 것이다. 바로 고려시기에 있어서도 경상도지방에 가장 많은 부곡 등이 집중되어 있었던 것은 신라시기에 설치되어 있었던 것의 전통적인 유제에 기인된 것이었기 때문이었다고 생각된다.

이러한 분포 정형을 통하여 고려시기에 들어와서도 선행 시기의 부곡제에 대한 커다란 개편을 하지 않았다는 것, 동시에 개성을 중심으로 한 지방에 새로이 부곡 등을 설치할 필요를 느끼지 않았다는 것 등을 추정할 수 있다.

물론 평양 재건과 관련하여 그 주변에 일부 부곡, 향을 신설하였으며, 전기한 바와 같이 고려 건국에 대하여 항거한 주민들을 역, 진, 부곡 등 민으로 삼는 등, 일부 부곡 등이 신설되고 있는 것을 알고 있다. 그러나 그것들은 선행 시기로부터 유래된 것에 비하면 극히 일부분에 불과하며 전통적인 부곡 등의 분포도를 변경시킬 만한 것으로는 될 수 없었다고 생각된다.

이렇게 볼 때 신라의 중심지역으로 보아 변방지방으로 되고 있던 황해도지방에 부곡 등이 매우 적었을 수 있는 충분한 근거가 있으며 고려 이후에 이 곳에 새로 신설할 조건(주로 정치적 관계에서)이 없었다면 새로 신설하지 않을 수도 있었다고 보이는 것이다. 또한 용이하게 추측할 수 있게 하는 것은 평양지방을 재건할 때 주로 황해도 내의 인민들을 이주시켰다는 사실이다. 황해도지방의 주민을 이주시킨 지 5년 후에,

"이 해에 대승(大丞 : 관명) 질영(質榮)과 행파(行波) 등의 부형 자

제들과 제 군, 현의 양가(良家)의 자제들을 서경(평양)으로 이사시켰다."[20]

여기에 제 군, 현에서 양가의 자제를 이주시켰다는 것은 대체로 양인 상층 출신들을 이주시킨 것으로 해석되는바, 이로써 전년에 이주시킨 황해도 내의 주민들은 혹은 일반 천인층 내지는 부곡민 등이 아니었던가 하는 의심을 갖게 한다. 더욱이 평양 근방에 설치된 부곡, 향을 평양 재건시에 신설되었다고 본다면 그럴 수 있는 가능성은 충분히 있어 보인다. 사실에 있어서 황해도지방의 하음 부곡과 같은 것은 가산지방 남쪽 둔전에 이주된 실례도 있었던 것이다.

이러한 추측에 잘못이 없다면 평양 근방에 신설된 부곡, 향은 이전의 황해도지방에 있었던 것일는지도 모른다. 이상과 같이 본다면 평양지방에 설치된 부곡, 향도 사실에 있어서는 신설된 것이 아니라 선행 시기로부터 존재하던 것들을 이동시킨 데 불과한 것으로 될 것이다.

이리하여 분포도를 통하여 필자가 얻은 결론은 부곡, 향, 소 등이 기본상 고려시기에 새로 신설되었던 것이 아니라 선행 시기인 신라 때의 것이 유제된 것에 불과하다는 것이다. 이러한 필자의 견해를 더욱 명백히 보여주는 것은 다음의 둘째 문제이다.

(2) 부곡제의 분포에 대한 고찰을 쉽게 하기 위하여 잠시 802개에 대한 부곡, 향, 소의 비율을 따져 둘 필요가 있다.

부곡·향·소를 합한 총수	부 곡		향		소	
	총 수	백분비	총 수	백분비	총 수	백분비
802	417	52%	141	18%	244	30%

위의 도표에서 보는 바와 같이 부곡은 총수의 52%를 차지하는바, 부곡과 향을 합산한다면 총수의 70%를 차지한 것으로 된다. 이 통계상 비율은

---

20)『高麗史』卷1, 太祖 5年, "是歲 徙大丞質榮·行波等父兄子弟及諸郡縣良家子弟 以實西京".

부곡, 향을 기본으로 하고 소는 그것에서 파생된 것이거나 혹은 그의 유형으로서 나타난 것으로 볼 수 있는 근거를 준다고 해석된다. 이러한 견해로부터 필자는 편의상 부곡과 향을 둘째 문제로서 제기하였고 소를 따로 분리시키며 셋째 문제로 나누어 보기로 한 것이다.

우선 부곡과 향의 분포들을 보기로 하자. 여기에서 우리는 부곡이 경상도지방에 보다 많았다고 하여도 그것이 주로 **삼국시기의 신라영토** 내에 집중되어 있는 것과 동시에 상당한 수의 향이 경상도에 있었다고 하나 통합 전 신라영토 내에는 불과 몇 개밖에 보이지 않았다는 것을 곧 알 수 있다.

이것으로 부곡이 통합 전 신라의 광범한 지역에 이미 설치되었다는 것, 동시에 향은 주로 낙동강 하류지방, 즉 가야지역과 충청 및 전라도지방, 즉 백제지역에 편재하여 통합 전 신라의 영토 내에는 그리 광범히 설치되지 않았다는 것으로 해석할 수 있다. 그런데 부곡의 분포를 보면 가야나 백제지역에도 상당한 정도로 광범하게 분포되어 있으며 우리가 부곡과 향을 합하여 그 분포를 본다면 하삼도에 한하여서는 대략 균등하게 분포되어 있다고 보아야 할 것이다.

이상의 부곡 및 향의 분포상 차이를 지방에 따라 혹은 부곡으로, 혹은 향으로 각이하게 불러 온 데 기인하는 것으로 간단히 처리할 수 있다. 그것은 마치도 삼국시기에 촌락들이 촌(村), 곡(谷), 달(達), 라(羅), 불(火), 벌(伐) 및 홀(忽) 등으로 지방에 따라 각양하게 불리어 온 것이라든지, 혹은 이조시기에도 특별한 내용상 차이가 없었음에도 불구하고 촌락에 따라 촌, 동(洞), 리(里) 및 사(社 : 함경도지방에 한함) 등으로 써 온 따위와 흡사하다. 그리하여 신라 초기 기사에 신라에 향이 나타나고[21] 있는 것도, 또는 통합 전 신라의 영역 내에 몇 개의 향을 찾아보게 된 것도 우연하다고는 생각되지 않으며 전기한『삼국사기』지리지의 '삼국유명미상지분'으

---

21)『三國史記』卷2, 新羅本記 伐休尼師今 7年(190)과 卷23, 百濟本紀 肖古王 25年(190)조에 백제가 신라의 圓山鄕을 공격하였다는 기사가 있다. 원산향의 위치는 慶北 醴泉郡에 合한 龍宮 古號의 一名이 園山인즉 여기의 圓山鄕은 곧 園山이 아니었던가 생각한다.

로써 열거한 49개의 향을 모두 삼국시기의 신라영역 밖에 있었던 것으로 처리해 버릴 수도 없을 것이다.

이렇게 보면 부곡은 신라에서뿐만 아니라 백제에서도 가야에서도 광범하게 설치되었었다는 것을 이해할 수 있다. 즉 부곡제는 벌써 통합 전 신라에서 광범하게 설립되고 있었다는 것을 인정할 수 있는 동시에 신라에서뿐만 아니라 삼국시기 우리 나라 전 지역에 걸쳐 부곡제가 설치되었다는 것을 일단 긍정해야 할 것이다. 그렇다면 고구려에서의 부곡제의 존부를 어떻게 볼 것인가 하는 문제에 부닥친다. 주지하는 바와 같이 신라에 의한 삼국통합은 대동강 이남지역에서 그쳤었다. 이러한 사정에 의하어 오늘 고구려의 부곡제를 전연 찾아볼 수 없게 되었으며, 특히는『삼국사기』의 편찬자가 향, 부곡이 잡소라 하여 전혀 기록하지 않았으므로 사실상 거의 인멸되어 버릴 수 있었다고 생각된다.

필자가 고구려의 부곡으로서 찾아볼 수 있다면『고려사』권57 진주(晉州)조에 "……또한 창선도(彰善道)가 있다. 이 섬은 본시 고구려의 유질(有疾)부곡이었는데 고려 때에 다시 지금 이름으로 고쳐 현으로 승격시켰다"[22]라고 하는 단 한 개였다. 그러나 유질부곡이 경상남도 사천(泗川) 앞바다의 창선도였다는 사실은 위치상 고구려의 부곡으로서 이해하기는 매우 난처한 점이 있다. 그래서인지『세종실록지리지』나『동국여지승람』에는 유질부곡을 고구려의 부곡이 아니라 "흥선도(興善島＝창선도)는 본시 고려의 유질부곡이었는데 후에 이름을 고치어 창선현으로 하여 예속케 하였다"[23]라고 함으로써 유질부곡을 고려시기의 것으로 기록하였으며 그 후 어느 때인지 명기하지는 않았으나 창선현으로 고쳤다는 것이다. 그렇다면『고려사』의 기록을 오기로 볼 것인가? 그러나『고려사』는 유질부곡을 고려시기에 현으로 승격시켰다는 내용을 명백히 함으로써 창선도가 고려시기에는 부곡이 아니었다는 것을 시사하고 있다. 그런데 유질부곡이 고려시기에는 현으로 되고 있었다는 유력한 근거를 주는 것은『경상도지

---

22) "又有彰善島 島本高句麗有疾部曲 高麗更今名陞爲縣".
23)『世宗實錄地理志』晉州牧 및『新增東國輿地勝覽』卷30, 晉州牧 古跡, "卽 興善島 本高麗有疾部曲 復攻爲彰善縣來屬".

리지』에 "흥선현은 섬으로서 삼국시의 유질부곡이었는데 고려시기에 창선현으로 고쳤다"[24]라고 한 기사이다.

『경상도지리지』가 유질부곡을 삼국시기의 것이라고 한 것은『고려사』에 근거한 것인지 또는 기타의 자료에 의한 것인지 자세치 않으나 고려시기에 와서 현으로 고쳐졌다는 것을 긍정하고 있는 것이다.

『경상도지리지』는 유질부곡을 다만 삼국시기의 것이라고 하여『고려사』의 고구려의 것이라는 데 대하여 모호한 태도를 취하고 있으나 만일에『고려사』의 기사가 근거가 있는 것이라면 고구려의 부곡으로서 남해바다 섬에 설치되었던 이유가 있어야 할 것이다. 그러한 이유로 찾아볼 수 있는 것은 「광개토왕비문」에 보이는 고구려 광개토왕이 남해로 기어드는 일본 해적을 격파하기 위하여 이 지방에 진격하였던 사실을 들 수 있는바, 이때에 창선도가 일시 고구려의 부곡으로 되었을 수도 있었겠다는 것이다. 유질부곡을 고구려의 것으로 인정한다면 이러한 이유 이외에는 다른 것을 찾아볼 수 없는 것만은 사실이다.

고구려에 부곡제가 있었겠다는 또 하나의 근거는 고구려를 직접 계승한 발해에 부곡제가 실존하였다는 사실이다. 즉『송막기문(松漠記聞)』권상(卷上) 발해조에 "부곡 노비는 성(姓)이 없었고 모두 그 주인의 (성을) 따랐다"[25]란 기사가 있다. 이처럼 발해에 부곡제가 실제적으로 존재하였다는 것은 그에 선행한 고구려에서도 상당한 정도로 부곡제가 존재하였겠다는 추측을 할 수 있게 한다. 그것은 발해가 고구려를 직접 계승하였다는 점에서뿐만 아니라 부곡제와 같은 특수한 천인제도가 발해 건국 이후에 비로소 처음으로 발해국에 발생하였다고는 믿어지지 않기 때문이다.

이상의 사료들은 방증적인 것밖에 되지 못하여 고구려 부곡제가 존재하였다는 적극적인 근거로는 될 수 없다고도 생각할 수 있다. 그러나 전술한 바와 같이 신라나 백제에서 부곡제의 광범한 설치를 찾아봄으로써 삼국시기 우리 나라에서 부곡제가 보편적인 것으로 되고 있었다면 고구려에서만

---

24) "興善縣 海中島也 三國時爲有疾部曲 高麗時改爲彰善縣".
25) 제2장 2절 주) 56 참조.

부곡제가 없었을 수 없으며 더욱이 삼국시기 고구려를 둘러싸고 있던 이웃 나라들에서도 부곡제는 일반적으로 보편화되고 있었다는 것[26](그 내용 형태에 있어서 각이한 측면을 가지고 있으나)을 고려한다면 이상의 단편적인 자료들도 고구려에 부곡제가 실제로 존재하였다는 근거로 될 수 있다고 보아야 할 것이다.

(3) 소(所)의 분포를 고찰하기로 하자. 소는 부곡과는 다르게 지방의 각종 특산물, 기타를 공급할 의무를 짊어진 특수 부락이었다. 그리하여 그 분포에 있어서도 일정한 특성을 가질 수 없는 것은 아니다. 그러나 현인이 국명을 어기었다 하여 현을 떨어뜨리어 소로 한 이지소의 설치과정에서 본 바와 같이 반드시 일정한 지방 특산지에 한하여 설치되었던 것은 아니었다. 이러한 사실은 소도 부곡과 마찬가지로 지역적인 것에 관계 없이 주민들에 대한 집단적 예속화의 특수 형태로서 출현하였다는 것을 고려하여 그 분포를 분석해야 한다는 것을 의미한다. 이러한 전제에서 소의 분포를 본다면 우선 삼국시기 신라의 영토 내에 소의 분포가 매우 희박한 데 대하여 신라영역을 둘러싸고 그 분포가 밀집되어 있다는 것을 알 수 있으며 동시에 또 다른 한편으로는 고려의 수도 개성지방을 중심으로 하여 또 하나의 소의 밀집지대를 명백히 간취할 수 있다. 즉 소의 분포도에서 우리는 신라 수도 경주를 중심으로 한 커다란 원과 고려 수도 개성을 중심으로 한 또 하나의 원을 그릴 수 있다.

이러한 사실은 소가 삼국통합 이후 시기에 크게 확장되었다는 것과 동

---

26) 중국 역사에서 부곡제는 대체로 세 차례의 내용상 변천을 가져왔다고 한다. 즉 최초의 부곡은 漢代에서의 군대 대오의 명칭이던 것이 一轉하여 南北朝시기에는 호족들의 私兵으로 되었고, 다시 再轉하여 隋·唐시기에는 개인 예속의 노복으로 되었으며 宋代 이후는 소멸되었다고 한다(『漢書』 李廣傳;『三國志』 魏志 鄧艾傳;『唐律疏議』). 일본에서는 호족들의 사유지가 급속히 발전하던 5세기에 제 호족의 사유민으로서 부곡(가키베 : 部曲＝部民)이 또한 광범히 나타났다고 한다. 일본에서 부곡제는 田部(즉 호족사유지에서 농사에 종사한 부민)를 비롯하여 각종 수공업 부문의 品部(도모베)로서 구분할 수 있는바 부곡제는 호족들의 사유민제였다고 한다(渡部義通, 『古代社會の構造』, 1948, 76~94쪽).

시에 고려왕조에서도 또 일정하게 새로운 소가 설치되었다는 것을 암시한다고 볼 것이다.

부곡 등이 삼국시기에 광범한 지역에 분포되었다면 분포도에서 보는 소는 이보다 후기인 삼국통합 이후 시기에 광범히 설치되었다는 것과 또 그후 고려시기에도 상당한 범위에 새로이 설치되었다는 것을 짐작할 수 있다. 그리하여 부곡의 유형인 소를 부곡으로부터 분화 파생된 것으로 상고한다면, 소는 생산력 일반의 장성에 의하여 삼국통합 이후 부곡의 발전적 분화와 함께 일정한 발전을 보게 된 것이 아니겠는가 하는 추상을 하게 된다. 이상의 추상을 가능케 하는 것은 다음과 같은 처, 장의 분포이다.

이조시 도명	처	장	계
경 기	15	6	21
황 해 도	4	2	6
충 청 도	9	2	11
경 상 도	1	1	2
강 원 도	3	1	4
전 라 도	2	-	2
계	34	12	46

이상의 숫자는 고려시기 360 처, 장 중 필자가 찾아볼 수 있었던 46개 소의 처, 장 들인바, 그 중 반수 정도가 개성지방을 중심으로 한 경기지방에 집중되어 있는 것을 알 수 있다. 이것을 지도상에 보면 고려의 수도 개성을 중심으로 밀집되어 있는 것을 더욱 명백히 알 수 있다.

위의 도표와 지도에서 보는 바와 같이 처, 장이 고려의 수도 개성을 중심으로 하여 집결되고 있는 것과 처, 장이 주로 고려시기에 설치되었다는 사실과 관련시켜서 본다면, 이에서 우리는 전기와 같이 소의 분포를 해석할 수 있는 충분한 근거를 인정할 수 있게 될 것이다.

결국 소는 삼국통합 이후 확장되어 통합신라시기에 광범한 지역에 설치되었고 고려왕조가 새로 들어선 이후에 고려 수도를 중심으로 또한 그 부분적인 신설을 보게 된 것으로 확정된다. 이렇게 본다면 삼국시기에 광범

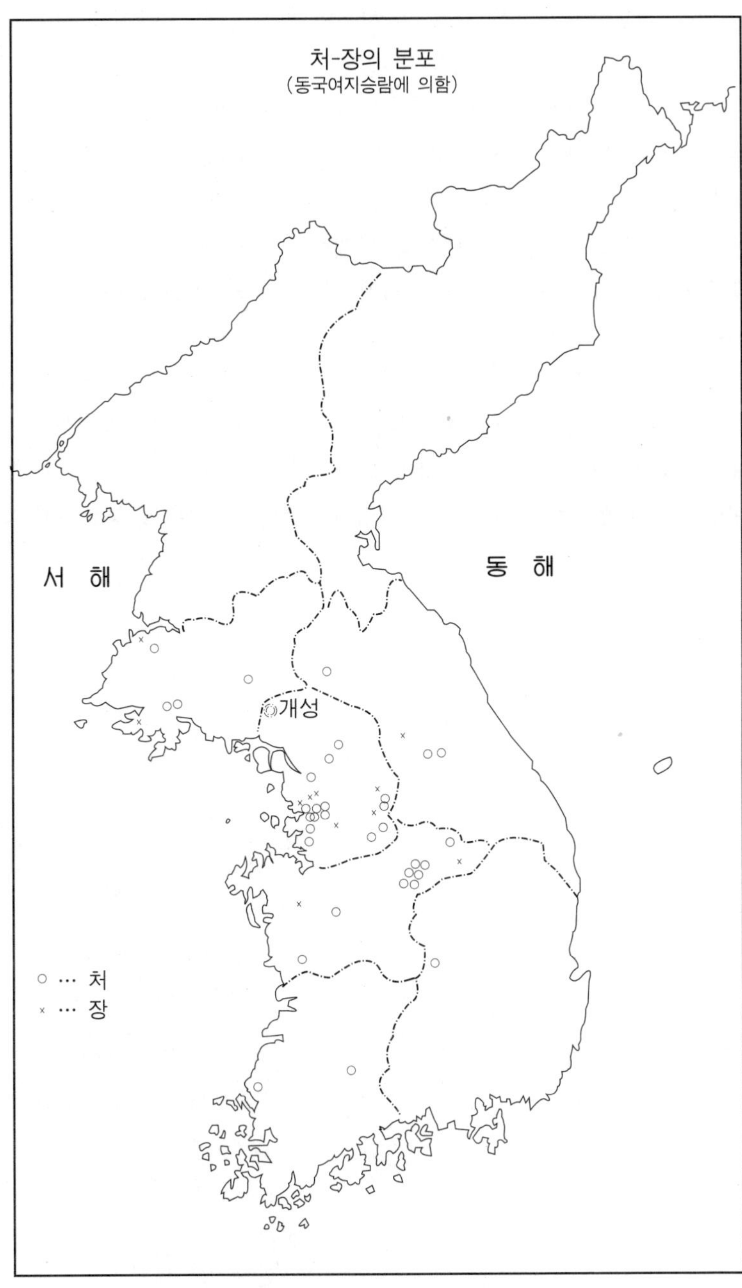
처-장의 분포
(동국여지승람에 의함)
서 해
동 해
개성
○ … 처
× … 장

한 지역에 분포한 부곡, 향과 그 후 시기의 확장된 소의 관계를 계승적인 연관에서 이해할 때에 적지 않은 소가 일부 부곡 등에서 분화 발전하였다는 필자의 견해는 더욱 명백하여질 것이라고 생각한다.

부곡과 향은 비단 신라의 특유한 것이 아니라 삼국시기에 우리 나라 전 지역에 걸쳐 광범히 설치되었으며 삼국통합 이후 내지는 고려 초기에 이르러서는 사실상 그 본래적 내용을 상실하였고 12세기 이후로는 급속히 소멸되었다. 그러나 소는 삼국 말기에 부분적으로 존재하였다고 보이나 그 후 시기 일부 부곡 및 향 등으로부터 분화 개편되어 고려시기에 이르러서도 상당한 정도로 신설 확장되었으나 이도 12세기 이후로는 부곡과 함께 소멸되고 말았다. 그리하여 고려 전반기에 있어서 일방으로 부곡, 향 등이 일정하게 보존되는 한편, 타방으로 선행 시기의 부곡, 향 등을 계승한 소, 처장의 형태로서 부곡제는 일정하게 역사적 의의를 보유하였다.

제4장 부곡제 발생의 역사적 제 전제

유감스럽게도 삼국시기의 부곡제에 관한 사료는 거의 인멸되어 현재 우리는 그 직접적 사료를 갖지 못하고 있다. 이러한 사정에서 부곡제의 발생에 관한 연구는 매우 추상적인 단편적 견해를 벗어나지 못하고 있는 형편이다. 그렇다고 하여 우리의 삼국시기의 부곡제 연구는 전연 불가능할 것인가? 그러나 부곡제의 발생이 매우 유원한 역사적 존재라는 것, 촌락제의 한 형태로서의 천인집단인 부곡제가 삼국시기에 광범한 지역에 산재하고 있었다는 것, 동시에 군, 현에 소속된 형태로 실재하였다는 사실 등은 그것이 우리 나라 역사발전의 제 특성의 산물이라는 것을 포착할 수 있는 가능성을 준다. 이로부터 출발하여 삼국, 특히 백제 및 신라의 성립과 그 발전과정을 전면적으로 분석할 수 있다면 부곡제를 발생시킨 역사적 조건을 어느 정도 파악할 수도 있을 것이다. 그리하여 필자는 삼국의 성립 및 그의 발전과정을 토호적 세력들 간의 정치적 통일을 위한 투쟁의 측면에서와 새로운 정치세력을 중심으로 하여 확립 공고화된 성읍제(城邑制)적 지방행정조직의 편성과정에 관한 몇 개 측면들을 고찰하여 여기에서 우리 역사 발전의 일정한 제 특성을 파악함으로써 부곡제의 발생의 제 전제를 찾으려 한다.

1. 삼한 '제국(諸國)'의 토호적 세력

2~3세기의 남부조선지방은 소위 '삼한(三韓)'의 '70여 소국'들로 분립되어 있었다.[1] 이 시기에 중국대륙과의 외교 관계 기사는 '마한(馬韓)' 및

'진한(辰韓)'의 이름으로 대표되고 있다.[2] 이 사실은 3세기 당시까지도 아직 백제 및 신라에 의한 '삼한 제국'의 통일을 완수하지 못하였다는 것을 시사하는 것으로 되는바, 중국 문헌들에 의하면 4세기 이후에 이르러 비로소 백제 및 신라국을 직접 대표하는 사절이 왕래한 기사를 보게 된다.[3]

『삼국지』에 기재된 '70여 국'을 그대로 곧 인정할 수는 없으나 대체로 그것을 도면으로 표시하면 다음과 같다.

---

1) 『三國志』魏志 東夷傳 韓弁辰.
2) 『晋書』東夷傳 馬韓 및 辰韓條에 의하면 외교사절의 기사는 다음과 같다.

연 대	마 한	진 한	비 고
咸寧三年(277)	復來		(百濟)古本王 44年
〃 四年(278)	請內附		〃　〃　45年
太康元年(280)	其主頻遣入貢方物	其主遣使獻方物	〃　〃　47年
〃 二年(281)	〃	復來朝貢	(新羅)味鄒王 19年 (百濟)古本王 48年
〃 七年(286)	又頻至	又來	(新羅)味鄒王 20年 (百濟)責稽王 1年
〃 八年(287)	〃		(新羅)儒禮王 3年 (百濟)責稽王 2年
〃 十年(289)	〃		〃　〃　4年
太熙元年(290)	詣東夷校尉何龕上獻		〃　〃　5年

3) 백제 및 신라의 이름으로 된 외교 관계 기사를 추려 보면 다음과 같다.

연 대	백 제	신 라	비 고
咸安2年(372)	正月百濟林邑王各 遣使貢方物 六月遣使拜百濟王 公餘句爲鎭刺將軍 領樂浪太守		晋書卷9帝記第9簡文帝 〃
太元2年(377) 符堅建元18年 (382)		遣使入貢于秦新羅 王樓寒遣使衛頭獻 美女	自治通鑑卷104晋紀26 太平御覽卷781東夷2新 羅
太元9年(384) 大元中(376 ~396)	百濟遣使來貢方物 王須遣獻出口		晋書卷9帝紀孝武帝 梁書卷54諸夷百濟

'삼한 70여 국' 의 분포도

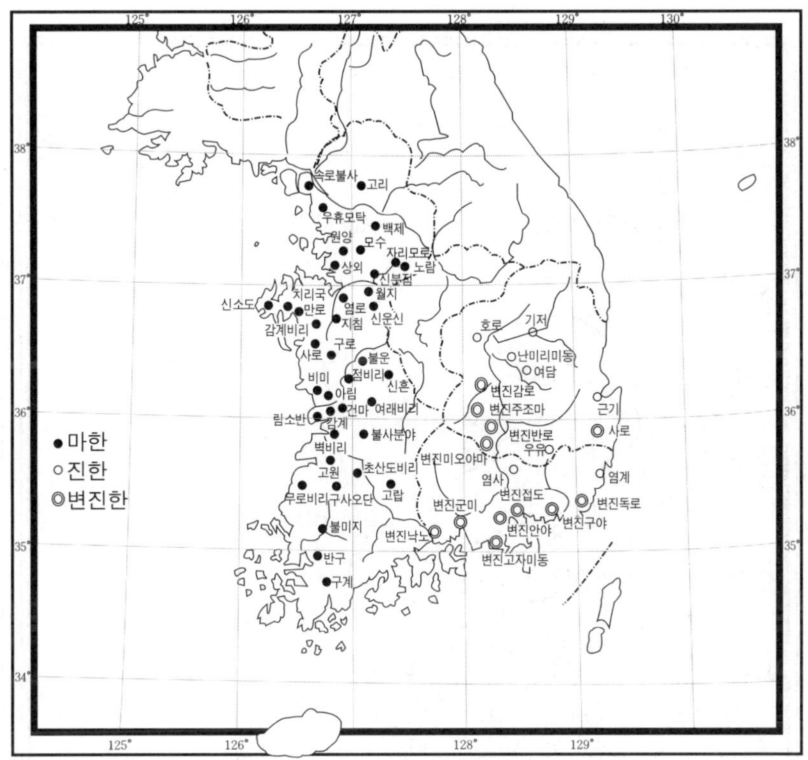

다시 『삼국지』와 『삼국유사』에 의하여 신라를 중심으로 본다면 경상도 일대에 또한 착잡한 '소국'의 분포를 보게 된다.

이와 같이 2~3세기 당시 우리 나라 남부의 광범한 지역에는 무수한 '소국'들이 분포되어 있었다.

그러면 이 '소국'들을 어떻게 이해할 것인가?

우리는 우선 이 문제를 해명하기 위하여 '소국'들이 처한 당시 사회경제적 발전수준을 찾아보아야 할 것이다. 이렇게 함으로써 우리는 '소국'이란 것이 과연 어떠한 것이었던가를 명백히 구명하게 될 것이다.

경상도 일대의 '소국'들의 분포도
(삼국사기 및 삼국유사에 의함)

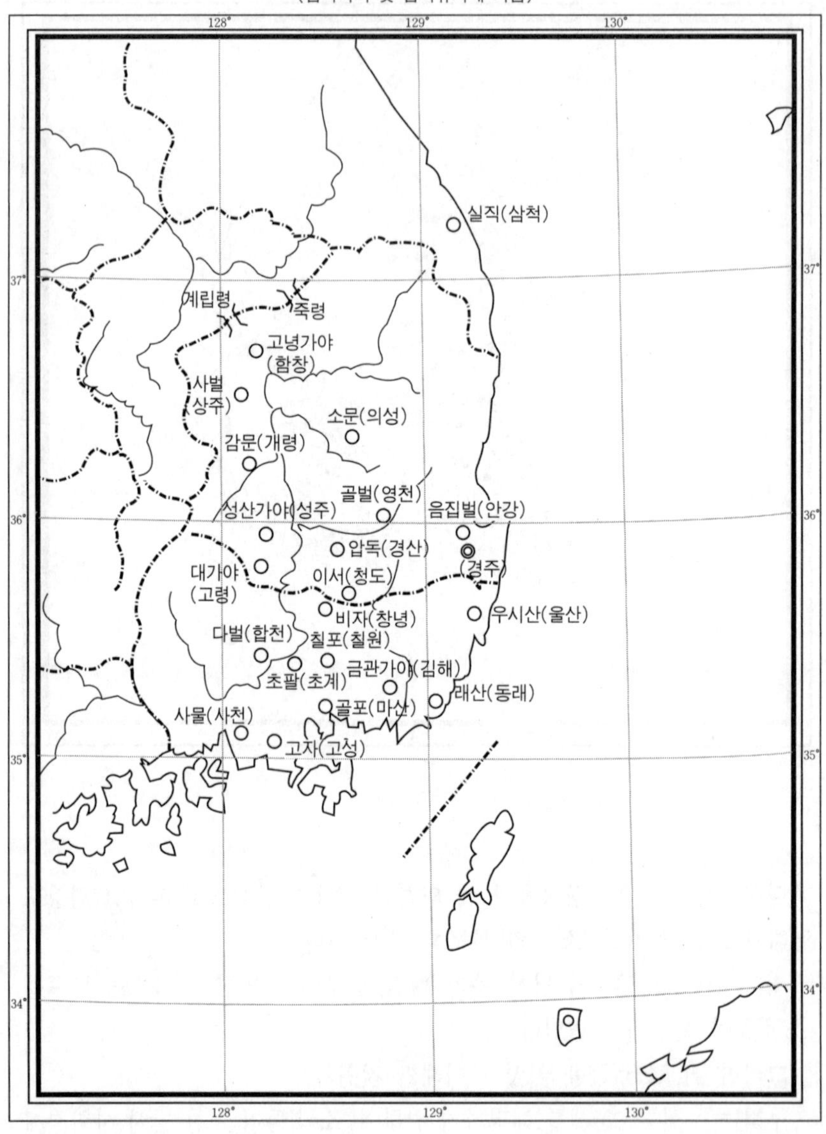

1) 우선 당시의 생산력 발전수준을 보기로 하자.

최근 조선고고학은 남부조선에서도 기원전 4세기에는 이미 철기시대에 들어섰다는 것을 확정하였다.

그러나 그 당초에는 초기 철기시대를 벗어나지 못하였으며 아직도 주되는 이기(利器)는 청동기였다. 설사 철제 이기가 출현하였다고 하여도 청동기의 위력을 무시할 수 없을 정도로 청동기에 의거하였던 것 같이 보인다. 그것은 기원전 3~2세기 당시의 소위 '검창문화(劍槍文化)'4)의 주요 내용이 '좁은 놋 단검(細型銅劍)', '넓은 놋 단검(平型銅劍)', '과형단검(戈型短劍)', '좁은 놋 창끝(狹鋒銅鉾)', '넓은 놋 창끝', '노기촉', 자귀, 끌, 각종 거여 부속과 마구류 등등의 청동제품이었다는 것으로 알 수 있다.

그러나 기원 전후 시기에 이르러 선행한 생산력을 직접 계승한 철기문

---

4) 최근 북한에서 전반적 관계 시설의 확장에 따라 지하에 매몰되었던 고대 문화 유물들이 도처에서 발견되어 이목을 끌고 있다. 그 중 '토광무덤(土壙墓)'과 그 곳에서 '검창문화' 유물들의 발견은 고대조선의 문화를 밝히는 데 있어서 중요한 계기로 되었다. 상기 검창문화의 분포도는 현재 초보적인 발굴 성과에 의거한 것이며 더욱이 남한에 있어서는 일제 관변학자들에 의하여 조사된 일부로서 극히 제한된 것이다. 그러나 이와 같이 제한된 분포도에서 보더라도 검창문화는 우리 나라 각지에 광범히 분포되어 있다는 것을 알 수 있다. 검창문화에 대하여 전주농은 "그 높은 문화는 물론 상당히 강력한 권력기구에 토대한 지배계급이 차지했던 것이나 그러나 태성리 유적의 실례를 통하여 볼 때 전통적인 생활관습을 구현하는 무덤의 제도와 도끼, 낫 같은 농공구 및 화분형 질그릇의 보편성으로써 그러한 높은 문화의 기저에는 일반 민중의 시대적 성격이 간직되고 있다는 것은 명백한 바이다"(「고조선 문화에 관하여 - 토광무덤 연대의 고찰을 중심으로 - 」, 『문화유산』 1960년 2호)라고 검창문화의 성격을 부여하면서 그 편년을 기원전 2세기경으로 보았다. 필자는 당시 남부조선에 진국을 인정하였던 만큼(「조선에 존재한 노예사회 시기의 존재 문제에 관하여」, 『력사과학』 1960년 2월) 남부조선지방에 분포한 검창문화는 고조선과 동일한 문화 계통을 가진 진국의 문화로 해석한다. 이러한 토광무덤들이 일반 공동묘와 구별되어 독립묘들로서 하나의 고분군을 형성하고 있는 것, 일반 민중과 유리된 피장자의 강력한 권위와 권력을 시사하는 부장품의 내용들은 기원전 2세기 전후 시기의 남부조선지방에 노예제사회의 경제발전 수준을 잘 반영한 것으로 보아야 할 것이다.

화는 광범한 지역에로 급속히 보급되어 갔던 것으로 보인다.5) 이러한 생

---

5) 잘 알려진 '김해 조개무지(金海貝塚)'에서는 王莽의 貨泉이 출토되어 대략
  1세기 당시의 것으로 추정되고 있으나 그 발굴의 비과학성과 교란층에 대한
  정확한 조사를 거치지 못하여 많은 의심을 가지게 하고 있다(朝鮮總督府,
  『大正9年古蹟調査報告』第1冊). 그리하여 최근 일본학계에서도 '김해 조개
  무지'에 대한 연구는 재검토되고 있다고 듣고 있으나 교란된 유물층을 통하
  여 보더라도 '김해 조개무지'를 단순히 원시시대의 유적으로만 처리해 버릴
  수 없는 점이 많이 있어 보인다. 석기가 극히 희유한 데 비하여 골각기가 풍
  부하다는 것은 예리한 금속기의 사용을 충분히 인정하게 한다. 출토된 골각
  기들은 대체로 미완성품의 鹿角의 小刀 자루들로서 무려 30여 개가 출토되
  었다고 한다. 특히 재차 조사시에는 녹각 자루를 가진 철제 소도가 한 개 발
  견되었다고 한다(朝鮮總督府, 『大正11年 慶尙南北道・忠淸南北道 古蹟調
  査報告』). 이것은 당시 철제 소도가 광범히 사용되었다는 것을 증명하는 것
  으로 되는바, 과연 남부조선 각 지방의 고분들에서 철제 소도가 많이 발견되
  고 있는 것은 그것을 말한다. 이 외에도 철제 도끼(鐵斧) 한 개와 철제 낫
  잔편으로 보이는 것도 발견되어 '김해 조개무지'의 유물층에서 철기시대를
  넉넉히 논단할 수 있는 자료들을 찾아볼 수 있는 것이다. 이러한 철제품은
  '양산 조개무지' 및 함안・창녕 등의 고분들에서도 왕왕히 출토되었다고 하
  며, 경주 月城 성벽 밑에서도 철 찌꺼기(鐵滓)가 발견되었다고 한다. 월성
  성벽 밑에서의 출토 정형을 보면 성벽 기초 표면에서 약 1.9m 내외 되는 밑
  지층에서 다수의 신라 도기질의 질그릇 파편과 큰 질그릇 속에 넣었던 것이
  탄화된 밀알(小麥粒)들, 철 찌꺼기 등이 발견되었다고 한다. 그 중 질그릇
  파편들은 '김해 조개무지'에서 출토된 것들과 동류의 것이며 '신라 굽 높은
  도기류의 질그릇'도 섞여 있었다고 한다. 월성의 축성이 "婆娑尼師今二十二
  年(101)春二月 築城名月城"(『三國史記』卷1)이라 하면 그 유적의 편년은 1
  세기 이전 시기로 될 것이다. 실지 답사한 보고자는 同地點이 강가에 가까
  운 경사면인 것, 그리고 그 유물층의 두께가 상당히 장기간에 걸쳐 주거한
  것 같이 보이는 것을 고려할 때 그 유적의 연대는 성벽 축조연대를 훨씬 소
  급한 시대일 것이라고 말하고 있다(有光敎一, 「慶州月城, 大邱達城의 城壁
  下의 遺跡에 대하여」, 『朝鮮學報』, 14, 1960 참조). 이러한 유적은 또한 대구
  達城 성벽 밑에서도 찾아볼 수 있는바, 달성의 축조연대가 "沾解尼師今十
  五年(261) 春二月 達城伐城"(『三國史記』卷2)이라 하니 그 유적은 3세기
  이전 시기의 것으로 된다. 여기서는 '신라 도기질의 질그릇', '굽 높은 질그
  릇', 시루 등 철기시대의 질그릇들의 파편과 소도의 흔적을 가진 녹각 자루
  등이 발견되었는바, 석기는 단 한 개도 없었다(동상).

검창 문화 유적 분포도

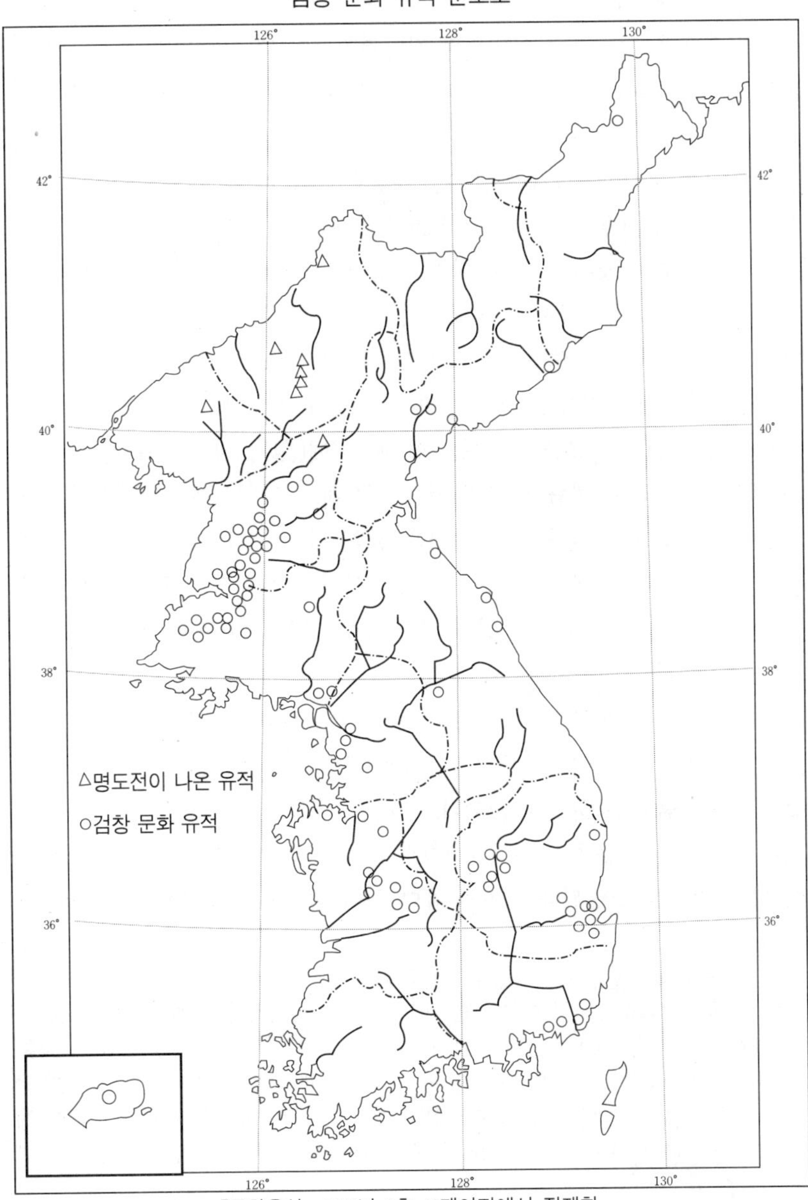

※『문화유산』 1960년 2호 46페이지에서 전재함

산력의 발전이 남부조선에서 진국(辰國)의 분해를 촉진하여 사회는 보다 전진적 운동을 전개하게 됨으로써 지방귀족들의 대두와 광범한 지역에 그들의 정치적 소집단 즉 '소국'들의 분립을 출현케 한 중요한 요인이 아니었던가 생각한다.

기원 전후 시기에 철기의 급속한 보급은 농업의 획기적 발전을 가져왔으며 지방귀족들(필자는 이들을 토호적 세력으로 보고 있다)의 토지소유욕을 강화하였을 것이다. 물론 이러한 형편은 당시 철제 농구의 광범한 채용에 따르는 생산력 발전의 구체적 내용에 의하여 규정되어야 한다. 바로 기원 초 신라에서 "보습을 제작하였다"[6]는 기록은 철제 농구가 주요한 생산도구로서 등장하였다는 것을 증좌하는 것이 아니겠는가?

2~3세기 당시 남부조선에서는 '한(韓)', '예(濊)', '왜(倭)'와 낙랑, 대방 2군에 철을 공급할 만큼 다량의 철을 생산하게 되었으며 널리 철전이 화폐로서 사용하게 되었다.[7] 이 사실은 철의 채광과 야금기술의 높은 발전은 물론 각종 철기 생산과, 특히는 철제 농구의 사회적 수요를 보장할 수 있었다는 것, 따라서 그것이 널리 보급될 수 있었던 충분한 생산력 발전수준을 증좌한다.

철제 농구가 주요한 생산도구로서 등장하였으며 상당한 정도로 그 보편화를 가져왔다고 하여도 일정한 시기까지는 극히 제한된 범위 내에서 이 선진적 도구를 소유하였을 것이다. 이러한 사실은 3~4세기 당시의 고분으로 추정되는 고분들의 부장품 중에 철제 낫을 비롯한 이기들이 포함되어 있는 것으로 설명된다.[8] 이와 같이 하여 한쪽으로는 새로운 기술의 채

---

6) 『三國遺事』 卷1, 第三弩禮王, "製犁耜".

7) 『三國志』 弁辰, "國出鐵韓・濊・倭皆從取之 諸市買皆用鐵 如中國用錢 又以供給二郡". '以供給二郡'으로 보아 이 기사는 "建安中(196~220) 公孫康分屯有縣以南荒地爲帶方郡"과 동시인 韓 2세기 말 내지 3세기 초 이후의 사실로 볼 수 있다. 그러나 이만큼 철생산의 높은 발전을 보자면 이보다 훨씬 선행한 시기에 이미 철기생산의 상당한 기술을 소유하였다고 보아야 할 것은 물론이다.

8) 대구 달성지방 고분 중 50호・51호・55호 등의 부장품 중에서 특히 주목되는 것은 철제 용구로서 도끼・낫・논주・도자・자귀・한쪽을 송곳으로 쓰

용이 지배계급에게 거의 독점되게 되며, 다른 편으로는 새 기술을 채용한 지배계급에게 예속되는 계층의 확대를 촉진시키게 되었다. 동시에 생산력의 지역적 불균형성을 초래하게 되어 뒤떨어진 지방=촌락들은 점차 선진 기술을 소유한 세력의 지배를 받게 되며 예속되게 되는 것도 필연적인 현상이었다.

바로 이러한 형편에서 새로운 선진적인 철제 도구를 보다 많이 소유한 지방세력자들은 자기 토지의 확장과 동시에 주변의 낙후한 촌락들에 대한 권위와 지배를 강화하게 되었을 것이다. 그리하여 소위 '소국'들의 분립과 그 세력확장을 위한 투쟁은 확대 강화되지 않을 수 없었다.

다른 편으로 벌써 검창문화에서 기원전 2세기에 사회적 분업의 높은 발전수준을 볼 수 있거니와 대구 달성지방 고분들의 부장품을 통하여 3~4세기 당시 높은 발전을 보여주는 수공업의 각종 부문들, 특히 금속에서의 분업발전과 그 공정에서 고도로 분화된 것들을 용이하게 발견할 수 있다. 그 중 50호분 같은 데서는 250여 종의 각종 도기질 질그릇을 부장하고 있다.9) 이러한 것은 지방세력자들이 자가용을 위한 일정한 수공장을 소유하였다는 것과 상당한 수의 수공업 기술자들을 예속시키고 있었다는 것을 증명한다. 물론 이 고분들이 약간 후기의 것으로 추측되나 우리는 이를 통하여 '소국'들의 지배자들도 기원 전후 시기 사회적 분업의 높은 발전에 상응하여 응당한 자급자족적 일정한 경제체계를 가지고 있었으리라는 것

게 된 소도 등인바, 이러한 철제 공구 및 농구를 지방세력자들이 집중적으로 소유하여 직접생산자를 예속시키고 있었다는 한 예증으로 된다. 51호분 副槨은 주곽에 대하여 곽실구조도 매우 빈약할 뿐만 아니라 관도 사용한 흔적이 없다. 부장품도 약간의 질그릇과 낫 한 자루가 있을 뿐 매우 소홀한 것이었다. 더욱이 주목되는 것은 여기에서 다량의 볏짚이 출토되었는바 이를 발굴한 보고자가 "부식층 중에 어렴풋이 볏짚 섬유질의 흔적을 인정함으로써 혹은 벼이삭이 붙은 볏단을 그대로 부장한 것이 아닌가 상상할 수 있다" [『慶尙北道達城郡達西面古蹟調査報告』(大正12年古蹟調査報告第1冊), 55쪽]라고 한 것으로 보아 낫과 볏단을 연관시켜 본다면 혹시 노예순장을 보여주는 것인지도 모르겠다(부곽에서 인골이 출토되고 있다).
9) 『慶尙北道達城郡達西面古蹟調査報告』(大正12年古蹟調査報告第1冊)참조.

은 상상하기 어렵지 않다.

2) 이상과 같은 높은 생산력 발전수준에서 '소국'들의 구조를 고찰하여 보기로 하자.

물론 이 때까지도 지방들의 사회경제적 발전수준은 일정하게 불균형성을 띠고 있어서 '소국'들은 각이한 발전 정형과 구조상 복잡성을 가지었다고 보인다. 그리하여 일률적으로 '소국'들을 설명한다는 것은 적지 않은 무리가 생길 수 있다. 그러나 당시 '소국'들의 기본적 구조를 전연 찾아볼 수 없는 것은 아니다.

대체적으로 보아 '소국'은 그 중심부로서 '국읍(國邑)'과 '별읍(別邑)'으로 구분되었고 주변의 여러 '읍락(邑落)'들로 둘러싸여 그간에는 일정한 지역적 분할을 보이고 있다.

'국읍'은 성책(城柵) 혹은 성곽으로 둘러싸였고 그 안에 '거수(渠帥)', 혹은 '주수(主帥)' 또는 '왕'의 저택 또는 '관가(官家)'가 자리잡고 있었다.10) '국읍'은 '소국'의 중심부로서 '소국' 중에 큰 것은 관가 즉 관청11)과 일정한 상비병력도 보유하고 있었다.12) 그리하여 '소국'들은 일정하게 자립성을 가지고 주체적 역량을 보유하였다고 보인다. 그것은 왕왕 '소국'들 간의 투쟁들13)과 때로는 '소국'의 독자적 무력으로 대방군(帶方郡)을 공격하였다14)는 사실로써 짐작할 수 있다.

---

10) 『三國志』 韓·弁辰 ; 『後漢書』 東夷傳 韓.

11) 『三國志』 韓, "官家使築城郭". 이러한 '官家'는 『三國史記』 卷2, "逸聖尼師今五年(138)春二月置政事堂於金城"의 '政事堂'과 같은 것이 아닌가?

12) '국읍'의 상비병력은 신라 초기의 '六部勁兵'과 같은 것으로 생각된다. 『三國史記』 卷1, 南解次次雄 11年(14)조 참조.

13) 『三國史記』 卷1, 婆娑尼師今 23年(102), "音汁伐國與悉直谷國爭疆" ; 卷2, 奈解尼師今 14年(209), "浦上八國謀侵加羅 加羅王子 來請救 王命太子于老與伊伐湌利音 將六部兵往救之 擊殺八國將軍 奪所虜六千人還之"(『三國遺事』 卷5, 勿稽子에는 직접 신라의 변경을 침범한 것으로 되어 있다).

14) 『三國志』 魏志 東夷傳 韓, "部從事吳林以樂浪本統韓國 分割辰韓八國以與樂浪 吏譯轉有異同 臣智激韓忿 攻帶方郡崎離營 時太守弓遵·樂浪太守劉茂興兵伐之 遵戰死 二郡遂滅韓". 이상 기사 중 '臣智激韓忿'를 '百納本宋本'에 근거하여 '臣�’(漬?)沽韓忿'으로 고쳐 보고 '二郡遂滅韓'을 '二郡遂

‘국읍’의 ‘거수’ 혹은 ‘주수’ 또는 ‘왕’은 ‘소국’을 지배하던 토호적인 지방 귀족세력으로서 그 중 큰 세력을 가진 자는 ‘국읍’ 내에 일정한 정치기구를 가지고 있었다. 『삼국지』 한전에 의하면 ‘소국’ 내에 ‘관가’가 축성 기타 공공공사에 청소년들을 동원시키고 있는 사실을 전하고 있다.15) 이처럼 광범한 대중의 노력을 동원할 만한 힘을 ‘관가’가 장악하였다면 그것은 의심할 바 없이 ‘주수’의 강력한 힘을 보여주는 것으로 인정하여야 할 것이다.

滅(臣濆沽)韓’으로 고증하여 본다면 3세기(景初年間) 당시 마한 ‘50여 국’의 하나인 ‘臣濆沽國’이 독자적으로 대방군을 공격한 사건으로서 명백하여진다. ‘臣濆沽國’은 ‘臣濆治國’으로, 혹은 ‘濆臣離兒’로도 기록되어 있다.

15) 『三國志』 韓, “其國中有所爲及官家使築城郭 諸年少勇健者 皆鑿脊皮 以大繩貫之 又以丈許木鍤之 通日嚾呼作力 不以爲痛 旣以勸作 且以爲健”. 상기 기사 내용에는 청소년들의 선봉적 활동을 美化한 과장도 있으나 이러한 힘든 일에 장정들을 발동시킬 수 있는 힘을 ‘관가’가 장악하고 있었던 것을 보여준다. 이와 같이 장정들의 동원을 1세기 백제의 기록에서 “始祖王四十一年(23) 發漢水東北諸部落人年十五歲以上 修營慰禮城”(『三國史記』 卷23)하였다는 것과 또한 이러한 부역 동원들이 삼국에서 빈번하였다는 것과 결부시켜 본다면 스스로 그 계급적 지배의 내용을 이해할 수 있을 것이다. 사실에 있어서 『삼국지』의 전기 기사가 『삼국사기』에 보이는 기원 초 이후 삼국에서의 빈번한 축성 사실을 설명하는 것으로 보아야 할 것이다. 상기 기사 중 “등가죽을 뚫고 큰 밧줄을 관통시키고 또한 한 발 되는 나무를 이에 꿰뚫었다……”에 대하여 잠시 언급하기로 한다. 이에 대하여 일부 우리 학자들은 당시 외국사람으로서의 견문자가 ‘지게’를 그렇게 착각한 것으로 생각하고 있다. 신라고분에서 ‘지게를 진 土隅’가 출토됨으로써(齋藤忠, 「新羅의 瓢形墳」, 『考古學 雜誌』 27-5, 320쪽) 우리 나라에서 일찍부터 지게로 노동한 것은 분명해졌다. 그러나 필자의 견해로서는 지금의 ‘목도’를 사용한 것을 그렇게 표현한 것으로 보이며 바로 굵은 밧줄과 한 발 되는 나무는 큰 돌을 운반해야 할 축성공사에 적합한 도구였으며 목도하는 형태를 마치 “등가죽을 뚫고 나무를 꿰뚫은……” 것으로 오해한 것이 아닌가? 혹자는 이러한 것을 ‘원시적 成年式’의 한 형식으로 해석하려 하나(三品彰英, 『朝鮮古代硏究』, 第1部 新羅花郎의 硏究) 이러한 견해가 전혀 근거 없는 것이라는 것은 재론할 필요도 없다. ‘且以爲健’의 健은 그의 ‘건강’을 의미하는 것이 아니라 ‘크다’는 뜻, 즉 모력에서 ‘으뜸’으로 되었다는 것을 의미하는 우리의 옛말이다.

　과연 ‘관가’가 어떠한 구체적 기구를 가지고 있었는지는 명백하지 않으나 적어도 상비병력을 보유할 정도라고 하면 대중을 축성과 같은 고역에 동원할 강력한 수단을 장악하고 있었다고 보아야 할 것이 아닌가?

　『삼국지』에 인용된 『위략(魏略)』에 의하면 벌써 기원 초에 ‘진한’에서는 한인(漢人) 노예 1500명을 구사하였으며 1만 5천 명의 주민(노예?)을 낙랑군에 송부한 사실16)을 볼 수 있으며 『삼국사기』에 의하면 ‘포상 8국’이 ‘가야국’을 침략하여 6천 명을 포로하였다 한다.17) 이것으로 당시 강력한 계급적 지배기구를 보유하였다는 것은 의심할 바 없는바, 그것은 선행한 진국의 계급적 구조와 관련되어 설명될 것이다.

　이와 같이 ‘소국’의 사회적 구조가 응당 ‘주수’로 하여금 강력한 지배력을 행사할 수 있는 충분한 전제로 되리라는 것은 재론할 필요도 없다. 바로 ‘주수’ 혹은 ‘왕’의 이러한 강력한 지배권은 (1)에서 고찰한 바와 같이 그의 경제적 지반에 기초한 것이며 ‘국읍’의 지배뿐만 아니라 주변 ‘읍락’들을 예속시킬18) 수 있는 힘으로도 될 것이다.

　　“국읍들에는 각각 1명의 천신(天神)을 주제(主祭)하는 자가 있었는데 그를 천군(天君)이라고 하였다.”19)

---

16)『三國志』韓, “至王莽地皇時(20~23) 廉斯鑡爲辰韓右渠師 聞樂浪土地美人民饒樂 亡欲來降 出其邑落 見田中驅雀男子一人 其語非韓人 問之 男子曰 我等漢人 名戶來 我等輩千五百人 伐材木 爲韓所擊得 皆斷髮爲奴 積三年矣 鑡曰 我當降漢樂浪 汝欲去不 戶來曰可 辰鑡因將戶來 來出詣含資縣 縣言郡 郡卽以鑡爲譯 從芩中乘大船入辰韓 逆取戶來 降伴輩尙得千人 其五百人已死 鑡時曉謂辰韓 汝還五百人 若不者 樂浪當遣萬兵 乘船來擊汝 辰韓曰 五百人已死 我當出贖直耳 乃出辰韓萬五千人 牟韓布萬五千匹 鑡收取直還郡”.

17) 주) 13 참조.

18)『三國志』魏志 卷43, 少帝紀4 齊王芳, “正始七年(246)夏五月 討濊貊皆破之 韓那系等數十國 各率種落降”에서 보는바, ‘종락을 거느리고 투항’하였다는 것은 주변 촌락들의 예속된 상태를 시사하는 것으로 된다. 물론 ‘종락’이란 말은 ‘동족의 촌락’을 의미하나 동시에 통솔하에 놓인 촌락들에 대한 지칭으로도 된다.

19)『三國志』韓, “信鬼神 國邑各立一人 主祭天神 名之天君”.

이 '천신'에 대한 주제자인 '천군'을 신라 초기의 '차차웅(次次雄)'[20]과 동일한 것으로 본다면 결국 '천군'은 그 '주수' 혹은 '왕'으로 될 것이다. 만일에 '주수'와 '천군'이 분리되어 있었다면 '천군'은 전문화한 '신관(神官)'의 존재로 인정해야 할 것인바,[21] 그는 '주수'에게 복무하는 자였으리라는 것도 상상하기 어렵지 않다. 이러한 것은 결국 '주수', '왕'의 권위와 그의 권력의 강화와 관련되는 것이며 일반 민중에 대한 그의 지배력을 보장하는 수단으로 될 것이다.

이상과 같이 '국읍'의 '주수' 혹은 '왕'의 계급적 지배의 일정한 기구를 인정할 수 있다면 우리는 '별읍'에 대한 문제를 용이하게 이해할 수 있게 될 것이다. 『삼국지』는 '천군'에 관한 기사에 다음하여 '별읍'에 대하여 다음과 같이 기록하고 있다.

> "제 국에는 각각 별읍이 있는바 소도(蘇塗)라고 하여 큰 나무를 세우고 거기에 영고(鈴鼓)를 매어 달아 귀신을 제사하였다. 모든 도망자가 그 안으로 들어가면 모두 돌아오지 않았다."[22]

---

20) 『三國史記』卷1, 南解次次雄 註, "次次雄 或云玆充 金大問云 **方言謂巫也** 世人以巫事鬼神 尙祭祀 故畏敬之 遂稱尊長者 爲慈充". 이로 보면 신라 초기에 귀신에 대한 주제자를 '次次雄=慈充'이라 하여 그는 존경을 받게 되었고 이 때에도 그가 곧 '왕'의 지칭으로 되고 있었다는 것을 알 수 있다. '慈充' 즉 '자'와 '충'의 切音은 곧 '중'으로서 '巫者'로 해석한 김대문의 견해는 진실을 파악하였다고 생각한다. '중'이란 말이 후에 '승려'를 가리키는 말로 된 것은 알 만한 일이다. 이렇게 볼 때 '천군'이 또한 '중'에 대한 한역으로 되리라는 것도 가히 추측할 수 있지 않겠는가?

21) 고구려에서는 벌써 기원 초에 전문적인 '巫'(卷13)가 있었으며 2세기의 기록에 의하면 '師巫'·'日者'(卷15) 등이 국왕에 복무하고 있다.

22) 『三國志』韓, "又諸國各有別邑 名之爲蘇塗 立大木 縣鈴鼓 事鬼神 諸亡逃至其中 皆不還之 好作賊". 혹자는 상기 기사에 대하여 의혹을 품으면서 '別邑'을 일반 촌락으로 해석하고 '蘇塗'와 분리시키고 있으나(「朝鮮民族文化의 硏究」,『蘇塗考』) 그것은 후세에 남은 '소도'의 흔적인 '솟대'를 지나치게 과대시한 데서 온 것인바, 우리가 상기 기사에 아무런 의혹을 품지 않는다면 '別邑'은 곧 '蘇塗'로 된다는 것은 명백하며 '蘇塗'란 일정한 구역임을 인정해야 할 것이다.

이상으로 '별읍' 즉 '소도'라는 것은 '귀신을 위한' 특별한 구역이란 것을 알 수 있다. 즉 '국읍'이 일반 주민 구역이라면 '별읍'은 '귀신'을 섬기기 위한 일정한 신성구역으로 되고 있다. '소도'는 '수도'의 차음(借音)으로서 '수터' 즉 '성지(聖地)'를 의미한다.23) 여기에 전기 '천군'과 '소도'를 결부시킨다면 '천군'은 '소도'의 관리자로 생각할 수도 있다. 이렇게 보면 '국읍'에 대한 '별읍'으로서의 '소도'는 또한 그 곳 '주수'의 권위를 옹호하는 기구 이외에 다른 것이 아니라는 것도 명백하여진다.

이러한 '소도'의 신은 오랜 전통을 갖는 토속신(土俗神)으로 주민들의 오랜 신앙의 대상이었을 것이다. 바로 '소국'의 '주수'는 이러한 '소도'에 대한 신앙 형태를 통하여 전 주민을 지배하며 토속신에 대한 봉사의 형태로써 전 주민에 대한 집단적 노동을 착취할 수 있는24) 가능성을 가지게 된다.

우리의 주목을 끄는 것은 '소도' 안으로 도망한 자에 대한 문제이다. 도망자라면 대체로 그가 '범죄자'였으리라는 것은 의심할 여지조차 없다. 『삼국지』에 "도적이 많다"25)라든가 "법속이 특히 준엄하였다"26) 등은 이

---

23) 『朝鮮古歌硏究』, 277쪽 참조. 이러한 '성지'는 주지한 바와 같이 양하 유역 지방의 고대 수메르의 제 도시의 '神殿구역' 또는 희랍의 초기 폴리스 내의 '앗시름=신전구역'에서 볼 수 있으며 魚叔權의 『稗官雜記』에 의하면 "對馬島 …… 南北有高山 皆名天神 南稱子神 北稱母神 家家以素饌祭之 山之草木禽獸 無敢犯者 罪人走入神 亦子敢追捕……"라 한 것과 같이 일정한 '신성구역'은 우리와 가까운 대마도에도 있었다. 대마도에서는 그것이 신성시 되던 산으로 되고 있으나 우리의 것은 '읍'으로 되고 있는 점이 다르며 우리에게서는 그것이 '국읍'과 관련되고 있는 것으로 보아 보다 '앗시즘'과 유사한 형태를 가졌다고 보아진다.

24) 맑스는 『자본주의의 선행한 제 형태』에서 "(아시아적-인용자) 공동체의 잉여노동 부분은 결국은 한 사람의 인물로서 존재하는 최고의 집단에 귀속하는바, 이 잉여노동은 공물 등으로써 될 수도 있고 또는 통일체의-즉 혹은 현실적인 전제군주의, 혹은 **상상된 종족적 本體**인 신의(강조-인용자)-찬미를 위하여 봉사하는 집단적 노동형태로써 표현될 수도 있다"(독문판, 8쪽).

25) 『三國志』 韓, "好作賊". "도적하는 것을 즐긴다"는 것을 의역한 것이다.

26) 『三國志』 弁辰, "法俗特嚴峻".

사회의 계급적 모순을 반영한 것으로 되는바, 『삼국사기』에도 당시 "도적이 많이 일어났다"[27]는 등의 기사가 빈번히 보인다. 바로 '소도' 안으로 도망친 자는 이러한 범죄자들이 아니었던가?

즉 그의 '소도'에로의 망명은 곧 '토속신'에 의한 그의 구명(救命)을 의탁한 것으로 될 것이다. 그러나 그는 그 곳에서 다시 돌아나올 수는 없었다.[28] '소도'로 도망한 자가 다시 돌아오지 못하였다면 그는 '소도' 안에서 일생을 보내게 되었다는 것으로 될 것이며 이 사실은 '소도'가 일정하게 자기의 경제체계를 가지고 있었다는 것을 의미하는 것으로 된다. 과연 '소도'가 어느 만한 규모를 가지었으며 자기 경리 체계를 어떠한 형태로 가지었는지는 전연 알 길이 없으나 그 안으로 적지 않은 도망자가 있었다고 추측한다면 도망자의 일정한 집단도 형성될 수 있게 되며 동시에 그들을 통제하며 구사하는 기구도 인정해야 할 것이 아닌가? 도망자가 '소도'에로 알몸뚱이로 도망쳐 들어간 만큼, 의심할 바 없이 그는 '소도'의 예속적 처지에 놓이게 되었을 것이다. 이러한 노동력을 어떠한 조직하에 망라시켰겠는가 하는 것은 우리의 흥미를 자아내게 한다. 여하간 이상으로써 '성지'로서의 '소도'의 일정한 권위와 지배력을 상상하기 어렵지 않으며 동시에 그것은 '소도'의 일정한 경제적 지반을 암시하는 한편 '소국'의 사회적 구조의 일면성을 더욱 명백히 설명하여 준다고 할 것이다. '국읍'에 대한 '별읍'으로서의 '소도'는 결국 '국읍'의 '주수'의 지배하에 놓였을 것도 추상하기 어렵지 않을 것이다.

(3) '소국'이 '국읍' 주변에 여러 '읍락'들을 지배하고 있었다는 것은 이

---

27) 『三國史記』 卷1, 新羅 祇摩尼師今 11年(122), "年饑多盜"; 卷23, 百濟 始祖王 33年(15), "民饑相食 盜賊大起" 등등.

28) '소도'를 후세 조선의 촌락 어구 혹은 그 경계에 세운 '솟대' 그 자체로 이해하고 '도망자'의 문제를 한 읍락으로부터 다른 읍락으로 도망쳐 이쪽 追捕者가 미칠 수 없게 된 것으로 해석하는 견해가 있다(앞의 『蘇塗考』). 그러나 이러한 견해는 '별읍'을 곧 '소도'로 보지 않는 데서 오는 것이며(주 22 참조) 따라서 "諸亡逃至其中 皆不還之"의 기사에 대하여서도 자기식대로 수정한 해석이다. 물론 현 사료만으로써의 '소도' 연구는 아직 많은 문제를 가지고 있다.

미 전술한 바이다. 그렇다면 '읍락'들은 어떠한 형태에서 '국읍'에게－더 정확히 말하여 '주수'에 의하여 지배되었던가?

"국읍에는 비록 주수가 있었으나 읍락이 잡거하여 잘 통제할 수 없었다"[29)]라고 한 것은 '소국' 간의 관계를 설명하는 것으로 '국읍' 사이에 개재하는 '읍락'＝촌락들에 대한 '주수'들의 세력범위가 왕왕 착잡하였다는 것, 따라서 그들 간의 충돌의 야기, 때로는 완충지대로서의 일부 '읍락'의 존재를 시사하는 것으로 된다. '소국'들이 경계문제로 다툰 사실에 대하여는 이미 전술한 바이거니와 이 경계문제라는 것은 의심할 바 없이 주변 '읍락'들에 대한 지배권의 장악을 의미할 것이다.

> "그 읍락이 서로 침범하면 즉 책벌로써 생구(生口 : 노예), 우마를
> 내어야 하는바 이를 책화(責禍)라고 하였다."[30)]

이는 '예(濊)'에 관한 기사로서 '삼한'지방에서도 '읍락' 간의 '책화'라는 것이 있었는지는 알 수 없으나 여기서도 '읍락' 간의 침범이 전연 없었다고는 볼 수 없을 것이다. '예'의 호수가 2만 호라 한 것[31)]과 '삼한'에서의 '소국' 중 큰 것이 만여 호였다[32)]는 것과 대비하여 보아 '예'를 하나의 '소국'으로 간주할 수 있다. 그렇다면 '읍락'들도 상당한 정도로 자주적인 세력을 가지고 있었다는 것을 인정할 수 있는바,[33)] 그것은 또한 '읍락'을 지

---

29) 『三國志』 韓, "國邑雖有主帥 邑落雜居 不能善相制御". 이 기사를 단편적으로 파악하여 혹자는 단순히 원시시기의 공동체들의 고립적 상태를 보여주는 것으로 이해하려 하는 이들이 있는 것 같으나 그러한 견해는 '국읍'과 '읍락'을 명백히 구분하여 보지 못한 것이거나 '국읍'의 계급적 성격을 모호하게 이해한 데서 오는 착오라고 생각한다.

30) 『三國志』 濊, "其邑落相侵犯 輒相罰責生口牛馬 名之爲責禍".

31) 『三國志』 韓, "戶二萬".

32) 『三國志』 韓, "大國萬餘戶 小國數千家 總十餘萬戶".

33) 『三國志』 扶餘, "邑落有豪民 名下戶 皆爲奴僕". 이 기록은 부여에 관한 것이나 '삼한지방'에서도 일반적으로 '읍락'에 호민＝토호가 있었다는 것은 추측하기 어렵지 않다. 『三國史記』 卷2, 新羅本紀, "儒禮尼師今十年(293)春二月改築沙道城 移沙伐州豪民八十餘家"라고 보이는 것은 그 구체적 예증으로 될 것이다.

배하던 '주수'들의 강한 주체적 역량이 실제로 존재한 것과 관련되는 것이
아니었던가? 그러나 '읍락'의 토호세력들은 '국읍'을 중심으로 하는 '읍락'
들의 하나의 통일체 하에서 일정한 자립성을 갖는 것으로 이해할 수 있으
며 이 통일체는 곧 '주수'를 대표자로 하는 '소국'이었던 것이다. 그리하여
이 통일체 즉 '소국'은 엄연히 계급적 지배에 기초하여 '국읍'을 대표하는
'주수'에 의한 '읍락'의 적은 토호들을 지배하는 것을 전제로 하여 형성되
고 있다고 보아야 할 것이다.

8세기 당시『신라촌적(新羅村籍)』[34)에 의하면 촌락들의 지역적 범위는
상상 외로 큰 데 비하여 호수는 8~15호로 되고 있다.[35) 만일에 2~3세기
'읍락'들의 호수를『신라촌적』에서 보는 정도보다 그리 큰 것이 아니었다
고 간주한다면 '소국'들의 호수가 만여 호로부터 수천 호, 적게는 600~
700호라 하였으니 적지 않은 '읍락'들이 '소국'에 포괄되고 있었다고 보아
야 할 것이다.

이러한 '읍락'들이 일정하게 자주적 측면도 가지고 있었다는 것은 무엇
으로 설명될 것인가?

> "그(마한) 북방지방의 (낙랑 및 대방)군에 가까운 제국들은 좀 예속
> (禮俗)을 알고 있으나 그 먼 곳은 마치 죄수와 노비들이 서로 모여사
> 는 것 같다."[36)

---

34) 『신라촌적』 작성시기에 대하여 '職田制' 실시연대에 중점을 둔 755년(景德
　　王 14)설과 '西原京'에 주의를 돌려 816년(憲德王 8) 혹은 876년(憲康王 2)
　　설이 있으나 필자는 신라가 변방지방의 촌락(청주지방)들의 주민을 연령별
　　로까지 장악할 수 있던 시기를 8세기로 보고 전자의 설을 취하고 싶다.
35) 『신라촌적』에서 촌의 범위와 호수를 보면 다음과 같다.

촌　명	호　수	주　위
沙害漸村	10	5,725步
薩下知村	15	12,830步
失　名　村	8	?　步
西原京直村	10	4,800步

36) 『三國志』韓, "其北方近郡諸國差曉禮俗 其遠處直如囚徒奴婢相聚". '直如
　　囚徒奴婢相聚'는 흔히 '直知囚徒 奴婢相聚'라고 해석하는 견해도 있는 듯하

여기의 소위 '예속'이란 것을 곧 사회경제 발전수준의 척도로 보아서는
아니 된다. 왜냐 하면 소위 그 '예속'이란 것은 당시 중국에서의 생활풍습
상의 윤리도덕을 가르칠는지는 모르나 우리는 또한 당시 우리의 고유한
'예속'이 있었을 것이 아닌가? 바로 상기 기사는 중국 사람의 '예속'의 척
도로써 '삼한'의 사회를 주관적으로 해석한 것에 불과하다. 이렇게 볼 때
비로소 "죄수나 노비들처럼 몰려살았다"고 한 사회상은 보다 사실(史實)
에 정확하게 해석할 수 있을 것이다.

"……마치 죄수와 노비들이 서로 모여사는 것 같다"라는 기사는 주로
'읍락'=촌락들의 형편을 묘사한 것으로 파악되는바, 이러한 서술은 부여
나 고구려에서 "읍락에 호민이 있고 하호(下戶)란 것은 모두 노복이다"라
고 한 것이라던가 또는 "하호는 부세(賦稅)를 공납하였는바 노와 같은 것
이다"37) 등과 같은 것이다. 이처럼 '읍락'의 주민층을 모두 노비와 같은 것
으로 묘사한 것은 당시 촌락들에 대한 지배의 일정한 내용을 암시한다고
보아야 할 것이다.

상기 기록 중에 "죄수 …… 와 같이……"은 일정한 집단성을 시사하는
것으로 되는바 그것은 촌락생활의 집단성, 즉 촌락공동체적 집단성38)을

나 이는 잘못이며 전체 문맥으로 보아 응당 '直如囚徒奴婢相聚'로 해석하여
야 한다.

37) 『魏略輯本』, "下戶給賦如奴". 『三國志』에 의하면 하호의 형편에 대하여
"下戶遠擔米糧魚鹽 供給之"라고 보인다.

38) 과거 조선에서 촌락공동체적 잔재가 강인하게 오랫동안 보존되었다는 데
대하여서는 일반적으로 인정되어 온 사실이다. 그러나 이 문제는 아직도 거
의 미개척지로 남아 있으며 앞으로의 중요한 연구과제의 하나로 남아 있다.
참고 삼아 전기 『신라촌적』에 반영된 촌락공동체의 유제를 고찰함으로써 그
선행한 시기의 촌락들에서 공동체적 잔재의 일면을 추론하려 한다. 『촌적』
에 보이는 경작지와 호구와의 관계는 다음과 같다.

촌 명	호	인 구	경작지 면적
沙害漸村	10	142	165結 21負 4束
薩下知村	15	125	*182, 70, 7
失 名 村	8	69	130, 74, 1
西原京直村	10	106	107, 46, 0

＊ 麻田이 포함되지 못함(이하 동일)

이를 호구당으로 할당하여 보면

촌 명	호	호당 경작지	인 구	인구당 경작지
沙害漸村	10	16結 52負 1束	133	1結 24負 2束
薩下知村	15	12, 18, 0	118	1, 54, 8
失 名 村	8	16, 34, 3	69	1, 89, 2
西原京直村	10	10, 74, 6	97	1, 10, 8

＊ 노비는 계산에서 제외함

이상의 통계는 촌내의 전체 경작지를 호구별로 할당한 것이다. 그러나 사실에 있어서 촌내의 경작지는 '烟受有田畓', '村主位畓', '官謨田畓', '內視令畓' 및 '麻田' 등으로 구분되어 있으며 그 중 '연수유전답'은 촌내 주민들에게 점유된 토지이다. 우선 촌별로 되는 각종 경작지의 면적을 보면 다음과 같다.

村 名	烟 受 有		官 謨		內視令畓	麻田
	畓	田	畓	田		
沙害漸村	*94結 02負 4束	62,10,?	4,00,0		4,00,0	1,09,0
薩下知村	59, 98, 2	119,05,8	3,66,7			?
失 名 村	68, 67, 0	58,07,1	3,00,0			1,0?,
西原京直村	25, 99, 0	76,19,0	3,20,0	1,00,0		1,08,0

＊ 村主位畓 19結70負를 포함

그 중 '연수유전답'을 호구별로 보면 다음과 같다.

村 名	戶數	戶當烟受有田畓	인구수	人口當烟受有田畓
沙害漸村	10	13結 64負 4束	113	1結 20負 7束
薩下知村	15	13, 93, 6	118	1, 51, 7
失 名 村	8	15, 84, 2	69	1, 83, 6
西原京直村	10	10, 21, 8	97	1, 05, 3

이를 다시 촌내의 '丁' 수에 의하여 쪼개어 보면 다음과 같은 도표를 보게 된다.

村 名	丁數	연수유전답	丁1人當田畓
沙害漸村	63	136結 42負 4束	2, 16, 6
薩下知村	69	179, 04, 0	2, 59, 4
失 名 村	30	126, 74, 1	4, 22, 5
西原京直村	46	102, 18, 0	2, 22, 1

＊ 정수에서 노비 및 새로 이동해 온 정은 제외함

＊＊ 사해점촌에서는 '촌주위답'을 제외함

이상의 도표에 의하면 '실명촌'을 제외하고는 '정' 1인당 대체로 2결 정도의 토지가 배당되고 있다. 이상의 여러 도표를 통하여 8세기 당시 촌내의 경작지가 비교적 균등하게 주민들에게 점유되고 있는 것을 볼 수 있었다. 특히 의미하는 것으로 되지 않겠는가? 바로 이러한 촌락적 집단성이야말로 촌락공동체적 유제의 보존에 기초한 것으로 촌락들의 폐쇄성과 일정한 자주성을 보존한 것이 아니었던가? 이렇게 본다면 '소국'의 '주수' 또는 '왕'은 촌락의 주민들에 대한 지배를 그들의 '읍락'적 조직을 매개로 하지 않을 수 없었으며 또한 '읍락'의 토호를 그 대변자로 인정하지 않을 수 없었을 것이다. "읍락이 잡거하여 잘 통제하지 못하였다"란 내용은 한편으로 '읍

매 '정'에게 2결 정도의 경작지가 돌아가고 있는 것은 722년 "始給百姓丁田"(『三國史記』 卷8, 聖德王 21年)과 관련되는 것 같이 생각된다. 그러나 이상과 같이 '연수유전답'의 면적도 결코 적은 것은 아니었다. 당시 1결을 3719~4184坪 정도로 계산한다면(박시형, 『결부제도의 발생과 발전』, 117쪽) 촌민들이 점유한 토지면적을 짐작할 수 있을 것이다. 특히 우리의 문제로 되는 것은 '연수유전답' 이외의 토지들에 대한 경리 형태이다. 『촌적』으로만 보면 이 토지들도 촌민들에 의하여 경작되었던 것을 알 수 있다. 그 중 '촌주위답'은 역시 '연수유전답'에 포함되어 있으나 사실상 村主의 점유토지였다. 이 토지는 촌주의 '위답'으로서 아마 無稅地의 특전을 부여받고 있었던 것 같다. 문제는 官有地로서의 '관모전답', '내시령답' 및 '마전'에 대한 경작이다. 매 촌마다 '관모전답'은 약 4결 정도로, '마전'은 1결 정도로서 거의 균등하게 설정되어 있으며 '내시령답'은 오직 '촌주위답'을 준 '사해점촌'에 한하여 4결의 토지가 배당되어 있다. 이와 같이 매개 촌에 거의 균등하게 배정되어 있는 관유지들은 매 농호에 분할 경작되었다는 것보다도 전 촌내 주민들의 집단적 노동에 의하여 경작되었다고 보인다. 마전 경작에 관하여 『삼국사기』는 다음과 같이 기사를 전한다. "百濟滅後 漢州都督都儒公請大王遷素那於阿達城 俾禦北鄙 上元二年(675)乙亥春 阿達城太守級湌漢宣 教民以某日齊出種麻 不得違令 靺鞨諜者認之 歸告其酋長 至其日 百姓皆出城在田 靺鞨潛師猝入城 剽掠一城 老幼狼狽 不知所爲……"(卷17 素那). 즉 성내에는 오직 어린 것과 노인만 남기고 전체 장정이 '마전' 파종에 집단적으로 동원되고 있다. 이 사실은 당시 마전 경작이 촌내 전체 장정들의 집단적 노동에 의하여 수행되었다는 것을 시사하는 것이다. 이와 같이 각 촌에 1결 정도의 마전이 집단적 노력에 의하여 경작되었다면 또한 4결 정도의 '관모전답'도 촌내의 공동적 의무하에 집단적 경리에 의하여 경작된 것이 아니겠는가? 이상의 고찰에 큰 잘못이 없다면 8세기 당시까지도 이러한 정도로 촌락공동체적 잔재가 상당한 정도로 보존되었다고 보아야 할 것인바, 이를 2~3세기로 끌고 올라간다면 촌락공동체적 내용은 보다 농후하게 보존되었으리라는 것은 결코 억측으로 될 수 없다.

락'들이 촌락공동체적 강인성을 보존하였다는 것을 또한 시사한다고 볼 것이다.

이러한 촌락공동체적 강인성에 의하여 규정되는 촌락주민들에 대한 집단적 예속 형태, 바로 이러한 예속 형태에 놓인 주민들에 대하여 "죄수나 노비들과 같이……" 보게 된 것이 아니었던가 생각된다. 물론 '국읍'과 '읍락'과의 관계는 매우 다양하고 복잡한 형태를 현상하였을 것이어서 일률적으로 규정할 수는 없을 것이다. 그러나 전술에서 본 바와 같이 강력한 실권을 장악한 '국읍'의 '주수'들은 주변의 촌락들을 자기 예속하에 능히 흡수할 수 있었으며 또한 그러한 예속된 촌락들을 확대함으로써 자기의 세력을 더욱 강화하였을 것이다. 전게한 '음즙벌국(音汁伐國)'과 '실직곡국(悉直谷國)'이 서로 강역을 가지고 싸우게 된 것은 그러한 사정을 잘 설명하여 준다고 할 것이다. 여기에 '소국'들이 인방 '읍락'들을 군사적으로 정복함으로써 '읍락'들의 예속화를 확대하였으리라는 것도 상상하기 어렵지 않다.『삼국사기』나『삼국유사』에 산견되는 삼국 초기의 부단한 전쟁기사는 그러한 사정을 충분히 반영한 것이라고 인정할 수 있다.

이상으로 '소국'들은 선행한 높은 사회경제적 발전수준에 토대하여 성립되었는바 '국읍'을 중심으로 주변의 무수한 '읍락'들을 예속시킨 하나의 정치적 통일체로서 이를 '읍제국(邑制國)'[39]과 같은 것으로 볼 것인지 혹은 지방귀족들의 자립적인 개개의 '영주(領主)'적 세력으로 볼 것인지는 앞으로의 연구과제로 남는다.

이상과 같이 바로 그러한 '소국'들의 그 자체 내에는 이미 '부곡제'를 발생케 할 요소를 충분히 배태하고 있었다는 것을 인정할 수 있을 것이다. 그것은 첫째로, 기원 전후하여 철기의 광범한 보급과 함께 사회적 분업의 새로운 발전에 따라 지방귀족들 즉, 토호적 세력들의 경제적 지반은 급속

---

39) 이러한 '소국'에 대하여『삼국지』동옥저조에는 "沃沮諸邑落渠帥 皆自稱三老 則故縣國之制也"란 것이 보인다. 이는 漢의 '郡國·縣國制'로서 지방토호에게 일정한 정치적 권한이 부여된 소위 '侯國'과 같은 것이다. 바로 '소국'이 성읍을 중심으로 한 하나의 정치적 통일체란 점에서 '삼한'의 '속국'을 '읍제국'으로 볼 수도 있을 것이라고 생각한다.

히 강화되었으며 그리하여 그들의 자족적 경제체제의 확립과 여기에 광범
한 예속민 집단을 인입할 수 있는 경제적 및 정치-군사적 힘을 보유하였
다는 것, 둘째로 '국읍'을 중심으로 한 '별읍' 및 '읍락'들의 통일체로서의
'소국'은 내면적으로 촌락들에 대한 예속을 그 전제로 하고 있었는바, 촌락
들에 있어서 공동체적 잔재의 강인한 보존에 의하여 규정되는 촌락-집단
적인 예속 형태는 이 시기에 있어서 보편적인 현상으로 되고 있었다는 것
등이었다. 즉 '소국'의 지배세력들은 자체의 자급자족적 경제체계의 확립
강화를 위하여 예속적 촌락들에 대한 집단적 수탈체계를 필연케 하였는바,
여기에 강력한 지배력을 가지고 촌락민들에 대한 집단적 예속을 강요하였
던 것이며 실로 이러한 점에 부곡제의 발생의 사회경제적 전제는 내재하
였던 것이다.

2. 토호적 세력들에 대한 정치적 통일

『삼국지』에 근거하여 3세기의 남부조선에 '마한', '진한' 및 '변진' 등 '삼
한'으로 대표되는 정치세력을 인정한다면 『삼국사기』나 『삼국유사』에 백
제, 신라 및 가야 등 삼국으로 서술된 것과 일견 모순되어 보인다. 그러나
『삼국사기』를 세밀히 검토하여 본다면 백제나 신라는 3~4세기에 이르러
현저히 그 국가기구를 정비 강화하고 있는 것을 알 수 있다. 다만 『삼국사
기』의 서술은 백제나 신라에 중심을 두고 그 건국 전설로부터 편년에 따
르는 역사 발전 과정을 보여줌으로써 주변의 '소국'들은 부차적으로 관계
기사에서 취급되었거나 내지는 거의 무시되었을 따름이다. 도리어 『삼국
사기』의 기사를 통하여 『삼국지』의 단편적 사료들을 발전사적으로 고찰할
수 있는 가능성을 제공하여 준다고 볼 것이다.

『삼국지』에는 백제나 신라는 '삼한' '70여 국' 중의 한 '소국'으로 포함되
어 있다. 그러나

"환제(桓帝), 영제(靈帝)의 말년에(147~188년) 한, 예가 강성하여

(낙랑)의 군, 현이 능히 제어할 수 없게 되어 인민이 한국(韓國)으로 많이 유입하였다."[40)]

라고 한 것은 2세기 중엽에 백제 및 신라국이 급속히 강화 발전하고 있었다는 것을 암시하는바, 『삼국사기』는 1~3세기에 백제 및 신라국이 인접한 '소국'들에 대하여 적극적인 정치적 통일을 추진시키고 있었다는 것을 보여준다. 『삼국사기』와 『삼국유사』에 의하여 1~3세기에 '소국'들에 대한 신라의 통일 기사를 열거하면 다음과 같다.[41)]

	연 대	'소국'명	현지명	내용	문헌
1	42	*이서국	청도	정복	삼국유사 권 1
2	57~79	우시산국	울산 부근	〃	삼국사기 권44
3	〃	거칠산국	동래	〃	〃 〃
4	102	읍즐벌국	안강	〃	〃 〃
5	〃	실즉국	삼척	내항	〃 〃
6	〃	압독국	경산	〃	〃 〃
7	108	비지국	창녕	정복	〃 〃
8	〃	초팔국	초계	〃	〃 〃
9	〃	다벌국	합천	〃	〃 〃
10	185	소문국	의성	〃	〃 〃
11	212~215	**(포상8국)		격파	삼국유사 권 5
		보라국	?		
		고자국	고성		
		사물국	사천		
		골포국	마산		
		칠포국	칠원		
12	231	감문국	개녕	정복	삼국사기 권 2
13	236	골벌국	영천 부근	내항	〃 〃
14	247~261	사벌국	상주	정복	〃 권45

* 『삼국사기』에는 297년(儒禮王 14)조에 격퇴한 것으로 보인다.
** 『삼국사기』에는 209년(奈解王 14)조에 보인다.

---

40) 『三國志』 韓, "桓·靈之末 韓·濊·疆盛 郡縣 不能制 民多流入韓國".

이것을 지도상으로 보면 3세기 신라국의 세력범위를 이해하기 쉬울 것이다.

이 지도를 전게한 '삼한 70여 국'의 분포도와 대조하여 보면 3세기경 신라의 세력범위에 든 지방은 '진한 및 변한 제국'의 분포지역으로 되고 있으며, 6세기 이후에 신라에 통일된 지방은 곧 '변진 제국'의 분포지역으로 되어 있다. 이로써 3세기경 '진한'을 대표한 세력은 바로 신라였다는 것을 확인할 수 있게 되었다. 그러나 전술한 바와 같이 '소국'들의 자립적 세력은 일정하게 보유되었던 것으로 바로 이 때 신라국은 4세기 이후 시기에 보는 바와 같이 강력한 통일국가로 가는 발전도상에 놓여 있었던 것이다.[42]

한편 백제에서는 기원 초에 "마한을 불의에 습격하여 드디어 그 국읍을 병합하였는바 다만 원산(圓山), 금현(錦峴) 두 성만이 굳게 고수하여 함락

---

41) 고구려에서는 기원 전후 시기에 인방 '소국'들에 대한 통일과정을 보여준다. 참고삼아 그 과정을 표시하면 다음과 같다.

1	기원전 36	비류국	내항	삼국사기 권13
2	32	행인국	정복	〃　〃
3	28	북옥저	〃	〃　〃
4	기원후 14	양맥국	〃	〃　〃
5	26	개마국	〃	〃　권14
6	〃	구다국	내항	〃　〃
7	30	매구곡	〃	〃　〃
8	37	낙랑국	정복	〃　〃
9	56	동옥저	〃	〃　권15
10	68	갈사국	내항	〃　〃
11	72	조나국	정복	〃　〃
12	74	주나국	〃	〃　〃

42) 『太平御覽』卷781, 東夷2 新羅, "符堅建元十八年(382) 新羅王樓塞遣使衛頭 獻美女 …… 堅曰 卿言海東之事 與古不同何也 答曰 亦猶中國時代蠻革名號改易". 이와 동일한 기사 내용이 『三國史記』卷3, 奈勿尼師今 26年(381)조에도 보이는바 이것은 『太平御覽』의 기사를 그대로 전사한 것이다. 이상과 같이 신라사신의 담화에서 당시 신라국의 발전 면모는 충분히 반영되었다고 볼 수 있다.

신라의 통일 지역도
(1~6세기)

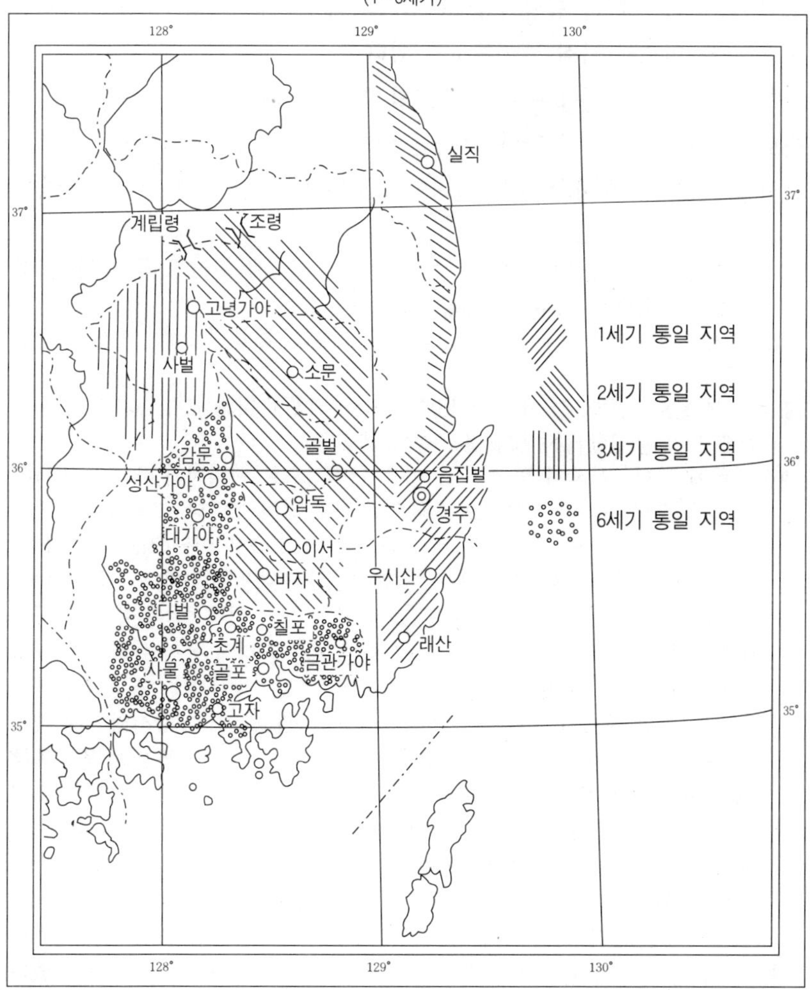

시키지 못하였다"[43]라고 하였으며 그 다음 해에 상기 2개 성도 모두 함락되어 '마한'이 드디어 멸망되었다[44]고 하였고 그 후 '마한'의 잔여 세력들이 반란을 일으킨 사실을 기록하고 있다.[45]

그러나 이 기사 내용은 어느 정도의 과장이 있어 보이며 그 연대도 그대로 믿기는 어려울 것 같다. 여하간 여기의 '마한'은 '진국(辰國)'의 별호로서 혹은 '한국(韓國)'으로도 알려지고 있다.[46] 기원 초에 진국이 급속히

---

43) 『三國史記』卷23, "始祖王二十六年(8) …… 冬十月 王出師 陽言田獵 潛襲馬韓 逐幷其國邑 唯圓山·錦峴二城固守不下".

44) 『三國史記』卷23, "二十七年(9)夏四月 二城降 移其民於漢山之北 馬韓遂滅".

45) 『三國史記』卷23, "三十四年(16)冬十月 馬韓舊將周勤 據牛谷城叛 王躬帥兵五千 討之周勤自經 腰斬其尸 幷誅其妻子".

46) 진국에 관한 『삼국지』의 기사는 매우 단편적으로 이리저리 찢기어 기록되어 있을 뿐만 아니라 부분적으로 착오된 점도 있어 보인다. 그리하여 일정한 고증을 거친 연후에 우리는 비로소 그 진실한 모습을 어느 정도 파악할 수 있을 것이다. 『삼국지』의 저자는 "辰韓者古之辰國也"(韓)라고 하는가 하면 또 다른 곳에서는 "辰王治月支國"(韓)이라고 쓰고 있다. '진왕'이 곧 진국의 국왕이었을 것은 분명한 만큼 진왕에 관한 기사를 다시 동서 弁辰條에서 찾아본다면 "其十二國屬辰王 辰王常用馬韓人作之 世世相繼 辰王不得自立爲王"이라고 하였다. 이로써 진왕이 '마한' 사람으로서 계승되었다는 것을 알 수 있는 동시에 그가 "不得自立爲王"하였다는 것은 "馬韓最大 其立其種 爲 辰王"(『後漢書』 韓)의 '其立', 즉 추대되었다는 것을 암시한다. 이로써 '월지국'은 '마한' 땅에 있어야 하며 "辰韓者 古之辰國也"의 '辰韓者'는 '馬韓者'라 고쳐져야 한다고 생각한다.

전게 기사에 의하면 진왕이 '변진' 12국을 지배하였다 하고, 『후한서』에는 '盡王三韓之地'라 하여 '삼한'을 모두 '皆古之辰國也'라고 쓰고 있다. 『후한서』의 기사는 '진한'·'마한'이 모두 진국＝마한왕인 진왕의 지배하에 있었다는 것을 의미할 것이다.

이러한 『삼국지』의 杜撰은 '辰國'과 '辰韓'의 '辰'자가 같은 데서 혼동한 것으로 보이는바, "辰王不得自立爲王"의 기사를 '진한'에 가져가 진왕을 진한왕으로 오해하면서 마치도 '진한'에서는 '진왕'을 스스로 세울 수 없는 것으로 해석하고 『위략』의 "明其爲流移之人故爲馬韓所制"라고 주로 붙여 놓았으며 이를 답습한 『梁書』 신라전에는 "辰韓不得自立爲王"으로 고쳐 놓기까지 하였던 것이다.

붕괴되던 시기로 보이는 만큼47) 진국의 중심부가 새로 일어난 백제에 의

진국에 관하여 가장 오랜 문헌은『史記』이다.『사기』조선전에 “眞番旁衆國 欲上書見天子 又擁閼不通”의 ‘衆國’은 校刊史記集註索隱正義札記四『眞番旁衆國』註에 “宋本衆作辰”으로 보임으로써 ‘衆’자는 ‘辰’자의 잘못인 만큼 ‘辰國’으로 고쳐져야 한다. 이것을 긍정하여 주는 것은『漢書』조선전에 “眞番辰國欲上書見天子 又雍閼弗通”이라 한 것과『資治通鑑』卷21, 漢記 武帝 元封 2年(기원전 109)조에도 역시 “辰國欲上書見天者……” 등의 기사이다.

주지한 바와 같이『사기』는 기원전 1세기에 편찬되었고『한서』는 기원 초에 기록된 史籍이다. 그리하여 우리는 이 책들에 기록된 진국의 史實에 대하여 충분한 근거를 찾을 수 있다. “初右渠未破時 朝鮮相歷谿卿以諫右渠不用 東之辰國 時民隨出居者二千餘戶 亦與朝鮮貢番不相往來”(『三國志』韓 註 魏略)라고 한 기사는 고조선국이 현존하던 시기에 이미 진국이 실재로 존재하였다는 사실을 증좌한다.

『三國遺事』卷1, 馬韓에는 “魏志云 魏滿擊朝鮮 朝鮮王準率宮人左右 越海而南至韓地 開國號馬韓”이라 하였으나 이 기사는『후한서』의 위만에게 쫓긴 조선왕 준이 남으로 내려와 “攻馬韓破之 自立爲韓王 準後滅絶 馬韓人復自立爲辰王”하였다는 것과 차이난다.『삼국지』에도 이 사실에 대하여 준왕이 韓地에 와서 “自號韓王 其後絶滅 今韓人猶有奉其祭祀者”라고 한 것으로 보아 준왕이 ‘마한’을 세웠다는『삼국유사』가 인용한『위지』(魏收의 魏書?)의 기록에는 많은 의심을 갖게 한다. ‘마한’을 왕왕 약칭하여 ‘한’으로 기록한 것으로 보아 고조선 준왕이 망명하기 이전에 이미 ‘한=마한’은 실존한 것으로 보아야 할 것이며 여기의 ‘마한’이 곧 진국이었다는 것은 의심할 바 없다.

47) 신라의 사신 瓠公에 대하여 ‘마한’ 왕의 말 가운데 “辰卞二韓 爲伐屬國 比年不輸職事……”[『三國史記』卷1, 赫居西干 38年(기원전 20)]란 것은 기원 전후 시기에 ‘진·변한’ 지방의 여러 세력이 마한의 지배하에서 이탈되어 가고 있었다는 것을 반영한 것이라고 보인다. 기원 초에 “馬韓漸彊 上下難心 其勢不能久……”(『三國史記』卷23)는 벌써 ‘마한’이 붕괴에 처하였음을 가리키는 것이 아니겠는가? 물론 그 절대연대에 대하여는 아직 문제가 없는 것은 아니나 그것이 그리 큰 문제가 아니라면 “至王莽地皇時(20~22) 廉斯鑡爲辰韓右渠帥 聞樂浪土地美 人民饒樂 亡欲來降…”(『三國志』韓)과 “建武二十年(44) 韓人廉斯人蘇馬諟等 諟樂浪貢獻(廉斯邑名也諟音是)光武封蘇馬諟 爲漢廉斯邑君 使屬樂浪郡 四時朝謁”(『後漢書』韓) 등은 모두 기원 초에 진국=마한의 분열과정을 보여주는 것이 아니겠는가? 혹자는 상기 기

하여 격멸될 수 있는 역사적 환경에 있었다는 것은 가히 추측하기 어렵지 않는바 전기『삼국사기』의 기사는 바로 그러한 사실을 서술한 것으로 이해된다.

이와 같이 1세기경에 '마한'의 중심부를 격멸한 백제는 인방의 여러 '소국'들에 대한 적극적인 정치적 통일을 위한 투쟁을 수행하였는바, 다음의 지도에서 1~3세기 신라에로의 진격경로를 봄으로써 3세기경의 백제의 세력범위를 대체로 추상할 수 있을 것이다.

이로써 3세기경 백제는 이전 '마한'세력 하에 있던 '소국'들을 지배하게 되었다는 것을 알 수 있는바 이 때 진국(辰國)을 왕래한 '마한'의 사절은 곧 백제의 사절이었다.[48] 이렇게 보면 '마한'이 멸망한 이후 중국 기록에 보이는 '마한'은 바로 백제를 중심으로 하는 새로운 정치세력을 가리키는 것이었다. 바로『후한서』한에 "무릇 78국이 있었는바 백제는 그 중의 한 나라였다"[49]라고 특기한 것은 그간의 사정을 잘 반영한 것이라고 할 것이다.

록 중 '辰韓'을 소위 '삼한의 진한'과 구별하여 충청도 북부지방에 있었던 또 다른 '辰韓'이었다고 주장하는 견해도 있으나 나는 이 역시 '辰國'과 '辰韓'이 동일하게 '辰'자인 데서 오는 오착으로 본다.

48)『진서』동이전에는 '마한'으로 기재되어 백제의 사절을 '마한'의 사절로 기록하고 있으나 동서 卷109(本紀 載紀9 慕容皝傳)에는 342~345년 당시 직접 백제에 대하여 기록하고 있으며 또 동서 卷9(帝紀9 簡文帝)에는 "遣使拜百濟王餘句(近肖古王) 爲鎭東將軍領樂浪太守"라고 명백히 백제국의 근초고왕(372년경) 시의 사절로 기록하고 있다. 물론 동이전과 본기의 기사 간에는 상당한 시간적 차이가 있으나 '마한'이란 오랜 국호는 이 나라를 계승한 백제에서 그 초기 일정한 시기까지는 그대로 통용된 것이 아니었던가 생각된다.

49) "凡七十八國 伯濟是其一國焉". 이 기사를『후한서』의 편찬 당시(398~445)를 놓고 말한 것이라면 "令百濟……"라고 하였을 것이다. 왜냐 하면『후한서』가 어느 때에 편찬되었던 간에 그 기사들은 후한 당시의 것을 엮었어야 하였기 때문이다.『후한서』가『漢紀』(148~209) 또는 좀 후기의 것으로『東觀漢紀』, 七家의『후한서』및『後漢紀』등도 참고로 하였다고 하는 만큼 이에서 상기 기사를 전사한 것인지도 모르겠으나 백제가 신라보다 먼저 중국에 그 두각을 나타낸 것은 잘 알려진 사실이다.

백제의 진격로(1~3세기)
(삼국사기에 의함)

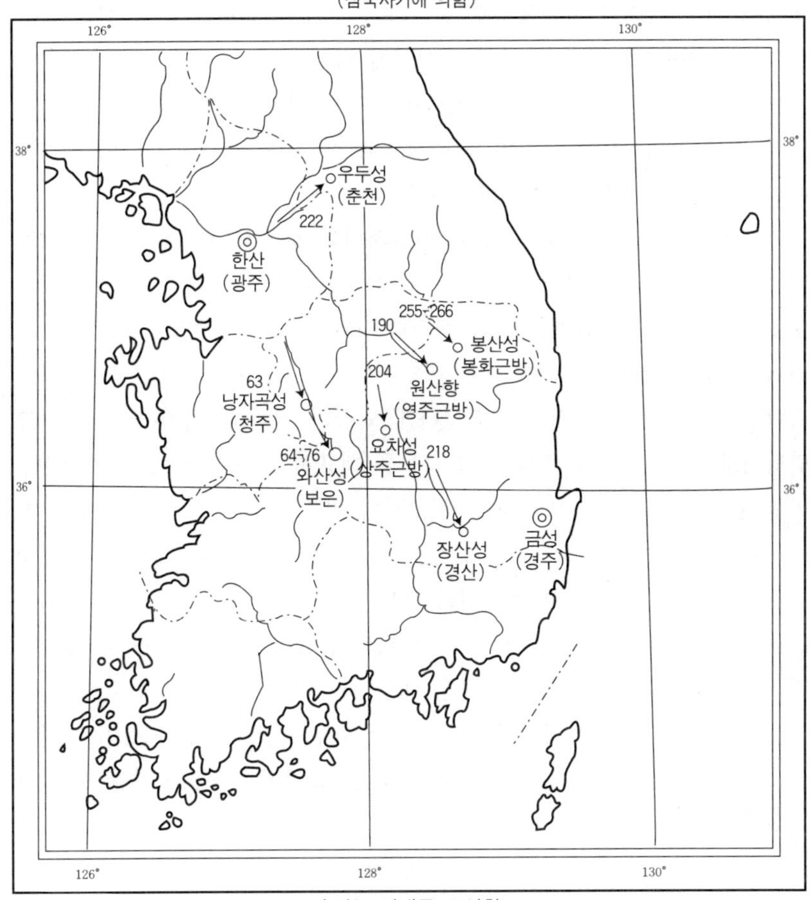

※ 수자는 연대를 표시함

이상과 같이 백제 및 신라는 1~3세기에 주변의 '소국'들을 통일하는 행정에서 이후 강력한 통일국가로 발전하여 갔다. 그러면 어떠한 형태로 통일되었던 것인가? 우리의 문제는 여기에 있다.

백제 및 신라도 본래에는 '삼한 제국'의 하나로서 출발하였다. 이것은 백제 및 신라의 토호세력들50)을 중심으로 한 주변 군소 토호들의 세력에 대한 강력한 정치적 통일을 의미한다.

전술한 바와 같이 무수한 '소국'들이 하나의 토호적 성격을 갖는 것이라면 노예 소유자 국가인 진국의 국가구조에 내재하는 그들 간의 모순은 그 토호적 성격이 관철되면 될수록 심각화하여 갈 수밖에 없었을 것이다. 이러한 형편이 진국의 붕괴를 촉진시켰으며 지방토호세력의 대두에 의하여 강력한 정치기구의 재편성을 요구하게 되었던 것이다. 여기에 있어서 그 담당자로 출현한 것이 백제와 신라 등을 대표하는 강력한 새 세력이었다.

통일국가 기구의 편성은 군소 토호세력 간의 강력한 투쟁 행정에 의하여 전개되지 않을 수 없었다. 그것은 그들이 동일한 성격ㅡ토호적 토지소유와 주변 촌락들에 대한 예속민화(부분적으로는 노예제를 동반하면서)를 확대 관철하였다ㅡ의 소유자로서 나타나고 있었다는 한 측면에 의하여 규정되는 그들 세력에 내재하는 모순 대립 관계에 있었다고 보인다. 그리하여 본래 하나의 토호세력으로부터 장성 강화한 백제 및 신라 왕이 기타의 군소 토호세력에 대하여 강력한 군사적 진격을 보인 것은 우연한 것이 아니었다.

---

50) 新羅는 斯盧·斯羅·徐羅伐·徐伐·徐那伐 혹은 薛羅 등으로 씌어졌는바, 斯·徐·薛·新은 모두 '새'의 對音이요, 盧·羅·伐은 '마을=고을(城邑)'의 假音이니 모두 '새 고을' 즉 '새 나라'의 同意異寫이다. 이 '새 고을'이란 뜻은 진국의 붕괴에 대치한 것 같으며 지방에서의 새로운 토호적인 귀족세력의 대두를 반영한 것이라고 보인다.

백제는 부여계통의 한 갈래가 남하한 한 세력이란 것은 이미 정설로 되어 있는바 "王初渡河　無所容足　吾(馬韓)割東北一百里之地安之"(『三國史記』卷23)라고 한 것은 그 일단을 설명하여 준다. 이와 같이 백제도 본래는 북쪽의 선진문화를 가지고 이동해 온 하나의 세력이었다는 것을 알 수 있다.

“감문국을 격파하여 그 땅을 군으로 삼았다.”[51]

“골벌소국을 정벌하여 현을 두었다.”[52]

이는 신라국왕의 지방토호들에 대한 군사적 통일과정을 보여준다. 이 때에 “군으로 삼았다” 또는 “현을 두었다”는 것 등은 ‘소국’들에 대한 신라의 정치적 통일과정을 구체적으로 보여주는 것으로 된다. 물론 실제에 있어서 당시 지방 ‘소국’들이 곧 ‘군, 현’의 명칭으로 불리게 되었는지는 의심스러운 점이 많으나(후론 참조) 여하간 통일지역의 성읍들을 ‘군, 현’으로 삼았다는 것은 지방에 대한 중앙의 통치력이 미치고 있다는 것을 알 수 있게 한다. 즉 그것은 통일지역이 새로운 군사-정치적 거점으로서 개편 강화되고 있는 것만은 충분히 이해할 수 있다.

또한 군사적 정복에 의한 통일의 확대와 함께 정치적 인입책은 지방 ‘소국’의 토호세력들을 통일국가 기구에로 흡수하는 데 있어서 중요한 의의를 부여하였다. 전술과 같이 정복과 동시에 내항(來降)의 현상은 그것을 말한다. 이는 또한 통일의 추세가 결정적으로 되자 토호세력들은 동일한 성격에 기초한 통일국가에로 용이하게 결합될 수 있었다는 데 있다고 생각한다.

“조분이사금 7년(236) 봄 2월에 골벌국왕 아음부는 무리를 거느리고 내항하였다. 그에게 주택과 전장(田莊)을 주어 안정시키고 그 땅은 군으로 만들었다.”[53]

---

51) 『三國史記』 卷2, “助賁尼師今二年(231)秋七月 以伊湌于老爲大將軍 討甘文國 以其地爲郡”.

52) 『三國史記』 卷34, 地理志1 臨皐郡, “助賁王時 伐得骨火小國 置縣”. 동서 신라 본기에는 ‘骨伐國王’이 스스로 투항해 온 것으로 되어 있고 助賁尼師今 7年(236년) “以其地爲郡”으로 보인다. 어느 것을 史實로 취해야 할는지는 갑자기 판단할 수 없으나 이 외에도 ‘소국’을 ‘현’으로 한 것은 “取音汁伐國置縣”(卷34, 地理志1)의 실례가 있다.

53) 『三國史記』 卷2, “助賁尼師今七年春二月 骨伐國王阿音天率衆來降 賜第宅田莊安之 以其地爲郡”.

이로써 투항해 온 토호에 대하여서도 그 지역은 통일국가의 지방행정구로 편입되고 있는 것을 보여준다.

이상과 같이 통일지역에 대한 지방행정구로서의 편입과정의 장기성으로 그 형태의 다양성은 필연적으로 지방통제기구의 불균형성을 띠지 않을 수 없게 하였고 따라서 획일적(劃一的)인 군, 현제에 대비하여 매우 특수성을 갖는 것이었다. 그것은 국왕이 정복 혹은 투항한 토호세력에 대한 지배관계의 특성과 복잡성에 의하여 규정되지 않을 수 없었을 것이다.

정치적 통일행정에서 정복되었건 또는 그들이 투항해 왔건 간에 그 곳에 토호들의 재지세력을 전연 무시할 수는 없었다고 추정된다.54) 당시 토호들의 재지세력은 뿌리 깊은 하나의 가부장적 가족 형태를 형성하고 촌락공동체적 잔재에 의거하여 자기의 세력을 펴고 있었다. 이러한 사실은 부분적으로 통일에 대하여 완고히 저항하였거나 또는 지방들에서의 반란을 일으킨 지역의 전 주민을 타지방으로 이동시킴으로써 그들의 뿌리 깊은 재지세력을 파괴하였다는 사실이 잘 말하여 준다.55) 그것은 지방토호

---

54) 『삼국사기』에 의하면 102년 "悉直·押督二國王來降"(卷1, 婆娑尼師今 23年)하였으나 104년 '悉直叛'하였고 146년에는 '押督叛'하였다. 이 사실은 '실직' 및 '압독'의 토호세력이 토착세력으로서 보존되고 있었다는 것을 시사한다. 전게한 바와 같이 '골벌국왕'이 무리를 거느리고 투항해 오자 저택과 전장을 보장하였다는 것은 그를 단순히 우대하였다는 것으로만 되지 않는다. 고구려에서 "伐朱那 虜其王子 乙音爲古鄒加"[卷15, 太祖王 22年(74)]와 같이 정복한 후 포로한 자에게까지 고구려의 '고추가'(귀족)의 지위를 주게 된 것도 우연한 것으로는 보이지 않으며 또 "王親征蓋馬國 殺其主 慰安百姓 毋虜掠 但以其地爲郡縣"[卷14, 大武神王 9年(26)]한 것도 비록 그 '국왕'이 살해되었다고 하여서 종전의 재지 토호세력을 소탕한 것으로 되지는 못하였다는 것을 보여주고 있다.

55) 백제에서 마한을 격멸할 때 끝까지 저항하다가 결국 정복된(원산·금현) "二城降 移其民於漢山之北"[『三國史記』 卷25, 始祖王 27年(9년)]과 이미 투항하였던 '실직'과 '압독'이 반란을 일으키자 신라왕은 군대를 동원하여 이를 진압한 후 "徒其餘衆於南鄙"[『三國史記』 卷1, 婆娑尼師今 25年(104년)], "徒其餘衆於南地"[『三國史記』 卷1, 逸聖尼師今 13年(146년)]) 등 반항을 전개한 지역의 전 주민을 집단적으로 강제 이동시키고 있는 것을 보여준다. 이와 유사한 형편을 보여주는 것으로 『삼국사기』 고구려본기에 "達賈出奇

세력이 그 곳 전체 주민과 깊은 관계에 뿌리 박고 있었다는 증좌로 되는
바, 그러한 관계는 오랜 전통적인 예속관계, 특히는 주변 촌락들과의 하나
의 통일체를 형성하고 있었다는 것에 의하여 설명될 것이다. 때문에 국왕
은 반항세력에 대하여서는 철저히 그 세력의 토대를 뿌리째 파괴하지 않
으면 아니 되었던 것이다.

신라왕은 293년에 '사벌주(상주)' 지방의 호민(豪民) 80가를 집단적으
로 당시 외적방어의 초소의 하나로 되고 있던 '사도성(沙道城)'에 이주시
키고 있다.56) 이와 같이 80여 가의 호민들의 대집단을 일시에 100여 리를
이동시킬 수 있었다는 것은 당시 신라국왕이 강력한 전제권력을 장악하고
있었다는 것을 단적으로 표시한다.

사벌주 지방에서 토호 친족집단의 거세는 곧 이 지방에 대한 국왕의 직
접적 지배를 의미하는바 그것은 중앙으로부터 파견된 관리에 의하여 주민
들을 직접 장악 통치하였다는 것으로 된다.57) 그리하여 사벌주 지방은 신
라국왕의 가장 믿음직한 거점으로 되었으며 이 곳이 후에 신라의 '상주(上
州)'로서 중요한 군사 및 정치적 중심지의 하나로 될 수 있었다고 생각된
다.

그러나 통일지역을 상주에서와 같이 모두 국왕이 직접 관리를 파견하여
장악하지 못하였다는 것은 전술한 바이다. 그리하여 일반적으로 통일된

掩擊 拔(肅愼)檀盧城 殺酋長 遷六百餘家於扶餘南烏川 降部落六七所 以
爲附庸"[『三國史記』卷17, 西川王 11年(280년)]이라는 기록을 참고로 첨가
한다.
56) 『三國史記』卷2, "儒禮尼師今十年(293년)春二月 改築沙道城 移沙伐州豪
民八十餘家". 여기의 '沙伐州'는 곧 지금의 尙州로서 이전의 '沙(梁)伐城'이
다[『三國史記』卷34, 地理志1, "尙州 沾解王時取沙(梁)伐國爲州"]. '사벌주'
의 호민 80여 가를 사도성으로 이동시키게 된 것은 "沾解王在位(244~261
년) 沙梁伐國舊屬伐 忽背而歸百濟 于老將兵往討滅之"(『三國史記』卷45,
于老)하였다는 데서 그 원인을 찾을 수 있다.
57) 백제에서는 원산·금현 2개 성의 주민을 한강 북쪽지방으로 이동시킨 후 다
시 "修葺圓山·錦峴二城"(『三國史記』卷23)하고 있는 것은 이 곳의 종전의
토호세력을 거세한 이후 새로이 딴 지방에서 인민들을 이주시킨 것으로 된
다.

토호들은 통일적 관료기구 내에 포섭됨으로써 종전의 토착세력을 보존하였다. 이러한 사실을 실증하기 위하여 신라의 관료제도를 고찰하여 보자.

『삼국사기』에 의하면 신라의 '17등급의 관등위'는 유리이사금 9년(32)에 제도화된 것으로 되고 있다. 그러나 혹자는 이 기사를 사실(史實)로서 인정하기 어렵다고 보는 것 같다. 과연 이 사료의 진실성을 부정할 것인가? 필자는 신라본기에서 신라 관등위를 갖는 실제적 인물들을 조사하여 그 통계를 다음과 같은 일람표로 작성하였다.

이에 의하면 관등위가 제정되고 초기부터 17등급으로 완비되었던 것 같지는 않으나58) 그 기본 형태는 이미 유리왕 이후 제도화되고 있었다는 것을 확증할 수 있다.

'신라 관등위'가 이미 유리왕 시기에 일정하게 제도화되었다면 그것은 무엇에 근거하였겠는가? 그것을 고찰하기 위하여 '17등급의 관위'명이 차음(借音)에 의하여 각이하게 이사(異寫)된 것을 대조하여 볼 필요가 있다.

이상 도표에서 신라 관위명에 반영된 신라의 관료기구의 한 측면을 일정하게 파악할 수 있다. 그 중 '아찬' 이상은 신라의 중심세력의 귀족들로 되며59) '일길찬' 이하는 주로 지방 출신으로 되고 있지 않았던가 하는 추상을 갖게 한다.60)

---

58) 도표에서 보는 바와 같이 '大阿湌', '大奈麻' 등은 법흥왕(6세기) 이후에 나타나고 있다. 그것은 '阿湌', '奈麻'의 단위가 이후 시기에 다시 분화되어 '大阿湌', '大奈麻'로 된 것이 아니겠는가 하는 추측을 갖게 한다. 예컨대 '角干'이 후기에 '大角干', '太大角干'으로 다시 나누어진 따위인바 7세기 이후 '阿湌'은 "中阿湌~四重阿湌"(『三國史記』卷38, 職官上), '大奈麻'는 "重大奈麻~九重大奈麻"(동상), '奈麻'는 "重奈麻~六重奈麻"(동상)로 세분된 것을 보며 또 '沙湌'도 "上村主 三重沙干堯王"[文聖王 18年(856년)]에 주조된 竅興寺銅鐘銘과 같이 세분되고 있는 것을 알 수 있다.

59) 『삼국사기』에 의하면 '아찬' 이상의 인물들이 국가의 핵심적 역할을 놀고 있는 것을 보게 되는바 "從此(大阿湌)至伊伐湌 唯眞骨受之 他宗則否"(卷38, 職官上)라고 한 것은 그들의 중앙귀족으로서의 지체를 규정한 것으로 될 것이다. 상기 기사에는 '대아찬' 이상으로 되어 있으나 신라 초기에는 '아찬'이 아직 '대아찬'으로 분화되지 않았다고 보면 필자의 견해에 모순이 없다.

『삼국사기』 신라본기에 보이는 '관등위' 일람표

통합 이전 신라시기

왕대＼관위명	1 伊伐湌·一伐湌·各干·舒弗邯	2 伊湌	3 迊湌	4 波珍湌	5 大阿湌	6 阿湌·阿干	7 一吉湌	8 沙湌	9 級湌	10 大奈麻	11 奈麻	12 大舍	13 舍知	14 吉士	15 大烏	16 小烏	17 造位
유리왕																	
탈해왕	2			1		1											
파사왕		9		2		1											
지마왕		3	2			1	1		1		1						
일성왕		2					1	1									
아달라왕		2		1		1	2										
벌휴왕	1			1		1	1										
나해왕	4	2		1			1										
조분왕	1	2															
점해왕	3	2				1					1						
미추왕	1	2		1			2	1									
유리왕	2	2					2	1									
기림왕		2															
흘해왕	2	1				1											
나물왕	1	1															
실성왕	1	1				1											
눌지왕	1											1					
자비왕	1					1			1								
소지왕	5	1															
지증왕		2															
법흥왕	1	2			1												
진흥왕		2			1	1		2			1						
진지왕		2															
진평왕		6				1	1	1	2	2	1						
선덕왕	1	6						1					1				
진덕왕		2		3	2												
무열왕	2	8	2	2	1	5	1	2	2	3	1						

* 한 인물이 한 왕대에 중복되는 것은 통계에 넣지 않음.

신라 관등위 표

관위	삼국사기	삼국유사	진흥왕비	*기타 금석문	양서	수서	통전	한원	일본서기 고사기
1	伊伐飡 伊罰干 一伐飡 干伐飡 角干 角餐 酒多 舒發翰 舒弗邯 角飡	角干	一伐干	角干	子賁旱支	伊罰干	伊罰干	伊伐干	角干 助富利和干 伊叱夫禮智干岐
2	伊尺飡 伊飡	伊喰 伊殤 伊干	一尺干 伊干	伊飡 伊干	(南史) 壹旱支	伊尺干	伊尺干	伊尺干	翳飡
3	迊飡 迊判 蘇判	匝干 蘇判	匝干	蘇判	齊旱支	迎干	迎干	迊干	蘇判
4	波珍飡 海干 海判 破彌干	波珍飡 海干 阿珍喰		波珍干		破彌干	波彌干	波珍干	波珍岐 飡珍飡 波珍漢
5	大阿飡	大阿干	大阿干			大阿尺干	大阿尺干	大阿干	大阿飡
6	阿殤 阿尺干 阿干 阿粲	阿殤阿喰阿干 阿叱干		阿飡	謁旱支	阿尺干	阿尺干	阿干	阿飡
7	一吉飡 乙吉干 一吉干	一吉飡 一吉干	一吉干	一吉飡 一吉干	(南史) 壹吉支 壹告支	乙吉干	乙吉干	乙吉干	一吉飡
8	沙飡 薩飡 飡沙咄干	沙干 薩喰	沙尺干 沙干	沙干		沙咄干	沙咄干	沙咄干	沙飡 薩飡

---

60) 『三國史記』卷40, 職官上 外官, "外位 文武王十四年(674년) 以六徒眞骨出居於五京·九州 別稱官名"이라 하여 17등위의 7위 '一吉飡' 이하에 외관을 정하고 있다. 그러나 이러한 외관의 관위명은 이미 「진흥왕창녕순수비」에 나타나며 무열왕 7년(660년)에도 보이며 반드시 문무왕 때 제정된 것은 아니다. 여하간 지방관리의 관위가 '일길찬' 이하에 해당되고 있는 것은 주목되는 바이다. 신라본기에서 城主들을 찾아본다면 무열왕 때까지 3명이 기록되어 있는바 그 중 3명만이 관위가 붙어 있다. 그 한명은 ④ '파진찬'이나 그는 전쟁에서 패하여 성주로 일시 좌천된 자이어서 특례로 되며 나머지 2명 중 한 명은 ⑪ '나마'이고, 또 한 명은 군사상 큰 공로를 세워서 ⑦ '일길찬'으로 된 자이다. 이러고 보면 당시 성주의 지체는 사실상 '일길찬'을 넘지 못하는 그 이하에 속하였다는 것을 추정하기 어렵지 않다.

9	級伐湌 級湌 及伏干	級干	及尺干 及干 及伐斬	級湌 級殞 級干	奇貝 旱支	及伏干	及伏干	級伏干	及伐干 及湌 級湌
10	大奈麻 大奈末		大奈末	大奈末		大奈 摩干	大奈麻	大奈麻	韓奈末 大那末 韓奈麻 大奈末
11	奈麻 奈末		奈末	奈麻		奈摩		奈	奈麻 奈末 智 奈末 奈麻禮
12	大舍 韓舍	大舍	大舍	大舍		大舍	大舍	大舍	大舍
13	舍知 小舍	知舍 小舍	小舍	小舍 舍知		小舍	小舍	小舍	
14	吉士 稽知 吉次		吉之			吉士	吉次	告舍	
15	大烏 大烏知					大烏	大烏	大烏	
16	小烏 小烏知					小烏	小烏	小烏	
17	造位 先沮知					造位	造位	造位	

*『甘山寺佛背銘』,『奉德寺鐘銘』,『文武王碑』,『神行禪師碑』,『鷲捿寺舍利盒記』,
『秀澈相尙碑』 등 참조.

17등 관위	新羅人位		百済人位	高句麗人位
	京位	外位		
7	一吉湌	獄干		主簿
8	沙湌	述干		大相
9	級湌	高干		頭大兄, 從大相
10	大奈麻	貴干	達率	
11	奈麻	選干, 撰干	恩率	小相, 狄相
12	大舍	上干	德率	小兄
13	舍知	干	扞率	諸兄
14	吉次	一伐	奈率	先人
15	大烏	*(一尺)	將德	
16	小烏	彼日		自位
17	先沮知	阿尺		

*『三國史記』職官志 百済人位條에 의하여 보충함.

⑦ '일길찬(一吉飡)'은 一吉喰, 一吉干, 乙吉喰, 乙吉干 등으로 기사되어 있다. 여기의 '길찬(吉喰)', '길간(吉干)'이 ⑭ 길사(吉士), 길차(吉次), 계지(稽知), 길지(吉之)와 동의어라는 것을 곧 발견할 수 있다. '一', '乙'을 '웃'의 대음(對音)으로 본다면 '일길찬'은 '길지'에 대한 '웃길지'로 되리라는 것은 명백하다.

『주서(周書)』 이역(異域) 백제(百濟)에 백성들은 국왕을 '건길지(鞬吉支)'라 부른다[61]고 하였다. '腱', '健'이 '크다', '웃듬'의 뜻을 가졌다는 것은 이미 전술한 바이다. 그렇다면 백제왕은 '큰길지'로 될 것이다. 신라왕에 대하여도 고대 일본에서는 '고니키시(コニキシ)'라고 부르고 있는바 그것도 '건길지(鞬吉支)'에서 유래되었다는 것은 재론할 것도 없다.

이렇게 보면 신라왕의 '거서간(居西干)',[62] '이사금(尼師今)'[63]도 결국 '건길지(鞬吉支)'와 같은 말에서 온 것일 것이며 약간 다른 의미가 있다면 좀더 미화(美化)한 내용―예컨대 광명(光明)의 뜻―이 포함되었을 것이다.

그렇다면 '길지'란 무슨 말이겠는가? 길지의 지(支)는 歧, 次, 之, 土, 智, 鑕, 借, 側, 秪와 飡, 喰, 粲, 漢, 干 등과 함께 존칭이며 길(吉)은 旱, 遣, 近, 險 등과 함께 '크다'는 뜻이 있다. 이렇게 보면 '길치'는 곧 '큰 지', '큰 치'로 되며 『양서』나 『남서』에 보이는 ① '子賁旱支', ② '壹旱支', ③ '齊旱支', ⑥ '謁旱支', ⑦ '壹吉支', ⑨ '奇貝旱支'의 '旱支'와 같은 것으로 본래는 신라 관위명에 모두 '旱支'가 붙어 있었다는 것을 추정할 수 있다.

다음으로 ⑧ '沙飡'과 ⑨ '級飡'을 보기로 하자. 沙飡은 薩飡, 薩喰, 沙干, 沙尺干, 沙飡干, 沙咄干으로 보이는바, '沙'가 '새'의 대음인 만큼 '사

----

61) "王姓夫餘氏 號於羅瑕 民呼爲鞬吉支 夏王竝王也".
62) 『三國遺事』卷1, 赫居世王 註, "盖鄉言也 或作弗矩內王 言光明理世".
63) 『三國史記』卷1, 儒理尼師今, "古傳如此 金大問則云 '尼師今方言也' 謂齒理 昔南解將死 謂儒理·昔脫解曰 '吾死後 汝朴·昔二姓 以年長而嗣位焉' 其後金姓亦興 三姓以齒長相嗣 故稱尼師今"이라 하였으나 그대로 믿기는 곤란하다. '尼'는 '伊'와 함께 광명의 뜻을 갖는 假音字로 보면 尼師今은 居世干과 다른 뜻이 없다(今西龍, 『新羅史硏究』, 269쪽 참조).

찬'은 '새 찬', '새 치'로 된다. 이에 대하여 級湌은 級殂, 級干, 級伐湌, 及伐斬, 及尺干, 及干, 及伏(伐의 오자)干, 奇貝旱支 등으로서 級, 及, 奇貝를 '밑(根本)'의 대음으로 보면 '급찬'은 '밑 찬', '밑 치'로 된다. 이로써 '사찬'(＝새 치)과 '급찬'(＝밑 치)는 서로 대조되는 것으로 보인다.

그런데 '사돌간(沙咄干)'과 '급벌찬(級伐湌)'의 돌(咄)과 벌(伐)은 화(火), 달(達), 라(羅), 홀(忽)과 함께 '마을' '고을(城邑)'을 가리키는 차음자(借音字)라면 '사돌간'은 '새 마을 치'로 되며, '급벌간'은 '밑(본) 마을 치'로 될 것이다.64)

이와 같이 '마을의 치'를 반영한 것으로는 ① 이벌찬(伊伐湌), 이벌간(伊罰干), 간벌간(干伐干), 일벌찬(一伐湌), 각찬(角湌), 각찬(角粲), 각간(角干), 서불한(舒弗翰), 서불감(舒弗邯) 등이다. 그러나 여기의 이벌(伊伐), 각(角), 서불(舒弗)은 '밝은(光明) 마을의 치'로서 나라 도읍의 큰 귀족들에 대한 존칭을 반영한 것 같다. 이것은 『양서』 신라에 "그 왕성을 속되게 불러서 건모라(健牟羅)라고 한다"65)라고 한 '건모라'＝(큰 마을)와

---

64) 이와 같이 '마을(성읍)의 치'는 고구려관제에서도 찾아볼 수 있다. 莫離支 莫何羅支 莫何邏繡支 등이 그것이며 또한 '處閭近支'의 處를 虎의 오자로 보면 虎閭은 忽로 되어 그는 '고을(城邑) 큰 치'로 될 것이다(『朝鮮古歌研究』, 485쪽 참조). '虎閭近支'가 제 성의 성주로 되고 있다는 것은 매우 시사적이다(『唐書』 高麗).

65) "其俗呼城曰健牟羅". '牟羅'가 마을이라는 것은 '모라'·'몰'·'마을'로서 일본에서 村을 '무라(ムラ)'라고 부르게 된 것도 우리 고어에서 유래된 것이라고 한다.

신라의 '麻立干'에 대하여 신라의 학자 金大問은 "麻立者 方言謂橛也 橛誠操 准位而置 則王橛爲主 臣橛列於下 因以名之"(『三國史記』 卷3, 訥祗麻立干 註)라고 해석하였고 혹자는 '머리간(頭干)'으로 이해하는 것 같으나 필자는 약간 다른 의견을 제기한다. 崔致遠撰文鳳嚴寺智證大師寂照塔碑文에 '寐錦之尊'(『朝鮮金石總覽』 上, 38쪽)과 廣開土王碑文에 "昔新羅寐錦 未有身來朝", 『日本書紀』 卷9, 仲哀紀 9年條에 "爰新羅婆娑寐錦……" 등의 寐錦은 '마이금' '마이검'의 차음에서 온 것을 알 수 있는바, 『太平御覽』에 "新羅國王樓寒……"의 '마루한'과 함께 麻立干을 가리키는 것이 아닐까? '마르', '마을'은 읍락을 가리키는 동시에 지금도 촌락에 흔히 쓰는 '마을 간다', '몰 간다'의 '마을' 또는 이조시기에도 벼슬아치가 관청에 출근하는 것을

동일한 뜻으로 결국 그 본래의 말은 '큰 마을의 치'에서 유래되었을 것이다.

이상과 같이 신라 관등위의 명칭에는 '마을' '성읍' 들을 대표하는 '큰치' 즉 종래의 '주수'들의 누층적(累層的) 관계가 충분히 반영되었다고 추정할 수 있다.

이러한 우리의 추정을 더욱 명백히 하여 주는 것은 『삼국지』 및 『후한서』에 보이는 '소국'들의 '주수'의 칭호이다. 『삼국지』에 "큰 자는 스스로 신지(臣智)라 하고 다음은 읍차(邑借)라고 하였다"66)라고 한 '신지'와 '읍차'는 어떠한 의미를 갖는 것인가?

우선 '신지'의 '지'가 '치'와 함께 존칭이라는 것은 이미 전술한 바이다. 그러면 '臣'은 어떠한 뜻이 있겠는가? 『한원(翰苑)』에 의하면 '신지'는 '巨智'로도 되어 있다.67) 물론 『한원』이 오자 투성이로서 '臣'을 '巨'로 오기하였을 수도 있으나 '臣'과 '巨'자는 서로 뒤바꾸기 쉬운 글자이므로 일찍이 '巨'가 '臣'으로 오사되어 온 것일는지도 모른다. 이러한 점을 고려하여 필자는 원래 '거지(巨智)'이던 것이 후에 오사되어 '신지(臣智)'로 된 것이 아닌가 생각한다. 이렇게 볼 수 있다면 '거지(巨智)'는 동시에 '신운견지보(臣雲遣支報)'의 '견지' 및 '험측(險側)'과 함께 '큰 치'로 되는바 '巨'는 '큰'의 한자의 뜻을 집어 넣은 것으로 된다. 이렇게 볼 수 있는 것은 다음의 '邑借'의 '邑'도 역시 한자의 뜻을 잡아 넣었다고 봄으로써 '巨'와 '邑'

'마을 간다'라고 한 '마을'로 해석한다면 '마을간(麻立干)'은 본래 원시시기의 촌락의 '集會所의 우두머리'에서 유래되어 '관청의 큰 치'—여기에 '머리(頭)'의 의미가 포함될 것이다—로 바꾸어진 말이 아니겠는가? 이렇게 보면 麻立干은 健牟羅干으로도 볼 수 있으며 역시 居西干(居瑟邯·居世王), 尼叱今과 다른 뜻이 없어 보인다.

신라 '건국전설'에 보이는 '蘇伐公'(『三國史記』 卷1), '蘇伐都利'(『三國遺事』 卷1)의 蘇伐도 舒弗·角·伊伐과 같이 '큰 마을', '밝은 마을'을 가리키는 것이 아닐까? 혹은 '徐伐'과 같은 의미일는지도 모르겠다.

66) 『三國志』 韓, "各有長帥 大者自名爲臣智 其次爲邑借".

67) 『翰苑』 蕃夷部 三韓條, "臣智都號目支". 雍氏注에 引用한 『魏略』에 "三韓各有長帥 其置官 大者名巨智 次曰邑借".

자가 서로 대조적으로 되고 있는 데서 증명될 수 있다.

또한 『삼국지』의 '불례(不例)', '번예(樊濊)'의 '不', '樊'을 '마을'을 가리키는 대음으로 본다면 이는 '마을의 치'로 되는바 『후한서』에는 '번예(樊濊)'를 '번지(樊秖)'로 기록하여 이것들이 '벌지', '벌치', '마을의 치'라는 것을 명백히 할 수 있다. 이렇게 보면 '읍차'는 불례(不例), 번예(樊濊), 번지(樊秖) 등과 같은 것으로 될 것이다.

이상으로써 『삼국지』의 '큰 치[臣(巨)智]'와 '마을의 치(邑借)'는 신라 관등위명 중의 '큰 치(吉支, 루支, 一吉干)' 및 '마을의 치(伐干, 咄干)'와 맞아떨어진다. 이것으로써 신라의 관등위의 명칭이 '소국'들의 '큰 치', '마을 치' 등을 기초로 하여 편성되었다는 것을 말할 수 있다. '치'란 말은 이미 기원 초에 진국의 우거수(右渠帥)로서 '염사치(廉斯鑡)'[68]에서 보이는 바, 『삼국지』에는 마한의 관위로서

    신운국 – 견지보(遣支報)
    안야국 – 축지(踧支)
    신분활국 – 불례(不例)
    구야국 – 태지렴(泰支廉)

등의 몇 개 실례를 들고 있으며 또 변진조[69]에서는

    "큰 자는 신지(臣智)라 하였고, 그 다음은 험측(險側)이 있고 다음은 번예(樊濊)가 있고, 다음에는 찰해(殺奚)가 있고, 다음에는 읍차(邑借)가 있다."

라고 쓰고 있다. 이에 의하여 이 때 '큰 치' 혹은 '마을 치'들의 일정한 누층적 관계를 추정할 수 있다. 과연 이러한 관등위가 진국의 것을 이어오는 것인지 혹은 2~3세기의 백제 또는 신라의 것을 반영한 것인지는 명백히

---

68) 여기의 '廉斯'는 『後漢書』에 "建武二十年(44) 韓人廉斯人……"으로서 고을 이름이라는 것이 명백하다.

69) 『三國志』牟辰, "各有渠帥 大者名臣智 其次有險側 次有樊濊(『後漢書』에는 樊秖) 次有殺奚 次有借邑(邑借의 오식)".

알 수 없다. 여하간 신라의 관등위가 이미 '소국'들의 '주수'들을 통일한 기초 위에서 그들을 중앙 국왕을 중심으로 하는 통일국가의 관료기구에 흡수하고 있는 것은 이상으로서 논증될 것이다. 그리하여 그들은 새 국가의 지방관리로 또는 성읍의 성주로서 일정하게 종전의 자기의 재지세력을 유지하였던 것이다.

이상과 같이 백제 및 신라는 선행한 진국의 붕괴 이후 분산적인 지방토호세력들을 새로운 체제하에 수습하여 강력한 통일국가 기구에로의 재편성을 완성하여 갔던 것이다.

이러한 통일국가에로의 발전은 물론 생산력 발전에 토대한 역사적 전진운동이었는바, 종래의 분산적이던 '소국'들의 정치, 군사적 및 경제적인 자주적 세력은 통일적 국가의 최고의 권력자—국왕에로 장악되었다는 것을 의미한다. 그리하여 전국의 토지와 주민은 국왕에 의하여 장악되며 지방토호들의 재지세력은 일정하게 제한당하게 되었으리라는 것도 추측하기 어렵지 않다.

전술한 바와 같이 지방토호의 가부장적 세력은 토지 사유관계의 확대와 주변 촌락(공동체)들에 대한 예속화에 토대하여 재지세력의 뿌리를 박고 있었다. 이러한 지방적 구조는 중앙 국왕의 지방 장악과 함께 위기에 직면하지 않을 수 없게 되었다. 중앙 국왕은 지방에 대한 통일행정에 있어서 토호를 자기 지배하에 관료화함으로써 사실상 토호 지배하에 있던 주민들을 국왕의 통치하에 장악하게 되었다.

> "파사이사금 23년(102) …… 실직, 압독 두나라가 투항하여 왔다. …… 27년(106) 봄 정월에 왕이 압독에 거동하여 빈궁한 사람들을 구제하고 3월에 압독으로부터 돌아왔다."70)

이 사실은 농민 대 국왕의 직접적 지배관계를 법제화하며 수탈관계를 국가적 규모로 확대한 것을 의미한다. 그러나 지방토호세력의 위기는 통

---

70)『三國史記』卷1, "婆娑尼師今二十三年 …… 悉直·押督二國王來降 ……
二十七年春正月 幸押督 賑貧窮 三月 至自押督".

일적 전제제도에 의하여 재편성되는 중앙정권의 그들에 대한 포섭으로 말미암아 일단 구출될 수 있는 가능성을 가졌다. 그러한 가능성이야말로 부곡제적 형태의 성립을 역사적으로 규정하는 것이 아니었던가?

이것은 타방으로 국왕이 종래의 지방토호의 가부장적 세력과의 타협하에 주 촌락공동체적 구조를 매개로 하여 전국의 토지, 인민을 지배할 수 있었다는 것과 분리하여 생각할 수 없다. 전국의 토지, 인민에 대한 국왕의 지배를 현실화하는 과정에 있어서 본래 그 자체도 토호였던 국왕은 지방토호의 경제적 기반을 근본적으로 거세할 수는 없었다고 보인다. 그것은 지방세력의 토지, 인민에 대한 지배관계의 일정한 형태를 허용할 가능성을 갖게 하는 것이 아니겠는가? 여기에 있어서 광범한 지방에 부곡제적 예속 형태의 성립을 또한 규정하여 주는 역사적 전제를 인정할 수 있지 않겠는가?

이상의 역사적 규정성은 또한 고구려, 백제, 신라 등 삼국의 급속한 강화 발전과 그들 간의 긴장된 대립에 의한 군사적 확대, 이에 따르는 이 나라들의 통일국가 기구의 강화를 필연케 할 수밖에 없었다는 데도 있었을 것이다. 즉 무시할 수 없는 지방의 무단적(武斷的) 세력이 그것인바 국왕은 국가 권력하에 지방세력을 통일적으로 지배하는 조건하에서 지방의 토호 보유세력을 일정하게 지방 군사력으로 개편하여 그들의 군사력을 보유할 필요가 있었을 것이다. 그것은 지방 성읍을 중심으로 하는 군사적 요새화와 관련되는바, 여기에는 지방토호의 친족적 집단을 실제적으로 강화하는 촌락(공동체적)들에 대한 집단적 지배형태에 의하여 조직화되었을 것도 추정하기 어렵지 않은 것이다.

제5장 삼국시기의 성읍제의 편성과 부곡제

1. 성읍제(군, 현제)의 편성과 그 특성

4~5세기의 것으로 추정되고 있는 경주지방의 그 거대한 신라왕묘의 분구(墳構)와 왕자의 권위의 위엄을 과시하는 금색 찬란한 부장품들[1]은 전국을 자기 수중에 장악한 국왕의 강대한 전제주권을 반영한 것으로 된다. 실로 4세기 이후 신라의 전제주권은 벽골지[2] 및 시제(矢堤)[3] 등과 같

---

1) 경주 皇南里, 路東里 및 路南里 일대의 고분군은 소위 木槨積石 위에 분토를 쌓아올린 묘제를 가지고 있다. 특히 '鳳凰臺' 고분을 중심으로 '金冠塚', '瑞鳳塚', '金鈴塚', '飾履塚' 들은 그 분구에 있어서 대규모의 것들로서 그 중 瓢形은 두 개의 분구를 합친 것으로 당시 묘제의 특색을 보여준다. 그 중 표형 묘제의 몇 개의 크기를 보면 다음과 같다.

고 분 명	장 축		분고간의	직 경		적 로
	남북	높이	길이	북	남	
경주 황남리 98호분	110m	23m	32m	83m	83m	78,681m^2
경주 황남리 90호분	78m	16m	26m	54m	50m	26,741m^2
경주 로남리 134호분	78m	17m	30m	53m	43m	27,497m^2

　잘 알려진 '금관총'에서만 보더라도 수백 종의 높은 수공업 기술을 보여주는 각종 장신구, 용기류, 무기류, 마구류 등등 다양한 내용의 부장품이 발견되었는바 그 중에는 순금제의 금관을 비롯한 금제품만 하여도 그 총량 약 7.5kg이나 될 것이라고 하며, 각종 구슬 3만여 개가 있었다고 한다[『경주 금관총과 그 遺寶』(大正10年度古蹟調査特別報告 第1冊)].

2)『三國史記』卷2, "訖解尼師今二十一年(320) 始開碧骨池 岸長一千八百步" 라고 하였으며『三國遺事』卷1, 王曆에는 "新羅 第十六 乞解尼師今己丑 (329) 始築碧骨堤 周□萬七千二十六步 □□百六十六步 水田一萬四千七十 □"라고 벽골지의 보다 구체적인 규모를 기록하고 있다. 이를 신라의 몇 개

은 대규모의 관개시설을 구축할 수 있었는바 그것은 전국에 대한 집권적 지배를 전제로 하지 않고서는 불가능한 것이다.

전술한 바와 같이 통일과정에 있어서 토호의 '소국'들은 군, 현으로 되어 지방행정구의 중요 행정단위로 편성되었다. 이러한 군, 현이 지방 성읍을 거점으로 하여 설치되었던 것은 다시 말할 것도 없다. 『양서』에 의하면 백제에서는 도성을 '고마성(固麻城)'이라 하였고 지방을 22의 '담로(擔魯)'로 구분하여 왕족들이 나누어 차지하였다[4]고 한다. 여기에 '고마성'은 '큰 성' 즉 왕성을 가리키며 '담로'는 지방 성읍들을 가리킬 것이다. 그러나 『북사(北史)』에는 도성을 '거발성(居拔城)' 또는 '고마성'이라 하고 지방에는 다시 '오방성(五方城)'으로 나누어 중방(中方)에 고사성(古沙城), 동방에 득안성(得安城), 남방에 구지하성(久知下城), 서방에 도선성(刀先城), 북방에 웅진성(熊津城)이 있었다[5]고 하였다.

『양서』와 『북사』 간의 차이나는 기사는 어떠한 데 기인되었던가? 『한원』에 인용된 『괄리지(括理志)』에 의하면

> "국동 북쪽 60리에 웅진성이 있는데 일명 고마성이라고도 하며 성의 크기는 방 1.5리이며 바로 그 북방성이다."[6]

도성의 규모와 대조하여 보면 벽골지의 규모를 대체로 이해할 수 있을 것이다.

성 명	주 위	축성 연대	출처 문헌
월 성	1,023보	파사왕 22년(101)	삼국사기 권34 지리지
남 산 성	2,854보	진평왕 13년(591)	삼국사기 권 4 본기
명 활 성	3,000보	진평왕 15년(593)	삼국사기 권 4 본기
서니산성	2,000보	진평왕 15년(593)	삼국사기 권 4 본기

3) 『三國史記』卷3, "訥祗麻立干十三年(429) 新築矢堤 岸長二千一百七十步".
4) 『梁書』諸夷 百濟, "號所治城曰固麻 謂邑曰擔魯 如中國之言郡縣也 其國有二十二擔魯 皆以子弟宗族分據之".
5) 『北史』百濟, "百濟其都曰居拔城 亦曰固麻城 其外更有五方 中方曰古沙城 東方曰得安城 南方曰久知下城 西方曰刀先城 北方曰熊津城". 『北史』와 대동소이한 내용이 『隋書』, 『周書』에도 보인다.
6) 『翰苑』蕃夷部 百濟, "國東北六十里 有熊津城 一名固麻城 城方一里半 此其北方也".

라고 한 것을 보아 웅진성은 곧 고마성이란 것을 알 수 있다. 웅진성이 일시(475~538) 백제의 도읍이었던 만큼 역시 '고마성'으로 불리게 되었던 것이며 고마(固麻)는 또한 '곰', '고마'의 웅(熊)과 통한다. 이렇게 보면 전기『양서』의 기사는 성왕(聖王) 16년(538) 도읍을 웅진성(공주)으로부터 사비성(부여)으로 천도하기 이전의 상태이고『북사』는 그 천도 이후의 지방조직의 변천된 것을 기록한 것이라고 확증할 수 있다.

이리하여 필자는 이상과 같은 백제의 지방행정조직의 일정한 변천사를 통하여 전제주권의 강화―보다 지방에로의 직접적 침투과정을 논증할 수 있다.

다만 지방조직이 22담로로 구분되었을 때 이를 왕족들이 모두 나누어 차지하고 있었다는 것은 마치 부여국에서 "제가들이 따로 사방 지방으로 나아가 다스렸는바, 큰 자는 1000가를, 적은 자는 수백 가를 통솔하였다"[7] 라든지, 초기 고구려에서도 정복한 지역에 대하여 대가(大加)들이 나아가 조부(租賦)를 관할하였다[8]는 것 등과 매우 유사한 것이다. 신라에서도 "박씨 귀척으로써 국내 주군을 나누어 다스리게 하였는데 그들을 주주(州

---

7)『三國志』夫餘, "國有君王 皆以六畜名官 有馬加・牛加・猪加・狗加・犬使・大使者・使者 邑落有豪民 名下戶皆爲奴僕 諸加別主四出道 大者主數千家 小者數百家".

8)『三國志』東沃沮, "國小 迫於大國之間 遂臣屬句麗 句麗復置其中大人爲使者 使相主領 又使大加統責其租賦 貊布・魚鹽・海中食物 千里擔負致之 又送其美女以爲婢妾 遇之如奴僕".『三國史記』卷15, 太祖王 4年(56)조에 의하면 "伐東沃沮 取其土地爲城邑"으로서 동옥저는 이미 기원 초에 고구려의 '성읍'으로 되고 있는 것을 알 수 있다. 만일에『삼국지』의 전기 기사를 2~3세기 당시의 형편으로 본다면 고구려에서 지방 성읍에 대한 통제기구의 형편은 대체적으로 파악될 수 있을 것이다. 이러한 사실을 또한 논증할 수 있는 것은 "瑠璃王三十三年(14) …… 秋八月 王命烏伊・麻離領兵二萬 西伐梁貊滅其國"(卷13)한 양맥의 제 부락에 대하여 "新大王二年(166) …… 拜答夫爲國相 加爵爲沛者 令知內外兵馬使・兼領梁貊部落"(卷16)과 "西川王十一年(280) …… 王大悅 拜達賈爲安國君・知內外兵馬使・兼統梁貊肅鎭諸部落"(卷17) 등의 기록이다. 이로써 보면 고구려 대가들의 지방장악은 고정적인 것이 아니었다.

主), 군주(郡主)라 하였다”9)라고 한 것을 보게 된다.

『양서』에는 신라의 행정조직에 대하여 도성을 ‘건모라(健牟羅)’라고 불렀고 도읍 안을 ‘도평(啄評)’, 지방을 ‘읍륵(邑勒)’이라고 하였는데 6개 소의 ‘도평’과 52개 소의 ‘읍륵’이 있다. 이는 또한 중국의 군, 현을 말함이다10)라고 하였다. 여기의 ‘건모라’는 이미 논술한 바와 같이 도성으로서 논증되었거니와 ‘6도평’은 곧 신라 6부로서 신라의 중심지역이며 ‘52읍락’은 백제의 ‘담로’와 동일한 지방 성읍으로서『삼국사기』의 주, 군을 가리킨다고 생각된다.

신라에서는 505년에 이르러 국내의 주, 군, 현제가 확립11)된 것으로 되고 있는바 따라서 전기『양서』의 기사는 그 이전 시기의 신라의 지방조직을 보여주는 것으로 될 것이다. 이렇게 보면『삼국사기』에 신라 초기로부터 주, 군 등으로 기록된 것은 후세의 것을 가져다 올려 붙여 놓은 것으로 되며 사실에 있어서 주, 군, 현의 명칭을 쓰게 된 것은 6세기 이후로 보아야 할 것이다.

이러한 지방조직은 전술한 바와 같이 정치적 통일의 제 특성에 의하여 규정되는 것인바 그것은 중앙전제주권의 강화에 따라 필연코 보다 획일적(劃一的)인 행정기구로 개편될 운명에 놓여 있었다.

이 때에 지방행정기구는 성읍들을 중앙이 직접 장악하고 있는 형태를 취하는 매우 평면적인 것이었다. 이러한 지방행정기구를 더욱 명백히 이해하기 위하여 그것을 개편한 6세기 이후의 신라, 백제의 지방조직을 고찰하기로 하자.

신라진흥왕창녕순수비(진흥왕 22, 561)에 ‘사방군주(四方軍主)’로서 비자벌(比子伐), 한성(漢城), 비리성(碑利城) 및 감문성(甘文城) 군주 등이 보인다. 이 사방군주제는 과연 어느 때에 제정되었는지는 명백한 기록이

---

9)『三國史記』卷1, “脫解尼師今十一年(67)春正月 以朴氏貴戚 分理國內州郡 號爲州主·郡主”.

10)『梁書』諸夷 新羅, “其呼城曰健牟羅 其邑在內曰啄評 在外曰邑勒 亦中國之言郡縣也 國有六啄評·五十二邑勒”.

11)『三國史記』卷4 “智證王六年春二月 王親定國內州郡縣”

사방군주(四方軍主) 배치도

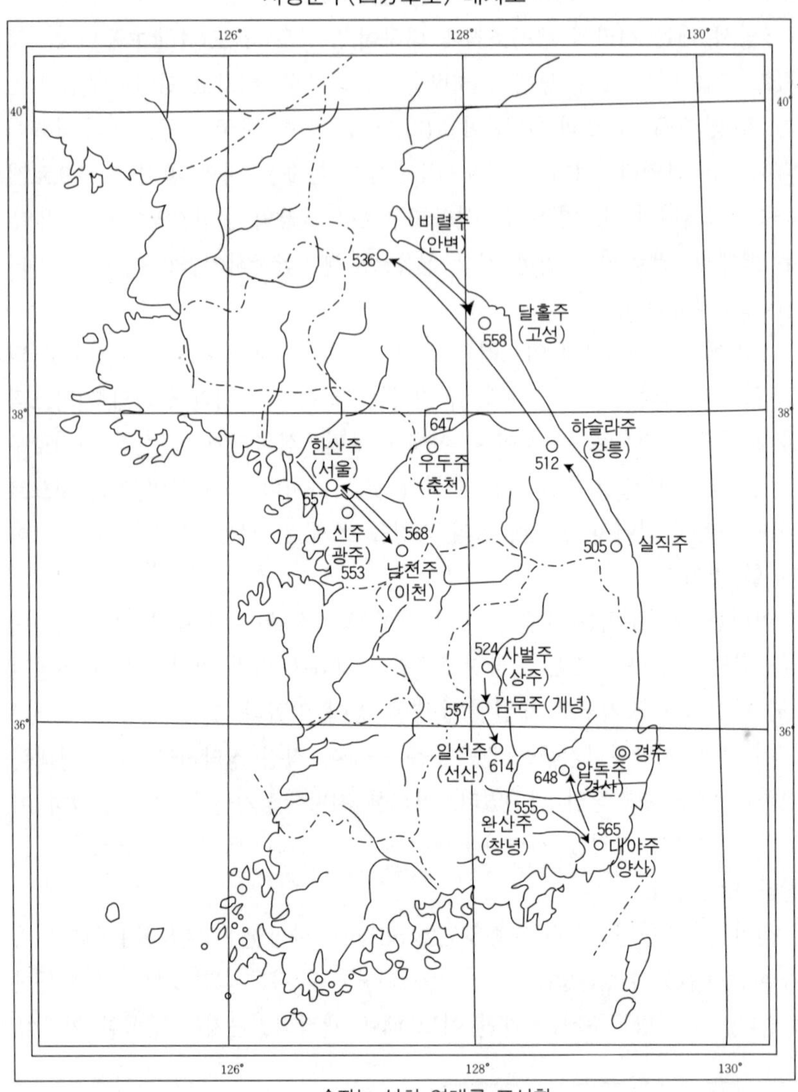

※ 수자는 설치 연대를 표시함

없다. 다만 그것이 백제의 오방성과 유사한 것임은 명백하며 군, 현제가
일정하게 째워진 이후 시기에 속하리라는 것은 의심할 바 없다.

신라에서 군주제를 처음 두었다는 기사는『삼국사기』에 두 차례나 보인
다. 그 하나는 벌휴왕 2년(185)이고[12] 또 하나는 지증왕 6년(505)이다.[13]
그러나 전자의 것은 좌우 군주로서 중앙에 두었던 군사령관들이며 후자는
지방장관을 겸한 군사령관이었다. 바로 후자는 국왕이 국내에 주, 군, 현을
정한 그 해에 실직주를 새로 두고 그 곳에 군주를 처음 두게 되었다는 것
이다.[14] 우리가 지금 대상으로 하는 군주는 후자의 것이다. 505년 이후로
군주는 계속 각지에 설치 확대되고 있다. 이를 신라본기에 의하여 그 설치
지역을 보면 다음과 같은 사방군주제의 구체적 지역을 확정할 수 있다.

위의 지도에서 보는 바와 같이 사방군주제는 진흥왕에 의하여 새로운
영토가 확장된 550년대에 설정되었다는 것이 명백하게 되었다. 동시에 그
주요 지점들이 대체로 이전의 '소국'들의 일부로 되고 있는 것에 주목할
필요가 있다. 바로 6세기 이후 신라의 지방조직은 크게 4개 지역으로 나누
어지고 있었던 것이다.

전기 진흥왕창녕비에는 또한 상주(上州), 하주(下州)가 보인다.『삼국
사기』에 의하면 상주는 법흥왕 11년(524)에 사벌주(沙伐州 : 尙州)에 두
었으며[15] 하주는 진흥왕 16년(555)에 비사벌(比斯伐 : 昌寧)에 두었다[16]
고 하나 과연 이 때에 처음으로 상, 하주가 설치되었는지는 그대로 믿을

---

12)『三國史記』卷2, "二月 拜波珍湌仇道·一吉湌仇須兮爲左右軍主 伐召文
　　國 軍主之名始於此".
13)『三國史記』卷4, "……置悉直州 以異斯夫爲軍主 軍主之名始於此".
14)『三國史記』卷40, 職官 外官 "都督 九人 智證王六年(505) 以異斯夫爲悉直
　　州軍主 文武王元年(661) 改爲摠管 元聖王元年(785) 稱都督位自級湌至移
　　湌爲之". 여기의 군주＝총관＝도독이 9명으로 되고 있는 것은 8세기 9주제
　　의 편성 이후의 것을 가리키거니와 군주가 중앙귀족(급찬～이찬)의 지방장
　　관 직위였다는 것이 명백하다. 이것은 백제의 方領(5방성의 장관), 고구려의
　　褥薩(큰 성의 성주.『翰苑』, "諸大城置辱薩比都督")에 해당한다.
15)『三國史記』卷34, 地理志1 尙州, "法興王十一年 梁普通六年 初置軍主 爲
　　上州".
16) 동상 火王郡, "本比自火郡 云比斯一伐 眞興王十六年置州 名下州".

수 없다. 여하간 상, 하주제를 법흥왕대에 두었다는 것은 진흥왕시의 사방 군주보다 선행한 것이었다는 것은 명백하다.

위의 지도에서 상주는 결국 사벌주→감문주→일선주를 연결하는 지역이며 하주는 비사벌주→대야주→압독주를 연결하는 지방으로서 상, 하주는 이전의 '진한'지역에 속한다. 이렇게 보면 사방군주의 설치 이전에 신라는 상, 하 2주로 크게 나누어지고 있다가 그 후에 다시 새로 확장된 지역을 두 개의 큰 지역으로 구분하여 사방군주를 둔 것으로 된다.

이상으로 상, 하주, 사방군주제 하에는 또한 그에 속하는 몇 개의 큰 성들이 있었다는 것을 추상하기 어렵지 않다. 『삼국사기』 지리지에 의하면 청도(淸道)지방의 구도성(仇道城)은 솔이산성(率伊山城), 경산성(驚山城), 오도산성(烏刀山城) 등 3개의 작은 성들이 속하였다[17]고 한다. 여기에 구도성을 하주에 속한 큰 성의 하나로 볼 수 있다면 그에게 속한 이상의 3개의 작은 성들은 구도성의 위성(衛星) 격이 되는 성들로 될 것이다. 바로 경산성을 일명 가산현(茄山縣)이라고 한 것으로 보아 구도성은 군격으로 되리라는 것은 명백한 것이다. 바로 신라에서 6세기에 주, 군, 현을 정하였다는 것은 군주가 나가 있는 사방성을 주로 하고 그 밑의 큰 성을 군으로, 또 그 밑의 소성을 현으로 한 것을 의미할 것이다.

이러한 성읍제(필자는 편의상 성읍제로 부르기로 한다)는 백제에서 더욱 명백히 찾아볼 수 있다. 전기한 백제의 오방성을 다시 보기로 하자.

『한원(翰苑)』에 인용된 『괄지지』에는

"① 도읍 남으로 260리 지점에 고사성(古沙城)이 있는바 성은 방(方) 150보(豎)요, 그 중방(中方)이다. 방성이 거느리는 병력은 1200명이다. ② 도읍 동남으로 100리 지점에 득안성(得安城)이 있는바 방 1리이고 이는 그 동방(東方)이다. ③ 도읍 남으로 360리 지점에 변성(卞城: 『북사』에는 久知下城)이 있는바 성은 방 130보이고 이는 그 남방(南方)이다. ④ 도읍 서쪽으로 350리 지점에 역선성(力先城: 『북

---

17) 『三國史記』卷34, 地理志1 大城郡, "本仇刀城境內 率伊山城·茄山縣 一云 驚山城·烏刀山城等三城".

사』에는 刀先城)이 있는바 성은 방 200보요, 이는 그 서방(西方)이다. ⑤ 도읍 동북쪽으로 60리 지점에 웅진성(熊津城)이 있는바 일명 고마성이라고도 하며 성은 방 1.5리요, 이는 그 북방(北方)이다.”18)

라고 구체적으로 오방성의 위치를 기록하였다.『한원』에 인용된『괄지지』가 백제 무왕 말년 시기(627~640)에 편찬되었으니 백제의 오방성제는 성왕 16년(538)~무왕 28년(627) 어간에 설정되었다는 것을 알 수 있는바 『주서』에 또한 오방성이 기재되고 있는 것으로 추측하여 필자는 사비성 천도 이후 얼마 지나지 않은 시기에 이 오방성제는 편성되었다고 생각한다.『한원』에 의하여 오방성의 위치를 비정한다면 대체로 다음의 지도와 같이 될 것이다.

『한원』에 인용된『괄지지』는 계속하여

“그 제 방의 성들은 모두 험한 산에 의지하여 돌로 쌓았는데 보유 병력은 큰 것은 1,000명, 적은 것은 700~800명(성 중 호구로서 큰 것은 1,000명, 적은 것은 700~800명 : 이것은 오기일 것이다)이고 성 중 호로서 많은 것은 500호이며 제 성의 좌우에는 각각 소성들이 있어 모두 방성에 의하여 통제되었다.”19)

라고 하였고 또

“오방은 마치 중국의 도독(都督)과 같은데 오방성은 모두 달솔(達率)이 거느렸으며 매 방성이 관할하는 군의 수는 큰 것은 10개나 되며

---

18) “括地志曰 百濟王城 方一里半 北面累石爲之 城水可方餘家 卽五部之所也 一部有兵五百人 又 ① 國南二百六十里 有古沙城 城方百五十步 此其中也 方統兵千二百人 ② 國東百里 有得安城 城方一里 此其東方也 ③ 國南三百六十里 有卞城 城方一百州步 此其南方也 ④ 國西三百五十里 有力先城 城方二百步 此其西也 ⑤ 國東北六十里 有熊津城 一名固麻城 城方一里半 此其北方也”.
19) “其諸方之城 皆憑山險爲之 亦有累石者 其兵多者千人 少者七八百人(城中 戶多者千人少者七八百人) 城中戶多者至五百家 諸城左右亦各小城皆統諸 方”.

오방성(五方城) 배치도

126°
127°
37°
37°
도선성(?)
650
웅진성
(공주)
부여
60
100
득안성
(은진)
260
※ 수자는 리수(里數)를 표시
36°
36°
고사성
(고부)
360
구지하성
(장성)
35°
35°
126°
127°

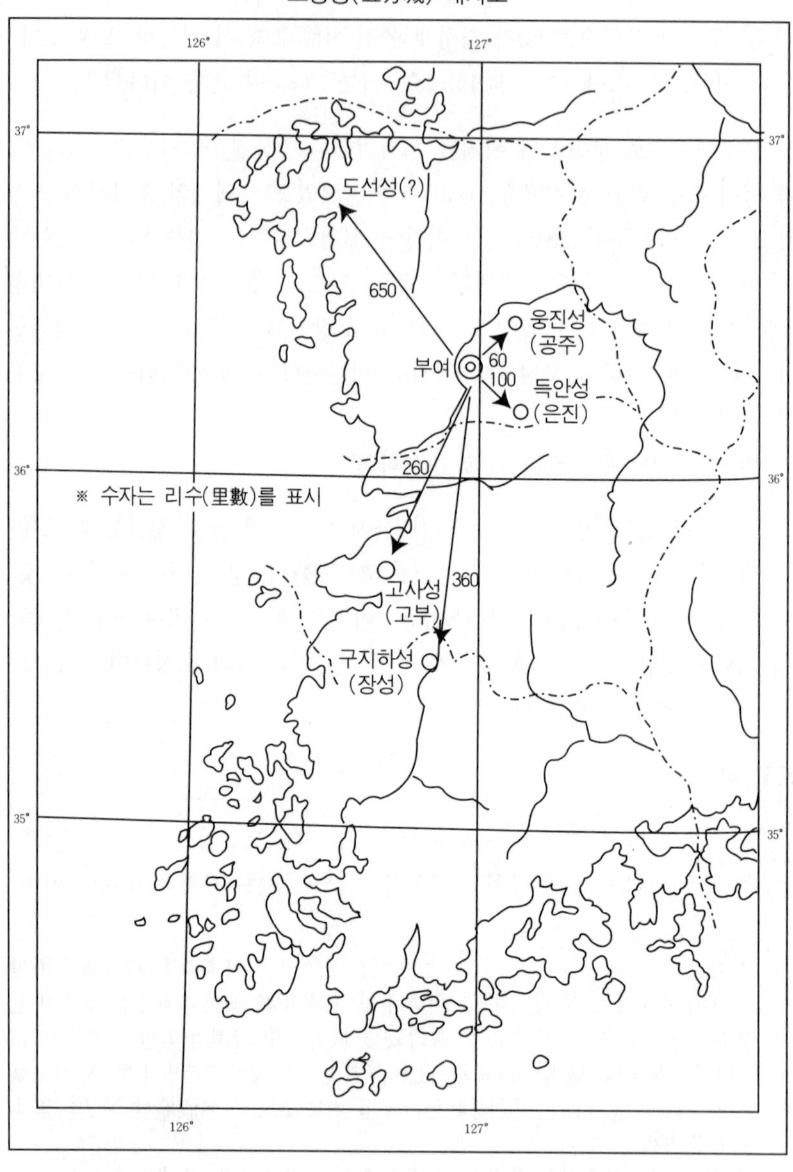

적은 것은 6~7이었다 하며 군장(郡將)은 모두 은솔(恩率)이 되었다.
군, 현에는 도사(道使)를 두었는바 역시 성주라고 하였다.”20)

고 기록하고 있다. 이상의 사실에 대하여 『북사』는 보다 정리하여 다음과
같이 기록하였다.

  “오방에는 각각 방령(方領) 1명이 있는바 달솔로 되고 방좌(方佐) 2
  명이 이를 보좌한다. 방에는 10개 군이 있고 군장(郡將) 3명은 덕솔
  (德率)로서 되며 군사 1200명 이하 700명 이상이 있다. 성의 내외의
  민가들과 나머지 작은 성들이 모두 예속되어 있다.”21)

  이상의 기록을 종합하여 보면 지방은 5개 방성으로 구분되었고 그 밑에
큰 성(군), 작은 성(현)이 있었다. 방성은 6~10의 큰 성을 가지며 또한 그
주변에 작은 성들을 예속시키고 있다. 여기에 큰 성들은 또한 작은 몇 개
의 성을 가지고 있었을 것도 추정하기 어렵지 않다. 백제 멸망시에 전국에
37군, 200성이 있었다22)는 것은 이상과 같은 성읍제에 의하여 지방통치제
도가 편성되었던 것을 증명하여 준다.
  이상과 같은 성읍제에 의한 지방통제기구는 지방행정에 있어서보다 군
사적 성격의 강력한 특성을 갖는다. 그리하여 일반적으로 군, 현제와는 또
한 약간한 특징을 갖는다고 보아야 할 것이다. 그것은 지방성주들의 일정
한 독자성, 지방성주들의 군사적 역량의 일정한 보유와 관련되었다. 그러
나 그것은 국왕에 의한 집단적 지배하에 통일되고 있었다고 보아야 할 것
이다.

---

20) “又有五方 若中夏之都督 方皆達率領之 每方管郡多者至十 小者六七 郡將
   皆恩率爲之 郡縣置道使 亦名城主”.
21) “五方各有方領一人 以達率爲之 方佐貳之 方有十郡 郡將三人 以德率爲之
   統兵一千二百人以下七百人以上 城之內外民庶及餘小城咸分隷焉”.
22) 『舊唐書』 東夷傳 百濟, “其國舊分爲五部 統郡三十七 城二百 戶七十六
   萬”.

2. 성읍제 하의 촌락과 촌주

6세기 이후 신라에서 사방군주제의 편성을 보게 될 때에 또한 경위(京位)와 외위(外位)의 2중의 관위 계열의 제정을 보게 된다. 이 때의 외위 계열에 속하는 관리들은 주로 촌주(村主)들에 해당되었다.23) 즉 경위는 중앙관리에 대한 관위이며 외위24)는 지방 토착세력인 군소 토호 출신의 지방 재지관리들에 대한 관위였다. 바로 지방행정은 경위의 지방장관과 지방 재지세력인 외위의 2중적 지배형식에 의하여 운영되었는바, 외위는 경위의 지배하에 놓여 있었다. 이러한 2중적 관료제도의 편성은 관료체계의 분화를 설명하여 주며 동시에 그것은 성읍제 조직의 입체화와 아울러 지방통제를 더욱 강력한 집권적 지배하에 장악한 것을 의미한다. 이 때에 지방의 재지세력이 일층 국가기구에 예속되지 않을 수 없게 되었다는 것은 많은 논증이 필요치 않을 것이다.

촌주에 관한 가장 오랜 사료는 6세기 진흥왕순수비(창녕)이며 그 이후 시기에는 촌주들이 사료상 산견되고 있다. 그렇다면 우리 나라에서 촌주는 6세기 이후에 처음으로 쓰게 된 것인가에 대하여는 아직 문제가 있다고 생각되나 4세기 신라에 관한 사료에는 촌간(村干)이 몇 명 보인다. 즉 눌지왕이 고구려와 왜에 억류된 자기의 동생을 구출하기 위하여 지혜 있고 용감한 사람을 구할 때에 '수주촌간(水酒村干)', '일리촌간(一利村干)', '이이촌간(利伊村干)' 등 3명을 불러서 토의하였다는 기사가 있다.25) 이

----

23) 眞興王昌寧巡狩碑에 "村主奀聰智述干·麻叱智述干"과 南山新城碑에 "郡上村主河良村今知撰干"에서 보는 바와 같이 촌주의 관위로서 述干은 외위의 제2위이며 간은 그 제5위에 해당하였다.

24) 『三國史記』 卷40, 職官下 外位에 "以六徒眞骨出居然五京·九州 別稱官名" 중 '然'자는 원문이 애매하여 혹자는 '於'자로도 보고 있으나 필자는 '然'자로 보는 것이 옳다고 생각한다. 그리하여 육도 진골 외의 오경 구주에는 그와는 다른 층호를 갖는 외관이 있다는 내용으로 된다.

25) 『三國史記』 卷45, 朴堤上, "及訥祗王卽位 思得辯士往迎之 聞水酒村干 伐寶靺·一利村干仇里迺·利伊村干波老三人有賢智 …… 三人同對日 臣等 聞歃良州干堤上 剛勇而有謀 可得以解殿下之憂……".

때에 박제상(朴堤上)이 선출되어 그의 애국적 활동에 대하여는 널리 알려진 이야기로 되고 있거니와 박제상은 삽량주간(歃良州干 : 양산)으로 기록되어 있다.

이상의 촌간이 주간과 어떠한 관계에 놓여 있었는지는 알 수 없으나[26] 당시 촌간을 곧 후세의 촌주와 동일한 것으로 보아야 하겠는가 하는 것은 문제이다. 『삼국사기』에 의하면 수주촌은 수주군(예천)으로, 일리촌은 일리군(성산)으로[27] 보이며 촌으로 보이지 않는다. 아마도 4세기까지는 수주, 일리는 아직 촌의 이름으로 남아 있었던 것이 아니었던가? 그리하여 그 이후 그 곳에 성을 쌓게 되어 군으로 확대하게 된 것인지 그렇지 않으면 수주군, 일리군에 속하는 수주촌, 일리촌이었는지 명백히 할 수는 없다. 여하간 전기 기사의 내용을 통하여 암시적으로 느끼는 것은 촌간이 촌주보다는 자연촌락의 토착세력으로서의 자주성을 더욱 강하게 반영하고 있는 점이다. 이러한 촌간들을 촌주의 선행 형태로 볼 수 있다면 촌간으로 있을 때의 촌락은 보다 유력한 촌락적 집단성(공동체)을 강하게 보유하였다고 볼 수 있을 것이다. 따라서 촌간은 아직 성읍제가 공고화되기 이전 시기에 상응한 촌락의 대표자로서 소재의 성읍에 소속되어 있었던 토착세력이 아니었던가?

그렇다고 하여 촌간이 촌주와 본질적으로 구별될 수 있다는 것을 의미하지 않는다. 즉 촌간이나 촌주가 지방촌락의 최하급 관리로서 동일한 성격을 갖는 이상 본질적으로 촌간=촌주로 보아야 할 것이다. 그러나 그들

---

26) 歃良이 州로 된 것은 “文武王五年(665) 麟德二年 割上州·下州地·置歃良州”(『三國史記』 卷34, 地理志1 良州)로서 과연 4세기에 그 곳이 주로 되어 있었는지는 의심스러운바, 『三國遺事』 卷1, 金堤上조에는 “歃羅郡太守堤上……”으로 기록되어 있다. 물론 당시 성주를 ‘군 태수’라고 하지 않았던 것은 명백하나 그 곳이 군 급으로 되고 있는 것과 歃羅(=歃良羅?)로 보이는 것은 주목되는 점이다. 군 급이라면 큰 성의 하나로 되겠는바, 그러한 성주를 干으로 부르고 있는 것은 邑勒의 干을 가리키는 것으로 될 것이다. 즉 邑勒=城干=城主에 대치하여 村干=村主로 된 것이 아니겠는가?

27) 『三國史記』 卷34 地理志1, “㉠ 醴泉郡 本水酒郡”, “㉡ 星山郡 本一利郡 一云里山郡”.

이 차지하는 역사성에 의하여 규정되는 약간한 차등을 인정해야 할 것인 바 만일에 촌주는 6세기 이후 사방군주제의 확립과 동 시기에 촌락행정의 책임자로서 외위를 차지하는 관직으로 고정화되었다면 그만큼 중앙 전제왕권의 지방촌락에로의 침투를 강화한 것을 의미할 것이 아니겠는가? 중앙 전제국왕의 지배력이 촌락에까지 침투되면 될수록 촌락 내의 재지세력은 그만큼 중앙에 대한 예속화를 더욱 깊게 하였을 것은 자명하기 때문이다.

이상의 사실을 증명하는 것은 전술한 중앙경위와 지방외위 간의 분화와 동시에 '외촌주(外村主)',28) '군상촌주(郡上村主)'29) 등의 명칭들이다.

6세기 진흥왕 시에 '외촌주'가 있었다면 그와 대치되는 '내촌주(?)'와 같은 것이 있었겠다고 상상할 수 있을 것이다. '외촌주'를 지방에 있는 촌주로 이해한다면 '내촌주(?)'는 서울 내의 촌주 혹은 서울에 직접 예속된 촌주로 될 것이다.30) 이 사실은 촌주들을 일층 중앙관료기구에 고착시킴으로써 국가의 말단 부서 책임자로서의 촌주의 지위를 공고화한 것을 의미하며 촌주의 입장으로서는 국가기구를 통하여 종래의 자기 세력을 합법화한 것으로 된다.

'군상촌주'는 군 행정에 참여하는 첫째 지위에 있는 촌주로 될 것인바, 남산신성비문에는 아량라두(阿良羅頭) 사도(沙喙 : 沙梁部) 출신의 대사(大舍) 음내고(音乃古)와 아량촌(阿良村)의 금지(今知) 찬간(撰干)의 군상촌주가 동시에 기록되어 있다. 여기의 아량은 법흥왕시에 정복한 아시량국(阿尸良國 : 함안)일 것인바31) '두(頭)'는 '성두상(城頭上)'32)의 '두'로

---

28) 「眞興王昌寧巡狩碑文」.

29) 「南山新城碑文」[眞平王 12년(590)], 『慶州南山의 佛蹟』 本文(朝鮮寶物古蹟圖錄第二), 11쪽.

30) 후세의 京衙前, 鄕衙前과 같은 것을 의미하는 것인지 좀더 연구할 여지가 있다고 생각한다.

31) 『三國史記』 卷34, 地理志1 咸安郡, "法興王以大兵 滅阿尸良國 一云阿那如耶 以其地爲郡".

32) 『三國史記』 卷40, 職官 外官조에 '頭上大監 頭上弟監'의 관직명이 있으며 大谷城頭上을 宣德王 3年(782)에 처음 둔 것으로 되고 있으나 「南山新城碑」

서 중앙에서 파견된 경관이며 군상촌주는 아량성에 속한 여러 촌 중 가장 중심이 된 아량촌의 촌주였을 것이다. 그것은 '**군상촌주 아량촌 금지 찬간**'으로써 설명되는바 이러한 실례는 좀 후기의 것이나 문성왕(文聖王) 18년(856)에 주조된 '규홍사(竅興寺)' 종명에 '상 촌주……', '제2 '촌주……', '제3 촌주……'[33) 등에서도 찾아볼 수 있다.

이상과 같이 촌주의 차등은 성읍(군) 행정에서 차지하는 촌주들의 위치를 규정한 것으로 될 것이다. 그것은 또한 성읍제 하의 촌락들의 소속 형태의 특성으로 되며 촌주를 대표로 하는 촌락들이 성읍의 두(성주)의 통제하에 지배되던 지방조직의 구체성을 일정하게 설명한다.

그러나 이 시기까지도 촌주들은 상당한 정도로 지방의 재지세력을 보유하였다고 보아야 할 것이다. 촌주는 세습적으로 그 지위를 이어 갔는바[34) 그것은 그들이 자연촌락적 지반에 자기의 전통적 세력의 뿌리를 박고 있었기 때문이다. 전기한 신라촌적에 의하여 보더라도 촌내 '연수유답'의 21% 이상에 해당하는 19결 70부의 논을 '촌주위답(村主位畓)'의 명칭하에 장악하고 있다. 위답이란 국가의 촌주로서의 역을 진다는 구실로써 합법적으로 촌내의 토지를 점유한 것으로 될 것이다. 그 외에 또한 촌주는 촌내의 일정한 토지를 점유하였으리라는 것은 '연수유전'에 대하여 따로 촌주위전이 배당되어 있지 않은 것으로써 추정할 수 있다. 이처럼 촌락을 대표하는 촌주는 국가의 하급 행정사무를 담당한 자-국가권력을 배경으로 촌내의 지배자로서 촌내의 주민들과 대립하고 있었다.

필자는 전술에서 촌내의 '관모전답', '내시령답' 및 '마전' 등의 경작이 촌내 전 주민의 공동부담(부역 형태)으로서 수행되었을 것이라고 추정하

의 頭는 바로 이 頭上과 같은 것으로 사실상 頭는 干과 동일한 의미로 일찍부터 사용되어 온 것 같다.

33) "……上村主三重沙干堯王 第二村主沙干龍□ 第三村主乃(及?)干貴珎 大匠大奈末□猷溫衾"(末松保和, 『新羅史의 諸問題』, 474~492쪽, 1954 참조). 고려시기의 上戶長(『高麗史』 卷20, 明宗 12年 3月)은 上村主에서 유래된 것 같다.

34) 『三國史記』 卷11, 眞聖王 3年(889), "王命奈麻令奇捕捉 令奇望賊疊畏不能進 村主祐連力戰死亡 王下勅 斬令奇 祐連子年十餘歲 嗣爲村主".

였다. 물론 촌락민들이 일반적으로 국가부담으로 되는 노력에 국한하여 공동노동을 수탈당하였다고만 생각되지 않는다. 촌락들이 성읍의 통제하에 국가의 조세, 노역 및 군역 부담의 단위로－중앙 전제주권의 기능을 수행하는 말단 단위로 강화되었다고 하여도 촌락은 촌내의 토호세력을 중심으로 하는 촌락(공동체)적 구조를 가지고 하나의 폐쇄적인 사회경제적 집단으로서의 구래의 오랜 전통을 보존하였을 것이다. 우리는 촌락구성이 역사적 변천을 비교적 받지 않고 오랜 구습을 장기간 보존하게 되는 경향과, 특히는 남부조선에서와 같이 주로 수전경작의 입지(立地) 조건으로 말미암아 제약되는 좁은 지역에 구성된 촌락들에서 더욱 그러한 상태를 고려하여야 할 것이다. 이러한 전제하에 촌주의 토호세력의 기반을 사회경제적 측면에서 검토할 필요가 있다.

여기에 있어서 촌락적 가족 형태와 그 기능에 대한 고찰은 중요한 내용으로 될 것이다.

전기 신라촌적에 의하면 총체적으로 보아 매 호당 10명 내외의 가족을 가진 것으로 된다.

촌 명	호 수	인 구 수	1호당 인구수
사 해 점 촌	10	133	13.3
살 하 지 촌	15	118	7.9
(실 명) 촌	8	69	8.6
서 원 경 직 촌	10	97	9.7

그 중 '촌주위답'이 배정되어 있는 사해점촌은 호당 13명 이상으로 된다. 이러한 사정은 촌내의 대가족제도를 연상하지 않을 수 없다.[35]

---

35) 이조 숙종 16년(1690) 대구지방의 호수를 분석한 四方博의 연구에 의한 33개 촌락의 호수를 보면, 한 촌락에 가장 많은 것은 285호이며 가장 적은 것이 28호로 되고 있으며 그 평균 수는 약 80여 호로 된다[「李朝 人口에 관한 一研究」, 『朝鮮社會法制史研究』(京城帝國大學法學會論集9), 69~71쪽 제24표]. 물론 신라촌적 작성시기와는 900여 년을 지난 시기의 촌락의 상태인 만큼 직접적으로 대비할 것은 되지 못하나 그간에 촌의 범위가 더 늘어나지

사해점촌의 호당 13.3명을 다시 기타 촌의 호당 가족수와 대비하여 보면 사해점촌 10호 중에는 30~40명 이상의 대가족을 갖는 가족구성의 사실상 존재를 인정할 수 있다. 그것은 의심할 바 없이 촌주의 가족으로 되리라는 것은 많은 논증이 필요치 않을 것이다. 이상과 같이 30~40명 이상의 대가족 형태는 가부장적 가족구성을 단적으로 증명하여 주는 것으로 되는바 이러한 가부장적 대가족 구성을 중심으로 촌내의 전 주민이 집결되어 있었다는 것도 상상하기 어렵지 않다. 더욱이 촌락적 구조가 자생적이었다면 소위 자연촌락을 보존하였던 것도 결코 우연한 것으로는 생각되지 않는다. 주지한 바와 같이 과거 조선사회에 있어서 촌락들이 이조시기

않았다는 것으로(반대로 촌의 범위는 줄어들었다) 볼 때 역사적 발전에 따라 촌내 호구의 증대(가족 분화 등) 내용을 보여주는 것으로 주목할 수 있다.

또한 동 연구에 의하면 숙종 19년(1693)~영조 2년(1726) 어간에 이조실록에 나타나는 호구의 통계로써 호당 인구 4.2~4.7명의 숫자를 발견하고 있으며 그는 또한 대구지방 호적에서 호당 4.4~4.6명으로 확정하고 있다(동상, 54~57쪽). 다시 『세종실록지리지』 청주목의 15세기 당시의 호구수를 보면 호 1589, 인구 6738로서 평균 호당 4.2명으로 되고 있다. 이 통계는 청주성내의 호구가 포함되어 있으나 17세기에 가장 인구밀도가 강하였다는 전기 대구지방의 것과 그리 큰 차이가 없는 것으로 보아 호당 4.2라는 숫자는 15세기 조선의 평균 호당 가족수의 실수에 가까운 것으로 인정할 수 있다.

다시 시대를 소급하여 백제 멸망시(7세기 중엽)의 상태를 보면 소위 唐平百濟碑에 "凡置五部都督世七州二百五十縣 戶卄四萬口六百郡萬 名齊編戶咸變夷風"과 『三國史記』 및 『舊唐書』에 "其國舊分五部統部三十七·城二百·戶七十六萬……"의 양 기사를 전한다. 이 두 기사를 대조하면 본시 76만 호이던 것을 24만 호로 編戶하였다는 것을 알 수 있으며 그리하여 24만 호를 課戶로 해석한 김석형 박사의 설도 서게 된 것인바(『조선 봉건시대 농민의 계급구성』, 과학원출판사, 1957, 94~95쪽) 여하간 아직도 24만 호란 숫자에 대하여서는 많은 의심을 갖게 되는 것은 사실이다. 김석형 박사의 설을 따라 24만 호를 과호로 보아야 할 것이고 그간에 인구의 변화를 인정할 수 없는 만큼 인구 620만 명으로 계산하면 호당 8.2명으로 된다. 이 호당 인구수는 신라촌적과 근사해진다. 이조시기의 매 호당 4.2명의 가족수와 신라촌적에서의 7.9~13.3명의 가족수를 대조한다면 그간에는 상당한 차이가 있으며 가족구성상의 변천된 내용을 시사하고 있다.

까지 자연촌락의 형태로서 소위 '동성부락'을 형성하고 있었다. 그것은 촌
내의 친족적인 혈연적 유대에 의한 단결의 오랜 전통적 보존을 설명하여
준다고 볼 것이다. 바로 신라시의 촌주는 자기의 대가족을 중심으로 하는
촌내의 기타 가족들과의 친족적 관계를 통하여 촌내 전 주민을 자기에게
사실상 예속시킬 수 있었을 것이다.

이상과 같이 대가부장적 가족구성에 입각한 촌주의 토호세력은 많은 경
우 촌내의 경리운영에 있어서 용이하게 집단성을 발동시킬 수 있으며 그
리하여 촌주는 촌내의 전 주민에 대한 집단적 노력 수탈을 장악할 수 있
는 존재였다는 것은 명백하여진다.

우리가 가부장적 가족구성을 생산력 발전수준에 상응하는 하나의 역사
적 범주로 파악한다면 촌락에 있어서 집단적 노력 수탈 형태도 이러한 역
사적 규정성에 의하여 제한되는 것으로 이해하여야 할 것이다. 필자가 8
세기의 신라촌적으로 예증을 삼은 것은 동 시대를 횡적으로 그어 지방적
편차를 인정할 수 있는 것과 동시에 그것을 다시 종적으로 역사적 발전사
적 관계에서 선행한 시기의 구성을 파악하는 데 일정한 도움이 되리라는
것을 타산하였기 때문이다. 그리하여 8세기의 우리 나라의 촌락들이 곧
대가부장적 가족구성에 토대하였다는 것을 의미하는 것은 아니며 사실에
있어서 촌적에도 충분히 반영되고 있는 바와 같이 당시 단혼가족구성으로
분화된 구체적 사실들을 찾아볼 수 있는 것이다.

이상과 같이 삼국시기의 촌락들의 구조를 신라촌적에서 추론하여 상당
한 정도로 짙은 친족적, 혈연적 유대와 이에 기초한 집단성의 일정한 강
도, 그리고 촌주의 상당한 자주적 세력을 파악할 수 있게 되었다.

바로 성읍제는 이러한 촌락들을 자기 주위에 예속시켰으며 외부로부터
정치적 조직과 통제력을 가지고 촌주를 통하여 촌락에 대한 수탈체계를
확립하였던 것이다.

3. 부곡제의 성립

기원 전후 시기 철기의 광범한 보급과 사회적 분업의 일층의 발전에 상응하여 새로 자라난 지방토호들은 토지소유의 확대를 조성하였다. 그것은 결국 미숙한 형태의 노예소유자국가인 부여 및 진국 등 제국의 분열을 야기하였으며 마침내 무수한 지방세력의 분립을 출현시켰다. 바로 1~3세기 광범한 지역에 분립한 소위 '소국'들은 지방 성읍들을 중심으로 주변 촌락들을 통일한 하나의 자립적 정치적 집단인 '소국'의 형태를 가졌다. 그 중에도 고구려, 백제 및 신라는 가장 선진적이며 가장 큰 세력으로서 마침내 주변의 '소국'들을 통일함으로써 강력한 통일적 국가로 발전하게 되었다. 그러나 삼국에 의한 정치적 통일은 '소국'들의 토호들과의 격렬한 투쟁을 동반하지 않을 수 없었다. 이러한 과정에서 삼국은 성읍제적 지방통치체제를 편성하며 지방토호들을 전제적 관료기구에 편입하여 토호의 토착세력을 성읍제의 통제하에 두게 되었다.

이 때에 촌락들은 공동체적 잔재를 강인하게 보존한 자연촌락으로서 가부장적 토호세력인 촌간, 촌주를 중심으로 하나의 친족적, 혈연적 집단을 형성하고 있었다. 이러한 촌락구조에 의하여 역사적으로 규정되는 촌락적 집단적 수탈 형태는 성읍으로 하여금 촌락적 단위로서의 수탈체계의 확립을 제도화하지 않을 수 없었다.

바로 부곡제는 이러한 역사적 발전과정의 역사적 산물이며, 또한 우리 역사발전의 제 특성에 따라서 조선의 부곡제로서의 자기의 특성을 가지고 출현하게 되었다고 생각된다.

일반적으로 부곡제의 천민적 성격에 주의하여 부곡제의 발생을 정복관계에서 찾고 있는 것 같다.[36] 물론 전술에서와 같이 토호세력 간의 투쟁

---

36) 백남운 원사는 『東國輿地勝覽』의 "右者所 皆有土姓吏民 …… 則其姓氏 所本之地……"에 주의하여 조선의 부곡이 본원적으로 씨족에서 역사적으로 분화하여 온 부족단체였다고 규정하고 "즉 본래 동일한 **부족단체**가 어떠한 역사적 발전단계에 있어서 드디어 유세한 부족과 종속적 부족으로 분열됨과 동시에 **전투적 행위** 및 생산 능력의 진전에 따라서 하나의 부족이 타의 부족에 대한 지배관계가 발생하였을 것이다. 여기에 있어서 **부족집단으로서** 부곡이란 것이 출현한 것이다"(『朝鮮社會經濟史』, 352쪽. 강조-인용자)라고 원시사회 말기 부족 간의 정복관계에서 부곡제를 발견하였다. 또 최근 김석

은 피정복자를 부곡적 위치에로 예속시킬 수 있는 근거가 없는 것은 아니다. 그리하여 정복관계는 부분적으로는 부곡제 발생의 중요한 계기로 될 수 있었다고 보이며 또 부곡제의 발전에 따라 정복관계에 의한 부곡의 확대는 충분히 가능하였다고 상상할 수 있다.

그러나 제3장에서 본 바와 같이 광범한 지역에 주밀하게 분포된 부곡 등은 단순히 정복관계로써 다 설명될 수는 없을 것이다. 그러나 사실(史實)은 촌락들의 본래적 형태(공동체)의 보존과 역사적 발전(예속관계)과의 모순 대립의 해결의 한 형태로서 그것은 역사적 필연적 산물이었다는 것을 증좌하고 있다. 즉 일방으로 선진적 지방 '국읍'의 토호들은 협소한 정치적 테두리에서 만족할 수 없게 되자 가부장적 대가족 구성에 의하여 구축된 토대에 의거하여 인방의 낙후한 일부 작은 촌락들에로 자기의 세력을 확대시켰다. 그러나 인방의 촌락들은 아직 낡은(공동체) 형태의 잔존에 의하여 집단성을 강인하게 보존하고 또 하나의 작은 토호세력으로서 대립하였다. 물론 그 대립은 조만간에 '국읍'의 세력자-'큰 치'에 의하여 극복되었으나 촌락의 오랜 전통적인 집단성을 곧 파괴할 수는 없었다. 여기에 있어서 성읍의 '큰 치'는 촌락 전체를 집단적으로 예속시키는 방식으로서 촌락의 대표자와 타협하였다. 이 때에 정복관계를 필연적인 것으로 인정해야 할는지는 많은 문제가 있는 것이다. 여하간 이러한 역사적 현상은 기원 전후 시기 지방의 토호세력들이 자립하는 추세와 관련되어 전국적으로 확대되었으며 그것은 소위 '소국'의 형태로서 분열된 정세하에서 보편적인 것으로 되었다고 보인다.

필자는 이 시기(1~2세기)를 우리 나라에서의 부곡제 발생의 제1기로

형 박사는 동상서의 "建置州郡時……"에 많은 주의를 돌리어 부곡제의 발생을 삼국 초기로 규정하고 "즉 **정복전쟁에 의하여 신라의 종족이 인근 종족을 정복하는** 행정에서 피정복지에 만들어진 **특수한 행정적 단위였다.** …… 삼국 초기에 피정복지를 부락단위로 또는 **종족단위로 노비화한** 과정의 하나가 바로 이 부곡화의 조치였다고 보아야 할 것이다"(『조선 봉건시대 농민의 계급구성』, 92쪽. 강조-인용자)라고 그 발생을 정복관계에서 찾고 있다.

보는바 이 때에는 부곡제도까지는 아직 제도화되지 않은 그 시원적 형태로 인정하고 있다. 이 부곡제의 시원적 형태는 촌락-'주비'에 대한 중심적 성읍의 토호-큰 치의 영유제라고도 할 수 있는 것으로 그의 우세한 정치경제적 세력하에 촌락의 전 주민을 집단적으로 자기의 예속민화하며 그리하여 그들에 대한 집단적 노력을 수탈하게 되었을 것이다. 그 집단적 수탈이란 토호세력의 자족경제의 확립과 확대에 따라서 산생된 필연적인 산물이며 예속민 촌내의 일정한 토지 혹은 수공업품 및 특산물을 공동 부담으로 부과하여 촌락의 대변자에게 책임지우는 형식을 취한 것이 아니었던가?

이 때에 '국읍'의 '별읍'으로서의 '소도'도 결국 '국읍'의 큰 치의 세력하에 있었는바 그 곳을 중심으로 한 또 하나의 노동력의 집단적 구성을 인정한다면 전술한 후세의 제사소(祭祀所)로서의 '구당소', 죄수들의 수용소로서의 '이곡소' 등의 존재는 매우 암시적인 내용을 제공한다고 보아야 할 것이다.

삼국시기의 부곡제가 성읍제(군, 현제)의 일환하에 포섭되어 있었다는 것은 삼국시기의 '유질부곡', '천산부곡' 및 '이지소' 등이 명백히 군, 현과 깊은 관련을 가지고 있었다는 것으로 증명되었다. 물론 부곡제의 시원적 형태로서 처음 발생하였을 때에 그것은 군, 현제적 행정구역으로서의 성격을 가지는 것은 아니었다. 그러나 부곡제가 통일국가 이후 지방행정체계의 일환을 이루게 된 전제조건은 이미 '국읍'의 '큰 치'에게 예속된 형태를 취하고 있었다는 데 있어서 후에 성읍과 일정한 연관성을 내포하였다고 보인다.

이러한 지방토호세력에게 예속된 촌락들은 강력한 정치세력(백제 및 신라 등)에 의한 정치적 통일의 확대과정에서 새로운 지배체계 하에 재편성될 운명에 놓여 있었다. 즉 통일국가에 의하여 새로운 지배체제, 지배방식이 확고한 지위를 차지하여 가던 시기, 즉 정치적 통일과정에 있어서 또한 종전의 예속적 촌락들은 새로운 지배체제 하에 그대로, 거의 그대로 포섭되지 않을 수 없었다. 전술한 바와 같이 이 때에 지방토호세력들의 근거지인 '국읍'-성읍은 이제는 전제국가의 하나의 지방 성읍으로 편성되었으며 토호들에게 예속되었던 촌락들은 통일국가의 직접적 통제하에 놓이게 된 지방 성읍에 소속되어 또한 국가의 일정한 통제하에 포섭되지 않을 수 없었다. 이와 같이 예속적 촌락들이 통일국가의 집권적 지배체계의 일환으로서 포섭되게 되었을 때에 예속적 촌락-'주비'들은 지방 성읍의 부곡으로서의 위치에 놓이게 되었다고 보는 것은 결코 무리한 추정이 아니다.

그리하여 필자는 이 시기(3~5세기)를 부곡제 발생의 제2기로 보는바 이 시기의 부곡제는 기본적으로 성읍에 일단 소속한 형식에 의하여 성읍제의 일환으로서 나타났으나 아직 국왕의 권력이 지방촌락에까지 깊이 침투되지 못한 곳에서는 그것은 공고한 것으로 될 수 없었을 것이다. 이러한 사실은 부곡들이 내면적으로는 실질상 지방토호들의 물질적 지반으로 계속 보존되었으며 토호들의 전통적인 예속관계를 곧 끊어버린 것으로는 될 수 없었다. 전술한 바와 같이 3~5세기에 있어서 지방성읍제의 취약성, 상대적으로 지방토호세력들의 상당한 보존 등은 그러한 실정을 증좌하는 것으로 된다.

일방 본래 그 자체가 토호적이던 백제, 신라의 국왕도 또한 자기 세력하에 적지 않은 예속적 촌락들을 보유하였을 것인바 여기에 있어서의 부곡제는 국가 행정체계 하에 직접 장악된 가장 공고한 것으로 되지 않을 수 없었다. 이 때 국왕은 자기 예속하에 새로운 부곡들을 확대하였을 것인바 일부 자연촌락 외에 반역자의 집단,[37] 투항민 집단,[38] 귀화민 집단[39]

---

37) 전술한 백제에서 원산·금현 등 성의 반항민들을 한산 북으로 집단 이주시킨 사실, 신라에서 압독·실직에서의 반란민을 진압하고 그 곳의 전 주민을 경주 남쪽으로 집단 이주시킨 사실 등은 모두 그 도읍 근방에 새로운 예속민 집단부락의 신설을 암시하는 것으로 된다. 이것을 고려 초에 반역자들의 집단을 부곡민화하였다는 사실로써 추론한다면 이 때에 이들을 부곡민화하였을 것은 그리 억측은 아닐 것이다.

38) 『三國史記』 卷3, "奈勿王十八年(373) 百濟禿山城主率人三百來投 王納之 分居六部". 이 기사만으로는 300명의 투화민을 어떠한 방식으로 6부에 나누어 살게 하였는지 명백하지 않으나 6부 지역인 오늘의 경주 주변에 많은 부곡들이 집중되어 있었다는 것과 어떠한 관련성을 갖는 것이 아니겠는가? 이

등을 일정한 지역에 고착시킨 사실이 그것을 시사한다.

잘 알려진 고구려의 「광개토왕비문」에서 우리는 그의 생존시에 전국 각 지방의 성읍들, 특히는 새로 획득하여 온 한예(韓濊)의 예속민 집단에 대한 지배형태를 하나의 축도로서 수묘 연호(烟戶) 조직에 재현시키고 있는 것을 발견할 수 있다. 그것은 당시 고구려국왕이 광범한 지역의 예속민 촌락(부곡제적)에 대한 지배형태를 단적으로 반영한 것이 아니겠는가?

결론적으로 보아 이 시기에 있어서는 지방토호의 예속하의 촌락들이 부곡-향으로서 편성과정에 있었다고는 하지만 부곡-향에 대한 국가의 지배는 아직 철저히 관철되지 못한 것으로 특징지을 수 있을 것이다. 그것은 지방토호들이 국가의 관료로 포섭되어 일정한 관위 하에 국왕의 통제와 지배를 받게 되었다고 하여도 아직 지방토호들의 세력은 은연히 상당한 정도로 지방에 재지세력을 펴고 있었기 때문이었다.

그러나 전체 국왕의 주권이 점차 지방으로 침투, 확대화됨에 따라서 지

외에도 동시에 "東城王十三年(491)秋七月 民饑亡入新羅者六百餘家"(卷 26), "東城王二十一年(499)夏 大旱, 民饑相食 盜賊多起 …… 漢山人亡入高 句麗者二千"(卷26), "武寧王二十一年(521)秋八月 蝗害穀 民饑 亡入新羅者 九百戶"(卷26) 등은 백제로 볼 때에는 집단적 도망으로 되나 고구려나 신라 로 볼 때에는 집단적 투화로 된다. 이들 투화민 집단을 어떠한 형태로서 받 아들였는지는 전연 알 수 없으나 다음의 귀화민 집단을 집단적으로 일정한 지역에 거주시키고 있는 것으로 미루어 보아 그들을 분산시키지 않았다면 일정한 새로운 촌락을 형성하였을 것이며 일정한 국가적 대책이 취해졌으리 라는 것도 추상하기 어렵지 않다.

39) 『三國史記』에 "伐休尼師今十年(193) 倭人大饑 來求食者千餘人"(卷2), "(百濟)始祖王四十三年(25)冬十月 南沃沮仇頗解等二十餘家至斧壤 納款 王納之 安置漢山之西"(卷23). 이상의 기록은 1~2세기의 사실로 되고 있으 나 여기서도 귀화민 집단을 일정한 지역에 고착시킨 사실을 엿볼 수 있으며 그들이 자기의 생산 제 조건(노동도구 및 토지 등등)을 가졌다고 볼 수 없는 만큼 국가의 일정한 정도의 생산 제 조건의 보장 없이는 생산을 영위할 수 없었을 것은 이해하기 어렵지 않다. 이러한 형편은 일반적으로 그들을 예속 민화할 수 있는 조건으로 되었으리라는 것도 추측하기 어렵지 않다. 사실에 있어서 후세 부곡들 중 귀화민으로써 구성되고 있는 것들을 보게 되는 것도 우연한 것은 아니었다.

방토호들을 더욱 튼튼히 관료기구에 의하여 통제되게 되자 성읍에 소속한 형태를 취한 부곡에 대한 토호들과의 직접적 예속관계를 거세하여 갔을 것은 또한 추측하기 어렵지 않다. 이 때에 부곡제는 성읍제(군, 현제)의 일환으로서 제도화되어 국가의 공고한 지배체계를 확립하게 되었다. 이 시기(6세기)는 바로 전술한 바 백제에서 오방성제, 신라에서 상, 하주 및 사방군주제를 확립한 시기로서 필자는 이 시기를 부곡제의 확립기로 본다.

이 때에 지방호족들은 다만 오랜 전통적 지배에서의 이득을 성읍의 기관을 통하여 향유할 수밖에 없게 되었을 것인바 그것은 제2장에서 이미 논증한 바와 같다. 그리하여 이후 부곡제는 천인적 특수부락의 말단적 지방행정기구로서 법제화되어 군, 현제의 일환을 이루고 광범한 지방에 분포되게 된 사실은 명백하여질 것이다.

결론 : 부곡제의 역사적 성격

조선에서 부곡제는 군대의 대오 편성을 의미하거나 단순한 사유민적 성격의 것도 아니었으며 더욱이 개별적으로 예속된 천민적 존재도 아니었다. 조선의 부곡제의 기본적인 형태는 일정한 촌락집단에 대한 예속제로서 그것은 군, 현제의 체계하에 놓여 있었다. 그러나 그 기저에는 지방토호세력의 뿌리 깊은 내면적 관계에 의하여 얽히어 있었으며 그것은 역사적으로 성읍제(군, 현제)의 편성방식의 특성에 의하여 규정되었다.

부곡제는 삼국시기에 제도화되었다고 하여도 그 시원적 선행 형태는 오랜 역사적 근원을 가지고 있었다. 그 시원적 형태는 기원 전후 시기 자립적 지방토호세력들의 대두와 함께 주변의 일부 촌락들에 대한 예속형태에 기원하였다. 이 때에 촌락적 예속형태는 일방으로 토호적 자립적 세력들의 주체성－가부장적 대가족 구성에 토대한 자급자족적 경리형태와 타방으로 자연촌락의 공동체적 특성의 강인한 보존을 그 전제로 하여 당시 보편적인 집단적 예속형태를 산생시키었다.

이 형태하에서 예속된 촌락들의 주민은 자체의 전통적인 공동체적 집단성에 의하여 집단적으로 노력 및 생산물 일반을 토호들에게 공급할 의무를 지니게 되어 그들은 결국 하나의 토호적 자족경제체제 하에 예속되고 있었다. 즉 토호세력은 자기의 필요한 생산을 보장받기 위하여 촌락주민을 전체적으로 자기에게 예속시켰던 것이다. 여기에 있어서 이 때의 예속적 촌락민들은 일종의 노예적 성격을 내포하였다고 말할 수 있다. 그러나 그 노예제적 성격은 선행한 사회적 구조와 연결되어 있었을 따름이었다고 생각된다. 바로 이러한 성격으로부터 후세 부곡제에서 우리는 적지 않게 노예적 흔적을 찾아볼 수 있었던 것이다(제2장 참조). 요컨대 일정한 주민들에 대한 촌락적 예속관계의 설정으로서 때로는 토호적 세력의 군사적 후비로서의 역할도 담당하지 않으면 아니 되었던 것이다.1) 이러한 예속적 촌락들에 대한 지배는 토호세력의 하나의 폐쇄적인 소 '우주'를 형성하여 '국읍'-성읍을 중심으로 한 '소국'의 광범한 분립을 출현하였으며 예속적 촌락들은 그의 자주적 세력의 물질적 토대의 일면을 담당하였던 것이다. 이러한 토호의 자족경제체제에 의하여 규정되는 촌락적 지배관계, 특히는 그 곳에 내재하는 토호와 예속민 집단 간의 상호관계에서 벌써 후세의 부곡제의 제 특징적 요소들을 포함하고 있었다는 것을 발견할 수 있었다.

바로 조선에서 부곡제의 시원적 형태는 이상과 같은 역사성을 가지고 토호와 촌락적 예속민 집단과의 예속관계로서 발생하였던 것이다.

그러나 그것은 아직 조선에서의 부곡제 그 자체는 아니었다. 왜냐 하면 조선에서 부곡제는 토호들의 지배관계를 농후히 보존하면서도 통일국가의 성읍제(군, 현제)의 통제하에 놓여 있는 특성을 가지고 있었기 때문이다. 삼국시기의 성읍제(군, 현제)는 본래 토호들의 거성(居城)을 지방 성읍으로 하여 국왕의 주권하에 중앙집권적 성읍제로 편성되었다. 즉 이 때에 국왕과 지방토호세력 간의 상호관계는 정복, 통일 과정에서 산생되었다. 이러한 형편에서 성립한 양자의 관계는 성읍제(군, 현제)에 그대로 반영되지 않을 수 없었다. 즉 병합, 통일 과정에서 지방토호들을 통일국가의 관료기구에 인입하는 형식으로 국왕은 유력한 토호들의 거성(居城)-'국읍'을 지방 성읍(주, 군, 현) 등의 칭호로써 중앙의 통제하에 편입하면서도 본래의 주변의 예속적 촌락들에 대한 토호의 지배권은 전적으로 거세하지 못하였다. 물론 우리는 사료상 명백히 이 시기의 부곡제를 아직은 발견할 수 없

---

1) 부여에서 "邑落有豪民名下戶 皆爲奴僕"(『三國志』 夫餘), 고구려에서 "……與涓奴加各將下戶三萬餘口詣康降"(『三國志』 高句麗) 등은 예속적 촌락의 구체적 일면성을 보여주거니와 부여에서 "有敵諸加自戰 下戶俱擔糧飮食之"(『三國志』 夫餘)는 예속민＝하호로서의 군사적 동원을 설명하여 준다. 고구려에서도 정복된 양맥・숙신 부락들을 중앙의 최고 병마사(군사 지휘자)가 兼統하였다는 것은 그들에 대한 군사적 동원권의 부여를 의미하는 것이 아니겠는지 숙고해 볼 문제라고 생각한다. 이러한 것은 남부조선에 있어서도 예속적 촌락민 일반에 해당되었을 것으로 추정할 수 있다.

으나 이 때에 촌락들이 성읍(군, 현)의 지배체계 하에 부곡제로서 편입되어 갔을 것은 후세의 부곡제의 내용으로써 충분히 유추(類推)할 수 있는 것이다.

이 편성방식에 의하면 지방의 토호세력들에게 예속되었던 촌락들이 국가의 성읍제에 소속되어 부곡제로 개편되었다고 하여도 그것이 직접 소속한 성읍(군, 현)이 기본상 토호들의 거성이었던 만큼 실질적으로는 토호들의 지배하에 남게 되는 것은 충분히 가능한 것이었다고 보아야 할 것이다. 이 때에 있어서 정복 기타 관계에 의하여 지방 성읍들을 국가가 장악하는 방식은 각양할 수 있다. 그러나 일반적으로 성읍제(군, 현제)는 지방토호들과의 타협하에 성립되었다는 엄연한 사실에 의하여 부곡제가 성읍제(군, 현제)의 한 말단기구로 편입되었다고 하여도 그것이 부곡제로서 남게 된 것은 국왕이 지방토호들에 대한 통제, 지배의 한 방식이기도 하였던 것이다.

그리하여 부곡제는 실제적으로 토호들의 예속민 집단-예속적 촌락들에 대한 특수한 지배방식에 의하여 의연히 토호의 자족경제체제를 안받침하는 역사적 성격을 상실하지 않았다. 물론 그것을 역사적으로 규정하는 것은 지방에서의 토호적 친족적 가부장적 대가족 형태의 강인한 보존에서 찾아야 할 것이다.

그러나 농업생산력의 장성에 따라 선진적 지방-도시 주변 및 큰 성읍들에서는 토호의 가부장적 대가족제를 배경으로 한 자영적 경제체제는 조만간 위기에 직면하여 동요하기 시작하였을 것인바 이 때 큰 토호들에게 있어서는 점차 전장적(田莊的) 경영형태가 채용되기 시작하였다고 볼 근거가 있다.[2] 그러나 일반적으로 가부장적 대가족 구성이 분화과정을 촉진하자 토호는 국가의 관료기구에 더욱 밀착, 기식(寄食)하는 길로 나갈 수밖

---

2) 『三國史記』 卷2, "助賁尼師今七年(236)春二月 骨伐國王阿音夫率衆來降 賜第宅田莊安之 以其地爲郡". 이 사실은 당시 귀족들에 있어서 일반적으로 전장을 소유하고 있었다는 것을 시사한다. 이 때의 전장 경영형태는 그 후 시기의 처·장에서 보는 바와 같이 처간들에 의한 형태를 가졌을 것이나 그 사실은 명백하지 않다.

에 없게 되었을 것이며 동시에 외부적으로 국왕의 전제주권의 강화와 지방에로의 그 지배력의 침투, 강화도 작용하여 토호들에게 예속되고 있었던 촌락들은 성읍제(군, 현제)의 일환으로서의 부곡제로서 공고하게 법제화되어 갔던 것이다.

물론 전장의 발전 그것만 가지고 곧 봉건적 관계를 도출할 근거는 되지 못한다. 그러나 가부장적 가족구성의 분화과정의 촉진과 토호세력들의 자족경제체제의 위기의 조성을 당시 역사발전에 의하여 규정된 것으로 본다면 그것은 봉건적 생산관계와 일정한 관계를 갖는 것으로 인정하여서 큰 잘못은 없을 것이다. 필자는 이것만으로써 곧 삼국시기를 봉건사회로 규정할 수 있는 근거를 발견하였다고 말하자는 것은 아니다. 삼국시기의 사회경제적 성격에 대한 해명에 있어서 아직 많은 문제를 가지고 있는 것은 다시 말할 것도 없다. 다만 가부장적 대가족 구성을 일정한 역사적 범주로서 이해할 때 그 붕괴는 역사적 전진운동과 동반하여 필연케 할 것만은 인정하여야 하리라고 생각하며 이 때에 선진적 요소, 즉 봉건적 관계와 관련되어 그 붕괴는 촉진될 것이라는 역사성을 부인할 수 없다는 사실을 찾아본 것이다. 이 문제는 앞으로 많은 연구가 있어야 할 것으로, 여기서는 다만 문제의 제기로서 그친다. 요컨대 조선 봉건사회에서 부곡제가 일정한 발전의 길을 밟았다는 사실은 우리의 주목되는 바이며 특히 군, 현제의 일환으로서 부곡제가 확립된 이후 그것이 봉건적 관계의 일정한 발전에 상응하여 자체 내용의 특성을 규정지었던 것도 이미 전술에서 규명한 바와 같다.

이 문제는 부곡제의 역사적 성격을 규명하는 데 있어서 중요한 내용으로 되는 만큼 부곡제 편성시기의 지방토호세력들의 동태를 좀더 분석하기로 하자.

이 시기에 토호세력은 국가의 통제하에 그 종전의 세력은 훨씬 제한되어 그의 전장적 경영도 광범히 전개될 여지를 가지는 것은 아니었다고 생각된다. 그들은 성읍제(군, 현제)의 확립과 중앙 관리들의 지방 파견에 따라 지방관리로서의 자기의 재지세력을 관료적 배경에 의하여 유지하지 않을 수 없었다. 바로 이러한 역사적 변천에 따라 토호들은 성읍(군, 현)의 행정기구에 기식하여 부곡에 대한 자기 지배력을 성읍(군, 현)의 행정적 통제하에 내어 맡길 수밖에 없었다. 그러나 부곡민에 대한 공부(貢賦 : 지방산물 일반)의 수탈권에 대하여서는 여전히 토호들의 수중에 장악되었었다는 것은 이미 고려시기 부곡제에서 그 흔적을 찾아본 바와 같다.

이와 같이 부곡민에 대한 일정한 수탈권이 부여되게 된 것은 **일방으로** 토호세력의 부곡민에 대한 전통적 예속관계에 의하여 규정된다. 여기에 부곡민에 대한 천민적 규정과 토호들을 '부곡주'와 같은 것으로 법제화하게 된 내용을 엿볼 수 있다. **타방으로**는 부곡들에 있어서의 폐쇄적 낙후성 ─공동체적 강인한 잔재와 그 내부의 친족적 혈연적 완고성은 부곡 내의 경리 형태에 있어서 그 집단성을 상당한 정도로 보유하지 않을 수 없게 하였다. 이러한 조건은 또한 토호들이 국가권력을 배경으로 부곡의 대표자(부곡장)를 장악함으로써 용이하게 부곡민 집단으로부터 공부 수탈을 가능케 하였던 것이다. 이상의 두 측면을 통일적으로 파악할 때에 부곡제에 대한 토호세력의 실제적인 실권을 충분히 인정할 수 있다.

국가는 지방 성읍(군, 현)에 대한 일정한 공부액3)을 부과하는 데 있어

---

3) 우리는 고려시기에 명백히 군·현에 대한 일정한 공부 정액의 규정을 볼 수 있었으며 이것은 이조시기에도 大同法 실시 이전까지는 큰 변동이 없었다. 이 규정은 일종의 人頭稅적 내용을 갖는 것으로 우리 나라 역사에서 오랜 수탈 형태의 하나이다. 고려 이전 시기에 있어서도 신라촌적에 명백히 반영된 바와 같이 촌락주민에 대하여 구체적으로(연령, 성별, 3년 간의 이동관계 등) 세밀히 장악하고 있는 것과 그것이 촌적의 가장 중요한 내용으로 되고 있었던 것은 우연한 것이 아니었다고 생각한다. 『隋書』高(句)麗에 "人稅布 五匹·穀五石 遊人則三年一稅 十人共細布一匹 租戶一石 次七年 下五斗" 라고 보이는 것도 모두 조부 부과에 있어서 주민의 머릿수에 기준을 두고 있는 증좌로 된다. 또 "州俗(濟州道)男年十五以上 歲貢豆一斛 衙吏數百人 各歲貢馬一匹 副使判官分受之 以故守宰難貧者皆致富"(『高麗史』 卷121, 金之錫) 하였다는 것은 그 곳에서의 오랜 공부 수탈의 내용을 보여주는바, 여기서 역시 장정의 머릿수에 의한 수탈을 보게 된다. 이러한 주민의 머릿수에 의한 공부액은 매 가호를 단위로 부과하였고 후세에는 매 가호를 장정수에 의하여 몇 등급으로 규정하였다.

서 성읍(군, 현)의 주민의 머릿수에 의하여 규정하고 있는바(실제상 부과는 매 가호 단위로 부과되고 있다) 그 수세 및 국가 공납의 책임을 전적으로 지방관리(촌주)들에게 부과하였다. 여기에 있어서 국가는 성읍(군, 현)들에 대한 공부 부과시에 부곡들의 것을 포함시키지 않음으로써 사실상 부곡에 대한 공부수탈권을 지방관리(촌주)의 몫으로 남겨 두었으리라는 것은 추정하기 어렵지 않다.

성읍제(군, 현제)의 편성방식에 있어서와 또 공부 정액 규정에 있어서 주목되는 것은 국가가 군, 현민에 대한 상벌의 한 형태로서 현을 군, 주로, 때로는 부곡을 군, 현으로 승격시키며, 반대로 주를 군으로, 군을 현으로, 지어는 군, 현을 부곡으로 떨어뜨리는 등 고을의 행정상 위치를 승강시키고 있는 사실이다. 이러한 것은 고려 이전 시기로부터 군, 현제의 하나의 특성으로 되고 있다. 이것은 일견 군, 현에 대한 의인화(擬人化)로도 볼 수 있으나 이러한 군, 현에 대한 국가 상벌의 내용은 해당 군, 현의 토호로서의 지방관리들의 이해와 밀접한 관계를 가지고 있으며 실제적으로 토호세력에 대한 직접적인 국가 상벌을 의미하였던 것으로 된다.

이러한 제도는 통일국가의 관료적 지위에서 차지하는 지방토호세력들에 대한 관위적 구성에서 유래된 것으로 생각되는바4) 성읍제(군, 현제)가 째워진 이후에 있어서는 토호세력의 성읍(군, 현)에서 차지하는 국가적 사회적 지위를 규정한 것으로 되는 동시에 실질적으로는 국가가 관료화한 지방토호세력에 대한 통제의 한 수단으로도 되었던 것이다.5)

---

4) 이러한 현상은 이미 지방 '큰 치'들에 대한 정치적 통일과정에서 볼 수 있었는바 큰 성(주·군), 작은 성(현) 등의 차등에 의한 편성이 그것을 증명하며 (전술) 촌을 곧 현으로 하였다는, 즉 "婆娑王時 取屈阿火村 置縣"(『三國史記』 卷34, 地理志1 臨關郡)의 기록에서 알 수 있다.

5) 고려시기 지방관리(호장)들에 대한 또 하나의 통제방법으로서 '其人制'는 잘 알려진 사실로 되고 있다. 이러한 통제방법은 이미 삼국시기 신라에서 유래된 것으로 그것은 "國之制 每以外州之吏一人 上守京中諸曹 注 今之其人也"[『三國遺事』 卷2, 文虎(武)王 法敏]라고 한 사료로써 증명된다. 이와 같이 벌써 삼국시기로부터 지방관리(토호세력)들에 대한 국가의 통제방법이 취해지고 있었던 것은 그들에 대한 집권화를 보여준다. 동시에 또 다른 측면

물론 고려 초기 새 왕조에 의한 군, 현제의 재편성 과정에서 토호세력들도 어느 정도 재정비되었다. 그러나 그것은 신라 말기 거의 반세기에 걸치는 농민폭동 시기에 지방토호들이 일시 자립적 세력으로까지 다시 대두하였던 정세하에서 고려왕조도 지방세력들과 타협의 방법으로 군, 현제의 재편성에 착수하지 않을 수 없었다. 그리하여 고려시기에 그처럼 빈번하게 군, 현의 승강 사실을 보게 되었던 것도 우연한 것은 아니었다.

이상과 같이 지방토호들이 군, 현제에서 차지하는 행정적 위치는 부곡제에 대한 그들의 직접적 이해관계와 분리하여 생각할 수 없는바 이에 따라서 그들이 부곡제에 관여하는 권한도 규정되지 않을 수 없었던 것이다.

부곡제에서 보는 지방 토착세력자─호장(지방관리)들의 위치를 국가가 직접 장악한 예속민 촌락 형태인 소, 처-장의 형태와 대비하여 본다면 토호들의 부곡 지배형태는 더욱 명백하여진다.

국가 또는 왕실, 사원 영유의 소, 처-장들은 부곡과 마찬가지로 천민적 예속민을 촌락적 집단에 의하여 지배하는 형태였다. 그리하여 소, 처-장 역시 군, 현제의 일환으로 되고 있으면서 제정된 산물을 공급하는 형태(소) 혹은 농장적 형태(처-장)를 갖는 특수촌락으로 되고 있었다.

소, 처-장은 부곡과 동일한 시원적 형태로부터 분화된 것으로 그것은 토호세력을 통합하며 성읍제(군, 현제)를 정비 강화하던 시기 이후 국가가 토호 지배하에 있던 예속적 촌락의 일부를 직접 장악하여 개편한 것이었다. 통일 전후하여서는 일부 부곡들이 소, 처-장으로 개편되는 것도 확대되었고 그 중 일부는 사원에도 사여되어 사원의 '전장' 형태로 각지에 설정되게 되었다. 그리하여 소, 처-장도 군, 현제의 행정기관을 통하여─다시 말하여 지방토호세력의 협력에 의하여 지배되었던 것이다.

소에 대한 특별히 제정된 산물의 수탈은 소의 천민집단의 집단적 노력수탈 형태에 의하여 진행되었다. 즉 소의 천민들은 부곡민과 함께 기본적으로 농업에 종사하면서도 국가부담의 내용으로서의 일정한 생산물 생산

에서의 통제방식으로서 취해진 것이 바로 군·현의 승강제를 통한 그들의 경제적·사회적 이해관계와 결부시킨 형식이었다.

과 그 일정한 양의 공납을 강요당한 또 하나의 예속적 천민적 촌락제에 구속된 주민집단이었다. 이와 같이 소 내 전체 주민의 집단적 의무로 된 일정한 특정 생산물 생산을 위하여 집단적 노력이 요구되었던 것이다.

처-장은 주로 농업생산에 종사하는 천민집단으로서 국가 부역(賦役) 등 일정한 잡역으로부터 면제되고 있는, 즉 왕실이 직접 자기 수중에 예속시키고 있던 일반 천민집단에 속하였다. 그러나 처-장민은 집단적 노동, 혹은 노력적 지대 형태로서 소속 지방 군, 현의 행정기관을 통하여 왕실 및 사원에 농산물 및 기타를 수탈당하였다.

처-장이 왕실과 사원에 소속된 형태도 군, 현제적 기구의 일환하에 포괄된 촌락적 구조로서 예속되어 있었다는 사실에서 설명된다. 즉, 처-장도 일반적 형태의 농장과는 달라서 부곡제적 시원적 형태로부터 분화된 부곡의 한 유형-자연촌락의 전 주민 집단에 대한 예속형태에 놓여 있었기 때문이다.

부분적으로는 처-장이 소와 함께 부곡의 성립과 동시에 발생할 수도 있다. 그러나 기본적으로는 그 후 부곡으로부터 분화되었다고 보는 것이 타당할 것 같다. 그리하여 부곡과 동일한 시기에 또 동일한 환경에서, 또 동일한 형태로서 그 소멸의 역사적 운명에 놓여 있었다는 것은 부곡제로서의 부곡-향, 소, 처-장의 동일성을 증명한다. 다만 소, 처-장 들은 국가, 왕실 및 사원이 군, 현제를 통하여 장악된 것이라면 부곡-향은 역시 군, 현제의 행정기관의 통제하에 지방토호들이 오랜 전통적 관계에 의하여 의연히 그 지배권을 장악한 것으로 되었다는 차이점이 있을 뿐이다.

이상과 같이 부곡제가 하나의 역사적 산물인 만큼 자체의 역사적인 현실적 의의를 상실하게 되자 그 자체의 소멸은 또한 역사적 발전법칙이었다. 물론 조선에서 부곡제가 삼국시기 성읍제(군, 현제)의 편성방식의 특성에 의한 하나의 산물인 만큼 그 소멸과정도 군, 현제의 변천과정에서 표현될 수밖에 없었다. 그렇다고 하여 반드시 그 소멸과정을 단순히 군, 현제의 변천사에서 찾을 수는 없다. 왜냐 하면 부곡제를 산생시킨 것이 군, 현제 편성의 특성에 있었다는 것은 부곡제를 발생케 한 한 측면, 즉 그 형태 규정의 측면, 정치제도상의 측면에 불과하였으며 본질적으로 부곡제 발생의 필연성을 규정한 것은 당시 사회경제적 기저에 놓인 그 시원적 구조에 마련되어 있었던 것이다. 때문에 부곡제를 소멸에로 이끈 기본적 요인은 바로 부곡제 발생의 제 요소의 붕괴에서 찾아야 할 것이다.

조선에서 봉건제도의 발전에 따라서 부곡제의 약화를 가져왔으며 결국 소멸과정을 보게 된 것은 많은 문제를 제기한다.

부곡제는 고려시기 이후 그 본래적 의의를 점차 상실하고 12세기 이후로는 하나의 흔적만을 남기게 되었다. 그것도 이조 성립 후 15세기에는 단순히 군, 현제의 일환으로서의 한 측면만을 약간 보유하여 당시 많은 사람들이 부곡제에 대한 본래적인 내용조차 거의 알 수 없게 되었던 것이다.

그러면 부곡제를 붕괴시킨 제 요인과 그 소멸과정은 무엇으로써 설명될 것인가?

첫째로, 촌락들에 있어서 가부장적 자연경제에 의한 자연촌락적 공동체적 폐쇄성은 완만하게나마 붕괴되어 갔다. 그것은 가족구성의 발전―가부장적 가족구성이 단혼가족구성에로의 분화에 의하여 촉진되지 않을 수 없었다고 보인다. 통합신라시기의 가족구성(신라촌적에서)과 이조시기의 가족구성(세종실록지리지에서) 상의 현저한 차이는 통합신라시기에 이미 상당한 정도로 분화과정에 처한 촌락들에서의 가부장적 가족구성이 고려시기에 들어서면서 종국적으로 급속히 단혼가족구성으로 분화하였다는 것을 시사한다.[6]

이러한 기저에 봉건제도의 발전에 따르는 토지소유관계의 진전과정이 놓여 있다는 것을 고려하여야 할 것이다. 즉 필자는 '전호(佃戶)'적 경리의 발전이 그것을 의미한다고 생각한다.

낙후한 상태에 놓인 부곡제적 촌락들에 있어서도 토지소유관계의 전반적인 발전의 환경 속에서 단혼가족구성에로의 분화는 조만간 전개되지 않

---

6) 『高麗史』卷84, 刑法1 奸非, "肅宗元年(1096) 六月 禁功親婚嫁", "毅宗卽位(1146) 始禁堂姑從娣妹堂姪女兄孫女相婚", "忠烈王三十四年(1308)閏十一月 憲司請禁外家四寸通婚" 등은 단혼가족 형태로 분화되던 시기를 반영한 것이 아니겠는지 참고로 제시하여 둔다.

을 수 없었으며 그 집단성은 현저히 붕괴하여 가지 않을 수 없었다.

둘째로, 이상과 같은 발전과정에서 부곡제적 천민제도에 있어서도 하나의 커다란 변혁을 동반하였다. 촌락의 주민집단을 전체로서 예속시키고 있는 특수한 천민제도로서의 부곡제는 그 자체의 위기와 함께 그러한 천민 해방을 위한 치열한 계급투쟁을 야기하지 않을 수 없었다.

부곡제에 내포된 노예적 잔재는 봉건제의 발전에 따라서 더욱 자체 모순을 발로시켰으며 고려시기 이후 봉건경제가 급속히 발전하면 할수록 자체 모순은 더욱 첨예화되지 않을 수 없었다.

특히 부곡 내부에서 단혼적 소가족들의 영세농적 발전과 함께 집단적 예속형태에 의한 수탈은 적지 않은 불합리성을 조성하게 되었고 낡은 방식에 의한 토호세력들의 가혹한 공부수탈의 집단적 부과를 반대하는 투쟁 기세도 장성하게 되었던 것이다.

9세기의 전국을 휩쓴 농민폭동 시기에 우리는 부곡제 하에 구속된 천민제도의 불안 상태를 상상하기 어렵지 않다. 그러나 타방으로 이 때에는 지방토호들도 다시 대두하던 때였으며, 고려 초에 정치적 수습에 의하여 부곡제는 일단 재정비되었다고는 하지만 이미 붕괴에 직면한 부곡제는 급속히 그 소멸과정의 운명에 놓여 있었다고 보아야 할 것이다. 이러한 환경에서 12세기의 농민폭동들이 다시 전국적으로 확대되었고, 계속하여 몽고침략자를 반대하는 장기적인 투쟁 시기에 부곡제는 사실상 역사무대에서 그 존재를 그치게 되었던 것이다. 이 때에 부곡제적 집단적 천민제도는 해방적 방향을 촉진하였고 그것은 그러한 천민층의 자기 해방을 위한 집단적 투쟁의 승리로써 종결되었다.

이상으로, 부곡제의 폐지를 공고화 법제화한 것은 군, 현제의 재편성이었다. 부곡제하의 천민집단은 해방되어 일반 군, 현민으로 편입되었다. 이러한 과정은 8세기 중엽 신라 경덕왕시의 전국을 9주로 편성하던 시기, 고려 초기의 12주제, 또는 5도양계제에로의 개편과정에서 부분적으로 진전되었고 이조 초기의 행정구획화의 재편성에 의하여 종국적으로 군, 현제 하에서마저 그 자체를 감추게 되어 갔던 것이다.

이상과 같은 부곡제의 소멸과정은 또한 국가의 중앙집권화의 제도사적 발전과정과 분리하여 생각할 수 없다. 즉 지방토호세력을 거세하는 방향과 그들이 국가의 지방향리, 소리(小吏)의 지위에로 전락 고착되는 과정에서 파악되어야 할 것이다.

*　　　*　　　*

이 논문에서 필자는 첫째로 고려시기의 부곡제의 형태, 구조를 분석함으로써 그것이 자연촌락의 전 주민을 노비적 신분으로 들씌워 그 예속적 지위를 법적으로 규정한 특수한 촌락제의 한 형태였다는 것, 외형상으로는 성읍제(군, 현제)에 소속하여 국가의 통제하에 있었으나 실질적으로는 지방토호세력에게 장악된 천인집단의 한 예속형태라는 것을 해명하였다.

필자는 다음으로 광범한 지역에 산재한 조선의 부곡제는 삼국시기에 발생한 이후 고려시기에 이르러 소멸하였다는 사실을 확정함으로써 부곡제가 삼국시기를 선행한 시기의 고대적 구조와 직접 연결되었다는 제 사실을 파악할 수 있었다.

이에 근거하여 필자는 둘째로 부곡제 발생의 역사적 제 전제를 촌락(공동체)적 구조의 잔재에 토대한 토착세력인 토호들과 중앙세력의 통일과정에서 찾았다.

필자가 부곡제 연구에서 주요하게 제기한 것은 바로 부곡제의 존재를 역사적으로 규정한 사회경제적 제 문제였으며 특히는 토호세력이 중앙집권적 전제기구에서 차지하는 역사적 위치에 관한 문제였다. 이 문제의 고찰에서 부곡제는 부여 및 진국의 붕괴와 함께 지방에 자립적 세력으로 등장한 토호세력에게 예속되게 된 자연촌락적 집단과 직접 연결되어 있다는 것과 예속적 촌락들이 삼국의 성립과 함께 중앙과 지방세력 간의 일종의 타협형태를 반영한 성읍제에 소속하게 됨으로써 산생된 역사적 산물이었다는 것을 규명하였다.

바로 부곡제는 촌락(공동체)적 구조의 강인한 보존과 역사적인 전통적인 지방 토착세력의 존재의 산물에 불과하며 그리하여 촌락(공동체)적 구조의 분해와 토호들이 생활의 원천을 국가벼슬에서 찾게 됨에 따라서 또한 그것은 소멸할 역사적 존재였다.

이러한 점에서 볼 때에 부곡제의 연구는 조선역사에서 촌락(공동체)적 구조와 이에 토대한 토호세력의 역사적 지위를 규명할 수 있는 중요한 의의를 갖는다. 특히 우리 나라 전 자본주의 사회의 계급적 제 관계에 대한 연구에 있어서 지배계급의 한 구성 부분으로 되는 토호세력을 역사적으로 규명하는 것은 우리 역사 발전에서의 사회경제적 제 특성을 해명하는 관건의 하나가 아닐 수 없다.

중앙의 통치층과 피착취 인민대중과의 중간 다리를 연결하면서 국가 배경에 기식하여 직접적으로 인민대중을 착취하여 온 토호들을 단순한 지방 하급관리로 볼 수 없는 역사적 사실에 근거하여 필자는 그가 서 있는 사회경제적 토대를 촌락(공동체)적 전통적인 기반에서 찾았다.

물론 필자가 이 논문에서 지배계급의 한 구성분자로 되는 토호에 관한 전반적 문제를 해명할 과업을 제기한 것은 아니었다. 그러나 이 논문이 추구하는 주되는 과업, 즉 부곡제 자체에 대한 해명과 그를 통하여 우리 나라 중앙집권적 군, 현제의 제 특성과 그것을 규정한 사회경제적 제 관계를 해명하는 데 있어서 토호세력의 역사적 위치를 규명한다는 것은 주요한 자리를 차지하고 있으며 이러한 측면에서 필자는 토호세력을 지배계급 상호간의 모순 대립과 통일의 제 특수적 형태에서 해명하게 된 것이다.

이상과 같이 부곡제에 관한 연구를 통하여 삼국시기를 전후한 사회경제적 계급적 제 관계의 제 특수성이 곧 중앙집권적 군, 현제상에 반영되었다는 사실을 해명함으로써 나아가서는 우리 나라 역사발전의 특수성을 규정하는 중요한 한 고리를 과학적으로 파악할 수 있었다. 이러한 결론에 근거하여 우리의 문제는 우리 나라 역사에서 후세까지도 오랫동안 노비적 제 관계가 이러저러한 형태로서 매우 농후하게 보존한 제 요인과 분리하여 생각할 수 없다는 결론을 가질 수 있다.

바로 촌락적 천인집단으로서의 특수한 형태를 갖는 촌락제—부곡제가 보편적 형태로서 광범한 지역에 산재하였다는 사실은 삼국시기의 경제적, 계급적 구조의 한 측면을 해명할 수 있는 한 측면을 제공하는 것으로 되며 동시에 이러한 삼국시기의 복잡한 사회경제적 제 관계를 산생케 한 역사적 전제는 이미 삼국 이전 시기와 직접 연결되어 있었던 것이다.

이로써 우리는 삼국 이전 시기의 경제적, 계급적 제 관계를 규명할 가능성을 갖게 되어 유구한 우리 역사를 더욱 명백하게 해명할 수 있는 한 개의 전제를 얻게 되었다.

실로 오랜 역사적, 전통적 제 세력들이 토대한 부곡제를 우리의 유구한 역사발전의 행정에서 과학적으로 파악할 때에 우리는 중앙집권적 전제기구의 제 특성과 불가분리의 관계를 가지고 오랜 촌락(공동체)적 유제와 노비제적 각양한 형태들을 우리 나라 역사상에 오랫동안 보존하게 한 제 요인의 중요한 한 고리를 찾아 낼 수 있게 되며 우리 나라 역사발전의 특수성을 해명할 관건의 하나를 발견할 수 있게 되는 것이다.

(『조선의 부곡제에 관한 연구』, 과학원출판사, 1963)

논　　문

고조선 위치에 대한 고찰

머리말

최근 조선 고대사는 새로운 연구영역을 개척하면서 더욱 풍부한 사실 (史實)을 탐구하며 체계화하여 우리 인민사적 특성을 더욱 명백히 해명할 수 있게 되었다. 이에 따라서 천 수백 년래로 내외 학자들 사이에서 논쟁 되어 오던 고조선의 역사 지리적 위치에 대한 결론도 성숙된 문제로 우리 학계에 제기되었다.

실로 고조선 연구의 기초적 문제의 하나인 그 위치 문제는 조선 고대사 연구의 전반에 걸치는 많은 문제와 관련되어 제기되지 않을 수 없었다. 이 러한 점에서 필자는 지난 시기 이 문제에 대하여 좀 생각한 바도 있어 몇 가지 문제를 고찰해 보았다.

필자는 고조선 위치 문제를 해명하기 위해서는 곧 패수(浿水), 왕검성 (王儉城) 및 낙랑군(樂浪郡) 등의 위치에 대한 새로운 고찰이 필요하다고 인정하고 주로 그에 대한 문헌적 자료를 고증하며 이에서 일정한 결론을 도출하려고 시도하였다. 그러나 이 소론에서 필자는 종래의 견해들에 대 한 비판적 고찰은 부득이 전개할 수 없었고 다만 만(滿)이 고조선 왕위에 오르던 전후 시기, 즉 기원전 3~2세기의 고조선의 위치에 대한 자기의 소견의 일단을 제기한 데 그치게 되었다는 것을 미리 말해 둔다.

1. 패수

패수 문제가 중요하게 제기되게 된 것은 다음의 『사기』의 기사에서 출

발되었다고 생각한다. 즉,

漢興 爲其遠難守 復修遼東故塞 至浿水爲界[1]

이와 같이 패수는 기원전 3세기 말 고조선의 서쪽 경계를 흐르던 강이 었으므로 패수의 위치를 구하는 문제는 곧 고조선의 위치를 확정하는 척 도로서 매우 일찍부터 내외 학자들이 주목하게 되었던 것이다.

잘 알려진 바와 같이 『수경주(水經注)』의 저자인 북위(北魏)의 여도원 (酈道元)은 자기 생존 당시(469~529) 고구려의 패수와 고조선의 패수를 분간하지 못하고 고조선의 패수를 곧 오늘의 대동강으로 오인하였다.[2] 그 리하여 여도원의 견해는 그 후 많은 사가들에게 적지 않은 혼란을 주었던 것은 사실이다.

여도원이 이처럼 오인하게 된 것은 『수경』 본문에

浿水出樂浪鏤方縣 東南過臨浿縣 東入於海

에서 패수가 낙랑군과 밀접한 관계를 가지고 있었다는 데 있었던 것 같다. 그것은 여도원이 '낙랑군'의 위치를 고정 불변한 것으로 평양지방에 고착 시키고 패수를 찾으려 한 데 있으며 따라서 자기 생존 당시의 대동강＝패 수를 무비판적으로 고조선의 패수로 보았다고 생각된다.

그러나 필자는 여기의 '낙랑군'에 대하여서는 잠시 후론에 넘기고 우선 『수경』 본문에 보이는 패수가 '東入於海'하였다는 물줄기에 주의하였다. 설사 『수경』 본문을 한대(漢代) 상흠(桑欽)의 저작이라는 데 대하여 의심

---

1) 『史記』 卷115, 朝鮮列傳.
2) "今高句麗之國治 余訪蕃使 言城在浿水之陽 其水西流 逕故樂浪朝鮮縣 卽
   樂浪郡治 漢武帝置 而西北流……". 이는 『三國史記』 卷8, 新羅本記 聖德
   王 34年條에 "勅賜浿江以南地"라고 한 浿江이며 『隋書』 東夷傳 高麗條에
   "都於平壤城 亦曰長安城 東西六里 隨山屈曲 南臨浿水"의 浿水이니 여도
   원이 말하고 있는 패수는 곧 대동강이었다. 여도원이 대동강을 가지고 '낙랑
   군'치의 서북을 흐르는 강이라고 본 것은 후한 이후의 '낙랑군'치, 즉 오늘의
   소위 '낙랑리 토성'을 두고 한 말 같으나 고조선의 패수를 대동강으로 보는
   견해가 잘못되었다는 데 대하여서는 오늘 아무런 이론이 없는 것 같다.

을 둔다고 하여도 여도원이 인용하고 있는

　　許愼云 浿水出鏤方 東入海[3]

라고 한 것을 보면 기원 1세기 이전의 패수는 분명히 동쪽을 향하여 바다로 흘러 들어간 강이었다는 것을 부정할 근거가 없는 것이다.[4]

　한대의 패수가 동류하였다면 과연 어느 강이 되겠는가?

　"(滿) 離結蠻夷服而東走出塞 渡浿水"[5]한 패수가 전계한 한과의 경계를 흐르던 패수였던 것은 다시 말할 나위도 없다. 그렇다면 만은 패수를 건너서 고조선 땅으로 들어온 것으로 되며 고조선의 수도를 잠시 오늘의 평양으로 가정하면 패수는 평양 이북의 서해 혹은 발해로 흐른 강으로 될 것이다. 그러나 그러한 강줄기를 우리 강토 안에서 찾아낼 수 있겠는가.

---

　3)『水經注』卷14, 浿水注. 기원 1세기 당시 후한대의 사람인 許愼이 패수를 '東入海'한 강으로 본 데 대하여 그가『수경』본문을 보고 한 말인지 혹은 자기대로 다른 기록에 근거한 것인지는 알 수 없으나 그가『수경』본문을 긍정하였다는 점에서 주목되는 사료라고 인정된다. 주지한 바와 같이 許愼은『說文解字』의 저자로서 당시 무수한 고전을 섭렵한 권위 있는 대학자였다.

　4) 여도원은 "若浿水東流 無渡浿水之理……"라고 쓰고 있으나 그것은 패수를 대동강으로 본 데서 滿이 강을 건넜다는 것과 모순되었기 때문이니 이는 문제로 되지 않는다. 혹자는 西와 東의 오식된 것이 아닌가고 의심하면서 "東이 西로 바꾸어진 실례로서『수경주』에 '昔燕人衛滿自浿水西至朝鮮'에서 찾아볼 수 있다"고 하나 이것은 억지로 문제를 복잡하게 하는 것 이외에는 아무것도 되지 못한다. 왜냐 하면 이것은 만이 "패수로부터 서쪽으로 조선에 이르다"라고 해석한 데 잘못이 있으며 "패수 서쪽으로부터 조선에 이르다"로 해석한다면 여기에 아무러한 무리도 없지 않은가? 문제는 문자의 오식에 있는 것이 아니었다. "自浿水西至朝鮮"은 여도원이 이전의 고문헌을 있는 그대로 인용한 것으로 그것은『三國志』魏書 東夷傳 韓條에 인용된『魏略』에 "燕人衛滿亡命爲胡服 東渡浿水"라고 한 바와 같이 만이 서쪽으로부터 동쪽으로 강을 건넜다는 것과 완전히 부합된다. 이상과 같이 패수가 동류하였다는 데 대하여 무조건 의혹을 품을 근거가 없으며 패수가 동류한 사실에 대하여 상당한 근거로서 인정해야 될 것이다.

　5)『史記』卷115, 朝鮮列傳.

만이 서쪽으로부터 동쪽으로 강을 건넜다는『삼국지』의 기록으로 보아 패수는 동남으로 흘렀거나 혹은 남류하다가 동쪽으로 향하여 바다로 흘러 들어간 강이었을 것인데 이러한 강줄기를 가지는 큰 강을 우리 나라 서북 지방에서는 누구도 찾아낼 수 없을 것이다. 이로써 우리는 이러한 패수를 현재 우리 강토 밖에서 구해야 할 것이다.

만이 연(燕)나라에서 패수를 동으로 건넜던 만큼 발해 해안을 따라 보면 우리는 곧 대릉하(大陵河)에 주목하게 될 것이다. 대릉하는 분명히 동류하고 있으며 일시 남으로 구부러져 흐르다가 다시 동으로 향하여 바다로 흘러 들어가고 있다.

그런데 이러한 강줄기를 가지는 큰 강은 발해 연안을 끼고서는 오직 대릉하뿐이다. 그리하여 필자는 고조선의 패수를 일단 대릉하로 규정할 수 있는 근거를 발견하였던 것이다.

대릉하=패수설을 더욱 명백히 하기 위하여『산해경(山海經)』의 기록을 고찰하자.

夷山無草木多沙石 溴(一作浿)水出焉 南流注于列塗[6]

여기의 溴水가 곧 浿水라고 한 것은 이미『위략』에서도 찾아볼 수 있었다. 문제는 패수의 수원 지방인 '이산(夷山)'이 과연 오늘 어디 있는 산인지는 알 수 없으나 그 곳을 '無草木多沙石'이라고 한 것과 바다로 주입하는 지방을 '列塗'라고 한 것은 매우 주목되는 바이다.

우선 '無草木多沙石'이란 것은 '이산'의 형편을 말한 것으로도 해석되나 좀 넓게 해석한다면 '이산' 지대의 자연 지리적 조건을 염두에 두고 한 말이라고 해석할 수 있다. 이렇게 볼 때 '無草木多沙石' 지대라면 이산은 곧 반사막(半沙漠) 혹은 그 점이(漸移) 지대로 보아야 할 것이다. 그러나 이러한 수원을 가지는 강을 우리 강토 안에서 찾아볼 수 없는 것이다.

---

6)『山海經』이 전설적 인물인 伯益의 작이라는 것은 물론 믿기 어려우나 그 중 海外經이 한대의 劉秀(기원 전후 시기)의 가필에 의하여 이루어진 것이라는 데 대하여서는 대체로 고증된 통설로 되고 있는 만큼 이상 기록은 전한대의 기사로서 신빙할 수 있다고 인정하고 싶다.

그러면 요동지방에서는 어떠한가? 물론 오늘의 발해만에로 흐르는 강들의 수원 지대에서 곧 반사막 지대를 찾기는 곤란하다. 그러나 반사막의 점이 지대를 열하성(熱河省)에서 찾을 수 있다면 요하(遼河)와 대릉하의 수원 지대는 반사막 점이 지대로 볼 수 있을 수 있을 것이다. 이로써 요하 혹은 대릉하의 수원 지대에 대하여 『산해경』의 저자가 '無草木多沙石'이라고 할 수 있는 근거는 있게 된다.

다음으로 패수의 하구가 '列塗'로 되고 있는 것을 고찰하자. '列塗'는 '열구(列口)'의 '이도(泥塗)' 지대를 가리키는 것으로 해석되는바 이미 선학(先學)들도 고증한 바와 같이 열구가 열수(列水)의 하구라면 '列塗'는 열구 하구의 이도 지대로 된다.7)

전한대의 저서인 『양자방언(楊子方言)』에

燕之外鄙 朝鮮洌水之間 ……

이라고 한 것으로 보아 열수는 고조선의 큰 강의 하나였던 것을 알 수 있는데 『사기』 장안(張晏) 주에

朝鮮有濕水洌水汕水 三水合爲洌水 疑樂浪朝鮮取名於此也

라고 한 것에 근거하여 일부 학자는 대동강으로 비정하는 것 같으나8) 이러한 강줄기를 보여주는 강은 반드시 대동강뿐이 아니다. 우리가 요하를 보아도 요하, 훈하(渾河), 태자하(太子河)의 세 강줄기가 요하에 합치어 흐르고 있는 것을 알 수 있다. 이러고 보면 장안의 열수는 요하로도 볼 수

---

7) 정현, 「漢四郡考」, 『歷史諸問題』 1950. 3, 8쪽.

8) 『漢書』 地理志 樂浪郡 呑列 注에 "分黎山 列水所出 西至黏蟬入海 行八百二十里"라고 한 기사와 일제시기 용강지방에서 발견되었다는 소위 '점제비(蟬碑)'를 결부시키어 列水를 대동강으로 보는 것 같다. 그러나 상기 기록만으로써는 分黎山의 위치를 확정하지 못하는 이상 열수를 대동강으로 볼 근거는 없으며 '점제비'를 인정하더라도 그것을 곧 전한 시기의 것이라고 말할 수는 없다. 더구나 '점제비'가 後漢 章帝 元和 2年 乙酉(85년)에 세워졌다면 '점제비'의 위치로써 곧 전한대의 점제지방을 확정할 아무러한 근거도 될 수 없는 것이다.

있지 않는가.

그런데 『방언』을 주석한 곽박(郭璞)은 '洌水在遼東'이라고 하였다. 곽박의 설을 따라 열수가 요동지방에 있었다면 열수=요하설은 일단 성립될 수 있을 것이다.

『수경』이 대요수(大遼水)를 요동지방의 가장 큰 강으로 기록하고 열수를 전연 기록하지 않았으며 『방언』이나 『산해경』은 열수를 큰 강으로 기록하고 요수를 말하지 않은 것은 열수와 요수가 동일한 강의 이명(異名)이었던 까닭이 아니었던가 하는 추정을 갖게 한다.

그러나 한편 요하는 대릉하와 하구를 맞대고 있는 요양하(饒陽河)의 하류지방과 연결되어 흐르고 있다. 이로써 보면 요양하와 요하 사이 지대는 충적토(冲積土)로 볼 수 있게 되며 한때는 요하의 본 줄기가 요양하 하구로 흘렀을 때가 있지 않았겠는가 하는 추측을 갖게 한다. 그리하여 필자는 다시 후론하겠지만 요양하의 하구로 동류하는 요하 줄기를 열수의 본 줄기로 보려 하는바 '列塗'는 오늘 대릉하와 요하 하구 일대를 염두에 두게 되는 것이다.

이 지대는 대릉하와 요하의 범람으로 그 하구 일대에 니해(泥海)를 이루어 하구 삼각주(三角州)로서의 충적토를 형성한 지대였다고 인정되거니와 『자치통감(資治通鑑)』에

車駕 至遼澤泥淖二百餘里 人馬不可通[9]

이라고 한 바와 같이 이 지대는 유명한 진펄 지대였던 것이다.

이상으로써 『산해경』의 패수는 사토(沙土) 지대에 수원을 가지고 이토 지대를 흘러서 바다로 들어간 강으로 된다. 필자는 이러한 강을 대릉하나 요하 중의 어느 강으로 가정한 바 있다. 그러나 필자의 요하=열수설의 고증에 잘못이 없다면 『산해경』의 저자가 열수와 패수를 분간하여 기록했던 만큼 『산해경』의 패수는 곧 요하로 될 수 없다는 것은 자명해진다. 이렇게 보면 『산해경』의 패수도 또한 대릉하로 될 수밖에 없으니 필자의 대릉하

---

9) 『資治通鑑』 卷197, 唐紀13 太宗 中之下 貞觀 19年條.

＝패수설은 전연 근거 없는 가설이 아니었다는 것으로 될 것이다.

이와 같이 『수경』의 패수와 『산해경』의 패수가 일치하게 대릉하를 가리킴으로써 필자는 기원전 3세기의 고조선의 서쪽 경계를 대릉하로 보는 바이다.

패수를 대릉하로 규정함으로써 『사기』의 "……而東走出塞 渡浿水"도 정당하게 해석되리라고 인정한다. 여기의 새(塞)는 『사기』 조선열전에

> 自始全燕時 嘗略屬眞番朝鮮 爲置吏築鄣塞 秦滅燕 屬遼東外徼
> 漢興 爲其遠難守 復修遼東故塞 至浿水爲界

에서의 '遼東故塞'를 말함이다. 이로써 보면 '요동고새'는 분명히 패수의 서쪽에 있는 것으로 된다. 상기 『사기』로써 보면 '요동고새'는 연나라의 '장새'를 수록한 것으로도 볼 수 있으나 『위략』의

> 燕乃遣將秦開攻其西方 取地二千餘里 至滿潘汗爲界 朝鮮遂弱 及
> 秦幷天下 使蒙恬築長城 到遼東 ……

이란 기록에서 진의 장성이 '요동'에 이르렀다는 것을 보면 요동에서 끝난 진의 장성이 또한 한 초의 '요동고새'와 관계되는 것 같다.

그러면 한 초의 '요동고새'는 연의 장성을 가리키는 것인가? 그런데 연의 장새에 대하여 『사기』 흉노(匈奴)열전에

> 其後燕有賢將秦開 爲質於胡 胡甚信之 歸而襲破走東胡 東胡郤千
> 餘里 與荊軻刺秦王秦舞陽者 開之孫也 燕亦築城自造陽 至襄平 置
> 上谷漁陽右北平遼西遼東郡以拒胡

라고 한 것으로써 연 장성이 양평에 이르렀다는 것을 알 수 있다. 연 장성의 구축은 연 소왕(昭王 : 기원전 311～279) 당시 동호에 대한 방어를 목적으로 한 것이었다고 생각되는바, 과연 여기의 양평이 오늘의 어느 지점으로 되겠는가. 전게한 『수경』 본문을 다시 인용하면

> 大遼水出塞外衛白平山東南入塞過遼東襄平縣西

　여기의 '새'를 연 장성으로 본다면 이 양평은 바로 연 장성의 동단에 위치한 양평으로 된다. 이로써 보면 연 장성은 오늘의 쌍료(双遼) 지방에서 그친 것으로 되었으니 양평도 쌍료 지방으로 추정할 수밖에 없다. 그런데 『수경주』에는

　　遼水亦言出砥石山　自塞外東流　直遼東之望平縣西 …… 屈而西南流　遼襄平故城西

라고 하여 양평을 오늘의 철령(鐵嶺) 지방으로 비정할 수 있는 근거를 주고 있다. 그러면 연대의 양평은 쌍료와 철령 사이에서 찾아야 할 것이다. 그러나 『사기』에 만이 "…… 而東　走出塞　渡浿水　居秦故空地上下鄣"하였다는 것으로 보아서 만이 머무른 곳은 패수 이동의 이전의 진 '상하장' 안으로 된다. 전기한 "漢興　爲其遠難守　復修遼東故塞　至浿水爲界"라고 한 바와 같이 한 초에 일단 서쪽으로 물러서서 패수를 경계로 삼고 그 이서에 '요동고새'를 수축하였으니 사실상 진의 상하장은 포기한 것으로 되는 것이다.[10]

　필자는 연의 장성을 『사기』의 연 '장새'로 보는바 진나라는 일시 연 '장새'의 '상하장'을 고조선과 완충지대로서 설정하였던 것 같다. 이렇게 보면 한 초의 '요동고새'는 연 '장새'를 가리키는 것이 아니라 진시황이 몽념으로 하여금 축성한 장성을 말하는 것으로 된다.

　이렇게 볼 때 진 장성의 동단을 찾는 것은 패수의 위치를 찾는 데 있어서 매우 중요한 것으로 되지 않을 수 없다. 진 장성 동단에 대하여 『두우통전(杜佑通典)』에 "碣石山在樂浪郡遂成縣　秦長城東截遼水起於此　遺

---

[10] 『史記』 秦始皇本紀에 "二十一年(기원전 226)　王賁攻薊　乃益發卒　詣王翦軍　遂破燕太子軍　取燕薊城　得燕太子丹之首　燕王東收遼東而王之"라고 한 것과 또 "二十五年(기원전 222)　大興兵使王賁將功燕遼東　得燕王喜"라고 한 것으로 보아 진시황 당시 진나라는 요동의 연의 영토를 일시 차지하였던 것을 알 수 있다. 이 사실은 진의 '상하장'이 이전의 연 장성을 가리키는 것으로 이해할 수 있게 하며 따라서 한의 '요동고새'는 연 장성과는 아무러한 관계도 없다는 것이 명백하여진다.

址尙存”이라고 하였다. 이로써 보면 진 장성은 ‘요수’를 동으로 걸쳐서 요동의 종점을 이룬 것으로 된다.

그러나 여기의 ‘요수’는 갈석산 근방을 흐르는 강으로 되고 있는 것을 보면 오늘의 요하가 아니었던 것이 명백하다. 그러면 이 ‘요수’는 또 어떠한 강을 말함인가. 『회남자(淮南子)』의 권4 추형훈(墜形訓) 요수 주에 “遼水出碣石山 自塞北東流直遼東之西南入海”라고 한 것을 보면 이 ‘요수’는 오늘의 난하(灤河)를 가리킨다고 보는 것이 타당하며 이로써 연, 진 시기의 요동, 요서는 난하인 요수를 경계로 하여 생긴 지명이라는 것을 찾을 수 있게 된다. 이리하여 진 장성이 요동에 이르러 그치었다는 것도 정확하게 이해할 수 있게 될 것이다. 그리하여 진 장성이 대체로 오늘 산해관(山海關) 지방에서 그쳤다고 보아 큰 잘못이 없을 것이라고 생각한다.

이러한 고증에 잘못이 없다면 만이 ‘出塞 東渡浿水’한 기록은 바로 만이 한 초에 진 장성을 수축한 ‘요동고새’를 벗어나 첫번째로 되는 큰 강인 대릉하를 건넌 것으로 되며 필자의 대릉하＝패수설은 역사적 사실과 완전히 부합되는 것이다.

2. 왕검성

왕검성(王儉城)은 왕성으로서 고조선의 수도이다. 그리하여 왕검성의 위치를 찾는 것은 고조선의 위치를 확정하는 데 있어서 매우 중요한 것으로 되지 않을 수 없다. 그러나 왕검성은 반드시 고조선의 전 시기를 일관하여 일정한 지점에 놓여 있었다고만 볼 근거는 매우 의심스러우며 때에 따라서 왕검성은 이동되었다고 보는 것이 타당할 것이다. 물론 이것은 하나의 가설에 지나지 않으나 여하간 이러한 가설을 인정한 필자는 편의상 우선 만이 도읍한 왕검성의 위치를 찾아보기로 하였다.

우리가 『산해경』 제18 해내경(海內經)의 “東海之內 北海之陽 有國名曰朝鮮”이라 한 기록을 무시할 수 없다면 고조선은 발해만을 끼고 위치하였다는 것을 인정하여야 할 것이다. 왜냐 하면 중국에서 볼 때 동해는 곧 우리의 서해이며 북해는 곧 발해를 가리키기 때문이다.

이러한 고조선의 위치를 더욱 명백히 기록하여『산해경』제12 해내북경(海內北經)에는 "朝鮮在列陽 東海北山南"이라고 하였다.

이에서 우리는 고조선의 왕검성의 위치를 대략 찾아볼 근거를 갖게 되었다. 우선 고조선이 발해 북쪽 구석에 위치하였다는 것은 요하를 중심으로 한 지대를 두고 한 말로 이해되는바 '산남'에 있었다 하였으니 큰 산을 찾아보아야 할 것이다. 발해만 지방에서 고래로 유명한 산이라면 갈석산과 의무려산(醫巫閭山)일 것이다. 그런데 발해 북쪽 구석 지방에 있는 산은 의무려산이다. 이로 산남이란 지방은 의무려산 남쪽을 가리킨 것이라고 해석해서 잘못이 없다. 이상으로써 고조선의 위치를 대체로 의무려산 남쪽 요하 서부지방에 배정할 수 있는 근거를 찾게 되었다.

그러면 고조선의 도읍을 가리키는 것으로 이해되는 '열양(列陽)'은 의무려산 남쪽 요하 서부지방에 놓이게 될 것인바 열양이 곧 열수의 북쪽에 있었음으로써 생긴 말이라면[11] 열양의 위치는 열수를 확정함으로써 구할 수 있게 될 것이다.

전술한 바와 같이 열수를 오늘의 요하의 본 줄기가 당시에는 요양하로 흘러 바다로 주입한 것으로 본다면 열양은 요양하 하류 북쪽에 위치한 것으로 된다. 이렇게 봄으로써 열양이 '東海北 山南'에 위치하였다는 것과 부합하게 된다.[12]

그러면 만이 도읍한 왕검성의 위치를 또 다른 측면에서 고찰하여 보기로 하자.『한서』지리지 험독현(險瀆縣) 주에 "應劭曰 朝鮮王滿都也 依水險 故曰險瀆"이라고 한 것이다. 응소는 후한대 사람으로서 당시 '낙랑

---

11)『左傳』, "水北曰陽".

12) 필자가 당시 요하의 본류는 요양하로 흘렀겠다는 추상을 갖게 된 것은 바로 의무려산 남쪽, 요하 서쪽에서 열양을 구해야 하였던 것과 관련된다. 혹은 열수를 오늘의 요하로 보고 열양을 요하 동쪽에서 찾는다고 하여도 열양이 의무려산 남쪽 지방에 위치하였다는 것과 그리 큰 모순은 없어 보이나 이렇게 보면 후론할 한나라와의 전쟁기사와 모순되므로 역시 이 때의 열수의 하류는 오늘의 요양하였다고 보는 것이 더욱 타당하리라 생각되는 바이다.

군'이 현존하던 시기에 생존하였다. 그런데 그가 이전 고조선 지역에 낙랑
군을 설치하였다는『사기』의 기록을 모를 바도 아니거늘 어찌 요동군 험
독현을 만의 이전 도읍지라고 보았던가? 바로 그가 만의 왕검성을 전한의
요동군 험독현에서 찾았다는 것은 우리가 주목해야 할 점이라고 생각한
다.13)

험독이란 말은 응소도 말하고 있는 바와 같이 산수가 험고(險固)하였으
므로 생긴 말인 듯하나 여하간 왕검성이 강과 험한 산을 끼고 축성된 것
을 알 수 있게 한다.

그러면 전한대의 험독현의 위치를 찾아보기로 하자. 전기 응소의 주와
함께 "臣瓚曰 王儉城在樂浪郡浿水之東 自此是險瀆也"라고 한 것을 보
면 왕검성은 '낙랑군' 패수 동쪽의 험악한 지형에 있었다는 것으로 된다.
만일에 신찬의 설을 평양지방에 비정한다면 패수는 대동강으로 되며 왕검
성은 그 동쪽에 있어야 하는데 대동강 남쪽을 중국에서 동으로 보아 패수
동쪽이라고 하였다면 과연 대동강 남안에 험고한 산수를 끼고 축성될 만
한 곳이 있겠는가? 혹은 패수를 청천강이나 압록강으로 보고 왕검성을 평
양의 모란봉이나 주암산 근방에서 찾는다면 어찌 왕검성이 패수 동쪽에
있다고 표현하겠는가? 이렇게 되면 왕검성은 패수와 너무 거리가 떨어지
게 되며 사실상 신찬의 말과는 다르게 되고 말 것이 아닌가? 그렇다고 하
여 신찬의 주석이 전혀 근거 없는 것이라고 생각하지 않는다. 그러면 신찬
의 말과 같이 패수 동쪽에서 험독현을 찾는다면 과연 어느 지점이 되겠는
가?

『후한서』군국지(郡國志)에 처음으로 보이는 '요동속국(遼東屬國)'은
창료(昌遼), 빈도(賓徒), 도하(徒河), 무려(無慮), 험독(險瀆) 및 방(房)

---

13) 필자는 전한대의 '낙랑군'과 후한대의 '낙랑군'은 전혀 다른 역사적 산물이며
    따라서 그 위치도 서로 다른 지역에 설치된 것이라는 견해를 가지고 있다.
    다만 미리 말해 둘 것은 후한대의 '낙랑군'의 위치인바 그것은 오늘 평양지
    방으로 추정되며 낙랑 구역 낙랑리 토성지는 후한대의 '낙랑군'치의 유지라
    고 생각하고 있다. 이 사실은『후한서』,『삼국지』등의 여러 문헌들과 최근
    년간에 발굴된 고고학적 자료들에 근거하여 논증되리라고 믿는다.

등 6개 성으로 되고 있다. 이상에서 보는 바와 같이 험독이 후한대에 '요동속국'에 들어 있다. 이로써 '요동속국'의 위치를 확정할 수 있다면 험독지방도 해명되게 될 것이다.

'요동속국'의 창료, 빈도, 도하의 3개 성은 모두 이전의 요서군에서 떼어내어 '요동속국'에 편입하였다는 것을 명기하고 있다.14) 이상으로 '요동속국'은 이전의 요서군의 일부가 포함되어 있다는 것을 명백히 알 수 있다. 뿐만 아니라 '요동속국'은 후한의 도읍인 낙양(雒陽)으로부터 3,260리 지점으로 되어 당시 낙양으로부터 3,300리 지점으로 되고 있는 요서군보다도 40리나 서쪽에 치우친 지점으로 되고 있다.15) 이상의 사실만 가지고 본다면 '요동속국'은 요서군보다도 서쪽 지방으로 판단할 수도 있을 것이다. 그러나 이와 같이 속단한다면 '요동속국'의 정확한 위치를 놓치고 말 것이다. 우리는 좀더 구체적으로 따져 보아야 할 것이다. 분명히 이전의 요서군에 속하였던 창료는 오늘 창려(昌黎)이며16) 빈도는 그 근방에 위치하였다면 이전 요서군에서 떼어낸 3개 성은 대체로 난하 이동지방으로 될 것이다. 이렇게 보면 대체로 난하 이서지방의 요서군이 어찌하여 '요동속국'보다도 서쪽에 치우친 것으로 되겠는가 하고 의심을 가질 수 있을 것이

---

14) 『後漢書』 卷23, 郡國志 遼東屬國條.

15) 동상, 遼東屬國 註 및 遼西郡 註.

16) 昌遼가 곧 후한대의 昌黎였다는 것은 『讀史方輿紀要』에 "昌黎城 在營州東南 漢置交黎縣也 屬遼西郡東部都尉治 屬後漢曰昌黎縣 安帝置遼東屬國都尉治"라고 한 것으로 알 수 있다. 그런데 『讀史方輿紀要』에 昌黎를 營州(오늘날의 朝陽)의 동남에 위치하였다는 것은 갑자기 판단하기 어려우나 동서에 다른 곳에서는 "昌黎縣 府(永平府 : 오늘의 盧龍 - 필자)東南八十里 東北至撫寧縣七十里 西南至樂亭縣九十里 漢治屬遼西郡 後漢曰昌黎"라고 기록함으로써 분명히 오늘의 昌黎를 가리키고 있다. 『讀史方輿紀要』의 저자가 昌黎를 "遼東屬國都尉治"라고 하였은즉 낙양에서의 거리로 보아 오늘의 昌黎로 보는 것이 타당할 것이다. 또한 주목되는 것은 昌黎가 전한대에 요서군 "東部都尉治"였다는 것인바 이것은 『漢書』 地理志 遼西郡 註에서도 "東部都尉治 …… 應劭曰今昌黎"라고 한 것과 같이 昌黎가 전한 때 요서군의 동부지방의 중심으로 되고 있었다는 것으로 되며 따라서 '요동속국'으로 편입된 3개 성은 昌黎를 비롯한 요서군 동부지방이었다고 인정된다.

다. 그러나 낙양으로부터의 거리 표시는 요서군치 또는 ‘요동속국’의 중심 지역에 이르는 거리를 말하는 것으로 보아야 한다. 따라서 ‘요동속국’의 중심지를 난하 동쪽 근방에 있는 것으로 보고 요동군치를 난하 서북쪽에 있었다고 본다면 낙양에서 볼 때 요동군이 ‘요동속국’보다 사실상 서쪽에 위치하였다고 하더라도 거리는 ‘요동속국’보다도 40리 정도 더 먼 곳으로 될 수도 있지 않는가. 이로써 ‘요동속국’이 설치된 이후 요서군은 난하 서쪽에, ‘요동속국’은 난하 동쪽에 위치한 것으로 되는 것이다.

이상과 같이 ‘요동속국’의 서쪽이 난하였다면 그 동쪽은 어디에 이르렀던가? 여기에 ‘요동속국’ 무려조에 “有醫無慮山”[17]이라고 한 것과 『한서』 지리지 요동군 무려현 주에 “西部都尉治 應劭曰 慮音閭 師古曰 卽所謂 醫巫閭”라고 한 주석들은 ‘요동속국’의 무려성과 전한대의 요동군의 무려현이 동일하게 대릉하와 요양하 사이 지방에 있었다는 것을 말하고 있다.[18] 이로써 후한대 ‘요동속국’을 설치할 때에 요동군의 무려현을 분리시키어 ‘요동속국’에 편입시키었다는 사실을 알 수 있는바 무려현이 『후한서』에 중복되어 기록된 것[19]은 『후한서』 편찬자의 두찬에 기인된 것 같다.

이상의 고찰에 근거하여 험독 및 방성도 모두 ‘요동속국’을 신설할 때 요동군에서 분리시킨 것으로 의심할 바 없이 험독 및 방현은 모두 전한시 요동군에 속하여 있었다[20]고 인정된다. 이로써 우리는 험독 및 방현이 무려현과 그리 멀리 떨어진 지방이 아니라는 것을 추상할 수 있을 것이다.

우선 방현의 위치를 찾아볼 수 있는 것은 『수경』에 “大遼水出塞外衛白平山東南入塞 過遼東襄平縣西 又南過房縣西 又東過安市縣西南 入於 海”라고 한 기록이다. 이에 의하면 방현은 요하 하류에서 남류하게 되는

---

17) 『後漢書』 郡國志 遼東屬國 無慮.
18) 『讀史方輿紀要』에 “無慮城今廣寧衛(오늘의 北鎭)治 本漢之無慮縣屬遼東 郡 後漢屬遼東國”이라고 한 것을 참조하면 좋을 것이다.
19) 『後漢書』 郡國志에는 遼東郡條에도 武慮縣이 기재되어 있는 동시에 遼東 屬國條에도 또한 無慮城이 중복되어 있다. 다만 縣과 城이 다른 것은 문제 로 되지 않는다.
20) 『漢書』 地理志 遼東郡條.

그 동안에서 찾게 된다. 이렇게 보면 방현은 의무려산 지방인 무려현과 그리 멀리 떨어진 지방이 아니었다는 것을 말할 수 있을 것이다.

이상과 같이 방현의 대체적인 위치와 함께 전게한 요동군의 무려현이 요동군의 ‘西部都尉治’였다는 것을 고려한다면 방현과 험독현은 모두 무려현을 중심으로 한 요동군의 서부지방이었다는 것을 확정할 수 있게 된다. 필자의 고증에 의하면 이상 3개 현을 제외한 요동군의 제 현은 모두 요하 이동지방에 놓여 있는바 이 사실은 후일 ‘요동속국’에 편입된 3개 현이 ‘서부도위치’로 되고 있던 무려현을 중심으로 한 요동군의 서부지방이었다는 근거를 더욱 유력하게 한다고 생각한다.

이상으로써 ‘요동속국’의 동은 대체로 요하 유역 지방에서 그쳤다고 말할 수 있다. 여기에 후한대에 이르러 어떠한 이유로써 요서군과 요동군 사이에 ‘요동속국’을 새로 설치하게 되었겠는가는 매우 흥미 있는 문제로 제기되거니와 이 문제는 다음 문제에서 다시 상론하겠으므로 여기서는 다만 험독현의 위치를 찾아내기 위하여 ‘요동속국’의 범위를 확정하는 것으로 그치기로 한다.

여하간 ‘요동속국’은 난하와 요하 사이 지방에 있던 것으로 될 것인데 험독현이 이전에 요동군에, 더 정확히 말하여 무려현과 그리 멀리 떨어지지 않은 지방에 위치하였다면 험독현의 비교적 정확한 위치를 찾아낼 수 있는 가능성은 더욱 유력하여졌다고 말할 수 있을 것이다.

그러면 험독현의 위치 고증에 대한 선학자들의 제 설을 검토하면서 필자의 소견을 제기할까 한다.

ㄱ. 『사기』 왕검성 주에 “徐廣曰 昌黎有險瀆縣”이라고 한 송(宋)대의 서광의 설이 있다. 그의 근거는 무엇에 있었는지 알 길이 없으나 그가 전연 무근거하게 추정하였다고는 생각되지 않는다(이에 대하여서는 후론할 기회가 있을 것이다). 그러나 필자가 험독현의 위치를 무려현 지방 즉 의무려산과 그리 멀리 떨어지지 않은 지방에서 찾게 된 조건에서 서광의 창려를 오늘의 창려로 인정한다면 그의 설은 취할 바가 되지 못한다.

ㄴ. 『성경통지(盛京通志)』에 “蓋平縣 周屬朝鮮 秦爲燕人衛滿所據”라

고 한 것이 있다. 이 기록은 우선 위만은 진(秦) 때의 인물로 본 데서 역사적 사실과 부합되지 않는 말을 하고 있으므로 매우 사료적 가치가 박약하나 만이 도읍―왕검성의 위치를 개평지방에 비정한 점에서 일단 주목할 바가 있다고 생각된다. 물론 직접 험독현의 위치 문제를 제기한 것은 아니나 필자가 응소의 견해를 따라 험독현이 만의 도읍지였다는 데로부터 『성경통지』의 기록을 인용한 것이다. 그러나 여기의 개평현은 오늘의 개평지방으로서 전한대의 평곽현(平郭縣)이다.21) 이 곳을 만이 왕검성 후에 험독현으로 본다면 첫째로 무려현과 너무 떨어져 있을 뿐만 아니라 안시현(安市縣), 문현(文縣)이 그 어간에 개재22)하여 오늘의 개평을 '요동속국'의 험독으로 보기는 난처해진다. 둘째로 『사기』의 한나라 침략군이 '열구(列口)'에 이르러 고조선 왕검성을 침공한 지형과 잘 맞지 않는다. 전술한 바와 같이 열구는 열수의 하구로서 '열도' 지방으로 된 것인바 개평지방을 '열도' 지방으로 볼 수 없기 때문이다. 이리하여 『성경통지』의 설도 필자는 취할 바 못 된다고 인정한다.

ㄷ. 『요사(遼史)』의 지리지 동경도(東京道)에 "集州懷衆軍下刺史古陴離郡地 漢屬險瀆縣 高(句)麗爲霜巖縣 渤海置州統縣― 奉集縣渤海置"란 기사가 있다. 『요사』는 한대의 험독현을 집주에 구하고 이 곳을 "懷衆軍下刺史古陴離郡地"라고 보았다. 그런데 『명일통지(明一統志)』에 "奉集廢縣在撫順千戶所南八十里漢爲險瀆縣 今屬貴德州"라고 하였으니 요

---

21) 唐代의 재상 賈耽의 『賈耽道里記』에 "自營州渡遼水至安東都護府五百里 府故漢襄平縣也 東南 至平壤城八百里 西南之都里海口六百里 至建州三百里故平郭縣也"라고 하였고 『讀史方輿紀要』에는 "建安城 在蓋州衛(蓋平縣 : 필자) 東南 漢平郭縣地 高麗 置建安城於此……"라고 하였다.

22) 安市縣은 『水經』에 "大遼水 …… 又東過安市縣西南入於海"와 『漢書』 地理志 遼東郡望平縣 注에 "大遼水出塞外南至 安市入海"한 것에 의하여 보면 요하 하구에서 동쪽으로 물줄기가 꺾이어 동남류하는 현재(營口) 정 북방으로 되고 있다. 文縣은 『讀史方輿紀要』에 "文縣(蓋州 : 필자) 在衛 西漢 置文縣屬遼東郡 後漢改曰 文縣 元魏仍之 咸和八年(333년) 慕容皝 遣軍攻其弟仁於平郭 敗於汶城之北 胡氏曰 汶城在平郭西"라고 하였으니 安市縣이나 文縣이 모두 蓋平의 서쪽에 놓인 것으로 된다.

대 집주의 영현인 봉덕현이 바로 한대의 험독현이었던 것으로 된다. 여기의 봉집현이 무순 남쪽 80리 지점이라면 험독현은 오늘 요양(遼陽) 동북쪽 '봉집보(奉集堡)' 근방으로 될 것이다.

그러나 이 지방을 험독현으로 인정하자면 전기한 개평설과 동일한 모순에 부닥친다. 더구나 『사기』의 "左將軍破貝水上軍 乃前至城下 圍其西北 樓船亦往會 居城南"하였다는 역사적 사실과 맞지 않는다. 왜냐 하면 만일에 험독현을 오늘의 봉집보 지방으로 인정한다면 한나라 해군이 이렇게 깊이 들어와서 왕검성을 포위하였다고는 도저히 상상할 수 없기 때문이다. 이로써 보면 아무래도 만의 왕검성을 큰 강의 하류지방이거나 해안지대에 가까운 지역에서 찾아야 할 것이다. 그리하여 필자는 또한 『요사』의 설도 만의 왕검성이던 험독현의 위치를 가리키지 못하였다고 인정한다.[23]

ㄹ. 『독사방여기요』 광녕위(廣寧衛)에 "險瀆城在廣寧衛東南"이라고 한 것이 있다. 광녕위는 오늘의 북진(北鎭)으로서 바로 의무려산 지방이다. 여기의 험독현이 북진의 동남쪽에 있었다는 말은 그 곳이 북진에서 그리 멀리 떨어지지 않은 지방에 위치하였다는 것으로 된다. 필자는 『독사방여기요』의 설이야말로 비로소 만의 왕검성이 있던 험독현의 위치를 가장 근사하게 찾아냈다고 인정하는바 그것은 이 험독현이야말로 『요동속

---

23) 주지한 바와 같이 『요사』 지리지는 사료적 가치가 적다고 하여 흔히 무시하려는 경향이 있으나 반면에 오랜 지방지리지 혹은 지방적 자료들에 기초한 점은 우리가 홀시할 수 없는 귀중한 자료로서 인정하여야 되리라고 생각한다. 이러한 점에서 '집주'가 "懷衆軍下刺史古陣離郡地"였다는 기사는 주목되는 바로서 '古陣離'는 조선 고지명에서 흔히 보는 古卑離 內卑離 등등의 三韓 고지명의 卑離와 백제의 所夫里, 신라의 音汁火 徐羅伐 등의 夫里, 火, 伐과 한가지로 '들' 또는 '도시'를 가리키는 조선 고어의 假音이다. 따라서 '집주' 지방에 '古陣離'란 조선 고어로서의 지명이 있었다는 것은 이 지방이 고대 조선과 일정한 관계를 가진 지방이라는 것을 증시한다고 인정해야 할 것이다. 특히 '陣離'란 가음으로 기록되어 있는 것은 삼한에서 흔히 '卑離'로 쓰던 것과 혹은 어떠한 연관에서인지도 모르겠다. 역사적 사실은 고조선과 삼한(辰國)과의 관계가 매우 밀접했던 만큼 더욱 그러한 가능성은 있어 보인다. 비록 '봉집'을 만의 왕검성으로 인정할 수 없으나 다른 측면으로 고조선의 위치 문제를 고찰하는 데 있어서는 귀중한 자료라고 보아진다.

국』의 영역 내에 들어 있을 뿐만 아니라 무려현과 가까운 지방에서 발견하였기 때문이다. 즉『독사방여기요』의 설은 전술한 바와 같이 필자의 험독현의 대체적 위치 고증과 합치되는 것이다.

이로써 험독현은 대릉하와 요하 사이와 의무려산 이남지방에서 찾게 되었다. 이렇게 볼 때 첫째로 전게한 "朝鮮在列陽 東海北 山南"이라고 한『산해경』의 기사와도 완전히 부합되며, 둘째로 신찬의 "王儉城在樂浪郡 浿水之東"이라고 한 주석과 함께 필자의 패수＝대릉하설과 완전히 합치된다. 셋째로 전게한『사기』의 한나라와의 전쟁기사도 정확하게 설명될 수 있을 뿐만 아니라 한나라 군대가 패수를 지나 다시 큰 강을 건너지 않고 곧 왕검성에 이르게 되던 지리적 관계도 해명된다. 넷째로 이 지역에서 고조선의 중심부를 찾을 때에『사기』에 "又未嘗入見 眞番旁辰國 欲上書 見天子 又擁關不通"이라고 한 것도 순하게 설명될 수 있는바 발해만을 끼고 있는 이 지방은 일찍부터 교역의 요로로서『사기』권129 화식열전 (貨殖列傳)에도 "夫燕亦勃碣之間一都會也 南通齊趙……"라고 하였던 것이다.

그러면 험독현의 위치를 가능한 한도로 더욱 좁혀 보자. 첫째로 북진의 동남쪽이라는 점, 둘째로 열구에서 멀지 않은 지점이라는 것, 셋째로 산수가 험고한 곳이라고 한 것, 넷째로 열양 문제 등을 고려하여 그 위치를 찾아야 할 것이다. 이상의 제 조건을 구비한 구심점은 오늘의 반산(盤山) 지방으로 되는바 이 지방은 요양하 하구로부터 얼마 들어가지 않은 지점에 위치하였으며 요양하를 남으로 끼고 있어서 험독한 성채를 구축할 수 있는 곳으로 되고 있다. 그리하여『사기』에서의 기록과 같이 한나라의 누선 (樓船) 장군이 열구(列口)에서 곧 공격할 수 있었을 뿐만 아니라 좌장군 (左將軍)의 육군부대가 왕검성의 서북쪽을 포위하였을 때 해군이 요양하로부터 성의 남쪽을 공격할 수 있는 곳이다. 동시에 요양하 하류를 열수의 본 줄기로 가정한 필자의 견해로 본다면 의무려산 동남방 요양하 북안에 위치한 반산지방은『산해경』의 "朝鮮在列陽 東海北山南"과 부합되어 반산지방을 곧 열양으로 인정할 근거는 충분히 있게 된다.

이상으로써 필자는 만의 왕검성을 반산지방에서 구하였으며 이 때의 고조선의 위치를 대릉하 이동의 오늘의 요서, 요동 지방에서 찾게 된 것이다.24)

3. 낙랑군

소위 '낙랑군'은 『사기』 조선전에 "……以故遂定朝鮮 爲四郡"하여 전한 무제(기원전 108년) 시에 고조선 지역에 설치되었다. 그리하여 '낙랑군'의 위치를 확정하는 것은 곧 고조선의 위치를 찾는 것으로 되어 '낙랑군'에 대한 내외 학자의 각종 견해들이 오래 전부터 나오게 된 것이다. 그런데 '낙랑군'의 제 현들이 『한서』나 『후한서』 지리지에 거의 중복되어 있으므로 많은 학자들은 전한대의 '낙랑군'이 후한대에도 계속 그 자리에 유지된 것으로 보았던 것이다. 그리하여 흔히 후한대의 '낙랑군'의 위치를 고증함으로써 곧 그것을 전한대의 것으로 속단하고 고조선의 위치를 운운하게

---

24) 『三國志』에 인용된 『魏略』에 "燕乃 遣將秦開攻其西方 取地二千里 至滿潘汗爲界 朝鮮遂弱"과 『史記』에 "自始 全燕時 嘗略屬眞番朝鮮 爲置吏築鄣塞 秦滅燕 屬遼東外徼"의 기사를 보면 고조선이 일시 그 서쪽의 영토를 상당한 정도로 상실하였고 요양하 혹은 요하 이동으로 밀린 것 같이 되어 그의 왕검성도 반산 지방에 있을 수 없게 된다. 그러나 『史記』에 "漢興 爲其遠難守 復修遼東故塞 至浿水 爲界"하였다는 것은 다시 고조선이 서쪽으로 대릉하 계선에까지 영토를 확보한 것으로 되며 동시에 『魏略』에 "燕人衛滿 亡命爲胡服 東度浿水詣準降 說準求居西界 故中國亡命爲朝鮮藩屏 準信寵之 拜爲博士 賜以圭封之 百里 令守西邊"하였다는 것으로 보아 이후 만이 고조선 왕이 되자 왕검성을 자기의 정치적 지반으로 되던 고조선 서쪽 즉 반산 지방에로 천도할 수 있는 역사적 조건은 충분히 있었다고 보아야 할 것이다. 이러한 추측에 근거하여 필자는 고조선의 왕검성을 반산 지방에서 찾았다고 하여도 그것은 만이 도읍한 왕검성으로 보며 그 이전 시기의 고조선 왕검성에 대하여서는 다시 찾아야 한다고 보고 있다. 참고로 부언할 것은 바로 응소가 험독현을 "朝鮮王滿都也"라고 제한한 것인바 그것은 준왕의 왕검성과 만의 왕검성이 각각 다른 곳에 있었다는 것을 일정하게 시사한 것으로 주의를 돌릴 필요가 있다고 인정되는 바이다.

되었던 것도 사실이다. 그러나 필자는 과거 역사에서 흔히 볼 수 있는 바와 같이 군현의 지역이 정치 군사상 관계에서 시대에 따라 얼마든지 이동 변화하였다는 사실을 고려하여 '낙랑군'의 위치도 전한대와 후한대에 얼마든지 달라질 수 있다고 인정한다. 따라서 후한대의 '낙랑군'의 위치와는 관계할 것 없이 전한대의 '낙랑군'의 위치를 찾아야 한다는 견해로부터 출발하여 '낙랑군'의 문제를 고찰하려 한다.

이 문제 고찰에서 우선 제기되는 문제는 첫째로 『한서』 지리지의 요동군과 요서군 사이에 상당히 넓은 지역에 공백이 생기고 있는 사실과, 둘째로 전술한 후한대에 바로 이 공백지대에 '요동속국'을 새로 설치한 사실이다. 이상의 사실들은 호상 어떠한 역사적 연관성이 있어 보인다. 그리하여 필자는 우선 이상의 문제를 해명하는 것이 필요하다고 인정하였다.[25]

필자는 편의상 전술한 바 『한서』 지리지의 요동, 요서 양 군 사이의 공지로 보이는 지역과, 『후한서』의 '요동속국'이 대체로 일치하고 있는 역사적 근원을 규명하려 한다. 그리하여 이 지역에서 '낙랑군'을 찾아냄으로써 고조선 지역과 '낙랑군'의 위치의 일치점을 발견하여 고조선 위치에 대한 또 하나의 실증적 논거를 얻으려 한다.

(1)

『한서』 지리지에 의하면 요동군은 진(秦)나라 때에 처음으로 설치한 것으로 주석하였으나 『한서』 지리지의 요동군이 과연 진대에 설치한 그 지역의 요동군이었는지는 이것만으로써는 명백하지 않다. 『독사방여기요』에 "遼東秦郡 漢初屬燕 後復爲郡 領襄平等縣十八"이라고 한 것을 보면 한대에 다시 요동군을 설치한 것으로 되어 진대의 요동군과 한대의 그것 간에는 반드시 동일한 것을 복구한 것이라고만은 인정할 수 없다.

그러면 이 문제를 해명하기 위하여 진대의 요동군의 위치를 찾아야 할

---

25) 『漢書』 地理志의 요동군의 위치를 지도상에서 찾아보면 무려현, 험독현을 제외하고는 그 전부가 요하 동쪽에 놓여 있으며 요서군은 오늘 산해관 장성 이내에 들어 있다.

것이다.『수경주』의 저자 여도원은 "秦始皇二十二年滅燕 置遼東郡置此"
라고 하였으나 그것은 매우 의심스럽다. 왜냐 하면 이미 전술에서 논증한
바와 같이 한 초에 수록한 '요동고새'는 곧 진 장성이었으며 그것은 난하
동쪽 그리 멀지 않은 지점에서 그치었으니 진의 요동군도 이 지방에서 찾
아야 할 것이 아니겠는가. 여기에 바로『사기』조선열전에 "秦滅燕 屬遼
東外徼"라고 한 것은 일시 연이 차지하였던 고조선의 지역을 진이 요동군
의 '외요'로 하였다는 것으로 해석할 근거가 충분히 있는 것이다. 다시 말
하여 진시황은 소위 '외요'로 설정한 그 이서지방에 요동군을 설치한 것으
로 되는 것이다.

　이렇게 보면『한서』의 요동군은 진의 요동군과는 전연 딴 지역에 있었
던 것으로 되며 전기한『한서』요동군에 진이 세웠다는 설은 매우 막연한
말이라는 것을 확정할 수 있게 된다.

　그런데 전술한 바와 같이 한 초에는 진의 장성인 '요동고새'를 수축하고
있으므로 그 곳도『한서』의 요동군 지역으로 볼 수 없다는 것은 자명하다.
그러나『사기』조선열전에 "元封二年(기원전 109년) 漢使涉何誘諭 右渠
終不肯奉詔 何去至界上 臨浿水 使御刺 殺送何者朝鮮裨王長 即渡馳入
塞 遂歸報 天子曰 殺朝鮮將 上爲其名美 即不詰 拜何爲遼東東部都尉"
라고 한 것을 보면 한 초에도 요동군이 설치되어 있었던 것으로 된다. 이
요동군이야말로 한나라 사신인 섭하가 패수를 건너서 "새 안으로 들어갔
다"라고 한 '새' 내의 요동군으로 인정되는바 그 '새'는 두말 할 것도 없이
'요동고새'였던 것이다.

　이렇게 보면 한 초의 요동군은 진의 요동군과 일치하며 한 초의 요동군
은 바로 연왕 노관이 흉노로 도망치고 만이 고조선으로 입국하자 연왕에
게 예속시켰던 이 지방에 다시 요동군을 설치한 것으로 이해된다. 이리하
여 우리는 '낙랑군' 설치 이전의 요동군이 난하 동쪽 일대에 있었던 것을
확인할 수 있게 되었으며『한서』에 보이는 요동군은 '낙랑군' 설치 이후에
새로이 설치되었다는 것을 명백히 할 수 있었다.26)

---

26) 그러나 혹자는『한서』의 사료적 가치가 충분한 것으로 인정하고, 그의 요동

이상의 고증으로 패수와 고조선의 위치에 대한 필자의 견해에 더욱 확신성을 갖게 되는바 한 초의 요동군이 패수=대릉하 서쪽에 있었고 고조선이 대릉하 동쪽 지역에 위치하였다면 '낙랑군'은 곧 필자가 고증한 대릉하 지방에 설치되었다고 보아야 한다. 그러면 『한서』의 요동군은 잘못된 기록인가? 물론 필자는 그것을 잘못된 기록으로 부인하려 하지 않는다. 다만 문제로 삼는 것은 그 요동군이 '낙랑군' 설치 이후 일정한 필요성에 의하여 한 초의 요동군이 동으로 이동된 것으로 보며 그 이동하게 된 원인을 규명하는 데 있다.

(2)

과연 『한서』 요동군이 언제 설치되었는지는 명백한 사료가 없다. 그러나 다행히 '4군' 설치 이후에 여러 차례에 걸쳐서 그 '4군'의 변동을 가져왔다는 사실을 통하여 요동 일대의 복잡한 정세를 추정할 수 있다. 그것은 이 곳 인민들이 한나라 세력의 침투를 반대하는 치열한 투쟁과 관련된 것인바 『후한서』 동이전 예(濊)전에 "至昭帝 始元五年(기원전 82년) 罷臨屯·眞番 目幷樂浪·玄菟 玄菟復徙居句驪 自單(單)大領已東沃沮·濊貊 悉屬樂浪 後以境土廣遠 復分領東七縣 置樂浪東部都尉"라고 한 것에 의하여 '4군'의 변동 정형을 대체적으로 알 수 있다. 이에 의하면 그 변동은 세 차례 진행된 것으로 된다. 제1차 변동은 기원전 82년 즉 '4군' 설치 이후 27년에 '임둔 및 진번'의 두 개 군을 폐지하고 '낙랑군과 현도군'에 병합시킨 것이고 제2차 변동은 '현도군'을 구려(句麗) 지방으로 옮기고 그에 속했던 단단대령 이동의 옥저, 예맥을 모두 '낙랑'에 소속시켰다는 것이며 제3차 변동은 '낙랑군' 관할지역이 너무 넓고 멀어서 '영동 7현'을 다시 분립시켜 낙랑 동부도위 치하에 두었다는 것이다. 제3차 변동에 의하

군을 한 초로부터 있었던 것으로 보려 한다. 그리하여 『한서』 지리지의 요동군의 위치를 기준으로 『사기』의 기사를 해독함으로써 '낙랑군'의 위치를 찾으려 하나 그것은 문제를 더욱 혼란 속에 끌어넣을 뿐이라는 것은 재론할 필요도 없다.

여 설치된 '영동 7현의 동부도위'는 후한 건무(建武)[27] 6년(기원 30년)에
폐지하였다고 하였으니 이상의 변동은 모두 전한대의 사실로 된다.

이렇게 보면 『한서』 지리지 '낙랑군의 25현'이 과연 어느 때의 것을 말
하고 있는 것인지 매우 의심스러워지는바 만일에 제3차 변동이 진행된 어
간에 낙랑군에 소속되었던 것을 모두 걸어 넣어 기록한 것이라면[28] 그것
은 초기 '4군'의 거의 대부분을 포괄한 것으로 될 수 있다. 그러나 그 중
'영동 7현'을 제외하면 18현으로 되며 또한 임둔 및 진번에서 병합된 것을
고려한다면 원래의 '낙랑군' 내의 소속 현은 몇 개 남지 않게 된다. 그러나
신찬이 『무릉서(茂陵書)』[29]를 인용한 『한서』의 주에 "臨屯郡治東暆縣
去長安六千一百三十八里 十五縣 眞番郡治霅縣 去長安七千六百四十里
十五縣"[30]이라고 한 것을 보면 원래의 '낙랑군'에도 15현 정도는 있었다
고 보아야 할 것이다. 그리하여 사실상 '낙랑군'의 25현은 전한대의 '낙랑
군'에 소속되었던 그 전부를 기재한 것으로 생각되지 않으며 그렇다고 하
여 원래의 것만을 보여주는 것도 아니라는 것은 명백하다. 이 점에 바로
많은 주의를 돌릴 필요가 있다고 생각한다. 왜냐 하면 '영동 7현'을 제외한

---

27) 『後漢書』 東夷傳 濊, "建武六年 省都尉官 遂棄領東地 悉封其渠帥爲縣侯
皆歲時朝賀". 이에 대하여서는 『三國志』 魏書 東夷傳 東沃沮條에도 "漢光
武六年 省邊郡都尉由此罷 其後皆以其縣中渠帥爲縣侯 不耐 華麗・沃沮諸
縣皆爲侯國"이라고 한 동일한 내용이 보인다.

28) 『한서』 낙랑군의 東暆, 不而, 蠶台, 華麗, 邪頭昧, 前莫, 夫租 등 7현은 『후
한서』 낙랑군에서 없어진 현들인바 그 중 '동이현'은 원래 임둔군의 군치였
고 '불이현'은 『三國志』 東沃沮傳에 "……分治東部都尉 治不耐城 別主 領
東七縣"으로서 『한서』 본주에도 "東部都尉治"라고 하였으니 '영동 7현'에
속하였다는 것이 분명하다. 후한 초에 '영동 7현'을 폐지하였다고 하니 후한
에도 '영동 7현'의 이름은 남아 있을 수 있다고 볼 수 있으며 그리하여 필자
는 이상의 7현을 '영동 7현'으로 보아 잘못이 없으리라 생각한다.

29) 申采浩 선생은 『무릉서』를 司馬相如의 저작으로 보고 그가 사망한 이후에
'한4군'이 설치되었으니 『무릉서』는 위작이라고 주장하였으나(『朝鮮史研究
草』, 22~23쪽) 『무릉서』와 사마상여와는 아무런 관계가 없는 것으로 『무릉
서』 자체를 전연 무시할 수 없다고 인정하고 싶다.

30) 『漢書』 권6, 武帝紀 元封 3年.

18현이 그대로 『후한서』에 기록되어 있으며 다만 다르다면 『후한서』는 탄열현(呑列縣)이 빠지고 낙도현(樂都縣)이 하나 더 첨가되어 있을 뿐이다. 그리하여 필자는 『한서』 낙랑군의 기사가 후한대의 '낙랑군'의 것을 모호하게 그대로 나열한 데 불과한 것이 아니겠는가 하는 의심을 갖게 되었다.[31]

그렇게 볼 수 있는 첫째 이유는 『한서』와 『후한서』 지리지를 대조하여 보면 요서군은 전한 시 14현이던 것이 5현으로, 요동군은 18현이던 것이 11현으로 축소되어 각각 그의 변동을 고시하고 있다. 요동군만 보더라도 그 1/3 이상의 현들이 없어졌으며 그간에는 또한 들쭉날쭉한 복잡한 변동 과정을 보여주고 있는 것이다. 역사적 사실은 정치 군사적 신축에 따라서 행정단위로서의 군현의 이동 변화를 얼마든지 보여주는 것이다. 하물며 전한대와 후한대의 역사적 변천에 있어서랴! 그러나 낙랑군만의 '영동 7현'을 제외한다면 다만 탄열현과 낙도현이 교체되었을 뿐 다른 변동이 없었던 것처럼 기록되어 있다.

둘째 이유는 위에서 지적한 바와 같이 실제로 전한대만 보더라도 '낙랑군'은 여러 차례의 변동을 경과하였으며 전한대 말 특히 왕망(王莽) 시기에는 큰 변동을 일으키고 있는 것이다. 즉 "始建國元年(기원 9년) …… 五威將奉符命 齎印綬 王侯以下及吏官名更者 外及匈奴·西域 徼外蠻夷 皆卽授新室印綬 因收故漢印綬 …… 其東出者 至玄菟·樂浪·高句麗·夫餘"[32]라고 한 것과 "匈奴未克 夫餘·穢·貊 復起 此大憂也 莽不尉安 穢貊遂反"[33]이라고 한 기록들은 그간의 사정을 잘 말하여 준다고 할 것이다. 특히 왕망이 지방 군현의 명칭들을 고치고 있는 것은 그의 새

---

31) 물론 고찰의 측면은 약간 다르지만 신채호 선생도 일찍이 『한서』 낙랑군의 기사에 대하여 의심을 품고 "漢書地理志의 一部分인 '樂浪郡'의 本文과 本註가 모두 僞造임이 明白하니 中國 史冊을 거의 그 獨特한 病的心理인 自尊特이 있는 春秋筆法의 繼統者의 著作인 故로……"(『朝鮮史研究草』, 23쪽)라고 간파하였던 것이다.

32) 『漢書』 卷99中 列傳 第69中 王莽.

33) 상동.

인수와 교체하는 데 편리를 도모하기 위한 것으로 생각되는바 이로써 우리는 왕망 당시 요동지방에 대한 그의 통치력이 미친 범위를 확정할 수 있을 것이다. 『한서』 지리지에서 왕망이 고친 군현들을 주어 본다면 다음과 같다.

군명	현의 총수	왕망이 개창한 현의 총수
요 서 군	14	9
요 동 군	18	7
현 도 군	3	2
낙 랑 군	25	3

　이상 통계에서 보는 바와 같이 왕망 시기에 '낙랑군'에 대한 그의 정치력이 얼마나 축소되었는가를 여실히 볼 수 있지 않는가. 이러하던 '낙랑군'이 그 후 얼마 지나지 않은 후한대에 다시 전한대의 거의 그대로의 '낙랑군'을 장악하였다고 볼 수 있겠는가.

　이상의 고증을 통하여 『한서』에 보이는 '낙랑군'의 여러 현들을 전부 전한대의 실재한 것들로 볼 수 없으며 따라서 전한대의 실존한 '낙랑군'의 여러 현들은 후한대에 이르러서는 그 이름조차 알 수 없게 된 것들이 많게 되어 『한서』의 저자 반고(班固)는 후한대의 것들을 적당히 매우 모호하게 전한대의 것처럼 나열해 놓은 것으로 추정되는 것이다. 『한서』의 기록만을 가지고서는 어느 것이 전한대에 실재한 것이고 어느 것이 후한대의 것을 적당히 집어넣은 것인지는 물론 판정할 길이 없다. 전게한 『후한서』의 기록대로 보면 원래의 '낙랑군' 설치 당시와 그 후 임둔 및 진번군의 여러 현을 편입시킨 이후 즉 제2차 변동이 있은 시기의 '낙랑군'은 굉장히 큰 군으로서 팽창된 것으로 되나 사실에 있어서 전한 말의 '낙랑군'은 대조적으로 작은 군으로 되었거나 거의 유명무실한 상태에 놓여 있게 되었던 것이다. 필자가 문제로 제기하는 점은 바로 이러한 사실인바 '현도군'도 불과 3개 현밖에 남지 않았는데 낙랑군에 속해 있던 현들이 아무러한 변동 없는 것으로 기록되어 있는 것을 믿을 수 있는가?

　'낙랑군'의 위치를 찾기 위하여 '4군' 중에서 가장 쉽게 확정할 수 있는

'현도군'의 위치를 찾아보자. '현도군'은 『한서』에 의하면 고구려, 상은대(上殷台), 서개마(西蓋馬) 등 3개 현으로 편성되어 있다. 그러나 『삼국지』 동옥저전에, "……分其地爲四郡 以沃沮城爲玄菟郡 後爲夷貊所侵 徙郡句麗西北 今所謂玄菟故府是也 沃沮還屬樂浪 漢以土地廣遠 在單單大領之東 分治東部都尉 治不耐城, 別主領東七縣, 時沃沮亦皆爲縣"이라고 하였으니 본래 처음 설치할 때의 현도군은 '옥저성'을 중심으로 설치되었던 것인데 제2차 변동 시에 북으로 이동되면서 고구려현으로 안착된 것이다. 이렇게 보면 전기 3현만을 기록한 것은 분명히 제2차 이동 이후의 것을 말함이다. 바로 제2차 변동으로 하여금 원래의 '현도군' 소속의 제 현의 대부분이 '영동 7현'에 속하게 된 것이다.

주지한 바와 같이 제2차 변동이 고구려국의 성립과 직접 관련되었다면 '영동 7현'은 고구려의 인방 지방에서 찾아야 한다. 그런데 혹자들은 『삼국지』의 전기 기사를 그대로 신빙하여 단단대령을 낭림산맥으로 속단하고 영흥지방에서 '영동 7현'을 찾으려 하나 그렇게 볼 근거는 매우 희박하다고 생각한다. 『삼국지』 위서 동이전이 단편적인 사료들을 이리저리 적당하게 나열하여 많은 혼란을 일으키게 하고 있는 것은 주지의 사실이다. 때문에 우리는 『삼국지』의 기사를 인용할 때에는 일정한 고증이 요구되는바 여기의 '현도군'이 '옥저성'을 군치로 하였다는 것이야말로 세심한 고증을 요하는 문제이다.

물론 『삼국지』 편찬 당시인 3세기에 함경도 해안 일대와 영흥지방이 옥저지방으로 되고 있던 것은 사실인 것 같다. 그러나 『삼국지』의 편찬자인 진수(陳壽)의 오류는 '夫租'의 '夫'자를 '夭'자로 잘못 보았거나 혹은 당시 유행본 『한서』가 '夭'자로 되어 있는 것을 보았는지 모르나 '夫租'와 '沃沮'를 혼동하여 초기 '현도군'의 군치가 '夫租'였던 것을 기록에서 보고 경솔하게 그것을 '沃沮'에 가져다 놓게 되었다고 생각된다. 이렇게 추단할 수 있는 한 측면은 연전에 '부조예군(夫租薉君)'이란 도장이 평양시 영제교 근방 목곽분에서 발견되었으며 또한 뒤이어 그 근방에서 '부조장인(夫租長印)'으로 읽을 수 있는 도장이 또한 목곽분에서 출토된 사실이다.34)

이로써 '夫租'와 '沃沮'는 전연 아무러한 관계도 없는 것이라는 것을 일단 인정해야 할 것이다.

또한 다른 측면에서 그렇게 추단할 수 있는 것은 화려(華麗)의 위치이다. 화려현은 『한서』 '영동 7현'에 포함되어 있을 뿐만 아니라 『삼국지』 옥저전에도 "不耐 華麗 沃沮諸縣皆爲侯國"이라 하였던 것인데 『삼국사기』에 "太祖王六十六年(118년) …… 夏六月王與穢貊襲漢玄菟 攻華麗城"[35]한 화려성을 '영동 7현'의 화려현 그것으로 볼 수 없겠는가? 『후한서』 군국지에 현도군은 전기한 3개 현 외에 또한 고현(高顯), 후성(候城), 요양(遼陽) 등 3개 현이 107년에 요동군으로부터 편입된 것[36]을 기록하고 있으나, 화려현은 전연 보이지 않는다. 그렇다고 하여 전기 『삼국사기』의 기록은 전연 근거 없다고 말할 수는 없다. '영동 7현'이 기원 초(후한 건무 6년)에 폐지되었다 함은 전술한 바이다. 그렇다면 화려현은 그 후 다시 후한 현도군에 일시 편입될 수 있는 가능성도 있어 보이며 얼마 후에 고구려에 의하여 통합되어 『후한서』 군국지에 기록할 정도로 되지 못하였을 수도 있어 보인다.

이러한 고증이 성립된다면 화려현은 고구려의 서쪽 혹은 서북쪽에 위치한 것으로 된다. 왜냐 하면 고구려 태조왕 초에 이미 고구려는 동으로 옥저를 통일하고 있었으니[37] 화려현을 옥저지방에 있다고 볼 수 없으며 서

---

34) '부조장인'으로 추정되는 도장이 출토된 고분의 발굴보고서가 아직 발표되지 않은 만큼 고고학의 문외한인 필자로서 무어라 말할 수 없으나 현장을 참관한 필자의 소견을 말한다면 그것은 전한대 말기의 한식 목곽분 같으나 거기에는 상당한 정도로 흔히 고조선 형식의 토광무덤에서 볼 수 있는 발전된 형식이 갖추어 있었다고 생각된다. 또한 '부조예군' 묘의 발굴자에 의하면 형식도 대체로 전자와 유사하였다고 한다. 전후자의 주인공이 어떠한 관계를 가지고 있었는지는 속단할 수 없으나 부조지방을 판정하는 데 있어서 매우 귀중한 자료라고 말할 수 있을 것이다.

35) 『三國史記』 卷15, 高句麗本紀 太祖王 66年.

36) 『東觀漢記』에 "安帝卽位之年(107년) 分高顯·候城·遼陽屬玄菟"라고 하였다. 『後漢書』 郡國志 玄菟郡의 상기 3현을 "故屬遼東"이라 하고 본주에 전기 『東觀漢記』의 내용을 인용하고 있다.

37) 『三國史記』 卷15, "太祖王四年(56년) 七月 伐東沃沮 取其土地 爲城邑 拓

쪽으로는 서안평현(西安平縣)을 태조왕 말기에도 공격하고 있는 것[38]과 서북에는 현도군이 실재한 것으로서 당시 고구려가 주공을 취할 수 있었던 지방은 그 서쪽 내지는 서북쪽으로 되었고 또 사실 그러하였던 것이다.

이상에서 필자는 『삼국지』 동옥저전이 ‘현도군’ 군치를 동해안의 ‘옥저성’에 갖다 놓은 것은 전연 잘못된 것이며 ‘영동 7현’은 전술에서 고증된 화려현 근방 즉 초기 고구려 서쪽 지방에서 찾아야 한다는 것을 논증하였다. 이 지방은 중국에서 볼 때 천산(千山)산맥 이동에 위치하였으니 단단대령을 천산산맥으로 이해한다면 그 이동에 ‘영동 7현’이 정확히 놓인 것으로 되지 않는가.

제2차 변동에서 이동된 현도군은 ‘고구려’라 하였고 여기의 ‘고구려’의 위치를 “遼山遼水所出 西南至遼隊入大遼水 又有南蘇水 西北經塞外”[39]라 한 것에서 찾아볼 수 있으니 오늘의 훈하(渾河) 상류지방으로 인정된다. 그리하여 그 곳은 대체로 오늘의 노성(老城) 지방으로 비정되는 것 같거니와 ‘영동 7현’ 지방이 이 지방과 그리 멀리 떨어지지 않았거늘 어찌 ‘낙랑군’에 속하게 하였다고 볼 것인가 하는 질문이 나올 수 있을 것이다. 그러나 제2차 변동은 “爲夷貊所侵”으로 부득이 수행된 것이었다는 사실을 회상할 필요가 있다. 여기의 ‘이맥(夷貊)’은 곧 고구려를 말함인바 고구려의 세력이 급속히 큰 역량으로 장성하자 한나라는 고구려 서쪽 천산산맥 이동지방을 ‘낙랑군’에 소속시키고 현도군을 전기한 바와 같이 북으로 이동시켰던 것이다. 그것은 당시까지만 하여도 고구려가 아직 서쪽으로 진출하지 못하였다는 것과 관련되었다고 생각된다.

이렇게 봄으로써 제3차 변동은 쉽게 풀릴 수 있다. 이상과 같이 ‘영동 7현’을 천산산맥 이동으로 본다면 ‘낙랑군’의 위치가 천산산맥 서쪽으로 될 것이라는 것은 자명하다. 왜냐 하면 ‘영동 7현’은 ‘낙랑군’의 동부도위의 관할하에 있었으므로 『삼국지』 예전에는 “自單單大山領以**西屬樂浪** 自領

境東至滄海南至薩水”.
38) 동상서, “太祖王九十四年(146년)…… 秋八月 王遣將襲漢遼東**西安平縣** 殺帶方令 掠得樂浪太守妻子”.
39) 『漢書』 地理志 玄菟郡 高句麗縣註.

以東七縣 都尉主之 皆以濊爲民”이라고 하여 ‘낙랑군’은 분명히 천산산맥 이서지방에 위치한 것을 확증하게 된다. 이리하여 전술에서 고찰한 고조선의 위치 고증은 더욱 확고한 것으로 되거니와 ‘낙랑군’의 중심에서 볼 때 ‘영동 7현’은 너무 거리가 떨어져 있으므로 제3차 변동을 보게 되었던 것으로 이해된다.

(3)

이와 같이 ‘낙랑군’을 요동지방에서 구한다면 『한서』의 요동군은 어떻게 설명될 것인가. 그러나 이상의 고찰을 통하여 이 문제는 용이하게 해결될 수 있는 가능성을 갖게 되었다.

‘낙랑군’ 설치 이전에는 아직 『한서』에서 보는 요동군은 설치되지 않았다면 이 요동군이 응당히 한의 ‘4군’에 대한 변동과 관련성을 가지었다는 것은 많은 설명이 필요하지 않을 것이다. 그러면 우선 ‘4군’ 설치 이후의 이 요동군의 군치로 되고 있던 양평은 어느 지점이었던가를 확정하기로 하자.

『한서』 지리지 요동군 양평을 찾기 위하여 거취현(居就縣)의 주를 보아야 할 것이다. 즉 “室偽山 室偽水所出 北至襄平入(大)梁水也”. 대양수는 오늘의 태자하(太子河)이며 실위수는 탕하(湯河)이니[40] 양수가 합치는 곳에서 양평을 찾아야 한다면 그 지점은 오늘의 요양시(遼陽市) 동쪽으로 된다. 이 양평에 대하여 『고탐도리기』에 “自榮州入安東道經汝羅守捉 渡遼水 至安東都護府五百里 故漢襄平城是也”라고 한 것을 보아 이곳은 676년 당나라가 평양에 두었던 ‘안동도호부’를 요동으로 옮긴[41] 바로 그 요동성으로서[42] 전술한 연나라의 양평과는 전연 다른 지점에 위치

---

40) 『漢書』 水道圖說, “室偽水卽今遼陽州沙河出千山 北流至州西北境入太子河 是則室偽山 卽今千山”과 『明一統志』, “千山在遼東郡司城南之十里” 참조.

41) 『舊唐書』 卷5, 高宗本紀 下, “上元三年(676년)二月甲戌 移安東都護府於遼東”.

하고 있다. 이리하여 여도원도 연의 양평을 '양평 고성(故城)'으로 보았던[43] 것인데 이렇듯 연대의 양평과 한대의 양평이 각각 다른 지역에 놓여 있었다는 것은 『한서』의 요동군을 연대의 요동 고지에 설치한 것으로는 볼 수 없게 한다. 따라서 한나라가 '4군' 설치 이후 연대의 요동과는 아무러한 관계 없이 별도의 목적에서 그것을 설치하였으리라는 것을 추정할 수 있을 것이다.

그러면 문제의 요동군이 언제 어떠한 관계로 대릉하 이서지방으로부터 요하 유역(주로 그 이동지방)에로 이동되었겠는가가 문제로 된다. 그러나 이에 대하여 구체적으로 설명하여 주는 사료는 없다. 그러나 다행히 『한서』 무제본기에 "(元鳳)六年(기원전 75년)春正月募郡國徒 築遼東·玄菟城"하였다는 것이 있다. 이 사실이 동서 천문지(天文志)에 동일한 기사로 중복 기록되어 있는 것으로 보아 이 축성 사업은 당시 정치적 큰 사변의 하나였던 것을 암시하고 있다. 이와 같이 당시 이 요동지방에 대한 한나라의 강한 대책이 요구되었다면 그것은 이 곳 인민들의 한나라 세력을 반대하는 투쟁 기세의 앙양을 진압하자는 대책으로 볼 수 있으니 그것은 또한 '4군'의 3차에 걸쳐서 변동을 가져오지 않으면 아니 되었던 정치정세와 관련되었다고 보아야 할 것이 아닌가. 이 외에 다르게는 해석되는 않는다.

요동성의 축성과 함께 현도성도 축성하였다는 것을 보면 현도성이 부조지방으로부터 '고구려'현으로 이동된 이후의 사실인바 전술한 바와 같이 제3차 변동시까지 이와 같이 강한 대책을 볼 수 없었던 만큼 이것은 제3차 변동 직후의 사실로 인정해야 될 것이다. 이렇게 보면 '4군'의 3차 변동이 그 얼마나 급한 정세에서 진행되었는가를 짐작하기 어렵지 않으며 제3차 변동으로 '영동 7현'을 분치하였으나 그것은 거의 포기 상태에 빠지게 되었음을 중시한다. 이렇게 되자 한나라는 요동군을 동으로 이동하여 이

---

42) 『讀史方輿紀要』, "襄平城司北七十里漢縣爲遼東郡治 後漢及晋因之 亦謂之遼東城".

43) 『水經注』, "遼水亦言 出砥石山 自塞外東流 直遼東之望平縣西 王莽之長說也 屈而西南流逕襄平縣故城西……".

동된 현도성과 동방 거점의 쌍벽을 삼으려 하였던 것이 분명하며 사실상 이후의 역사적 사실은 그렇게 되었던 것이다.

이렇게 요동군을 새로이 설치하게 됨으로써 종전의 '낙랑군'의 동쪽의 대부분은 사실상 요동군에 편입되었고 그 지명들도 이전의 요동군 지방의 이름을 이 곳에 옮겨다 놓게 되어 개칭되었던 것으로 인정된다. 그리하여 전술한 바와 같이 만의 도읍이던 왕검성도 요동군 험독현으로 개칭되었던 것이다. 그렇다면 종전의 '영동 7현'은 어찌되었는가.『후한서』보다 약 100 년이나 앞서 편찬된『삼국지』예전에는 "自單單大山領以西 屬樂浪 自領以東七縣都尉主之"라고 하여 우리가『후한서』의 기록을 모른다면 그 곳이 '낙랑군'의 동부도위 치하에 있었다고만 해석하기 곤란할 정도로 애매모호하게 서술되었다. 이러한 식의 서술은 동서 동옥저전에서도 마찬가지인바 이 지방이 '영동 7현'으로 분립된 후 얼마 안 가서 요동군에 편입되었다면 그것은 요동군의 동부도위 치하에 놓인 것으로 이해할 수 있지 않은가.

전술에서 '영동 7현' 지방을 천산 이동으로 보았던 만큼 이 지방에서 우리가 요동군 동부도위 치하인 무차현(武次縣)44)을 오늘의 수암(岫巖)에서 찾는다면45) 그것은 곧 '영동 7현'이 요동군의 동부도위 치하에 놓이었다는 것으로 되며 결국 요동군 설치 이후로는 '영동 7현'은 사실상 요동군의 동부도위 치하에 들어갔다는 것으로 될 것이다.

이상과 같이 고조선의 왕검성(만의 도읍)이 요동군의 험독현으로 되고 '낙랑군'의 동부도위인 '영동 7현' 지방이 또한 요동군 동부도위 지방으로 된 것은 종전의 '낙랑군'의 동부지역에 요동군을 새로 설치한 중요한 사실

---

44)『漢書』地理志 遼東郡 武次縣 註.

45) 무차현의 위치에 대하여『讀史方輿紀要』에는 "賈耽曰 …… 又司(安東都護府-인용자) 東北有武次城 亦漢縣 屬遼東郡東部都尉治 此後漢廢"라고 하였고 胡林翼 讀史兵略 注에는 "武次今岫巖縣也"라고 하여 서로 각이한 지점을 가리키고 있으나 필자는 전자를 버리고 후자를 취한다. 만일에 전자의 설을 좇는다면 그 곳은 태자하 상류지방으로 되며 곧 당시 현도군 영역으로 들 수 있게 되므로 취할 바가 못 된다고 인정된다.

들로 되는바 『한서』 낙랑군 탄열현 주에 "分黎山 列水所出 西至黏蟬入
海 行八百二十里"라고 한 것은 열수 즉 요하 유역 지방에 있던 탄열현이
요동군으로 편입되어 없어지게 된 것을 말하는 또 하나의 중요한 사실로
될 것이 아닌가. 탄열현은 전술한 바와 같이 '영동 7현'을 제외하고는 전한
대에 있던 '낙랑군'의 현으로서 후한대에 없어지게 된 유일한 현이었다.

  바로 『한서』 지리지에 요동군과 요서군 사이에 상당한 지역적 공백이
있는 것으로 보이는 것은 실로 그 어간에 '낙랑군'의 일부가 계속 개재하
였던 까닭이 아니겠는가. 요동군 설치 이후 한나라로 볼 때 '낙랑군'은 사
실상 그리 큰 의의를 갖는 것으로 되지 못하여 왕망 시기에는 불과 3현
정도밖에 장악하지 못하게 된 것도 우연한 것은 아니었다고 보인다. 이리
하여 후한대에 반고는 복잡한 변천 과정을 밟아 온 '낙랑군'의 제 현에 대
하여 매우 애매모호한 서술을 하게 되었다고 인정되는 것이다. 그러나 요
동군 설치 이후에도 '낙랑군'이 계속 요동군과 요서군 사이에 보존되었다
는 것은 왕조(王調)의 폭동 기사로써 알 수 있는바 『후한서』에 "土人王調
殺郡守劉憲自稱大將軍樂浪太守 建武六年(기원 30년) 光武遣太守王遵
將兵擊之 至遼東 閺與郡決曹吏楊邑等 共殺調迎遵"46)이라고 한 것과
"建武六年初 樂浪人王調據郡不服(樂浪郡故朝鮮國也 在遼東) 秋遣樂
浪太守王遵擊之 郡吏殺調降"47)이라고 한 것이 그것이다. 즉 '낙랑군'의
토착인인 왕조의 폭동군이 요동지방에서 활동한 사실과 특히 그 본주(本
註)에 '낙랑군'이 요동에 있다는 기록들은 후한대 혹은 『후한서』를 기록하
던 시기의 '낙랑군'과 구별하기 위한 것이었다고 볼 충분한 근거를 준다.
이로써 보면 기원 초까지는 '낙랑군'은 요동지방에 있었던 것으로 되며 따
라서 '낙랑군'이 요동지방에 있었다면 이 때의 '낙랑군'은 요서군과 요동군
어간 지방에 개재한 것으로 될 수밖에 없는 것이다.

  이상과 같이 기원전 75년에 요동군을 새로 설치한 후에도 '낙랑군'이 계
속 요동지방에 보존된 사실은 후한대에 이 지방에 소위 '요동속국'을 설치

---

46) 『後漢書』 卷76, 循吏列傳 第6 王景.
47) 『後漢書』 卷1下, 光武帝紀 第1下.

하게 된 것과 일정한 관련성을 갖는 것으로 보인다.

(4)

필자가 전한대의 '낙랑군'과 후한대의 그것을 구별하고 있는 데 대해서는 이미 전술에서 한 마디 언급한 바가 있거니와 『후한서』 군국지에 의하면

遼東屬國	雒陽東北	3,260里
遼東郡	雒陽東北	3,600里
玄菟郡	雒陽東北	4,000里
樂浪郡	雒陽東北	5,000里

등 대체적인 그 거리를 표시한 것을 본다. 이에 의하면 후한대의 '낙랑군'은 평양지방에 놓일 수 있는 거리에 있다. 이렇게 볼 수 있는 더욱 명백한 근거는 최근년간의 고고학적 발굴에 의한 실증적인 자료들일 것이다.

그러면 후한대에 '낙랑군'이 평양지방에 새로 놓이게 된 까닭이 있어야 할 것이다.

전술한 바와 같이 후한 초 건무 6년(기원 30년)에 소위 '영동 7현'을 폐지함으로써 요동군 동부도위 치하에 있던 무차현 등을 철폐한 것으로 되었는바, 이것은 바로 '낙랑군'에서 왕조의 폭동이 진압된 시기와 같은 해에 있었다. 이 사실은 후한 초에 이르러 전한 이후의 '낙랑군'이 실제상 폐기 상태에 놓이게 된 것과 관련된다고 인정한다. 그리하여 『삼국사기』에 "大武神王二十七年(44년) 秋九月 漢光武帝遣兵渡海伐樂浪 取其地爲郡縣 薩水已南屬漢"[48]이라고 한 것을 보면 분명히 후한 초에, 즉 왕조의 폭동을 진압한 지 10여 년 후에 새로이 평양지방에 '낙랑군'을 설치한 것으로 된다. 혹자는 이러한 중대한 사건이 중국 문헌에 없다고 하여 믿을 수 없다고 하나 『후한서』에 "建武二十年(44년) 韓人廉斯人蘇馬諟等 詣樂浪

---

48) 『三國史記』 卷14, 高句麗本紀.

貢獻 光武封蘇馬諟爲漢廉斯邑君 使屬樂浪郡 四時朝謁”,49) “建武二十年秋 東夷韓國人率衆詣樂浪內附”50)라고 한 것이라든지, 또 “建武二十三年冬 句驪蠶支落大加戴升等萬餘口 詣樂浪內屬”51) 등의 기사를 보면 이 사변들은 건무 20년(기원 44년) 평양지방에 ‘낙랑군’을 신설한 것과 관련하여 조성된 정치적으로 착잡한 정세 변동을 반영한 것으로 인정할 수 있지 않는가. 염사치의 배반은 바로 44년 가을 광무제가 ‘낙랑군’을 새로 설치한 직후의 사실이었다는 것은 매우 주목되는 점이라고 할 것이다.

만일에 우리가 『삼국사기』의 기록을 전적으로 무시하지 않는 입장에 선다면 대무신왕 시기에 “王子好童 遊於沃沮 樂浪王崔理 出行因見之……”,52) “王襲樂浪滅之”53)라고 한 ‘낙랑’도 광무제가 “渡海伐樂浪”한 그것으로 될 것이다. 여기의 ‘沃沮’는 ‘夫租’의 잘못된 것으로 본다면 평양지방에서 ‘부조예군’, ‘부조장인’이 출토된 것과 어떠한 관련성이 있어 보인다. 이렇게 고찰할 때 광무제가 요동군 동쪽에 다시 진출하여 ‘낙랑군’을 설치한 것은 평양지방의 낙랑국을 침략하여 설치한 것이니 전한대의 ‘낙랑군’을 단순히 복구한 것이 아니었다는 것을 의미한다. 이리하여 전개한 『후한서』의 왕조에 관한 기사에서 그 ‘낙랑군’을 평양지방의 것과 구별하기 위하여 요동지방의 것이라고 특별히 주석을 가하였던 이유도 해명될 것이다.

---

49) 『後漢書』 卷85, 東夷列傳 韓.
50) 『後漢書』 卷1下, 光武帝紀.
51) 『後漢書』 卷85, 東夷列傳 高句驪. 이와 동일한 내용이 『삼국사기』 권14, 高麗本紀 閔中王 4年 冬10月條에도 보이나 여기에는 “冬十月 蠶友落部大家 戴升等一萬餘家 詣樂浪投漢”이라고 하고 주를 첨가하여 『후한서』와 차이 나는 점을 밝히고 있다. 이로 보면 『삼국사기』의 편찬자 金富軾은 기본적으로 우리 측 자료에 근거하여 『삼국사기』를 편찬하였다는 것을 말할 수 있다. 이리하여 전개한 광무제의 ‘낙랑군’ 설치 기사도 중국문헌에는 없다 하여도 우리측 고기록에 있었던 것을 취한 것으로 보아서 잘못된 것이 아니라고 생각한다. 『삼국유사』 참조.
52) 『三國史記』 卷14, 高句麗本紀 大武神王 15年(32년) 夏4月條.
53) 동상서, 大武神王 20年(37년).

(5)

후한대에 새로이 평양지방에 '낙랑군'이 설치됨으로써 전한대의 '낙랑군' 지방은 사실상 요서군 혹은 요동군에 편입되었을 것이나 그 후 약 반세기간의 구체적 사실은 알 수 없다. 그러나 『후한서』 요동군 주에 "案本紀 和帝永元十六年(104년) 郡復置西部都尉官"이라 한 것은 동서 화제(和帝) 본기 영원(永元) 16년조에 "十二月復置遼東西部都尉官"에 의거한 것인데 그 주에 "西部都尉 安帝時以爲屬國都尉 在遼東郡昌黎城也"[54] 라고 한 것을 보아 이 때의 요동군 서부도위치는 전한대의 요동군 서부도위치로 되고 있던 무려현보다 훨씬 그 서쪽으로 이동된 것을 알 수 있다. 동시에 창려는 전한대에 요서군 동부도위치였던 것이 요동군에 편입되어 그 서부도위치로 되었다가 '요동속국'을 설치하면서 그 중심지로 되었다는 것으로 되니 후한 초에 창려와 무려 어간 지방은 일시 요동군에 속하였던 것을 알 수 있다. 이러한 사실은 후한 광무제 시에 평양에 '낙랑군'을 새로 설치하면서 전한대의 요동 '낙랑군'을 폐지하였다는 증시로 되며 그 후 얼마 지나지 않아서 이 지방에 '요동속국'을 설치하게 된 역사적 과정을 해명할 수 있게 한다. 즉 '요동속국' 설치는 전한대의 '낙랑군' 지역에 대한 일종의 회유 공작으로도 이해되는바 그것은 '요동속국'을 설치하던 시기가 요동지방에 대한 부여, 고구려 및 선비들의 공격이 매우 심하여지던 시기였다는 사실[55]과 관련되는 것 같다. 요컨대 전한대의 '낙랑군' 지역에 '요

---

54) 『後漢書』 郡國志 遼東屬國 註에 "故邯鄕西部都尉 安帝時 以爲屬國 都尉 別領六城"이라고 한 邯鄕이 昌黎를 가리키는 것인지? 혹은 별개의 것인지? 갑자기 판단할 수 없으나 필자는 잠정적으로 『後漢書』 和帝本紀의 주에 따른다. 또 『讀史方輿紀要』에 "昌黎城在榮州東南 漢置交黎縣也……"라고 한 것에 근거하여 창려를 영주 즉 오늘날의 朝陽 근방에 비정하는 이도 있는 것 같으나 전술한 바와 같이 '요동속국'의 창려는 오늘의 난하 동안 지방의 것으로 보는 것이 타당하다고 인정한다.

55) 『후한서』에서 安帝 시기 부여, 고구려, 선비의 공격 기사를 찾아보면 다음과 같다.
  ○永初五年(111년) 三月, "夫餘夷犯塞 殺傷吏人"
  ○元初二年(115) 八月, "遼東鮮卑圍無慮縣"; 九月, "又攻夫黎營 殺縣令"

동속국’을 설치하였다는 사실은 우리의 주목을 끄는 바로서 요동 ‘낙랑군’
의 범위를 추정하는 데 있어서 또한 중요한 사실을 제공한다고 할 것이다.

(6)

그러면 ‘요동속국’의 중심을 험독현에 두지 않고 창려현에 두게 된 것은
무슨 까닭이었는가? 물론 한무제가 ‘낙랑군’을 고조선 지역의 중심에 설치
할 때 고조선 왕검성 즉 후일의 험독현에 두었을 것은 응당 생각할 수 있
는 일이다. 그러나 전술한 바와 같이 ‘낙랑군’ 설치 이후 매우 복잡한 역사
적인 변천을 밟아 온 만큼 초기 ‘낙랑군’의 군치에 대하여서는 명백히 알
수 없게 되어 있다. 다만 오늘 우리가 알 수 있는 것은 요하지방에 요동군
을 설치한 이후의 ‘낙랑군’의 중심을 어렴풋이나마 판정할 수 있을 따름이
다. 즉『한서』지리지 낙랑군 조선현(朝鮮縣)조에 응소는 “武王封箕子於
朝鮮”이라고 주석한 것은 일정한 근거가 있어 보인다. 동서 ‘낙랑군 25현’
중 조선현을 첫 자리에 놓은 것으로 보든지, 그 명칭을 조선이라고 한 것
으로 보아 조선현이 ‘낙랑군’의 군치였으리라고 보는 추정은 그리 잘못된
것으로 되지 않을 것이다. 그렇다면 이 조선현을 어느 지방에서 찾을 것인
가?

전술한 바와 같이 만의 도읍인 왕검성은 험독현으로서 이미 요동군에

○元初四年(117) 四月, “鮮卑寇遼西 遼西郡兵與烏桓擊破之”
○元初五年(118) 六月, “高句麗與穢貊寇玄菟”
○建光元年(121) 一月, “幽州刺史馮煥率二郡太守討高句驪穢貊不克”；四
  月, “穢貊復興鮮卑寇遼東 遼東太守蔡諷追擊戰歿”；十一月, “鮮卑寇玄
  菟”；十二月, “高句驪·馬韓·穢貊圍玄菟城 夫餘王遣子與州郡幷力討破
  之”
○延光元年(122) 二月, “夫餘王遣子 將兵救玄菟 擊高句驪·馬韓·穢貊破
  之 遂遣使貢獻” 등등. 특히 121년에 고구려의 공격은 매우 대규모적인 것으
  로서『후한서』동이전 고구려전에 비교적 상세하게 기록되어 있거니와『삼
  국지』위서 동이전 고구려전에는 “至殤安之間 句麗王宮數寇遼東”이라고
  당시의 정세를 전하고 있다.

편입된 만큼 조선현이 이전의 왕검성과는 다른 지방에 있게 되었던 것은
자명하다. 동시에 조선현이 '낙랑군'의 군치였다면 그것은 요하지방의 요
동군을 설치한 이후의 사실로서 보는 것이 타당할 것이다.

우리는 우선 후한대에 소위 '기자의 조선'으로 전하여진 지방에서 조선
현을 찾아야 할 것이다. 『당서』에 "侍中襄矩·中書侍郎溫彦博曰 遼東之
地周爲箕子之國"56)이라고 보이며 『구당서』에는 "孤竹國 本高麗之地 周
代以奉于箕子 漢世分爲三郡"57)이라고 하였다. 여기의 고죽국은 『한서』
지리지 요서군 영지현(令支縣) 주에 "有孤竹城 莽曰令氏亭 應劭曰故伯
夷國令有孤竹城"이라고 한 것과 『후한서』 군국지 요서군조에 "令支有孤
竹城(伯夷叔齊本國)"이라고 한 것을 보아 한대의 영지현 지방에서 찾게
된다. 그런데 한대의 영지현은 "濡水又東南流逕令支縣故城東 王莽之令
氏亭也 秦始皇二十二年(기원전 225년)分燕治遼西郡 令支隷焉"58) 즉
난하 서쪽 유역의 오늘의 영구(令口) 지방으로 비정된다. 그리하여 『대명
일통지』에는 "朝鮮城 在永平府境內 相傳箕子受封之地"라고 하였던 것
을 짐작할 수 있는바 영평부는 창려지방이었던 만큼 조선현이 창려와 그
리 멀리 떨어지지 않은 지방에 있었다는 것을 알 수 있다. 『위서(魏書)』
지리지 북평군(北平郡)조를 보면 그 영현으로 조선과 신창(新昌) 2개 현
이 들어 있다. 그 중 신창현은 한대의 요동군이 수차 공격하던59) 현을 후
에 요서 지방으로 옮겨 놓은 것인바 그것은 그 후에 "前漢屬涿 後漢·晋

---

56) 『唐書』 東夷傳 高麗.

57) 『舊唐書』 裴規傳. 孤竹에 대한 전설로서 『水經注』 권14에 "漢靈帝時(기원
    168~188년) 遼西太守廉翻夢人謂己曰 余孤竹君之子 伯夷之弟 遼海漂吾棺
    槨 聞君仁善 願見藏覆 明日視之 水上有浮棺 吏嗤笑者皆無疾而死 於是改
    葬之"라고 한 것과 『晋書』 지리지에 "遼西人見遼水(난하)有浮棺欲破之 語
    曰 我孤竹君也 汝破我何爲 因爲立祠焉 祠在山上 城在上側 肥如縣南十二
    里水之會"라고 한 것이 있다. 참고로 첨가한다.

58) 『水經注』 卷14, 濡水.

59) 『三國史記』 卷15, 高句麗 太祖王 69年(121년), "潛遣三千人攻玄菟遼東二
    郡 焚其城郭 殺獲二千餘人 夏四月 王與鮮卑八千人 往攻遼隊縣 遼東太守
    蔡諷將兵出於新昌戰沒……".

屬遼東"이라고 한 것으로써 명백하다. 여기에 "前漢屬涿"이라고 한 것은 일시 북경 부근인 탁군에 속했던 사실을 기록한 것으로 짐작되며 동시에 그것은 전한 초기의 요동군이 요하지방으로 이동되기 이전의 요동군에 속하던 신창을 시사하는 것으로도 될 것이다. 여하간 군현의 이동과 그 명칭이 그대로 붙어 다니는 실례의 하나로 되거니와 동서 조선현 주에도 "二漢晉屬樂浪 後罷 延和之年(1432년) 徙朝鮮民於肥如 復置屬焉"이라고 한 바와 같이 조선현을 또한 비여지방60)에 옮긴 것을 알 수 있다. 여기에 조선현이 "二漢晉屬樂浪"하였다고 한 것은 다만 그 소속 관계를 역사적으로 설명한 데 불과하며 이 때 조선현이 한 지방에 고착되어 있었다는 것을 의미하지 않는다. 여하간 조선현이 오늘의 난하 동안 일대에 위치하였다는 사실과 따라서 소위 '기자 전설의 조선'을 이 지방에 산생케 한 것을 추정할 수 있는 근거를 얻게 되었다. 과연 조선이란 지명이 '기자 전설'에 기인된 것인지는 명백하지 않으나 난하 하류 동쪽 지방이 고조선과 일정한 관계를 가지고 있던 지역이었다는 것은 추상하기 어렵지 않으며 따라서 후한대에 '요동속국'의 중심을 이 곳에 두게 되었다는 것도 가히 짐작할 수 있는 것이다. 이 사실은 거꾸로 보아 요하지방에 요동군을 설치한 이후 시기의 '낙랑군'의 중심이 또한 이 지방의 조선현으로 옮겨지게 된 근거도 해명할 수 있게 한다고 볼 것이다.

　이상으로 『한서』 지리지에 요동군과 요서군 사이의 공간으로 보이던 지역은 바로 '낙랑군'이 위치한 까닭이었다는 것과 후한대에 평양지방에 새로이 '낙랑군'을 설치하자 이 지방을 요동군에 일시 소속시켰다가(일부는 요서군에) 다시 '요동속국'을 설치하게 되었다는 사실을 고찰하였다. 그리하여 후한대의 '요동속국'은 대체로 전한대의 '낙랑군'이 놓였던 지방으로 논증되었다.

(7)

---

60) 한대의 비여는 오늘의 盧龍지방이다. 『漢書』 地理志 遼西郡 肥如縣 註 참조.

  그러면 이 지방에서 '낙랑군'의 흔적을 찾아야 할 것이다.『후한서』군국지에 의하면 '요동속국'은 6개 성으로 편성되어 있으나『후한서』제기(帝紀) 안제 원초(元初) 2년(115) 9월 초에 선비가 부려영(夫黎營)을 공격하여 그 현령을 살해한 기사 주에 "夫黎縣名 屬遼東屬國"이라고 한 것을 보면 '요동속국'은 고정 불변하게 6개 현으로 된 것도 아니었다. 이 사실은 '낙랑군'의 여러 현을 이 지방에서 찾아볼 수 있는 근거를 준다.『한서』지리지 '낙랑군'의 25현 중 '영동 7현'을 제외한 18개 현 중 그 위치를 찾아볼 수 있는 것을 열거하면 조선, 패수, 점제, 수성, 증지, 열구, 탄열, 누방, 함자 등 9개 현이다. 이 외에 둔유현이 있으나 그것은 2세기 말 3세기 초의 사실을 보여 줌으로써 우리의 문제로 되지 않는다.61)

  9개 현 중 조선, 탄열, 열구, 점제에 대하여서는 이미 전술한 바로서 모두 '요동속국'의 범위 안에 놓여 있었다. 또한 증지현(增地縣)에 대하여서도 왕망이 증토(增土)로 개칭한 것으로 미루어 보아 이 곳을 요하, 대릉하 하구 지방의 충적지대로 비정한다면 그 위치도 일정하게 해명될 수 있다. 또한 함자현(含資縣)을 위서 지리지 요서군 양락(陽樂) 주에 "二漢晋屬 眞君七年(446년) 併令支・含資屬焉"의 '含資'62)로 볼 수 있다면 또한 함자현도 대체로 그 위치를 구할 수 있다. 나머지 3현에 대하여는 "碣石山 在樂浪郡遂成縣 秦長城東截遼水起於此 遺址尚存",63) "浿水出樂浪鏤方 縣東南過臨浿縣 東入於海"64)라고 한 기사로써 그 위치를 찾을 수 있다. '낙랑군' 수성현이 갈석산 지방 즉 장성의 동단 지방에 있었다고 하는 것은『진서(晋書)』지리지 낙랑군 수성현 주65)에도 보인다. 갈석산을 또 다른 지방에서 구하지 않는 이상 '낙랑군' 수성현은 오늘 난하 동쪽 그리 멀지 않은 지방에 있었던 것으로 되는 것이다. 이렇게 보면 우리가 찾아볼

---

61) 『三國志』韓條에 "建安中(196~220년) 公孫康分屯有縣以南荒地爲帶方郡 遣公孫模張敞等 收集遺民 興兵伐韓濊……".
62) '含資'의 '含'자는 책에 따라서는 '貪'자로도 되어 있듯이 '含'과 '合'은 서로 와전되기 쉬운 글자로서 合資와 含資는 동일한 현명으로 보고 싶다.
63) 『杜佑通典』.
64) 『水經注』卷14, 浿水 본문.
65) 『晋書』地理志 樂浪郡 遂成縣 注, "秦築長城之所起".

수 있었던 '낙랑군' 9현 중 3개 현, 조선, 함자, 수성 등 현은 난하 동안 지방, 즉 창려를 중심으로 한 지방에 있었던 것으로 된다. 다음으로 누방현은 패수=대릉하의 수원 지방에 위치하였다 하니 그 수원 지방을 본류의 수원으로 보면 대체로 오늘의 건창(建昌)지방에 비정할 수 있을 것이다. 또한 패수=대릉하가 동남으로 흐르는 지방에서 임패현을 지난다고 하였으니 임패현은 대체로 오늘의 의(義) 혹은 금(錦) 지방으로 비정할 수 있다. 그런데 임패현은 『한서』 지리지에는 없는 현명으로서 혹은 패수현을 임패현이라고 하였는지 확정할 근거는 없으나 『수경주』에 인용된 허신의 말에 의하면 "浿水出鏤方東入海 一日出浿水縣"이라고 하여 패수현이 패수 유역에 있었다고 볼 근거가 있는 것이다.

이상과 같이 '낙랑군'의 9개 현을 '요동속국'의 영역 내에서 구하게 됨으로써 전한대의 '낙랑군'의 위치를 확정할 수 있는 동시에 또한 '낙랑군'에 선행한 고조선의 위치를 고찰할 수 있었다.

맺는말

실로 고조선의 위치를 모호하게 한 근본적인 원인이 『한서』 지리지 편찬의 졸렬성과 한나라의 침략성을 반영한 그의 필치에 있었다는 것과 그 후 기록들이 그것을 무비판적으로 전개한 데 있었다는 것을 찾게 된 필자는 종래에 그리 주의를 돌리지 않았던 문제들에 대하여 새로운 각도에서 고찰하였다. 그리하여 필자는 패수를 대릉하로, 만의 왕검성을 반산지방에, 그리고 전한대의 '낙랑군'을 난하와 요하 어간 지방에서 찾음으로써 고조선의 위치를 확정할 수 있는 3자의 동일한 결론을 얻었다. 이로써 고조선의 위치는 요동, 요서 지방에 있었던 것으로 확정하게 되었는바 필자의 결론을 더욱 유력하게 하여 주는 것은 다음의 기록들이다.

첫째로, 『성경통지(盛京通志)』[66]에 의하면 안동 북쪽의 봉황성(鳳凰

---

66) 우리가 비록 『성경통지』의 사료적 가치를 적지 않은 부분에서 의심을 둔다
  고 하더라도 그것이 지방들의 오랜 역사지리에 근거하여 작성한 것이라면

城)으로부터 우장(牛莊), 개평(蓋平), 북진(北鎭), 금주(錦州), 요양(遼陽) 등 요동지방의 일대와 바다를 건너서 산동반도의 연대시(煙台市) 일대가 주(周) 및 진대의 고조선의 영역으로 되어 있다.67) 『성경통지』의 이상의 기록을 전연 무시할 근거가 없는 이상 또 『성경통지』가 아무러한 근거도 없이 그와 같이 기록할 필요도 없는 이상 『성경통지』의 기록은 고조선 위치의 요동설을 매우 유력한 것으로 방증한다고 할 것이다.

다음으로 부언할 것은 『사기』에 "燕東有朝鮮遼東"68)이라 한 기사인바, 이 기사는 동서에 "(秦始皇)二十一年(기원전 226년)王賁攻薊 乃益發卒 詣王翦軍 遂破燕太子軍 取燕薊城 得燕太子丹之首 燕王東收遼東而王之"하였다는 것과 계속하여 "二十五年(기원전 222년) 大興兵使 王賁將 攻燕遼東得燕王喜"69)라고 한 한대 이전 시기 즉 연나라 문공(文公 : 기원전 361~333년) 시기에 고조선이 요동지방에 위치하였다는 엄연한 사실을 실증한다. 즉 기원전 226년경에 연나라는 계(薊), 오늘의 북경지방에 위치하였는데 진시황의 공격으로 그 태자는 살해되고 희왕은 요동으로 도망쳐 이후의 연나라를 '연요동(燕遼東)'으로 하고 그 이전 문왕 시기의 요동을 '조선요동(朝鮮遼東)'이라고 하여 요동지방이 고조선의 영역으로 되고 있었다는 것을 명백히 보여주고 있다. 이로써 기원전 4세기경의 고조

일정한 한도에서 취할 바가 없지도 않으리라고 인정한다. 이러한 의미에서 필자는 하나의 방증적 자료로서 『성경통지』의 기사를 인용하고자 한다.

67) "鳳凰城 · 周爲朝鮮界 秦同"
　　"海城縣(오늘 牛莊 동쪽 40리) 周屬朝鮮 秦同"
　　"蓋平縣(榮口 80리 발해 해안에서 동으로 10리) 周屬朝鮮 秦爲燕人衛滿所據"
　　"廣寧縣(오늘 北鎭 醫巫閭山) 周初爲朝鮮界 後屬燕"
　　"義州(錦州 부근) 周初爲朝鮮界 秦同"
　　"遼陽州 周屬靑州地 武王封箕子於朝鮮 爲朝鮮西界 戰國屬燕"
　　"復州(旅順과 蓋平의 중간 지점) 周爲朝鮮界 秦同"
　　"寧海縣(山東半島 최남단 오늘 煙台市와 威海衛市 중간 해안, 즉 養馬島의 대안) 周爲朝鮮界 秦同".
68) 『史記』 卷69, 蘇秦列傳 第9.
69) 『史記』 秦始皇本紀,

선은 분명히 난하 이동지방에 위치하였던 것을 확정할 수 있는 근거를 얻게 된다. 기원전 311~기원전 279년 연나라 소왕(昭王) 시 연의 장군 진개가 동으로 동호를 침략하여 양평에 이르는 장성을 구축함으로써 고조선은 연나라와 일시 만번한으로 경계를 삼게 되었고 "燕王東收遼東而王之"할 수 있게 되었던 것인데 그 후 진시황이 연을 정복하자 소위 '연요동(燕遼東)'을 진의 요동 '외요'로 삼았다.

　이상의 『사기』의 기사는 비록 그것이 단편적이며 간단한 역사 사변을 말한 것 같지만 당시의 위치를 실증적으로 파악할 수 있게 하는 귀중한 사료로 인정하며 동시에 요동고조선설의 결론에 대한 중요한 논거의 하나로 삼는 바이다.

(『고조선에 관한 토론 논문집』, 과학원출판사, 1963)

삼국의 사회경제구성에 대한 몇 가지 문제
-제 계급들의 호상관계를 중심으로-

고구려·백제·신라—삼국의 사회경제구성에 관한 문제는 삼국이 다(多)우클라드적 내용을 가지고 있는 관계로 어떠한 경제형태가 이 사회에 있어서 지배적인 것으로 되고 있었는가 하는 문제와 관련된다. 또한 그것은 어떠한 계급이 기본계급으로서 생산에 관계되었는가 하는 문제와도 관련된다.

따라서 나는 금번 토론에서 이 문제 해명의 중요한 한 측면으로 되는 삼국의 제 계급의 본질을 옳게 규명하고 여기에 토대하여 계급들의 호상관계를 보면서 그 곳에서 기본계급들을 찾아내어 삼국의 사회경제구성의 본질적 성격을 규명하고자 한다.

＊　　　＊　　　＊

나는 본 문제로 들어가기 전에 다음과 같은 몇 가지 문제를 명백히 할 필요가 있다고 본다. 그것은 삼국의 형성시기와 그 형성에로의 과도기의 제 특수성에 관한 문제, 삼국의 국가형태에 관한 문제, 그리고 삼국의 기본 구성형태를 동일한 것으로 보아야 하는가, 그렇지 않으면 각이한 구성형태로 보아야 하는가 등에 대한 문제들이다. 이러한 문제들에 대한 일정한 규정 없이는 문제를 구체적으로 제기할 수 없기 때문이다.

조선역사가 자기 발전 행정에서 노예제 사회를 경과하였는가? 그렇지 않으면 그것을 비약하였는가? 하는 문제를 우리가 제기할 때 종래에도 그러했고 지금도 그러하듯이 삼국시기 사회경제구성에 대한 문제와 관련시켜 논의하게 되었다. 그것은 삼국이 모두 원시사회를 계기하여 발생한 첫 계급국가들로 보이는 중요한 근거들이었기 때문이다.

그러나 역사적 사실은 삼국에 선행하여 사회경제, 정치 및 문화 면에 있어서 상당한 정도로 앞섰던 제 종족들이 또한 존재하였다는 사실들을 보여준다. 따라서 이것이 삼국의 형성과 깊은 연관성을 가지고 있었던 것은 무시할 수 없는 사실인데도 불구하고 이에 대한 문헌적 및 고고학적 자료의 빈약성과 특히는 그 과학적 연구의 빈약성 등으로 종종 이에 대하여 주의를 돌리지 않았거나 지어는 무시하려는 경향들까지 있었던 것이다.

우리가 삼국 형성을 논할 때 이러한 역사적 사실을 무시하고 원시사회 말기의 일반적 형태에서만 삼국의 형성을 찾아낸다면 그것은 문제를 정확히 보았다고는 할 수 없을 것이다. 때문에 나는 삼국 형성에 관하여 논의할 때에는 반드시 그 형성 이전에 깊은 관련성을 가지었으리라는 인접한 선진사회의 존재 조건에 대하여 주의하여야 한다는 것을 강조하면서 삼국 형성에로의 과도기와 그 특수성을 분석하려고 한다.

그런데 삼국이 고구려, 백제, 신라 등으로 순차적인 형성과정을 밟았다는 사실로부터 나는 편의상 가장 뒤떨어져 형성된 신라의 형성시기를 중심으로 하여 우리가 대상으로 하는 삼국시기의 출발점을 찾으려 한다.

주지하는 바와 같이 레닌은 『국가와 혁명』에서 "국가는 계급모순의 **불상용성**의 산물이요 표현이다. 국가는 계급적 모순이 객관적으로 화해될 **수 없는** 곳에서 그 때에 또한 그러한 한 발생한다. 이것을 거꾸로 말하면 국가가 존재한다는 것은 계급적 모순이 화해될 수 없다는 것을 증명하는 것이다"[1]라고 지적하였다.

이것은 실로 우리가 원시사회로부터 첫 국가형성을 보게 될 때에는 원시사회 말기에 이미 발생한 계급들의 모순이 일정하게 장성하여 호상 타협될 수 없게 되었을 때 국가는 발생하였다는 것을 말하여 준다. 따라서 우리는 국가형성에로의 상당한 과도기가 원시 말기에 존재하게 된다는 것을 인정하게 되는 것이며, 또한 그 시기는 상당한 정도로 장기성을 띠고 있었다는 것을 반드시 고려하여야 하는 것이다.

---

1) 레닌, 『국가와 혁명』, 조선노동당출판사, 8쪽.

맑스·레닌주의 창시자들에 의하여 명백해진 바와 같이 인류사회에서의 최초의 계급분열이 '노예와 노예주'였다면 신라가 아직 국가형성을 완성하지 못했던 그 이전 시기의 그 지방에 관한 노예기사는 그 곳에서의 국가 형성시기를 해명하는 데 있어서 중요한 내용으로 될 것이다. 신라에 관한 전설적 기사 중에 나오는 허다한 노예기록들은 논외에 둔다고 하더라도 우리가 신빙할 수 있는 것으로서 『위략(魏略)』에 보이는 다음과 같은 노예기사는 매우 중요한 내용으로 될 것이다. 즉

"왕망(王莽) 지황(地皇)시에 이르러 염사치(廉斯鑡)는 진한(辰韓)의 우거수(右渠帥)였는바, 낙랑의 토지가 아름답고 인민의 살림이 풍족하다는 것을 듣고 망명하여 투항코자 그 읍락을 떠났는데 밭에서 새를 쫓는 한 남자를 만나게 되어 그 말이 한인(韓人)과 다르므로, 물었더니 남자가 말하기를 나는 한인(漢人)으로서 이름을 호래(戶來)라 하며 우리 무리 1,500명이 벌목하다가 한(韓)의 습격을 받고 잡혀 모두 머리를 깎이우고 노예로 된 지 3년이 된다고 하였다. 염사치가 말하기를 나는 한의 낙랑군에 투항코자 하는데 너도 같이 갈 의사는 어떠한가 하니 호래가 좋다고 하여 염사치는 호래와 더불어 함자현(含資縣)에 다다라서 말하고 현은 군에 말하여 군은 즉시 염사치를 통역으로 하여 금중(芩中)을 좇아 큰 배를 타고 진한에 들어가서 호래의 무리를 찾으니 1,000명을 얻었으나 그 500명은 이미 사망하였었다. 염사치는 진한을 달래어 말하기를 네가 돌려보내야 할 500명이 만약 없다면 낙랑은 마땅히 1만 명의 군사를 보내어 배를 타고 와서 너를 칠 것이다. 하니 진한이 말하기를 500명은 이미 죽었으므로 우리는 마땅히 그 대가를 물 수밖에 없다고 하고 진한인 1만 5,000명과 변한포(弁韓布) 1만 5,000필을 내어 염사치가 거두어 가지고 돌아갔다."2)

---

2) 『三國志』魏書 東夷傳 韓條에 引用된 『魏略』, "至王莽地皇時 廉斯鑡爲辰韓右渠帥聞樂浪土地美 人民饒樂 亡欲來降 出其邑落 見田中驅雀男子一人 其語非韓人 問之 男子曰 我等漢人 名戶來 我等輩千五百人 伐材木 爲韓所擊得 皆斷髮爲奴 積三年矣 鑡曰 我當降漢樂浪 汝欲去不 戶來曰可 辰

이 사실은 기원전 23~20년 시기의 것으로 되고 있는바, 여러 조선 종족들에 있어서도 가장 낙후했으리라고 추측되는 한(韓)에 있어서 이미 노예들이 생산에 종사하고 있었다는 것을 보여주고 있다. 여기에 1만 5천 명의 인원이 송부된 사실은 진한사회 내부의 일정한 사회경제적 발전 면모를 반영하여 주는 것이라 할 수 있을 것이다. 여하간 이와 같이 한족들에 있어서 당시 노예제의 존재 내용을 보여주는 것으로서는 『삼국사기』에도 "말갈족을 맞이하여 일전에서 그를 격파하고 생구(生口)를 노획하여 장사(將士)에게 나누어 주었다"3)라는 기원 4년의 기사가 있다.

그런데 전게한 『위략』에서 또한 알 수 있는 바와 같이 한족들이 기원전시기에 한의 군현들과 일정하게 연계를 가지고 있었다. 이러한 사정은 다음 기사에서도 알 수 있다. 즉 '고조선' '준왕(準王)'이 위만(衛滿)에게 쫓기어 "그 좌우 궁인(宮人)을 거느리고 바다로 들어가 한지(韓地)에 머물러 있으면서 스스로 한왕(韓王)을 칭하게 되었으니 …… 지금도(『삼국지』편찬시기?-인용자) 한인(韓人)은 그를 받들어 제사하는 자가 있는 것이며, 한시(漢時)에는 낙랑군에 예속되어 사시로 조알하였다"4)라고 한 내용은(물론 그 구체적 내용에 대하여서는 애매한 점도 적지 않으나) 한제(武帝)가 '고조선'에 대한 침략의 구실로서 "진번(眞番) 진국(辰國)이 천자를 찾아 상서코자 하나 또한 이를 막고 있으므로 통하지 못하니"5) 운운을 들고 있는 것과 아울러 한족들이 기원전 2세기 이전에 이미 중국세력과 일정하게 교역관계를 가지고 있었으며 또한 '고조선'과 일련의 관계를 맺고

鑡因將戶來 來出詣含資縣 縣言郡 郡卽以鑡爲譯 從芐中乘大船入辰韓 逆取戶來降伴輩 尙得千人 其五百人已死 鑡時曉謂辰韓 汝還五百人 若不者樂浪當遣萬兵 乘船來擊汝 辰韓曰 五百人已死 我當出贖直耳 乃出辰韓萬五千人 弁韓布萬五千匹 鑡收取直還".

3) 『三國史記』卷23, 百濟本紀 溫祚王 22年條, "遇靺鞨族 一戰破之 虜獲生口 分賜將士".

4) 『三國志』魏書 東夷傳 韓傳, "準旣僭號稱王 爲燕亡人衛滿所攻奪 將其左右宮人 走入海居韓地 自號韓王 其後 絶滅 今韓人猶有奉其祭祀者 漢時屬 樂浪郡 四時 朝謁".

5) 『漢書』列傳 朝鮮傳, "眞番辰國欲上書見天子 又雍閼弗通".

있었다는 사정을 말해 주는 것으로 될 것이다.

사실에 있어서 고고학적 자료들이 보여주는 바와 같이 기원전 5~3세기경 북중국에서 사용되던 명도전(明刀錢)이란 화폐가 오늘 위원(謂原)지방으로부터 영변(寧邊)지방에 걸쳐 허다하게 출토되고 있는 사실은 그간의 사정을 말하여 주는 것으로 되며, 한4군 설치 이후 한족들이 빈번히 중국의 군현과 왕래하였다는 사정을 김해(金海)지방의 패총에서 발견된 왕망시기의 화폐인 화천(貨泉)이 또한 말해 주고 있다.

이상의 사실들로 보아 기원전 훨씬 이전 시기에 한족들이 중국문화 및 '고조선'의 일정한 영향을 받았으리라는 것은 의심할 바 없으며, 이것은 기원전 시기의 한족들의 상태를 상고하는 데 있어서 그 일면을 엿볼 수 있게 하는 것으로 된다. 과연 전게한 『한서』 조선전의 '진국(辰國)'이 바로 『삼국지』 위서 동이전 한전에 나타나는 "진한은 옛적의 진국이다"6)라고 한 것과 동서 변진조(弁辰條)에 "그 12국이 진왕(辰王)에게 속하였던 바, 진왕은 마한 사람으로써 되는 것이 세습되었으나 진왕은 자립하여 왕으로 될 수 없었다"7)라고 한 '진왕의 진국'과 관련되는 것으로 본다면 한족 중 그 일부 선진지방에는 일정하게 상당한 정도의 정치적 기구(물론 하나의 원시적 종족동맹체로 보아지나?)도 존재하였다는 것을 부정할 수 없는 것이며, '옛적의 진국' 운운으로 보아 이전 시기에 이미 상당한 정도로 발전한 종족동맹체의 존재를 인정하게 되는 것이다.

계급분화의 안받침으로 되는 생산력 발전수준에 대한 고찰은 국가형성에 대한 문제에 있어서 중요한 내용으로 된다. 당시의 생산력 발전의 하나의 중요한 표징으로 되는 철기 사용에 대한 기사로서 『삼국지』의 다음의 기록을 인용할 수 있다.

"나라에 철이 생산되어 한(韓)·예(濊)·왜(倭)가 모두 이 곳에서 취하였으며, 모든 매매에는 모두 철을 이용하였으니, 마치 중국에서 화폐와 같이 통용되었고 또한 철은 2군(낙랑과 대방군-인용자)에 공

---

6) "辰韓者 古之辰國也".
7) "其十二國屬辰王 辰王常用馬韓人作之 世世相繼 辰王不得自立爲王".

급되었다.”8)

이것은 3세기 당시의 형편을 말해 주는 것으로 생각되거니와, 그러나 철의 사용이 이만큼 되자면 그 사용의 시초는 적어도 그 이전 수백 년을 올라가 보아야 할 것인바, 즉 고고학적 자료들이 보여주는 바와 같이 기원 전후 시기의 것으로 알려져 있는 김해지방의 패총에서 철기의 일부와 철괴(鐵塊)가 발견된 사실은 이것을 실증해 주고 있다.

이상의 내용들은 『삼국유사』에 “보습을 제작하며 빙고(氷庫)를 마련하며 승차(乘車)를 만들었다”9)란 기원 초에 해당하는 신라에 관한 기록과 일면에 있어서 부합된다고 보인다.

당시 철기 사용과 관련되는 것으로 농업의 상당한 발전은 여러 기록들에서 찾아보게 되는바, “농상(農桑)을 장려하여서 토지의 이용을 다하도록 하였”10)으며 “곡식의 노적(露積)이 들을 덮었다”11)는 내용들이 그것이다. 사실에 있어서 전기한 김해패총에서 철기와 더불어 쌀 덩어리가 발견되었던 것이며, 기원 초에 백제지방에서도 ‘도전(稻田)’12)의 개척사업들이 수행되고 있었던 것이다.

이러한 농업발전의 내용은 전술한 ‘1만 5천 필의 포(布)’ 운운의 기록과 더불어 기원 전후 시기의 ‘진한’ 쪽에 있어서 상당한 정도의 생산력 수준을 말해 주는 것으로 생각되며, 이것은 또한 공동체 내의 재산상의 상당한 불평등의 조성과 동시에 노예노동력의 가치에 대한 상당한 제고를 야기시켰으리라고 볼 수 있을 것이다.

“고구려의 무휼(無恤 : 고구려의 대무신왕-인용자)이 낙랑을 습격하여 그를 격멸하니 그 나라 사람 5,000명이 내투(來投)하므로 6부에 나

---

8) 『三國志』 魏書 東夷傳 弁辰條, “國出鐵 韓濊倭皆從取之 諸市買皆用鐵 如中國用錢 又以供給二郡”.

9) 『三國遺事』 卷1, 第3 弩禮王條, “製犁耜及藏氷庫 作車乘”.

10) 『三國史記』 卷1, 新羅本紀 赫居世居西干 17年, “王巡撫六部 妃關英從焉 勸督農桑 以盡地利”.

11) 同上 30年, “露積被野”.

12) 同上 卷23, 百濟本紀 多婁王 6年, “下令國南州郡始作稻田”.

누어 거처케 하였다.”13)

이 기록은 기원 초 신라 중심부인 6부의 형편을 보여주는 것으로 중요시되거니와 동시에 “민(民)이 굶게 되어 창고를 열어 구제하였다”14)라든지 “관리에게 명하여 곳곳마다 홀아비, 홀어미, 고아, 아들없는 늙은이, 병든 이로 자활할 수 없는 자를 위문하여 식료를 주어 부양케 하였다”15) 등은 이 사회가 이미 훨씬 이전 그 어떤 시기에 토지경작에 있어서 가족적 단위로서와 그 생산물의 점유로 되는 농촌공동체적 관계로 넘어섰다는 것을 보여주고 있다. 즉 공동체 내에 굶어 죽게 된 자와 이를 구제할 만큼 부유한 자와의 분열이 상당한 정도로 나타나고 있는 사실을 말하게 되며 이러한 사회에서 이미 사유제의 상당한 발전을 보게 되는 것은 의심할 바 없는 것이다. 사실에 있어서 사유제에 대한 사회적 승인과 동시에 그 옹호 내용을 우리는 찾아보게 된다. 그것은 “법속이 특히 엄격하였다”16)라는 원시법의 특징적 내용에서도 알 수 있다.

이러한 내용들이 기원 전후 시기의 ‘진한’ 지역에서의 사회경제적 형편의 일단을 말해주는 동시에 계급분화의 일정한 깊이를 보여주는 것이라고 생각한다. 신라가 ‘진한’을 계승한 것으로 본다면, 또 『삼국사기』의 기록을 전적으로 무시할 수 없다면 이 때에 이미 ‘거서간(居西干)’, ‘차차웅(次次雄)’ 및 ‘이사금(尼師今)’ 등으로서의 ‘왕’의 존재와 일정한 정치적 기구도 출현하고 있는 것을 인정하게 될 것이다.

바로 이러한 발전은 기원전 수세기 간에 준비되었던 것이며, 그것은 매우 이른 시기로부터 보다 앞섰던 여러 종족들과의 호상교류와 그간의 착

---

13) 『三國史記』卷1, 新羅本紀 儒理尼師今 14年, “高句麗王無恤 襲樂浪滅之 其國人五千來投 分居六部”.

14) 同上 南解次次雄 15年, “蝗 民饑 發倉廩救之”. 참고삼아 백제의 기원 초의 기록을 인용한다면 同上書 卷23, 溫祚王 33年, “大旱 民饑相食 盜賊大起” 하였던 것이다.

15) 同上 儒理尼師今 5年, “仍命有司 在處存問 鰥寡孤獨老病不能自活者 給養之”.

16) 『三國志』魏書 東夷傳 弁辰條, “法俗特嚴峻”.

잡한 가운데서 발전한 것이다. 그리하여 형태상 보다 원시적 내용들을 많은 부분에서 보유하면서도 일방에서는 선진적인 내용들을ー이 점이 우리의 관심사로 주목된다ー보여주게 되는 것으로 생각된다. 여기에 강조하여야 할 점은 그 후 오랜 시기의 역사가 보여주는 바와 같이 중국의 여러 앞선 문화와의 빈번한 교류가 진행되었음에도 불구하고 신라의 고유한 오랜 전통이 좀처럼 깨어지지 않았다는 사실이다. 그러나 이것을 단순히 낮은 생산력을 가진 신라가 높은 생산력을 가지는 중국의 영향에 의하여 비약적인 발전을 보게 됨으로써 자체의 낡은 잔재를 많은 부분에 보유하게 되었다고 보아서는 안 된다. 오직 원시적인 내용을 많은 부분에서 보유하게 되는 것은 "종족이 토지의 과실을 노동에 의하여 점취(占取)하는 경제적 제 조건에 따라서"[17) 지어지게 된다는 그것 이외의 다른 이유는 없다. 여하간 신라의 사회경제적 상태가 바로 맑스·엥겔스에 의하여 집대성되고 정식화된 고전적 공동체와 공동체적이란 그 점에서 일견 근사한 형태를 보여주고 있다. 그러나 다음의 제 점들에서 구별되고 있다는 것을 보아야 한다. 즉 고전적인 사회에서와 같이 보다 순수한 발전과정을 밟지 않았으며 동시에 일면 공동체적 형태를 보다 많은 부문에서 보유하고 있으나, 타방으로 사회경제적 면에서는 발전된 면모들을 가지고 있는 것이다.

   * 엥겔스는 『가족 사유재산 국가의 기원』에서 '왕'이란 명칭의 출현과 그 세습화와 동시에 미약한 형태의 국가기구의 일정한 편성 등의 출현을 보여주면서 그러나 이러한 사회에서는 "아직도 부족한 것은 하나뿐이었다. 그것은 즉, 개개의 사람들이 새로 획득한 부를 씨족제도의 공산주의적 전통에 대하여 옹호하여 줄 뿐만 아니라 또 이전에는 그처럼 경시당하던 사유재산을 신성화하고 그 신성화를 저 인간사회의 최고 목적으로 선언할 뿐만 아니라 점점 발전하여 가는 재산획득의 새로운 형태에 대하여, 따라서 또 부의 끊임없는 가속도적 축적에 대하여 전반적인 사회적 승인의 낙인을 찍을 그러한 제도였다. 부족한 것은 개시되고 있는 계급으로의 사회의 분열뿐만 아니라 유산계

---

17) 맑스, 『전자본주의 생산의 제 형태』(일본어판), 1953, 240쪽.

급의 무산계급 착취에 대한 권리 및 후자에 대한 전자의 지배도 영구화할 제도였다. 그리고 이러한 제도는 나타났다. 국가가 발명되었다"[18]라고 강조하면서 '영웅시대'의 특징적 내용을 정식화하였다. 모든 면에서 국가적 내용을 보유하였으나, 바로 사유재산제에 대한 사회적 승인의 낙인이 즉 그것을 옹호하는 데까지는 도달되지 못하였던 것이다.

그러나 전술한 바와 같이 우리에게서 이것과 구별되어 많은 부분에서 원시적 형태를 뒤집어쓰고 있으나 그러한 사유재산제에 대하여서 일정하게 보다 발전된 형태를 보여주고 있다는 점에 주의할 필요가 있다.

요컨대 나는 신라가 기원 전후를 중심으로 하여 계급사회로 급속히 과도하게 되었으리라는 결론을 가지게 된다. 다음으로 국가 형성의 표징으로 되는 몇 가지 자료를 인용하여 기원후 급속히 국가적 면모를 완성하여 갔던 신라를 고찰하려 한다.

기원 초 이후 3세기 초에 이르는 시기에 자주 '6부 경병(勁兵)'[19]을 발동시켰다는 기록이 『삼국사기』에 보이는바, 이것은 신라의 핵심적 군대로서 신라의 '친위병'의 역할을 담당한 것으로 생각되나 1세기 중엽의 기록으로 "백제가 군사를 보내어 와산성을 공격했고 또 10월에는 구양성을 공격하여 왕이 기병 2,000을 보내어 그를 격파하여 물리쳤다"[20]라고 한 것과 같이 이 군대가 단순한 공동체 성원의 자위적인 민병(民兵) 그것으로

---

18) 『맑스・엥겔스 전집』, 조선노동당출판사, 457쪽.

19) 『三國史記』 卷1, 新羅本紀 南解次次雄 11年, "倭人遣兵船百餘艘 掠海邊民戶發六部勁兵以禦之". 이러한 '六部兵'의 활동에 대하여서는 奈解尼師今 14年(기원 209년)에도 "浦上八國謀侵加羅 加羅王子來請救 王命太子于老 與伊伐湌利音 將六部兵往救之 擊殺八國將軍 奪所虜六千人還之"라고 하였는바, 이것이 '六部兵'에 관한 기록으로는 최후의 것으로 되고 있는 것 같다.

20) 同上 脫解尼師今 8年, "秋八月 百濟遣兵攻蛙山城 冬十月 又攻狗壤城 王遣騎二千擊走之".

만 보기는 어렵다. 그것은 "영을 내리기를 지금 창고가 비고 병기가 무디었으니 만약에 수한(水旱)의 재해와 변방의 위험이 있게 되면 어떻게 이를 막으랴. 마땅히 관리로 하여금 농상을 장려하고 전구(戰具)를 단련하여 불의에 준비케 하라 하였다"[21]라고 한 바와 같이 당시 무기고의 존재를 보여줌으로써 전기 군대가 하나의 '민병' 그것과는 구별되는 군대였으리라고 볼 수 있으며, 또한 당시 자주 '알천에서 열병'[22]하고 있는 사실은 더욱 그것을 확증하여 준다.

그리하여 2세기 초에는 "실직이 반란을 일으키므로 병사를 일으켜서 그를 평정하고 그 나머지 무리를 남쪽 지방으로 옮겼다"[23]고 하였는바, 이와 같이 피지배 촌락에 대한 반란을 진압한 사실은 그 후 얼마 안 가는 시기에도 또 있었다. 여기서 우리는 분명히 상당한 정도의 무력 장치의 내용을 인정할 수 있게 되는 것이다.

다음으로 1~2세기경의 신라의 폭력기관으로서 우리의 주의를 끄는 것은 빈번히 보이는 "빈곤하여 생활을 유지하지 못하는 자"들의 발생과 더불어 122년경에는 "흉년이 들어서 도적이 많았다"[24]는 형편까지 나타났던 것인바,

> "(국왕이-인용자) 주군을 순행하고 창고를 열어 백성들에게 베풀어 주며, 죄수를 보살펴 사형죄수가 아닌 것은 모두 놓아 주게 하였다"[25]

라는 1세기 말의 기록은 그간의 사정을 말해 주는 것으로 당시 분명히 감옥의 존재를 보여주고 있다.

---

21) 同上 婆娑尼師今 3年, "下令曰 今倉廩公匱 戎器頑鈍 儻有水旱之災 邊鄙之警 其何以禦之 宜令有司 勸農桑 練兵革 以備不虞".
22) 同上 婆娑尼師今 15年, "閱兵於閼川".
23) 同上 25年, "悉直叛 發兵討平之 徙其餘衆於南鄙".
24) 『三國史記』卷1, 新羅本紀 祇摩尼師今 11年, "飛蝗害穀 年饑多盜".
25) 同上 婆娑尼師今 2年, "巡撫州郡 發倉賑給 慮獄囚 非二罪悉原之".

이러한 죄수들에 대한 석방은 2세기 이후로는 일일이 매거할 수 없으리만큼 허다히 있는 것이다.

이상과 같이 1~2세기에 이미 신라에서 지배와 억압을 위한 폭력기관이 설치되고 있었던 것을 알 수 있거니와 다음에 논할 행정구의 편성내용과 결부시켜 볼 때에 당시 신라의 상태는 더욱 명백해질 것이다.

그것은 "박씨 귀척으로써 국내의 주군을 나누어 다스리게 하니 호(號)를 주주(州主), 군주(郡主)라고 하였다"[26]는 것과 같이 중앙으로부터 지방에 관리를 파견한 것을 말하고 있는데, 그간의 사정을 더욱 확증하여 주는 것은 "사자(使者) 10인을 파견하여 주주, 군주가 공사에 게을리하여 전야를 많이 거칠게 한 자를 관찰하여 강직 혹은 철직하였다"[27] "영을 내리어 …… 제 주군은 제방을 수축하고 전야를 널리 개척하라 하였다"[28] 등의 기사들이다. 여기에 영역에 대한 행정구로서의 구분을 보여주고 있을 뿐만 아니라, 그 행정구가 공적 권력의 발동조직으로 되고 있었던 사실은 인민으로부터 공적 의무의 부담으로서의 조세수취를 말하여 준다. 즉 "수재(水災)를 만난 주현의 1년 간 조세를 면하여 주었다"[29]라는 기사는 2세기 말의 사실을 보여주는 것이다. 이것으로 인민들의 조세부담이 이미 그 이전 상당한 시기로부터 존재하였으리라는 것은 의심할 바 없다.

여기에 잠시 엥겔스에 의하여 정식화된 국가조직이 원시적 사회조직과 특징적으로 차이되는 표징들에 대하여 고찰하여 보는 것은 우리 문제 해명에 도움으로 될 것이다.

엥겔스는 『가족 사유재산 및 국가의 기원』에서 "낡은 씨족적 조직과 비교한다면 국가는 첫째로 **지역적 구분**에 의하여 국민을 구분하는 데 특색이 있다. …… 둘째 특징은 무장세력으로서 조직된 주민과는 이미 직접

---

26) 『三國史記』 卷1, 新羅本紀 脫解尼師今 11年, "以朴氏貴戚 分理國內州郡 號爲州主郡主".

27) 同上 婆娑尼師今 11年, "分遣使十人 廉察州郡主不勤公事 致田野多荒者 貶黜之".

28) 同上 逸聖尼師今 11年, "下令 農者政本 食惟民天 諸州郡修完堤防 廣闢田野".

29) 同上 奈解尼師今 3年, "國西大水 免遭水州縣一年租調".

합치하지 않는 공적 권력의 창설이다. …… 이러한 공적 권력을 유지하기 위하여서는 공민의 공납 …… 조세가 필요하다"[30]라고 지적하였다.

역사적 사실들이 보여주는 바와 같이 이상의 표징들은 희랍의 '영웅시대'나 로마의 '왕 시대'에도 나타나지 않았으며, 바로 노예제 사회를 비약하였다는 기원 전후~3세기에 이르는 게르만족에 있어서도 또한 생산력이 고도로 발전한 원시 말기에 처하였던 슬라브족의 '공후국(公侯國)' 시기에도 찾아볼 수는 없는 것이다.

그러나 논술한 바와 같이 신라를 중심으로 고찰한 내용에서 이미 기원 2세기경에는 이러한 국가 표징들이 명백한 것이다. 그리하여 나의 결론은 아무리 신라의 국가형성을 늦추어 본다고 하더라도 3세기 초에는 국가기구를 완성한 것으로 보아진다. 물론 여기에 그 국가의 형태상의 문제나 그 영토의 범위* 여하는 본시 우리의 문제로 될 수 없다.

 * 당시 신라의 그 주변에는 허다한 씨족 내지는 종족들이 존재하고 있었으며 그리하여 2~3세기에는 이들에 대한 활발한 정복 병합을 위한 전쟁이 진행되고 있었다. 이러한 형편은 4세기 말 당시의 「광개토왕비문」에서 보는 바와 같이 중국 이외에 남쪽지방에는 한예(韓濊)족들이 분산하고 있었던 것을 보여주는바, 동 비문은 '백제 남쪽의 한족(百殘南韓族)'을 정복한 사실을 말하면서, 그것이 하나의 독자적인(혹은 백제의 예속하에 있었는지도 모르나) 세력을 가지고 존재한 사실을 보여주고 있는 것이다.

여기에 레닌의 다음과 같은 교시를 인용하는 것은 무의미하지 않을 것이다. 즉 "그 때에는 사회도 국가도 지금 것보다 비상히 적었으며 비교할 수 없이 극히 약한 위탁기관들을 가지고 있었으니, 그 때에도 현대식 교통기관 같은 것이 없었습니다. 산악, 강하, 해야(海野)는 지금보다 비교할 수 없이 막대한 장해물로 되었습니다. 까닭에 국가는 극히 협소한 지리상 경계의 범위 내에서 형성되었습니다. 기술적으로 약한 국가기관은 비교적 협소한 경계와 협소한 활동 범위 내에 있는

---

30) 『맑스 · 엥겔스 전집』, 조선노동당출판사, 501~503쪽.

국가에 봉사하였습니다. 그래도 어쨌든 그는 노예로 남아 있게 강제하고 사회의 일부를 다른 일부에게 억압당하게 하고 압박받게 하는 기관이었습니다."[31]

이러한 형편에 대하여서는 고구려나 백제에 있어서도 "경계를 동으로 넓히어 창해(滄海)에 이르고 남으로 살수(薩水 : 청천강-인용자)에 이르렀다"(『三國史記』 卷15, 高句麗本紀 太祖大王 4年)라든지 "드디어 경계를 확정하였는바 북으로 패수(浿水 : 대동강?-인용자)에 이르고 남은 웅천(熊川 : 금강-인용자)에 한정되고 서는 대해요, 동은 주양(走壤)?으로 끝이었다"(同上 卷23, 百濟本紀 溫祚王 13年) 등이 그간의 사정을 말해 주고 있다.

그러니 삼국 형성 초기의 영토는 보다 협소했으며, 바로 삼국이 호상 국경을 접하던 때는 삼국이 각각 상당히 발전하던 시기인 것이다.

여기에 본론과는 약간 어긋나는 감이 있으나 자료 취급에 있어서 몇 가지 문제를 처리하고 넘어갈 필요가 있다. 전술한 바와 같이 나는 주로 『삼국사기』에 많은 주의를 돌리면서 신라 국가형성을 논하였다. 그러나 혹자들의 주장하는 바와 같이 『삼국지』 위서 동이전의 기록은 3세기까지도 마치도 남조선 지방이 원시적 상태에 놓여 있었던 것 같이 기록되어 있다는 점[32] 특히는 그 저서가 3세기경의 것으로 되고 있다는 데로부터 당시 남조선 지방을 원시사회로 이해하여야 한다는 견해들에 대하여 몇 가지 문제가 제기되는 것이다.

---

31) 레닌, 『국가론』(조선어판), 국제도서출판소, 20~21쪽.

32) 『삼국지』 위서 동이전의 한족들에 대한 기록들 중 "우마를 탈 줄 몰랐으며 우마는 오직 喪用(묘 속에 매장하기 위한)으로만 알고 있었다", "구슬로써 재보로 삼으며 혹은 옷에 꿰매서 장식으로 하거나 혹은 목에 걸거나 귀에 매달았으며 金, 銀과 수놓은 비단을 珍奇하게 여기지 않았다" 등이라든지, 70여의 '小國'을 열거하면서 "각각 장수가 있어서 큰 자는 臣智라 하였고 그 다음은 邑借라고 하였는데, 이것들이 山海 간에 산재하였으며 城郭은 없었다", "國邑에는 비록 主帥가 있었으나 읍락이 잡거하여 능히 잘 통제하지 못하였다" 등이 그것이다.

물론『삼국지』의 저자 진수(陳壽)는 분명히 3세기 이전 시기의 우리의 역사적 사실을 기록하고 있는 것은 부정할 수 없다. 동시에 적지 않은 경우에 있어서 전후 모순되는 내용물을 나열함으로써 그간의 사정을 매우 모호하게 하는 것도 부정할 수 없다.[33) 그것은 특히 한족(韓族)들에 대한 기록에서 혹심하며 단편적인 내용들에서 주목되는 바와 같이 매우 발전된 상태를 말하는가 하면 반면에 원시적 상태 그대로의 내용을 기록하고 있는 것이다.

때문에 나는『삼국지』위서 동이전의 기록을 3세기까지 이르는 그 이전의 수세기의 형편들을 순차성 없이 또는 또는 한족들의 발전 정도에 있어서 뒤서고 앞선 지방적 불균형성을 고려하지 않고, 즉 오직 발전된 당시 중국 사가의 주관적 호기심에 사로잡혀 때로는 발전된 특징적 내용을 소개하면서도 또한 낙후한 원시적 면들에 흥미를 느끼는 데로부터 양자가 잡다하게 뒤섞여 서술된 것이 아닌가 생각한다.

그러나 종종『삼국지』위서 동이전의 기록 중에서 발전된 형편에 대하

---

33) 몇 개의 전후 모순되는 점을 들어 본다면 다음과 같다. (ㄱ) '無城郭'이라고 한 그 대목에서 곧 '築城郭'을 기록하였으며, (ㄴ) "우마는 오직 장용에만 사용되었다"고 하면서도 "우마를 타며 수레를 끌었다"고도 하였으며, (ㄷ) "금, 은과 비단을 귀중히 여기지 않았던(?)" 당시 사실에 있어서는『삼국지』저자도 인정하고 있는 바와 같이 "토지가 비옥하여, 오곡과 벼농사가 잘 되었으며, 蠶桑에 밝아서 비단을 생산하였"던 것이며, "철을 화폐로 사용"할 정도로 교환관계가 발전하고 있었던 것이다. 또한 3~5세기경의 고분들에서 발견되는 높은 기술을 보여주는 금색찬란한 금관, 금귀고리 등의 내용과 모순되는 것이다. 이와는 반대로 1세기 중엽에 "명을 내리어 민간에서 금, 은, 주옥을 사용하는 것을 금지하였다"는『삼국사기』의 기록이 그간의 실정을 보여주는 것으로 타당한 것이다. (ㄹ) '진한'에서 "국읍에 거수가 있었던" 정도라고 하면서 "진한은 옛적의 辰國이라"던지 또는 '辰王'이 '진한 12국'을 통솔한 것 같은 내용을 말하고 있다 등등. (ㅁ) 동서에는 "桓靈 말기(2세기 후반기-인용자)에 韓濊가 강성하여 군현(낙랑군-인용자)이 통제할 수 없게 되어 (군의) 인민이 많이 韓國으로 흘러 들어갔다"라고 말하고 있는바, 이것은 당시 조선족이 漢의 침략세력을 반대한 그것으로 되거니와 2세기경 韓족 중에서 점차 정치적 단결의 형성과 관련되는 것으로 볼 것이다.

여 주의를 적게 돌리면서 보다 낙후한 상태에 대하여 관심을 돌리며 마치도 3세기 당시의 상태를 가장 잘 정리한 문헌으로 속단하고『삼국사기』나『삼국유사』의 기사는 도리어 신빙할 수 없는 것으로(?)34) 처리한다면 우리의 문제를 혼란에로 몰아넣게 될 것이다.

물론『삼국지』에서뿐만 아니라『삼국사기』에서도 즉각적으로 우리에게 주목되는 것은 공동체적 관계가 상당한 정도로 농후하게 표현된 점이다. 바로 문제는 여기에 있는 것이며, 때문에 우리 문제를 어렵게 하는 것도 이런 까닭이다. 여하간 그것이 원시사회의 그 원시적 공동체 관계였던가? 하는 것을 분간할 문제만이 중요하게 제기될 것이다. 즉 문제는 왜 그러한 형태를 뒤집어쓰고 있는 것으로 기록되었는가? 하는 문제인 것이다. 이러한 방향에서만『삼국지』위서 동이전의 기록이 정당하게 이해될 수 있으며, 우리 문제를 앞으로 전진시킬 수 있을 것이다.

삼국 형성에 관한 문제로 다시 돌아오자. 이상에서 나는 삼국 중에서도 가장 뒤에 형성된 신라를 고찰하였다. 이로써 기본적으로 제기된 본 문제의 출발점은 일정하게 밝혀진 것으로 된다.

그러나 그보다도 앞서 고구려가 형성되었다면 얼마나 앞섰던가? 하는 문제가 남게 된다. 나는 이 문제에 대하여 여기에 장황하게 논술할 필요를 느끼지 않는다. 그것은 몇 가지 다음의 기록을 인용함으로써 충분히 논증

---

34) 물론『삼국사기』나『삼국유사』가 12세기 이후에 저술되고 있으며, 또한 적지 않은 점에서 두찬을 면치 못하고 있으나, 이것들이 이전 시기의 조선의 고전들을 기본자료로 하여 편찬되었으며 동시에 편찬자들이 비교적 정확성을 기하려고 노력한 흔적을 무시할 수 없는 것이다. 예컨대 자기 의견은 주를 붙여 별도로 취급하고 있는 것이라든지, 특히 그 명백한 사실로서는 중국 문헌과 대조하면서 "漢書의 기록과 조선의 고기가 서로 틀리어 혹시『한서』의 기록이 잘못된 것이 아닌가?"(『三國史記』卷15, 高句麗本紀 太祖大王 90年)라든가 "蠶友落部 大家 戴升 등 1만여 家가 낙랑에 말하여 漢에 투항하였다"란 기사와 "後漢書에서는 大加 대승 등 만여 口" 운운(『三國史記』卷14, 高句麗本紀 閔中王 4年)의 기사를 병기하여 그 정확성을 기하려 하였다는 일례만 보아도 충분할 것이다. 여하간『삼국사기』나『삼국유사』를 경시할 수 없는 기본사료로 인정하여야 할 것은 재론할 여지가 없으며 사실에 있어서 이것을 무시하고 어떻게 조선고대사를 운운할 수 있겠는가?

될 수 있으리라고 보고 있기 때문이다.

많은 고고학적 자료가 보여주는 바와 같이, 또 문헌적 내용들이 말하는 바와 같이 고구려는 보다 일찍이 중국문화와 접하게 되었는바, 이것이 오랜 전통을 가지는 고유한 문화와의 접촉으로 인하여 착잡한 가운데서 발전하였고 기원전 108년 '고조선' 지역에 한4군이 설치되었을 때에는 그 내부에 있어서 상당한 정도로 계급사회에로 이행하고 있었다고 보인다.

특히 주목되는 것은 한4군 중 '진번(眞番)', '임둔(臨屯)', '현도(玄菟)' 등 삼군이 사실상 이름만 가지는 것이었으며 그 설치 20여 년 후 2군은 폐지되고 '현도'군은 북쪽으로 쫓겨 가고 있는 사실이다. 이것은 부여 및 고구려의 강화 내용과 관련된다고 생각된다.

그리하여 『삼국사기』에 의하면 기원 초에 감옥의 존재를 말하는 것으로서 "국내에 대사령을 내렸다"[35]는 사실이 보여주며 "성읍을 삼았다"라든가 "군현으로 하였다"[36] 등 정복된 지역이 행정구로 편성되고 있으며 "대신 구도, 일구, 분구 등 3인을 내쫓아 평민으로 삼았다. …… 그리하여 드디어 남부사자 추발소로 그들을 교체시켜 부장으로 삼았다. 발소가 부임……"[37] 운운에서와 같이 중앙으로부터 관리가 파견되고 있는 사실들을 찾아볼 수 있는 것이다.

따라서 고구려는 늦어도 1세기 중엽에는 국가기구를 완성한 것으로 볼 수 있으며 이러한 형편은 백제에 대해서도 긍정할 수 있는 사료들을 『삼

---

35) 『三國史記』卷13, 琉璃王 23年, "大赦國內"란 말은 분명히 감옥의 존재를 말하여 준다. 그러나 『삼국지』 위서 동이전 고구려에는 "감옥이 없었으며 죄인은 諸加들이 평의하여" 즉석에서 판결한 것으로 되고 있으며 『삼국지』보다 백여 년이나 후기에 편찬된 『後漢書』에도 그 문구가 그대로 기록되어 있다. 이러한 두찬은 중국 사기들에서 흔히 변방지방에 대한 기사들에 허다히 반복되고 있다. 『삼국지』의 기록도 이러한 데로부터 온 것이 아닐까?

36) 『三國史記』卷13, 東明聖王 6年, "王命烏伊·扶芬奴 伐太白山東南荇人國 取其地 爲城邑"; 卷14, 大武神王 9年, "王親征蓋馬國 殺其王 …… 但以其地爲郡縣".

37) 同上 卷14, 大武神王 15年, "黜大臣仇都·逸苟·焚求等三人爲庶人 此三人爲沸流部長 …… 遂使南部使者鄒穀素 代爲部長 敎素旣上任".

국사기』는 보여준다.38)

그리하여 삼국의 국가형성은 1~3세기 어간에 완료된 것으로 결론하게 된다. 그런데 문제는 과연 삼국이 각이한 사회구조에 선 국가이겠는가 하는 그것이다. 그러나 삼국이 형태상 각이한 특수성들을 가지고 있었다고는 하나 모두 근사한 환경에서 형성되고 있는 것과 사실에 있어서 그 초기에는 종종 연합하여 한의 침략을 반대하였으며39) 오랜 역사적 발전 행정에서 호상 교류하였고 특히는 동일하게 공동체적 형태를 다분히 보유하면서 매우 협소한 지역에서 또 미약한 기구로서 출현한 것과, 동시에 시간적으로 약간의 뒤서고 앞선 점은 있으나 그간에는 호상 밀접한 관계를 가지었다는 등등에서 우리가 이상의 제 내용을 인정한다면 삼국의 기본상 동일한 경제구조에 섰으리라고 전제하여 큰 잘못은 없을 것이라고 생각된다. 때문에 구태여 본론에서 삼국을 각기 취급할 필요를 인정하지 않은 근거가 여기에 있다.

이 문제의 해명에 있어서 중요하게 제기되는 것은 공동체적 관계의 잔존이다. 『신증동국여지승람(新增東國輿地勝覽)』을 읽는다면 곧 그 고적조(古跡條)에서 무수한 '향(鄕)' 및 '부곡(部曲)'들을 발견하게 될 것이다. 우선 '부곡'만을 계산하여 보면 대동강 이남지역에서 400여 개에 달하며, 여기에 '향'까지 합친다면 무려 600여 개로 된다. 그런데 『고려사』의 지리지를 보면 고려시기에 불과 30여 개소의 '부락'이 존재하였던 것이며, 그것도 그 중 20여 개소의 '부곡'이 현(縣)으로 개편되고 있다. 그리하여 이조 이후로는 10여 개가 남게 되었는바, 과연 『세종실록지리지(世宗實錄地理志)』는 15세기 당시 10여 개소의 '부곡'의 잔존을 보여주고 있다. 이상의 계산에서 '향' 및 '부곡'이 고려 이전 그 어느 시기에 광범한 지역에 존

---

38) 전술한 바와 같이 기원 전후 시기에 남조선의 사회경제적 형편을 전제로 하여 『삼국사기』의 기록들을 종합한다면 백제의 국가형성도 고구려보다 그리 늦지 않았던 것 같으며, 특히 고구려와 깊은 관계를 일찍이 가졌다는 것을 인정한다면 용이하게 백제 문제는 해명되어질 것이다.

39) 『後漢書』 東夷傳 高麗, "가을에 宮(太祖大王-인용자)이 드디어 馬韓, 濊, 貊의 수천 명의 기병을 거느리고 玄菟城을 포위하였다."

재하였다는 것을 알 수 있다. 그리하여 고려시기 이후의 그것들은 선행한 시기의 유재된 것이었으며, 따라서 그 소멸과정을 밟고 있었다는 것을 알 수 있다.

그런데 우리의 주목되는 바는 '향' 및 '부곡'들의 명칭이 그 30% 이상이나 '이두식(吏讀式)' 표기로 남겨져 있는 것이다. 조선역사상에 있어서 지명들이 한식화(漢式化)된 것을 대체로 통일 이후(8세기)로 본다면[40] 그 이전 시기에 상당한 정도로 '향' 및 '부곡'이 존재하였으리라는 것은 당연한 결론으로 된다.

사실에 있어서 이조시기에는 그것들이 하나의 말단행정구로서의 내용만을 보유하고 있는바, 그리하여 많은 당시 학자들이 그 본원적 내용에 대하여 이러저러하게 생각하고 있었던 것도 우연하지 않았다.

『동국여지승람』의 편자는 '향' 및 '부곡'을 설명하여 "지금 생각건대 신라가 주군을 설치할 당시 그 전정(田丁) 호수가 현을 이룰 만하지 못한 곳을 혹은 향이라 하고 혹은 부곡으로 하여 소재하는 읍(邑)에 속하게 하였을 것이다"라고 하면서 계속하여 "이상의 제 소에는 모두 토성(土姓)을 가지는 관리와 백성이 있으니 …… 즉 그것은 성씨(姓氏)의 근거지였다"[41]라고 하였으며, 다산 정약용(茶山丁若鏞)은 『경세유표(經世遺表)』에서 "까마귀가 모이고, 짐승들이 모이듯, 스스로 이루어진 부락을 이름지어 부곡이라 하였다"[42]라고 보았다.

---

40) 『新增東國輿地勝覽』을 보면 절대 다수의 지명들이 신라 景德王時에 漢式 명칭으로 개칭되고 있는 것을 알 수 있으며 바로 이 시기에 전국 영토에 대한 9주제의 완성을 보았던 사실을 『삼국사기』는 기록하고 있다.

41) 『東國輿地勝覽』 卷7, 驪州牧 古跡條, "今按新羅建置州郡時 其田丁戶口末堪爲縣者 或置鄕 或置部曲 屬于所在之邑", "右諸所皆有土姓吏民焉 …… 則其姓氏所本之地". 그러나 부곡이 신라에만 있는 것이 아니며, 『高麗史』 卷57, 地理志2 晋州牧 彰善島 註에 "섬은 본시 고구려의 有疾부곡이었다"라고 한 바와 같이 고구려에도 존재하였던 것을 알 수 있다. 또한 이것을 확증하여 주는 것으로서 『松漠紀聞』에 의하면 고구려 고지에서 형성되었고, 그 문화를 계승한 渤海에 있어서도 "부곡노비는 姓이 없었으며 그 주인을 따른다"라고 하였다.

또한 최근에 와서 백남운 원사는 ‘향’, ‘부곡’의 발생에 대하여 그것은 씨족공동체로부터 분화된 농촌＝촌락공동체들이었다고 간파하였는바,[43] ‘향’, ‘부곡’이 성씨의 본원지였다는(견해를 좇는다면 그것이 촌락을 단위로하여 존재하고 있으며, 또한 그 발생이 아득한 고대에 설정하게 되었다는) 점들에서 나는 백남운 원사의 견해를 따르게 되는 것이다.

이상의 견해에 근거한다면 통일 전, 즉 삼국시기에 광범한 지역에 걸치어서 수백 개소[44]의 ‘향’, ‘부곡’ 촌락공동체들이 산재하고 있었다는 것을 인정하지 않을 수 없을 것이다.

일방 우리는 삼국의 형성 초기의 기록들에서 허다한 공동체들이 계속 남게 되는 형편들을 희미하나마 알 수 있었다. 그것은 『삼국사기』나 『삼국유사』에서 산견되는 바와 같이 즉 고구려 역사에서의 ‘비류(沸流)’ ‘행인(荇人)’ ‘북옥저(北沃沮)’ ‘황룡(黃龍)’ ‘맥(貊)’ ‘해두(海頭)’ ‘갈사(曷思)’ ‘개마(蓋馬)’ ‘구다(句茶)’ ‘동옥저(東沃沮)’ ‘조나(藻那)’ ‘주나(朱那)’ ‘양맥(梁貊)’ 등, 백제 역사에서의 ‘원산(圓山)’ ‘금현(錦峴)’ 등, 신라 역사에서의 ‘시산(尸山)’ ‘거칠산(居柒山)’ ‘음즙벌(音汁伐)’ ‘압독(押督)’ ‘실직(悉直)’ ‘비지(比只)’ ‘다벌(多伐)’ ‘초팔(草八)’ ‘소문(召文)’ ‘골포(骨浦)’ ‘칠포(柒浦)’ ‘고자(古自)’ ‘사물(史勿)’ ‘갈화(竭火)’ ‘감문(甘文)’ ‘사벌(沙

---

42) 『經世遺表』 卷8, 地官修制 田制10 井田議2, “鳥合獸聚 自成村落 名 部曲”.

43) 백남운, 『朝鮮社會經濟史』, 352쪽.

44) 『삼국사기』 편찬자는 “소위 향, 부곡 등은 雜所이므로 구체적으로 기록하지 않는다”(卷34, 地理志1)고 하였으므로 전술한 바와 같이 우리가 후기의 기록에서 겨우 그 광범한 존재를 알 수밖에 없었던 것이다. 그러나 그렇기 때문에 다음과 같은 제한된 점들을 반드시 고려하여야 할 것이다. 즉 통일신라가 사실상에 있어서 대동강 계선을 넘지 못하고 있었다는 조건에서 그 이북 지방의 통계가 빠져 있다는 것이 하나이고 또 하나는 전게한 기록들에는 많은 부문에서 그 존재를 다 수록하지 못하였으리라는 그것이다(물론 『고려사』에 의하면 일부 군현에서 반역자 혹은 도적이 발생하였을 때는 그 군현을 ‘향’ 혹은 ‘부곡’으로 떨어뜨린 사실이 있으나 그렇다고 하여 그 숫자는 몇 개 되지 않은 것이며 본시 우리의 문제로 되지 않는다). 그렇다면 삼국시기의 그것들은 우리가 알고 있는 수보다도 훨씬 많았으리라는 것은 의심할 바 없다.

伐)' 등의 일정하게 자립적인 세력을 가지는 집단들이 그것이다. 이것들은 정복, 병합 혹은 투항 등 관계 기사에서 나타나고 있는바 이것들이 바로 촌락적인 공동체 혹은 종족동맹체들이었다는 것은 의심할 바 없다.

그런데 이 공동체들이 계약 혹은 정복에 의하여 '성' 혹은 '군현'으로 편입되면서도 그 내부조직이 깨뜨려지지 않고 보존되고 있는 사실을 본다. 그것은 전술한 신라에서 "실직이 반란을 일으켰다"라든지, 고구려에서도 "동해곡수(東海谷守)가 주표(朱豹)를 헌납하였다",45) "잠우락부(蠶友落部) 대가(大家) 대승 등 1만여 가(家)가 낙랑에 이르러 한에 투항하였다"46) 등에서 그간의 사정을 보여주거니와 보다 구체적인 내용의 일면을 보여주는 것은 1세기 중엽에 이미 정복되어 고구려의 성읍으로 되었던 '동옥저'47)에 대하여 "드디어 고구려에 신속(臣屬)되니 고구려가 그 중 대인(大人)을 인정하여 사자(使者 : 고구려의 관직명-인용자)로 삼고 서로 주령(主領)케 하며 또 (고구려의) 대가(大加)를 보내어 조부(租賦)를 통책(統責)하였다"48)라는 기사가 말하여 주는바, 여기에 그 곳의 대인-족장에게 고구려의 관직을 주면서 계속 족장적 지위를 유지시켜 그를 공물 수취의 대변인으로 삼고 있는 것이다.

이와 같이 상당한 정도로 공동체적 관계가 존재하고 있는 것은 그 초기에만 해당하는 특징적인 것이 아니라, 삼국시기를 통하여 관통하는 특징으로 되고 있었다. 그것을 보여주는 것으로 우리는 4~5세기 당시의 가장 신빙할 수 있는 기록인 광개토왕비에서 명백한 사실을 인용할 수 있다. 즉 광개토왕의 정복의 내용을 보여주는 것으로서 "무릇 공파된 성이 64요 촌락이 1,400개 소였다"라고 기록하고 있는바, 그것은 광개토왕 묘지에 '성(城)', '곡(谷)' 혹은 '안부련(安夫蓮)', '구모객두(句牟客頭)', '동해고(東海

---

45) 『三國史記』卷15, 高句麗本紀 太祖王 55年, "東海谷守 獻朱豹". 이와 같은 내용의 기사는 허다하다.

46) 同上 卷14, 高句麗本紀 閔中王 4年, "蠶友落部大家戴升等一萬餘家 詣樂浪投漢".

47) 同上 卷15, 高句麗本紀 太祖王 4年, "伐東沃沮 取其土地 爲城邑".

48) 『三國志』 魏書 東沃沮, "遂臣屬句麗 句麗復置其中大人爲使者 使相主領 又使大加統責租賦".

賈)' 혹은 '한(韓)', '예(濊)' 등등 공동체로 불리는 곳들에서 각기 3~4호 혹은 20여 호씩 뽑아 세워 330호의 '수묘인'을 편성하고 있는 내용과 부합 되는 것이며, 또한 동 비문이 '수묘인'의 330호 중 "220가(家)는 한, 예에 서 뽑았다"고 한 바와 같이 예속적 공동체의 존재와 그와의 일련의 관계 를 보여주고 있다.

이와 같이 공동체의 광범한 존재는 삼국의 사회경제구성을 해명하는 데 있어서 적지 않은 곤란성을 주며 사실에 있어서 우리 문제(노예제 사회 존부에 관한 문제)를 어렵게 하고 있다. 그러나 반면에 그 특수성의 기본 고리를 공동체에서 찾는다면 우리 문제의 곤란한 점들이 적지 않게 해명 될 수 있는 가능성도 발견할 수 있다.

여기로부터 삼국은 희랍＝로마와는 판이하게 구별되며 보다는 고대 동 방제국과 동일하게 공동체 위에 선 국가였다는 결론이 나오는 것이며, 따 라서 삼국의 국가형태의 특수성에 대한 해명의 열쇠가 쥐어질 수 있게 될 것이다.

그러나 삼국의 정치기구를 형태상에서만 얼핏 본다면(공동체를 보지 못 하고) 봉건적 이예라르히야에 놓여 있는 것 같이도 보이며, 때로는 왕권이 매우 약한 경우도 있어서 분권적인 것으로도 볼 수 있다. 그리하여 혹자는 이것을 중요하게 보고 곧 삼국을 봉건제 사회로 끌고 가려는 경향까지도 있는 것이 사실이다.

그러나 이러한 결론은 그 사회 기저에 놓여 있는 공동체적 관계를 알지 못하였거나, 인정한다 하여도 거의 무시하고 있는 데로부터 지어지는 결 론인 것이다. 그러나 우리에게는 전술한 바와 같이 광범하게 공동체적 관 계가 존재하고 있다. 엥겔스는 "고대 공동체는 그것이 존속하였던 곳에서 는 수천 년 동안이나 가장 소박한 국가형태인 동양적 전제정치의 기초를 이루고 있었다"[49]라고 하였다. 이렇듯 공동체적 관계와 동양적 전제정치 를 분리하여 생각할 수 없다는 결론은 맑스, 엥겔스의 모든 노작들이 보여 주는 바와 같이 그들의 일관된 이론체계로 되고 있는 것이다. 이 사실은

---

49) 엥겔스, 『반듀링론』, 조선노동당출판사, 236쪽.

이 문제 해명에 있어서 매우 중요하다.

사실에 있어서 공동체 관계에는 가부장적 내용을 담고 있는바, 이러한 집단 위에 형성된 국가는 필연적으로 또한 그 최고 대표자를 중심으로 하는 대가부장적 형태를 가지게 될 것이다.

그리하여 삼국의 국왕들이 인민의 가장 '인자'한 어버이로서, '나라'라는 '큰 집'의 '대가장'으로서 빈곤 기타에 의하여 스스로 생계를 유지하지 못하는 인민들에 대하여 종종 '구제'[50]의 은혜를 베풀고 있었던 것은 우연한 것이 아니었다.

즉 빈곤한 자에게 양식, 의복 등으로 구제[51]하였을 뿐만 아니라 때로는 "백성이 굶주리어 자식을 팔아 먹는 자가 있게 되어 왕은 관곡을 내어 그 몸값을 물어주어 구원"[52]하여 주기도 하였다.

이와 같은 사실은 삼국통일 이후 시기에 간혹 있었던 그것과 대비하여 보다 적극적이었으며, 상고(上古)시기로 올라가면 갈수록 더욱 그러하였다. 이것과 관련되는 것으로 국왕의 지방에 대한 '순수(巡狩)'가 빈번하였던 것을 많은 기록에서 보는바, 이와 같은 국왕의 '순수' 행차는 삼국통일 이후의 그것과 특징적인 것으로 보일 정도로 거듭되었다. 당시 그의 행차에는 신라 진흥왕(眞興王) 네 개의 「순수비」에 기록된 바와 같이 '상대등(上大等)', '군주(軍主)', '당주(幢主)', 기타 '촌주(村主)' 등 많은 귀족, 장군, 전국의 주요 지방의 장군들 혹은 부락 촌주에 이르기까지 대거하여 수행하였으며 특히 많은 장군들에 의하여 호위되었는바, 그의 행차는 종종 인민들의 호소를 들어 두터운 배려를 베풀곤 하였다[53](물론 그 '구제'의

---

50) 잉카제국에서도 이러한 국왕의 '자선' 사업이 종종 베풀어졌다는바, 그것은 봉건사회나 근세에서 흔히 볼 수 있는 어떠한 자선가에 의한 한정된 구제나, 사원의 보잘것 없는 인색한 '자비'인 것과 구별되었다. 그것은 '구제'를 받는 사람으로 하여금 어떠한 굴욕감을 느끼게 하는 그러한 것이 아니라, 사실상 동포와 같은 윤택한 것으로 행하여졌다는 것이다(『페루 정복』에서).

51) 『三國史記』 卷2, 新羅本紀 基臨尼師今 3年, "巡幸比列忽 親問高年及貧窮者 賜穀有差" ; 同書 卷15, 高句麗本紀 太祖王 66年, "問鰥寡孤獨及老不能自存者 給衣食".

52) 同上 卷24, 百濟本紀 近仇首王 8年, "民饑 至有鬻子者 王出官穀贖之".

본질적인 내용은 공동체에 토대한 전제정치를 유지하는 데 있다).

그러나 동시에 그는 또한 '대가장'으로서 전 주민을 자기에게 무조건적으로 복종할 것을 요구하는바, 사실에 있어서 자기의 수족과 같이 동원하였던 것이다. 그것은 『삼국사기』에 나타나는 부역 동원의 기사가 이러한 관계를 잘 말하여 준다. 즉 여기에 전제국왕으로서의 성격이 표현되게 되는바, 국왕은 전 주민을 자기의 예속물로 간주할 뿐만 아니라 전 영토를 '왕토'로서 '영유'한다고 생각하였다. 그리하여 광개토왕비문에서 본 바와 같이 국왕묘의 수묘는 전국 각지의 공동체를 대표하는 주민들에 의하여 편성되고 있으며, 국왕은 종종 자기의 명의하에 일부 주민들과 더불어 영토의 일부를 '식읍(食邑)' 기타의 이름으로 신하들에게 일시 양도하고 있는 것이다.

이상과 같이 대가부장적 형태는 전제정치를 낳게 하는 중요한 조건이며, 동시에 그 표현이기도 한 것이다. 여기로부터 국가기구의 여러 형태들이 상응하게 째워지게 된다.

삼국의 지배상층 중 가장 중요한 지위를 차지하고 있는 층은 그 본원적 종족의 상층＝귀족들로서[54] 그들은 국왕과 같은 혈통을 자랑하며, 사실상 국왕의 존위에 대하여 반영된 생활을 하였다. 그들은 독점적으로 중요한 특권을 향유하였는바, 전게한 신라에서 금, 은의 사용을 제한한 기록은 귀족들이 사치생활을 독점한 것으로 되며 그들은 공동체에 대한 지배권을, 즉 공동체에 대한 자기의 종래의 실권을 전제정치의 테두리 안에서 보유하였다. 그것은 "여러 대가가 또한 스스로 사자(使者), 조의(皂衣), 선인(先人) 등의 관리를 두었으나, 그 이름은 모두 왕에게 알려져야 하였으니

---

53) 摩雲零 新羅 眞興王巡狩碑에 의하면 巡狩가 노리는 주요한 목적의 하나로서 "민심을 어루만지며 충신, 효자 및 강적을 용감히 무찔러 나라에 공을 세운 자들을 찾아 표창하는 것이다"고 하였는바, 『삼국사기』에 기록된 많은 국왕의 순행기록에서 빈곤한 자들에게 '자선'을 베풀며 형옥을 열어주며 용감한 전공자들을 표창하고 있는 것을 본다(여기에 잉카제국의 역사를 참고하는 것이 좋을 것이다).
54) 고구려에서의 加와 신라에서의 '聖骨', '眞骨' 층이 그들이다.

마치도 고대 중국의 경대부(卿大夫)의 가신(家臣)과도 같았다."[55] 이와 같이 중국의 공후(公侯)들과 같이도 자립적인 정치기구를 펴고 일정한 세력을 국왕의 승인하에 보유하고 있는 것이다. 그리하여 나라의 재상(宰相)이 교체될 때의 광경을 "병력을 동원하여 서로 싸워 이긴 자가 재상 자리에 앉게 되는바, 국왕은 궁전의 문을 닫고 스스로 지킬 뿐 제어할 수 없었다"[56]라고 하여 그들이 일정한 병력을 가지고 있었던 것을 알 수 있으며, 때로는 "발기가 형으로서 왕이 되지 못하였음을 원망하여 소노가(消奴加)와 더불어 각기 하호(下戶) 3만여 명을 거느리고 공손강(公孫康 : 康은 度의 오기-인용자)에 나아가 투항하였다"[57]는 경우도 있었다. 여하간 그들은 나라의 중요한 회의에 참석하며, 군대의 지휘권과 동시에 지방장관으로서의 통치권들도 그들에게 속하는 것으로 되고 있었다. 그들은 주로 왕도(王都)에 거주하였으나 혹은 나아가 지방의 요충이나 군사상 요지를 지켜 왕실과의 교통선을 확보하며 그리하여 일조유사시(一朝有事時)에는 나라의 가장 원방 지방이라도 국왕의 명령을 즉시로 유효하게 집행할 수 있는 그러한 자리를 차지하고 있었다. 한 마디로 말하여 중요한 지위도, 높은 보수도 모두 그들이 독점하였던 것이다.

---

55) 『三國志』魏書 東夷傳 高句麗, "諸大加亦自置使者 皂衣 先人 名皆達於王 如卿大夫之家臣".
56) 『唐書』列傳 東夷 高麗, "其官大者號大對盧 比一品 總知國事 三年一代 若稱職者 不拘年限 交替之日 或不相祗服 皆勒兵相攻 勝者爲之 其王但閉宮自守 不能制禦". 이 기사는 『周書』列傳 異域上 高麗條에서 "其大對盧 則以彊弱相陵 奪而自爲之 不由王之署置也"와 동일한 내용을 말하고 있는데, 이 兩書가 모두 唐代의 기록으로서 사실상 고구려 말기의 상태를 보여 주는 것에 불과한 것이며 이것은 '淵蓋蘇文'의 진출 당시의 왕권이 매우 약했던 시기에 해당하는 고구려의 정치적 형편과 관련되는 기사이다. 특히 국상이 '국왕의 승인도 필요 없었다'는 내용이 말해 주는바 이것은 전기한 본래의 기구 내용과 모순된다. 때문에 나는 오직 귀족들이 일정하게 공동체에 대한 지배력과 그 힘을 (제한된 것이지만) 발동할 수 있을 만한 권한이 보유되고 있었다는 내용만을 취하게 된다.
57) 『三國史記』卷16, 故國川王 元年, "拔奇怨爲兄而不得立 與消奴加各將下戶三萬餘口 詣公孫康降".

또 하나의 지배층은 병합된 종족의 족장 혹은 그 자손이었는바, 이들도 보통 경우에 있어서는 그 지방에 대한 통치권이 보유되었다(전술한 동옥저의 기사를 상기하라). 그러나 그들은 국왕에 대한 충실성을 표시하기 위하여 때때로 수도를 방문할 의무가 있었던 것 같으며58) 그리하여 그 지배권은 실제에 있어서 국부적인 것에 불과하였으며, 그것도 중앙에서 파견되는 지방장관의 관할하에 예속되고 있었다.

바로 삼국의 국가기구는 이러한 족장적=귀족적 집단조직에 토대하였던 것이며, 국왕은 그들의 대표자였다. 이 기구는 맑스의 말로 표현한다면 '공동체적 통일체로서의 최고 집단' 그것이었다. 즉 삼국의 전제정치는 족장적 귀족집단으로서 구성되었으며 따라서 그 대표자로서의 국왕은 종종 그들의 '공립(共立)' 혹은 '추대' 등의 형식이 취하여지곤 하였다. 그러나 강조하여야 할 것은 왕위는 세습제에 의하여 계승되고 있었으며, 그러한 한계 내의 테두리 안에서 '공립', '추대'를 보아야 하는 것이다.59)

사실에 있어서 왕권의 신장 혹은 쇠약은 그때 그때의 정치정세와 관련되는 것이며, 고구려 모본왕(慕本王) 같은 국왕은 자기에게 무조건 복종하지 않는 자는 대신이라 하여도 사살하였다 하며60) 6세기 이후의 국왕들

---

58) 『三國遺事』卷2, 文武王法敏條, "나라의 제도에 의하면 지방의 관리 한 명씩 상경시켜 중앙 여러 기관을 上守케 하였다 …… 지금의(고려시기의) 其人이었다"라고 한 것으로 보아 신라에서 삼국통일 직후에 이러한 제도가 있었다면 이것은 그 이전부터 존재했던 제도가 아니었던가?

59) 삼국의 왕위가 뚜렷이 장자상속에 의하여 계승된 것 같지는 않으나(그러나 장자계승의 경향은 후대로 내려오면서 보다 뚜렷해지지만) 왕통은 삼국이 모두 뚜렷이 서 있었던 것이며, 가장 애매한 신라에 있어서도 3세기 이후로는 '김씨' 계통에 의하여 장악되고 있는바, 다만 여기서는 모계적 유제가 보다 강하게 지배하고 있었으며 '和白制'의 귀족들의 회의제가 일정한 발언권을 가지는 특수성을 보여줄 뿐이다.

60) 『三國史記』卷14, 慕本王 4年, "臣有諫者 彎弓射之". 또한 『三國史記』卷16, 高句麗本紀, "왕이 下敎하되 귀천을 물론하고 만일 國相에게 대하여 복종치 않는 자가 있으면 그 族을 멸하리라 하였다"라고 한 것은 국왕의 전제권이 강하던 내용을 보여주는 것이며, 이와 같이 국왕의 실권이 보장되던 그것을 정상적인 것으로 보아야 한다. 사실에 있어서 국왕은 대신을 임명하였

의 왕권은 세력 있는 대신들에게 실권을 탈취당하고 유명무실한 자리를 차지하는 경우도 있었다.61)

여하간 삼국의 정치기구는 공동체에 토대하여 섰다는 데로부터 전제정치를 가지게 되었는바, 그것은 공동체적 최고 집단에 집중된 전제정치기구이며, 그 대표로서 인격화된 국왕에 집중된 형태를 가지었다는 결론은 명백한 것이다.

우리는 이상으로 본 문제 해명을 위한 중요한 전제들을 갖게 되었다. 그 중에도 가장 중요하게 주목되는 것은 공동체의 잔존과 그 위에 선 전제정치기구의 인정인바, 이것은 기본상 고대 동방제국의 상태와 매우 근사한 것이다.

이 사실은 매우 중요하다. 왜냐 하면 오리무중에 빠져 있는 조선 고대사를 밝힐 수 있는 하나의 등대를 가질 수 있다는 그것에서이다.

주지하는 바와 같이 맑스, 엥겔스는 일찍이 이러한 동방사회의 특수성에 주의하였으며, 여기로부터 파생하는 고대 동방사회의 기본 제 특성을 발견하였던 것이다. 사실이 보여주는 바와 같이 그들은 수많은 자기의 노작들을 통하여 고전적 형태와 아시아적 형태의 특수성을 강조하고 있다. 이 사실을 웅변하여 주는 단적인 실례로 엥겔스의 다음의 지적을 인용한다면 충분할 것이다. 즉 엥겔스는 1887년에 『영국에 있어서 노동계급의 상태』란 저서의 영어판 서문에 "아시아적 및 고전적 고대사회에 있어서는 계급압박의 지배적 행태는 노예제도였다"라고 썼던 것이다. 뿐만 아니라 거의 예외 없이 구체적 문제를 취급할 때에는 반드시 양자 간의 특수성을 명백히 한 토대 위에서 문제를 분석하고 있는 맑스, 엥겔스의 태도에 대하여 강조할 필요가 있다.

맑스는 「전자본주의 생산의 제 형태」란 미발표 논문에서 고대 동방사회

으며 대신의 집행권은 왕권에 의하여 보장되었던 것이다.

61) 『三國史記』 卷49, 列傳9 蓋蘇文, "號令遠近 專制國事". 여기에도 어디껏 무력한 국왕이나마, 그를 중심으로 하는 집권적 전제정치기구는 보존되고 있을 뿐만 아니라 오직 연개소문이 국왕의 행세를 대행하였을 따름인 것이다.

의 기본 체계를 명백히 다음과 같이 보여주고 있다. 즉 (1) 공동체적 관계의 잔존 (2) 공동체적 소유형태, 즉 국가소유 형태의 지배 (3) 공동체적 통일체로서의 최고 집단과 그를 인격화한 전제군주에 대한 전 주민의 예속화 (4) 공물제 혹은 집단적 노동형태로서의 수취 (5) 전제정부 수중에 장악된 공공사업 등으로 그 기본 내용을 요약할 수 있는바, 이 사회의 특징적인 것으로 발전 속도의 완만성을 강조하면서 이러한 사회를 '총체적 노예제 사회'라고 불렀던 것이다.

맑스의 이와 같은 고대 동방사회의 제 특수한 형태 즉 사회발전의 계기적 합법칙성을 아시아적 형태로써 관철한 노예제 사회의 알맹이들을 옳게 이해한다는 것은 전술한 바 우리의 전제에 선다는 조건에서 삼국의 사회경제구성의 본질적 문제 해명에 큰 도움을 주리라는 것은 재론할 필요조차 없는 것이며 또 방법론상 옳은 것이다.

다만 문제는 조선역사가, 오늘 제기된 삼국의 역사가 또한 어떠한 자기의 구체적 특수성에서 아시아적 형태의 노예제 사회를 관철하고 있는가? 하는 문제만이 제기되는 것이다.

*　　　*　　　*

나는 삼국의 주요 계급들로서 노예와 노예주, 소농민층 및 예속민층 등 네 개 계급을 들 수 있다. 그리하여 나는 이 여러 계급들이 서 있는 제 경제형태를 통하여 이들이 논 역할과 그들의 계급적 본질을 분석하고 그들 간의 호상관계에서 그들이 어떻게 되어 또 어떠한 방향으로 발전하였는가를 중심으로 하여 본문을 전개하려 한다.

1. 소농민-공동체 농민층에 대하여

"사유재산은 비록 다만 약간의 대상들에만 미치고 있기는 하였으나 이미 모든 문화적 인민의 고대 원시공동체에 존재하고 있었다. 사유재산은 이미 이 공동체 내부에서 처음에는 타곳 사람들과의 교환에 의하여 상품

형태에로 발전한다. 공동체의 생산물이 더욱더 상품형태를 취함에 따라 즉 이 생산물의 더욱더 적은 부분이 생산자의 자기 소비를 위하여 생산되고 더욱더 많은 부분이 교환의 목적을 위하여 생산됨에 따라 또 이 교환이 공동체 내부에서도 더욱더 원시적인, 자생적으로 형성된 분업을 구축함에 따라─개개의 공동체 성원들의 재산 상태도 또한 더욱더 불평등한 것으로 되어 낡은 토대는 더욱더 깊이 파헤쳐지고 공동체는 더욱더 급속히 분해의 길을 더듬어 소소유농의 촌락으로 전화한다"[62]라고 엥겔스는 지적하면서 계속하여 동양에서는 이러한 촌락공동체가 오랫동안 계속 존속하게 되었다는 것을 말하였다.

여하간 이상의 지적은 소농민층이 이미 원시사회 말기 공동체 내부에서 발생하고 있는 과정에 대하여 보여주거니와 희랍=로마의 고전적 사회에 있어서도 "……소규모적 자유 경리 소유자인 농민 경리 형식은 지배적인 정상적 형태로서 …… 고대(희랍=로마─인용자)의 융성기에 있어서 사회적, 경제적 기초를 이루고 있었다"[63]라고 맑스는 지적하고 있다.

소농민은 주지하는 바와 같이 자기 경리하에서 생산을 영위하는 소생산자로서 우리에게는 일반적으로 '민(民)' 혹은 '백성(百姓)' 등으로 나타나고 있다.

과연 조선의 고기록들에는 주로 '민', '백성' 들의 이모저모의 생활 모습을 보여주고 있으며 국가생활에 있어서 이들이 논 주요한 역할들이 기록되어 있다. 그러므로 우리는 '민', '백성' 층에 대한 관심을 크게 가지게 되는 것이며, 그리하여 이들의 계급적 본질을 명백히 규명할 필요가 우선적으로 제기되게 되는 것이다. 이 문제를 규명하기 위하여서는 그들이 이 사회에서 어떠한 관계로써 생산에 종사하였는가? 하는 문제를 보아야 하며, 이것은 삼국의 토지소유 형태 여하의 문제와 불가분리적인 관계를 갖는 만큼 우선 토지소유 형태를 고찰하여야 할 것이다.

전술한 바와 같이 삼국이 전제제도에 섰으며 그리하여 전 영토에 대한

---

62) 엥겔스, 『반듀링론』, 조선노동당출판사, 210~211쪽.
63) 『자본론』(러시아어판) 제3권, 710쪽.

국왕의 '영유'를 보았는바, 그 물질적 토대는 과연 어떤 것이었던가?

맑스는 촌락공동체에 대하여 다음과 같은 고전적 명제를 주었다. 즉 그는 촌락공동체는 원시적 공동체의 강하고 협애한 혈연적 결합을 파괴하고 촌락이란 지연(地緣)에 의하여 결합되는 공동체였다고 전제하면서 "일방으로는 공유재산과 그것으로부터 발생하는 모든 사회적 관계가 그(공동체 -인용자) 지반을 견고하게 하나 동시에 사유의 집, 경지의 분할적인 경작 및 수확물의 사유가 보다 원시적인 공동사회의 제 조건과는 양립할 수 없는 개인성의 하나의 발달을 가능케 하고 있다. 그러나 이 이원성(二元性)이 시간이 흐름에 따라 붕괴의 하나의 원인으로 될 것이라는 것도 동시에 명백하다"[64]라고 하였다.

이 사상은 공동체를 자기의 기초로 하고 있는 삼국에 있어서 토지 소유형태가 공동체적 공유, 즉 공동체적 소유형태에 놓이게 된다는 이론적 근거로 될 것이며 사실에 있어서 맑스, 엥겔스는 전제정치의 물질적 토대는 공동체적 소유에 있었다고 지적하였던 것이다. 말을 바꾸어 공동체적 소유형태는 공동체적 통일체에로의 집중된 소유형태로 표현되는 만큼 토지는 국유적 성격을 가지게 된다.

이 점이 토지의 사적소유에 기초한 '고전적 소유형태'(맑스)와 근본적으로 구별되는 특징인바, 때문에 우리에게서의 소농민들은 공동체적 소유토지의 소유자인 것이 아니라, 토지 점유자(占有者)로 된다는 맑스의 결론은 명백한 것이다. 즉 맑스는 "모든 소집단(공동체-인용자) 위에 솟아 있는 결합적 통일체가 최고의 소유자 혹은 유일한 소유자로 나타나며 그것 때문에, 현실적으로 공동체(성원-인용자)는 세습적 점유자로서 나타날 뿐이다"[65]라고 하였던 것이다.

이와 같이 토지 소유형식이 공유=국유적 형태를 띤다면, 또 소농민들이 세습적 토지 점유자에 불과하였다면, 여기에 소농민들의 생존방식은 "개개인은 각기 (집단)의 일환으로서만, 그 집단의 일원으로서만 나타난

---

64) 베라, 「싸스릿치에게 보낸 맑스의 서한(1881. 3. 6)」.
65) 『전자본주의 생산의 제 형태』(일어판), 1953, 225쪽.

다."66)

이것은 우리 문제를 해명하는 데 있어서 특히 소농민층이 즉 '민' 혹은 '백성'이 어떠한 관계에서 생산에 종사하고 있는가 하는 문제를 해명하는 데 있어서 매우 중요한 내용으로 되는바, 즉 삼국의 소농민들이 공동체를 떠나서 생활한 것이 아니라, 반대로 공동체적 보장이란 조건에서 생산에 관계하였다는 것을 보여주는 것이다.

이리하여 삼국의 소농민들은 희랍=로마에서의 자영적 소농민들과는 판이하게 구별되어 공동체란 소우주(小宇宙)의 테두리 안에서 생산에 종사하였으며, 그들의 생산의 목적은 영리에 있는 것이 아니라 보다는 자기의 생존을 자립적으로 보장하는 데 있었다. 즉 보다 강한 자연 경리에 놓여 있었다. 이러한 형편이 농촌에서의 수공업이 농업으로부터 분리되지 못하고 도리어 결합된 형태를 오랫동안 보존하게 하였던 것이며, 이것은 또한 거꾸로 보아 공동체적 관계의 존속을 오랫동안 보장한 주요한 조건의 하나로도 되는 것이었다(바로 이러한 제 형편이 또한 고대 동방제국의 형편과 근사하였다). 그렇다면 소농민들이 공동체적 통일체=국가와 어떠한 관계를 갖게 되겠는가 하는 문제는 용이하게 설명될 수 있을 것이다. 전게한 바와 같이 삼국의 '민'은 국가에 '조조(租調)'를 바치고 있는바, 그 구체적인 내용을 보여주는 것으로『주서(周書)』에는 다음과 같이 기록하고 있다. 즉 "부세(賦稅)의 내용은 견포 및 좁쌀로 되고 있었는데, 그 소유량에 따르는 빈부의 차등에 의하여 바쳤다."67) "조세는 포, 견사, 마 및 쌀로써 그 해의 흉풍을 헤아려 바쳤다."68)

이 내용들은 분명히 후세에서 보는 바와 같이 일정한 토지에 대한 '지조(地租)'의 내용, 즉 토지를 통한 수취와는 구별된다는 것을 일견하여 알수 있게 하며 여기서는 보다 인두세(人頭稅) 혹은 가가호호(家家戶戶)의

---

66) 상동서, 225쪽.
67)『周書』異域上 高麗, "賦稅則絹布及粟 隨其所有 量貧富差等輸之".『隋書』에 의하면 그 빈부의 차등에 대하여 "人稅布五匹穀五石 遊人則三年一稅 十人共細布一匹 租戶一石 次七斗 下五斗".
68)『周書』異域上 百濟, "賦稅 以布絹絲麻及米等 量歲豊儉 差等輸之".

빈부의 차이에 의한 공납적 내용을 말하고 있다. 즉 삼국에서는 주로 공물적 수취가 국가수취의 지배적 내용으로 되고 있었다는 것을 보여준다.

여기에 과연 공물이 그대로 봉건적 지대의 내용을 내포하고 있는 것인가 하는 문제가 제기된다. 그러나 맑스는 『경제학비판』 서론에서 "지대를 알 때는 우리는 공물이나 10분지 1세 등을 이해하는바 우리들은 그것을 동일물로 보아서는 안 된다"[69]라고 하였으며 또 동서에서 "공납으로 생활하는 정복자, 조세로 생활하는 관리, 지대로 생활하는 지주, 희사로 생활하는 도사(道士) 혹은 10분지 1세로 생활하는 승려……"[70]라고 지적하였다. 때문에 공물=지대라는 속단은 옳지 않은 것이며, 우리는 공물 그것이 소여시대의 사회경제적 제 단계에서 각이한 본질적 내용을 가진다는 관점에서 보아야 한다. 즉, "약탈방법은 그 자신의 생산방법에 의하여 규정된다."[71]

여기에 삼국의 소농민들이 공동체적 보장에서만 자기 생존의 보장을 유지하였다는 것을 상기할 필요가 있다. 바로 이것으로부터 농민들은 공동체적 통일체에 대한 자기 의무가 부과되는바 이것을 다른 말로 바꾸면 즉

---

69) 『맑스·엥겔스 전집』(러시아어판) 제12권. 맑스의 이 사상은 또한 다니엘슨에게 보낸 서한에서 구체적 실례에 의하여 설명되고 있다. 즉 "……19세기 초에 북부 아일랜드가 영국의 직접적 지배하에 놓이게 되어 영국의 법률가 존 데뵈우스 경이 그 곳에서 토지공유 즉 추장에게 공물을 바칠 의무를 짊어진 구란의 성원들이 주기적으로 분할되던 토지의 공동소유제를 발견하였을 때에 그는 이 공물을 곧 '지대'라고 주장하였다. 이와 같은 형태로서 스코틀랜드의 라이얏쓰(구란의 추장)는 1745년의 폭동 이래 법률상의 혼란을 이용하여 크게 이목을 받았다. 그 법률상의 혼란에 의하여 사람들은(법률가를 -인용자) 구란의 인민이 라이얏쓰에게 납부하는 공물을 그들이 속하고 있는 토지에 대한 '지대'로 위조하여 구란의 토지 전체, 구란의 공유물을 그들의 (라이얏쓰를-인용자) 사유재산으로 전화시켰다. 즉 법률학자들은 만일에 라이얏쓰가 그 소유자가 아니라면 어찌하여 그들은(라이얏쓰-인용자) 그 토지에 대하여 지대를 받을 수 있었겠는가고 말하였기 때문이다. 그리하여 공물과 지대를 이와 같이 혼동하는 것은 북부 스코틀랜드에 있어서는 소수의 구란 추장을 위하여 모든 토지를 몰수하기 위한 기초로 되었던 것이다."
70) 『경제학비판』 서론(러시아어판), 1951, 198쪽.
71) 상동서, 188쪽.

공민으로서의 국가적 부담 …… 조세 부담을 지니게 되는 것이다. 맑스는 이러한 형편에 대하여 공동체 농민들은 자기 생존을 위하여 생산에 종사한다고 하면서 "일방으로는 소위 보험을 목적으로 하는 공동의 재부를 축적하기 위하여, 또 집단 그것의 비용을 감당하기 위하여, 즉 전쟁, 제사(祭祀) 등을 위하여 일정한 노동이 행해진다"[72]라고 하였으며 그 형태에 대하여 "공동체의 잉여노동 부분은 결국 한 사람의 인물로 존재하는 최고 집단에로 귀속되는바, 이 잉여노동은 공물 등으로써 나타날 때도 있고 또 통일체의-혹은 실재의 전제군주의, 혹은 상상의 종족적 본체(本體)인 신의-찬미를 위하여 봉사하는 집단적인 노동형태로서 나타날 때도 있다"[73]라고 하였다.

바로 그 소농민들의 잉여물 수취의 내용이 우리에게서는 공물='조, 부' 혹은 '부세'로써 뒤집어쓰고 있는 것이며 여기에 '조, 부'의 내용이 본질적으로 그 어떠한 봉건적 지대의 내용을 포함하고 있지 않는다는 것은 명백하다.*

> *엥겔스는 일반적으로 원시사회와 국가와의 근본적인 차이를 보여주면서 "이러한 공적 권력을 유지하기 위하여서는 공민의 공납-조세가 필요하였다"[74]라고 지적하고 있거니와 사실에 있어서 고전적 소유형태에 놓여진 희랍=로마의 자영적 소농민들도 국가부담으로서의 조세를 물었던 것이며, 물론 이것이 봉건적 지대의 내용을 조금도 가지지 않았다는 것은 명백한 것이다. 고전적 형태에서의 소농민과 삼국의 소농민은 형태상 많은 차이를 가지고 있으나 자기의 경리를 가지는 소생산자와는 그 점에서 기본상 동일한 계층에 놓일 수 있다고 본다.

이렇거나 저렇거나 당시 공물수취는 하나의 지배계급의 착취로 되는 것이다. 즉 그것이 국가적 수취였다는 점에서 공동체의 최고 집단, 즉 귀족

---

72) 상동서, 227쪽.
73) 상동서, 226쪽.
74) 엥겔스, 『국가의 기원』(조선어판), 563쪽.

집단에 의한 착취 내용으로 되는 것이며, 특히는 전제정치 하에서 전제국왕의 전 주민에 대한 지배, 거꾸로 말하여 주민들은 전제국왕의 '예속'적 상태에 놓여 있었다는 것을 고려할 필요가 있다. 바로 이러한 데로부터 그 수취는 일정하게 가혹성을 띠었던 것이다.

사실에 있어서 삼국의 인민들의 '자유'는 고전적 사회에서의 소농민의 자유와 특징적으로 구별되었다. 즉 우리의 농민들이 자기 경리에 서 있었으나, 또 공동체적 통일체에 의하여 그것이 보장되고 있었으나 여기서는 그들이 토지의 점유자적 성격을 그 이상 더 나가지 못하고 있었던 조건에서 즉 공동체적 소유로 인한 토지의 국유적 형태에 선 전제정치로 인하여 그들의 자유는 이러저러하게 제한될 수밖에 없었으며 공물수취 이외에 또한 수시로 되는 직접적인 노력동원의 의무를 짊어지게 되었던 것이다. 즉 "영을 주군에 내리어 토목공사를 일으켜 농사 때를 빼앗지 못하도록 하였다",[75] "한수(漢水) 동북 제 부락 인민 15세 이상을 동원하여 위례성을 수축케 하였다",[76] "왕이 국내 남녀 15세 이상을 동원하여 궁실을 수리케 하였다"[77] 등과 같이 많은 성(城) 혹은 왕궁을 위하여 인민들을 동원하였던 것이다.

이것만을 얼핏 보면 중세기적 농민에 대한 경제외적 강제로도 보인다. 그러나 우리가 "……서로 투쟁하는 굉장히 많은 각종 의견에 있어서 더듬거리지 않기에 가장 필요한 방법은－즉, 문제에 과학적 견지로 접촉함에 가장 주요한 것은－근본적 역사적 연쇄를 잊지 말 것, 역사상에서 일정한 현상이 어떻게 발생되었고 이 현상이 그 발전에 있어서 어떤 주요한 계단들을 경과하였는가 하는 견지하에서 각 문제를 관찰할 것, 소여의 사물이 지금 어떻게 되어 있는가보다 그 현상의 발전을 이러한 견지하에서 관찰할 것이다"[78]라고 한 맑스-레닌주의적 방법론에 튼튼히 선다면 혼란을 가

---

75) 『三國史記』卷2, 新羅本紀 伐休尼師今 4年, "下令州郡 無作土木之事 以奪農時".

76) 同上 卷23, 百濟本紀 溫祚王 41年, "發漢水東北諸部落人年十五歲以上 修營慰禮城".

77) 同上 卷17, 高句麗本紀 烽上王 9年, "王發國內男女年十五已上 修理宮室".

질 필요는 없을 것이다.

그것은 바로 공납수취의 본질적 내용에서 고찰한 바와 같이 공동체적 소유형태에 토대하는 삼국의 전제정치의 속성으로 되는 것으로 곧 이해할 수 있을 것이다. 여기서 우리는 맑스의 "통일체에 …… 봉사하는 집단적인 노동형태로 나타난다"는 명제를 상기할 필요가 있다. 즉 그것은 전제정치에 집중된 강력한 힘이 농민대중의 수족을 지배할 수 있었으며 그리하여 현실적으로 소농민층의 자유는 말할 수 없이 제한될 수밖에 없었다. 즉 여기의 노력동원은 그들이 전제국왕에게 '예속적' 지위에 놓였었다는 데로부터 발생하는 부역으로서 토지에 긴박된 중세기적 농노적 수취와는 본질상 구별된다. 즉 그것은 공동체적 집단의 보장을 위한 집단적 노력공출 이외의 아무러한 성격도 가지는 것은 아니었다.

이상과 같이 '민' 혹은 '백성'은 또한 국가에 의하여 직접 노력수취 대상으로 되었던 **공동체 농민층**이었다. 그러나 그들이 아직도 공동체 농민으로 남아 있다는 조건에서 종종 지배층의 동맹자로 간주되었다는 것을 고려해야 할 것이다. 그것은 전술한 바와 같이 그들의 살림살이를 보살핀다는 일련의 국왕의 순수 사업과 그들의 불운한 자를 '구제'하는 빈번한 사업들이 '공동체적 통일체의 인격화된 전제군주'의 또 하나의 주요한 사업으로 되고 있었다는 그것에만 있는 것이 아니라, 국가무력의 중심이 또한 이들에게 놓여 있었다는 그것 등의 사실이 말해 준다. 우리는 삼국에서 공동체 농민이 사회경제적 발전에 따라 어떠한 방향으로 역사적 운동을 하였는가? 즉 어떠한 방향으로 그 분화가 진행되었는가? 하는 문제로 넘어갈 수 있게 되었다.

맑스는 고전적 희랍＝로마사를 연구하면서 '자유민은 빈궁, 공부(貢賦), 병역(兵役) 등에 의하여'[79] 몰락의 길을 걸었다는바, 몰락하는 평민＝자유인은 많은 채무를 걸머지게 되었으며 "그리하여 예컨대 고대 세계의 계급투쟁은 주로 채권자, 채무자 간의 투쟁의 형식으로 벌어졌다. 로마에 있

---

78) 레닌, 『국가론』(조선어판), 10쪽.
79) 『자본론』(러시아어판) 제1권, 731쪽.

어서는 그것은 평민 채무자들의 몰락으로서 끝났고 이 채무자들은 노예로 되어 버렸다"[80]라고 하였다.

그러면 삼국에서는 어떠한 현상이 나타나고 있었는가에 대하여 보기로 하자.

전술한 바와 같이 '빈곤하여 스스로 생계를 유지 못한 자' 등의 발생은 일부 농민들의 빈궁화의 내용을 말하고 있거니와 또 "민이 굶게 되어 자기 자손을 팔아 먹는 자가 있었다"[81]는 등의 형편이 이 사회에 또한 종종 산생하고 있었다는 것을 알 수 있다. 이 사실을 좀더 구체적으로 보기 위하여 다음의 기록을 인용하여 보자. 즉 "……가난하여 품팔이로 어미를 부양하던바, 금년에는 곡식이 되지 못하여 품팔이를 할 수 없고 한 되, 한 말 양식도 얻을 수 없어……"[82] 운운.

이것은 당시 품팔이꾼에 대한 내용으로 되며 이러한 부류의 인간 그룹의 존재를 또한 보여주는 것으로는 "……봉상왕이 그 동생 돌고가 딴 마음을 품은 줄로 의심하여 그를 죽였는바, 그의 아들인 을불은 해를 입을까 두려워 도망해 나와 처음에 수실촌인(水室村人) 음모란 자의 집에 가서 고용살이를 하였다. 음모는 그가 어떠한 사람인지 알지 못하고 심악스럽게 부렸다. 그 집 곁에 있는 연못에 개구리가 (요란하게) 울매 (음모는) 을불을 시켜 밤에 기와와 돌을 연못에 던지어 개구리 소리를 금하게 하고 낮에는 나무를 하게 하여 잠시도 쉬지 못하게 하였다"[83]의 기록이 보여준다.

여하간 이 기록들은 일부 농민들이 생산수단을 상실하고 부유한 자의 고용으로 되고 있는 현상을 말하여 주는 것인바, 보다 후기의 기록들이 또

---

80) 상동서, 191쪽.

81) 『三國史記』 卷3, 新羅本紀 訥祇痲立干 4年, "民饑 有賣子孫者".

82) 同上書 卷16, 高句麗本紀 故國川王 16年, "王畋于質陽 路見坐而哭者 問何以哭爲 對曰 臣貧窮 常以傭力養母 今歲不登 無所傭作 不能得升斗之食 是以哭耳".

83) 同上 卷17, 高句麗本紀 美川王 元年, "……烽上王疑弟咄固有異心 殺之 子乙弗畏害出逃 始就水室村人陰牟家傭作 陰牟不知其何許人 使之甚苦 其家側草澤蛙鳴 使乙弗夜投瓦石 禁其聲 晝日督之樵採 不許暫息".

한 보여주는 바와 같이 빈궁화된 소농민들은 많은 빚을 걸머지지 않을 수 없었으며, 그들의 일부는 노예화되어 갔던 것이다.

"도적질한 자에게는 장물의 열 배를 징수하되 만약 빈곤하여 갖출 수 없거나 공사채(公私債)를 짊어진 자는 모두 그 자녀를 평가하여 노비(奴婢)로 삼아서 보상하여야 한다"84)에서와 같이 여기에 주목되는 것은 채무자의 젊은 자녀의 노동력 기타를 평가하여 노예로 하였다는 것으로, 이것은 노예 수요의 증대를 요구하는 사회적 반영으로도 되었던 것이라고 할 수 있다.

이상은 고구려에서 소농민의 몰락과 그들의 노예화의 분화운동의 일면을 보여주는 것인데, 백제에 있어서도 전게한 바와 같이 자기의 자식을 노예로 팔아 먹고 있는 사실을 알고 있으며, 신라에 있어서도 그러하였다. 특히 신라에 관한 기록으로서 "사람에게 곡미(穀米)를 꾸어 주어 품으로 다 갚지 못하면 노비로 하였다"85)고 한 것은 그들의 노예화의 과정을 분명히 보여주는 것으로 된다.

이상의 사실들은 재산상의 불평등이 빈궁하게 된 공동체원으로 하여금 부유한 사람의 부채의 예속하에 빠지게 하였다는 것과 부채를 반환할 수 없게 된 채무자는 인신적 노동으로써 그 부채를 변상하여야 하며 이것은 흔히 이상에서 보는 바와 같이 이 빈궁한 자를 실제적으로 노예화하게 하였던 사실을 똑똑히 보여주는 것으로 된다.*

　　*이 기록은 통일신라 이후의 사실일 수도 있다. 그러나 그렇다고 하여도 이미 그 이전에도 자식을 노예로 팔아 먹는 자에 대한 기록을 우리가 알고 있는 만큼 이러한 형편은 통일 전 시기와 전연 무관한 것으로는 생각할 수 없는 것이다.

이상의 농민들의 역사적 분화운동은 공동체적 관계의 분해 과정과 깊은 관련성을 가지는 것이다. 그런데 그 분해는 두 개의 측면에서 고찰되는바,

---

84) 『周書』 異域上 高麗, "盜者 十餘倍徵贓 若貧不能備 及負公私債者 皆聽評 其子女爲奴婢以償之".
85) 『新唐書』 東夷傳 新羅, "息穀米于人 償不滿庸爲奴婢".

하나는 개인에게로 토지집중의 장성과 다른 하나는 교환관계의 발전에서
였었다.

고구려에서는 기원 초에 이미 국왕의 직할지로 보이는 '관원(官園)'[86]
이 나타나고 있으며 국왕의 명의에 의하여 일부 토지가 사여된[87] 내용물
을 볼 수 있다. 이것은 토지의 어떠한 개인에게로의 집중의 일면으로 되는
데 3세기 말에는 "중외대부 패자(관직명-인용자) 어비류와 평자(관직명-
인용자) 좌가려는 다 왕후의 친척으로 나라의 권세를 잡고 그 자제들도
다 세력을 믿고 교만하여 **남의 자녀와 남의 전택**(토지와 주택)**을 빼앗으**
므로 나라 사람이 원망하고 격분하였다."[88]

이와 같은 귀족들에게 노동력과 토지가 집중되는 경향을 보여주고 있
다. 그러나 이러한 경향은 맑스가 지적한 바와 같이 역사적 발전에 따라서
"분할되지 않은 토지의 대부분은 부자에 의하여 점유되었다. 그들은 사태
발전에 따라 이와 같은 토지가 벌써 탈환되지 않게 되었다는 것을 믿고

---

86) 『三國史記』 卷13, 高句麗 琉璃王 22年. '官園'의 존재를 보이고 있는데 여
　　기서는 이것이 중세 국왕의 '장원'과 같은 그러한 내용을 가지는 것이 아니
　　라 보다는 종족적 '本體'로서 찬미되던 신, 혹은 하늘(삼국에서 제천은 중요
　　한 내용을 가지는 것으로 되고 있었다)에 대한 제사용 희생물(돼지 혹은 양)
　　을 양하는, 혹은 祭祀를 위한 神殿의 '신성'한 구역으로서의 일정한 장소로
　　서 국가의 특수구역이 아니었던가 생각된다. 이러한 내용을 보여주는 것은
　　『三國志』 魏書 東夷傳 韓傳에서도 "큰 나무를 세워 鈴鼓를 매달고 귀신에
　　봉사하는 (일정한 구역을 표시하였는데) 이 곳으로 (범죄자)가 도망친다면
　　그를 잡아내지 못하였다"라고 한 바와 같이 공동체의 일정한 지역이 특수구
　　역으로 설정되고 있는 것을 알 수 있다. 이러한 형편은 고대 동방제국에서도
　　또는 고대 희랍에서도 볼 수 있다. 이같이 고구려에서도 그간의 사정을 보여
　　주는 것은 神官으로서의 '師巫'와 희생용 돼지의 관리자로서의 '掌牲' 등의
　　존재가 말한다. 여하간 '관원'은 본시 공동체의 공동이익에 복무하는 그것으
　　로부터 발생한 것으로 생각되나, 사실에 있어서 국왕은 점차 이것을 자기의
　　직할지로 약취하여 갔던 것은 의심할 바 없다.
87) 同上 卷13, 高句麗本紀 琉璃王 37年, "제수(왕자의 시체를 찾아 낸 사람)에
　　게 (그 공로로) 금 10근과 토지 10頃을 사여하였다."
88) 同上 卷16, 高句麗本紀 故國川王 12年, "中畏大夫沛者於畀留評者左可慮
　　皆以王后親戚 執國權柄 其子弟幷恃勢驕侈 掠人子女 奪人田宅 國人怨憤".

그리하여 부근 빈민의 수중에 속하는 개개의 소토지를 일부분은 합의적으로 구매하고 일부분은 또한 폭력으로써 탈취함에 이르렀다……"[89]라고 한 것은 바로 전기한 구체적 기록의 그 일면을 반영하여 주고 있는 것이다. 그러나 이러한 일부 부자에게로의 토지집중화는 삼국사회의 토대로 되어 있는 공동체적 소유형태를 근본적으로 뒤집어엎을 만한 것으로는 되지 못하였다. 특히는 공동체에 토대하여 선 전제정치가 극도로 토지의 집중화를 제한하였던 것이며 사실에 있어서 공동체적 소유형태는 기본상 사적 토지소유의 존재를 완전히 배제하는 것은 아니며 도리어 그 내부에 그러한 사적소유 형태를 보유하는 측면도 가지는 것이었다.

요컨대 이러한 형편은 공동체적 관계를 파괴에로 이끄는 주요한 과정으로 되며 따라서 삼국의 사회경제적 발전에 따라 보다 농후한 경향을 전개하여 갔던 것은 구체적인 사실들이 보여준다. 즉 일방으로 소농민들의 몰락의 증대로 나타났는바, 그것은 그들이 노예로 전락하였거나 사회의 부랑민(浮浪民)인 '유민(遊民)'층—후론될 것이다—으로 나타나게 되었던 것이다.

그런데 공동체 그 자체의 내재적인 집단성에 의하여 그 붕괴과정은 고대 동방제국의 역사가 보여주는 바와 같이 거의 정체적 형태로서의 완만성을 가졌던 것을 알고 있다. 그와 기본상 동일한 토대 위에 섰던 삼국에서는 과연 어떠한 과정을 밟았겠는가? 하는 매우 주요한 문제가 제기된다.

맑스는 "공동체 그 자체가 종래의 형편으로 그 존재를 계속하기 위하여서는 그 성원의 재생산이 이미 설정된 객관적 제 조건하에서 행하여질 것이 필요하다. 생산 그것이 또한 인구의 증대(이것도 또한 생산에 관계한다)가 불가피적으로 이러한 조건을 조금씩 불안정한 것으로서 만들며 그것들을 재생산 대신에 파괴한다"[90]라고 공동체의 내부적 붕괴요인의 한 측면에 대하여 말하면서, "아시아적 형태는 불가피적으로 보다 완강하게 보다 오랫동안 유지되었다. 그 근거는 이 형태의 전제 그 자체에 있다. 즉

---

89) 『자본론』(러시아어판) 제1권, 731쪽.
90) 『전자본주의 생산력의 제 형태』(일본어판), 1953, 241쪽.

개개인이 공동체에 대하여 독립적인 것으로 되고 있지 않은 것, 생산의 규모가 자기 생존의 보장만을 목적으로 하고 있는 것, 농업과 수공업이 하나로 결합되어 있는 것 등등이 그것이다"[91]라고 아시아적 형태의 일반적 특성을 강조하고 있다. 바로 이러한 제 조건이 그 완만성의 특성을 보유하는 바, 때문에 맑스는 아시아적 형태에 있어서의 그 붕괴는 "순 외부적 성질의 영향을 생각하지 않고서는 거의 있을 수 없는 것이다"[92]라고 지적하면서 특히 그 외부적 영향에 대하여 강조하였던 것이다.

바로 이상 맑스의 지적은 삼국 문제를 보는 데 있어서 매우 중요한 교시로 될 것이다. 전술한 근거에 선다면 삼국에서도 자기의 내재적 합법칙적 제 조건에 의하여 그 완만성을 내포할 수밖에 없었으며, 그와 같은 발전의 길을 밟은 것은 의심할 바 없다. 그러나 삼국은 그 인방이 상당히 발전한 중국을 접하고 있었으며, 그리하여 그의 영향을 이러저러하게 받았을 것이며, 이것이 삼국의 사회경제적 발전을 촉진시킴에 있어서 적지 않은 작용을 놀았을 것이다. 바로 이러한 중국의 외부적 영향을 우리는 반드시 고려하여야 하는 것이며, 뿐만 아니라 그것은 삼국 문제를 고찰하는 데 있어서 매우 중요한 것이다. 즉 삼국에서는 저술한 바 그 내재적 제 조건들에 대하여 타방으로는 강력한 외부적 영향이 작용을 놀게 됨으로써 그 사회경제적 내부모순을 보다 급속히 야기시켜 그 붕괴의 특수성을 가지게 되는 것이 아니겠는가? 그렇다고 하여 그것이 삼국의 내재적 발전의 합법칙을 근본적으로 뒤집어 놓을 수 없었던 것은 또한 명백하다. 바로 중국의 영향으로 인하여(생산력 발전과 관련하여) 삼국은 고대 동방제국에 대비하여 보다 발전된 면모들을 가지며, 그것은 또한 삼국의 말기에서 볼 수 있는 바와 같이 공동체적 관계의 급속한 붕괴과정의 제 특수성을 나타나게 하는 것이라고 생각된다.

다음으로 공동체적 관계의 붕괴에 있어서 또 하나의 측면, 즉 교환관계에 대하여 언급하기로 하자. 주지하는 바와 같이 고대사회에서나 봉건사

---

91) 상동서, 241쪽.
92) 상동서, 253쪽.

회에서는 다 같이 기본상 자연경제가 지배하였으며, 따라서 여기서는 생산물이 기본상 직접 교환을 목적으로 하는 것은 아니었다. 그러나 교환은 점차 현저한 역할을 놀기 시작하였으며 그 발전기에는 특히 그러하였던 것이다. 그리하여 맑스는 "고대 …… 아시아적, 고대적 등등의 생산방식 하에서는 생산물의 상품에로의 전화, 따라서 또한 상품생산자로서의 인간의 존재는 종속적인 역할을 놀 뿐이었으나, 그러나 그 역할은 공동체 제도가 몰락하여 가면 갈수록 일층 더 컸던 것이다"93)라고 지적하였던 것이다.

여기에 문제는 공동체적 관계의 붕괴에 따라 교환의 일정한 발전을 보게되는 그것인바, 우리의 고기록들이 보여주는 바와 같이 삼국에서 특히 그 후반기 이후로 점차 교환관계의 활발성을 띠고 있는 사실에 주목하게 된다. 그것은 중국과의 대외관계에 있어서 급격한 발전이다. 당시 활발성을 띤 대외관계의 내용이 교환관계에서 보다 중요성을 띤다고 본다면[사실에 있어 '조공(朝貢)'이란 것이 본질상 국제무역의 내용을 가지는 것이다] 이것은 당시 일정한 교환관계의 발전과 관련되는 것으로 보아야 할 것이다. 바로 이 시기는 삼국의 사회경제적 발전기와 부합되는 것이며 전기한 공동체적 관계의 붕괴와도 관계되던 그런 시기였던 것이다.

그러나 삼국에서 공동체적 관계의 붕괴가 그 자체의 폐기를 의미하는 것은 물론 아니다. 그것은 오직 그 내부에서의 사회적 분화이며 따라서 '민이 굶게 되어 자식을 노예로 팔게 되는 것' 등도 『삼국사기』에서 산견할 수 있는 바와 같이 그때 그때의 흉년의 발생과 곧 관계되는 것이며(특히 삼국의 초기 현상) 따라서 토지 문제에 있어서 집중화 과정도 공동체의 테두리 안에서 진행되는 것이었다.

그리하여 대외적 교환이 또한 공동체적 통일체=국가에 의하여 진행되었던 것이며, 맑스가 지적한 바와 같이 "다른 사람들과의 자연적－씨족관계의 탯줄로부터 아직 분리되지 못한 개인들의 미숙성에 입각한 것"94)이었다. 우리는 반드시 여기에 공동체에 토대한 전제정치기구의 특징적 작

---

93) 『자본론』(조선어판) 제1권, 110~111쪽.
94) 상동.

용을-즉 그것을 유지하려는 작용을 고려해야 한다. 사실에 있어서 4~5세기 삼국은 급속한 발전기에 놓였던 것이며 그 전제정치도 일정하게 강화되고 있었던 것이다.

이상과 같이 공동체적 관계는 자체의 내재적 완강한 성격을 가지고 있었으나 일방으로는 외부적 영향에 의하여 그것을 분해에로 촉진하여 이것이 삼국의 사회경제적 급속한 발전을 약속하였으며, 타방으로는 그 위에 선 전제정치의 강력한 작용에 의하여 그 분해과정이 제한되었던 것인바, 전자와 후자와의 모순에서 삼국의 사회경제적 내용은 매우 특수한 형태를 가지게 되었던 것으로 생각한다. 이러한 점이 또한 우리 문제를 어렵게 하여 주는 것도 사실이다.

요컨대 이 문제에서의 나의 결론은 이 사회의 기본적 합법칙성을 반영하는 중요한 내용으로서 삼국의 '민' 혹은 '백성'이 공동체 농민 이외에 다른 어떠한 계층도 아니었으며, 또 그들이 이 사회의 합법칙적인 역사적 운동에 따라서 몰락하여 갔으며 특히 그것은 삼국이 그 발전기에로 접근하면 할수록 보다 뚜렷이 나타났는바, 특히는 그들의 노예화에로의 전락은 강화되어 갔다는 것이다. 그러나 물론 나는 이러한 삼국의 농민들의 계급적 본질과 또한 그들이 생산에 관계하는 방식 및 분화과정만을 가지고 이 사회의 경제구성을 곧 결론하려 하지 않는다. 그것은 앞으로 더 많은 논증과정에서 이들이 기본상 노예제 사회에 존재한 공동체 농민층이었다는 것이 명백히 되리라는 것을 믿고 있기 때문인바, 다만 나는 이상의 논고로써 삼국의 '민'이 특히 동방적 형태의 노예제 사회에 있어서 있을 수 있는 층이라는 것만은 확언하여 둔다.

2. 예속민층에 대하여

삼국의 공동체 농민을 볼 때에 우리는 전술한 공동체적 '자유' 소농민과 또 한 면에서 특징적으로 구별되는 다른 층의 집단을 보게 된다. 즉 「광개토왕비문」에 "동부여는 이전의 추모왕의 속민(屬民)으로 되고 있었는데 중간에 반란을 일으켜 공납을 하지 않고 있다"[95])에서와 같이 '속민'의 존재와 『삼국사기』에서 전개한 발기(拔奇)에 관한 기록에서 '하호(下戶)'란 것 등이 그것인바 이와 관련되는 것으로 또한 "투항한 부락 6, 7개 소는 부용(附庸)으로 삼았다"[96])라고 한 '부용'민 등도 이에 포함될 것이다. 이들은 "중간에 반란을 일으켜 공납을 하지 않았다" 등에서 알 수 있는 듯이 공납을 바치고 있던 일정한 집단이 아니었던가 하는 결론을 갖게 하는바, 그렇다면 신라에서의 "실직(悉直)에서 반란을 일으켰다",[97]) "압독(押督)에서 반란을 일으켰다"[98]) 등도 명백히 이러한 계층의 집단이 아니었던가 생각된다. 그것은 '실직'이나 '압독'이 모두 그 이전 시기에 신라에게 병합된 공동체들이었다는 사실을 상기할 수 있기 때문이다.

그런데 문제는 '하호'의 계급적 본질에 대하여 혹은 노예, 혹은 농노 등 이해하는 데 있어서 구구한 견해들을 가지는 것이다. 때문에 '하호'에 대해서는 좀 상세한 분석을 요구하게 된다.

삼국시기에 관계되는 한 '하호'란 용어는 오직 『삼국지』에 한정되어 발견되었다[『삼국사기』에도 전기한 발기가 '하호' 3만 명을 거느리고 도망하였다는 단 한 구절에서 '하호'를 기록하고는 있는데 이것은 『삼국지』의 그것을 그대로 전사(轉寫)한 것으로 본다]. 특히 우리가 주목하는 것은 '하호'란 용어가 위(魏)나라 역사를 기록한 그 본기에는 전연 나타나지 않는 데 대하여 오직 동이전, 그 중에도 넓은 의미에서의 조선의 여러 종족들과 왜를 기록한 곳에 한정되어 나타나고 있는 점이다. 이러한 『삼국지』 편자의 태도는 그가 '하호'에 대하여 특별한 계층으로서의 하나의 개념을 부여하고 있는 것이 아니겠는가 하는 의심을 우리에게 주는 것이다.[99]) 더욱이

---

95) "東沃沮舊是鄒牟王屬民 中叛不貢".
96) 『三國史記』 卷17, 高句麗本紀 西川王 11年, "降部落六七所 以爲附庸".
97) 同上 卷1, 新羅本紀 婆娑尼師今 25年.
98) 同上 逸聖尼師今 13年.
99) 『漢書』 食貨志4 上에 "或耕豪民之田 見稅什五"란 구절에 대한 주에 "하호는 빈민으로 자기의 토지를 갖지 못하여 부호나 귀족의 토지를 경작하고 10분지 5를 토지 주인에게 (소작료로) 문다(師古日 言下戶貧人 自無田而耕墾豪富貴家田 十分之中 以五輸本田主也)"라고 師古는 한대의 소작농을 하호

‘하호’에 대하여 이러저러한 주석을 가하고 있는 것은 그러한 사정을 말해 주는 것이라고 생각케 한다.

그러면 과연 『삼국지』의 편자는 어떠한 계층을 ‘하호’라고 이름지었겠는가? “발기와 소노가가 각기 하호 3만 명을 거느리고” 운운이라든지, 예전(濊傳)에 “하호를 다스렸다” 등만을 놓고 본다면(당시 공동체적 관계를 염두에 두어서) ‘하호’란 공동체 농민을 가리키고 있다는 것을 일견하여 알 수 있을 것이다. 그것은 당시 공동체를 떠난 자립적인 자영적 소농민을 거의 찾아볼 수 없었기 때문이다. 그렇다고 하여 당시 사회 형편에서 소작농 같은 예농도 아직은 발생하였다고 생각되지 않는다. ‘하호’를, 더욱이 3만여 명이나 거느리었다는 사실 등은 이들이 공동체적 주민이었다는 것을 확증하여 주는 것으로 된다. 이것을 방증하여 주는 것은 부여전에 “읍락에는 호민(豪民)이 있었으나 이들을(읍락민-인용자) 하호라고 하였으며 모두 노복이었다. 제가(諸加)는 사출도(四出道)하여 따로 (이들을) 다스렸는데 큰 자는 수천 가(家)를, 작은 자는 수백 가를 다스렸다”100)라고 한 기록에서 여기의 ‘읍락’이란 것이 『삼국지』의 일관된 필치로 보아서 모두 지방에 산재하는 촌락공동체를 지칭하고 있는 만큼 ‘하호’는 다름 아닌 (전술한 공동체 ‘자유’ 소농민층도 포함하여) 지방의 촌락공동체 농민이란 범주에 속한다는 것을 알 수 있다.

바로 이러한 공동체 농민의 광범한 존재에 대하여 『삼국지』의 편자는 특별하게 관심을 가졌던 것이며 여기에 ‘하호’라는 매우 모호한 용어를 사

로 주석하고 있다. 그러나 사고란 사람은 唐代의 사람 顔師古였다. 따라서 하호란 빈농=소작농의 용어가 漢代에 실지로 사용되고 있었는지는 매우 의심스럽다.

100) 『三國志』 魏書 東夷傳 夫餘, “邑落有豪民 民(名)下戶 皆爲奴僕 諸加別主 四出道 大者主 千家 小者 數百家”. 『三國志』의 原本으로서는 ‘沒古閣本’과 ‘宋本殿本’이 있는바 전자는 ‘民下戶’로 후자는 ‘名下戶’로 각각 다르게 기록하고 있으며 『通典』은 후자를 따르고 있다. 그러나 어느 것이나 그 내용에서는 큰 차이가 있는 것은 아니며 제가들이 다스리던 촌락민을 ‘하호’로 보고 있다고 본다. 즉 전자는 “촌락민은 하호였다”이며 후자는 다만 촌락민을 약하여 “그들을 하호라고 이름지었다”란 문구 표현상의 차이로 나는 본다.

용하였던 것이 아닌가?

그런데 종래 많은 문제로 되어 있는 것은 그들을 '노복'이라고 한 그것이다. 과연『삼국지』의 편자는 분명히 애매하게 표현한 '하호'의 그 특성을 노복으로 밝히려 노력한 흔적을 여기저기에 표현하고 있는 것도 사실이다. 이러한 태도는『삼국지』보다 앞서 편찬된『위략(魏略)』(『삼국지』는 이 책을 자기의 대본으로 많은 부분에서 인용하였다고 한다)의 편자도 "하호는 부(賦)를 공급하였는데 노(奴)와 흡사하였다"101)라고 하였던 것이다. 이것은 그들이 '하호'가 공동체 농민이면서도 그 중에는 또 약간의 뉘앙스를 달리하는 측면 즉 노예적 측면도 가지고 있었다는 것을 인정한 것이 아니겠는가? 그렇다면 왜 '하호'를 또한 노복에 접근시키고 있는가?

『후한서』동이열전 부여조에 전기한『삼국지』위서 동이전 부여조에 기록된 제가들이 지방 촌락들을 다스리었다는 사실에 대하여 "그 읍락은 모두 제가들에게 예속되어 있었다"102)란 기록은 '하호'들이 제가들에게 예속되어 있었다는 것으로 되는바, 때문에 이들은 "부를 공급하되, 노복과 흡사"하였던 것으로 기록되었다고 생각한다.

이 사실을 좀더 구체적으로 보여주는 것은 "그 나라의 대가(大家)는 경작을 하지 않고 있었는데 가만히 앉아서 먹고 지내는 자가 1만여 명이고 하호는 멀리서 식량, 물고기, 소금 등을 져 날라서 공급하였다"103)라고 한 기록을 들 수 있다. 즉 이 기록은『삼국지』의 편자가 정당하게 과학적으로 당시 고구려의 계급적 관계를 분석한 것이 아니라 당시 중국 사가에게 매우 흥미있게 반영된 부유한 대가들―즉 공납으로 먹고 사는 약탈자로서 고구려의 대가층에 관심을 돌리면서, 그간에 존재하는 공동체의 '자유' 농민에 대해서보다는 대가들에게 공납하고 있던 일정한 층=예속민층에 대하여 보다 흥미를 찾을 수도 있었던 데로부터 그렇게 기록한 것이라고 본다면 매우 중요한 것을 발견할 수 있을 것이다.

---

101)『魏略』輯本『翰苑』所引 "下戶給賦如奴".
102)『後漢書』東夷列傳 夫餘, "其邑落皆主屬諸加".
103)『三國志』魏書 東夷傳 高句麗, "其國中大家不佃作 坐食者萬餘口 下戶遠
　　擔米糧魚鹽供給之".

즉 고구려의 '하호'는 동옥저에 관한 기록에 "드디어 고구려에 예속되어 맥포, 물고기, 소금, 해중 식물 등을 천 리 길을 등짐으로 공급하였다"104) 라고 한 기록과 부합된다. 즉 고구려 기사의 '하호'는, 멀리서 식량, 물고기, 소금 등을 등짐으로 날라서 공급하였다는 '하호'는 대체로 예속된 동옥저가 "맥포, 물고기, 소금, 해중 식물 등을 천 리 길을 져 날라 공급하였"던 바로 동옥저 쪽을 가리키는 것이라고 보아서 잘못은 아닐 것이다. 그렇다면 여기의 '하호'는 공납하던 예속적 공동체 주민을 가리키는 것으로 된다. 이리하여 "전쟁은 제가가 담당하여 싸우고 하호는 식량을 등짐으로 날라서 그들을 먹였다"105)라고 한 부여의 기사가 우리의 고증을 또한 방증하여 준다. 즉 그들은 예속적 공동체의 주민이었으므로 직접 전쟁에는 참가하지 않았으며 오직 후세의 치중부대에 해당하는 역할만을 주로 담당하게 되었던 것이다. 이와 같이 그들은 공납을 바치던 예속민들이었기 때문에 '노복'이니, "노와 흡사하다"라는 주석을 첨가하게 된 것이라고 생각한다.106)

즉 '하호'의 많은 부분은 공납을 바치던 공동체 농민으로서 조선측 사료에 보이는 부용민 - 속민과 기본상 동일한 층이었다.

이리하여 문제는 공동체 농민이면서도 전술한 '민(民)'과는 특이하게 차별되는 '부용민(附庸民)', 속민, 혹은 '하호'인 또 하나의 계층의 존재를 제

---

104) 同上 東沃沮, "遂臣屬句麗 …… 貊布魚鹽海中食物 千里擔負致之".
105) 同上 夫餘, "有敵諸加自戰 下戶俱擔糧 飮食之".
106) 그러면『三國志』韓傳에 "諸韓國臣智 加賜君印綬 其次與邑長 其俗好衣幘 下戶詣郡朝謁 皆假衣幘 自服印幘印綬衣幘 千有餘人"의 '下戶'를 어떻게 해석할 것인가? 그것은 韓族이 중국 군현에 대하여 '朝謁'의 형태로 왕래하였던 사실을 중국 사가인『삼국지』의 편자는 마치 중국의 '예속민'으로 간주한 데로부터 일반적으로 '하호'라는 막연한 용어로 뒤집어씌운 것이 아니었던가? 특히 중국 군현(낙랑과 대방군)에 왕래한 '하호'가 중국의 의관을 하고 읍군의 도장을 가지고 있었다는 사실은 당시 한족들의 상태가 공동체적 관계를 파기하고 사적소유 형태로 크게 발전하지 못한 이상 그들을 개별적 상인들로는 볼 수 없으며, 오직 공동체 추장층 혹은 그 대변자로밖에 볼 수 없는 것이기 때문이다.

기하게 되는 것이다.

그들의 계급적 본질을 고찰하게 위하여서는 우선 그들이 어떻게 되어 발생하였으며, 또 어떠한 관계로써 생산에 관계되는가를 보아야 할 것이다. 그런데 그들에 관하여 곧 알 수 있는 것은 '함락된 부락' 운운으로 정복된 내용과 관련되고 있는 것이다. 「광개토왕비문」의 "그 세 부락을 격파하여 육, 칠백 명을 무찌르니 노획된 소, 말, 양떼 등이 헤아릴 수 없을 만큼 많았다"107)란 기록에서 약탈적 전쟁의 성격을 알 수 있거니와 이와 같이 공파된 부락 공동체들에 대하여 정복자는 대체로 '부용'으로 삼아 공납적 관계를 설정하였었다.

이러한 공납관계는 삼국이 모두 국가형성을 완성하던 시기에 이미 광범한 피정복 공동체에 대하여 설정되었는바 "왕이 친히 개마국을 정복하여 그 왕을 살해하고 그 곳 백성을 안정시키며 약탈을 하지 않고 다만 그 곳을 군현으로 삼았다"108)란 것은 피정복 공동체를 파괴하지 않았다는 것인데 이것은 전기한 동옥저에 관한 기록에서 상기할 수 있는 바와 같이 그들 중에서의 대변자를 내세워 공납을 보장하게 한 사실을 말하는 것이며, "함락한 부락을 …… 부용으로 삼아서" 지배관계를 계속 보장하자는 것이었다.*

> *이러한 공납적 관계의 존재는 원시공동체사회 말기에 이미 보통 현상으로 나타나는 것으로 "이웃 사람의 부(富)는 부의 획득이 이미 가장 중요한 생활목적의 하나로 되고 있는 제 민족의 탐욕을 자극한다. 그들은 미개인들이다. 즉 그들에게는 약탈이 창조적 노동보다 더 용이한 일로, 아니 영예로운 일로까지 보인다"109)라고 엥겔스는 지적하였으며 이러한 관계의 발전에서 공납관계가 설정되는바 따라서 맑스는 '공납으로 생활하는 정복자'란 고전적 명제를 주었던 것이다. 그

---

107) "破其三部落六七百營 牛馬群羊 不可稱數".
108)『三國史記』卷14, 高句麗本紀 大武神王 9年, "王親征蓋馬國 殺其王 慰安 百姓 毋虜掠 但以其地爲郡縣"
109) 엥겔스,『가족 사유재산 및 국가의 기원』, 조선노동당출판사, 551쪽.

러나 공납적 관계는 반드시 원시사회 말기에만 특유한 것은 아니다. 그 정복자는 사회발전 여하를 불문하고 보다 낙후한 공동체들에 대하여 그것을 설정할 수 있다. 조선역사상에서도 매우 일찍부터 이러한 공납적 내용은 여러 기록들에 나타나고 있다. 여기에 몇 개의 실례를 든다면 기원전 2세기경 '고조선'은 "그 인방의 소읍(小邑)을 침략하여 항복시키니 진번(眞番), 임둔(臨屯)이 모두 예속하였다"(『漢書』朝鮮傳)라고 하였으며 삼국의 국가형성 시기의 것으로 고구려에서 "송양국왕이 대항하여 그 땅을 다물도(多勿都)라 하고 송양으로 그 곳을 다스리게 하였다"(『三國史記』卷1, 高句麗本紀 朱蒙王 2年)는데 '송양국'이 고구려의 부용으로 되었다고 하였으며 신라에서 "마한왕이 호공(瓠公 : 신라의 사신)을 꾸짖어 말하기를 진(辰), 변(卞) 2한은 우리의 속국인데 근년에 와서 조공을 하지 않으니 사대(事大)의 예가 이럴 수가 있겠는가라고 하였다"(『三國史記』卷1, 新羅本記 赫居世居西干 38年) 등등을 들 수 있다.

이상과 같이 공동체적 공납관계는 정복-피정복 관계에서 흔히 발생하고 있는 것을 알 수 있다. 그렇다면 삼국이 국가형성을 완성하던 전후 시기의 활발성을 띠었던 인방의 씨족 내지 종족들에 대한 정복과 이것으로 맺어진 '성읍' 혹은 '군현'으로 편입된 내용은 많은 경우에서 의심을 가지게 된다. 그것은 『삼국사기』에 보면 동옥저가 정복되자 곧 고구려의 '성읍'으로 편입되었다고 하였는데 『삼국지』 위서 동이전 동옥저의 기록에서는 전기한 바와 같이 공납적 관계에서 맺어지고 있는 것이다.

이와 같이 두 기록 간의 어긋나는 기사가 그간의 사정을 말해 주는 것으로 생각된다. 그렇다면 비록 '성읍' 혹은 '군현'이라고는 하나 그 내용에 있어서는 '속민'적인 예속민적 부락들이 광범히 포함되고 있었다는 것을 인정하여야 할 것이다.

여기에 당시 광범한 지역에 산재하였으리라고 추측하였던 '향' 및 '부곡'들을 다시 인용한다는 것은 결코 무의미하다고 생각되지 않는다.

그것은 고려시기에 그 몇 개의 산재된 '향' 및 '부곡' 들의 형태를 본다면 곧 알 수 있는 바와 같이 그것들이 보통 촌락들과는 특이하게 차별되는 사회적 대우를 받고 있었으며, 또한 집단적 형태로서의 특수부락을 형성하고 있었다는 것을 보았기 때문이다. 즉,

> "서경(西京) 기내(畿內)의 하음부곡민 백여 호를 가주(嘉州) 남쪽 둔전(屯田)에 옮겼다."110)

> "수원(水原) 경내의 …… 4부곡을 떼어서 사여한다."111)

> "향 부곡인 등은 …… (학교에) 입학을 허가하지 않는다."112)

> "부곡인 및 노(奴)가 주인이나 주인의 주친(周親) 존장(尊長)을 간(奸)하였을 때 화간이면 교살하고 강간이면 목베어 죽인다."113)

> "군현인과 진(津), 역(驛), 부곡인 사이에 혼인하여 낳은 자식은 모두 진, 역, 부곡에 속하며 진, 역, 부곡인이 잡척인(雜尺人)과의 혼인에서 낳은 자식은 반(半)씩 나누고 남는 수는 어미 쪽에 따라 간다."114)

> "용감하고 완강히 항거한 자는 서경역적(西京逆賊)이란 네 글자를 자자하여 섬에 유배 보내고, 그 다음 부류는 서경 두 글자를 자자하여 향, 부곡에 분배한다."115)

> "타주부곡을 승격시켜 도화현으로 한다"116)

---

110) 『高麗史』 卷82, 兵志2 屯田, "發西京畿內河陰部曲民百餘戶 徙嘉州南屯田".

111) 同上 卷56, 地理1 安城縣, "割水原任內 …… 四部曲以與之". 이 사실은 고려 말 '紅頭軍'을 방어하는 데 공훈을 세운 자에게 사여한 것이다.

112) 同上 卷74, 選擧2 科目2 學校.

113) 同上 卷84, 刑法1 奸非, "部曲人及奴 奸主及主之周親尊長 和絞强斬".

114) 同上 卷84, 刑法1 戶婚, "郡縣人與津驛部曲人 交嫁所生 皆屬津驛部曲 津驛部曲 與雜尺人 交嫁所産 中分之 剩數從母".

115) 同上 卷98, 列傳 金富軾, "其勇悍抗拒者 鯨西京逆賊四字 流海島 其次 鯨西京二字 分配鄕部曲". 이 사실은 1135년 평양지방에서 일어났던 폭동에 참가했던 사람들의 처형 내용이다.

116) 同上 卷57, 地理2 寶城郡, "陞他州部曲 爲道化縣".

등으로서 이상의 사료들을 종합하여 보면 대체로 다음과 같이 될 것이다. 즉,

　(1) 그들이 신분상 천민에 속하며, 종종 노예와 동일하게 취급되며, 인격적으로 예속되어 있어서 하나의 재산으로 간주되고 있는 것,

　(2) 그들의 예속 형태는 집단적으로 되고 있으며 때로는 집단적으로 개인에게 사여되고 있는 것,

　(3) 죄인들의 특수부락으로도 나타나고 있는 것 등으로 될 것이다.117)

　이것은 전술한 바와 같이 극히 그 일부가 고려시기에 잔재되었던 것에서 본 것인데 이 빈약한 기록에도 '향', '부곡'민이 삼국시기에 '속민' 혹은 '부용민' 혹은 '하호'와 일견 부합되는 유사한 면들을 발견하게 되는 것이다. 때문에 '속민'='하호'는 이 사회의 또 하나의 광범한 피착취계급을 형성하고 있었다고 보아야 한다는 결론이 나온다. 또한 예속공납인을 다른 각도에서 보여주는 것은 도로의 확장이다. 즉 신라가 2~3세기경 인방 공동체들에 대하여 활발한 약탈적 정복전쟁을 수행하던 시기 "계립령의 길을 개척하였다",118) "죽령의 길을 열었다"119) 등과 같이 오늘 문경(聞慶) 방면의 그 큰 산맥을 뚫고 나아가는 도로의 개척은 우연한 것으로 되지 않는다. 그것은 일방으로 군사적인 성격을 가졌겠으나 또한 일방으로는 공납제도와 깊은 관계를 가지는 것이었다. 고구려가 오늘의 집안(輯安)

---

117) 그러나 이 시기는 상당한 정도로 봉건적 경제가 발전하던 시기였으며 따라서 '향', '부곡'도 형태상 많은 부문에서 선행한 시기의 그것을 보유하고 있을 것이다. 그 내용에서는 이미 봉건적 관계에 놓여 있었던 것에 주의하여야 한다. 즉, "三司言 去年密城管內牟山部曲三所大水 漂損田禾 請放一年租稅 從之"(『高麗史』 卷80, 食貨3 賑恤). "三司奏 東京管內州郡鄕部曲十九所 因去年久旱 民多飢困 乞依令文四分以上免租 六分以上免調租 七分以上課役俱免"(『高麗史』 卷80, 食貨3 賑恤災免三制). 이상과 같이 租·庸·調 즉 지세·공물·부역 등에 의한 구분이 명확히 서 있으며 여기서는 그 척도가 토지에서의 생산물 여하에 의하여 규정되고 있다. 즉 토지를 통한 봉건적 수취관계가 지배하고 있는 것을 용이하게 알 수 있는 것이다.

118) 『三國史記』 卷2, 阿達羅尼師今 3年, "開鷄立嶺路".

119) 同上 同王 5年, "開竹嶺".

땅에 그 수도를 가지고 있던 당시, 동옥저로부터 천 리나 되는 길을 통하여 물고기 등 공납물을 등짐에 져 나르게 하였다는 사실은 일정하게 동해에로의 고산준령을 뚫고 나아가는 도로의 개척을 말해 주는바, 사실에 있어서 그러한 도로를 생각하지 않고 공납물의 운반은 불가능하였으리라는 것은 의심할 바 없다. 이와 같이 공납관계와 관련되어 일찍부터 도로망은 확장되고 있었다고 생각하는바, 신라에서는 5세기에 "비로소 사방에 우역(郵驛)을 설치하고 소사(所司)에 명령하여 관도(官道)를 수리하게 하였다"[120]라고 하는 바와 같이 그간의 형편을 말하여 주고 있다.[121]

이상과 같이 삼국에서 적지 않은 층을 형성하고 있던 '속민'='하호'층이 종래의 본거지에서 종전대로의 생활을 유지하며 동시에 그들이 예속된 상태에서 공물 형태에 의하여 수탈되었다는 점에서 외견상 농노적이기도 하다. 이들에 대한 문제의 고리는 바로 여기에 있다. 과연 그들에게 부과되었던 공납이 중세기적 지대의 내용을 가지는 것인가?

그러나 이들의 발생은 생산물의 약탈을 목적으로 하는 전쟁의 산물이었으며 따라서 그들의 잉여노동은 공납의 형태를 가지고 약탈하는 그러한 관계에서 설정되었었다. 이것을 거꾸로 말하여 토지영유 그것으로부터 맺어진 것이 아니라 노동력의 예속, 그것으로부터 이러한 관계가 맺어졌던 것이다. 때문에 "잠우락부의 1만여 호가 도망치었"던 사실과 같이 종종 그 지방을 버리고 도망치는 경우는 허다히 있었다. 즉 백제에서는 "두 개 성

---

120) 同上 卷3, 炤知麻立干 9年, "始置四方郵驛 命所司修理官道". 여기에 '비로소' 운운은 당시보다 째워진 중국식 우역제의 개편을 말한 것으로 생각된다. 사실에 있어서 도로망의 확장은 전기한 바와 같이 이른 시기로부터 집행되고 있었던 것이다. 그리하여 '비로소' 운운은 5~7세기 당시 중국의 여러 제도를 이모저모로 채용하고 있는 데서 온 것으로, 『삼국사기』에는 이러한 수식어가 붙어있는 것이 특히 당시 기록에 많다.

121) 잉카제국에서는 대도로들이 건설되고 있었는바, 도로는 잉카 군대의 수송의 중요한 교통수단으로서 또 지방과 중앙을 연결하는 통신수단으로도 되고 있었지만 또한 중요한 의의를 부여한 것은 공납물의 수송에서였다. 즉 고기는 원방의 바닷가에서, 과실과 육류 기타는 연안의 열대지방에서 조금도 상함이 없이 생생한 그대로 국왕의 식탁에 공급되었던 것이다(『페루 정복』에서).

원산(圓山)·금현(錦峴)을 함락시켜 그 주민을 한산(漢山) 북쪽으로 이주시켰다"122)라고 한 것과 같이 이 두 성은 백제의 병합을 반대하고 있던 공동체들이었다.

또한 신라에서는 "압독에서 반란을 일으켰으므로 군사를 일으켜 그를 진압하고 그 나머지 무리를 남쪽지방으로 이주시켰다"123)라든지, 고구려에 있어서는 "숙신(肅愼)이 침범하여 왔다. …… 달가가 나아가 기습하여 단로성(檀盧城)을 뺏고 그 추장을 죽였으며 그 6백여 가를 부여 남오천으로 옮기고 **투항한 부락은 부용으로 삼았다**"124) 등의 기록들이 그러한 사정을 잘 말해 주고 있다. 요컨대 그들은 공동체적 관계에서 맺어진 예속민층 이외의 또 다른 어떠한 계층도 아니었다.

우리는 이들이 단지 예속민층이었다는 그것만으로써는 이 사회가 어떠한 사회경제구성을 가지고 있었는가 하는 문제를 해명하는 데 있어서 아직 부족하다. 때문에 그 계급적 본질을 규명하기 위하여 가능한 정도에서 그들에 대한 수취 형태를 분석할 필요가 있다.

그들에 대한 수취형태 즉 공납형태를 단적으로 보여주는 것은 전게한 『삼국지』 동옥저전에서 보는 바와 같이 집단적 방식을 상기시킨다. 이것은 정복 공동체의 최고 집단으로서의 전제정치가 피정복 공동체 주민의 공동체적 관계를 존속시키어 공동체적 집단으로서 예속시키었다는 데로부터 수취형식의 집단성을 가지게 하였을 것이다. 물론 피정복 공동체가 정복국가의 영토로 편입되었다고는 하나 그것은 견고치 못한 군사적 …… 행정적 통합체에서 더 나가지 못하였던 것이며, 따라서 종종 집단적 반항을 가져올 수 있었던 것이다.

이러한 집단적 수취형식은 6세기 신라에 있어서도 일정하게 존속하였

---

122) 『三國史記』 卷23, 百濟本紀 溫祚王 26~27年, "潛襲馬韓 遂幷其國邑 唯圓山 錦峴二城固守不下 …… 二城降 移其民於漢山之北".

123) 同上 卷1, 新羅本紀 逸聖尼師今 13年, "押督叛 發兵討平之 徙其餘衆於南地".

124) 同上 卷17, 高句麗本紀 西川王 11年, "肅愼來侵 …… 達賈出奇掩擊 拔檀盧城 殺酋長 遷六百餘家於扶餘南烏川 降部落六七所 以爲附庸".

던 것을 알 수 있는바, 『일본서기(日本書紀)』에 "신라가 사신을 보내어 조공함이 상례보다 매우 많았는데 다다라·수나라·화타·발귀 등 4읍의 조(調)를 아울러 바쳐 왔다"125)란 기록이 보여주는 바와 같이 그 '4읍의 조세' 운운은 당시 신라가 네 곳의 촌락으로부터 공물을 바친다는 것으로 될 것이다. 이러한 내용은 일정하게 촌락을 단위로 하는 집단적 수취방식을 반영한 것이 아니겠는가 생각한다.

요컨대 그들이 공동체적 농민층이었다는 그 점에서 전술한 공동체 '자유'민들의 공물=조세의 그것과 '속민'='하호'들의 공납이 하등의 형태상 차이를 가지고 있지 않다. 다르다면 오직 그들이 '예속' 농민층으로서(물론 그 '예속'이란 점이 특징적 내용으로 내포하고 있는 것이지만) 귀족집단에게 보다 가혹한 조건에서 수탈되었을 따름이다.

그리하여 여기서도 그 어떠한 중세기적 봉건적 내용은 발견되지 않는다. 이것은 우리 문제 해명에 있어서 매우 중요한 것으로 되는바, 여기에 엥겔스의 다음과 같은 맑스에게 보낸 편지의 한 구절을 인용하여 보기로 한다.

"노비(Leibeigenchaft, 강조-인용자)의 역사에 관하여 상업상에서 말하는 것처럼 당신과 '일치'한 것을 기뻐합니다. 노비(Leibeigenchaft)나 예속이라고 하는 것이 어떠한 특수한 중세기적인 봉건적 형태는 아니었습니다. 우리들은 정복자가 그의 토지를 옛 주인에게 경작시키는 데 있어서는 도처에서, 또 거의 도처에서 그와 같은 관계를 가지고 있었습니다. 예를 든다면 일찍이 테살리아에 있었습니다. 이 사실은 나와 기타의 모든 사람으로 하여금 중세기적 예속제도로 오해하게 하였습니다. 사람들은 이것을 단순한 점령의 결과에 기인하는 것이라고 하였습니다. 이것은 문제를 왕왕이 평이하게 하였습니다."126)

이 편지에서 엥겔스는 문제를 단순히 정복관계에서 볼 것이 아니라 소여의 사회경제구성에서 그 본질을 파악해야 한다는 것을 강조하고 있다.

---

125) 『日本書紀』 卷20, 敏達天皇 4年, "新羅遺使 進調多益常例 幷進多多羅 須奈羅 和陀 發鬼 四邑之調".
126) 「1882년 12월 23일부 서한」, 『맑스·엥겔스 서한집』(독일어판), 698쪽.

그리하여 문제는 형태상에 있는 것이 아니라 그 본질적 내용에서 파악되어야 한다는 것을 또한 강조하고 있는 것이다. 그런데 종래에 적지 않은 논자들이, 특히는 조선에서 노예제 사회의 존재를 부정하는 입장에 선 논자들이 여기의 'Leibeigenchaft'[127]에 대한 번역을 노문 번역 'Крепостное право'를 직역하여 '농노제도'로 본 것이다. 그러나 'Leibeigenchaft'란 어휘는 조선말의 '노비'와 같이 그저 막연한 '인격적 예속'이란 어휘와 보다 근사한 것이라고 한다.[128]

문구의 해석은 여하간에 나는 엥겔스의 서한 내용을 보다 정확하게 이해하기 위하여 엥겔스가 실례로서 인용한 테살리아의 역사를 구체적으로 인용하여 보기로 한다. 최근 출판된『세계사』에 의하면 테살리아는 중부 희랍의 에게 해에 면한 지방으로서 이미 기원전 2500년에 '지미(Диминн)'라는 문화를 발생시킨 곳인데『세계사』는 기원전 8~6세기 노예제도가 희랍에서 발전하는 형편을 말하면서 "……일련의 농촌지역 …… 예컨대 라코니아 메세니-테살리아(강조-인용자, 이하 동일함)-에 있어서는 개인 예속의 특수한 형태가 나타났는데 그것은 희랍에서보다 진보적인 구역 -예를 들어 아테네에서 우리가 보는 그러한 관계와는 다른 노예제에 가까운 그런 것이다……"[129]라고 하였다(당시 희랍에서는 농노적 관계는 싹 트지도 않고 있었다는 것을 반드시 상기할 필요가 있다).

예속민이 본거지에서 종전대로 경작에 종사하면서 일정하게 잉여생산물을 수탈당하였다는 그 형태상 문제로 많은 사람들(엥겔스조차도)은 종종 중세기적 농노가 아니었던가 의심할 정도였다. 그러나 형태상 농노적인 것 같이도 보이나 그것은 노예적 사회에 엄연히 존재한 노예적 그러한 농민이었던 것이며, 노예제 사회에서의 역사적 사실이 또한 증명하고 있

---

127)『맑스·엥겔스 전집』(러시아어판) 제14권, 605~606쪽.

128) 본래 '노비'란 말은 노예로 사용되고 있으나 중세 봉건사회에서는 또한 '농노'의 내용으로도 사용되고 있다. '노비'는 한 마디로 말하여 매매될 수 있던 …… 인격적으로 예속된 인간을 가리킨다. 나는 'Leibeigenchaft'를 '노비'로 해석하는 도유호 후보원사의 번역을 따른다.

129)『세계통사』제1권, 655쪽.

다.130)

　그리하여 '속민' 혹은 '하호'의 계급적 본질에 대한 결론은 명백해질 것이다.

　이와 같이 그들이 노예적 성격을 가지고 있었다는 사실은 『삼국지』의 편자도 노복이란 범주에서 그를 해석하고 있다는 것이 결코 우연한 것이 아니라는 것은 전술한 바이거니와 고구려의 '속민' 동옥저는 일반 생산물뿐만 아니라 "그 미녀(美女)를 보내어 그가 비첩(婢妾)으로 되었다 할지라도 노복과 같은 대우를 받았다"131)에서 보는 바와 같이 인간 자신도 공납하였던 것인바, 그러나 그는 그들의 계급적 본질로부터 노복의 대우를 면치 못하였던 것이다. 이러한 사정을 딴 측면에서 보여주는 것은 전게한 고구려에서 숙신족을 격파하고 그 항거자는 노예화하였으나 투항한 자는 부용으로 하였다는 것이라든지, 백제에서 투항을 거절하던 공동체를 공격하여 그들을 노예로 이끌어 갔다든지 신라에서 반란을 일으켰을 때는 그를 진압하고 그 무리를 노예화한 사실들이 말해 준다.132)

　이러한 사실은 노예제 사회를 염두에 두지 않고서는 이해할 수 없는 것이며 사실이 보여주는 바와 같이 그들은 노예화의 원천으로 되고 있었다. 다만 우리에게서 고전적 노예제 사회로 발전할 전제로 되는 제 조건이 제한되어 있었던 그러한 조건에서 그들이 본거지에 머물러 있게 되었던 것이다. 그렇다면 그 주요한 조건이란 것은 무엇이었던가? 맑스는 이에 대하여 다음과 같은 고전적 명제를 우리에게 주었다. 즉 "이 소유형태(공동체적 소유형태-인용자) 하에서는 개개인은 전연 소유자로서는 되지 않으

----

130) 우리가 로마사를 읽을 때에 또한 그 광활한 屬州들에서의 그러한 형태의 농민들을 발견할 것이다. 그러나 현재 상식으로 되어 있는 바와 같이 속주의 농민을 농노로 보는 사람은 한 사람도 없을 것이다.

131) 『三國志』 魏書 東夷傳 東沃沮, "逐臣屬句麗 …… 送其美女 以爲婢妾 遇之如奴僕".

132) 케사르의 『갈리아 전기』를 본다면, 기원전 1세기경 로마군이 갈리아 지방으로 진격하면서 그 미개한 공동체들을 정복하며, 공납적 관계를 설정하였는데 만일에 항거하는 공동체는 용서 없이 진압하고 그들을 노예로 종군 상인들에게 팔아 먹고 있는 것을 알 수 있다.

며 점유자에 불과하므로 그 자신은 본질적으로는 공동체의 통일을 인격화하고 있는 것(전제군주-인용자)의 재산이며 노예였다. 따라서 노예제는 여기서는 노동 제 조건을 파괴하거나 관계의 본질을 변화시키는 것도 없다."[133] 바로 이러한 사회 기저에 놓여 있는 공동체적 소유형태―그것으로 말미암아 정복민을 개개의 노예로 이끌어 올 여지가 제한되고 있는 것이다. 다만 문제는 이것뿐이다.

3. 노예와 노예주에 대하여

삼국시기에 노예들이 상당히 존재하고 있었다는 사실은 주지의 사실로 되고 있다. 때문에 여기서 문제로 되는 것은 노예제(우클라드로서의)의 특수한 형태에 대한 문제와 이것이 과연 이 사회에서 지배적인 역할을 담당하였는가?라는 문제가 논의되게 될 것이다. 그러니 본 토론의 결론 부문이 여기서 또한 중요하게 취급되게 될 것은 물론이다.

우선 조선의 노예제의 형태 문제로부터 고찰하기로 하자. 그 전제로서 나는 또한 공동체적 소유형태를 재차 상기시키면서 공동체들의 잔존과 그것을 토대로 하고 선 전제정치로부터 출발한다. 때문에 여기서의 노예제는 필연적으로 첫째로 가내적=가부장적 노예와, 둘째 형태로 공동체적=국가적 노예제의 두 형태의 노예제를 즉 보다 미숙한 노예제의 제 형태를 주요하게 보게 된다.

왜냐 하면 공동체가 강인하게 존재한 사실로부터 즉 농민들은 공동체에 굳게 발을 붙이고 있었으며, 여기에 수공업과 농업이 도시(촌락)와 토지가 굳게 결합되어 자연경제가 보다 강하게 지배하였던 제 조건 등은 보다 발전된 고전적 노예제를 수용할 여지가 없었던 까닭이다.

원시사회 말기에 이미 발생한 노예제는 가부장적 형태를 가지고 있었다. 엥겔스는 이러한 노예를 일반적으로 '가내노예'라고도 하였다. 그리하여 고전적 희랍=로마에서도 그 초기의 일정한 시기까지도 이러한 노예제

---

133) 전게 『전자본주의 생산양식의 제 형태』, 251쪽.

가 상당한 정도로 존재하였다. 그러나 그 곳에서는 고전적 사적소유 형태가 발전하는 조건에서 상업의 일정한 발전에 따라 직접 생활자료의 생산을 목표로 하는 한 개의 가부장적 노예제를 잉여가치의 생산을 목표로 하는 다른 한 개의 노예제에로 발전시켰다. 엥겔스는 이러한 노예를 일반적으로 '노동노예'라고도 하였다. 그러나 삼국에서는 고전적 희랍＝로마 모양으로 사적소유 형태에까지 가지 못하고 공동체적 소유형태에 머물렀다. 따라서 삼국에서의 노예제는 가내적＝가부장적 노예제가 보다 발전하게 되었던 것이다. 때문에 우리는 삼국에서 고전적 형태의 발전한 노예제를 찾을 것이 아니라 가내적＝가부장적 노예제에 대하여 크게 주의를 돌려야 하는 것이다. 엥겔스는 가내노예제 혹은 가부장적 노예제에 대하여 '단순한 그 주인의 조수로서의 노예제'[134] 혹은 '음폐된 형태로서 가족중에 있는 노예제'[135]라고 규정하고 있다. 즉 노예의 속성인 '말하는 도구'로서의 자체 성격을 가지고 독립적인 경리를 가지지 못하면서 그 주인 집에서 생산에 종사하였다는 것이다. 그런데 엥겔스의 다음의 교시는 매우 중요하다. 즉『가족 사유재산 및 국가의 기원』에서 고대 야만적 게르만 종족들의 노예제 발전의 행정에 관하여 말하면서 지적하기를 그것은 "고대의 노동노예제에까지지도, **동양의 가내노예제에까지지도**(강조-인용자) 끌고 가지 못하게[136] 한 그러한 노예제였다고 하였다. 여기에 우리는 분명히 동양에서의 가내적＝가부장적 노예제의 특수성을 강조하고 있는 것을 주의깊게 보게 되는 것이며 동시에 고전적 노동노예제와 동양적 가내적 노예제를 동일한 위치에서 취급하고 있는 것을 발견한다. 이것은 동양에서 가내적＝가부장적 노예제가 고전적 형태에서의 그것과는 형태상 특이하였으나 그러나 생산에서 논 그들의 역할이 본질상 그것을 관철하고 있다는 것을 인정한 것이라고 나는 이해한다(전게한 엥겔스의『영국에서의 노동계급의 상태』의 서문을 상기하라).

　　나는 이상과 같이 가내적＝가부장적 노예제로써도 노예제 사회경제구

---

134)『가족 사유재산 및 국가의 기원』, 조선노동당출판사, 549쪽.
135)『독일이데올로기』(러시아어판), 129쪽.
136) 전게『가족 사유재산 및 국가의 기원』, 540쪽.

성을 관철할 수 있다는 맑스주의 이론에 선다. 그런데 사실상 이러한 노예제는 그야말로 가족 중에 음폐되어 있었으므로 더구나 우리에서와 같이 주요 기록들이 관청 편찬으로 되었거나 그것도 빈약한 형태에서 남겨지고 있으므로 노예제의 내용은 매우 희미해지고 말았다. 그러나 단편적인 기록들에서 우리는 그 파편들을 발견할 수 있는 것이다.

"전택(田宅), 노비, 우마, 산림, 도구를 사들였다."137)

이 기사는 온달설화에 나오는 온달이 새 살림을 꾸미는 내용인데 여기서 토지와 노비를 사들였다는 것은 그 가내노비가 토지의 경작자와 관련되었으리라는 것을 보여준다. 이러한 경우는 후세까지도 오랫동안 그 흔적을 남기고 있었던 것으로 『삼국유사』에서 산견되는 '토지와 인민을 사원에 희사'한 것들이라든지 『균여전(均如傳)』에 "……1인당 토지 25경(頃)과 장획(藏獲 : 노비) 각 5명씩을 주었다"138) 등이 그것을 말하고 있다.

이렇듯 당시의 노예제가 기본상 또 광범하게 가족 중에 음폐된 형태로서 생산에 종사하고 있었다는 것은 기타의 허다한 가내노예에 관한 기사들에서 상상할 수 있다. 전술한 바와 같이 채무에 의한 노예화는 이러한 노예제의 수요를 공급하는 데 있어서 보편적인 방식으로 되고 있었다. 때문에 노예의 매매도 고전적 발전적 형태에서 보는 바와 같은 그러한 노예시장이 필요치 않았던 것이며, 여기서는 보다 비공개적인 형태에서, 그러나 공공연하게 개별적인 인간 호상 간에서 진행되었을 것이다.

그러나 노예는 보다 많이 전쟁포로들로써 공급되었다. "말갈적(靺鞨賊)과 부딪치어 일전에 그를 격파하고 포로한 생구(生口 : 인간)를 장사(將士)들에게 나누어 주었다."139) 즉 포로들을 전쟁 참가자들(정확히 말하여 지휘관들)에게 분배하고 있는데 이러한 사실은 고구려가 백제를 침공하였

---

137) 『三國史記』 卷45, 列傳 溫達, "買得田宅·奴婢·牛馬·器物".
138) 大華嚴首座圓通爾重大師均如傳, "人賜田二十五頃 藏獲各五人".
139) 『三國史記』 卷23, 百濟本紀 溫祚王, "遇靺鞨賊 一戰破之 虜獲生口 分賜將士".

을 때에도(4세기 중엽) "5천여 명을 무찌르고 포로는 장사들에게 각각 나누어 주었다"140)고 하였으며 신라에 있어서도(6세기 중엽) "공을 논할 제 사다함이 가장 가장 으뜸이었으므로 왕이 좋은 토지와 포로 2백 명을 상으로 주었다"141)란 기록들에서 보는 바와 같이 포로를 분배하고 있는 사실을 알 수 있다. 물론 분배된 포로는 노예화되었을 것은 논의할 여지도 없이 명백한 것이지만 이와 같이 노예 공급의 주되는 원천은 전쟁포로였던 것이다.

이와 같이 포로의 분배는 약탈물의 분배로도 되는 것이며 따라서 그 전쟁 성격이 규정되는바, 여하간 전쟁에서 많은 노예의 공급을 받을 수 있었던 만큼 전쟁은 노예주들의 커다란 관심사로 될 수밖에 없었던 것이다.

다음의 기록이 명백히 보여주는 바와 같이 즉,

"백제왕이 가만히 군사를 일으켜 신라의 서쪽 변방 두 성을 공파하고 남녀 1천 명을 포로하여 돌아왔다. …… (그러나) 왕은 신라병의 많은 것을 보고 대적할 수 없음을 타산하고 인차 전번 전쟁에서 얻은 노획물을 돌려보냈다."142)

그러나 여기의 '전번 얻은 노획물'이란 것은 이 사실을 기록한 신라측 기록에서 "백제가 크게 두려워하여 그 약탈해 간 남녀를 돌려보내면서 강화를 요구하였다"143)란 내용이 보여주듯이 명백히 '포로한 남녀 1천 명'을 가리키고 있다. 이와 같이 이 단편적인 기록에서도 당시 노예 획득을 위한 전쟁들이 노골적으로 수행되고 있었던 사실은 의심할 수 없는 것이다.

---

140) 同上 卷24, 百濟本紀 近肖古王 24年, "獲五千餘級 其虜獲分賜壯士".
141) 同上 卷4, 新羅本紀 眞興王 23年, "論功 斯多含爲最 王賞以良田及所虜二百口". 同書 斯多含 列傳에는 "三百口"로 되어 있다.
142) 『三國史記』卷23, 百濟本紀 肖古王 2年, "秋七月 潛師襲破新羅西鄙二城 虜獲男女一千而還 八月 羅王遣一吉湌興宣 領兵二萬 來侵國東諸城 羅王又親帥精騎八千繼之 掩至漢水 王度羅兵衆不可敵 乃還前所掠".
143) 同上 卷2, 新羅本紀 阿達羅尼師今 14年, "秋七月 百濟襲破國西二城 虜獲民口一千而去 八月 命一吉湌興宣領兵二萬伐之 王又率騎八千 自漢水臨之 百濟大懼 還其所掠 男女乞和".

이러한 전쟁기사는 일일이 열거하기 어려울 정도로 『삼국사기』에 기록되어 있는데 그 몇 가지를 들어 본다면 다음과 같다. 고구려에서

"드디어 요동 현도를 함락하여 남녀 1만 명을 포로하여 귀환하였다."144)

"왕이 3만의 군대를 거느리고 백제를 침범하여 …… 남녀 8천 명을 포로하여 돌아왔다."145)

"군대를 파견하여 백제를 공격하고 …… 남녀 삼천 명을 포로하여 돌아왔다."146)

백제에서

"낙랑 변방 인민들을 습격하여 납치하였는바 …… 왕이 (낙랑이) 침범해 올 것을 두려워하여 그 인민을 돌려보냈다."147)

"신라 서쪽지방 두 성을 빼고 남녀 3백여 명을 포로하였다."148)

"신라를 공격하여 …… 남녀 1천여 명을 생포하였다."149)

신라에서

"포상 팔국(浦上八國) 장군을 격살하고 포로되었던 6천 명을 빼앗아 돌려보냈다"150)

---

144) 『三國史記』 卷18, 高句麗本紀 故國壤王 2年(385), "遂陷遼東玄菟 虜男女一萬口而還".

145) 同上 卷18, 高句麗本紀 長壽王 63年(475), "王帥兵三萬侵百濟 …… 虜男女八千而歸".

146) 同上 卷20, 高句麗本紀 嬰陽王 18年(607), "遺師攻百濟 …… 虜男女三千而還".

147) 同上 卷24, 百濟本紀 古爾王 13年(246), "襲取樂浪邊民 …… 王恐見侵討還其民口".

148) 同上 卷27, 百濟本紀 武王 28年(627), "拔新羅西鄙二城 虜男女二百餘口".

149) 同上 卷28, 百濟本紀 義慈王 2年(642), "攻新羅大耶城 …… 生獲男女一千餘人".

150) 同上 卷2 新羅本紀 奈解尼師今 14年(209), "浦上八國謀侵加羅 …… 擊殺八國將軍 奪所虜六千人還之".

등등을 들 수 있으며 이 외에도 「광개토왕비문」의 기사는 고사하고라도 일시에 수만 명을 포로한 기록을 또한 『삼국유사』에서 발견할 수 있다. 즉

> "백제병이 진성(珍城)에 내침하여 남녀 3만 9천 명과 말 8천 필을 약탈하여 갔다."[151]

이상과 같이 약탈적, 특히는 노예약탈적 전쟁은 노예제 사회 그것으로부터 산생되는 것이며 여기에 상응한 보다 군제적인 국가성격에 의하여 약탈전쟁은 정력적으로 수행되었던 것이다.

전술한 바와 같이 노예의 원천을 전쟁포로에서 주요하게 구하였다면 이 사회에서 노예제가 논 역할을 결코 경시할 수 없는 것이며, 다음의 사실이 보여주는 바와 같이 노예 수요의 요구는 계속 장성하고 있는 것을 보는 것이다. 즉 공동체 농민들의 몰락 과정, 특히는 그들의 노예화 과정의 장성을 우리는 이미 알았거니와, "남의 처첩(妻妾), 우마, 재물을 강탈하면서 (자기의) 욕심을 마음껏 채웠는데 만일 이에 응하지 않으면 즉 채찍으로 때렸다"[152]는 포악했던 귀족＝관리의 인민의 재산을 약탈한 내용이라든지, "남의 자녀를 약탈하며, 남의 전택(田宅)을 탈취하였다"[153] 등의 기사가 말하는 바와 같이 인간의 약탈은 오직 외부에 대한 전쟁에서나, 또는 내부에 있어서 채무 등에 의하여서만 수행된 것이 아니라 공동체 농민에 대한 강압, 강탈에 의하여도 진행되었다(물론 이 기사들은 악질적인 대표적 귀족들을 놓고 말한 것이나, 여하간 이 사회의 내부적 성격을 반영하고 있는 것만은 사실이다).

여기에 우리의 주목을 끄는 것은 삼국 후기의 기록으로서 "우마를 죽인 자는 노비로 만든다",[154] "살인자는 노비 3명을 내어 놓으면 죄를 벗을 수

---

151) 『三國遺事』卷2, 眞興王, "百濟兵來侵於珍城 掠取人男女三萬九千 馬八千匹而去".
152) 『三國史記』卷14, 高句麗本紀 大武神王 15年, "……此三人爲沸流部長 資貪鄙 奪人妻妾牛馬財貨 恣其所欲 有不與者 卽鞭之".
153) 同上 卷16, 高句麗本紀 故國川王 12年, "掠人子女 奪人田宅".
154) 『新唐書』東夷傳 高句麗, "殺牛馬者 沒爲奴婢".

있다"155) 등으로서 이것은 일정하게 삼국사회의 노예제 장성을 단적으로 표현하는 것으로 생각할 수 있다.

이와 같이 고구려에서는 하나의 노동력으로서의 축력＝우마와 노예를 상등한 비중에서 취급하고 있는 것을 보게 되며 동시에 노예노동력에 대한 사회적 요구성이 높아 가고 있었다는 내용을 또한 생각게 된다. 이것을 바로 고구려가 급속히 발전하던 4, 5세기경에 활발한 약탈전쟁을 확대하고 있는 사실과 관련시켜 볼 때(이 때 보다 많은 포로들을 획득하고 있는데) 있을 수 있는 법적 조목이라고 생각한다.

특히 여기에 강조해야 할 점은『신당서』보다 앞서 편찬된『주서(周書)』에는 "살인자는 목베어 죽인다"156)라고 기록하고 있는 것이다. 이것은 백제의 형법상에 있어서 내용상 큰 차이를 보여주는 것으로 되는바, 즉 이전에는 살인자는 참형에 처하였다면 그 후기에는 3명의 노예로써 자기의 죄를 벗을 수 있었다는 것이다.

그러나 이렇듯 노예경제의 장성은 그것이 가내적＝가부장적 형태의 특수성으로 말미암아 음폐된 형태를 띨 수밖에 없었으며, 특히는 그보다 더 높은 형태의 노예제로 발전하지 못하게 한 제한 등으로 인하여 적극성을 보이지 못하였으나 "가족 중에 숨겨져 있는 노예제는 인구의 증가와 욕망의 증대에 따라 또는 전쟁이라든지 교역이란 대외교통의 확장에 따라서 점차로 발전"157)하여 갔던 것이며, 공동체 내의 사회적 분화의 보다 진전 －즉 "공동체적 소유에 대하여 종속적인 변칙적(變則的) 형태로서"158)의 사적소유의 장성에 따라 노예경제도 필연적으로 발전하는 것이었다.

전기한 바와 같이 사다함에 관한 기록에서 일시에 200～300명의 포로를 분배받았다면159) 그들을 의심할 바 없이 생산에 투입하였을 것인바, 이

---

155) 同上 百濟, "殺人者 輸奴婢三 贖罪".
156)『周書』異域傳 百濟, "殺人者斬".
157) 맑스,『독일이데올로기』(일본어판), 1953, 17쪽.
158) 상동서, 17쪽.
159) 사다함의 기사만 보면 물론 분배받은 포로를 모두 해방시켰다고 하나 여기에 인용한 내용은 당시 신라에서 이러한 다수의 포로들을 분배하고 있었다는 사실을 말할 따름이다.

것으로 특정한 정도의 노동노예제의 존재도 추측할 수 있다. 이 사실은 삼국에서 노예제의 장성과 직접 관련되는 것이다. 물론 이것은 일정하게 토지의 개인집중과 관련되는 것으로—정확히 말하여 이 사회에서는 노동력 장악으로 인한 부대(附帶) 조건으로서의, 그 작업장으로서의 토지의 집중과 관련되는 것으로 공동체적 소유형태 하에서 토지의 개인집중이 그랬던 바와 같이 여기에 노동노예제 그것도 전반적인, 기본적인 것으로 나타난 것이 아니라 부분적인, 법칙적인 형태로 나타난 것으로 보아야 한다(토지의 개인집중과 생산=노동노예제의 일정한 장성은 이 사회에서의 사회경제적 발전의 필연적인 사물이라는 것을 염두에 두면서).

요컨대 귀족 수중에로 노예가 집중되는 경향은 노예경제의 장성과 분리하여 생각할 수 없다. 그것은 당시 주되는 노예주는 귀족들이었다는 사실에서 명백한 것이다.

  * 그렇다면 귀족들에게 사여되었던 '식읍'을 어떻게 이해하여야 할 것인가? '식읍'은 귀족들에게 집중된 노동력과 관련되는 것인가? 또는 이 사회에서 일정하게 존재하는 봉건적 관계의 표식인 것인가? '식읍'에 관해서는 종래의 많은 의견들이 제기되었었다. 때문에 분명히 해명할 필요가 있다. 그리하여 좀 장황하지만 나의 소견을 말하려 한다. '식읍'에 관하여 숨길 수 없는 사실로 되고 있는 것은 문제를 정확히 제기하지 않고 있는 그것이다. 때문에 나는 구체적인 사료를 들어 새로운 방향에서 문제를 제기하려 하는 것이다.

'식읍에 관한 기록은 6세기' 중엽 이전을 놓고 볼 때 오직 고구려에서만 나타나며160) 그것도 3세기 이전에 속한다. 기록에 나타난 것만

---

160) 고구려 사람 高慈의 묘지에 의하면 그의 20대조인 密이란 사람이 燕(선비족)을 격파하여 '식읍 삼천 호'를 받았다는 것이 있다. 그러나 이 묘지는 700년경에 작성된 것으로 고자는 당시 唐나라에서 생활하고 또 그 곳에서 사망한 사람이다. 생각건대 고밀이란 사람은 203년 선비족을 격파하여 그 공훈으로 혹림을 '식읍'으로 받은 高奴子가 아니었던가 한다. 여하간 고자의 자손은 자기 가계를 훌륭히 꾸미기 위하여 자기의 시조를 고구려 朱蒙과 더불

가지고 본다면 단지 네 번으로 한정되어 있으며 그 중 세 번이 전쟁에서 큰 공훈을 세운 장군들에게 준 것으로 되고 있다. 그런데 우리에게 곤란한 문제로 제기되는 것은 전연 그 내용에 대하여 알 수 없게 되고 있는 것이다.

그리하여 혹자들은 '식읍'이란 문구에 주요하게 주의를 돌리면서 봉건적 '봉지' 혹은 '채읍지'의 내용으로 이해하고 있다. 물론 그러한 내용을 보여주는 조그마한 파편조차 없는 것은 부정할 수 없는 사실이다. 때문에 이러한 문제를 가지고 소여 사회의 본질적 성격을 규정하려 한다면 그것은 역사를 도식화할 수 있으며 적어도 그러한 위험성이 있는 것이다. 문제는 문구 여하에 구애될 것이 아니라 소여 사회의 전반적 고리에서 파악해야 하며 이러한 방법론만이 맑스주의적 방법론이다.

* 고구려의 '식읍' 내용을 기록상에서 전연 찾아볼 수 없다고 하여도 우리의 방법론만 옳게 세운다면 그 윤곽은 파악할 수도 있는 것이다.

이론상 공동체적 고유형태에서는 어느 모로 보나 중세기적 봉건적 내용을 가지는 '식읍'이란 것은 설정될 여지가 없다. 여기에는 공동체에 의한 집단으로 단결되어 있다. 때문에 '식읍'을 운운한다면 일정한 공동체적 촌락, 예컨대 예속적 공동체를 일부 분배하여 주었을 수도 있다. 물론 여기에 '식읍'이 설정된다 하여도 그 공동체의 경제조직을 봉건적인 것으로 곧 뒤바꾸어 놓지 못하리라는 것은 의심할 바 없다. 그러나 고구려의 '식읍'을 놓고 볼 때 문제는 이렇게 제기될 수 없다.

어 고구려 건국사업에 종사한 것으로부터 시작하여 20대조의 밀이란 사람을 크게 내세우고 있으며, 자기의 선조들이 대대로 나라의 재상으로 있었다고 하였다. 본시 묘지란 그런 것인데 문제는 '식읍 3천 호'에 있다. 나는 이 표현을 묘지문 작성자의 附會潤色으로 본다. 왜냐 하면 당시 중국에서는 식읍을 주었다면 반드시 내용의 양적 척도로 되는 몇 백 호, 혹은 몇 천 호씩으로 표시하는 것이었던 만큼 내용 없는 식읍을 기록하자니 이미 없는 것으로 될 수 있었기 때문이다. 그리하여 일반적으로 한문투에 있어서 많다는 표식으로 되는 '삼천' 호란 말을 붙이며 자기의 가계를 보다 훌륭한 것으로 꾸며낸 것이 아닌가?

왜냐 하면 기록은 고구려에서만 나타났고 그것도 3세기 이전 시기에
만 설정되었기 때문이다. 즉 예속적 공동체에 대한 지배의 분배라면
그 후기에도 존속해야 할 것이며(사실에 있어서 있었던 것 같다─후
론) 동시에 그것은 일정하게 확대될 수도 있었던 것이다. 그렇다면 제
기된 '식읍'을 어떠한 것으로 이해하여야 하는가?

　문제는 전연 상상 이외의 즉 농업과는 관계없는 곳에서 나타나고 있
는 것이다. 우리가 고구려의 초기 상태를 주의하여 본다면 목축에 대
한 일정한 흔적이 이모저모로 발견되는바, 사실에 있어서 백제나 신라
와는 다르게 이 곳에서의 농업은 밭농사였으며, 그것도 크게 발전한
것은 4세기 이후로 보아진다. 이러한 사실은 고구려의 '식읍' 문제를
해명하는 데 있어서 반드시 고려해야 하며 여기서 '식읍'을 덮어놓고
농업과 결부시킬 수는 없다. 우리의 문제는 형태상에 있는 것이 아니
라 그 본질에 있는 만큼 '식읍'을 그 문구(중국에서 수입해 온)에만 구
애되어 반드시 농업경작지와 관련시킬 필요는 없는 것이며, 이러한 견
지는 또한 이론상 정당한 것이다.

　그렇다면 무엇을 가지고 그렇게 주장하려 하는 것인가? 나는 이상
과 같은 고구려의 공동 소유형태에서와 직접적으로는 목축의 일정한
존속에서 그것을 찾으며 '식읍지'의 명칭에서 실마리를 잡는다. 즉 구
산뢰(狗山瀨), 누두(공)(婁豆谷), 좌원(坐原), 질산(質山), 거곡(巨谷),
청목곡(靑木谷), 압록 두눌(杜訥), 하원(河原), 혹림(鵠林) 등에서 곧
알 수 있는 바와 같이 모두가 강여울이나 기슭, 광원, 평원, 숲, 계곡
등으로 되고 있으며 촌락들과는 구별되는 지역이다.161)

　여기에 나타나는 지역들을 농토로서의 개간지로 연상할 수도 있으
나 고구려에서 그 초기에 아무리 농업이 발전하였다고 하여도 물가
모래판에까지 농토를 확장하지 않으면 안 될 정도는 아니었을 것이다.

---

161) 이 '식읍'지들은 주로 戰功을 세운 지점이었다. 여기에 당시의 전쟁 형태를
　　고려한다면 이 지역이 들, 강기슭, 숲, 계곡 등등의 전쟁마당과 맞아 떨어진
　　다.

이렇게 보는 것보다 다음 문제에서 고찰하는 것이 정당할 것이다. 즉 고구려에서는 목축도 일정하게 존속(특히 귀족들에게 있어서)하고 있었는바, 「광개토왕비문」에 그 약탈물의 내용으로서 '소, 말과 양의 무리' 운운하고 있는 것이 우연한 내용이라고 생각되지 않는다. 일방 『삼국사기』에도 그 초기의 기록으로서 상금으로 '10필의 말'162)을 주고 있는 것도 마찬가지 내용이었을 것이다. 또한 당시까지도 유목적인 면이 일정하게 존재하였다는 근거를 다음의 사실에서 발견한다. 즉 2세기 말의 상태를 기록하는 데서 고국천왕(故國川王)이 죽은 후 왕위 계승 문제를 의논하러 그의 둘째 동생을 방문한 왕후와의 식사에서 "왕이 친히 칼은 들어 고기를 자르다가 그 손가락에 상처를 내게 되어 왕후가 치마띠를 풀어서 그 상처를 입은 손가락을 싸매어 주었다"163)는 것이다. 여기에서 유목적이며 보다 원시적인 풍습을 보는바, 당시까지도 목축경제는 부분적이나마 일정한 정도로 역할을 담당하고 있었다고 나는 생각한다.

이러한 형편이 옳다면 전기한 '식읍'의 지역이 목장과 관계를 가지는 것이라고 말할 수 있을 것이다. 이 때 목장은 단순히 경제 면에서 유목에만 관계되는 것이 아니라 고구려가 보다 군제적인 조직을 가지고 있었던 만큼 일면 군사적 면에서도 중요한 의의를 갖는 것이며 사실에 있어 장군들이 자기 사병들을 거느리고 있었던 것이다. 때문에 '식읍'이 주되게 군공자들에게 큰 상으로 되었으며 전쟁과 밀접한 관계에서 나타났던 것이 아닌가?

이렇게 '식읍'을 이해한다면 4세기 이후 고구려 영토의 급속한 확장

---

162) 『三國史記』 卷13, 琉璃王 11年, "王乃賜黃金三十斤良馬一十匹". 여기에 주목되는 것은 "국왕이 扶芬奴에게 공을 생각하여 식읍으로써 상을 주려고 하였으나 사양하여 …… 끝내 받지 않으므로" 해서 황금과 말을 주었다는 것이다. 즉 '식읍'과 10필의 말과 대치된 내용에는 그 어떠한 관계가 있는 것이 아닌가?

163) 同上 卷16, 高句麗本紀 山上王 元年, "親自操刀割肉 誤傷其指 后解裙帶 裹其傷指".

과 특히는 평양 방면에로의 진출과 때를 같이하여 농업의 보다 급속한 발전을 보게 됨으로부터 목축은 보다 뒤로 물러서게 되어 그러한 '식읍'은 보다 무의미한 것으로 되어 버린 것이 아닌가?

이렇게 본다면 고구려 초기에 나타났다가 소멸된 '식읍'은 우리 문제에 있어서 부차적인 것이며 우연적인 것이다. 말하자면 '식읍'은 일정한 지역을 사여하였다는 그 점에서 오직 중국식 명칭의 감투가 뒤집어씌워진 것이며 본래의 식읍과는 본질상 아무런 공통성도 없는 것이다.

노예제의 또 하나의 형태-국가적 노예제에 대하여 우리 문제를 전진시키자. 맑스는

"제2의 형태는 고대의 공동체 소유와 국가소유이다. 이 소유는 특히는 계약 또는 정복에 의하여 약간의 종족이 하나의 도시에 결집되는 데서 나타나는 것이며 이 경우에도 의연히 노예제는 존속한다. …… 국가공민은 오직 그들의 공동체 안에 있어서만 그들의 노동노예에 대한 지배력을 가지고 있는 것으로 그 때문에 공동체 소유형태에 구속되어 있다. 이 공동체 소유라는 것은, 노예와의 대립상 이러한 자연발생적인 연합 양식에 머물러 있게 하는 이외에는 어떻게도 할 수 없는 그러한 활동적인 국가공민의 공동의 사적소유이다."164)

라고 『독일 이데올로기』에 썼다. 바로 공동체적 소유형태 하에서의 노예제는 공동체 집단의 소유양식이 또한 필연적인 것으로 나타나게 된다.

이와 같이 노예에 대한 공동소유=국가소유 형태는 노예로 하여금 공동체 집단 이익에 복무하도록 구사하게 된 것인바, 여기로부터 노예들의 노동이 또한 국가적 규모에서 편성되게 된다. 맑스가 지적한 바와 같이 "모든 사람에게 속해 있는 제 조건, 예컨대 관개용 운하-이것은 아시아 제 민족에 있어서는 매우 중요한 역할을 논다-교통수단 등등은 이 경우(공동체적 소유형태-인용자)에 있어서는 최고 통일체-즉, 조그만한 공동체

---

164) 『맑스, 엥겔스 선집』(일본어판) 제1권, 1958, 17쪽.

위에 우뚝 솟은 전제정부의 사업으로 생각되고 있다.[165] 바로 이러한 전제
정부의 사업으로 되는 노동은 말할 것도 없이 그에게 장악된 노예군의 역
할이 컸을 것만은 의심할 바 없다(물론 공동체 농민들의 역할을 과소평가
하지 않으면서).

삼국 중에서도 일찍이 수전(水田)농업의 발전을 보았던 백제와 신라에
있어서는 기원 초로부터 경작지 개간사업의 확장과 동시에 물의 조절, 즉
인공적 관개시설이 중요한 경제적(이것은 공동체 전 주민의 이해관계와
결부되는 것인데) 의의를 가지고 있었다. 때문에

"영을 내리어 …… 제 주군의 제방을 수리케 하고 전야를 개간케 하
였다."[166](144년)

"소관 관청에 명하여 제방을 수리케 하였다."[167](222년)

등과 같이 국가적 사업으로서 하천에 대한 제방 관리 문제가 중요한 사업
으로 수행되었던 것이다. 그런데 이것이 하나의 홍수를 방지하는 대책으
로 그치는 것은 아니었다.

"비로소 벽골지(碧骨池)를 개축하니 안장(岸長)이 1천 8백 보(步)였
다."[168](330년)

"새로이 시제(矢堤)를 구축하였는데 안장이 2천 1백 보였다."[169]
(429년)

등과 같이 보다 대규모의 제방공사를 우리는 발견하게 되는 것이며, 동시
에 이것들이 단순한 하천유역의 제방으로 그치는 것이 아니라 물의 조절
을 목적으로 하는 저수지의 내용을 가지고 있었다는 것은 '벽골지(碧骨

---

165) 전게 『전자본주의 생산의 제 형태』, 227쪽.
166) 『三國史記』卷1, 新羅本紀 逸聖尼師今 11年, "下令 農者政本 食惟民天 諸
　　州郡修完堤防 廣闢田野".
167) 同上 卷24, 百濟本紀 仇首王 9年, "命有司修堤防".
168) 同上 卷2, 新羅本紀 訖解尼師今 21年, "始開碧骨池 岸長一千八百步".
169) 同上 卷3, 新羅本紀 訥祇麻立干 13年, "新築矢堤 岸長二千一百七十步".

池)'에서 알 수 있다. 벽골지에 대하여서는『삼국유사』에 보다 자세한 기록을 남기고 있는바, 즉 "비로소 벽골제를 구축하였는데 주위가 □만 7천 26보요 □□백 66보로 수전 1만 4천 70□에 (물을 댄다)"170)라고 하였다. 여기에 1보를 6척(尺)171)으로 보고 이것을 주척(周尺)으로 계산한다면 그 주위는(□를 1로 보아도) 22킬로미터에 해당한다. 물론 이 계산이 반드시 정확한 것은 못 되겠으나 여하튼 당시의 기술 수준으로 보아서는 대규모의 관개시설이었던 것만은 의심할 바가 없다.

물론 전기한 관개시설이 고대 애급이나 고대 중국에서 보는 바와 같은 그러한 웅장한 것은 아니었으나(우리의 강이 또한 그렇지 못했던 이상) 그러나 그것은 인공적 관개시설이었으며 국가적 규모에서 구축되었고 관리되었던 것은 사실이다. 문제는 크고 작은 데 있는 것이 아니라 본질에 있다.

당시 신라나 백제에서 구축된 저수지 및 관개는 결코 무시될 정도로 소규모의 것이 아니라 사실에 있어서 대규모의 사업이었다. 그렇다면 국가 소유의 노예군이 존재하는 이상 이러한 공사에 노예노동이 투입되지 않았다고 볼 근거는 없다. 고대 동방제국에서 보여주는 바와 같이 여기에는 공동체 농민들의 공동노동뿐만 아니라 특히 힘드는 노동에 있어서는 노예노동이 인입되고 있었던 것이다.

백제에서 원산·금현 두 성의 정복된 주민이 한산(漢山)-백제의 수도 북으로 이동된 사실이라든지, 신라에서 반란을 일으켰던 실직·압독에서

---

170)『三國遺事』卷1, 王曆 新羅乞解尼師今, "己丑(329년-인용자) 始築碧骨堤(『三國史記』에는 池) 周 □萬七千二十六步 □□百六十六步 水田一萬四千七十□".『新增東國輿地勝覽』에는 벽골제의 위치를 金堤지방에 잡고 있으며 단재 신채호 선생도『朝鮮史研究草』에서 전라도 지방의 것으로 고증하여 신라에 구축되지 않았다고 하나 이것은 좀더 연구해야 할 문제이므로『新增東國輿地勝覽』의 보다 상세한 기록을 여기에 인용하지 않는다.

171)『高麗史』卷78, 食貨志1 田制, "六寸爲一分 十分爲一尺 六尺爲一步". 이것은 고려 초기에 사용되던 量田尺인바, 물론 주척을 주로 사용하였는지는 불명하나 여기에 적당한 규준을 알 수 없으므로 잠시 주척으로 계산한다. 그러나 아마도 주척보다도 더 짧은 자가 사용되었는지도 모르겠다.

의 예속민을 국남(경주 남쪽)으로 이끌어 온 사실 등등은 노예군의 편성과 그들을 수리관개 내지는 토지개간사업, 혹은 축성 기타 등등에 구사하였으리라는 것을 말해 주는 한 자료로 될 것이다. 특히 신라에서 2~3세기에 개통된 두 개(계립령과 죽령)의 큰 준령은 물론 오늘과 같은 큰 도로로는 생각할 수 없으나 일정하게 사기에 기록될 만한 대공사로서 여기에 적지 않은 노예노동을 이끌어 들일 수 있는 가능성이 충분히 있었던 것으로 본다.

일방 고구려에서는 백제나 신라 모양으로 수전농업이 발전되지 않았던 관계로 관개시설에 대한 기록들이 보이지 않는 것은 당연한 것이다. 농업은 당시 형편에서는 기후조건, 토양의 물리적 조성, 물리적으로 조건지어진 모양의 이용법 등등에 의하여 이에 상응하는 경작방법이 적용되었을 것이다. 바로 『삼국지』의 "양전(良田)이 없어서 비록 경작에 힘쓴다 하여도 배를 불리울 수가 없었으므로 양식을 절약하는 습속이 있었다"[172]란 기록은 그간의 형편을 말해 주는 것이겠지만 그러나 이것으로써 농업의 미발전으로 보는 것은 잘못이다. 이 곳에서는 밭농사가 주요한 의의를 가지고 일찍이 발전하고 있다. 그것은 최근 함북지방에서 출토된 곡물[173]들이 보여줄 뿐만 아니라 『삼국사기』에 산견되는 "나라 동쪽에 큰물이 나서 백성이 굶주리게 되어 창고를 열어 진휼하였다",[174] "황충(蝗虫)이 곡식을 해치다"[175] 등등의 기원 초의 기사들이 의심할 바 없이 그 사실을 확언하고 있는 것이다.

이상과 같이 농업의 발전은 일정하게 토지개간사업을 촉발시켰을 것이다. 특히 4세기 이후 대동강 이남지역으로 적극적인 진출을 보일 때, "왕이 군사 3만을 거느리고 현도군을 침략하여 8천 명을 포로하여 그들을 평

---

172) 『三國志』 魏書 東夷傳 高句麗, "無良田 雖力佃作 不足以實口腹 其俗節食".
173) 『력사과학』 1955년 1호, 45쪽.
174) 『三國史記』 卷14, 高句麗本紀 閔中王 2年, "國東大水 民饑 發倉賑給".
175) 同上 卷15, 高句麗本紀 太祖大王 3年, "國南蝗害穀" ; 10年, "國南飛蝗害穀" 等等.

양에로 이동시켰다"176)는 사실이 보여주는 바와 같이 새로운 개척사업에 노예노동력을 편성하고 있는 것을 나는 본다. 이러한 형편을 잘 말해 주는 것은 포로를 개척지인 평양에로 이송시킨 당시 보다 적극적인 노예획득을 위한 전쟁이 확대되었고 또 적지 않은 포로를 획득하고 있는 것이다.

요컨대 토지개간, 관개공사, 도로개척, 축성, 기타 등등 공공사업이 중앙 정부의 사업으로 되고 있던 당시 중앙정부의 틀을 차리고 앉아 있던 귀족 들의 계급적 본질은 스스로 규정될 것이다. 이 나라들이 공동체적 집단으 로 형성된 것만큼 그 집단의 상층은 의심할 바 없이 족장적 귀족층으로 될 것이며, 타방으로 가부장적 노예제가 광범히 존재하였으며 동시에 국 가＝공동체의 최고 집단에 예속된 노예제가 일정하게 생산에 관계하였다 는 사실 등에서 귀족들은 다름 아닌 기본상 노예주 계급이었던 것이다. 때 문에 삼국의 노예주 계급은 또한 관리층으로도 되었던 것인바 여기의 삼 국의 계급적 성격이 규정된다.

레닌은 "……의사는, 그것이 국가의 것일 때에는 반드시 권력에 의하여 제정된 **법령**으로서 표현되지 않으면 안 된다. 그렇지 않으면 '의사'라는 말 은 빈소리에 의한 공기의 빈 진동이다"177)라고 하였다. 실로 국가의 의사 는 법으로 공포되는 것이며, 법령의 내용은 국가의 의사로 된다. 때문에 국가의 법령은 그 국가의 계급적 성격을 규정할 수 있는 중요한 지표로 된다.

전술한 바와 같이 삼국의 제 법률적 내용－범죄자를 노예로 하거나 그 죄에 따라서는 죽이고 그 가족을 모두 노예화한다. 우마를 도살한 자의 노 예화, 공사 채무자의 노예화, 노예 3명으로써 살인자의 속죄 등등－은 노 예주 편에 선 것이며 즉 노예주 계급의 이익을 옹호하며, 노예화에 관심을 노골적으로 표시하고 있다. 이것이 삼국의 의사를 반영한 단편적인 표징 들로 된다면, 삼국의 계급적 성격은 노예소유자적 국가로 될 것은 자명해 진다.178) 과연 이렇게 관찰할 때에 노예소유자로서의 관리들도 노예소유

---

176) 『三國史記』 卷17, 高句麗本紀 美川王 3年, "王率兵三萬侵玄菟郡 虜獲八 千人 移之平壤".
177) 『레닌전집』(러시아어판) 제25권, 72쪽.

자로서의 공동체의 최고 집단=족장적 귀족층의 계급적 본질에 합치된다.

*   *   *

삼국의 여러 계급들의 상태에 근거하여 나는 그들 호상간의 관계에서 이 문제의 결론을 명백히 규정할 수 있게 되었다.

나는 삼국에서의 제 계급으로서 공동체 농민층을 '자유'농민과 예속농민으로 구분하여 분석하였으며 동시에 노예에 대하여 그 특성을 고찰하면서 타방으로 공동체 집단의 상층으로서의 노예주를 취급하였다.

물론 그간에는 계급들의 착잡한 내용이 개재하는 것이며 뿐만 아니라 공동체 농민을 놓고 볼 때에도 그간에는 각이한 계층으로 구분할 수 있는 바, 혹은 소노예주도 있을 것이며, 노예적 처지에서 고용살이하는 사람들도 있는 것이다. 특히는 예속적 공동체 농민층은 그들이 일정한 시기까지 국가에(혹은 개별적 귀족에게도 예속되었었다) 집단적으로 예속되어 있던 만큼, 집단적인 성격을 한 묶음으로 하여 취급하였으나 사실은 그 공동체 내부에 있어서도 각이한 계급적 측면을 가지는 것이다. 노예들도 가내노

---

178) 유감스럽게도 우리에게는 당시 노예에 대한 직접적 규정들이 보존되지 못했다. 그러나 일정한 시기까지 당연한 것으로 되고 있던 노예주를 위한 노예 순장제의 존재, "祭天用 돼지의 다리에 상처를 입혔다 하여 **생매장하여 죽인**"(『三國史記』 卷13, 高句麗本紀 琉璃王 19年) 사실 또는 사람을 방석으로 혹은 베개로 하여 혹시 움직이기만 하여도 용서 없이 죽였다는 사실(同上 卷14, 高句麗本紀 慕本王 4年) 등등이 노예에 대한 노예주의 포학성을 보여준다. 물론 우리가 알고 있는 법령들은 비노예층에 대한 것으로 되고 있다. 비노예층 공동체 농민들도 착취받는 층인 만큼 귀족들은 국가권력을 통하여 그들을 압박한다. 여기의 '진휼' 혹은 '구제' 및 면제 등은 형식상 공동체적인 보장이란 것으로 덮어씌우나 본질적으로는 압박을 위한 것에 불과한 것이다. 더구나 광범한 주민층을 형성하고 있는 비노예층에 대한 국가의 정책은 중요한 의의를 가지는 것이다. 그러나 문제는 그 정책의 기본 알맹이가 어떠한 것에 있는가에 있다. 그런데 나는 그들에 대한 노예화에 대하여 관심을 돌리지 않을 수 없는 것이다. 그것은 삼국에서의 여러 계급들의 역사적 운동이 필연코 그러한 내용을 보여줄 것이라는 것을 추측할 수 있었기 때문이다.

예라고 하면 물론 그 중에는 사치노예로서 약간의 노예주의 집안 일을 돌
보거나 전연 비생산자로서 노예주의 사치생활을 만족시키는 정도의 역할
만을 노는 층도 많았던 것이나, 이러한 분류에 대해서는, 우리의 문제 밖
에 속하는 것만큼 언급하지 않았을 따름이다.

요컨대 삼국의 사회경제구성의 성격을 규정하자는 목적으로부터 이 문
제가 제기되었던 것만큼 나는 주되는 계급들 또한 그들이 전 사회경제 면
에서 노는 역할을 주로 보자는 것이었다. 내가 제기한 문제는 어떠한 계급
이 삼국에서 기본계급이었던가에 있었다. 그리하여 나는 어떠한 계급이
장성 발전하였으며 반대로 어떠한 계급이 몰락 변질하는가를 주요하게 보
려고 하였던 것이며, 동시에 어떠한 경제형태가 이 사회경제에 대하여 지
배적인 것이었던가를 보기 위하여, 여러 경제형태들이 어떠한 경제형태에
의하여 제한되며 종속되는가에 대하여 나는 어디까지나 전 사회의 발전과
정에서, 계급들의 호상관계에서 문제의 해명을 파악하려고 노력하였다.

나의 결론을 간단히 요약한다면 다음과 같이 될 것이다.

삼국에서의 노예계급은 공동체적 관계의 자존으로 말미암아 바로 그것
때문에 가내적＝가부장적 노예제－국가적 노예도 공동체적 공동소유였던
점에서 이에 포함시킨다－에서, 또 전 주민에 대하여 상대적으로 그 수효
도 많은 것은 아니었으며, 동시에 전 생산을 포괄하지는 않았으나(희랍ㆍ
로마에서와 같이) 그러나 이 사회에서 기본계급으로 존재하였으며, 지배
적인 경제형태로서 이러한 노예제가 섰던 것이다. 그것은 그 가내적＝가
부장적 노예제가 보다 발전된 노예제(고전적 노동노예제)에까지는 발전하
지 못하였으나 전술한 바와 같이 사회 기저에 공동체를 토대로 한 사회
(공동체적 소유형태)에서는 그러한 노예제로서 고대사회를 관철할 수 있
다는 맑스주의 이론에 서서 문제의 본질을 분석할 때에 당연한 결론으로
된다. 과연 삼국에서 가내적＝가부장적 노예제는 국가 형성 이후에도 어
떠한 다른 힘에 의하여 뒤로 물러선 것이 아니라 반대로 발전하여 갔으며,
노예 경리는 장성하였던 것이다. 이것과 관련하여 삼국의 국내정책과 그
것의 대외적 연장으로서의 노예획득을 위한 전쟁의 확대를 보았다. 이러

한 것을 반영한 것은 국가주권에 대한 문제인바 삼국의 주권자는 공동체적 최고 집단=종족적 귀족들이었는바 그들은 국가의 관리이며 동시에 노예소유자 계급이었다.

타방으로 소토지 경작자로서의 농민들이 존재하였으며, 이들이 주민의 다수를 이루고 사회경제 면에서 큰 역할을 담당하였으나 또 공물에 의하여 국가적 착취를 당하였으나, 그러나 그들은 공동체 소유형태 하에서의 공동체 농민에 불과하였으며, 이 사회의 기본계급은 아니었다. 공동체적 경제형태는 이 사회에서 지배적으로 될 수 없는 것만큼 노예적 경제형태에 대하여 종속적인 것으로밖에 될 수 없었다. 그리하여 공동체 농민들이 몰락의 길을 밟으면서 채무 기타에 의하여 노예화에로의 분화를 보았던 것이며, 삼국의 계급적 성격에 의하여 그들에 대한 착취는 강화되었던 것이다. 그 중에서도 집단적으로 예속된 공동체 농민은 사실상 노예적 수탈을 당하였다. 이상의 형편들은 다만 공동체적 소유형태, 그것으로부터 존재되는 것이며 그것이 노예제의 보다 높은 발전(고전적 형태의 노예제)을 제한한―더 정확히 말하여 그것과는 다른 특수성을 가지는 노예제로 발전하게 한 것으로는 되나, 노예제를 뒤로 떠밀어 버릴 수 없는 것이다.

요컨대 나는 삼국의 사회경제구성의 성격을 노예제 사회로 보았으며 그러나 그것을 기본상 동양적 제 특수한 형태를 가지는 노예제 사회였다고 생각하면서 이러한 노예제 사회로서 조선역사는 사회발전의 계기적 합법칙성을 관철하였다고 결론짓는 바이다.

*　　　　*　　　　*

그렇다면 노예제 사회는 언제까지 존재하였는가? 즉 그 태내에서 어느 때에 어떻게 하여 봉건적 싹이 발생하였는가?

물론 이 문제는 본 논문의 직접적인 과업이 아니므로 여기에 장황한 논술이 요구되지 않는다. 그러나 나는 머지않은 장래에 조선에서의 봉건제도의 발생과정에 대하여 자기의 소견을 발표할 기회가 있을 것을 염두에 두고 다만 여기서는 본론이 귀납적으로 논증될 수 있는 몇 가지 문제(특히는 제 계급들의 발전 전망에 대한 몇 가지 문제)를 제기한다.

전술한 바와 같이 내가 염두에 둔 '일정한 시기까지'라고 한 것은 5세기 말을 전후한 시기를 두고 한 말인데 그것은 5세기 전후 시기를 중심으로 하여 삼국 간의 보다 활발한 접촉, 특히는 전쟁의 확대, 타방으로는 중국 대륙과의 통교의 빈번화 등을 보게 되거니와 사료상에 있어서 몇 개의 주목되는 것들을 발견하였던 까닭이다. 즉 "유식백성(遊食百姓)을 내몰아서 귀농시키었다",179) "내외의 유식자(遊食者)를 내몰아서 귀농시켰다"180) 등등.

이 기사는 신라와 백제에서 각각 5세기 말 내지 6세기 초의 사실로 되고 있는데 여기에 토지로부터 유리되어 부랑하던 층으로서의 유식자들이 도시와 촌락에 존재하고 있었다는 것을 알 수 있다. 특히 주목되는 것은 그들에 대한 귀농정책인바(실제에 있어 어느 정도 실시되었는지는 알 수 없으나), 이것은 당시 농촌에서의 급격한 분화과정에 대한 공동체적 최고 집단의 대책, 즉 공동체적 관계를 유지하려는 대책으로 되는 것이다. 유식자들은 후세에서 볼 수 있는 토지에 긴박된 농민들의 이산(離散) 혹은 유망(流亡)민들과는 구별되는 부식자(浮食者)층으로서 공동체 내부의 분화에 따라 생산에서 떨어져 나간 공동체 농민들이었다.181) 때문에 유식층은 일정한 직업이 없이 부유한 층에 매달려 지내거나 보잘것 없는 수공업품으로써 그때 그때의 생계를 유지하는 빈민들로서 사회의 부랑층으로 된다.

---

179) 『三國史記』 卷3, 新羅本記 炤知麻立干 11年, "驅游食百姓歸農".
180) 同上 卷26, 百濟本記 武寧王 10年, "下令完固隄防 驅內外游食者歸農".
181) 『前漢書』 食貨志4上, "今毆民而歸之農 皆著於本 使天下各食其力 末技游
    食之民轉而緣南畝 則蓄積足而 人樂其所矣……". 즉 백성들을 귀농시켜 그
    본거지에 안착케 하여 온 세상의 모든 사람을 각기 자기 힘에 의하여 먹게
    하며, 소수공업자, 소상인, 유식민도 모두 농토에 붙인다면 축적이 풍족하며,
    인민이 즐길 것이라는 것이다. 이 기사는 漢末의 농촌분화의 급속한 진전에
    따라 경지로부터 떠난 백성들을 귀농시키자는 것인바, 이 기록에서 '말기 유
    민' 운운에서 알 수 있는 바와 같이 '유민'을 보잘것 없는 직업으로서의 '말
    기'와 동류의 층으로, 즉 부식층을 가리키고 있다. 따라서 여기의 '유민'은 중
    세 기록들에 나타나는 '流亡民'과 같이 착취자들의 눈을 피하여 일정한 거처
    없이 떠돌아다니는 층과 구별된다.

이러한 유식민층의 발생에 대하여 우리는 전술한 사실을 다시금 상기할 필요가 있다. 즉 채무노역(債務勞役)의 존재와 그 결과는 노예로 떨어지던 빈궁한 공동체 농민층을 보았으며 이러한 형편은 4~5세기 이후 삼국이 보다 대량의 포로획득을 수반하였던 전쟁의 확대와 관련된 것을 알고 있다. 이와 병행하여 빈민들은 조부(租賦)와 전쟁 부담의 중하(重荷)를 걸머지어 그들의 영락은 촉진되었었다. 이와 같이 근로대중의 영락, 농촌 공동체의 점차적 붕괴, 토지의 개인집중의 장성 등은 노예제의 일정한 발전과 분리하여 생각할 수 없다.

그러나 공동체 농민층의 광범한 영락과 유민화는 공동체적 통일체＝전제국가에 대한 위협으로 된다. 왜냐 하면 그들은 인구의 다수를 이루고 있었기 때문인바, 그리하여 국가는 그것을 구출하기 위하여 귀농정책을 강구하지 않을 수 없었던 것으로 생각된다.

바로 이런 시기 6세기 중엽에 전기한 사다함에 관한 기사 중 "왕이 양전(良田)과 포로 2백 인을 상으로 주니 사다함이 재삼 사양하다가 왕이 기어이 주므로 이에 받아 생구(生口 : 포로)는 놓아 양인(良人)으로 해방시키고 토지는 전사(戰士)들에게 나누어 주니 나라 사람들은 이를 칭찬하였다"182)라고 한 내용은 소년 화랑 사다함의 미담의 한 토막으로 그치는 것이 아니라, 매우 중요한 기록으로 될 것이다. 그것은 포로와 더불어 양전의 경작지를 사여한 내용에서 보는바, 양전이라 함은 종전에 경작되던 토지로서 거기에는 경작자가 숨겨져 있었을 것으로 생각되며, 따라서 토지와 동시에 경작자도 사여된 것으로 될 것이다.183) 여기에 포로와 토지가

---

182) 『三國史記』 卷4, 新羅本紀 眞興王 23年, "王賞以良田及所虜二百口 斯多含三讓 王强之 乃受其生口 放爲良人 田分與戰士 國人美之".

183) 同上 法興王 19年條에 "金官國(금관가야-인용자) 왕 김구해가 …… 내항하므로 왕의 예로써 대접하고 上等의 벼슬자리를 주고 그 본국을 식읍으로 주었다". 이 기록이 신라에서 식읍에 관한 첫기록으로 되는데 이것은 또한 종전의 '부용'＝공납적 관계의 설정에 있어서 그 대변인의 지위를 보장하는 것으로도 되겠지만 그러나 여기서는 식읍으로 인정한 만큼 신라의 고관이 따로 그를 예속시킨 내용은 찾아볼 수 없으며, 또한 그 후 얼마 안 가서 김구해의 후손들은 신라의 귀족자리를 차지하고 있는 것을 보여주고 있는바, 바

직접 관련되는 것으로도 생각되지만 같은 내용의 기록으로서 보다 그 사정을 구체적으로 전하는 사다함 열전에 의하면 포로를 주었더니 사다함이 모두 해방시켰으므로 왕은 다시 토지를 준 것으로 되고 있다. 즉

"왕으로부터 가라인 3백 명이 사여되자 받은 자를 모두 해방시키고 한 명도 남겨 두지 않았다. 왕은 또한 토지를 사여하니 (사다함은) 완고히 사양하였으나 왕이 강하게 대하므로 알천의 불모(不毛)의 땅을 자처하여 받았을 뿐이다."184)

여기서 보는 바와 같이 사다함은 포로의 해방과 동시에 양전 대신에 황무지를 받았는데, 바로 본기의 기록과 같이 사여된 토지를 자기의 전사에게 나누어 주었다면 황무지는 아니었을 것이다. 여하간 사다함의 아름다운 행동으로 칭찬받게 된 것은 포로의 해방과 토지 문제에서의 그의 태도였다.

그러나 이 기록을 통하여(오직 그의 미행으로써 황무지를 받았을 뿐이다) 당시 양전이 사여되고 있던 사실을 의심할 바 없이 찾아볼 수 있게 한다. 또한 주목되는 것은 화랑의 한 사람으로서 사다함의 노예제에 대한 자기 태도의 표명인바, "나라 사람이 이를 칭찬하였다"는 것으로 알 수 있는 바와 같이 당시 이러한 노예 방량(放良) 사실은 매우 희한한 것으로 되고 있었던 것은 넉넉히 짐작할 수 있게 한다.

이상과 같이 공동체 분화과정의 진전, 토지의 집중, 공동체 농민의 영

로 그 유명한 김유신 장군은 김구해의 증손으로 되고 있다. 이 식읍의 내용은 후세에서 볼 수 있는바, 고려 태조 왕건이 신라 敬順王에게 경주 땅을 식읍으로 인정하여 준 것과 유사한 것으로 보아진다. 이와 같이 토지의 사여는 그 곳 주민에 대한 수취권의 보장을 전제로 할 것은 물론이다. 7세기 이후 기록들에서 흔히 볼 수 있는 '토지와 인민'을 절간에 희사한 것이라든지, 국왕이 신하에게 '토지와 노비'를 사여한 것들과 더불어 생각할 때 김유신, 김인문 등에게 '祿邑' 혹은 '五百戶의 食邑'을 주었다는 등등의 내용과 일맥 통하는 것이라고 보아진다.

184) 同上 卷44, 列傳 斯多含, "賜加羅人口三百 受已皆放 無一留者 又賜田 固辭 王强之 請賜閼川不毛之地而已".

락, 노예제의 강화 등등은 계급적 모순들의 첨예화와 계급투쟁의 강화를 야기시키지 않을 수 없었을 것이다. 바로 이러한 계급적 모순을 완화하기 위한 일련의 대책으로서 유식민에 대한 토지 보장과 화랑 사다함에서 보는 바와 같이 노예해방과 토지의 분배로 반영된 것이 아니겠는가? 동시에 이러한 사정은 노예제의 붕괴와도 관련되는 것으로, 일방으로 사멸하는 노예제는 생산적 노동에 대한 공동체 농민들의 영락이라는 그 특징을 남겨 주면서 노쇠하여 가기 때문이다.

6세기 이후의 신라를 중심으로 몇 가지 자료를 인용하여 보기로 하자. "신라의 산골 속에 있어서 일생을 마친다면 창해(滄海)의 큼과 산림의 넓음을 알지 못하는 연못의 고기나 새장 안의 새와 무엇이 다르랴……"185) 하고 중국으로 떠나갔다는 대세(大世)와 구칠(仇柒) 등의 태도와 "신라에서는 사람을 등용시키는 데 골품(骨品)을 따지어 비록 재간이 있고 걸출한 공훈이 있다 하여도 그 골품에 속하지 않으면 높이 뛰어오를 수 없다 하여 …… 무덕(武德) 4년에 몰래 배를 타고 당나라에 들어갔다"186)는 설계두(薛罽頭)의 태도 등은 당시의 신라의 낡은 사회를 탈피하려는 하나의 방향으로 될 것이다.

바로 이런 시기에 나타난 '화랑단(花郎團)'의 조직은 우연한 것으로 생각되지 않는다. 즉 '화랑단'은

"우리 나라에 현묘(玄妙)한 도(道)가 있으니 (이름을) 풍류(風流)라 이른다. 그 교의 기원은 선사(仙史 : 金大問의 『花郎世紀』란 책을 가리킴-인용자)에 자세히 실려 있거니와, 실로 삼교(儒·佛·仙)를 포함하여 인민을 교화한다. 그리하여 (그들이) 집에 들어오면 효도하고 나아가면 나라에 충성하는 것은 노사구(魯司寇 : 孔子)의 가르침 그대로며 또 아무것도 하는 것은 아니로되 사실은 그 무엇을 하고 있고

---

185) 『三國史記』 卷4, 新羅本紀 眞平王 9年, "在此新羅山谷之間 以終一生 則何異池魚籠鳥 不知滄海之浩大 山林之寬閑乎".
186) 同上 卷47, 列傳 薛罽頭, "罽頭曰 新羅用人論骨品 苟非其族 雖有鴻才傑功 不能踰越 我願西遊中華國……".

말로써가 아니라 실지 행동으로 보이는 것은 주주사(周柱史 : 老子)
의 종지(宗旨) 그대로며, 모든 악한 일을 하지 않고 착한 일만은 행함
은 축건태자(쓰乾太子 : 釋迦)의 교화(敎化) 그대로다.”187)

라고 한 바와 같은 사상으로 교양되며 또 행동하였다.

그리하여 “전쟁에 나가서는 퇴각할 줄 모르며, 의(義)를 보고는 자기의
생명을 가볍게 여긴다”188)는 그들의 실천행동강령은 역사적 사실들이 구
체적으로 보여주는 바와 같다. 그리하여 전술한 사다함의 미담에서 본 바
와 같은 내용은 우연하게도 사다함 한 명에게서만 찾아보는 것은 아니다.

이러한 ‘화랑’단의 조직은 노예소유자적 계급적 지배의 관념체제와 결부
되어 조직되었던 것만큼 당시 사회경제적 새로운 발전과 변동기에 상응하
여 출현한 것이 아니었던가? 즉 ‘화랑’단은 신라에서의 당시 사회경제적
모순의 격화와 그것을 뛰어나가려는 출구의 발견물로서 선행한 원시적 미
풍(성년식)189)에 대한 복구와 중국을 통하여 들어온 새로운 것들의 도입
으로 인하여 창조와 전진, 즉 구습에 새로운 사회적 요소의 도입, 이것은
새로운 사회에로의 전개를 약속하는 하나의 표식이 아니었던가? 무사적
‘화랑’단의 출현이 신라의 협애한 공동체적 관계의 분해와 선진한 중국 문
화의 대담한 수입에 따르는 사회적 변동기에 출현한 것으로도 생각할 수
있을 것이 아니겠는가?

---

187) 同上 卷4, 新羅本紀 眞興王 37年, “國有玄妙之道 曰風流 設敎之源 備詳仙
    史 實乃包含三敎 接化群生 且如入則孝於家 出則忠於國 魯司寇之旨也 處
    無爲之事 行不言之敎 周柱史之宗也 諸惡莫作 諸善奉行 쓰乾太子之化也”.
188) 『日本書紀』卷19, 欽明天皇 23年, “臨戰無退 見義輕生”.
189) 『三國志』魏書 東夷傳 韓, “그 나라에 일이 있거나 宮家가 성을 쌓게 될 때
    에 모든 청소년의 건장한 자들은 등가죽을 뚫어 큰 밧줄을 꿰고 또 한 발 남
    짓한 나무를 삽입하였는데 이러고도 종일 환호하여 일을 하였으나 고통으로
    여기지 않고 도리어 작업을 고무함으로써 건장함을 보였다(其國中有所爲及
    宮家使築城郭 諸年少勇健者 皆鑿脊皮 以大繩貫之 又以丈許木鍤之 通日
    嚾呼作力 不以爲痛 旣以勸作 且以爲健)”. 이 기사를 ‘지게’로도 해석하며
    혹은 노예노동의 혹독성을 표현한 것으로도 보는 이들이 있으나 나는 원시
    적 成年式의 의식으로 본 三品彰英의 『朝鮮古代史硏究』의 설을 따른다.

우리는 ‘화랑’단의 조직성원으로서의 낭도(郎徒)들의 계급적 출신을 고려할 필요가 있다. “혹은 서로 도의(道義)로써 연마하였으며, 혹은 서로 노래와 음악으로 즐겼으며, 명산과 대천을 돌아다니어 멀리 가보지 아니한 곳이 없으매 이로 인하여 그들의 나쁘고 나쁘지 아니한 것을 알게 되어 그 중의 착한 자를 가리어 조정(朝廷)에 천거하게 되었다. 그런 까닭에 김대문(金大問)의 『화랑세기(花郞世紀)』에 이르기를 어진 대신과 충신이 이로부터 배출되고 뛰어난 장수와 용감한 병졸들이 이로 말미암아 나왔더라고 하였다”190)는 기사에서 보는 바와 같이 그들은 적어도 공동체의 ‘자유’ 농민층 이상에 속하는 층을 이루고 있었을 것만은 의심할 바 없으며 사실 그들은 효녀 지은(知恩)의 설화 중에서 보는 바와 같이 빈곤으로 인하여 자기의 몸을 종으로 판 지은을 구해 주기 위하여 지은에게 “화랑(효종낭도)이 좁쌀 일백 석과 의복들을 보내어 주었으며 또 종으로 산 주인에게 몸값을 보상하고 다시 양인(良人)으로 만들어 주었다. 또한 낭도 수천 명이 각각 좁쌀 1석을 내서 증여하였다”191)는 것이다.

이것으로 미루어 본다면 이들은 빈곤한 층은 아니었다는 것을 알 수 있다. 그러나 득오(得烏)란 낭도의 한 사람은 한 산성(山城)의 창고지기로 동원되어 그 곳 밭에서 부역에 종사하고 있었는데 화랑은 30석의 벼로써 그의 부역을 해방시켜 주었다는 『삼국유사』의 기록192)에서 보는 바와 같이, 전기한 내용과 더불어 보아 낭도는 후세의 한량(閑良) 혹은 다분히 비생산자층이었다는 것을 알 수 있게 한다. 그들의 대부분이 도시주민으로 되고 있었으리라고 보아지는 점에서는 또한 한 개 화랑의 사병=가신으로서도 보아지는바, 말하자면 그 적지 않은 부분은 일찍이 공동체 농민으로서 생산에서 유리된 층과도 일부 관련되는 부류가 아니었던가 생각된다.

---

190) 『三國史記』卷4, 新羅本紀 眞興王 37年, “或相悅以歌樂 遊娛山水 無遠不至 因此知其人邪正 擇其善者 薦之於朝 故金大問花郞世記曰 賢佐忠臣 從此而秀 良將勇卒 由是而生”.
191) 同上 卷48, 孝女 知恩, “孝宗郞 …… 輸家粟百石及衣物予之 又償買主以從良 郞徒幾千人各出粟一石爲贈”.
192) 『三國遺事』卷2, 孝昭王代 竹旨郞.

노동에 대한 천시는 노예적 사회의 발전에 자유주민을 타락시키며 그리하여 그들 중에서 유식층이 발생하였다고 한다면[193] 여기에 보이는 낭도에 대한 부역노동을 동정하고 있는 사실은 그 일면을 보여주는 것으로 생각할 수 있을 것이다. 요컨대 낭도는 당시 공동체의 분화로부터 보급된 '자유' 주민들로서 국가는 이들을 '화랑'단에 집결시켜 불안한 사회를 수습하려 한 하나의 계급적 지배조직으로 보아지며 동시에 '화랑'단의 출현은 바로 신라에서 노예제의 위기와 때를 같이하여 산생된 사회경제적 모순의 산물이라고 생각된다.

특히 우리의 주위를 끄는 것은 '화랑'단은 삼국통일 이후 얼마 가지 않아서 벌써 그의 존재를 의심할 만큼 쇠퇴하였으며, 사실상 그 의의를 상실하고 하나의 사상계에 그 흔적만을 남기고 있게 되었다는 점이다. 그런데 주지하는 바와 같이 '화랑'단은 삼국통일 사업에서 주동적 역할을 담당하였으며, 당시 정권의 핵심으로 참여하고 있었던 것이다. 여기에는 반드시 일정한 근거가 있을 것만은 의심할 바 없는바, 나는 '화랑'단의 계급적 구성관계에서 그 원인을 다음과 같이 찾아보았다. 삼국통일 전후 시기에 나타나는 "식읍 3백 호를 주었다",[194] "식읍 5백 호를 주었다"[195] 등등은 토지와 더불어 그 곳에 긴박된 3백~5백 호의 예농적 내용을 보여준다. 이것은 전기한 사다함의 기록에서 그 희미한 것을 이미 보았지만 어떠한 지역을 식읍으로 주었겠는가 하는 문제이다. 7세기 중엽의 기록에 의하면 "상으로 봉읍(封邑)과 작위를 주었는데 차등이 있었다"[196]와 같이 전쟁에 공로를 세운 장병들에게 전술한 바와 같이 포로가 분배된 것이 아니라 일정한 지역이 사여되고 있다. 여기에 봉읍은 당시 신라를 놓고 볼 때 일정한 촌락공동체에 대한 양도 내용으로 될 것이 아니겠는가 하는 추상을 할 수 있게 한다. 우리는 전술한 바와 같이 고려시기에도 군공자에게 몇 개의 촌락='부곡'이 사여되고 있었던 것을 알고 있다. 과연 식읍이나 봉읍으로

---

193) 엥겔스, 『가족 사유재산 및 국가의 기원』, 조선노동당출판사, 476~529쪽.
194) 『三國史記』 卷44, 列傳 金仁問.
195) 同上 卷43, 列傳 金庾信.
196) 上同.

서는 예속적 공동체가 그 사여물의 대상으로 되었으리라는 것은 가히 상상할 수 있는 것이며 사실에 있어서 적지 않은 '부곡'들이 개인의 예속하에 있었던 것은 알려진 사실인 것이다.

물론 일부 예속적 공동체들이 식읍 혹은 봉읍의 이름으로 사여되었다는 단지 그것만으로써는 우리 문제 해명을 위하여서는 아직 불충분하다. 문제는 공동체 내부의 변화, 즉 수취관계의 본질적 변화에서 찾아야 할 것인바, 나는 전술한 6세기 신라의 사회경제적 형편을 전제로 하면서 특히 공동체적 관계의 분화과정의 급속한 진전과 여기에 반영된 제 현상을 전제로 하여 문제를 분석할 것이다.

전술한 공동체적 관계의 존속은 절대적인 것은 아니었으며 그것의 분해과정은 그 내부의 사회계급적 분화의 결과였다. 그것은 개개인이 공동체에 대하여 자기의 관계를 변화시켜, 그리하여 그것 때문에 공동체 그것도 변화시켜 공동체의 경제적 전제—공동체적 소유형태에 대하여서도 동일하게 작용하였을 것이다. 바로 이렇게 되어 봉읍, 혹은 식읍의 형식으로서의 토지의 개인집중의 합법성을 띠게 한 것이라고 생각되는바, 여기에 또다시 '부곡'에 대한 고찰이 필요하게 된다. 즉 과연 우리가 고려시기에서 보는 그러한 '부곡'의 내용이 어느 때에 발생하였는가 하는 문제이다. 우리가 알고 있는 기록에서는 『삼국사기』의 본기에서나 『삼국유사』에서는 한 마디의 '부곡'에 대한 내용이 없으며 오직 『삼국사기』 지리지에 부곡은 '잡소'이기 때문에 기록하지 않는다고 하였을 뿐이다.

그런데 '부곡'이란 말은 중국에서 일찍이 사용되던 용어로서 중국 역사에서는 대체로 두 단계의 발전과정을 보여준다. 첫째 단계는 한대(漢代)를 전후한 시기로서 무장(武將)에게 인격적으로 의존, 혹은 소속한 신하, 병졸의 제도였으며, 특히 그 후기의 기록들은 사병(私兵)제도의 성격을 보다 뚜렷이 보여준다. 둘째 단계는 수(隋)·당(唐) 시기로서 무장은 이 군대를 토지에 긴박시킴으로써 농경자로서의 그에게 예속한 예농제도였다.

여기의 수·당 시기의 중국의 '부곡'이 고려시기의 그것과 거의 완전히 동일한 내용을 보여주고 있는 것은 그 이전 시기의 그것을 고찰하는 데 있어서 주요한 것으로 될 것이다. 그렇다면 우리에게서는 그 첫째 형태에 유사한 것을 발견할 수 없는가? 그러나 "……중외의 병마(兵馬 : 군사지휘권)를 맡게 하고 겸하여 양맥(梁貊) 부락을 거느리게 하였다"[197]와 같이 전국의 군사권을 휘어잡은 장군에게 또한 예속적 지휘에 놓여 있던 부락에 대한 직접적인 통수권을 부여하고 있다.

이러한 것은 또한 "내외 병마사(兵馬使)를 맡게 하고 겸하여 양맥·숙신 부락을 거느리게 하였다"[198]라고 한 내용 등이 보여준다. 이와 같이 귀족들이 자기가 직접 부락들을 거느리고 있었던 것은 허다한 기록들에서 찾아볼 수 있는 것이며, 그들은 부락=공동체 인원을 자기에게 복종시켰으며 사실에 있어서 사병으로서 거느리고 있었던 것은 명백하다.[199]

신라의 군주(軍主)들은 고구려의 대가들과 같이 귀족 출신으로서 인접 공동체에 대한 정복전쟁과 피정복 지역에 대한 통제권을 보유하고 있었는 바, 말하자면 예속적 공동체들에 대한 군정장관과 같은 임무를 가지고 있었다. 그리하여 군주들은 예속적 공동체 주민을 전쟁, 기타에 동원하였으리라는 것은 의심할 바 없다. 그 외에도, 군제적인 이 나라에 있어서 장군들이 자기 예속의 사병들을 거느리고 있는 것은 이모조모에서 산견되는바, 전쟁에 가노(家奴)들이 종군하고[200] 있는 사실이라든지 『신당서(新唐

---

197) 『三國史記』 卷16, 高句麗本紀 新大王 2年, "……令知內外兵馬兼領梁貊部
　　落". 여기의 양맥 부락은 이미 기원 초에 '滅其國'된 예속적 공동체였다.
198) 同上 卷17, 高句麗本紀 西川王 11年, "知內外兵馬事　兼統梁貊肅愼諸部
　　落". 여기의 숙신의 여러 부락은 바로 동년에 "함락된 부락 6, 7개 소를 부용
　　으로 삼았다"라고 한 그 부락을 가리킨다.
199) 전게한 『三國志』 魏書 東夷傳 夫餘에 "有敵諸加自戰 下戶俱擔糧飮食之"
　　에서 본 바와 같이 이러한 형편은 삼국에도 해당되었으리라고 생각된다. 기
　　록들에서 보는 바와 같이 귀족들이 직접 자기의 병력을 거느리었다면 그들
　　은 의심할 바 없이 그에게 속하는 사병일 것은 분명하다. 그런데 당시 공동
　　체적 관계를 중요하게 보았던 만큼 그 사병이 전부가 노예가 아닌 이상 공
　　동체 성원이었을 것이며 예속민에 대한 "대가로 하여금 그 조부를 통제케
　　한"것으로서 적지 않은 경우에 있어서 예속적 부락민은 사실상 그의 예속된
　　주민층으로도 되었을 것이다.

書)』에 "재상가(宰相家)는 녹(祿)이 떨어지지 않았으며 노동(奴僮) 삼천 명을 거느리며, 갑병(甲兵 : 무장한 병사)은 소, 말, 돼지로 지칭하였다. 섬에는 방목장을 가져 식용에 필요할 때에는 쏘아서 잡았으며, 곡식을 사람에게 꾸어 주어 이자를 받았으며, 품으로 다 갚지 못하면 노비로 하였다"[201)는 기록은 귀족들의 생활모습을 보여주는 것으로 되거니와 노동 삼천 명을 거느렸다는 것은 다음의 갑병의 내용과 관련시키면 곧 귀족들의 가병제를 보여주는 것으로 생각된다.

그러나 이 노동 삼천 명은 단순한 가병인 것이 아니라 인격적으로 예속된 노복이었으며 특히 이 기록의 문맥으로 보아 녹(祿)의 내용과 또한 분리하여 생각할 수 없는 만큼 '예농'으로서의 노복으로도 될 것인바, 특히 이 기록이 삼국통일 직전 혹은 통일 이후 얼마 안 가는 시기의 것으로 본다면 예농적 내용을 보여주는 '부곡' 문제를 고찰하는 데 있어서 매우 중요한 암시로 될 것이다.

요컨대 이상으로서 우리에서도 예속민들의 공동체를 통솔하며, 그 주민을 예속적 사병으로 복종시키던 사실을 알 수 있을 것이다. 즉 중국에서 예속적 사병으로서의 '부곡'의 동질적 내용을 우리에게서는 예속민층에서 찾았던 것인바, 전술한 바와 같이 '부곡'의 남겨진 명칭에서 이두식 표기로 전해진 것을 적지 않게 찾게 되었던 것이다. 다만 우리에서는 이러한 예속적 사병부대를 명백히 '부곡'이라고 한 흔적이 나타나지 않았을 따름인바 과연 당시 예속적 공동체가 귀족에게 통솔될 때 '부곡'이라고 하였는지는 불명백할 따름이다.

그런데 그것이 7세기 이후로는 예농적 내용을 가지고 나타난 것을 희미하게나마 발견할 수 있었다. 이러한 예농적 내용을 가지는 변질된 '부곡'이 중국에서 수·당 시기(6세기 말) 이후 뚜렷이 나타났다면 우리에게서 7세기 이후, 특히는 통일전후 시기에 설정되어 갔으리라는 것은 전술한 당시의 사회경제적 형편에서 용이하게 허용될 수 있을 것이다.

---

200)『三國史記』卷41, 列傳 金庾信上.
201)『新唐書』東夷列傳 新羅, "宰相家不絶祿 奴僮三千人 甲兵牛馬猪稱之 畜牧海中山 須食乃射 息穀米於人 償不滿 庸爲奴婢".

즉 그것은 예속민의 촌락공동체 주민을 단지 인격적 예속에서가 아니라 공동체의 분할지에 구속시켜 토지를 통한 수탈을 보장하는 예농으로 고착시키는 방향이 취해진 것이 아닌가 생각한다. 이러한 예농의 발생은 삼국통일 이후 급속도로 진전되었으리라는 것은 전쟁의 종식과도 관련되는바, 사병제의 하나의 특수한 형태를 가지고 출현하였던 '화랑'단이 통일 이후 그 자취를 감추고 소멸되었다는 것은 결코 우연한 것이 아니었던 것이다.

여기에 전술한 '부곡'민 – 집단적 부락에 거주 제한을 당하였으며, 동시에 노예와 근사하게 인격적으로 예속되어 재산시되고 있었으며, 또한 토지에 긴박되어 수탈되고 있었던 예농층에 대하여 상기할 필요가 있다. 바로 이러한 '부곡'이 삼국통일을 전후하여 출현하였다면 그 후 2백 년 경과한 고려시기에는 하나의 잔재된 유물로서 남게 되었다는 사실을 주의깊게 보아야 할 것이다.

여기에 주목되는 바는 그들이 결코 노예는 아니었으나 그렇다고 '자유'로운 양인(良人) 농민도 아니었으며, 양인과의 결혼에서 낳은 자식에 대하여서도 완전히 자기의 자식으로 인정할 수 없었던 바와 같이 노예의 그것과 같이 그들의 결혼은 단지 동서(同棲)로서 간주되었다는 사실이다. 이상의 사실들은 마치도 중세 농노의 선구자로서의 콜로누스와도 흡사한 내용을 결론짓게 한다.202)

즉 종래의 속민＝예속민층은 그 공동체적 외피를 뒤집어쓴 채로 그 내부에서 농노적 선구자로서의 토지에 구속된 예농으로 출현한 것으로 생각된다. 그리하여 이 '부곡'들은 소토지 - 공동체의 분할지에 긴박되면서 영세농적, 지대적 수탈을 당하는 예속민의 집단부락이었다는 것을 나는 결론하게 된다.

---

202) 엥겔스, 『가족 사유재산 및 국가의 기원』, 조선노동당출판사, 527쪽, "이들 영세지는 주로 콜로누스들에게 대여되었는데 이들은 매년 일정한 액을 지불하였으며 토지에 결박되어 있어서 전체 영세지와 함께 판매될 수 있었다. 그들은 노예도 아니었으나 자유인으로도 인정되지 않고 있어서 자유인과 결혼할 수 없었으며 또 그들로 인정되지 않고 노예의 결혼과 마찬가지로 단순한 동거관계로 간주되었다. 그들은 중세기의 농노의 선구자들이었다".

때문에 '부곡'민은 봉건경제의 발전에 따라 신라에서는 통일 후 중앙집권적 주, 군, 현의 편성과 관련하여 군현민으로(국가적 규모에서 봉건적 수탈을 당하던) 신분상 승격을 보았거나 일부는 개인의 노비로 되었거나 혹은 계속 잔재되었다. 그러나 그 유존된 것은 고려시기에서 보는 바와 같이 죄수들의 집단부락으로도 되었으며 혹은 국가에 대하여 반역적 행위 등으로 그 주민 전체의 신분을 떨어뜨려 '부곡'으로 한 경우 등에서 볼 뿐이다.

일방으로 노쇠한 노예제는 "부자들의 가정(家政)과 사치생활에 복무하고 있던 노예들을 위하여서만 아직 사회 내에 존재의 여지가 남아 있었다"203)라고 한 엥겔스의 명제는 당시 삼국 말기의 공통적인 형편으로 될 것이다. 노예의 많은 부분의 특히 생산에 종사하고 있던 노예들의 처지는 달라졌다. 즉 노예노동을 더욱 생산적인 것으로 하기 위하여 노예주는 노예에게 적은 분할지를 주어 그가 자기 자신의 농업 경리를 수행하도록 하면서 그들을 토지에 긴박시켰던 것이다. 그들의 인격적 예속은 종전과 마찬가지로 '노비'란 이름으로 남았으나 그들의 형편은 달라졌다. 즉 '재외노비(在外奴婢)' 등이 보여주는 보다 순수한 농노적 계급으로 발전하였다고 보아진다. 바로 이러한 시기에 '부곡' 등이―즉 고대 로마의 콜로누스를 어느 정도 회상시키는 노예제도로부터 봉건제도에로의 과도적 형태가 나타났을 것이다.

이와 같이 노예제의 붕괴와 동시에 '부곡' 및 빈궁화된 영락한 유민층의 증대는 노예제 사회를 빠져나갈 수 없는 막다른 골목으로 몰아넣었으며 다만 근본적 혁명만이 이러한 상태로부터 벗어나오게 할 수 있었던 것이다.

그러나 고구려나 백제에서는 허물어져 가는 노예제를 유지하려고 반동적인 정권이 강화되었다. 그것은 고구려의 연개소문의 정변 이후의 제 사실과 그의 중앙집권제의 강화를 위한 일련의 양보정책에서 볼 수 있으며, 백제에서도 무왕(武王), 의자왕(義慈王) 등의 신라에 대한 침략전쟁의 확

---

203) 상동서, 528쪽.

대로써 국내의 계급적 모순을 타개하려는 강압정책 등으로 알 수 있다.

그러나 신라에서는 지주적 신흥세력(화랑단)을 중심으로 하는 신흥세력(이들은 영락하는 '자유' 농민들의 이익을 다분히 옹호하면서 진출하였다)과 족장적 노예주적 귀족들과의 야합에서 수립된 김춘추(金春秋) 정권(654년)의 수립을 보았으며 이 새 정권은 자기 정책에서 봉건적 토지정책을 실시하며, 봉건 당(唐)나라와의 연계를 강화하면서 삼국통일을 지향하여 근본적인 혁명을 담당하였던 것이다.

특히 신라의 신흥정권의 국내정책상에 있어서 주목되는 것은 다음과 같다. 즉 국가의 전체 토지는 '국왕의 토지'로 선포하며 토지를 신하들에게 봉토(封土)하여 주면서도 토지소유를 제한하며 노예소유자적 귀족들에게 타격을 주었다는 점이다(통일 이후 계속되는 귀족 간의 대난투는 이러한 사정을 잘 말해 주며 반항하는 귀족들의 몰락과 그들의 재산은 국왕의 것으로 몰수되었다). 일방 무거운 고리대에 안착되지 못하는 농민들의 공사채를 벗겨 줌으로써 그들을 토지에 안착시키며 정전제(丁田制)를 실시하여 봉건적 질서를 수립하였다.

그리하여 새로운 봉건정부에 의한 공동체적 소유형태=국유적 형태는 봉건적 내용을 담으면서 다시금 수습되어 중앙집권적인 봉건정치체제를 수립하게 되었다. 그것은 영락하던 공동체 농민으로 하여금 양인의 신분과 그들의 점유토지의 경작을 보장할 수 있게 하였던 것이다.

(『삼국시기의 사회경제구성에 관한 토론집』,

사회과학원 력사연구소, 1958)

삼국시기 사회경제구성에 관하여

삼국시기는 노예제 사회였던가? 혹은 봉건제 사회였던가? 하는 문제는 조선사학계에서 매우 오랜 시기를 두고 논쟁해 오는 문제이며, 또 시급히 해결을 요구하는 문제의 하나이다. 이 문제에 대하여 최근 몇 해 동안에 진행된 지상토론과 학술토론들에서 제기된 내용들은 『삼국시기 사회구성에 관한 토론집』에 종합되어 출판되었다.

과학원역사연구소 고대 및 중세사실에서는 상기 『토론집』에 제기된 주요 문제들에 대하여 지난 시기 10여 회에 걸치어 관계자들을 중심으로 토론회를 가졌었다.

금번 토론회들에서는 각자 간의 호상 의견 차이점과 동시에 각자가 자기의 주장에서 가지는 부족점들을 발견함으로써 문제 해명을 위하여 앞으로 연구방향을 잡는 데 있어서 적지 않은 성과를 얻었다. 토론된 몇 개 문제를 추리어 본다면 다음과 같다.

우선 우리의 문제의 대상은 삼국시기 사회경제구성에 한한 것인 만큼 문제를 조선역사 전 행정에 걸치어 보지 말아야 할 것이다. 즉 삼국 이전 시기의 사회경제구성에 대하여는 아직 거의 미개척지로 되고 있는 형편에서 삼국시기 사회경제구성태와는 관계없이 삼국 이전 시기가 원시사회일 수도 있고 노예제 사회일수도 있으며 혹은 봉건제 사회일 수도 있는 것이다. 사실에 있어서 삼국시기를 봉건제 사회로 보는 논자들 중에도 삼국 이전 시기를 노예제 사회가 아니었던가? 하는 견해를 가지고 있는 이도 있는 것이다. 또는 삼국시기를 노예제 사회로 주장하면서 삼국 이전 시기를 원시사회로 보는 이도 있다. 이와 같이 우리의 토론 대상은 삼국시기에 한정한 것이며 조선역사 전 행정에서 노예제 사회의 존부를 논하지 않는다는 것을 명확히 할 필요가 있었다.

그러나 삼국시기에 한하여 토론한다고 하여 삼국 이전 시기를 전혀 무시할 수 없는 것이며 더욱이 일부 토론자들은 삼국시기로부터 비로소 계급사회가 시작되는 것으로 보려는 견해도 있는 만큼 역사발전의 일반적 합법칙성이 우리 나라 역사상에서 어떠한 구체적 형태로써 관철되었는가 하는 이러한 문제를 제기한 것은 결코 무의미한 것은 아니었다.

물론 역사발전의 일반적 합법칙성이 우리 나라 역사에서 관철하였다는 것은 반드시 조선에서도 노예제를 무조건적으로 거쳤어야 한다든가, 혹은 원시사회로부터 봉건제 사회로 비약할 수 없다든가 하는 것을 의미하지 않는다. 문제는 일반적 합법칙성이 우리 나라 역사상에서의 구체적 제 조건 여하에 의하여 **정상적으로** 노예제 사회를 걸치어 관철하였는가? 또는 노예제 사회를 **비약하여** 관철하였겠는가?에 있다. 따라서 그것은 원시사회로부터 노예제로, 혹은 노예제를 비약하여 봉건제로 발전하게 된 구체적 특수성이 설명되어야 한다는 것을 요구할 따름인 것이다.

역사발전의 일반적 합법칙성을 관철한다고 하여 조선에서 고전적 형태의 노예제 사회를 기계적으로 찾으려고 한다면 그것은 매우 위험한 것이다. 그러나 적지 않은 토론자들이 인정하고 있는 바와 같이 일부 토론자들은 사실상 고전적 형태의 노예제를 가지고 삼국시기의 노예제 사회를 찾아보려고 하였으며 혹은 그런 것이 없다고 하여 봉건제 사회로 규정하려고 하였다는 것은 부정할 수 없다.

물론 삼국시기가 노예제 사회였다고 하여도 그것은 노예제 사회 **일반성**을 관철하는 한에서의 자기 특성을 이러저러하게 가지는 것이며 그리하여 고전적 형태와는 형태상 매우 각이하게 나타난다고 보고 있다. 동시에 삼국시기를 봉건제 사회라고 인정한다 하여도 그것은 고전적 형태를 찾아볼 수 없다는 점에서가 아니라 삼국시기의 주·객관적 제 특성으로 말미암아 노예제 사회의 **일반성을** 비약하게 되었다는 점에 있거나 혹은 그 이전 시기에 이미 노예제를 경과하였다는 것이다.

그렇다면 노예제 사회의 일반성이란 무엇인가? 응당히 이 문제는 금번 토론회에서 견해상 일치되어야 하였다. 이 문제에 대하여 중요하게 제기된 것들을 추리어 보면 대략 다음과 같다.

즉 노예제 사회에 상응한 생산력 발전의 수준, 생산노예제의 발전, 노예약탈전쟁, 노예순장제, 상품화폐경제의 발전, 대규모 관개공사, 노예폭동 및 소요사회의 법률적 성격 등이었다. 물론 이러한 것들이 대체로 노예제 사회와 관련되었다는 것은 부정할 수 없는 것이다. 그러나 모든 노예제 사회가 이상의 표징에 의하여 규정될 수 없다는 것은 또한 구체적인 세계역사가 보여주고 있는 것이다. 다우클라드에 놓인 삼국시기에 있어서 어떠한 우클라드가 지배적이었던가에 대하여 소요사회의 경제구성의 본질이 규정되어야 한다는 것은 재론할 필요가 없다. 그러나 이것을 규정하는 것은 결코 용이한 것은 아니다.

삼국시기의 노예제를 주장하는 토론자들의 대부분은 삼국시기의 기본대중은 아직 공동체원이었는바, 그들은 경제발전에 따라 매우 완만하게 분화하던 계층으로 보았다. 이것은 노예들의 수효가 공동체 농민들보다 적었다는 것을 말하는 것이다. 그러나 이러한 조건하에서도 노예소유자적 생산방법이 공동체적 우클라드 및 기타의 우클라드를 희생으로 하여 발전하였으며, 지배계급이 기본적으로 노예노동의 착취 위에서 생활하였고 그리하여 노예노동이 당시 가장 선진적 경제형태로서 더욱 많은 잉여생산물을 주었다고 주장하면서 노예소유자적 생산방법이 삼국시기에 있어서 지배적이었다고 보고 있다. 이리하여 삼국시기를 미숙한 형태의 노예제 사회라고 규정한다.

봉건제를 주장하는 많은 토론자들은 광범한 농민층을 공동체원으로부터 분화한 농노적 농민으로 보면서 봉건적 우클라드가 매우 미약한 발전수준에 놓인 노예적 우클라드를 뒤로 밀고 급속히 발전하게 되어 지배계급은 지주로서 등장하면서 기본적으로 농민(농노)들을 착취하여 생활하였고 그리하여 농노적 경제형태가 가장 선진적인 것이 되었다고 주장하고 있다. 그들은 삼국시기를 조기 봉건제 사회라고 보고 있다.

이와 같이 삼국시기의 광범한 층을 형성하고 있던 농민들의 계급적 본질에 대한 규정은 매우 중요한 문제로서 제기되지 않을 수 없었다. 이 문제는 직접적으로 공동체에 대한 문제와 관련되었던 만큼 우선 공동체적 관계에 대하여 언급할 필요가 있다.

삼국시기에 농촌공동체가 강인하게 보존되었었다는 것은 모든 토론자들의 일치한 견해였다. 노예제를 주장하는 견해나 봉건제를 주장하는 견해나 불문하고 공동체가 강인하게 보존되었었다는 점을 가지고 자기 견해의 출발점으로 삼고 있다.

노예제를 주장하는 많은 토론자들은 공동체적 강인한 보존으로 말미암아 삼국시기의 토지소유형태는 **기본상** 공동체적 소유형태−국유적 형태였다고 보고 있다. 이러한 점이 사적소유형태에 기초한 고전적 형태의 노예제 사회와 기본상 차이지는 점이며, 보다는 공동체적 소유형태에 기초한 고대 동방제국의 노예제 사회와 형태상 매우 유사한 점이 많다는 것이다. 공동체적 소유형태가 지배함으로 말미암아 광범한 농민층은 공동체 소유의 사유자인 것이 아니라 **점유자**에 불과하였고 공동체적 통일체−국가의 예속적 지위에 놓인 공동체 농민이었다고 주장한다. 그러한 공동체 농민이 삼국시기의 광범한 생산대중으로서 '민' 혹은 '백성'을 형성하게 된 것도 공동체의 보존과 관련되었다.

이러한 형편으로 당시 생활력을 가지고 발전하던 노예제는 많은 경우에서 그 급속한 발전을 제약당하게 되었으나 일정하게 가장 선진적인 형태로서 계속 발전하였던 것이다. 이렇듯 당시 이러저러하게 제약된 형태로서의 노예제는 그 기초적인 형태인 가내적 노예제의 형태를 가지고 광범하게 생산에 종사하였다. 즉 일반적으로 노예들은 가족 내에 은폐된 형태로서 있게 되었는바, 그것은 또한 고대 동방제국의 노예제와 매우 흡사한 것이었다고 보고 있다. 공동체의 보존을 조건지은 기본 토대는 폐쇄적인 공동체의 기저에 놓인 농업과 수공업의 결합, 이에 따르는 자연경제의 강인성에 있다. 그러나 부단한 경제발전에 따라 완만하게나마 공동체는 또한 부단히 그 분해과정을 밟게 되는바, 이와 함께 공동체 농민의 분해도 일정하게 촉진되어 토지에서 떨어져 나간 '유식층(游食層)' 내지는 노예로 몰락되어 갔다고 보고 있다.

노예와 노예주의 계급적 모순이 첨예화됨과 함께 공동체 농민들과 귀족들 간의 계급적 모순도 첨예화되어 갔다는 것이다. 강인한 공동체의 보존과 이에 토대한 삼국은 필연적으로 소박한 전제국가로 출현하였는바, 전제국가는 인방의 촌락공동체에 대하여 정복전쟁을 확대시켰다. 그리하여 '하호'와 같은 예속적 공동체원이 광범히 존재하게 되었으며 따라서 그들은 계급적 본질로 보아 노예적 처지에 놓이게 되었다고 보고 있다.

그러나 봉건제 사회를 주장하는 적지 않은 토론자들은 공동체의 강인한 보존에 대하여 다른 견해를 가지고 있다. 바로 공동체가 강인하게 보존되어 있었기 때문에 노예제는 더는 발전할 수 없었으며, 가내노예제에 머무르게 되어 생산에서 지배적인 역할을 담당할 만큼 발전하지 못하고 이에 대신하여 보다 선진적인 우클라드가 지배적인 것으로 등장하게 되었다고 보고 있다. 즉 노예제 사회로 발전할 경제적 조건이 미숙하였다는 것이다. 그리하여 삼국시기는 매우 강하게 자연경제가 지배하였으며 상품화폐경제도 발전할 수 없었다. 이러한 것이 노예제를 더는 발전시키지 못하는 조건이라고 하였다.

일부 봉건제를 주장하는 토론자들 중에는 가내적 노예제만으로써는 노예제 사회를 관철할 수 없다고 주장하고 있다.

특히 봉건제를 주장하는 많은 토론자들이 주요하게 제기하는 것은 생산력 발전에 상응하는 생산관계에 대한 문제였다. 그들의 주장에 의하면 삼국 형성시기의 생산력은 상당히 높은 단계에 있었으므로 충분히 노예제 사회를 비약할 조건이 성숙되어 있었다고 보고 있다. 따라서 낮은 형태의 노예제는 더는 발전하지 못하고 이에 대신하여 완만하게 발전하던 원시사회 태내에서 이미 싹튼 봉건적 맹아가 고도로 발전한 생산력에 적응하여 발전하게 되었다는 것이다. 그리하여 공동적 관계는 급속히 분해되면서 동시에 봉건적 관계가 장성하면서 공동체적 형태는 쉽게 지주적 농장으로 전환될 수 있었고 공동체 농민들은 봉건적 농민의 처지로 바꾸어지게 되었다고 보고 있다. 그것은 삼국 형성 이전에 이미 존재한 공납제의 내부에서 봉건적 지대의 초기 형태가 발생하였다고 보면서 촌락공동체는 용이하게 '식읍'으로 전환되었다고 설명하고 있다. 그러나 공동체의 강인한 보존으로 봉건제 사회는 매우 미숙한 발전수준에 놓여 있었던 즉 조기 봉건적 사회였다는 것이다. 이러한 견해는 고대 슬라브족의 조기 봉건사회 혹은 프랑크 왕국의 봉건제 사회와 흡사한 것으로 보고 있다.

이상에서 보는 바와 같이 삼국시기의 공동체에 대한 문제는 삼국시기의 사회경제구성을 해명하는 데 있어서 매우 중요한 문제의 하나로 제기된다고 모든 토론자들은 인정하였다. 그러나 삼국시기의 공동체의 구체적 내용에 대하여서는 아직 미개척지로 남아 있으며 극히 초보적인 연구가 진행되고 있는 형편이다.

이 문제는 공동체 농민들의 계급적 성격에 대한 문제와 직접적으로 관련된다. 그러나 삼국시기에 관한 문헌적 자료가 매우 단편적으로밖에 남아 있지 않은 조건에서 허다한 곤란에 부닥치는 것이며 단편적인 사료들이 이러저러하게 해석될 수 있는 약점을 가지고 있는 것도 사실이다. 더구나 사료들에 대한 과학적 고증조차도 거의 초보적인 단계에 놓여 있으므로 사료적 가치에 대한 심중한 고려는 선차적으로 돌려져야 할 문제로서 제기되는 것이다. 그럼에도 불구하고 많은 토론자들이 이 문제에 대하여 깊은 주의를 돌리지 못하였다는 것이 지적되었다.

이와 함께 금번 토론회들에서는 방법론적 문제들이 많이 토론되었다. 특히 노예제를 주장하는 대부분의 토론자들이 제기한 고대 동방에서의 노예제의 제 특성들을 우리 나라에 적용하고 있는 데 대하여 토론되었다.

맑스와 엥겔스에 의하여 제기되었고 최근 소비에트 과학이 달성한 고대 동방에 대한 이론적 문제들은 기본적으로 공동체적 소유형태를 가진 고대 국가들에서의 특징적인 제 형태를 해명하였다. 고대 동방 노예제 사회는 고전적 형태와 매우 특징적인 차이점을 갖는 노예제 사회로서 인정되고 있다.

맑스와 엥겔스는 항상 아시아적 형태의 특수성에 대하여 강조하였던 것도 주지의 사실로 되고 있는 것이다.

물론 노예제를 주장하는 토론자들이 고대 동방형의 일반적 특성을 우리나라에 적용시키는 문제는 조선이 아시아에 위치하고 있다는 것보다 그 일반적 제 특성의 공통성으로부터 출발하는 것이었다.

노예제를 주장하는 토론자들의 견해에 의하면 삼국시기의 공동체의 강인한 보존과 광범한 생산대중으로서의 공동체 농민들의 존재, 농업과 수공업의 결합에 의한 자연경제의 강인성, 노예제의 미숙한 발전에 따르는 가내적 노예제의 발전, 소박한 전제정치의 작용과 중앙정부 수중에 장악된 공동사업(예컨대 농업이 발전한 남부조선지대에서의 관개공사 등) 등의 제 형태들이 고대 동방사회와 기본상 동일한 형태로 보인다고 간주하고 있는 것이다.

주지한 바와 같이 이상의 제 형태들이 고대 동방사회의 기본적인 특성들로 되고 있으며 고전적 형태의 노예제 사회와 형태상 차별되는 점인 것이다. 고대 동방에 대한 이론적인 문제들이 그 세세한 점에 있어서는 아직도 적지 않은 의문을 남가고 있는 것이 사실이다. 그러나 고대 동방형의 노예제에 관한 일반적 특성들은 기본상 해결된 문제들이며 그것이 우리 문제 해결에 있어서 매우 주요한 이론적 가치를 가지고 있다는 것을 부인해서는 아니 된다고 노예제를 주장하는 다수 토론자들은 강조하였다.

그러나 많은 토론자들이 지적한 바와 같이 그것을 조선문제에 곧 적용시키는 데 있어서 적지 않은 무리가 있다는 것이었다. 곧 동방형의 노예제 사회의 일반적 특성과의 대비 연구에 있어서, 생산력 발전수준에서, 공동체 문제에서, 즉 고대 동방의 공동체와 희랍·로마의 공동체, 게르만적 공동체 등과의 대비, 그리고 고대 동방사회와의 특징적인 차이점에 대하여 많은 주의를 돌리지 못하였다는 것이 지적되었다.

봉건제를 주장하는 일부 토론자들은 조선문제를 동방적 노예제 사회와 대비하여서는 아니 된다고 강조하였다. 그 이유로서는 우선 시기상으로 보아 큰 차이가 있으며 생산력 발전수준이 고대 동방제국에 대비하여 삼국시기가 훨씬 높은 수준에 놓여 있었으며 그리고 조선에서는 대량적인 노예노동을 요구할 만한 대규모의 관개공사가 없었다는 것들을 들고 있다.

일부 토론자들은 맑스·엥겔스에 의하여 정식화된 아시아적 제 특수성이 오직 노예제 사회의 특수성만으로 이해될 것이 아니라 기본상 봉건제 사회의 제 특성으로서도 이해되는 만큼 그것만을 가지고서는 삼국시기의 사회경제구성을 해명하는 데 있어서 크게 도움이 되지 못할 것이라고 보고 있다. 보다 잘 알려져 있는 고려나 이조 시기의 구체적 역사를 가지고 연역적 방법에 의하여 삼국시기를 고찰하는 것이 정확한 방법이 된다고 주장하였다.

고대 동방형의 일반적 특성에 대한 토론에서 중요하게 제기된 것은 '총체적 노예제'에 관한 문제였다. 일부 토론자들은 '총체적 노예제'에 대하여 삼국시기의 '하호'와 같은 층, 즉 노예적 처지에 있던 예속적 공동체 농민들을 염두에 두고 있다. 그리하여 이 문제는 후론할 '하호'의 계급적 성격에 대한 문제와 함께 많은 토론들이 전개되었다. 그러나 맑스의 견해에 의하면 총체적 노예제에 대하여 공동체적 소유형태를 기초로 하는 아시아적 형태에 있어서는 "개개인은 전연 소유자로서는 될 수 없었고 점유자에 불과하였던 만큼 그들 자신은 본질적으로 공동체의 통일을 인격화하고 있는 것(전제국왕-인용자)의 재산이며 노예였다"라고 한 그러한 사회구성을 염두에 두고 있으며 그리하여 전형적 형태에서의 노예 혹은 예농들이 하나의 생산 제 조건에 불과하였다는 것을 지적하면서 "이것은 예컨대 '총체적 노예제'가 존재하는 동양에서는 적용되지 않는다. 그것은 구라파적 관점에서만 그러한 것이다"라고 지적하고 있는 것이다. 즉 아시아에서는 노예만이 예속되어 있는 것이 아니라 전 주민이 본질상 노예적으로 예속되어 있다는 내용을 설명한 것으로 이해된다.

이러한 전제에서 일부 토론자들은 공동체적 소유형태를 토대로 하여 전제국가가 전 주민을 노예적 처지에 예속시킨 고대 동방제국형의 노예제 사회를 '총체적 노예제' 사회로 이해하고 있다.

그러나 일부 봉건제를 주장하는 토론자 중에는 이러한 사회를 노예제 사회로 볼 것인가에 대하여 의심스럽게 보고 있다. 설사 이러한 노예제 사회를 인정할 수 있다고 하여도 삼국시기를 결코 이러한 노예제 사회로 보아서는 아니 된다고 주장하였다. 그 주요한 이유는 전술한 바와 같이 이러한 노예제 사회는 매우 낮은 생산력 수준에 놓인 삼국시기에는 해당될 수 없다는 것이다. 그러나 금번 토론회에서는 '총체적 노예제' 문제에 대하여 앞으로 더 심오한 연구과업을 제기하였다.

봉건제를 주장하는 많은 토론자들은 일반적으로 고대 슬라브의 역사나 혹은 프랑크 왕국의 역사발전의 제 특성들을 가지고 삼국을 조기 봉건제 사회로 설명하려는 시도들을 보였다. 이렇게 보려는 근거로서는 기원 전후 시기 조선의 높은 생산력의 발전(철기의 발전을 염두에 두면서)과 공납을 받던 지역에 대한 채읍(식읍)의 설정 내지는 외부적 조건, 특히 높은 문화를 가진 한족들과의 호상관계의 작용 등을 중요하게 지적하고 있다.

노예제를 주장하는 많은 토론자들은 유목족이던 게르만족이 노예제가 붕괴하기 시작하였고 봉건제로 이행하기 시작하던 시기의 로마를 정복하고 그 위에 프랑크 왕국을 형성한 특수성과, 이미 서구라파가 봉건제 사회로 발전하던 시기(7~9세기)에 국가형성을 보게 된 고대 슬라브족들의 구체적 역사와 삼국시기를 대비 연구하려는 견해에 대하여 많은 무리가 있다고 지적하였다. 즉 고대 슬라브나 게르만족의 역사는 그들의 구체적 특성을 보여주는 것이지 일반성을 말하는 것은 아니라는 것이다.

그러나 우리가 문제를 해명하는 데 있어서 외국사와의 대비 연구가 가지는 긍정적 의의를 부정하는 것은 아니었다. 보다는 금번 토론회에서 이상과 같은 방법론적 문제들에 대하여 많은 토론을 진행하였는바, 앞으로도 이 방법에 대하여 보다 많은 연구를 진행하여야겠다는 과업을 진행한 것은 삼국시기의 사회경제구성에 대한 문제 해명을 위하여 일보 진전을 의미하는 것이라고 보인다.

그러나 이것이 추상적인 이론 전개로 그칠 것이 아니라 주어진 구체적인 사료에 대해 과학적인 이론으로 분석하는 방향으로 돌려져야 하겠다는 것은 재론할 필요도 없다. 그러나 금번 토론회에서도 극복되지 못한 주요한 약점의 하나로 일반적이며 추상적인 면에 매달리어 지어는 문제를 도식화하는 경향도 있었다. 이러한 경향들로 말미암아 금번 논쟁들이 많은 경우에 추상적으로 될 수밖에 없었으며 우리 문제의 해결을 저해하고 있다는 것도 부정할 수 없는 것이다.

금번 토론회에서 새롭게 제기된 중요한 문제 중의 하나는 삼국시기에 선행한 사회경제구성에 대한 문제와 삼국 형성시기에 대한 문제였다. 그러나 이 문제들이 많이 토론되지는 못하였다. 종래로 많은 토론자들이 삼국에 선행한 사회경제구성에 대하여 모호하게 추상한 기초 위에서 삼국시기의 사회경제구성에 대한 문제를 제기하였었다.

일부 견해에 있어서는 삼국 이전 시기를 원시사회로 인정하고 있다. 그러나 금번 토론회에서 적지 않은 토론자들은 삼국에 선행하여 고조선·부여 등 국가가 존재하였다고 주장하였다. 그러나 어느 것이나 초보적인 연구성과에 기초하고 있으므로 보다 심오한 연구는 앞으로의 과제로 남길 수밖에 없었던 것이다.

물론 우리의 문제가 삼국시기에 있는 만큼 삼국에 선행한 시기의 사회경제구성 여하에 관한 문제는 직접적으로 토론에 제기되지 않을 수도 있으나 이 문제는 삼국시기의 사회경제구성을 해명하는 데 있어서 간과할 수 없는 문제로 제기되었다.

또한 토론회에서 주요하게 제기된 문제의 하나는 삼국의 형성시기에 관한 문제였다. 삼국의 형성시기에 대한 주장들은 삼국 중에서 가장 앞서 형성된 고구려를 기원 전후 시기로 보는가 하면 혹은 3세기 후반기로 보고 있으며 가장 뒤져서 형성된 신라를 2~3세기로 주장하는가 하면 혹은 5~6세기로 주장하고 있다.

그러나 봉건제를 주장한 많은 토론자들은 삼국의 초기 상태를 원시공동체 사회의 붕괴기와 거의 구별하지 못할 정도로 노예소유자적 우클라드가 공동체적 우클라드에 의해 제약되어 있음으로 하여 그것은 불가피적으로 원시공동체적 질서와 혼합되고 있으며 특히 그것으로써 은폐되고 있었다고 주장한다. 그러나 그 구체적인 내용들을 명백히 밝히지 못하였다. 이 문제는 응당히 공동체에 대한 문제와 고대 동방의 노예제 사회의 일반적인 특성들과 연관된다. 즉 노예제를 주장하는 많은 토론자들은 삼국에서의 공동체적 우클라드에 대하여 보다 많은 관심을 돌리면서 국가 형성시기를 초기로 보고 있는 것이다.

그러나 봉건제를 주장하고 있는 많은 토론자들은 공동체적 우클라드에 대하여 일정한 관심을 돌리면서도 국가 형성시기를 규정하는 데 있어서 그것을 원시사회와 계급사회를 가르는 주요한 표징으로 삼았다. 그리하여 일반적으로 삼국 형성시기를 후기로 보고 있는 것이다.

이 문제는 연구대상의 시기를 정확하게 제기하는 데 있어서 중요한 고리로 되는 만큼 삼국 사회경제구성의 제 특성을 이러저러하게 규정할 수 있는 가능성을 주게 된다. 따라서 앞으로의 문제 해결의 중요한 고리의 하나로서 삼국 형성시기를 규정하는 문제를 제기하였던 것이다.

삼국 형성시기의 생산력 발전수준에 대한 문제는 중요한 문제의 하나로서 제기되지 않을 수 없었다. 그러나 이 부분의 자료들이 아직 많은 부분에서 탐구되지 못하여 매우 추상성을 면치 못하였던 것도 사실이다. 최근 조선고고학이 종래에 알지 못하였던 새로운 자료를 학계에 제공하고 있는 것은 앞으로 이 문제에 대하여 매우 큰 기대를 가지게 한다. 그 중에서 고고학계에서 우리 나라 역사에서 청동기시대의 존재를 확정하게 된 것과 철기 사용시기를 기원전 3세기로 거의 의견상 일치를 보게 되었다는 것들은 삼국시기 문제 해명에 큰 도움을 주는 것이다. 이러한 새 자료의 제공으로 토론자들은 생산력 문제에 관한 보다 깊은 관심을 가지게 되었고 앞으로 이 부분에 대한 연구를 중요시하여야겠다는 의견들이 제시되었다.

봉건제 사회로 주장하는 토론자들 중에서 삼국 형성시기에는 이미 상당한 정도로 철기가 높은 단계에서 사용하게 되었으니 이에 상응하여 노예제 사회가 선 것이 아니라 봉건제 사회가 서게 되었다고 보고 있다. 이 견해는 삼국 이전 사회를 원시사회로 보고 원시사회 말기(기원전 2~1세기) 조선의 생산력은 이와 같이 높았으므로 노예제 사회를 비약하게 되었다고 주장하는 것이다.

그러나 노예제 사회를 주장하는 토론자들 중에서는 조선에서 노예제 사회의 발생을 삼국시기에 비로소 형성된 것으로 보지 않고 그에 선행한 고조선 및 부여로부터 찾아보며(적어도 기원전 4세기) 삼국시기에 있어서도 5세기 이후로는 봉건제의 발생과 함께 노예제 사회는 붕괴하기 시작했다고 주장하는 견해가 있다. 이렇게 보는 견해에는 오늘 고고학계에서 청동기시대의 시작을 적어도 기원전 7세기로 보아야 하지 않겠는가 하는 일부 견해에 동의하면서, 삼국 이전 시기에도 상당한 정도로 생산력 발전을 인정하고 있는 것이며 반드시 기원 전후한 시기에 와서 그 비약적인 발전을 볼 근거를 부인하고 있는 것이다.

생산력 문제에 있어서 특히 지적하여야 할 것은 청동기시대는 노예제 사회이며 철기시대는 봉건제 사회로 보아야 한다거나 혹은 삼국시기에도 일정한 시기(5세기)에 가서 비로소 철기가 보편화되었다는 일부 견해에 대하여서는 적지 않은 비판들이 있었고 고고학 자료들을 취급하는 데 있어서도 부분적이나마 부정확한 점들이 있었다는 것이 고고학 전문가들에 의하여 지적되었다. 그러나 이러한 문제들에 대하여서도 앞으로 보다 심중한 토론들이 기대되는 것이다.

금번 토론회에서 가장 중심적으로 토론된 문제의 하나는 '하호'에 관한 문제였다. 이 문제는 예속민에 대한 특성과 그의 계급적 본질에 대한 문제이기도 하였다.

금번 토론을 통하여 '하호'가 예속적 공동체원이었다는 데 대하여서는 거의 반대하는 의견은 없었으나 다만 문제는 그 계급적 성격에 관한 규정에 있었다.

주지하는 바와 같이 '하호'라는 말은 『삼국지』 위서 동이전에 보이는 것으로(『삼국사기』에도 한 곳에 나오고 있으나 그것은 『삼국지』 위서 동이전의 것을 전사한 것) 그 몇 개의 중요한 사료들을 추리어 본다면 '하호'는 노복(奴僕)을 가리키는 것이라 하였으며 식량·어염 등을 천 리를 져 날라서 귀족들에게 공급하였고 전쟁시에는 식량 등을 수송하는 정도로 참가하였다는 것들이다. 그리하여 『위략집본(魏略輯本)』에 인용된 내용에 의하면 '하호'는 노(奴)와 한가지로 부(賦)를 공급하였다는 것이다. 그러나 『삼국지』 위서에 조선 남부의 한(韓)의 '하호'들이 한(漢)의 군현과 자유로이 무역도 하고 있었다고 한 것으로 보아 그들이 개인적으로 예속된 계층은 아니었다는 것이 명백하다.

동시에 '하호'란 말은 중국사가에 의하여 사용된 말로서 조선을 비롯한 '동이족(東夷族)'에 대하여서 특수한 형태의 한 계층을 인정한 데로부터 이러저러한 주석을 붙여 가면서 '하호'란 용어를 사용하게 되었던 것도 명백한 것이다. 그리하여 삼국시기나 「광개토왕비문」에는 '하호'란 말은 보이지 않는다. 「광개토왕비문」에는 피정복 공동체원으로서 '속민(屬民)'이란 것이 있으며 주로 공납을 바쳤던 층이 있다. 그리하여 바로 이러한 층을 중국사가들이 '하호'라고 본 것이 아니었던가 하는 견해도 있다. 그러나 많은 토론자들은 일반 피지배층에 대한 총칭으로서 '하호'를 이해하고 있다.

이리하여 일부 동지들은 '하호'를 예속된 공동체원으로 보면서 공동체적으로 귀족들(大加)에게 공납을 바치던 층으로 보고 있는 것이며, 일부 동지들은 '하호'를 족장적 귀족층에게 예속되어 있는 공동체원으로 있다가 일정하게 봉건제의 발전에 따라 초기적인 봉건적 착취를 받게 된 예속농민들이라고 보고 있다. 여기서 전자의 견해는 주로 노예제의 입장에 선 견해이며 후자의 견해는 봉건제의 입장에 선 견해이다.

이렇게 갈라지는 견해상의 차이는 '하호'들에 대한 수탈관계의 성격 규정상 차이에서 오는 것이었다. '하호'가 주로 예속적인 공동체원으로서의 상태를 보존케 된 것은 정복자들이 그들의 촌락공동체를 파괴하고 노예로 잡아온 것이 아니라 종전의 상태를 그대로 유지시키면서 공납(賦)을 수탈하였다는 데 기인하였던 것이다. 그리하여 그들은 종전과 같이 자체의 생산도구와 자기 경리를 가지고 정복자에게 예속된 만큼 완전한 의미에서 노예가 아니었던 것은 부정할 수 없다.

여기에 많은 문제들이 제기되고 있는 것인바, 봉건제를 주장하는 동지들이 한결같이 주요하게 주목한 것도 이러한 관계에 대한 문제였다. 즉 이것은 거의 의심할 바 없이 **봉건적 예농형태**이며 그리하여 '하호'들은 정복자의 토지로 된(점령지) 촌락공동체에서 생활하면서 부(賦)를 공급하게 되었고 그것은(부) 점차로 봉건적 지대로 발전하게 되었다고 주장하고 있는 것이다.

그러나 노예제를 주장하는 견해에 의하면 '하호'를 본질상 봉건적 예농으로 보는 것이 아니라 노예적 처지에 있던 계층으로 보고 있다. 즉 '하호'가 단순한 정복·피정복 관계에서 나타나게 된 그러한 그들의 예속적 형태만을 가지고 곧 봉건적 예농으로 볼 근거는 없다고 주장하고 있다. 문제는 노예사회의 전반적 고리에서 '하호'의 계급적 성격이 규정되어야 한다고 보면서 삼국의 형성 초기로 보아 아직 공동체의 잔재가 광범하게 보존되어 있는 조건과 전술한 바와 같이 노예 경리 형태의 제 특성의 제한성 등으로 인하여 '하호'들은 일정하게 형태상 종전의 상태를 보존하게 되었을 뿐이며 그들은 전제국가에게 노예적 처지에서 수탈되던 예속민층에 불과하였다고 보고 있는 것이다. 이러한 형편은 피정복 공동체들에게 폭동들이 있었을 때는 그들의 촌락을 해체시키고 강제이주 내지는 노예화하였던 사실들이 잘 말해 준다고 보고 있는 것이다.

'하호'에 관한 문제와 함께 삼국시기의 광범한 층을 형성하고 있던 '자유'농민(民)층에 대하여서 응당히 토론되지 않을 수 없었다. 농민들은 조부(租賦)를 국가에 바쳐야 하였으며 대체로 15세 이상의 남녀는 수시로 되는 부역에 동원되었다. 물론 국가의 군사·부역에 직접 담당자로 된 것도 이 광범한 층인 농민들이다. 그러나 이들의 처지는 계속 분화하여 유식층(游食層)의 대열이 증가되었으며 품을 팔아 사는 자, 자기의 자식을 '노비'로 파는 자 등도 이들 농민층에서 발생하고 있다. 그리하여 통치자들은 이들에 대하여 적지 않은 정책들을 실시하고 있었는바, 그 중 진대법(賑貸法) 같은 것이 그의 하나이다.

이러한 것들에 대하여 봉건제를 주장하는 일부 토론자들 중에는 삼국시기의 기본계급이 이 농민층 즉 농노적 농민들이었기 때문에 국가는 그들에 대하여 주요하게 정책을 실시하게 되었다고 보고 있으며 일부 동지는 그 농민이라는 것이 다름 아닌 고려·이조 시기에 뚜렷이 볼 수 있는 '양인(良人)'농민과 본질적으로 다를 것이 없다고 인정하고 있다. 또 일부 토론자들은 그렇기 때문에 당시 계급투쟁을 노예들의 폭동에서는 찾아볼 수 없고 오직 농민들의 폭동만이 기록에 남게 되었다고 주장한다. 특히 봉건제를 주장하는 많은 토론자들은 농민들이 국가에 대하여 바치던 조부의 내용 중에는 전조(田租)의 내용이 주요하게 포함되어 있다고 보면서 그것을 봉건적 지대로 간주하고 있다.

그러나 노예제를 주장하고 있는 많은 토론자들은 이러한 농민대중은 공동체 농민들로서 이들은 부단히 분해하던 층으로 보며 그들이 일정한 시기까지는(5세기) 주로 노예적 처지로 몰락하던 층이었다고 주장하며 국가가 그들에 대하여 주요하게 진대와 같은 정책을 실시한 것은 통치자들이 광범한 생산대중으로 남아 있는 농민들에 대한 응당한 정책인 것이지 그들이 이 사회에 있어서 기본계급으로 되고 있었기 때문은 아니었다고 보고 있다. 도리어 당시 지배계급들은 광범한 공동체 농민들을 자기의 동맹자로 인입하는 정책을 쓰지 않을 수 없었으며 특히는 진대 등으로써 농민들의 상층에 대하여 간혹 양보하는 태도를 보였을 따름에 불과하였다고 보고 있다. 그러나 삼국시기에 있어서 전제국왕은 전 주민을 자기에게 예속될 것을 강요하면서 가혹한 내용의 조부를 수탈하며 수시로 약탈전쟁에 동원하여 농민들의 처지를 악화시켰으며 농민들의 불만과 그들의 계급적 모순을 격화시켰던 것이다. 이러한 형편이 이 시기에 농민들의 폭동을 불가피하게 하였던 것이라고 보고 있다. 그렇다고 하여 노예와 노예주 간의 기본 모순대립이 약화된 것이 아니라 당시 분산적이며 폐쇄적인 가내노예제로 말미암아 노예폭동보다도 농민들의 진출이 전면에 나섰고, 이 농민폭동에 노예들도 적지 않게 가담하였으리라는 것은 의심할 바 없다고 주장하고 있다.

다음으로 농민에게 부과된 조부에 대하여 노예제 사회를 주장하는 동지들은 봉건적 사회를 주장하는 동지들과는 또한 다른 견해에 서 있다. 즉 조부의 내용에는 아직 뚜렷하게 전조의 내용이 따로 설정 포함되어 있지 않으며, 보다는 인두세(人頭稅)가 중요한 내용으로 되고 있다고 보면서 『주서(周書)』나 『수서(隋書)』에 기록된 것과 같이 "조세의 내용은 견포 및 곡식으로 되고 있었는데 그 소유량에 따르는 빈부의 차이에 의하여 바쳤다"라든가 "인세(人稅)는 포 5필, 곡 5석……" 등 전조(토지에 대한 지대)의 내용이 독자적으로 뚜렷이 보이지 않고 곡식에 대하여서도 곡물이 일반적 내용으로서 포함되어 있을 뿐만 아니라 곡식보다도 포를 앞에 내놓고 있는 것들이 우연한 것이 아니라고 주장한다. 물론『삼국사기』에는 흉년 등으로 조세를 면제하였다는 기록이 있으나 그것은 당시 농업이 기본 경제부문으로 되고 있었기 때문인 것이며, 반드시 기본수탈을 전조와 관련시킬 근거는 없는 것이라고 보고 있는 것이다.

끝으로 '노비'에 대한 문제에서 적지 않은 의견들이 제기되었다. 원래 '노비'란 개념은 일반적으로 조선 말의 '종'을 가리키는 것으로서, 고려나 이조시기에 와서 본다면 분명히 노예와 농노를 통칭하는 술어이다. 그렇다고 하여 원시사회 말기에 나타난 '노비'에 대하여서도 후세의 그러한 개념으로 이해할 수 없는 것은 자명한 것이다. 문제는 삼국시기의 '노비'에 관한 성격 규정에 있었다.

그러나 일부 동지들은 삼국시기의 '노비'란 말 중에는 농노적 내용도 포함되어 있는 것으로 이해되어야 한다고 주장하고 있다. 그 이유는 삼국시기의 계급구성으로 보아 '자유'농민들과 예속민들이 기본상 농노적 처지에 있던 농민층으로 보이는 만큼 '노비' 중에는 농노적인 '외거(外居)노비'도 반드시 포함되어 있었을 것이라고 보는 데 있다.

이에 대하여 반대하는 일부 동지들은 삼국시기의 일정한 시기까지는 즉 봉건제도가 상당한 정도로 뚜렷이 나타나기 이전 시기까지는 '노비'는 노예를 가리키는 것이지 농노의 내용은 포함되어 있지 않다고 주장하였다.

이외에도 많은 문제들이 토론에 제기되었으나 대략적으로 보아 중심적으로 토론된 것들은 이상과 같은 문제였다.

상술한 바와 같이 많은 주요한 문제들이 제기되고 토의되었으나 아직도 이렇다 할 만한 결론에는 도달하지 못하였으나 앞으로 보다 심각히 또 중점적으로 연구 해명하여야 할 문제들이 무엇이었던가 하는 데 대하여서는 많은 전진을 가져왔다고 인정된다. 금번 토론에서는 이상에서 제기된 문제들에 대하여 하나하나씩 해결하여 간다면 오랫동안 논쟁중에 있는 삼국의 사회경제구성에 관한 어려운 문제도 멀지 않은 시기에 해결될 수 있다는 일치한 결론을 가지게 되었다. 동시에 금번 토론회에서는 지난 시기 우리 문제 해명의 전진을 저해하고 있던 추상적 논리전개를 극복하고 사료에 대한 과학적 고증과 이에 대한 구체적 분석에 토대하여 맑스·레닌주의 고전에 대한 심오한 연구로써 문제를 구체적으로 분석해야 하며 문제를 부분적인·고립적인 면에서 해결하려 할 것이 아니라 소여 사회의 총체적인 면에서 연구해야 한다는 진지한 연구태도를 요구하였다.

지금까지 토론된 것으로 보아 앞으로도 당분간은 명백한 자료를 가지고 삼국시기가 노예제 사회였다 혹은 봉건제 사회였다고 확증할 근거는 매우 희박하다는 것을 인정하게 된다. 그러나 이 문제의 미해결로 말미암아 조국 역사를 특히 후대들에게 교육 교양하는 데 있어서 혼란을 일으키고 있는 것은 부정할 수 없으며 이에 대하여 이 부분에 종사하는 역사학도들이 심심한 자기 비판이 있어야 할 것이다. 결코 이 문제에 그 무슨 신비성이 있는 것은 아니다. 전체 근로자들이 천리마의 기세로 달리는 오늘 우리 나라의 현 시기에 있어서 반드시 조속한 시일 내에 해결하여야 할 문제의 하나인 것이다. 그러나 이 문제가 해결되지 못하고 거의 답보하고 있는 것은 두말 할 것도 없이 역사학도들에 남아 있는 보수주의와 소극성에 있다고 지적하지 않을 수 없다.

그리하여 과학상 큰 모순이 없다면 사료상 크게 상반되는 점이 없다면 또 호상 대립된 견해 간에 있어서 조금이라도 수긍할 수 있는 점이 있다면 잠정적이나마 결론을 내리고 앞으로 더 심오한 연구를 계속 진행하자는 제의들이 긍정적인 의견으로서 접수되었다.

그러기 위하여서는 일정한 조직적 대책이 필요하다는 것을 인정하고 다음과 같은 대책을 제기하였다. 즉 일부 전문적으로 장기간 이 문제를 연구하던 몇 동지들로써 연구 그룹을 조직하여 일정한 기일(반년 내지는 1년) 내에 견해상 일치할 수 있는 데까지 제기된 문제들을 정리 해명할 과업을 주고, 여기서 도달한 결론들을 가지고 이 방면에 다년간 연구한 광범한 학자들의 심의를 거쳐 잠정적인 결론을 주자는 것이다.

(『력사과학』 1959년 2호)

김석형의 논문 「삼국의 계급 제 관계」에서 제기된 몇 가지 이론상 문제에 대한 의견

삼국의 사회경제구성이 노예제 사회였는가 하는 문제는 과거 조선역사 발전의 제 특수성을 밝히는 데 있어서와, 특히는 조선통사를 과학적으로 체계 세우는 데 있어서 기본적인 문제의 하나이다. 그리하여 이 문제는 학계의 커다란 관심하에서 수년을 두고 토론되어 오는 문제의 하나로 되지 않을 수 없었다.

조선역사에서 삼국의 사회경제구성과 같은 중요한 문제가 오늘날까지도 과학적으로 해명되지 못한 주요한 원인의 하나는 사료의 부족에도 있겠지만 그보다는 바로 문제 해명을 위한 방법론상의 문제들에 이러저러한 주관적 편견들에도 있는 것이다. 이러한 방법론상 그릇된 편견들은 적지 않은 경우에 있어서 문제를 도리어 난해한 것으로 만들며 때로는 어떠한 도식에 맞추어 쉽게 처리하려고 한다.

이러한 데로부터 이 문제 해명에 있어서 최근 방법론적 문제들에 대하여 적지 않은 주의가 돌려지게 된 것은 결코 우연한 것이 아니었다.

바로 『력사과학』 1959년 4호에 발표된 김석형의 논문 「삼국의 계급 제 관계」는 삼국의 사회경제구성의 해명에 있어서 제기되는 방법론상의 몇 가지 이론적 문제들을 새로운 각도에서 제기한 논문으로서 주목되었던 것이다.

여기서 필자는 오직 삼국의 사회경제구성의 해명을 위한 보다 정확한 방법론의 확립을 위하여 우선 김석형의 논문에 제기된 몇 개의 이론적 문제들에 한하여 자기의 의견을 제기하기로 한다.

1. 사회발전의 일반적 합법칙성의 실현과정에 있어서 '독자성'을 갖는 소위 '또 하나의 동방세계'에 대하여

김석형은 자기의 논문 서두에서 "모든 민족들의 역사에서 첫 계급사회는 노예사회였다. 우리 조선고대사의 경우에 있어서도 문제는 원칙적으로 이 일반적 원칙에서 제기되어야"(『력사과학』 1959년 4호, 15쪽) 한다고 썼다. 이상과 같이 김석형의 방법론적 출발은 정당하였다. "그러나 삼국의 사회경제구성을 문제의 대상으로 잡을 때에 무조건적으로 이 원칙(원시사회에서 노예사회로의 발전의 일반적 원칙-인용자)에서 출발하여야 할 근거는 극히 빈약하다"(동상서)라고 함으로써 삼국에서는 반드시 원시사회에서 노예제 사회로만 발전하는 것이 아니라 비노예제 사회로, 즉 봉건제 사회로 발전할 수 있는 것으로 보고 있는 것 같다. 김석형의 이 견해는 단지 연구의 출발점으로서 이 문제를 제기하였다는 데 주의를 끌게 한 것이다.

물론 우리가 소여 사회의 사회경제구성을 연구할 때, 예컨대 그 사회가 노예사회인가 혹은 봉건사회인가 하는 문제 해명을 위하여 연구할 때에 원칙적으로 사회발전의 일반적 합법칙성에 튼튼히 입각하여 우선 구체적 자료의 분석에 의거함으로써만 비로소 그 사회가 노예사회이라던가 혹은 봉건사회라는 결론을 짓게 되는 것은 재론할 필요도 없을 것이다. 과연 소여 사회가 원시사회에서 노예사회로 때때는 그 사회의 이러저러한 특성에 의하여 곧 봉건사회로도 발전한 사회들을 과거 역사에서 우리는 알고 있는 것이다.

얼핏 보면 김석형의 삼국의 사회경제구성에 대한 연구태도에 대하여 잘못된 것이 없어 보일 수도 있다. 그러나 김석형의 견해의 중심이 **삼국을 연구대상으로** 할 때에는 무조건적으로 사회발전의 일반적 원칙, 즉 원시사회에서 노예사회로의 발전의 원칙에서 출발할 근거가 박약하다고 봄으로써 삼국 문제에 있어서는 사회문제의 일반적 원칙으로부터 이탈하고 있는 것 같이 주장하고 있는 데 문제가 있다.

김석형은 정당하게 사회발전의 일반적 합법칙성에 의하여 조선 고대사회를 연구하여야 한다고 주장하면서 왜 삼국에 대해서는 그와는 반대로 모순되는 견해를 갖고 있는가.

　김석형이 이렇게 문제를 설정한 근거는 어디에 있었겠는가. 김석형은 "우리 민족의 역사에서 **첫 계급사회를 반드시 노예사회로 되는 발전단계**(강조-인용자)를 꼭 신라·고구려·백제의 삼국에서 찾아야 한다는 원칙은 세우지 말아야"(동상서, 16쪽) 한다고 한다. 즉 우리 나라 역사는 삼국 이전의 이미 첫 계급사회가 있었으니 삼국으로부터 첫 계급사회를 보지 말아야 한다고 주장하면서 우리 나라에서 첫 계급사회는 반드시 노예사회로 되는 발전단계를 이미 삼국 이전에 거친 것으로 보고 있는 것이다. 그렇기 때문에 우리 나라에서의 첫 계급사회에 관한 문제는 "해당 노예사회는 어떠한 특수성을 가지느냐가 문제로 될 뿐일 것이다"(동상서, 15쪽)라고 보고 있는 것이다. 김석형은 우리 나라 역사에서 첫 계급사회를 고조선과 마한으로 보고 이 사회를 노예제 사회로 보게 되는 견해에 대하여 다음과 같이 썼다. 즉 "고조선과 마한이 오히려 계급국가였다는 정도의 사실을 가지고 다시 이에 후세의 역사적 사실에서 끄집어 낸 **합법칙성에 관한 논리적인 추리만을 보태어**(강조-인용자) 한 발자국 더 나아가 노예소유자적 국가였으리라는 의견을 제기한다"(동상서, 39쪽)고 단지 합법칙성에 관한 논리적인 추리만으로써, 즉 구체적 자료에 의한 결론인 것이 아니라 고조선과 마한이 우리 민족의 역사에서 첫 계급사회이니 그것만으로써 노예사회로 보아야 한다는 것 같다.

　바로 김석형은 고조선이나 마한과 같이 우리 민족의 역사에서 첫 계급사회로 되는 사회에서는 사회발전의 일반적 원칙으로부터 출발하여 문제를 보아야 할 것인바, 그리하여 원시사회에서는 노예사회로 발전한 것으로 우선 보아야 한다는 것이다.

　이상의 김석형의 견해를 정리하여 본다면 고조선이나 마한에 대한 문제를 취급하는 데서는 사회발전의 일반적 원칙에서 출발해야 하지만 삼국에 대한 문제를 취급하는 데서는 일반적 원칙에서 무조건적으로 출발할 근거는 박약하다는 것이다.

　김석형은 삼국이 모두 원시사회에서 발전하였다고 보고 있다. 그러나 삼국은 오늘 우리 나라의 역사를 총체적으로 볼 때에는 첫 계급국가는 아니라는 것 같다. 바로 김석형이 생각하고 있는 우리 나라에서 '첫 계급사회'란 삼국

이전의 고조선과 마한을 염두에 두고 있는 것이며 삼국은 원시사회에서 발전하였지만 '첫 계급사회'로는 보지 않고 있다.

필자는 김석형이 생각하고 있는 '첫 계급사회'에 대한 견해를 정확한 개념이라고 인정할 수 없다. 왜냐 하면 삼국의 문제를 취급할 때 우리는 응당히 당시 삼국 자체를 놓고 보아야 하며 삼국을 오늘 조선역사상에서 볼 때 '첫 계급사회'로 될 수 없으니 원시사회에서 발생한 첫 계급사회로서의 삼국을 무시하거나 약화시킬 수 없다고 생각하기 때문이다.

그러나 김석형은 삼국을 우리 나라 역사상에서 보아 첫 계급사회가 아니었으니까(첫 계급사회였다면 응당히 사회발전의 일반적 원칙에서 출발하여야 하지만) 삼국 문제 취급에 있어서는 사회발전의 일반적 원칙에서 출발할 근거가 박약하다고 보고 있는 것이다.

이렇게 문제를 제기하게 된 김석형의 이론적 근거는 어디 있는가.

김석형은 고대중국 한족과 구별하여 만주와 조선반도의 고대 종족들의 '또 하나의 동방사회'를 생각하고 있다. 그리하여 그는 삼국의 사회경제구성의 제 특성을 '또 하나의 동방세계'의 제 종족들의 테두리 안에서 보고 있는 것이다. '또 하나의 동방세계'에 관한 이러저러한 견해가 이 논문 체계의 주요한 이론적 근거가 되고 있는 것은 사실이다.

김석형은 '또 하나의 동방세계'에 대하여 다음과 같이 썼다. 즉

> 고대에 있어서 중국 사람들이 '이(夷)'라고 또는 '동호'라고도 불렀던 조선반도와 만주 일대는 일찍부터 한족의 중국과의 교섭이 열린 지역이기는 하나 종족적으로 한족과 구별될 뿐만 아니라 사회발전의 일반적 합법칙성의 실현과정도 **일정한 독자성**을 내포하는 지역이었다고 생각된다. 이러한 의미에서 이 지역은 고대에는 중국과 구별되어야 할 **또 하나의 동방세계**였다고 말할 수 있을 것이다. (동상서, 16쪽. 강조-인용자)

이상에서 보는 바와 같이 김석형은 고대중국과 구별되는 '또 하나의 동방세계'를 찾아내게 된 것이다.

김석형이 설정한 '또 하나의 동방세계'란 어떠한 '세계'인가. 그는 중국 한

족의 '세계'와 구별되는 차이점으로서 종족적으로도 한족과 다르다는 것과 사회발전의 일반적 합법칙성의 실현과정이 **독자성**을 가지고 있다는 그것이다. 과연 김석형의 '또 하나의 동방세계'에 대한 견해가 옳은 것인가를 고찰하여야 할 것이다.

우선 그러한 두 개 문제에 대하여 보자. 첫째 문제에서 만주와 조선반도에 걸쳐 분포한 고대 종족들은 대체로 크게 인종적으로 보아 퉁그스족에 속한다고도 한다. 그러나 여기에는 일본의 고대 종족의 일부도 포함될 수 있을 것이다. 여하간 이러한 의미에서 한족과 구별된다는 것인지. 그러나 김석형이 『사기(史記)』나 『한서(漢書)』에 나타나는 시기를 염두에 두었던 만큼 이 때는 벌써 역사적 사실은 어떠한 측면에서 보더라도 고대중국의 한족을 한편으로 하고 조선과 만주에 분포한 고대의 여러 종족들을 다른 한편으로 하여 대립시킬 하등의 근거가 없다는 것을 확증할 수 있는 것이다. 사실에 있어서 조선과 만주 지역의 여러 종족들이 한족과 구별될 뿐만 아니라 그들 호상간에 있어서도 엄연히 구별되는 것이며 이러한 구별은 한족과의 종족적 구별이 있는 것과 같은 그러한 정도로 '또 하나의 동방세계'의 여러 종족들도 각기 구별되는 것이다.

주지하는 바와 같이 중국 고대 사가들이 '동이'라는 개념으로 이 지역의 종족들을 총칭하는 것도 있으나 '동이' 제 종족들에게 있어서는 그들의 경제생활의 측면에서 보더라도 유목종족도 있으며 농경종족도 있다. 또한 언어·풍습상에서 보더라도 한족과의 구별되는 그러한 차별이 '동이' 제 족 간에도 있는 것이며 역사상 문화수준에서 보더라도 호상간에는 엄연한 구별을 그을 수 있는 것이다. 그럼에도 불구하고 김석형이 생각하고 있는 소위 한족과 구별되는 '종족'이란 과연 어떠한 개념을 가지는 것인지. '또 하나의 동방세계'를 한 계열의 종족으로 보는 것 같은데 그렇다면 '동이'―고대중국의 대국주의자들에 의하여 이름 지어진 한족에 대한 소위 '동쪽 오랑캐'인 '동이'를 가리킨다는 말인가.

그렇지 않은 이상 중국의 한족과 대립시켜 조선과 만주의 여러 종족들을 동일한 종족적 개념으로 묶어 버릴 그러한 개념은 없지 않은가. 김석형은 '동이'란 것을 조선의 선조로 되는 종족들의 총칭으로도 된다고 보는가. 그렇다면 더욱 역사적 사실을 무시하는 것으로 될 것이 아닌가. 후세의 '동이' 중에는 몽고족, 만주족뿐만 아니라 지어는 일본족도 포함한 지칭으로 되지 않았는가(『삼국지』 동이전 참조).

다음으로 김석형의 '또 하나의 동방세계'에 있어서 일반적 발전법칙을 실현하는 과정의 독자성이 있기 때문에 중국 한족과는 구별된다는 '이론'에 대하여 고찰하여 보기로 하자. 김석형이 '또 하나의 동방세계'를 생각하게 된 중요한 내용은 바로 이 두번째에 있는 것이다. 여기서 우선 문제로 되는 것은 '독자성'에 대한 문제이다. 김석형이 '독자성'을 어떻게 이해하였든지 간에 '또 하나의 동방세계'에서는 즉 삼국을 포함한 지역에서는 무조건적으로 사회발전의 일반적 원칙에서 출발하여야 할 근거가 극히 박약하다고 보았던만큼 일반적 사회발전의 원칙과는 또 다른 '독자성'을 인정하여야 하겠다는 말인가. 그렇게는 볼 수 없을 것이다. '또 하나의 동방세계'에서는 고대중국의 한족과는 구별되게 사회발전의 일반적 합법칙성을 실현하는 데 있어서 '독자성'이 있다는 그 '독자성'은 '특수성'을 가리키는 것인가. 그렇다면 그 특수성이란 어떠한 것이었던가.

이 문제를 보기 위하여 우선 '또 하나의 동방세계'의 '특수한 역사적 제 조건'(동상서, 16쪽)을 보자. 김석형은 삼국 형성시기에 이 지역에는 무수한 종족들이 있었으며 그 종족들은 불균형적으로 발전하여 "고대에는 많은 종족들의 흥망성쇠가 있었던 만큼 사회발전의 단계들의 계기성은 개개의 종족에서 직선적으로 찾을 것이 아니라 다 함께 우리 조상으로 된 여러 종족들의 역사 무대로의 계기적인 진출에서 오히려 찾아야"(동상서, 16쪽) 한다고, 즉 "총괄적으로 보아 우리의 선조로 된 종족들 가운데서 공동체 사회로부터 노예소유자적 사회로 발전한 자들과 공동체 사회로부터 봉건사회로 발전한 자들을 통하여 공동체 사회로부터 노예소유자 사회로, 노예소유자 사회로부터 봉건사회로의 일반적 합법칙성은 실현되었다고 볼 수 있을 것이다"(동상서, 40쪽)라고 보았고, 또 이 지역에서는 원시사회에서 곧 봉건사회로 이행하는 역사는 그리 특례로 되지 않는다고 보면서 그것을 증명하기 위하여 여진의

‘역사적’ 사실을 들었다.

　바로 김석형이 ‘또 하나의 동방세계’의 ‘독자성’을 인정하기 위한 역사적 근거의 하나는 여진이나 선비족의 역사였던 것이다. 우선 여진족에 대한 예증을 들어 보기로 한다. 즉 김석형은

　　…… 고구려의 영토에 포함되었던 여진 계통의 종족들은 이 과정(공동체사회의 붕괴기로부터 국가로의 발전의 과정-인용자)을 12세기 금나라(봉건사회)의 건국의 경우에서 보여주고 있으며 극단한 실례로 16세기 말에 청(淸)나라의 건국과정도 기본적으로 다른 것이 없었다. (동상서, 15~16쪽)

　주지하는 바와 같이 여진족은 그에 선행한 말갈에서 계승한 종족인바 김석형도 인정하고 있는 바와 같이 말갈은 이미 고구려의 예속하에서 장기간 생활하였으며 그 후(8~9세기)에 있어서는 발해국 주민의 주요 구성으로 되었던 만큼 이미 천여 년 간을 계급사회에서 생활한 종족이라는 엄연한 사실을 부정해서는 안 될 것이다. 때문에 적어도 고구려에 예속된 이후 그리 지나지 않은 시기에 이미 여진의 원시적 공동체사회는 급속히 붕괴되었을 것이며 늦어도, 아무리 늦게 보아도 12세기에는 벌써 상당한 정도로 계급사회를 경과하였다고 보아야 할 것이 아니겠는가. 문제는 김석형처럼 원시공동체사회가 붕괴하는 과정에서-그것이 장기성을 띠었던 간에-금나라를 세운 것으로 볼 것이 아니라 이미 상당한 정도로 계급사회를 경과한 후에, 적어도 이 때에 와서는 봉건적 경제 토대에서 금나라를 세우게 되었다고 보아야 할 것이 아닌가. 다만 12세기 이전의 여진족의 사회경제 상태는 발해란 강력한 봉건국가가 멸망한 이후 봉건적 촌락세력으로 흩어진 형편에 놓이게 되었던 것인바, 다시 말하여 지주적 봉건세력들의 통일이 이루어지지 못하고 대소 봉건들이 촌락적으로 분산된 상태에 있었던 것으로 보인다. 그러다가 12세기에 다시금 그들 중의 대봉건 세력에 의하여 통일되면서 강대한 금나라의 국가기구를 창설하게 되었다는 그뿐일 것이다.

　바로 김석형은 이러한 사실에 주의를 덜 돌리고 있는 것 같으며, 마치도 여진족의 자주적 대소 봉건세력들이 분산 확대되었던 시기를 원시공동체사

회가 붕괴하던 과정으로 오인하고 있는 것 같다. 물론 12세기까지도 여진족이 촌락공동체적 잔재를 강인하게 보존할 수는 있는 것이다. 그러나 그러한 형태를 가지고서 곧 **원시공동체사회**로 규정한다면 그것은 너무나 형태에 구애되어 그 본질을 놓치고 만 것이 아니겠는가.

여진족의 금나라가 멸망한 이후 여진족은 또한 통일적 국가기구를 상실하고 대소 봉건들의 세력으로 흩어졌으며 자치적인 촌락단위로 분산되었던 것이다. 이러한 상태가 16세기까지 계속되었다고 보인다(그간에는 몽고에, 그 후에는 명나라에 예속되고 있었거나 혹은 그러한 세력의 영향하에 놓여 있었다). 그러다가 16세기에 다시금 통일 강화되면서 청나라를 세웠던 그뿐일 것이다.

12세기에 금나라를 세웠던 여진족과 16세기 말에 청나라를 세웠던 여진족이 비록 왕국의 계통은 다를 수 있으나 동일한 여진족이 세웠다는 그 점에서는 다를 것이 없을 것이다. 이러한 여진족을 16세기 말까지도 공동체사회―정확히 표현하여 붕괴하던 공동체사회에서 생활하였다고 할 이론적 근거는 전연 없다고 보인다.

이 문제에 있어서 또한 김석형은 다음과 같이 이해하고 있는 것 같다. 그 것은 계급국가 영역 내의 한 종족이 국가적 통제와 수탈을 받으면서 (더욱이 명백한 바와 같이 고구려는 말갈족을 포함한 다종족 국가였다는 조건에서) 수세기 간이나 계속 공동체사회가 완전히 붕괴되지 않고 붕괴하던 그러한 시기로서 보존되었다고 보고 있는 것이다. 물론 이러한 종족들에 있어서 촌락공동체적 잔재가 보다 강인하게 보존될 수는 있다. 그렇다고 하여 단순히 촌락공동체적 잔재의 강인한 보존만을 보고서 곧 **공동체사회**가 붕괴하던 시기였다고 결론할 수는 물론 없을 것이다. 더구나 괴상하게 되는 것은 여진족에서와 같이 공동체사회가 붕괴하여 계급국가를 건설하였다가 그 국가가 멸망하자 다시 공동체사회로 퇴보하였다거나 혹은 계속 붕괴하던 공동체사회로서 계급국가를 건설한 것으로 된다고도 이해하게 되는 점이다. 김석형의 결론으로서는 이렇게밖에 되지 않지 않는가.

바로 이상과 같은 논거로써 김석형은 '또 하나의 동방세계'의 '독자성'을 체계 세웠으며 그러한 여진의 '역사'를 가지고 그것의 주요한 역사적 안받침으로 삼고 있는 것이다. 즉 여진족이나 선비족이 모두 공동체사회의 붕괴기를 장기간 경과하면서 곧 봉건사회로 발전하였다는 '역사적 사실'을 전술에서와 같이 '증명'함으로써 삼국도 포함하여 '또 하나의 동방세계'가 그러한 여진과 같은 경로를 밟았을 것이라고 보자는 것인지. 이와 같은 여진의 문제를 보는 데 있어서도 문제는 그렇게 간단하지는 않을 것이다.

김석형은 이러한 이 지역의 특수한 역사적 제 조건으로부터 "그것이(삼국—인용자) 노예사회로의 길이었다는 것으로만 고찰하는 것을 허용하지 않는 것이다"(동상서, 16쪽)라고 보았다. 바로 이러한 견해가 전술한 삼국을 문제의 대상으로 할 때에는 무조건적으로 일반적 원칙에서 출발할 근거가 박약하였다고 보았던 것으로 될 것이다.

그러니 "봉건사회로의 길일 수도 있다는 것은 이와(노예사회로의 길—인용자) 동등한 역사적 근거를 가지고 있는 것이다. 삼국뿐만이 아니라 그 외의 이 지역 종족들의 역사에서 공동체의 붕괴로부터 계급사회로의 발전에 관한 문제 취급에 있어서는(강조—인용자) 노예사회에로의 길인가, 봉건사회로의 길인가 하는 두 개의 와리안트가 원칙적으로 설정되어야 한다는 것이다"(동상서, 16쪽)라고 생각하고 있다. 바로 김석형이 말하고 있는 '또 하나의 동방사회'에서의 사회발전의 일반성의 실현과정에서의 '독자성'이란 원시사회에서 노예사회에로만이 아니라 애초에 원시사회 그 자체 내에 봉건사회로의 길도 내포하고 있다고 본 거기에 있다고 필자는 인정하는 것이다(후론할 문제에서 더욱 그러하다). 때문에 김석형은 '또 하나의 동방세계'에 한하여 사회발전의 '독자성'을 강조하였던 것이며 "이러한 복잡한 **출발점**에서 우리는 삼국의 사회경제구성이 노예사회인가 봉건사회인가 하는 바로 그 문제들을 제기하고 있으며……"(동상서, 16쪽) 운운하고 있는 것이다. 즉 하나의 방법론적 문제로서(이렇게 표현할 수 있다면) 삼국을 포함한 '또 하나의 동방세계'를 문제로 삼을 때에는 우선 출발점에서 사회발전의 일반적 원칙에서가 아니라 노예사회인가, 혹은 봉건사회인가 하는 두 개의 발전의 길을 자체로서 내포하고 있다는 그러한 원칙에서 출발하여야 한다고 주장하는 것이다.

바로 김석형은 삼국의 사회경제구성의 본질을 해명하기 위한 방법론적 출발점으로 '또 하나의 동방세계'를 생각하며 이 지역에서의 여러 종족들이 사회발전의 일반성을 실현하는 데 있어서의 '독자성'을 인정하였으며 그리하여 여기서는 원시사회에서 노예사회로 발전한 것도 있지만 봉건사회로의 발전의 길도 똑같은 정도로 있다고 보며 그것은 단지 이론상으로만 보아도 충분한 근거가 된다고 봄으로써 바로 삼국의 원시사회에서 곧 봉건사회로의 발전의 가능성을 인정하자는 것으로 되는 것이다.

그러한 김석형의 견해는 매개 나라들의 역사에서의 특수성에 따라서 원시사회에서 노예제 사회를 비약하는 형식으로 사회발전의 일반적 합법칙성을 관철한다는 이론과는 차이나는 것이다. 즉 원시사회-노예사회로 가야 할 것인데 그 곳에서의 여러 특수성으로 노예사회를 거치지 않고 즉 원시사회-봉건사회로의 형태를 취하였다는 것과 원시사회-노예사회로 혹은 원시사회-봉건사회로, 즉 원시사회에서 두 개의 와리안트를 미리 설정하고 문제를 보자는 것과는 근본적으로 문제가 다르다고 필자는 생각한다. 때문에 삼국에 대한 문제 취급에 있어서도 연구의 출발점에서부터 방법론상 원시사회에서 노예사회 혹은 원시사회에서 봉건사회로의 발전의 두 개 길을(이 말 속에는 원시사회에서 곧 봉건제 사회에로의 가능성에 관한 이론이 포함되어 있다) 설정하고 문제를 볼 근거는 있을 수 없다고 보아야 할 것이다.

2. 일반성으로 원시사회 말기에 봉건적 농노제가
발생할 수 있다고 보는 견해에 대하여

주지하는 바와 같이 하나의 경제 우클라드가 유일적으로 지배하는 사회란 비로소 사회주의 사회에서만 가능하다. 즉 계급사회에 있어서는 그가 비록 가장 전형적인 사회경제구성을 이루고 있었다고 하여도 하나의 경제 우클라드가 유일적으로 지배한 사회란 이 세상에 없었던 것이며 또 있을 수도 없는 것이다.

그런데 김석형은 어떠한 착오에서인지(아마도 '지배적인 우클라드'를 그렇게 표현한 것인지도 모른다) 자기의 논문에서 희랍에서의 노예제도의 높은 발전을 지나치게 과장하여 "노예제도가 마침내 희랍에서는 유일한 지배적인 우클라드로(강조-인용자) 된 시기가 도래하였던 것이다"(동상서, 22쪽)라고 보았던 것이다.

이렇게 본 데는 일정한 근거가 있는 것 같다. 노예제도가 유일적으로 지배한 노예사회를 찾음으로써 그러한 희랍과 우리의 삼국사회를 대비하고 두 사회 간에는 엄격한 차이점이 있다는 것을 증명하려 하였다고 보인다. 문제는 직접적으로 소위 '농노제·예농제'에 대한 문제와 관련되어 제기되었는바, 그것은 희랍에서 '농노제·예속제'와 삼국에서의 그것들의 발전과정의 차이점을 인정하려는 문제에서였기도 하였다. 즉 김석형은 다음과 같이 썼다.

"희랍과 우리 삼국과의 사이에 무슨 공통점이 있는가. 농노제·예속제도가 발생하였다는 그것이다. 무슨 차이점이 있는가. 거기서는 그것이 짐작컨대 부분적이었으며 노예제도에 의하여 종국적으로 청산되어 노예제도가 유일적으로 지배하게 되었지만은 여기서는 농노제·예속제도가 광범하게 존재하였으며 언제 가도 청산되지 아니하고 계속 발전하였으며, 노예제도가 유일적으로 지배하게 된 때는 없었던 것이다." (동상서, 22쪽. 강조-인용자)

김석형의 논문에서는 "반드시 노예제도가 유일적으로 지배하는 사회"만을 노예제 사회로 보아야 한다는 의미에서 강조된 것 같지는 않으나 희랍에서 마치도 노예제도가 유일적으로 지배한 듯이 생각함으로써 거기서는 노예사회가 전형적 형태로 발전하였으나 삼국에서는 노예제도가 유일적으로 지배하지는 못하였으니 노예사회로 볼 근거가 매우 희박한 듯이 생각하고 있는 것 같다.

이 문제에서 김석형이 정확하지 못하였다고 생각되는 내용은 '노예제도에 의한 농노제·예속제도의 청산'에 대한 견해이다. 그 '농노제·예속제도'에 대하여 김석형은 희랍에서는 그것이 노예제도에 의하여 '청산'되었으나 삼국에서는 언제 가도 '청산'된 것이 아니라 도리어 광범하게 존재하였으며 계속 발전하여 결국은 지배적 경제형태로 되었다는 결론으로 이끌고 있다. 여기서 '청산하고 청산되고' 하는 문제도 부정확한 표현일 뿐만 아니라 그렇게 함으로써 '노예제도의 유일한 지배' 운운의 비과학적인 이론을 끄집어 냈던 것이며, 그리하여 삼국을 그렇게까지 볼 수 없으니 결국은 노예사회로 볼 근거보다는 봉건사회로 볼 근거가 있다는 듯이 결론하려 한 것이다.

이 문제의 제기는 또한 김석형의 '또 하나의 동방세계'에서의 사회발전의 '독자성'에 관한 문제와 분리할 수 없었다. 즉 "이상의 여러 사실로부터 공동체 붕괴시기에 농노제·예속제도가 발생하는 것은 우리 삼국과 선비족과 같은 동방세계의 이 지역에 독특한 현상이 아니라 세계사적인 일반성을 띤 현상이라는 것, 그러나 우리의 경우에 있어서는 그것이 부분적으로 그리고 한때 존재하다가 없어졌던 것이 아니라 계속 존재하였으며 발전하여 갔던 것이라고 말할 수 있다"(동상서, 22쪽. 강조-인용자)라고 김석형은 쓰고 있다. 여기에 원시사회 붕괴기에는 일반성으로서 농노제·예속제도가 발생한다는 새로운 견해는 결국 원시사회가 붕괴하던 시기에 이미 그 자체 내에 '농노제·예속제'가 존재하게 된다는 것으로 되는 것이며, 이 농노제·예속제도가 '또 하나의 동방세계'에서는 그것이 계속 보존되었고 발전되는 행정을 밟아서 원시공동체사회로부터 곧 봉건사회로 이행하였다는 결론을 끄집어 내려는 데 있었다고 생각된다. 즉 그러한 '또 하나의 동방세계'에서 원시사회 말기에 '농노제'의 발생은 결국 그 사회 자체 내의 사회발전의 두 개의 길을 가지는 하나의 중요한 요소로 된다는 것을 증명하는 것이라고 보고 있는 것 같다.

이 문제는 반대로(김석형이 희랍에서 예증하려고 한 바와 같이) '사회발전의 일반적 합법칙성을 그대로 관철한 사회'에서는 사회발전의 합법칙성으로 말미암아 필연코 원시공동체사회 붕괴기에 발생한 '농노제·예속제도'는 노예사회 초기에 노예제도의 발전에 의하여 '청산'될 수밖에 없었다는 것으로 이해한 것 같다. 그리하여 김석형은 희랍에서는 '농노제·예속제도'가 부분적이었으며 일시적이었으나, '또 하나의 동방세계'에서는 광범하게 존재하였으며, 언제 가도 '청산'되지 않고 계속 발전하였다고 본 것 같다. 김석형은 분명히 일반적 현상으로서 "공동체사회의 붕괴로부터 노예사회로 발전하는 과정에서 이러한 **농노층**이 생겨날 수 있다"(동상서, 21쪽. 강조-인용자)라고 보고 있는 것이다. 만일에 '농노제·예속제도'의 계급적 본질이 김석형이 인정하려는 바와 같이 농노층, 다시 말하여 봉건적 관계의 것으로 인정한다면 참으로 괴상한 이론이 서게 될 것이 아닌가. 그것은 그들이 불완전 소유로 되고 있었고 자기의 가족과 자기 경리로써 생산에 종사하였다는 그러한 형태상 표징만으로써 김석형은 농노층으로 보았고 그러한 점에서 봉건적 관계와 본질상 동일한 것으로 인정하였던 것 같다. 만일에 그렇다면 김석형은 농노제와 노예제를 대비하여 어느 관계가 더 선진적이며 진보적인 것인가 하는 너무도 명백한 사실을 무시한단 말인가. 일반적으로 노예제에 대하여 농노제가 선진적이며 진보적인 것이며 반대로 농노제에 대하여 노예제가 낡은 것이며 반동적이란 것은 재론할 여지도 없는 문제이다. 그런데 김석형의 견해대로 본다면 일반성으로서 원시공동체사회 말기에 노예제가 미처 발전하기 전에 '농노제'가 발생하며 그 후에 노예제는 발전하면서 '농노제'를 '청산'하고 마침내 '유일적'으로 지배하는 노예사회로 발전하게 되며 그 후에 다시 노예사회 말기에 그 태내에서 농노제가 발생하여, 이 때에는 노예제를 타도하고 농노제가 발전하여 봉건사회로 넘어가는 것으로 된다. 김석형이 '농노제·예속제도'의 발생을 세계사의 일반성으로 인정하였던 만큼 그렇게밖에는 이해할 수 없다.

　김석형은 "자유로웠던 공동체 성원이 노예로까지 전락하는 과정은 일정한 시간을 요하는 한 개 복잡한 역사적 과정인 것이며 이러한 전락의 역사적 과정에서 복잡한, 말하자면 중간층들이 생겨날 수 있다. 다시 말하여 채 노예로까지는 되지 아니한 층이 한때 존재할 수 있으며, 그 층은 때에 따라서는 노예제도의 발전 여하에 따라서는 그대로 존속될 수도 있다"(동상서, 21쪽)라고 썼다.

　이러한 논거는 전술한 바와 같이 '노예제도가 유일적으로 지배하는 노예사회'와 관련되어 있다. 즉 전체 주민이 노예로 될 때까지의 과도적 형태로서 나타난 '농노제·예속제도'가 나타났다고 생각하였던 것이다.

과연 김석형의 이러한 이론이 타당한 것인가?

그는 엥겔스의 1882년 12월 22일부 맑스에게 보낸 서한의 한 구절을 인용하였다(동상서, 21쪽). 엥겔스의 이 서한을 번역하는 데 있어서 나는 일정한 의견을 발표한 바 있다(『삼국시기의 사회경제구성에 관한 토론집』, 과학원출판사, 117쪽). 그것은 여하간에 김석형의 번역대로 놓고 보아도 좋다. 엥겔스는 이 서한에서 김석형이 설정하고 있는 것처럼 '농노제·예농제도'의 본질을 봉건적 농노제로 보지도 않았으며(반대로 봉건적 농노제로 보지 말아야 한다고 강조하였다), 물론 원시공동체사회가 붕괴하고 계급사회로 이행하던 시기에 있어서 세계사의 일반성으로 그것이 발생하였다고도 말한 일이 없다. 엥겔스는 '농노제·예농제'(김석형의 용어대로)란 반드시 **중세적 형태**는 아니며 정복자가 그의 토지를 옛 주인에게 경작시키는 데 있어서는 도처에서 본다는 그것이었다. 엥겔스는 이러한 예농제를 구체적 역사에서 인증하여 설명하였는바, 그것이 바로 테살리아의 농민이었다. 즉 김석형도 '세계사'에서 테살리아의 농민의 형편을 인용하고 있는 바와 같이 즉 "일련의 농업지방들(테살리아 등)에서는 **노예제**(강조는 인용자)에 가까운 개인적 예속의 독특한 형태들이 확립되었다. 이는 우리가 보다 더욱 선진한 희랍의 지방들(예컨대 아티카)에서 볼 수 있는 것과 같은 관계들과는 구별되는 (보다 선진한 노예제에 대하여 노예제에 가까운 개인 예속-인용자) 것이다"(『력사과학』 1959년 4호, 22쪽).

이 노예제에 가까운 개인적 예속 형태에 대하여 엥겔스는 인격적으로 예속된 사람(Leibeigenchaft : 종 즉 노비), 단순히 그러한 관계로서의 예속제도로(이를 김석형은 '농노제·예속제'로 보고 있다-그는 노문의 Крепостно еправо를 농노제로 변역하였다) 말했던 것이다. 이상과 같이 바로 소위 '농노제·예속제도'가 **중세기 농노제**와는 어떠한 인연도 없는 것이며 따라서 본질상 농노제로서 보는 그 자체가 정확하지 못하다고 인정된다.

그런데 문제는 이러한 노예제에 가까운 개인적 예속농민을 '농노제·예속제도'란 애매한 개념으로써 중세기 농노제와 같은 것으로 생각한 그것에 김석형의 잘못이 있다고 생각한다. 즉 김석형은 기원전 8~7세기 희랍의 테살리아 지방 등에서 발생한 노예제에 가까운 개인적 예속제도를 '농노제·예속제'로 뒤바꾸어 놓으려 한다. 그렇게 함으로써 김석형은 우리의 삼국에서도 원시사회 말기에 발생한(일반적 보편성으로서) 그러한 '농노제·예속제도'는 희랍에서처럼 일시적이며 부분적인 것이 아니라, 광범히 존재하였으며 또 노예제도에 의하여 '청산'된 것이 아니라 언제 가도 '청산'되지 않고 발전하였다는 것으로써 삼국시기가 봉건사회로 발전하였다는 결론을 내자고 한다.

그러나 이상에서 명백한 바와 같이 김석형의 '농노제·예속제도'에 대한 견해는 전연 이론적으로 부정확할 뿐만 아니라 역사발전을 임의대로 결론지음으로써 엥겔스의 명제를 곡해하였던 것이라고 생각한다. 엥겔스의 편지 내용에서 보는 바와 같이 그러한 예속제(김석형의 소위 '농노제·예속제도')는 본질적으로 봉건적 농노제와는 하등의 공통성이 없으며, 도리어 그와는 반대로 노예제에 가까운 예속인층이기도 하였던 것이다. 엥겔스는 자기 서한에서 김석형이 인용한 구절 다음에 "이 사실을 나와 기타의 모든 사람으로 하여금 중세기적 예속제도로 오해하게 하였습니다. 사람들은 이것(중세기 예속제도-인용자)을 단순한 점령의 결과에 기인하는 것이라고 하였습니다. 이것은 문제를 왕왕이 평이하게 하였습니다"라고 계속하여 썼다. 이것으로 명백한 바와 같이 엥겔스가 말하고 있는 예속제도란 것이 너무도 명백하게 봉건적 농노제와는 구별되고 있다는 것을 알 수 있지 않은가. 이처럼 엥겔스의 예속제는 명백하였던 것이다. 김석형이 보고 있는 것처럼 삼국에서 그것들이 보편적으로 존재하였고 계속 발전하였으며, 그리하여 원시공동체사회에서 곧 봉건사회로 발전하였다면, 그러한 예속제의 노예적인 것이 농노적인 것으로 질적 변화를 가져왔어야 할 것은 명백하지 않는가. 그러나 김석형은 이러한 문제제기에서 슬그머니 노예적인 것에서 농노적인 것으로 넘어섰으며, 지어는 그 노예적인 것을 묵살하고 처음부터 농노적인 것으로 바꾸어 놓고 있는 것이다. 여하간 김석형의 이 문제제기는 응당히 다음과 같은 방향에서 제기되어야 한다고 필자는 생각한다. 즉 삼국에서 노예제에 가까운 예속제가 뚜렷한 노예제도와 병행하여 광범히 존재한 일정한 시기를 찾아야 하며, 그러한 이후에 그 사회의 사회경제구성의 계급적 성격을 해명하기 위하여 그것이 언제 어떻게 하여 봉건적 농노제로 발전하였는가를 문제로 삼았어야 할 것이었다고.

여기에 참고삼아 본문을 재인용한다.

> 노비(Leibeigenchaft : 강조-인용자)의 역사에 관하여 상업상에서 말하는 것처럼 당신과 '일치'한 것을 기뻐합니다. 노비나 예속이라고 하는 것이 어떠한 특수한 중세기적인 봉건적 형태는 아니었습니다. 우리들은 정복자가 그의 토지를 옛 주인에게 경작시키는 데 있어서는 도처에서, 또 거의 도처에서 그와 같은 관계를 가지고 있었습니다. 예를 든다면 일찍이 테살리아에 있었습니다. 이 사실은 나와 기타의 모든 사람으로 하여금 중세기적 예속제도로 오해하게 하였습니다(강조-인용자). 사람들은 이것(중세기 예속제도-인용자)을 단순한 점령의 결과에 기인하는 것이라고 하였습니다. 이것은 문제를 왕왕이 평이하게 하였습니다. (『맑스·엥겔스 서한집』, 독문판, 698쪽)

3. 삼국의 토지소유형태를 게르만적 소유형태와 유사한 것으로 본 이론적 견해에 대하여

김석형은 "어디까지나 주로 사적소유가 기본을 이루는 조건하에서 그만큼 공동체는 깨어진 조건하에서 공동체적(또는 국가적) 소유가 또한 이에 대하여 총괄적으로 지배한다는 의미에서의 2원성이었다. …… 그러므로 이 공동체는 이미 깨어진 공동체였다"(『력사과학』 1959년 4호, 29쪽)라고 썼다. 즉 토지에 대한 공동소유가 깨지고 사적소유가 기본을 이루는 그러한 점에서 깨어진 공동체, 정확히 말하여 깨어져 가는 농촌공동체란 것을 설정하였다. 그런데 문제는 이 깨어져 가는 공동체가 조선에서는 삼국시기나 이조시기를 막론하고 "일반적으로 말하여 기본 '틀'을 그대로 보존한 채 후세에 내려올수록 여러 가지 점들에서 공동체적인 것이 약화되었던 것은 사실이다"(동상서,

31쪽)라고 보고 그 내용에서의 어떠한 질적 변화에 대하여서는 보려 하지 않았다는 데 있다고 생각한다. 즉 김석형은 삼국시기나 이조시기가 깨어진 공동체로 볼 때에 "본질적으로 다를 것이 무엇인가"라고 말하고 있다. 이것은 사실에 있어서 토지소유형태가 동일하게 사적소유에 놓여 있었다는 데서 그렇게 보고 있는 것 같다.

김석형은 이 문제 제기에 있어서 토지소유 문제와 관련시켰다. 그는 조선역사에서 토지문제는 삼국 이후 이조에 이르기까지 " '개개인은 공동체 일원으로서의 사적소유자'이며 공동체는 '사적소유의 전제'라고도 말할 수 있다"(동상서, 24쪽)라고 보았다.

이 논거는 맑스가 『자본주의 생산에 선행하는 제 형태』에서 설정한 공동체적 토지소유의 세 개 유형 중의 하나인 "그 소유는(공동체적 소유-인용자) 이중의 형태로서 국가적 소유 및 그와 병존하는 사적소유로서 나타나기도 한다. 이 경우에 후자는 전자에 의하여 제약되고 있다"(맑스, 『자본주의 생산에 선행하는 제 형태』)라고 한 데서 찾은 것은 명백하다. 과연 김석형이 인정하는 바와 같이 삼국시기로부터 이조시기에 이르기까지 조선역사상에서 토지소유관계가 그러한 토지소유형태로서 관통되고 있다는 것은 구체적 자료에 의하여 지어진 그의 결론이라고 생각한다.

김석형은 삼국시기의 토지소유관계를 후세 고려나 이조시기의 형태를 가지고 추론하였다. 즉 "필자는 주로 고려나 이조 시기의 토지소유관계에서 볼 수 있는 국가와 개인 소유자와의 관계에서 삼국시기의 그것을 추론할 수 있다고 생각한다"라고 전제한 다음, 계속하여

"필자는 이에 대하여 우리 나라 봉건시대에 토지소유권이라는 것은 쪼개어 볼 수 있는 것이라고 친다면 그 안에서 기본적인 몫은 개인에 속한다 하더라도 국가가 차지하는 몫도 들어 있는 것으로 표현한 일도 있었다. 국가의 몫이 따로 있고 개인의 몫의 땅이 또한 별개로 있다는 것이 아니라 기본적으로 한 조각의 땅 위에 저러한 2원적이라고 볼 수 있는 2원적 소유관계가 성립하는 것으로 보고 말한 것이었다. 그러면서 한쪽으로 마을들에는 특수한 공동목적을 위하여 약간의 농토를 공유하는 경우가 후

세에도 드물지 아니하였다. …… 이러한 징표들을 후세의 토지소유관계가 가지고 있다는 사실은 그것이 국가성립 전의 공동체적 소유에서 많은 변화를 겪지는 않았다는 것을 우리들에게 시사한다. 특히, 전자의 징표 즉 국가의 몫이라는 것은 공동체사회 때의 바로 공동체의 몫이었던 것이다. 뒤집어 생각한다면 또한 이 사실은 삼국(에서-인용자) …… 토지소유관계의 측면에서는 벌써 후세 시기에서 볼 수 있는 징표들을 가지고 있었겠다고도 추론할 수 있는 근거로 될 것이다.” (『력사과학』 1959년 4호, 28~29쪽. 강조-인용자)

김석형은 깨어져 가는 공동체의 표징으로서 한 조각의 땅에 대한 사적소유와 동시에 국가적 몫이 덮였다는 2원적 내용과 사적소유 토지 외에 또한 따로이 약간의 공동소유의 토지가 병렬적으로 있었다는 두 개의 내용을 인증하고 이것들을 가지고 조선에서는 촌락공동체가 완전히 깨어지지 않았다는 구체적 표현으로 된다고 간주하고 있다. 김석형이 이렇게 보게 된 것은 고려나 이조 시기의 토지소유관계의 연구를 통하여 얻은 결론이었다고 하는 것 같은데, 이런 것을 가지고 삼국시기가 토지에 대하여 이미 사적소유가 지배하는 사회로 되었다는 점에서 ‘온존한’ 농촌공동체(김석형의 말을 빌어 한다면) 그대로는 있을 수 없는 만큼, 다시 말하여 이미 ‘깨어져 가는 공동체’로 넘어섰던 만큼 이조시기의 깨어져 가는 공동체와 다를 것이 없다는 것이다. 그리하여 삼국시기도 토지소유관계에서 그 두 개의 표징을 가진다는 것이다. 그러나 김석형도 인정하고 있는 바와 같이 삼국 초기와 후기, 삼국시기와 그 후기 시기가 그 사회의 발전정도에서 다르며, 더구나 삼국시기와 거의 천 수백 년을 경과한 이조시기와는 상당한 정도에서 상이한 내용을 인정하여야 할 것이다. 그런데 김석형은 문제를 형태에 국한하여 고찰하고 그 **발전사적 견지**에 대하여 주의를 돌리지 않았다는 데 있어서 적지 않은 착오를 범하였다고 보는 것이다.

즉 ‘깨어져 가는 공동체’ 내부에서의, 그러한 공동체적 ‘틀’의 잔재에서의 내면적 변화—토지소유관계에서의 변화에 대하여 문제를 제기하지 않고 있는 것이다. 김석형이 말하고 있는 ‘국가의 몫’이란 개념은 아마도 ‘국가적 소유’의 한 형태 문제였던 것 같은데, 그렇다면 과연 그 국가의 성격이 규정되어야 비로소 토지소유관계의 본질이 옳게 해명될 것이 아니겠는가. 그러나 김석형은 단순히 오직 ‘국가적 소유’란 그것이 삼국이나 이조에도 마찬가지였으니까 토지소유관계에 어떠한 변화도 없는 것으로 이해하려 하는 것 같다. 또 사적 토지소유라고 할 때에도 그것이 어떠한 계급이 소유하였는가를 응당히 해명함으로써, 즉 삼국시기와 이조시기의 사적소유의 계급적 내용상 차이점을 밝혀야 할 것이다. 만일 그것에 어떠한 변화과정이 없다면 그 때에는 김석형처럼 문제를 단순히 설정할 수도 있을 것이다. 그러나 김석형은 오직 사적 토지소유와 국가적 소유의 2중적 관계—그것이 동일하니까 삼국시기나 이조시기나 간의 변화가 없었던 것으로 이해하는 것 같다. 만일에 김석형처럼 문제를 그렇게만 본다면 삼국시기뿐만 아니라 어떠한 계급사회도(공동체적 잔재를 보존한 나라들에서는) 다 같이 이조시기와 같은 본질상 동일한 사회로 될 것이 아니겠는가.

김석형은 삼국시기나 고려, 이조 시기나 기본적으로 동일하였다는 토지소유형태를 놓고 삼국이 원시사회에서 곧 봉건사회로 발전하였다는 긍정적 내용의 한 징표로 보자는 것 같은데, 그것은 아시아적 형태와는 거의 유사성이 없으며 도리어 게르만적 형태와 기본적으로 유사한 것으로 인정함으로써 자기 견해의 이론적 안받침을 삼으려 하는 것 같다.

김석형은 맑스가 『자본주의 생산에 선행하는 제 형태』란 노작에서 준 ‘아시아적 혹은 동양적 형태’를 적용하는 데 있어서 오직 ‘아시아’라는 데 끌리고 ‘고대 동방’이라는 ‘동방’에 기계적으로 끌리지 말아야 할 것이라고 하면서 ‘고대 동방’과 ‘아시아’의 개념을 아무데나 갖다 붙이지 말아야 한다고 강조하였다(동상서, 39쪽). 물론 이러한 방법론적 태도는 지당한 것이다. 왜냐 하면 맑스가 말한 것은 단순히 ‘아시아’란 한 지역의 사회를 총괄하여 설정한 것은 아니며 고대 ‘아시아’ 사회에서의 일반적 제 특성들을 이론화하며 체계 세운 데로부터 그러한 특성들을 가지는 ‘아시아적 형태’를 정식화한 것이기 때문이다.

이러한 견지에서 김석형이 조선이 단순히 지역적으로 아시아에 속한다는 그 사실만을 가지고 곧 '아시아적 형태'를 끄집어 내지 말아야 한다고 한 것은 방법론상 옳은 태도이다. 그렇다고 하여 이 견해의 정당성이 '아시아적 형태'가 과연 고대조선에 적용될 수 없다는 것을 합리화하는 것은 아니다. 다만 문구에 구애될 것이 아니라 기본 사상에서 문제를 파악해야 한다는 것을 강조할 따름인 것이다.

김석형은 삼국에서는 '아시아적 형태'의 내용을 찾아볼 수 없다고 보고, 즉 유사성이 매우 희박하다고 보고 그것을 적용시킬 수 없다고 주장하고 있다. 그 이유는 다음과 같은 데 있다고 한다. 즉 "아시아의 우리 지역은 한족의 중국과도 구별되는 한 개의 세계였으며('또 하나의 동방세계'-인용자) 2천년 이상의 기록된 역사를 가지고 있으며 우리는 이 세계에서 서기후에 일어난 역사적 사실을"(동상서, 39쪽) 가짐으로써 '아시아적 형태'와 구별해 보아야 하며 곧 적용될 수 없다고 보고, 삼국은 다시 말하여 '또 하나의 동방세계'는 '아시아적 형태'보다는 '게르만적 형태'와 유사하다고 보았다.

그러나 이 문제에서 맑스의 명제들을 이용하는 데 있어서 김석형은 다음과 같은 착오를 가져왔던 것이다.

전술한 바와 같이 김석형은 삼국의 토지소유형태를 "개개인은 공동체의 일원으로서의 사적소유자이며 공동체는 사적소유의 전제라고도 말할 수 있는" 그러한 2원적인 것으로 인정하고, 이것은 게르만적 형태와 유사한 것이라고 하였다. 그러나 그러한 토지소유형태는 맑스가 『자본주의 생산에 선행한 제 형태』에서 설정한 바에 의하면, 희랍·로마적 형태에 해당하는 것이었다. 그렇다면 왜 김석형은 맑스의 희랍·로마적 형태의 것을 게르만 형태의 것으로 뒤바꾸어 놓는 착오를 일으켰는가.

김석형은 맑스의 『자본주의 생산에 선행하는 제 형태』란 노작을 소개하는 데 있어서 진실하였다고 할 수 없을 것이며 기본적으로 부정확하였다고 보아야 할 것이다(동상서, 38쪽). 이러한 것들이 그로 하여금 이러저러하게 착오를 가져오게 하였다고 생각된다.

맑스는 『자본주의 생산에 선행하는 제 형태』에서 소유형태의 세 개의 유형을 아시아적, 희랍·로마적, 게르만적 형태의 순서로 설명하였다. 그런데 김석형은 맑스의 순서를 뒤바꾸어서 아시아적, 게르만적, 그리고 희랍·로마적의 순서로, 희랍·로마와 게르만의 순서를 바꾸어 놓고 있다. 이러한 착오를 가져오게 된 데에는 일정한 근거가 있는 것 같다.

전술한 바와 같이 김석형은 맑스가 두번째 자리에서 취급한 토지소유형태, 즉 "이 경우에도 공동체의 일원이란 것이 토지 점취(占取)를 위한 전제란 것은 변함이 없으나 그러나 공동체의 일원으로서 개개인은 사적소유자로 되어 있다"(칼 맑스, 『자본주의 생산에 선행하는 제 형태』)라고 보면서 그 사적소유의 전제로서 공동체 소유의 2원성을 설정한 그러한 토지소유형태를 삼국의 그것과 같은 유형으로 보았던 것이다. 그런데 김석형은 삼국이 원시공동체사회에서 곧 봉건사회로 발전하였다는 결론을 가지고 이와 같은 발전을 또한 게르만에서 찾을 수 있었던 만큼 삼국은 게르만형의 토지소유형태와 유사하였을 것이라는 추상적 결론으로부터, 곧 맑스가 희랍·로마적 형태로 규정한 두번째 형태를 게르만적 형태로 오인하고 두번째 자리에 게르만을 놓게 된 것이 아닌가.

맑스는 엄밀히 게르만적 형태를 희랍·로마의 그것과 구별하여 사적소유형태의 또 하나의 형태로서 다음과 같이 규정하였다.

…… 소유의 [또 하나의 형태]는 게르만적 소유이다. 이 형태하에서는 공동체 성원 자체는 특수적인 동양적 형태에서와 같이 공동재산의 공동 점유자인 것이 아니다. 또 **로마적·희랍적**[간단히 말하여 고전적=고대적] 형태하에서와 **같은 것도 아니다**(강조-인용자). 여기서는 공동체가 점거하고 있는 토지는 로마의 토지이다. 그 일부는 공동체 성원과는 별개로서의 공동체, 그것의 관리하에 보유되어 있다.—즉 각종 형태의 공유지이다. 다른 부분은 분배되는데 각 분할지는 사유재산이다. (동상서)

이러한 게르만적 형태에 대하여서는 엥겔스도 「마르크」에서 맑스가 규정한 그러한 형태로서 분석하였다. 만일 김석형이 맑스의 명제를 뒤집어 인용한 사실을 승인하고 시정한다면, 그가 삼국의 소유형태를 맑스의 희랍·로마적 형태의 것으로 인정한 것으로 될 것이며 따라서 게르만적 형태와는 거리가 멀어질 것이라는 것은 자명한 일이다.

(『력사과학』 1960년 1호)

조선에 존재한 노예제 사회의 시기문제에 관하여

우리 나라는 '반만년'의 유구한 역사를 가졌다고 일러 왔으며 조선 인민은 실로 그 유구한 역사와 찬란한 문화유산들을 자랑하여 왔다. 그러나 이와 같은 조선역사가 맑스주의 방법론으로써 모든 문제에 대하여 충분히 과학적 체계를 갖추고 서술되어 있지 못한 것은 사실이다. 그 중 노예제 사회에 관한 문제는 그 주요 문제의 하나이다.

조선역사상에 노예제 사회가 있었느냐 없었느냐 하는 문제는 30여 년을 두고 논쟁되어 왔으며 해방 후만 하여도 10여 년 간을 두고 진지한 토론을 계속하여 왔었다. 지난 시기 토론의 대상은 많은 경우에 삼국(고구려·백제·신라)시기의 사회경제구성의 성격 문제에 국한되었었다. 삼국시기를 봉건사회로 보는 주되는 견해들은 첫째로 삼국 형성시기의 생산력의 급격한 발전, 혹은 외부 '봉건'세력의 급격한 충격으로 말미암아 우리 나라의 역사는 원시사회로부터 곧 봉건사회로 비약하였다는 것이며, 둘째로 15~16세기의 이조 봉건사회를 기준으로 삼아 삼국시기의 사회적 제 계급관계를 서로 대비해 본 결과 거의 유사함으로써 삼국시기를 봉건사회로 규정한다는 것들이었다. 이 견해들은 삼국에 선행한 시기를 원시사회로 보고 있거나, 혹은 그것과는 거의 관계없이 삼국시기의 사회경제구성의 성격을 해명하려 하였던 것은 사실이다. 그러나 이러한 견해들이 많은 사람들을 설득시킬 만한 근거들을 가지고 있지 못하였던 것도 사실이다.

최근년간에 우리 당의 현명한 과학정책을 받든 역사학도들의 진지한 토론들이 심화되면서 노예제 사회의 유무에 관한 문제도 최종적인 해결을 볼 수 있는 단계에 들어서게 되었다. 그리하여 오늘에 와서는 조선역사상에 있어서 노예제 사회가 있었다는 결론에 대하여 완전한 의견상 일치를 보게 되었다.

이것은 실로 우리 나라 역사학계에 있어서의 일대 전진으로 되며 조선역사를 맑스·레닌주의 이론으로 보다 심화하는 과정으로도 되는 것이다. 그러므로 오늘의 논점은 조선역사상에서의 노예제 사회의 유무에 관한 문제가 아니라 노예제 사회의 시기를 확정하는 문제로 발전하게 되었다.

필자는 구체적 해당 사료들을 전면적으로 분석하는 데로부터 출발하여 맑스주의 창시자들의 아시아적 공동체에 관한 이론, 공동체에 토대한 국가에 관한 이론, 사회발전의 계기성에 관한 이론 등을 통일적으로 결합시키는 데 노력하여 과거 조선사회 발전의 역사적 특수성을 정확히 파악하려고 시도하였다.

그리하여 조선에서는 희랍·로마의 전형적인 노예제 사회와는 그 형태를 달리하는, 기본상 아시아적 형태의 노예제 사회가 기원전 수세기 전에 형성되어 삼국시기에 이르러서는 가장 발전된 단계를 거쳐 그 말기부터는 쇠퇴의 길에 들어서게 되었다는 결론을 갖게 되었다.

물론 본 논문은 아직도 불비한 점들을 많이 가지고 있으리라고 생각하나 앞으로 더욱 심오한 토론과 허심한 방증을 기대하면서 필자는 조선 고대사회의 시기문제에 관한 결론을 심화 발전시켜야 할 우리 과업의 일익을 담당할 수 있다면 하는 염원으로부터 졸고를 발표하는 바이다.

1. 조선에서의 노예제 사회의 형성

조선의 고대 종족들이 이미 기원전 수천 년 전에 조선반도와 대륙의 동북부에 걸쳐 정착하였다는 것은 오늘 잘 알려져 있는 사실이다. 단편적 중국 고대 문헌들에 의하면 이미 조선 고대 종족의 일부는 기원전 12세기 이전에 중국의 은(殷)나라와 일정한 관계를 맺고 있는 기사를 전하고 있으며, 기원전 12세기경에는 구추(駒騶)·부여(扶餘)·간(駻) 등의 맥족(貊族)으로 알려진 조선 고대 제 종족들이 중국의 서주(西周)와 통상하였다는 것을 전하고 있다. 조선 고대 종족들 중에서도 앞서 발전한 것은 예맥(濊貊, 혹은 맥)이었는바, 중국 춘추시기(기원전 8~5세기)에 예맥의 일부는 조선이란 이름으로서 고대중국에 알려지고 있었다.

우리의 오랜 신화, 전설에 의하면 기원전 2천 수백 년 전에 이미 '조선왕국'이 형성된 것으로 되고 있으나 물론 그것만으로는 신빙할 수 없다. 그러나 우리의 전설을 조선에 관한 중국 고대기록들과 결합시켜 볼 때 조선 인민이 유구한 자기의 역사를 가졌다는 사실을 추상하기 어렵지 않은 것이다.

또한 오늘 조선고고학이 달성한 우리 나라 강토에서의 초보적 조사결과에 의한다면 청동기문화는 늦어도 기원전 9~8세기로 볼 수 있으며, 철기문화는 기원전 4~3세기로 볼 상당한 근거가 있다. 그러나 조선 고대에 있어 더욱 선진적이었다고 생각되는 요하 유역과 그 인근 지방에서의 청동기문화는 이보다 더 앞선 시기로 볼 근거들이 있는 것이다.

이상의 현존 고고학적 자료에 의하더라고 조선 고대국가 형성시기는 상당히 상대(上代)로 올려 볼 가능성이 많은 것이다. 그러나 우리는 현재 조선 고대국가 형성시기를 확정할 만한 자료를 충분히 가지고 있지 못하다. 따라서 이 문제는 앞으로 더 풍부한 자료를 가지고, 특히 새로운 고고학적 자료에 근거하여 해결되어야 할 연구과제로 남을 수밖에 없다고 생각한다.

그렇다고는 하나 몇 개의 단편적 문헌사료에 의하더라도 기원전 5~3세기에는 발해에 면한 난하(灤河) 유역 지방으로부터 요하 유역 지방을 중심으로 평안도 지방에 걸친 강대한 고대국가로서 조선 고대왕국의 존재를 찾아볼 수 있다. 이 때에 조선은 서쪽에 중국 고대의 '전국 7웅'의 하나인 연(燕)나라에 대항할 만큼 강대한 세력을 가졌던 것이다(우리는 편의상 이 조선을 '고조선'이라고 부르기로 한다).

또 다른 방면에서는 이보다 좀 늦어서 기원전 3~2세기에는 송화강 유역 지방을 중심으로 맥족의 부여국(夫餘國)이 조선반도 안에서는 한(韓)족의 진국(辰國)이 각각 형성되고 있었다(물론 이 나라들의 형성시기를 확증할 만한 자료도 아직은 부족하다). 이 나라들이 모두 어떠한 계급국가였으며 또 이 시기는 어떠한 사회경제구성을 가졌던가, 초보적 연구에 의하더라도 고조선·부여·진국이 모두 씨족적 잔재를 강인하게 보존하였다는 것을 알 수 있다. 그것은 이 나라들이 공동체적 관계가 미약하게 붕괴된 토대 위에서 출현한 때문이었다. 이러한 공동체에 토대한 이 나라들은 전국 토지에 대한 공동체적 소유와 통제를 그 권력의 물질적 기초로 한 전제주의로써 특징지어질 수 있다. 충분한 문헌적 자료를 가지고 확언할 수 있는 것은, 이 나라들의 전제권력이 씨족적 귀족들의 호상간의 결합에 의한 형태—즉 종전의 종족동맹체의 그 기구를 형태상 강하게 보존함으로써 국왕은 씨족적 귀족들의 공립(共立)에 의한 추대의 흔적을 가지고 있었으며, 씨족적 귀족들도 종전의 공동체적 지반을 자기 세력의 토대로서 보유하였다는 그것이다. 때문에 그것은 불가피적으로 원시공동체적 질서와 혼합되고 있으며 특히 그것으로써 은폐될 수 있었다.

바로 이러한 조선의 최초의 국가들은 '촌락공동체', 즉 '읍(邑)'들의 내부구조에서의 씨족제적 유제의 강인한 잔재와 그것을 매개로 하는 '읍'=공동체들의 계층적인 지배와 예속관계를 편성하였던 것이다.

전술한 바와 같이 기원전 4~3세기에는 일정한 정도로 철기의 보급과 이에 따르는 생산력 발전수준에 상응하여 상당한 정도로 노예제가 발전하였다는 것을 단편적인 기록들에서도 넉넉히 볼 수 있다.

고조선의 오래 된 법률에 보이는 "도적한 자는 그 주인의 노비로 되는바, 만일 자속(自贖)하고자 한다면 50만 전을 내어야 한다"는 내용은 많은 문제들을 해명하여 준다. 즉 그것은 노예소유자에 대한 강력한 옹호로 되며 반면에 공동체적 농민들의 노예화를 합법화하여 주는 것으로 된다. 과연 50만 전이 정확한 기록인지는 많은 의심을 갖게 하나 여하간 당시 노예매매의 존재와 동시에 화폐경제의 상당한 발전수준을 보여준다고 보아야 할 것이다. 부여에서도 절도자는 그 도적한 물건의 12배를 배상하여야 한다고 하였는데 여기서도 배상물을 내지 못한다면 물론 노비로 되었으리라는 것은 의심할 바 없다. 이것은 부여와 법속(法俗)이 동일하였다는 고구려에서 명백히 배상물을 준비하지 못한 자는 노비로 된다고 규정하고 있는 사실이 증명한다. 이상으로써 노예의 공급이 전쟁포로에서뿐만 아니라 공동체 농민들의 노예화의 보편적 수행으로도 되었음을 알 수 있으며 또한 채무노예의 존재도 충분히 상상하기 어렵지 않다. 기원 초 진국에서는 한인(漢人) 1,500명을 잡아다가 노예로 만들었는데, 이것이 문제로 되어 진국에서는 한(漢)나라(한의 군현)에 대하여 1만 5,000명의 노예를 내어놓지 않으면 안 되었다고 한다. 이상의 기사로써 진국에서도 상당한 정도로 노예제가 발전하고 있었다는 것을 알 수 있다.

이 때에 노예제는 가내노예제의 형태를 가지고 있었다. 즉 전기한 한인 노예들에 대한 기사를 통하여 당시 포로된 자들의 머리를 깎아서 그 도망을 방지하였다는 것과 또 1,500명이 각곳에 흩어져 있었을 뿐만 아니라 한 명의 노예가 밭에서 새를 쫓는 일을 하고 있었다는 것을 알 수 있다. 이것으로 보아 이 한인 노예들이 가족 내에 은폐된 형태로서 구사되고 있었다는 근거를 찾을 수 있다. 더욱이 명백한 것은 부여에서와 같이 국왕이나 귀족들이 일시에 백여 명의 노예를 순장(殉葬 : 그 주인의 사망과 함께 노예들을 생매장하는 것)하였다는 것인바 이것은 노예제가 가내노예제의 형태를 가지었다는 긍정적 대답으로 될 것이다.

노예제도는 당시 공동체적 잔재가 강인하게 존속하고 있었던 조건하에서 보다 높은 형태, 즉 희랍·로마의 말기에서 보는 바와 같은 노동노예제에까지는 발전할 사회적 조건을 가지지 못하였던 것이며 이러한 형편이 가내노예제의 보편적 발전을 가져오게 하였던 것이다. 그것은 또한 이 나라들이 종족동맹체가 가지었던 본질적 기능과 권력을 제거하면서도 일방으로는 공동체적 조직과 공동체적 기능의 잔재를 어느 정도 유지시키면서 그것을 생산 및 통치의 기본적 단위로서 최대한으로 이용하여 전제권력의 견고한 물질적 기초를 강화하려 하였다는 실정과 관련되었다. 이리하여 이 나라들의 씨족적 귀족들이 혹은 수천 호 혹은 수백 호를 통솔하였으며 고조선의 조선상(朝鮮相 : 고조선의 대신 벼슬) 역계경이란 사람이 진국으로 망명할 때 그를 따른 자가 2000호라고 한 기록들이 말하는 바와 같이 당시 공동체적 농민이 양적으로 다수를 차지한 생산대중으로 되고 있었으며 그들이 논 역할이 적지 않은 비중을 차지하였던 것을 알 수 있는 것이다.

그렇다면 공동체적 농민들이 어떠한 처지에 놓여 있었던가를 보기로 하자. "읍락에는 호민(豪民)이 있었고 민(民)은 하호(下戶)였는데 모두 노복으로 삼았다”란 부여에 관한 기사 중의 ‘하호’의 계급적 본질에 대하여 종래 많은 학자들 간에 의견을 달리하여 왔다. 종전에 조선에서 노예제 사회의 존재를 부정하던 일부 학자들은 하호를 국가 형성 이전 시기의 하호와 형성 이후 시기의 하호로 구분하고, 전자는 원시공동체 농민이며 후자는 봉건적 농노로 주장하였다.

하호 문제는 고구려의 하호와도 관련되기 때문에 여기서 일정하게 처리하고 넘어가야 할 필요를 느낀다.

부여에 관한 기록에는 또한 “전쟁에 나면 모든 가(加 : 부여의 귀족들)들이 나가 스스로 싸우고 하호는 식량을 날라 그를 먹이었다”라고 한 것이 있으며 또 “하호는 노(奴)와 같이 부(賦 : 공납)를 바치었다”라고 한 것이 있다. 이상의 하호에 관한 기록들을 통하여 볼 때 그들이 완전한 의미에서의 노예가 아니었던 것은 명백하다. 더욱 명백한 것은 진국의 하호들이 자주 한의 군현을 왕래하여 무역하였는데 그 수가 1,000여 명에 달하였다는 기사이다.

그렇다면 왜 하호를 노 또는 노복과 관련시켰으며 혹은 노복이라고도 하였겠는가. 여기에는 반드시 그러한 이유가 있다고 보아야 할 것이다. 하호란 말은 3세기의 저작으로 된 중국의 역사책인『삼국지』위서(魏書) 동이전(東夷傳)에만 보이는 말이다. 그러나 우리측 사료에 의하면 ‘하호’란 곧 민(民) 또는 백성(百姓) 혹은 속민(屬民)에 해당하는 말로서, 즉 당시 공동체적 농민에 대한 총칭 이외에 다른 내용이 없었다. 아마도 조선 고대사회의 공동체적 농민들이 중국의 봉건시기의 농민과 대비하여 볼 때에 매우 가혹하게, 노예적 형편에서 수탈되고 있었다는 그것을 가지고 중국 사가는 특별하게 많은 주석을 붙여 가면서 하호란 말을 쓰게 된 것이 아니었던가, 여하간 전기한 기록을 통하여 ‘하호’가 당시 전제권력에 의하여 노예적 처지에서 착취되었다는 것만은 부정할 수 없을 것이다.

때문에 진국의 농민들의 형편에 대하여 중국 사가는 “먼 곳에서는 마치 죄수와도 같이 노비들이 몰려 산다”고 기록하였던 것이다. 여기의 노비란 말은 조선 봉건시기의 ‘외거노비(外居奴婢)’처럼 국가나 개인 양반 지주에게 예속된 농노적 노비인 것이 아니라 죄수와 같이 그렇게 억압된 형태에서 노예와 같이 가혹하게 수탈되던 그러한 '하호'-공동체적 농민층을 가리키는 것이었다.

이렇게 볼 수 있는 근거를 또 하나 들어보자. 이 시기에 고조선·부여·진국 등은 인방의 무수한 크고 작은 공동체 혹은 동맹체들과 공납관계를 설정하고 있었다. 공납을 바치는 데도 그 예속 정도 여하에 따라서 각이한 형태와 각이한 내용을 보여주고 있다. 그러나 정복의 결과로서 맺어진 피정복민의 공납에서는 보다 가혹하고 보다 노예적인 내용이 따르게 되는 것이다. 때문에 예속하에 있던 '읍'-공동체 또는 '국(國)'-동맹체는 공납을 거부하고 예속으로부터 해방하려는 투쟁과 때로는 전 주민이 다른 지방으로 도주한 사실들을 종종 볼 수 있게 되는 것이다.

바로 전기한 '하호'라는 개념에는 이러한 예속공동체 농민들도 포함되어 서술되고 있는 것은 사실이다. 그렇다면 '하호'가 발생하게 된 측면, 즉 단순한 정복관계에서 발생하였다는 그 한 가지 사실은 그의 성격을 해명하는 데 있어서 또 하나의 매우 중요한 내용을 제공하여 줄 것이다. 이 때에 정복에 의하여 도처에서, 거의 도처에서 나타난 농노적 외형을 가지고, 즉 피정복자가 종전 그대로의 생활을 유지하면서 정복자를 위하여 경작할 때에 나타난, 마치도 농노적 농민으로 보일 수 있는 그러한 형태를 가지고 곧 봉건적 농노로 보아서는 아니 된다. 어떠한 계층의 계급적 성격을 규정할 때에 그 형태에 구애될 것이 아니라 소여 사회의 경제적·계급적 호상관계에서 보아야 한다는 것은 재론할 필요도 없기 때문이다.

우리의 '하호'의 일부가 정복에서 발생되었다는 그 측면에서 볼 때에 일견 농노적인 외형을 띨 수 있는 것이다. 그러나 여기의 '하호'는 아직 어떠한 봉건적 예속관계, 즉 봉건지주의 토지에 신분적으로 예속된 농노의 본질적 내용을 가지고 나타났던 것은 아니었다. 바로 하호는 노예국가에 의하여 노예적으로 수탈되던 공동체적 농민이었던 것이다.

이상과 같이 고조선국·부여국·진국은 이미 노예소유자 국가의 본질을 가지고 지배하는 공동체에 대하여 급속한 분해작용을 촉진시키면서 노예국

가로서의 발전과정을 밟았다. 여기에 전제권력 하에 결합된 씨족적 귀족들을
중심으로 하여 피정복 공동체의 종래의 족장들에 이르기까지 관료적 기구를
편성 강화하면서 공동체적 농민들을 예속시켰다. 노예소유자적인 씨족적 귀
족들의 연합체로서 성립된 이 나라들의 관료적 전제권력을 대표하는 국왕은
자기의 명의하에 일체의 주요 생산수단을 장악하였다. 토지는 이미 공동체적
농민들의 개인적 점유로 넘어갔다고는 하나 그것은 아직 공동체적 공유를
조건으로 하여 공동체 내부에 있어서 개인의 점유가 허용되었으며, 보장되고
있었다. 바로 토지에 대한 공동체적 공유 형태는 씨족적 귀족집단을 대표로
하는 전제국왕의 명의하에 속하였던 것이다. 이러한 관계에 의하여 공동체적
농민들은 결국 잉여노동을 관료화한 씨족적 귀족들을 통하여 전제국왕에 수
탈되었는바, 그것은 공납 혹은 집단적 노력으로써 수행되었다. 결국 이러한
공동체적 농민들은 본질상 전제국왕의 재산이며 노예적 상태로서 수탈되게
되어 노예제는 크게 발전할 수 없었다. 이 시기의 우리 나라에서의 노예제
사회는 바로 이상과 같은 형태를 가진 조기 노예제 사회였던 것이다.

2. 조선에서의 노예제 사회의 발전

기원전 5~3세기 고대중국에서의 대동란기에 북중국의 연(燕)·제(齊)·
조(趙) 나라와 고조선과의 교역관계는 일층 발전하게 되었으며 이 때 부여·
진국과의 교역도 빈번하였다. 또한 이 때에 대동란을 피난하여 북중국의 망
명자들이 떼를 지어 고조선에도 흘러 들어왔다. 이러한 사실들은 오늘 요동
지방으로부터 평안북도 일대에 걸치는 지방들에서, 당시 북중국 일대에서 통
용되었던 명도전(明刀錢 : 화폐) 등의 출토로써 잘 알려지고 있다. 이러한 급
격한 정세의 변동은 결국 고조선의 경제·정치에 대하여 커다란 영향을 끼
치지 않을 수 없었다. 그것은 고조선의 공동체적 결합체의 동요와 전제권력
의 위기를 초래하게 되었다. 이러한 형편에서 결국 고조선 내부에서의 새로
운 정치세력의 대두와 그와 결탁한 연나라 망명자 만(滿)의 세력의 확대를
가져오게 되어 드디어 기원전 194년 고조선 준왕(準王)은 남쪽 진국으로 도

망치고 만이 고조선 왕으로 등장하는 등 정치사변을 낳게 하였던 것이다.

이 때 중국대륙을 통일한 한(漢)왕조는 일반적으로 영토확장을 위하여, 또 특히는 자국내 상업자본의 급속한 장성에 상응하여 대외팽창정책을 추구하게 되었는바, 결국 기원전 108년에 고조선을 정복하고 이 곳에 낙랑군(樂浪郡)을 비롯한 4개의 군(郡)을 설치하게 되었다. 한의 군현은 기원 초에 이 곳 주민들의 투쟁과 특히는 고구려를 중심으로 한 새로운 정치세력에 의하여 구축되었으나 그 후 얼마 지나지 않아 후한(後漢)의 침입에 의하여 또다시 새로운 낙랑군이 대동강 유역 지방에 설치되었다.

이상과 같이 기원전 2~1세기의 한나라의 동방에로의 팽창정책은 또한 조선 고대사회의 정치·경제 정세에 대하여 적지 않은 영향을 미치지 않을 수 없었다. 그것은 고조선이 멸망한 이후 급격한 정치정세의 변동에 따라서 부여국과 진국의 붕괴와 이 나라들을 계승한 새로운 정치세력의 출현으로써 설명할 수 있다.

첫째로 낙랑군이 설치된 이후 조선 고대사회는 한나라뿐만 아니라 멀리 일본과도 교역관계를 설정하여 대외상업은 급속히 발전하였다. 낙랑군에는 한나라의 큰 상인들이 거주하였고 진국 지방에서도 수다한 상인들이 이 곳을 왕래하였다. 진국 내의 진한 지방에서는 철이 생산되어 주요한 대외교역품으로 되었다. 화폐경제도 상당히 발전하여 진한에서는 철전이 널리 통용되었다고 전한다. 또한 이 시기의 것으로 알려진 토광(土壙)무덤에서의 출토품들은 당시 상당한 정도의 수공업 발전을 보여주고 있다.

이상과 같은 교역의 발전은 특히 당시 정치적 중심지역들에서 전개되었을 것인바, 이러한 형편이 공동체적 폐쇄성에 토대한 조기 노예소유자 국가인 부여와 진국의 위기를 촉진시킨 것으로 되는 것이다. 이것은 타방으로는, 이 나라들의 예속하에 놓여 있던 일부 지방들의 노예소유자적 상층을 급속히 부유하게 하였으며 따라서 예속적 지위로부터의 해방과 자립적 정치세력을 강화하는 방향으로 전개되었다.

둘째로 낙랑군의 설치 이후 한의 적극적인 침략을 반대하는 투쟁에 있어서 누구보다도 커다란 이해관계를 가진 것은 신흥정치세력이었다. 특히 반침략 투쟁 행정에서 새 정치세력의 단결은 촉진되었으며 일방으로 쇠약의 일로를 밟던 부여국과 진국에 대립하여 강력한 정권의 출현을 보게 되었던 것이다. 바로 이 시기에 새로 출현한 정권이란 고구려·백제·신라 등 삼국이었다.

고구려족은 매우 일찍이 부여와 함께 중국 고대 문헌에 보일 뿐만 아니라 고구려가 부여에서 분리되었다는 것은 그의 '건국전설'에 잘 반영되어 있다. 기원 전후하여 부여에서 분리한 고구려족은 한의 침략세력을 반대하는 세력들─이전의 고조선국을 구성했던 세력들과 부여의 예속하에서 해방된 일부 세력들을 통합하면서 마침내 고구려국을 세워 부여국과 대립하였다. 약화된 부여국은 그 후 동부여국이란 이름으로 불렸는데 계속 쇠약의 일로를 밟아오다가 493년에 가서 고구려에 병합되었다.

일방 후한의 낙랑군이 대동강 유역 지방에로 진출한 이후 진국은 급속히 그 붕괴를 촉진하여 마침내 분열되고 말았다. 그리하여 진국은 그 중심세력이던 마한(馬韓)으로 압축되어 이후 마한국으로 불리게 되었다. 이런 때에 부여국에서 분리한 또 하나의 세력이 남하하여 진국에서의 씨족적 귀족의 새로운 정치세력과 결합하여 마침내 백제국을 세워 마한국과 대립하였다. 이때에 이전 진국의 예속하에 있었던 진한 지방에서 신라가, 변한에서 가야가 각각 자립적 정치세력을 형성하면서 강화되었다. 기원 직전까지도 백제나 신라는 마한에 대하여 공납을 바치고 있었으나 그 후 백제는 마한을 격멸하는 데 성공하였던 것이다.

이렇게 하여 약간의 선후차는 있으나 대체로 기원 1세기에 고구려·백제·신라국이 각각 출현하게 되었다[삼국 형성시기는 『삼국사기』의 기년(紀年)에 기본적으로 근거한다].

이상과 같이 삼국은 낙후한 원시사회에서 곧 형성된 것이 아니라 적어도 수세기를 노예국가의 한 구성 부분으로 있던 세력들의 일정한 정치적 통일 독립으로써 이루어졌던 것이다. 곧 전술한 바 상당히 높은 생산력에 상응하여, 선행한 나라들을 계승한 삼국의 출현과정은 삼국시기의 사회경제구성의 성격을 해명하는 데 있어서 매우 중요한 출발점으로 될 것이다.

우선 삼국을 세운 귀족들의 계급적 지반을 분석하여 보기로 하자. 전술한 바와 같이 삼국은 모두 급속히 재부를 축적하면서 정치세력을 강화한 노예소유자적 씨족적 귀족들의 연합에 의하여 수립되었다. 이러한 사실은 이들 국가기구에 잘 반영되어 있다. 삼국은 그에 선행한 국가들에서 보는 바와 같이 공동체에 토대한 국가들로서의 제 특징을 가지고 있었다. 그것은 첫째로 삼국에서도 또한 국왕이 씨족적 귀족들의 공립에 의한 추대의 흔적이 상당히 오랫동안 보존되었다는 것과 국가의 중요한 문제들이 귀족들의 평의회에 의하여 결정되었다는 것을 통하여 말할 수 있다. 신라에서 이러한 잔재가 7세기까지도 '화백(和白)'이란 이름으로 매우 강인하게 보존되었다는 것은 잘 알려진 사실이다. 이러한 고대 민주주의적 형태는 이 나라들의 기초 구조로서의 농촌에 강인하게 잔재하는 씨족제도의 유제를 반영한 것이다. 둘째로 삼국의 왕위가 그 초기에는 많은 경우에 있어서 형제간에 계승되고 있었다. 이 사실은 분명히 모계적 흔적과 관련되는 것이다. 신라에서는 더욱 뚜렷한 내용으로서 모계에 의하여 왕위가 규정되었다. 그러한 모계 유습은 오늘 민속학이 확증하고 있는 바와 같이 고대 조선사회에 강인하게 보존되어 있었다. 이러한 사실들은 삼국의 왕권이 씨족적 귀족층을 대표하였다는 증명으로 될 것이다. 셋째로 고구려와 백제의 5부(部), 신라의 6부는 삼국의 매우 오랜 과거의 종족동맹체의 모체에서 파생된 것으로서, 종전의 씨족적 집단의 본원적 형태를 보존한 것이다. 삼국이 모두 이러한 것을 중심적 정치세력으로 하고 있다는 사실이 역사적으로 계승한 공동체적 잔재에 토대한 내용을 단적으로 보여주는 또 하나로 된다. 이것은 또한 5 혹은 6부를 중심적 정치세력으로 하고 기타 '읍'—공동체들과 결합된 노예소유자적 씨족적 연합체로서의 국가기구를 가졌다는 것을 보여준다.

이상의 제 사실들은 초기 삼국이 그에 선행한 조기적 노예소유자적 국가들과 기본상 동일한 사회적 기저에 선 국가기구를 가지고 출현하였다는 것과 삼국이 노예소유자 사회의 붕괴에 토대하여 일어난 것이 아니라 오히려 당시 정치정세의 변동기에 급속히 자라난 노예소유자들에 의하여 수립되었다는 것을 보여준다.

그러나 여기서 반드시 해명해야 할 문제는 삼국이 형성되던 시기의 생산력 발전에 관한 문제이다. 물론 삼국이 그에 선행한 조기 국가들이 형성되던 시기와는 생산력 발전수준에서 커다란 차이를 갖는다. 전기한 바와 같이 기원전 2~1세기의 경제적 발전에 토대하여 삼국은 출현하였다. 바로 이러한 것이 삼국에서 노예제 사회의 급속한 발전의 전제로 되는 것이며 그것은 그 후 사실이 보여주는 바와 같이 조선역사상에서 가장 활발하였던 노예약탈을 위한 정복전쟁의 확대를 촉발하였던 것이다.

전술한 바와 같이 삼국은 결코 원시사회의 자연 성장적인 해체에 의하여 형성된 것이 아니었다. 이미 내적으로 노예제의 발전도상에 놓인 사회를 계승한 삼국은 급속히 공동체적 관계를 극복하여야 하였으며 대외적으로는 강력한 대륙의 침략세력에 대한 활발한 저항을 조직하지 않으면 아니 되었다. 이러한 형편에서 삼국은 공동체적 관계를 중앙집권적인 토지국유적 체제하에 개편하면서 급속히 촌락에 이르기까지의 관료적 전제기구를 확립하지 않을 수 없었다.

동시에 중앙집권적 관료기구는 씨족적 귀족들의 혈연적 계층－예컨대 신라에서 골품제 등－에 따르는 자체의 위계제(位階制)를 편성함으로써 그들의 연합체에 대한 질서를 발전시켰다. 그것은 정치·경제적인 연합을 보다 강화하는 것으로 되었다. 또한 중앙의 5 혹은 6부와 지방의 공동체적 촌락 혹은 그것의 연합체를 단위로 한 성읍(城邑)－후에는 군현(郡縣)들을 직접적으로 연결한 행정조직을 갖게 하였다. 국왕은 지방들에 귀족들을 파견하여 지방귀족들에 대한 통제를 강화하였다. 왕성과 지방성읍 간의 연결은 전제국가의 주요 사업의 하나로 되고 있던 도로 및 교통 수단에 의하여 잘 보장되었다. 고구려에서는 일찍부터 동해에 면한 옥저지방으로부터 소금·물고기 등을 운반하였으며 신라에서는 벌써 2세기에 높은 준령을 뚫어 문경 고개를 개척하는 등 왕성에로의 '관도(官道 : 큰 도로)'들이 상당히 발달되고 있었던 것이다.

특히 수전농업이 일찍이 발전한 신라와 백제에 있어서는 인공적 관개사업이 적지 않은 역할을 놀았다. 인공적 관개사업은 전제권력의 물질적 기초를 강화하는 것으로 그 주되는 사업의 하나로 되고 있었다. 예컨대 330년에 구축된 신라의 벽골지(碧骨池)는 수전 1만 4,070결(?)—1결을 4,000평으로 본다면 약 1만 8,000정보?—의 몽리면적을 가지었다는 것으로 보아 상당한 규모를 상상할 수 있다. 또한 신라에서는 그 후 벽골지보다 더 큰 규모의 시제(矢堤)가 계속 구축되었다는바 이것으로써 조선 고대사회에서는 관개수리사업이 보잘것 없는 것이라고 할 근거는 없다고 생각한다. 다만 우리는 우리 나라의 자연조건에서 그의 규모를 보아야 하는 것이며 특히 우리 나라의 자연조건이 수전농업에 대하여 제약하는 제 조건들이 일찍이 관개시설을 요구하였다는 것을 과소 평가해서는 안 된다.

여하간 이상과 같은 관개수리시설이나 교통수단 등등의 수행은 삼국의 전제권력의 중앙집권적 체제의 편성을 보여주는바, 그것은 공동체 소유형태에 기초한 국유제가 안받침하고 있는 것이다. 사실에 있어서 지배계급의 노예경제는 기본상 그들이 관료기구에서 차지하는 자리 여하에 의하여 보장되었다. 즉 이 때에는 노예경제의 부대사항(附帶事項)으로밖에 되지 않았던 토지는 국왕의 명의에 의하여 보장되었는바, 그것은 식읍 기타 토지 사여 등으로서 수행되었다.

이와 같이 삼국은 고조선·부여·진국이 붕괴하던 시기에 급속히 대노예소유자·대토지소유자로 전화하던 씨족적 귀족들을 중심으로 새로운 정세에 상응하여 강력한 고대적 관료기구를 편성한 노비국가로 발전하였던 것이다.

다음으로 삼국의 계급 제 관계를 사회발전의 전반적 연쇄 속에서 분석하기로 하자. 삼국의 경제는 다우클라드적 성격을 가지었던 만큼 어떠한 우클라드가 당시 지배적인 생산방법에 속하였는가 하는 문제는 이 사회의 계급적 성격을 규정하는 데 있어서 중요한 고리로 될 것이다. 우선 소농민들의 형편을 고찰하자.

철기 생산은 삼국시기에 들어서면서 가일층 보급되었다고 볼 수 있는 근거들이 있다. 그것은 기원 초 신라에서 철기농구의 제작들과 흉노가 항상 고구려에서 철의 공급을 받았다는 기록들이 말해 줄 뿐만 아니라 실제로 고고학적 유물들이 잘 보여주고 있다. 이러한 철기 생산 도구의 광범한 사용에 의한 생산력 발전은 결국 사적 토지소유의 상당한 장성을 촉진시켰다.

삼국에서 토지는 기본상 국유제에 의하여 매우 제한된 형태에서이기는 하나 직접 경작하는 소농민들이 오랜 자기의 선조대로부터 세습한 점유지로서 상속권을 향유하고 있었을 뿐만 아니라 매각 또는 기타 양도의 형식에 의해서 어느 정도 자유 처분할 수 있게 되었던 것이다. 그렇다고는 하나 이것은 농민들에게 토지가 완전히 자유로운 소유지로 되었다는 것을 의미하지 않으며 물론 그것은 삼국의 농민이 자유농적 성격을 가졌다는 것을 의미하는 것도 결코 아니다.

삼국의 농민들은 전제권력의 착취의 기본대상이었으며 전제권력의 강한 통제하에 있었을 뿐 아니라 그들은 아직도 잔존한 공동체적 토대에 선 국가에 의하여 그 자유가 제약된 점에 있어서도 전형적 자유농과는 구별되었던 것이다. 즉 소농민은 결국 촌락공동체적 관계의 잔재에 의하여 여러 면으로 제약받는 직접생산자였으며 완전히 사적 토지소유의 기초 위에 선 로마의 자유민과도 구별되는 성격을 가졌던 것이다.

그렇다면 조선 봉건시기의 봉건국가에 의하여 수탈된 '양인(良人)' 농민과는 어떻게 구별되는가.

고구려의 '하호'도 전기한 부여국에서 본 '하호'와 기본상 동일한 처지에 놓여 있었다. 고구려에 관한 기록에 의하면 하호들은 전제권력에 의하여 매우 가혹하게 수탈되었는데 그들은 멀리서 곡식과 소금, 물고기를 져 날라 공급하지 않으면 아니 되었다고 한다. 여기의 하호가 곧 민(民) 또는 백성(百姓) 혹은 속민(屬民)인 공동체적 소농민이었던 것은 다시 말할 필요도 없다.

삼국의 전제권력의 주요한 물질적 지반은 이러한 소농민에 대한 착취에 놓여 있었다. 소농민에 대한 조세와 부역의 수탈은 전제권력이 유지되는 기본적인 물질적 기초였다. 바로 그 사실로부터 공동체적 소농민층의 보존을 위한 전제권력의 커다란 관심이 돌려지지 않을 수 없었다. 그리하여 삼국의 국왕들이 자주 지방을 순수(巡狩 : 돌아다니는 것)하였으며 마치 소농민들의 처지를 보살펴주는 즉 "빈곤하여 스스로 생활할 수 없는 자"들을 돌보아 주었다는 기사들이 빈번히 나타난다고 보인다.

그렇다면 삼국의 소농민이 어떻게 수탈당했는가를 보아야 할 것이다. 삼국의 조세 내용에 대하여 다행히 중국 사적에 그 일단이 전해지고 있다. 즉 고구려에서는 비단·좁쌀 등을 빈부의 차이에 의하여 부과시켰는바, 이 내용을 더 구체적으로 전한 『수서(隋書)』에 의하면 사람마다 비단 5필, 곡식 5석을 바치며 또 따로 집집마다 호세로서 1석, 7두, 5두의 차별을 두어 바쳤다고 하며 '유인(遊人 : 비생산자)'도 10명이 합하여 3년에 세포(細布) 1필을 내었다고 한다. 이러한 내용은 백제에서도 볼 수 있는바, 여기서는 비단, 실(絲), 삼(麻) 및 쌀을 흉풍의 차이에 의하여 부과하였다고 한다.

이러한 조세 내용은 토지면적에 의한 수탈이 주로 된 것이 아니라 호구의 머릿수(즉 노동력)에 의한 수탈이 주로 되었다는 것을 확증하는 것이다. 이것은 당시 일반 공동체적 농민이 거의 동등한 비율로서 거의 생산물 전반에 걸쳐서 국가에 공납하여야 하였던 것으로 되며 그것은 실질적으로는 국가적 규모에서 농민들의 노력에 대한 노예적 수탈을 조세의 형식으로 은폐한 것에 지나지 않았다. 이로써 결국 사적 토지소유의 장성과 더불어 소농민들의 불만을 촉발하지 않을 수 없었다는 것은 의심할 바 없지만 여하간 이러한 조세 부과는 후세의 조선 봉건국가들의 농민들에게 부과한 전세(田稅) 및 공물(貢物)이 분리된 형태의 수탈과는 구별되고 있는 것만은 부정할 수 없다. 이상과 같은 조세의 내용은 노예소유자 사회에서의 농업생산력이 낮은 것에 상응한 것이었다.

그러나 이러한 소농민에 대한 조세 내용은 조선 봉건시기의 그것과 대비하여 보다 가혹성을 보여준다. 왜냐 하면 그것은 직접적으로 노동력에 대한 수탈에 보다 중요한 의의를 부여하였다는 그 점에서 총체적 수탈량에 있어서도 상당히 높았다는 것을 짐작할 수 있다.

이러한 수탈은 맑스가 규정한 보다 아시아적 형태 하에서 전제국왕을 '아버지'로 하여 사실상 그의 재산이며 노예로서의 공동체적 농민들이 전제국가에 수탈되던 그러한 기본적 형태와 본질상 유사한 것이다. 그리하여 농민들은 그러한 조세 이외에 또한 수시로 되는 부역(직접적으로 되는 노력착취)에 동원되었는바, 삼국에서는 15세 이상의 남녀 전원이 이에 해당되었다. 이 사실은 전체 주민이 전제권력에 예속된 구체적 표현으로 되는바 이것은 다음의 사실과 결부하여 생각할 필요가 있다. 즉 기단(基段)의 한 길이가 60여 미터나 되는 위에, 길이 6미터, 두께 2~3미터의 큰 돌들을 10미터나 쌓아올린 '대왕릉'을 비롯한 삼국시기의 그 거대한 고분들, 신라에서의 대규모의 관개시설, 삼국시기의 그 많은 축성사업들은 노예들뿐만 아니라 많은 경우에 전제국왕의 강제에 의한 공동체적 농민들의 집단적 노력착취로써 이루어졌던 것이다.

조선 봉건시기에 양인 농민들과 구별되는 또 하나는 그들의 분화과정에서 더욱 명백히 찾아볼 수 있다. 삼국의 전 역사는 소농민 계층의 부단한 분화의 과정을 보여주는바 그것은 계속되는 전쟁, 가혹한 조부(租賦) 및 고리대적 착취 등이 항상 그들을 위협하고 있었다는 그것에서 찾아볼 수 있다. 많은 자료들은 토지를 상실한 농민들이 품팔이꾼으로 방황하거나 혹은 고리대에 의하여 채무노예의 처지에 떨어졌으며 혹은 자기의 자녀를 노예로 팔아먹는 사실들을 기록하고 있다.

여기에 소농민들이 항상 노예적 처지 혹은 노예화로의 계선에 서 있지 않으면 아니 되었던 사실을 단적으로 보여준다. 품팔이 농민들이 거의 노예적 처지에서 수탈되고 있었던 것을 볼 수 있을 뿐만 아니라 결국은 채무노예로 떨어져 갔다는 것을 찾아보기 어렵지 않다. 이러한 사실은 일관하여 또는 광범히 형벌에 의한 노예화를 합법화하여 주는 삼국의 법률적 규정들이 충분히 설명한다.

삼국의 성립과정은 인방의 공동체적 촌락 및 그 연합체들에 대한 정복 혹은 결합으로서 특이하였다. 이 과정은 공동체적 소농민층의 복잡한 구성을 갖게 하지 않을 수 없었다. 피정복 공동체는 초기에는 흔히 공납관계에 놓여졌으며 여기서는 전제권력에 의하여 보다 가혹하게 수탈되었다. 고구려에게 정복된 동옥저에 대한 기사에서 우리는 당시 공납 수탈의 일면을 엿볼 수 있다. 여기서는 고구려 대가들이 피정복 지역의 부유한 상층들을 대표자로 하여 공납을 받아들였다. 이 때 동옥저에서는 맥포(貊布)·소금·물고기 기타 해산물을 천 리 길을 등짐으로 날라다 바치지 않으면 안 되었으며 때로는 자녀도 공납물로 바쳤는데 비록 고구려 대가의 비첩이 되었다고 해도 노예의 처지를 벗어나지 못하였다. 이 기록만을 통하여 보더라도 당시 공납제에는 노예적 내용이 충분히 반영되었다고 볼 수 있다. 여기에 노예를 깔고, 베고, 만일에 깔린 노예가 움직이기만 하면 그 자리에서 죽였다는 고구려의 국왕의 포악성을 폭로한 기사들을 상기한다면 피정복민에 대한 고구려 대가들의 공납 수탈의 혹독성은 가히 짐작하기 어렵지 않다.

이러한 공납관계에 놓인 예속민층의 반란은 백제·신라에서 보는 바와 같이 가혹하게 진압되었다. 이 때 그 대부분은 학살되었고 나머지는 강제로 이주되었다.

피정복 공동체들은 삼국의 영토의 팽창과 더불어 점차 행정구로 전입되어 갔다. 그러나 그들의 대부분은 종전의 피정복민으로서의 흔적을 보유하여 엄밀하게 보아 일반 소농민(5~6부 및 또 일찍이 그와 결탁한 주민들)과도 또한 구별되는 예속민적 처지를 벗어날 수 없었던 것이다. 이러한 사정을 증명하여 주는 것은 「광개토왕비문」에서 볼 수 있을 뿐만 아니라 후세의 기록에 그처럼 많이 보이는 '부곡(部曲)'들에서 찾아볼 수 있다. 즉 노예에 가까운 층으로서의 예속민들의 집단촌락들이 삼국시기에 광범히 존재하였던 것이다. 과연 삼국시기에 이러한 예속민들의 부락에 대하여 부곡이란 명칭으로 광범히 불리고 있었는지는 확증할 근거가 없으나 삼국시기의 예속민층의 촌락공동체적 잔재들을 부곡과 관련시킬 충분한 근거들이 있는 것이다. 여기에 촌락공동체적 부곡은 공동체적 관계의 강인한 잔재를 그 기초로 하고 있었음으로 하여 사적 토지소유의 장성에 따라 결국은 붕괴의 운명에 놓여 있었다.

이상에서 보는 바와 같이 삼국시기의 공동체적 농민은 부단히 노예적 처지에로 분화과정을 밟았으며 따라서 공동체적 소농민 경리가 이 사회의 선진적 우클라드로 될 수 없었고 반대로 노예소유자적 우클라드에 의하여 제한되며 지배되는 우클라드였다.

그러면 노예소유자적 우클라드를 고찰하기로 하자. 주지하는 바와 같이 노예소유자적 우클라드는 주인의 완전 소유로 된 생산수단을 가지지 못한 사람들의 노동을 주인의 경리에서 강제적으로 이용하는 데 기초하였다. 조선역사에서 노예를 노비(奴婢), 노복(奴僕), 노동(勞僮), 가노(家奴), 장획(藏獲) 등의 명칭으로 불러 왔는데 그 중 노비란 말이 가장 보편적으로 사용되어 왔다.

우선 삼국시기의 노예제의 형태에 대하여 고찰하자. 이 문제는 삼국에 선행한 시기를 취급할 때에 간단히 언급한 바와 같이 즉 공동체적 농민들이 광범히 생산대중을 이루며 그들이 전제권력 하에 사실상 노예적 상태에 놓인 그런 사회에서는 노예제는 크게 발전할 수 없으며 고전적 형태(희랍·로마적 형태)의 말기에서 보는 발전된 노동노예제에 비하여 보다 낮은 형태인 가내노예제에 머무르게 된다는 것을 상기할 필요가 있다. 여기에 가내노예제는 오직 사치노예뿐만 아니라 가족의 성원으로 은폐된 형태로서 생산에 종사한 노예들―한 집안에 수십 명 혹은 수백 명의 노예들을 거느린 그러한 노예제를 말하는 것이다. 이러한 가내노예제는 가부장적 가족제의 강인한 보존과도 관련되어 가족 내에 은폐되어 있지만 사실에 있어서는 완전 소유의 노예로서 각종 생산에 종사하는 본질상 노동노예와 다를 것이 없는 것이다.

바로 조선 고대사회에서의 노예제는 가부장적 전통과 관련된 노예제가 광범히 발전하였다고 보이며 그것은 백제설화에서 보는 '편호소민(編戶小民 : 소농민층)'들 중에서도 한두 명의 노비들을 가지고 있었다는 내용에서 더욱 뚜렷하게 볼 수 있다. 그러나 이러한 가내노예제 그 자체가 가지는 속성 즉 노예들이 가족 중에 은폐된 형태를 취하고 있는 만큼 일부 논자들은 마치도 우리 나라에는 노예제가 발전하지 못한 것으로 묘사하고 있다. 그러나 과연 삼국시기에 노예제가 발전하지 못하였던가. 많은 자료들은 삼국시기 노예제의 발전을 이모저모로 보여주고 있는 것이다.

삼국시기의 노예 공급은 각종의 형식을 취하여 진행되었다. 그 하나의 방향은 소농민의 몰락으로써, 다른 하나는 전쟁포로로써 공급되었다.

소농민의 몰락에 의한 노예화는 전술한 바와 같이 채무노예뿐만 아니라 또한 많은 경우에 형벌에 의하여서도 진행되었다. 생산의 각 형태는그 자체의 법률관계 등을 낳는바, 즉 법률이란 것은 결국 정권의 의사를 대변하는 만큼 소여 사회의 경제적 관계를 반영하여 옹호하게 되는 것이다. 과연 단편적 자료들을 추려 보더라도 삼국시기의 법률이 노예제도를 반영하며 옹호하고 있는 것을 찾아볼 수 있다. 즉 조선 봉건시기와 대비하여 너무도 뚜렷하게 노비화의 법적 규정들이 보편적으로 적용되고 있는 특징적 내용들을 찾아보게 된다. 예컨대 국가반역자의 가족들을 노비로 하는 것은 말할 것도 없으며 채무를 지고 품을 다 갚지 못한 자는 그 자신 혹은 그 자녀를 노비로 한다고 한 것을 비롯하여 절도자에 대하여 도적물의 10여 배를 배상시켰으며 그것을 보상하지 못할 때에는 노비로 되며, 소나 말을 죽인 자는 노비로 되며, 정조를 지키지 않은 부인은 그 남편의 노비로 된다는 등등은 국가노비뿐만 아니라 개인의 사노비화를 합리화하여 주고 있다. 여기에서 소나 말을 죽인 자를 노비로 한다고 한 규정은 노비를 소나 말과 동일한 노동력 이외에 아무것으로도 간주하지 않고 있다는 것을 말해주는 것이다. 이것은 소나 말과 같이 노예노동을 요구하는 사회의 반영으로 된다. 백제에서는 살인자를 사형하던 것을 그 발전기에 이르러서는 3명의 노비를 내어 놓으면 속죄(贖罪)될 수 있다고 규정하고 있다. 이러한 제 사실들은 당시 노예의 매매가 상당한 정도로 광범히 진행되었다는 것을 말해주는 것으로도 된다.

이상의 제 법률 내용들은 삼국의 전제권력이 노예소유자들의 이익을 대변하였으며 노예 증식에 대하여 많은 노력을 하였다는 구체적 내용으로 된다. 이것으로 삼국시대의 노예제가 쇠퇴한 것이 아니라 반대로 생활력을 가지고 계속 발전과정에 놓여 있었다는 것을 증명할 수 있을 것이다.

또한 『삼국사기』에 보이는 바와 같이 그처럼 많은 전쟁들은 과연 무엇으로 설명될 것인가. 삼국시기를 통하여 거의 그칠 사이 없이 수행된 전쟁들의 주되는 목적이 약탈에 있었으며 적지 않은 경우에 노예약탈에 있었다는 것은 특별히 증명할 필요도 없다고 본다. 그것은 전쟁기사들이 많은 경우에 남녀포로의 획득을 주요하게 기록하고 있는 데서 곧 알 수 있다. 예컨대 남녀포로는 대체로 수천 명으로부터 1만 명 전후한 것이 보통인바, 때로는 3~4만 명을 포로한 사실도 있는 것이다.

이러한 포로란 결코 전투원의 포로인 것이 아니라 주로 일반 생산자들을 납치해 온 것을 의미하여 이렇게 잡혀온 사람들을 생구(生口)라고 불렀다.

결국 이 생구들은 일부에 있어서는 새로운 예속적 집단부락을 형성케 하여 국가통제 하에 둔 것도 있으나 때로는 장군들에게 분배되었던 것이다. 신라의 기록에 의하면 한 번 전쟁에서 200~300명의 생구를 1명의 지휘관이 분배받은 내용을 보여준다. 이들 생구들이 직접 노예로 혹은 노예적인 주민들로 되었다는 것은 명백한 것이다. 바로 노예 공급은 이상과 같이 전쟁에 의하여 대량적으로 공급되었다.

4세기 고구려가 북방 유목종족과 중국대륙의 여러 지방에 대하여 약탈전쟁을 확대하여 많은 생구들을 획득하고 있는 것은 당시 고구려가 대동강 유역 지방의 낙랑군을 종국적으로 구축하고 평양 천도를 준비하던 것과도 관련되며 직접적으로는 이 사회에서 노예제의 발전과 관련되었던 것이다. 사실 삼국시기에 관한 모든 기록들에는 조선 봉건시기에서 보는 것처럼 그처럼 많이 보이는 토지겸병의 내용은 거의 없다. 그보다는 인간 약탈에 관한 많은 기사들로 충만되어 있는바, 사람을 많이 약탈하는 것이 물적 재산인 노예로서 가장 유용하였기 때문이다.

삼국시기 노예폭동에 대한 구체적 기록은 찾아볼 수 없다. 그렇다고 하여 노예들의 계급투쟁이 없었다고 보아서는 안 될 것이다. 그것은 가족 중에 은폐된 가내노예제가 광범히 발전한 나라들에서는, 또한 공동체적 농민들이 광범한 생산대중을 이루고 있는 노예사회에서는 계급투쟁의 선두에 흔히 공동체적 농민들이 나서게 되는 것을 보게 되는 것이다. 바로 이러한 형편에서 삼국의 노예들의 계급투쟁을 이해하여야 될 것인바 즉 노예들은 소농민들을 선두로 한 소위 '군도'로 기록된 폭동에 적지 않게 가담하였다고 보아야 할 것이다.

이상의 제 사실을 통하여 삼국시기 노예제는 생활력을 가지고 발전하였다는 것을 보여준다. 그것은 노예소유자적 우클라드가 당시 가장 선진적 우클라드로서 기타의 공동체적 소농민의 우클라드를 희생으로 하여 계속 발전하였다는 것을 말한다. 이러한 결론에 근거하여 삼국시기를 노예소유자적 생산방법이 지배적이었다고 보는 것이며 따라서 삼국의 지배계급은 기본적으로 노예노동에 의거하여 생활하였다는 결론을 갖게 되었다.

3~5세기는 조선고대사에 있어서 노예제 사회가 급속히 발전되던 시기로 특징지울 수 있다. 신라·백제에서보다 대규모의 인공적 관개시설의 설치, 고구려에서 평양 건설과 평양 천도, 오늘도 보는 사람으로 하여금 놀라게 하는 거대한 고분들의 구조와 그 찬란한 벽화들, 금색 찬란한 세금(細金) 공예의 높은 기술, 완비된 궁중 수공업 체계, 대외교역의 가일층의 발전과 약탈전쟁의 확대 등등은 3~5세기에 노예제의 발전기를 잘 말해주는 것이다.

그럼 무엇이 조선 고대사회를 급속히 발전시켰겠는가. 우선 이 시기에 사회경제적 관계의 발전에서 찾아야 할 것이다. 그것은 전술한 바와 같이 기원초 이후 철기의 급속한 보급에 따르는 생산력의 발전, 수공업의 급속한 장성, 동시에 대외관계의 발전 등등이 노예소유자적 생산관계의 발전을 촉진시켰을 것이며 노예소유자적 생산관계의 발전은 주로는 토지의 사적소유의 장성과 병행되었다. 토지의 사적소유의 장성은 대체로 3세기 이후 급속히 진전되었는바, 그것은 조선 고대사회에 폐쇄적 공동체적 관계의 광범한 붕괴의 촉진으로써 이루어졌다. 삼국에서 노예제의 발전과 더불어 삼국 간의 패권을 위한 전쟁을 야기하였으며 이것은 또한 소농민들의 급속한 몰락과 노예소유자에게로의 부의 축적을 촉진시킨 것으로 되었다. 이러한 형편에서 노예소유자들에로의 토지집중 과정은 결국 촌락공동체적 소농민들을 희생으로 하여 진행되었던 것이다. 노예약탈전쟁의 확대, 채무노예제의 장성, 품팔이꾼(이들도 결국은 노예로 떨어졌다) 등의 진출은 노예제의 발전에 기인한 것이었다. 당시 사회 부랑층(浮浪層)으로서의 유식(遊食)층의 발생은 또한 노예제 사회의 발전에 따르는 필연적 산물의 하나였다. 즉 유식층의 발생은 토지에서 떨어져 나간 소농민들의 대량 진출을 보여주는 것으로 되기 때문이다.

여기에 『당서(唐書)』의 한 구절을 인용한다는 것은 우리의 논거를 더욱 명백히 하여 줄 것이다. 즉 "재상(宰相 : 대신) 네 집안은 벼슬자리가 그치지 않고 세습되었으며 3,000명의 노동(奴僮)을 거느리었는데 사병(私兵)과 소, 말, 돼지도 그처럼 많이 가지었다. 가축을 섬 중에 방목하여 수시로 활을 쏘아 잡아 먹었으며 곡식을 사람들에게 꾸어주어 이자를 받았는데 품으로 다 갚지 못한다면 노비로 삼았다"는 것이다. 이 사실은 노예제 사회가 발전하던 신라에서 대노예소유자들의 생활 모습을 이모저모로 잘 보여주고 있는 것으로 될 것이다.

3. 조선에서의 노예제 사회의 붕괴

노예제 사회 태내에서 봉건화의 전제가 어떻게 만들어지며, 또 처음에는 잠재적이었던 그 조건이 어떠한 과정을 밟아서 봉건제 사회로 발전하는가에 대한 문제는 결코 간단한 문제가 아니다. 이 문제를 어렵게 하는 것은 노예제 사회구성으로부터 봉건제 사회구성에로의 전환과정이 낡은 노예소유자 계급에 대한 수탈과 토지소유의 변혁의 진행으로서만 아니라 다만 개개의 노예소유자 계급 내부의 생산관계, 수탈형태가 봉건적인 것으로 전화하여 가는 길을 밟아서도 수행되게 되며, 이런 데로부터 새로 발생한 봉건적 우클라드 자체 내부에 있어서조차 종전 노예제적 유제를 매우 장기간, 그리고 광범히 보존하기 때문이다. 그러나 첫째로 봉건제는 노예제 사회의 제 모순의 발달의 결과로서 발생하게 된다는 것과 둘째로 노예소유자 국가를 폐기함으로써 봉건적 우클라드에 대하여 억제하던 요인들을 배제하며, 그 자주적 발전을 보장할 수 있는 새 정권의 수립으로서 봉건국가 확립의 획선을 그을 수 있다는 두 방면에 대하여 주의할 필요가 있다.

노예제 사회 태내에서 봉건적 우클라드의 발생은 생산력의 급속한 발전의 산물이 아닐 수 없다. 5~7세기 중국을 비롯한 인방 나라들에 잘 알려진 삼국의 무기 생산의 뛰어난 발전, 특히 금속기술, 예컨대 거대한 주물기술의 높은 발전들은 당시 생산력의 급속한 발전을 보여준다. 이러한 수공업 기술의 발전은 필연코 수공업 생산물의 영역을 확대하였다. 비단 및 잡화를 만재한 여러 척의 신라 상선들이 일본을 왕래하였다는 것은 바로 이러한 형편을 말하여 준다.

당시 수공업 생산의 발달은 농업생산력의 증대와 분리하여 생각할 수 없다. 잘 알려진 천문기술의 높은 발전을 보여주는 신라의 첨성대는 당시 급속한 농업발전을 잘 반영한 것으로 된다. 이미 6세기 이후 우경(牛耕)의 급속한 보급과 그 일반화, 오곡과 채소 재배에서의 토지생산물의 다양화, 특히 논 2모작(벼농사와 보리 후작) 등은 농업생산력의 증대를 가장 잘 표시하는 것이며 그것은 또한 대량적 농기구 수요의 증대를 촉진시켰다. 그리하여 삼국 통일 후 곧 무기를 녹여 농기구로 개주하였던 것이다.

바로 5~7세기 급속한 생산력의 발전 특히는 농업생산에서의 급속한 발전은 우리 나라에서 노예제 사회의 붕괴의 요인으로 되었다. 이에 상응하여 노예소유자는 노예경리의 비생산성에 대한 이해 타산으로부터 보다 생산성이 높은 농노제적 경리에 관심을 갖게 되었다. 그리하여 노예들이 토지의 점유자로서 농노적 경영자로 전환되는 과정과 그 반면에서는 토지의 점유자—농노적 농민에 대한 토지소유자의 출현과정을 통하여 점차 봉건화 과정이 싹터 갔다.

우선 농노화 과정을 보기로 하자. 6세기 이후 신라에서의 불교의 장려에 따라 토지와 노비들을 절간에 희사하는 일들이 보편화되었다. 그리하여 일시 국가에서는 절간에 대한 토지 희사를 금지한 사실까지 있었다. 이 사실은 대토지소유자들의 출현과 토지에 결박된 노비의 존재를 명백히 설명하여 주는 사실들로 된다. 그렇다면 당시 대토지소유자는 어떠한 방식에 의하여 토지를 경작시켰겠는가. 신라에서는 이미 5세기 말에, 백제에서는 6세기에 유식자들을 잡아다가 귀농시킨 사실을 기록하고 있는데 그것은 의심할 바 없이 토지로부터 유리된 토지없는 농민들을 토지에 결박시킨 내용으로 된다. 이것은 동시에 당시 대토지소유자들의 토지경리에 있어서 기본상 노예노동에 의거한 한편, 일방으로는 토지없는 농민에 대한 봉건적 지대 형태에 의한 착취에도 점차 의거하게 되었다는 것과 관련된다. 왜냐 하면 소농민층은 전제권력과 대토지소유자와의 쟁취의 대상으로 되고 있었던 것인바, 대토지소유가 점차 장성함에 따라 토지국유제는 급속히 분해되지 않을 수 없었으며 이에 따르는 농민들의 영락과 대토지소유자에게로 몰락한 소농민의 흡수는 전제권력의 약화를 수반하지 않을 수 없었던 만큼 이를 수습하기 위하여 전제권력은 유식층을 토지에 귀농시키는 정책을 쓰지 않을 수 없게 되었기 때문이다. 다시 말하여 유식층에 대한 귀농정책은 당시 대토지소유의 급속한 장성에 따라 점차 노예제 사회 태내에서 싹트던 봉건적 예속관계의 맹아가 발생한 사회형편을 반영한 것으로도 되는 것이다.

이러한 사회발전의 추세를 설명하여 주는 또 하나는 실례는 6세기 초에 신라에 일부 잔존한 노예순장제마저 금지하는 법령의 발표이며, 그것은 6세기 중엽 신라의 화랑(花郞) 사다함이 전쟁공로에 의하여 국왕으로부터 받은 생구 300명을 해방하였으며 토지를 자기 병사들에게 나누어 주었다는 기록들이다. 이로써 당시 지주들이 노예노동에만 큰 기대를 걸지 않게 되었다는 것과 일방으로는 토지없는 농민들에게 토지를 내어줌으로써 비록 맹아적 형태이나 농노적 착취로서도 수탈하게 되었다는 것을 보여주는 것이다.

농노제의 맹아는 또한 7세기 말 신라에서 더욱 명백히 볼 수 있다. 즉 빈곤하여 부유한 고리대업자의 집에서 품을 팔았는데 이러한 관계로 그는 자기의 생계의 유지를 위한 얼마간의 토지를 그 주인에게서 얻었다는 사실이다. 이 기사는 채무노예제에서의 농노제의 발생과정을 보여준다.

왜냐 하면 이 내용에 일종의 노동지대가 포함되고 있는 것을 부정할 수 없는바, 고리대에 얽매인 채무자로 하여금 일정한 토지를 주어 토지에 고착시킴으로써 착취를 영구화하려는 내용이 숨겨져 있기 때문이다. 실로 조선에서 '외거노비'는 이런 식으로, 즉 일정한 토지를 주인으로부터 받아 가지고 따로 나가 살면서 종전과 같이 주인집의 일을 해야 하였던 그러한 형편으로 바꾸어짐으로써 발생하였다. "내 일도 바쁜데 주인집 방아 찧으라네"라는 신라의 이언(俚言)은 바로 그러한 형편을 반영한 것이다. 이상과 같이 토지경리에 있어서 봉건적 예속농민이 점차 노예노동에 대체하여 주요한 의의를 가지게 한 대토지소유는 대체로 관료귀족층, 부유한 고리대업자들, 그리고 불교사원 세력이었다.

노예경제의 발전과 그것에 부대(附帶)하여 성립한 대토지소유의 급격한 장성은 공동체적 기초 위에 구축된 국가적 토지소유에 파괴를 촉진하여 지금까지의 공동체적 질서와 그 형식에 의하여 옹호되고 있던 공동체적 소농민을 떼내어 결국은 대토지소유자의 가부장적 비호하에 놓인 새로운 예속관계를 낳게 한 요인으로 되었다. 이러한 형편이 이상에서 본 바와 같은 노예제 사회에 대한 대립적인 농노제적 봉건적인 제 관계의 모체를 발생케 하였던 것이다.

동시에 노예경제의 급속한 발전에 따라 급속히 몰락하던 농촌공동체적 소농민은 예농화 혹은 이를 반대하는 폭동에로 나아가게 되었다. 이 때에 전제권력은 소농민을 전쟁에로 몰아냄으로써 나라의 내부적 모순을 완화하려고 꾀하게 되었다. 그리하여 5~7세기 삼국 간의 전쟁은 급속히 격화되었던 것이다.

7세기 이후 삼국의 위기는 급격히 조성되었다. 그것은 고구려에서의 수나라의 침입을 반대하는 대전쟁의 수행 이후에 정치적 혼란과 연개소문의 정변에 의한 강압정책의 실시, 백제 국왕의 신라에 대한 계속되는 전쟁의 확대와 인민들의 급속한 영락, 그리고 백제 인민들의 신라 및 고구려 땅으로 혹은 수백 호 혹은 수천 명씩 떼를 지어 도망치는 사건들, 신라에서 정치적 혼란과 귀족들의 반란 등등에서 보게 된다. 동시에 이 사실들은 7세기 조선 고대사회에서의 계급투쟁의 격화를 반영한 사건들로 된다.

신라가 삼국을 통일한 만큼 신라의 역사를 중심으로 봉건화 과정을 고찰하기로 하자. 이 시기는 『삼국유사』에서 신라의 '중고(中古)'라고 불리던 경제·정치·사상 부문에 걸치어 일대 전환기였다. 경제적으로는 전술한 바와 같이 봉건적 우클라드의 발생으로 봉건제에로 과도하기 시작한 변동기에 처하였으며 정치적으로는 후술할 바와 같이 경제적 변동에 상응하는 봉건계급의 출현과 그들의 이익을 대표하는 새 정권의 준비 및 정권장악, 그리고 삼국통일을 준비하던 시기였다. 이 시기의 특징적인 것의 하나로서 또한 사상면에서의 변동을 볼 수 있다. 그것은 대토지소유자들을 옹호한 불교세력의 급속한 강화와 그와 정치세력과의 결탁이며, 동시에 일부에서는 중소 지주층의 이익을 대변한 유교사상과 몰락과정에 있던 소농민을 동정하는 도교사상도 점차 침투되었다. 선진사상을 가진 많은 지식층 중에서는 협애한 혈연적 신분제도인 '골품(骨品)'제도를 반대하여 진출하였다. 유·불·도 3교를 사상적 기초로 한다는 '화랑(花郎)'제가 일부 귀족층에서 널리 조직되어 활동하였는바, 이 역시 전환기의 신라사회의 반영물로서 산생되었던 것이다.

그러나 급속히 허물어져 가던 공동체에 토대한 낡은 씨족적 전통을 고수하려는 귀족들은 골품제에 매달려 붕괴하는 노예제 사회를 유지하려 하였으나 그들은 벌써 무능력하였다. 영락하는 공동체적 농민들은 낡은 씨족적 귀족을 지반으로 한 국왕이 자기들을 보호하기에는 너무나 미약하였다는 것을 알게 되자 신흥귀족이나 절간 세력의 보호에 의지하는 길을 택하게 되었다.

신라에서는 김춘추를 중심으로 한 신흥귀족들이 정치계에 급속히 진출하였으며 낡은 씨족적 귀족 출신인 대신들의 반란을 격파하고 654년 드디어 정권을 장악하였다. 신라의 신흥정권은 화랑 출신의 진취적 귀족들을 중심으로 하여 당시 주로 당(唐)나라에 유학했던 선진 지식분자들, 대토지소유자로서의 불교세력, 그리고 신흥 지주관료층으로써 구성되었다.

이 신흥정권은 고대 신라의 관료기구를 그대로 보존하였다. 그것은 종전에 있어서 관료기구에서 차지하는 지위 여하에 따라서 대토지소유가 보장되었다는 조건에서와 동시에 5세기 이후 예농 및 외거노비 등 농노제적 관계의 발생과 함께 이들에 대한 수탈도 또한 종전의 관료기구에 의하여서만 실현될 수 있었다는 데 있었다. 그리하여 신라의 신흥세력은 자기들을 계급으로서 튼튼히 결속하지 못한 채 고대 관료기구에 기생하면서 정권을 장악하였으며 또한 삼국통일을 지향하던 조건에서 종전의 고대 관료기구를 해체할 수도 없었던 것이다. 이와 같이 하여 김춘추정권은 고대 신라의 관료기구를 유지하였으나 그들은 정권을 잡자 곧 봉건적 개혁들을 실시함으로써 우리나라 역사상 첫 봉건 지주정권으로서 출현하게 되었던 것이다.

7세기 이후 신라가 고구려나 백제에 앞서서 급속히 강화된 주요한 계기는 신흥세력의 정치·군사적 진출과 신흥정권의 일련의 정치·경제적 개혁을 단행함에 성공하였다는 데 있었다. 신라의 신흥 봉건정권은 대내적으로 우선 법률을 개정하며, 정치계에서 점차 낡은 귀족들의 세력을 숙청하였으며 농민들에 대한 일체의 고리대에 대하여 그 일부를 탕감한다던가 혹은 지방에 따라서는 그 전부를 무효로 한다는 것을 선포하였다. 이 농민에 대한 정책은 전술한 바 무기를 농기구로 개조한 사실과 함께 농민들을 토지에 고착시키자는 주요한 목적에서 수행되었다.

특히 그들의 정책 중 주목되는 것은 토지정책인바, 국왕은 자기 신하들에게 식읍·사전(賜田) 등을 통하여 일방으로는 신흥정권의 물질적 토대를 강화하는 한편 전국 토지에 대하여 봉건적 토지국유제의 확립을 위한 일련의 토지정책을 실시하였다는 사실이다. 그것은 '문무관료전(文武官僚田)'제와 그 후 '백성정전(百姓丁田)'제 등의 실시가 증명하여 준다.

첫째로 '관료전'제는 토지 그 자체에 부과되는 수조(收租)를 전제로 하여서만 실시되었던 만큼 이것은 삼국시기의 조세 부과의 내용과 구별된다. 즉 삼국시기에는 전술한 바와 같이 토지를 단위로 한 수조 내용이 주되는 것은 아니었던 것이다. 그렇다면 조선 봉건시기의 국가 조세 수탈의 기본의 하나이던 전세(田稅) 즉 그러한 지대적 조세 부과는 바로 신라의 신흥정권에 의하여 처음으로 전면에 내세우게 되었다는 결론을 갖게 되며 그것은 바로 생산고의 '1분지 1세'였던 것이다.

둘째로 '정전'제는 또한 우리 역사에서 처음으로 나타나는 토지제도로서 그 구체적 실시 내용은 속단하기 곤란하나 그것으로 농민들에게 토지를 법적으로 보장하며 그렇게 함으로써 농민의 생산의욕을 높이는 동시에 농민들을 토지에 결박하자는 내용이 들어 있다는 것만은 부정할 수 없다.

이상의 토지국유제는 전국을 중앙집권적 행정구로 편성하는 것과 관련되지 않을 수 없었다. 이런 때에 지방들에 산재해 있던 종래의 부곡들이 군현으로 개편되었다는 근거는 많은 자료들이 제공하고 있다. 이 사실은 본질상 노예적 처지에 있던 부곡민층이 조선 봉건사회의 농노적 처지에 놓인 '양인(良人)' 농민층으로 개편되었다는 것을 말하여 주는 것이다. 바로 부곡들의 해체를 가지고 단순히 곧 전부가 군현민으로 개편되었다고 보아서는 아니 된다. 사실은 이러한 과정에서 조선 봉건시기에 볼 수 있는 그 복잡한 농민 신분들이 파생되었으며 또한 이 과정에서 부곡(部曲)·향(鄕)·소(所)·처(處)·장(莊) 등의 특수부락들이 잔존하게 되었던 것이다.

신흥 봉건정권의 대외정책은 선진 봉건 당나라와 친선적 외교를 설정하여 선진 제도들을 대담하게 수입하며, 고구려와 백제에 대하여서는 통일을 지향하였다. 그들의 삼국통일의 지향은 신라에서 노예에 대한 대량적 수요가 전과 같이 강력한 것으로 되지 않았을 뿐만 아니라 보다 영토적 팽창을 요구하게 되었다는 것과 동시에 낡은 노예국가인 고구려와 백제에 대한 공격이기도 하였다.

신흥 봉건정권의 삼국통일 정책은 광범한 농민층의 지지를 받았다. 그것은 신흥정권의 봉건적 농민정책에서의 성공과도 관련되었으나 특히는 몰락과정에 놓였던 소농민들로 하여금 삼국통일에 대하여 자기의 자유를 위한 환상적 희망을 걸게 하였다는 데 있었다. 실로 삼국통일에로의 소농민의 적극적인 진출은 고대 전제권력으로부터의 해방을 위한 그들 계급투쟁의 한 도정으로도 되었던 것이다.

그러나 신흥정권의 봉건적 대내외 정책은 낡은 씨족적 귀족들의 반대를 받지 않을 수 없었으며 때문에 신흥정권은 계속되는 낡은 노예소유자적 세력의 반란을 진압하지 않으면 아니 되었다. 바로 신라에서 신흥 봉건정권의 구 귀족들과의 투쟁은 또한 노예소유자를 반대하는 계급투쟁의 한 측면으로 되지 않을 수 없었던 것이다.

이상과 같이 신라에서 7세기 봉건정권의 출현은 곧 조선에서 봉건사회 형성의 계기로 되었으며 비로소 이후 조선 봉건제도는 확립되어 갔다고 보는 것이다.

끝으로 조선에서의 봉건제 사회에로의 발전 전망을 간단히 보기로 하자. 『삼국사기』에 '중대(中代)'라고 한 시기는 김춘추가 정권을 잡은 때로부터 혜공왕에 이르는 시기(654~780)인바, 이 시기는 신라의 봉건정권에 의해서 중앙집권적 제반 봉건제도를 창설하던 시기이기도 하였다. 그러나 그들은 계속되는 낡은 귀족들의 공격을 받았으며 특히는 낡은 귀족층과의 타협 등으로 곧 자체의 부패를 초래하였으며 그리하여 당시 봉건적 개혁들도 매우 제한되지 않을 수 없었다. 이러한 봉건정권과 그들의 봉건적 개혁의 취약성으로 인하여 당시 정권은 결국 혜공왕으로 끝마치고 그 후에는 4세기 김씨 왕틀을 세운 내물왕(奈勿王)의 후손을 표방하는 낡은 귀족들의 세력이 다시 정권을 잡게 되어 이후 신라는 정치경제적 대혼란에 빠지지 않을 수 없었다.

이러한 정치정세는 노예들의 사회경제적 처지가 점차 외거노비 또는 기타 복잡한 천인 신분층 등으로 전화되어 갔으나 아직도 노예제도가 상당히 보전되었다는 사실과 타방에 있어서는 공동체적 관계의 광범한 붕괴에 따르는 사적 토지소유의 발전, 토지의 지주에게로의 집중 등이 급속히 발전하던 당시 사회경제 정세를 잘 반영한 것이었다.

그리하여 8세기 말~9세기 농민들의 폭동들이 앙양되었으며 대지주들에 대립하여 지방들에서 또한 신흥지주들이 형성되어 중앙집권적 봉건제도는 새로 자라난 지방 봉건지주세력에 의하여 수습되어 이로써 조선 봉건사회는 급속히 그 발전의 길을 밟게 되었다고 보인다.

*   *   *

조선에서 노예제 사회의 형성과정에 대해서는 자료상 많은 제한으로 말미암아 앞으로의 고고학에 기대를 걸면서 조급한 결론을 피하였다. 그러나 늦어도 기원전 5~3세기에는 노예제 사회의 형성을 말할 수 있는 근거들을 보았는바, 그것은 조기 노예소유자 사회로서의 제 특성들을 가진 것이었다.

기원전 2~1세기 급격한 경제 정치적 변동에 따라 우리 나라에서의 조기 노예제 사회는 급격히 발전하는 길에 들어서게 되었는바, 이 때에 선행한 노예국가를 계승하여 삼국이 출현하였으며 그리하여 삼국시기는 우리 나라에서 노예제 사회가 발전하던 시기로 특징지어졌던 것이다. 급속히 발전한 노예제는 공동체적 소유관계의 붕괴와 사적 토지소유의 장성과 함께 진전되었으며 그것은 결국 5~7세기에 이르러 급속한 생산력 발전에 상응하여 점차 노예제 사회의 붕괴에로의 길을 열어 놓게 되었다.

이 시기에 봉건적 요소들의 발생은 드디어 삼국의 정치적 위기를 조성하지 않을 수 없었다. 이 때 신라에서는 신흥귀족들에 의한 지주적 봉건정권의 출현과 그들의 일련의 봉건적 정치경제적 개혁들로써 우리 나라 역사는 이후 봉건사회로 발전하게 되었던 것이다.

(『력사과학』 1960년 2호 부록)

신라의 '정전제'에 대하여

우리 인민사에서 오랜 시기를 경과한 봉건사회의 제 특성을 해명하는 것은 오늘 역사학 분야 앞에 나선 중요한 문제의 하나이다. 특히 봉건국가의 토지지배에 관한 문제는 그의 농민지배 문제와 직접적으로 연결되어 있는 문제로서 사회적 존재로서의 인간의 자주성을 옹호하여 온 인민대중의 투쟁역사를 연구하는 데서 중요한 측면을 이룬다. 또한 이 문제는 봉건 지배계급과 농민 일반과 직접적으로 모순 대립되는 기본문제를 반영하고 있는 것만큼 봉건사회구조의 기초이론을 해명하는 데 있어서 중심 문제의 하나로 된다.

이러한 점에서 신라 '정전제(丁田制)'에 관한 문제는 지난 시기 매우 중요시되어 왔다. 그러나 지금 있는 사료만을 가지고서는 너무도 단편적이어서 그 내용을 밝힐 수가 없어 거의 연구대상에서 제외되어 왔으며 지어는 중국의 '균전제(均田制)'를 받아들인 것으로 거기에 들어맞추어 보려고 하는 그릇된 견해들도 있었다.

이 글에서는 원사료가 극히 단편적인 만큼 부득이 다른 방증자료들과 함께 이론적 추리를 결합하여 봉건시기 토지문제 가운데서 중요하게 나서는 몇 가지 문제를 신라의 '정전제'를 중심으로 하여 제기하려고 한다.

1. 제기되는 문제점

소위 '정전제'에 관하여서는 『삼국사기』 권8 신라본기에 "성덕왕 21년(722) 가을 8월에 처음으로 백성들에게 정전을 주었다"고 한 한 마디의 기록밖에 또 다른 기록이 보이지 않는다. 따라서 그 구체적 실태를 파악한다는 것은 결코 쉬운 일이 아니다. 물론 그 몇 자의 글발 속에는 많은 문제들을 담고 있다.

여기에 인용한 원사료는 1958년도 과학원에서 낸 『삼국사기』 번역본에 의한 것이며 실은 한자로 된 원문 자체를 어떻게 번역할 것인가 하는 데 있어서도 문제들이 없지 않다. 즉 원사료를 정확히 읽는 것은 문제 해결의 출발점으로 된다.

앞서 인용한 번역한 사료는 명백히 백성과 정전을 갈라놓고 있다. 그런데 이 책에서는 정전을 "국가가 성년남녀에게 분여하는 농토"라고 주석하였다. 이렇게 되면 "백성들에게 국가가 성년남녀에게 분여하는 농토를 처음으로 주었다"로 될 것이다. 이대로만 보면 '성년남녀'는 과연 어떤 계층들을 의미하는지 매우 모호해진다. 만일에 '성년남녀'를 백성층을 염두에 둔 것이라면 차라리 "백성장정에게 밭을 처음으로 주었다"로 번역하는 것이 보다 명백해질 것이다.

그러나 앞에서 번역한 것과 뒤에서 번역한 것 사이에는 간단한 것 같지만 본질적인 차이가 있다. 즉 앞에서와 같이 읽으면 "백성 일반에게 정전을 주었다"는 것으로 되며 뒤에서처럼 읽으면 "백성인 장정에게 한하여 토지를 준"것으로서 그 대상의 범위에서 크게 차이가 생기며 또한 앞에서는 백성에게 '준' 토지에 대하여 '정전'이란 이름으로 특정된 토지를 전제로 하고 있다면 뒤에서는 토지 일반을 가리키고 있다.

이와는 다르게 '백성정전'을 하나의 독자적인 개념으로 보고 "백성정전을 처음으로 주었다"라고 읽을 수도 있을 것이다. 그러나 이렇게 읽는 데는 한문 번역상 적지 않은 무리가 있을 뿐 아니라 '백성정전'을 누구에게 주었다는 대상이 없게 되며 사실에 있어서 그 후 기록에서도 '백성정전'이란 개념을 사용한 흔적이 전혀 없는 것이다. 만일에 이 '백성정전'을 인정한다 하더라도 그것은 백성장정과 관련된 토지를 의미하거나 또 백성과 관련된 정전을 의미하는 것으로 될 것이며 결국 이 양자 가운데 그 어느 한 이해에 귀착될 것이다. 따라서 구태여 '백성정전'이라는 것을 끄집어 냄으로써 문제를 더욱 복잡하게 만들 필요는 없을 것이다.

그렇다면 백성과 정전으로, 혹은 백성장정과 밭으로 보는 해석은 옳겠는가.

『고려사』권95 소태보전에 "북로국경지대 각 성의 장병들은 산(자비령-인용자) 이남지방 출신으로 입대한 사람이 많아서 **정전**이 먼 곳에 있으므로 살림살이가 모두 가난하다"라고 한 기사가 있다. 이것은 고려 선종 때(1084~1094)의 일로서 신라의 '정전제'와 직접 결부시키는 것은 좀 무리한 점도 있으나 여하튼 '정전'이란 독자적인 개념을 여기서 찾아볼 수 있는 것은 주목되는 점이다.

이보다 한 100년 후인 1188년의 일이지만『고려사』권79 식화지 차대조에 "각지의 부강한 양반들이 빈약한 **백성**들에게 긴 기간으로 빚을 주고 그들이 갚지 않았다고 하여 **예로부터 전해오는 정전**을 강제로 빼앗으니 이로 인하여 생업을 잃고 더욱더 가난해지고 있다"라고 한 것을 보면 이 정전은 오래 전부터 써 오던 용어인 것 같으며 정전은 백성들이 예로부터 경작해 오던 토지인 것을 알 수 있게 한다.

이상에서 백성과 정전을 갈라 보는 것이 옳다는 것을 알 수 있으며 정전이 백성과 직접 관련된 토지라는 것도 명백히 되었다.

그러나 '백성장정'이란 표현은 찾아볼 수 없을 뿐 아니라 백성장정에게만 토지를 주었다는 흔적도 전혀 찾아볼 수 없는 것이다. 물론 정전이 장정과 그 어떤 관련이 있는 듯하며 또 그것을 백성에게 준 것이라면 백성장정과도 전혀 관계가 없는 것으로는 생각되지 않는다. 다만 그 대상자를 '백성장정'으로 한정한 것으로는 볼 수 없고 '백성' 일반이 그 대상으로 되었다고 보아지는 만큼 뒤의 것으로 읽은 것보다도 앞의 것으로 읽은 것이 정확하다고 보아야 할 것이다.

여기서 '정전'에 대한 이해를 어떻게 할 것인가 하는 문제가 중요하게 제기되는 것이다.

그러면 이 사료에서 명백한 것은 무엇이고 문제로 남는 것은 무엇인가.

우선 명백한 것은 ① 그 '정전제'를 실시한 시기가 성덕왕 21년 즉 722

년 8월이라는 것과 ② 그 대상이 백성이라는 사실 ③ 정전을 처음으로
'주었다'는 것 등이다.

그런데 ①에서 8월에 '정전제'를 실시하였다면 그것은 아직 곡식을 논
밭에서 걷어들이기 전에 실시한 것으로 된다. 과연 이런 시기에 '토지'를
주었다면 그것은 무엇을 의미하는가. ②에서 대상이 '백성'이라고 할 때
그를 어떠한 계층신분으로 파악할 것인가 즉 여기의 '백성'은 그 어떠한
특정 신분층을 가리키는 것인가, 그렇지 않으면 막연히 농민 일반을 의미
하는가 하는 문제가 있다. ③에서 '정전'을 단순히 장정 일반과 관련된 것
으로 이해하는 데는 많은 문제가 있다. 과연 '정전'이란 무엇인가. 그것을
어떻게 파악하는가에 따라서 신라 봉건사회구조 해명의 근본 문제가 좌우
될 수 있는 것이다. 그런데 이 '정전제'가 이 때에 와서 처음으로 실시되었
다는 점에 또한 주목해야 할 것이다.

이와 같이 명백한 것 같은 내용에도 허다한 문제점들이 있다. 이 밖에
도 과연 신라 '정전제'가 어느 정도로 어느 범위에서 또 어떠한 방법으로
실시되었는지 단편적인 원사료만 가지고서는 전혀 알 길이 없다. 그러나
그것은 우리가 가능한 범위에서 밝혀야 할 문제들이다.

이러한 문제점들은 호상 관련된 것으로서 종합적인 연구를 통해서만 해
결될 수 있을 것이다. 특히 모든 문제를 계급적 모순과 투쟁의 견지에서
근로대중을 문제의 중심에 놓고 고찰하는 것은 문제해결의 기본 고리이다.

2. '정전제' 실시와 그 형식

722년에 '정전제'가 실시되었다는 것을 전제로 하고 볼 때 그것은 「신라
장적」(신라촌락문서)에 보이는 '연수유전답'과 무슨 관련이 있다고 생각된
다. '연수유전답'이란 '연', 즉 '가호가 받아 가지고 있는 논과 밭'이란 뜻이
겠는데 「장적」에는 봉건국가가 직접 장악하고 있는 일부 토지를 내놓고는
모든 토지가 다 '연수유'로 되고 있다.

이 「장적」이 816년(헌덕왕 8)의 것으로 추정된다면[1] '정전제'를 실시한

때로부터 거의 100년이 지난 뒤의 문서로 된다. 그런데 여기에 촌락의 농민경작지를 모두 '연수유'로 기록한 것은 무엇인가. '정전제'와 관련되어 생긴 말로 보인다.

「장적」에는 토지문제가 장정과 직접 관련되어 기록되지 않고 가호와 관련되어 기록된 것이 좀 이상하지만 여하튼 봉건국가로부터 받은 토지라는 점에서 정전과 같은 범주에 속한다. 여기에는 많은 문제들이 있으나 '정전제'는 일단 역사적 사실로서 실시되었다고 인정할 수 있을 것이다.

그런데 원사료에 "처음으로 주었다"는 사실에 주의한다면 그 후 또 주었다는 기사가 있어야겠는데 다시 없는 것은 의심스러운 일이다. 이것은 아마도 처음 실시하였다는 것과 함께 그 후 다시 계속하여 실시되지 않았다는 것을 시사하는 것이 아니겠는가. 과연 「장적」을 보아도 '연수유'의 총면적만을 기록하였지 3년 간 국가가 나누어주고 회수한 사실은 기록하지 않았을 뿐 아니라 그간 토지의 총면적의 변화조차 문서작성에서는 고려가 돌려지지 않고 있는 것이다. 이것은 「장적」 작성 당시 실제로 '정전제'가 계속하여 실시되지 않고 있었다는 명백한 증거로 된다. 즉 '정전제'는 722년에 한 번 실시되고 그 후 계속되지 못한 것으로 일단 이해하는 데 큰 무리가 없어 보인다.

그렇다면 어째서 '정전제'는 단 한 번 실시되고 말았겠는가 하는 문제를 좀더 해명하여야 할 것이다.

7~8세기 신라 6부의 씨족적 문벌귀족들의 연합정치체제를 대신하여 들어앉은 태종무열왕 계열은 '율령제'적 체제 밑에 전제왕권을 강화하는 데로 나아갔으며 특히 신라가 대동강 이남지역을 통합함과 함께 중앙집권

---

1) 현존하는 「신라장적」의 작성시기를 816년으로 볼 수 있다. 「장적」에 근거하여 서원경을 설치한 이후 시기의 병인년은 816년과 876년, 936년이 되나 여기서 대상으로 되는 것은 816년과 876년이다. 문서 작성연도는 이 두 해 중 어느 해로 되겠는데 이 「장적」 잔편이 일본 '正倉院'에서 당시 포장지를 배접한 데서 발견되었다는 것과 또한 당시 대왜관계에서 볼 때 816년경에는 거의 국교 단절 상태였으나 876년경을 전후하여 왜의 사절이 활발히 신라에 왕래하였다는 사실들을 중요하게 고려한다면 876년경에 와서 816년에 작성된 낡은 「장적」이 포장지로 배접되어 일본으로 넘어갔을 수 있을 것이다.

적 제반 제도 수립을 위하여 모든 힘을 집중하였다. 이러한 환경에서 전국의 토지와 인민을 봉건국가가 지배하는 것은 매우 긴급하고도 중심적인 문제로 제기되어 664년에 민간에서 함부로 토지를 절간에 희사하는 것을 금지하는 법령을 발포(『삼국사기』 권6, 신라본기)하는 등 그 후 일련의 대책들을 실시하게 되었다.

이 밖에도 토지지배를 위한 대책으로서 강력히 내밀었던 것은 687년에 "문무관료들에게 토지를 차등있게 주었다"(『삼국사기』 권8, 신라본기)라고 한 것과 그 후 다시 2년 후인 689년에 "서울과 지방 관리들의 녹읍을 폐지하고 해마다 차등을 두어 벼를 주고 이것으로 고정한 법으로 삼았다"(위와 같은 책)라고 한 것들을 들 수 있다.

지금까지의 견해들은 일반적으로 687년에 토지를 주었다는 것과 2년 후에 벼를 주었다는 것을 직접 연결시켜서 문무관료들에게 준 토지를 2년 후에 회수하고 봉건국가가 현물로 벼를 주는 제도로 넘어가게 된 것으로 보는 것 같으나 사실에 있어서 그렇게 속단할 근거는 없는 것이다. 원문을 자세히 보면 앞의 것은 국왕의 이름으로 문무관료들에게 한때 토지를 나누어 준 것이고 뒤의 것은 종전의 모든 관료들에게 주던 녹읍을 폐지하고 그대신 벼를 준다는 것, 즉 국가의 새 제도로서 선포된 것으로 이해된다. 이렇게 볼 때 당시 봉건국가가 토지지배를 일층 강화하는 길로 나아가고 있었던 사실을 더욱 명백히 알 수 있게 한다.

그러나 녹읍제를 폐지한 지 60여 년이 지난 757년에 다시 녹읍제를 복구한 것(『삼국사기』 권9, 신라본기)은 그 사이 복잡한 사정을 반영한 것으로 이해된다. 물론 이 때 복구된 녹읍은 679년에 폐지된 그 녹읍으로 보아야 할 것이다. 그러나 이 두 녹읍을 완전히 동일한 것으로 보겠는가 하는 데서는 의문이 없지 않으나 기본상 복구로 보아서 큰 잘못이 없을 것이다.

바로 '정전제'는 녹읍제를 폐지했다가 다시 복구한 어간에 실시되었었다. 즉 '정전제'를 실시한 시기는 봉건국가가 농민들로부터 거두어들여 내외 관료들에게 연봉(혹은 월봉)으로 벼를 주던 시기로서, 그만큼 국가의 토지·농민 지배가 강화되었던 시기였다. 그러나 그 후 다시 녹읍제를 복구한 것은 '정전제' 실시 후 불과 30여 년 후의 일이었다.

이렇게 놓고 볼 때 신라의 '정전제'는 722년 처음으로 실시되자 그것이 마지막으로서 더 실시되지 못한 것으로 볼 수 있다. 이러한 실태에서 「장적」의 '연수유'란 이름은 '정전제'의 흔적을 관청문서에 그대로 남긴 것이 아니겠는가.

이처럼 '정전제'란 사실상 지속성을 가지는 제도로까지는 실시되지 못한 것으로 되며 그만큼 신라 봉건국가의 토지지배력의 취약성을 보여주는 것으로 된다.

더욱이 그것이 가을 8월에 실시되었다는 것은 많은 것을 암시하고 있다. 논밭의 곡식은 가을도 하지 않았는데 '정전'을 '주었다'는 것을 가지고 '정전제'를 '토지분여'로 보는 견해에 대하여서는 많은 의심을 갖게 한다.

「장적」은 서원경(오늘의 충청북도 청주) ○○촌을 비롯한 그 근방의 4개 촌락의 고문서이다. 『삼국사기』 권8 신라본기에 서원소경과 남원소경 등을 처음으로 설치하면서 "여러 주와 군의 민호들을 옮겨 나누어 살게 하였다"라는 기록이 있다. 그러나 이 사실은 신문왕 5년(685)으로서 「장적」 작성시기보다 거의 150년이나 앞선 시기였을 뿐 아니라 이주시킨 민호는 주로 지방도시인 서원소경의 민호로 채워졌다고 보인다. 따라서 「장적」의 4개 촌락은 서원소경 설치로써 생긴 촌락으로 볼 근거는 없다. 이렇게 볼 때 「장적」의 '연수유'를 이주 당시 이주한 민호에게 분여한 농토로는 볼 수 없는 것이다.

바로 여기의 '연수유'는 '정전제' 실시로써 생긴 것으로 보는 데 잘못이 없다. 때문에 722년에 '정전제'를 처음으로 실시하였다는 것은 무의미한 표현이 아니었다.

물론 7세기 백제·고구려와의 전쟁, 계속하여 당나라 강점군을 몰아내기 위한 간고한 전쟁들을 경과한 만큼 농경지의 황폐화, 농민들의 유리 현상 등은 매우 혹심했다고 보이며 신라 봉건국가는 이러한 상태를 수습하기 위해 일정한 대책도 취하였다는 것은 『삼국사기』에 잘 나타나고 있다. 당시 신라 봉건국가는 더 많은 착취대상을 확보하기 위하여 유랑민들에게 토지를 '나누어 주어' 토지에 '안착'시키는 대책을 강구했을 수 있다. 그러나 그것은 정상적인 '토지분여'로는 볼 수 없고 이주민 등에 대한 토지개간 또는 전시에 피난처에서 임시적 조치로 그쳤던 것이다. 따라서 그 토지들은 개간할 수 있는 토지, 주인없는 토지 혹은 국유지 등으로서 봉건국가의 명의로써 충당되었던 것이며 농민경작지를 재분배한 흔적은 전혀 없는 것이다.

그러면 '연수유'를 어떻게 이해할 것인가.

매개 촌의 토지면적과 노력과의 대응관계를 도표로써 표시하면 다음과 같다.

<도표 1>

촌　명	연수유전답계	호당연수유전답	정당연수유전답	인구1인당 연수유전답
사해점촌	156결12부 4속	15결 61부 2속	2결47부 8속	1결 9부 9속
살하지촌	179.　4.　0	11.　93.　6	2.　59.　4	1.　43.　2
?	126.　74.　1	15.　84.　2	4.　22.　5	1.　82.　2
서원경○○촌	102.　18.　0	10.　21.　8	2.　22.　1	96.　3

* 노비는 제외하였다.[2]

이 도표에서 보는 바와 같이 촌락의 입지조건에 따라 호당·정당·인구당 '연수유전답'이 각이하게 돌아가고 있는 것을 알 수 있으며 토지면적은 노력자 비례에 맞지 않게 매우 많은 것이다.

이에 대하여서는 다시 뒤에 언급하겠지만 이상의 계산은 촌락의 소위 '연수유전답'을 촌락문서 작성연도 사이에 변동되는 호구로써 평균적으로 나누어 본 것으로, 실제에 있어서 매 집의 소유토지는 전혀 알 수 없다.

사해점촌의 '촌주위답' 19결 70부가 또한 '연수유전답'에 포함되어 있는 것을 보면, 촌주도 '연수유'의 대상자로 다시 말하여 정전의 대상자로 되고 있었다는 것을 알 수 있다. 다만 「장적」은 '촌주위답'만을 기록하여 놓았

---

2) 『결부제도의 발생과 발전』(117쪽)에서는 당시 토지 1결은 약 4,000평 내외였다고 하였다.

지 사실상 촌주의 소유지를 '촌주위답'으로써 다 밝혀놓은 것은 아니었다.

위에서 본 바와 같이 '연수유'를 '정전제'와 결부시킨다면 '정전제'란 토지를 '분여'한 것이 아니라 원래 농민들이 가지고 있던 토지를 '나누어 주는' 형식을 취하면서 법적으로 등록한 것에 불과하다. 즉 여기에는 '정전제'를 통하여 정전조직체제에 농민대중을 끌어들여 지배하려는 봉건통치배들의 속심이 담겨 있는 것이다. 다시 말하여 전국의 모든 토지를 일관한 체제 밑에 묶어 놓으려고 한 것이 이른바 신라의 '정전제'였던 것이다.

물론 이 때 토지를 가지지 못한 농민들에게는 일부 국유지, 개간되지 않은 토지, 주인없는 토지 등을 '나누어 주었을' 수 있다. 그러나 기본적으로는 오랜 선조 때로부터 경작해 오던 농민의 소유토지를 봉건국가가 국가적으로 등록하여 그 소유를 '인정'한 것이 이른바 "정전을 주었다"는 것으로 선포되었으며 "국가로부터 받아 가진 토지, 연수유"로 표현되었던 것이다.

이렇게 볼 때 '정전제'는 신라의 봉건통치자들이 자연촌락 구조 자체를 그대로 장악·지배하면서 봉건적 수탈체제의 개편 강화를 꾀한 것과 관련되어 나타난 것이었다. 이로써 '연수유'란 딱지를 붙이게 된 것도 충분히 납득될 수 있는 것이며 '정전제' 실시를 8월에 선포할 수 있었던 이유도 알 만한 것이다. 바로 여기에는 지배계급들이 농민대중을 구속·억압·착취하려는 중요한 내용이 은폐되어 있었다.

3. '정전제'와 백성

'정전'을 '준' 대상은 명백한 바와 같이 백성이었다. 그러면 여기의 백성을 어떠한 개념으로 파악할 것인가.

『삼국사기』와 일부 금석문에 보이는 백성이라는 표현을 찾아보면 대체로 다음과 같이 세 부류로 나눌수 있다.

첫째, 인민 일반을 가리키는 범칭으로서 예컨대 당나라와의 외교문서에 자주 보이는 '신라백성'(『삼국사기』 권7, 신라본기)과 금관국왕이 "백성을 거느리고 투항해 왔다”(『삼국사기』 권34, 지리지 금해소경)는 것을 들 수 있다. 둘째, 일정한 신분층을 표시하는 것으로서 예컨대 “4두품에서 백성에 이르기까지” “4두품녀에서 백성녀에 이르기까지”(『삼국사기』 권33, 잡지) 또는 “의관사녀, 백성 할 것 없이……”(『삼국사기』 권44, 김양전), “효녀 지은은 한기부 백성 연권의 딸이다”(『삼국사기』 권48, 효녀지은전)라는 것들을 들 수 있다. 셋째, 농민 일반을 가리키는 범칭으로서 예컨대 “가물다가 큰비가 와서 ‘백성’이 기뻐하였다”(『삼국사기』 권2, 신라본기 나해왕 원년), “놀고먹는 ‘백성’을 귀농시켰다”(『삼국사기』 권3, 신라본기 소지왕 11년) 등을 들 수 있다.

이 밖에도 애매한 표현으로서 “사신을 파견하여 서남지방의 백성을 위문하였다”(『삼국사기』 권11, 신라본기 문성왕 17년)와 “최근년간에 백성들이 곤궁하여지고 도적들이 벌떼처럼 일어나니……”(위의 책, 진성왕 11년) 등이 있으나 이것들은 대체로 셋째 부류에 속한다고 볼 수 있다.

첫째 부류는 대외관계에서 씌어진 넓은 의미의 백성이다. 여기에는 어느 시기 그 어떤 신분계층을 초월한 국민 일반을 가리키는 범칭으로 사용되고 있다.

문제는 둘째와 셋째 부류의 백성에 있다. 여기에는 국내적 범위에서 일정한 계층신분을 표시하고 있는 것을 알 수 있다.

우선 둘째 부류에서 보면 모두 신라 골품제에서 백성이 4두품 밑에 놓이는 일정한 신분에 속하고 있는 것을 알 수 있는데 일반적으로 4두품 이하의 신분은 ‘평인’으로 규정되어 있었다(『삼국사기』 권33, 잡지). 앞에서 본 기록들에 의하면 백성신분이 ‘평인’층에서도 비교적 그 위층에 해당한다는 것을 암시하고 있다. 그것은 4두품과 ‘평인’은 순차적 신분 순위로 구분되고 ‘평인’이 4두품 이하의 자유민 전반을 가리키고 있지만 백성이 “4두품에서 백성에 이르기까지”로 표현된 것으로 보아 순차적 신분 위에 놓이면서도 ‘평인’ 전반을 가리키는 것 같지는 않기 때문이다. 특히는 백성이 4두품과 거의 같은 순위에서 생활도구 사용의 규제를 받고 있었다는 것은 주목되는 점이다.

이렇게 놓고 볼 때 효녀 지은의 출신이 문제로 된다. 그의 아버지에 대하여 6부의 하나인 '한기부 백성' 아무개로 기록한 것은 확실히 지은의 아버지가 일정한 계층신분으로서의 백성 출신이었다는 것을 증시한다. 그러나 현재로서는 이를 더 이상 밝힐 수 있는 자료를 알지 못하며 아직 연구도 부족하다.

다만 후세의 것이지만 고려 현종 때(11세기)『정도사 5층석탑 조성 형지기』에 석탑 건립을 위하여 기부한 많은 사람들의 직함·신분 등과 함께 그 이름을 열거한 것을 통하여 그러한 백성신분을 상상할 수 있을 것이다. 이에 의하면 향리직, 지방무관직, 장인, 악인, 노비 등과 함께 백성 아무개가 보인다. 이 백성 아무개는 신라의 '한기부 백성' 아무개와 같은 표현이다.

그런데 그「형지기」의 백성이 군내의 유력자인 부호장의 동생이며 석탑 건립의 제창자였다는 것은 그가 군내의 유력자층에 속한다는 것을 말한다. 이것은 적어도 고려 초기의 백성을 일반 '양인' 농민으로 해소시킬 수 없는 계층이었다는 것을 알 수 있게 한다.

이를 좀더 명백히 하기 위하여 고려시기의 백성을 잠시 고찰하기로 하자.

고려 충숙왕 12년(1325)에 "개성부의 5부 및 지방 주·현 들에서 백성을 양반으로, 천인을 양인으로 만들어 호구를 위조한 자는 법률에 의하여 그 죄를 처벌할 것이다"(『고려사』 권79, 식화2 호구)라고 발표한 국왕의 명령을 보면 당시 백성은 분명히 양인보다 위층에 놓이는 양반에 보다 가까운 계층이었던 것을 알 수 있다.

이 기록은「형지기」의 백성이 군의 유력자였다는 것과 완전히 부합되며 신라의 '한기부 백성' 신분에 대한 표상을 가질 수 있게 한다. 즉 신라의 백성은 신라 관료체제의 편성 확대에 따라 당시 현실적인 지배층인 토호세력이 국가정치기구에 편입될 때 그 다음 가는 부류로서 현직 벼슬의 직함을 갖지 못한 계층이었을 것이다.

이처럼 백성이란 양인의 위층을 형성하며 광범한 양인층이 농민 일반이었던 것과 같이 백성도 농업을 직업으로 하였다고 보인다.

사다함이 자기에게 차례진 포로들을 '해방'할 때 그를 양인으로 만들었다(『삼국사기』 권4, 신라본기)고 하였으며 839년 김양이 우징(신무왕)을 내세워 왕궁을 포위 공격하였을 때 선포하기를 "……그 괴수가 처단되었으니 의관사녀(귀족층-인용자), 백성들은 각각 안심하고 망동하지 말라"(『삼국사기』 권44, 김양전)고 한 것 등은 신라에서도 백성과 양인층을 구분하고 있었다는 것을 보여준다.

즉 백성은 양인의 위층이며 귀족에 잇닿은 계층으로 볼 수 있는 동시에 그가 공직이 없음으로 하여 농민층 속에 용해되었다고 생각된다.

이렇게 보면 둘째 부류의 백성은 셋째 부류의 그것과 사실상 서로 통한다고 할 것이다. 이러한 전제에서 셋째 부류의 백성을 좀더 자세히 검토해 보기로 하자.

셋째 부류로 쓰인 것을 보면 직접 농사에 종사하는 층을 백성으로 표현하고 있는 것을 알 수 있다.

『삼국사기』와 『삼국유사』에서 인민대중을 가리키는 표현을 보면 '인' 혹은 '민'으로 되어 있으며 대체로는 '민'으로 쓰고 있는 것이 일반적이다. 그 전후 글발들을 통하여 보면 확실히 '민'은 향·부곡 등의 천인은 물론 노비층까지를 포함한 근로인민대중 전체를 가리키는 넓은 범위를 포괄하고 있다. 즉 『삼국유사』 권2 충담사조에 보이는 「안민가」에서 알 수 있듯이 군·신·민의 엄격한 유교적 신분 구분 밑에서 민은 군·신의 다스림을 받을 의무와 그들을 먹여 살리기 위한 노동의 의무만이 들씌워져 있는 것이다. 바로 '민'은 매우 넓은 의미에서 일반 인민대중을 가리키는 말이다.

따라서 백성은 '민'의 주요 구성성분이면서 곧 '민' 그 자체는 아니었다. 여기의 백성은 '민' 가운데서 농민대중을 또 거기에서도 양인층 이상의 농민을 가리키는 범주이다.

이러한 넓은 의미에서 백성이라고 할 때 광범한 '평인'층의 농민으로서 그 상층은 주·현의 유력자로부터 광범한 자유농민 일반에 걸치는 층이며

오랜 공동체 구조에 결속되어 있던 촌락 안의 농민대중이었다.3)

이 문제에서 『삼국사기』 권47 소나전의 기사는 매우 주목된다. 즉 "상원 2년 을해년(675) 봄에 아달성 태수 급찬 한선이 민에게 아무날 일제히 나가 삼을 심게 하고 명령을 어기지 못하도록 하였다. …… 그 날이 되어 백성들이 모두 성 밖으로 나가 밭에 있었는데 말갈족이 몰래 군사를 거느리고 갑자기 성으로 들어와서 온 성을 약탈하였다"고 한 것을 보면 분명히 민과 백성을 같은 개념에서 쓰고 있지 않다. 여기의 민은 성 안의 주민 전반을 의미하며 백성은 그 가운데에서도 외적으로부터 성을 수호할 의무를 지닌 성 안의 기본 군중으로서 그들이 모두 밭에 나가 있었기 때문에 성은 침략자의 약탈에 맡겨졌다는 것이다. 이와 함께 그들이 모두 밭에 나가 있었다는 것은 말할 것도 없이 그들이 농민층이었기 때문이다.

이상에서 '정전'을 '준' 백성을 어떻게 볼 것인가 하는 것은 명백해졌다. 바로 '정전'을 '받은' 백성은 위에서 인용한 아달성의 예에서 본 백성(농민)이었다. 즉 백성은 「장적」에 '연수유전답'을 가지고 있는 촌 안의 자유농민대중으로서 여기에서 몇 개 촌락을 관할하던 촌주까지를 포함하고 있는 것은 응당한 일이다.

이렇게 볼 때 '정전제'에서의 백성층은 둘째 부류와 셋째 부류의 백성을 통일적으로 이해할 때에 비로소 명백해질 수 있으며 따라서 '정전' 대상자는 노비·천인 들은 물론이고 장인·상인 등을 제외한 평민 이상의 농민 대중으로 파악되는 것이다.

이와 같이 광범한 백성층 즉 자유농민과 그 상층을 장악 지배하는 것은 당시 신라 봉건국가의 수탈체제를 강화하려는 것과 직접적으로 관련된 문제였다.

---

3) 농민 일반에는 향·부곡민들도 포함되겠지만 그들이 천인층을 형성하고 있는 점에서 백성과는 차이가 있었을 것이다. 물론 백성이 후세로 내려오면서 점점 그 포괄하는 계층이 넓어졌던 것은 사실이지만 현재의 연구로서 보면 적어도 고려 이전 시기까지는 천인과 백성과는 엄격히 구별되었다고 보인다.

4. 정전의 개념

'정전'이 농경지였다는 것은 의심할 바 없으며 또 이것을 '정'과 '전'으로 구분할 수 없는 범주였다는 것도 명백히 되었다.

그렇다면 일정한 농경지를 왜 '정전'이란 용어로 표현하게 되었겠는가. 여기에 '정'자가 일반 장정과 어떤 관계를 가지는 것인가 하는 문제는 매우 흥미있는 문제이다.

편의상 '정전'의 두 글자를 바꾸어 놓은 '전정'에 대하여 고찰하자.

『삼국유사』 권2 남부여조에 "또 양전장적에 쓰기를 「소부리군 전정주첩」이라고 한 것이 있다"는 기사가 보인다. 여기의 소부리군 전정주첩(토지문서)이 어느 때의 것인가 하는 것은 소부리군이 존속한 시기를 찾으면 알 수 있을 것이다.

『삼국사기』에 의하면 백제의 마지막 수도인 오늘의 부여는 원래 소부리(일명 사비)라고 하였는데 신라가 이 지역을 차지한 후 671년에 소부리주로 고치고 도독(총관)을 두었으며 686년에는 사비주(소부리주)를 군으로 고쳐서 이 때부터 소부리군으로 되었다. 그 후 757년에 전국의 주·군 명을 고쳐 부르게 되면서 이 곳도 부여로 이름을 고치었다. 이렇게 소부리군은 686년부터 757년에 이르는 70여 년 간 존속하였다는 것을 알 수 있다.

이상에서 「소부리군 전정주첩」을 통하여 신라가 대동강 이남지역을 차지한 이후 얼마 안 가서 전국의 토지를 지배 장악하기 위하여 일정한 정도의 토지측량사업을 진행하였다는 것을 알 수 있었다.

바로 백성에게 '정전'을 '주었다'는 것은 이런 때에 실시되었다는 것이 우연하다고 볼 수 없다.

그러나 신라시기의 '전정'에 관한 기사는 오직 앞에서 본 『삼국유사』의 기사가 전부이며 그것만 가지고서는 '전정'의 내용을 전혀 알 수 없다.

그리하여 편의상 고려시기의 '전정'에 대하여 잠시 고찰하기로 하자.

'정전'의 두 글자를 그대로 바꾸어 놓은 '전정'도 또한 토지의 범주로 된다는 것은 이미 잘 알려진 사실이다. 즉 고려시기의 '전정'은 주로 군인이나 향리 등이 국가에 지는 직역(직업적으로 지는 국가부담)의 보상으로서 봉건국가로부터 자기 자손에게 상속시킬 수 있는 특전을 받은 일정한 면적의 토지를 말한다. 때문에 일반 농민에게는 '전정'이 주어지지 않았다. 물론 여기의 '전정'이 토지 자체를 분여한 것인지 혹은 수조권을 나누어 준 것인지는 아직 문제가 있으나 여러 모로 보아 수조권을 준 것으로 볼 수 있을 것이다.

여하튼 고려시기를 놓고 볼 때 알려진 자료에 의하면 '전정' 기사는 고려 초부터 대체로 14세기 충렬왕 시기에 걸쳐서 흔히 나타나고 있다. 간혹 고려 말에 와서도 '전정'이란 용어가 보이지만 이 때에 와서는 본래의 의미의 '전정'이 아니라 다만 일정한 면적의 수조지 내지는 경작지를 의미하는 것으로 사용된 것 같다.[4]

이상의 '전정'은 분명히 국가직역을 직접 계승할 자에게 그 '전정'을 연립(상속하는 것) 혹은 체립(다른 사람에게 바꾸어 주는 것)할 수 있는 '전정'과는 본질에서 그 범주를 달리하고 있다는 것을 알 수 있다. 즉 고려 전시과에서의 수조지 분급제는 그 수조권이 다만 수조자 당대에 한하였지만 '전정'은 그 연립 혹은 체립을 전제로 한 일정한 면적에 대한 수조지였다.

고려 말 전제의 문란과 함께 '전정연립'의 파탄에 의하여 '전정'은 사실상 봉건국가의 직역을 진 자에게 주어 상속시키는 일정한 토지로서의 그 속성은 해소되고 말았던 것을 알 수 있다.

---

4) 예컨대 1391년 고려가 멸망하기 직전에 절간에 '전정'을 더 주자는 의견(『고려사』 권46, 세가)이 제기되고 있는 여기의 '전정'이 당시 일반 수조지로 써 왔다는 것을 잘 말해 준다. 이러한 것은 고려 말의 권신인 이인임 등이 탈취한 다른 사람의 '전정'에서도 찾아볼 수 있는데(『태조실록』 권1, 총서 신우 14년 정월) 이 때의 '전정'은 벌써 원래의 개념과는 달라진 것으로 이해된다. 이것을 '전'과 '장정'을 탈취한 것을 의미한다고 생각할 수도 있으나 이런 경우에는 '전'과 '민'으로 즉 '전민'으로 표현하는 것이 일반적인 예로 되고 있기 때문에 그렇게 읽을 수는 없는 것이다. 이조 초기의 기록에는 종종 '전정'이 보이나 여기서는 양반이 가지고 있는 '전정수'(『세종실록』 권47, 12년 정월 병오조)와 절간의 '전정을 삭감'(위의 책 권82, 20년 7월 신묘조) 등으로 나타나고 있다.

그리하여 『증보동국여지승람』(권7, 여주목 고적 등신장조)에서 신라시기 '전정'과 호구가 많고 적음에 따라 크고 작은 고을들을 갈라놓게 된 것처럼 서술하면서 '전정'과 호구를 나란히 써 놓은 것으로 보아 '전정'을 일반 경작지로 보고 있었다는 것이 명백하다.

바로 이러한 측면을 잘 보여주는 것은 고려 말에 널리 사용되던 '정'이란 표현이다. 이것은 '전정'의 약칭에서 온 것으로서 단순히 일정한 면적의 수조지를 의미하였다. 때문에 고려 말의 '전정'을 본래의 그것과는 구별하여 보아야 한다.

'전정'은 봉건국가의 직역을 진다는 측면과 분리할 수 없는 것으로서 바로 이 점에 중요한 문제성이 있다고 보인다.

'전정'에 대하여 그것이 '전'과 '정' 즉 토지와 군역 혹은 향역 등과 불가분리적으로 연결되어 있다는 견해[『조선토지제도사(상)』, 199쪽]는 이 문제 해명에 중요한 실마리를 끄집어 냈다고 할 수 있다.

'정'을 단순히 한 명의 장정으로 본 것이 아니라 장정(군역·향역은 장정이 졌다)이 짊어진 국가직역과 결부시킨 점은 '전정'을 이해하는 데서 기본 고리를 잡았다고 볼 것이다. 즉 여기의 '정'은 본래 국역과 관련된 말이며 장정 그 자체를 의미하는 데서 온 말이 아니었다. 이로부터 '전정'이 국가직역을 짊어진 자에게 주는 토지 즉 수조지(또는 면세지)의 내용을 갖게 되었던 것이다.

이상에서 신라의 '전정'의 개념도 어느 정도 명백히 되었다. 신라의 '전정'을 곧 고려의 그것과 똑같은 개념, 범주로서 파악할 근거는 아직은 약하지만 '전정'이 국가직역 혹은 좀더 넓게 보아서 국가의 일반 공직과 관련하여 주어진 일정한 토지면적이란 점은 신라 때부터 '전정'의 중요한 속성이 아니었겠는가고 생각하게 한다.

이렇게 볼 수 있다면 '전정'의 두 글자를 그대로 엇바꾸어 놓은 '정전'이 백성농민에게 '주는' 토지라는 것과 매우 대조적인 표현으로 된다. 이러한 실례는 고려시기 '호정'과 '정호', '인정'과 '정인' 등이 각각 글자를 바꾸어 놓으면서 그 개념을 달리하고 있는 것들에서 찾아볼 수 있다.

즉 '전정'은 하급관리·군인에게, '정전'은 국가적 착취를 당하던 일체의 국가부담(국역)을 짊어진 농민대중에게 '주는' 토지로 이해하여 잘못이 있겠는가.

비록 고려 때의 일이지만 "중앙과 지방의 전정을 설정하기를 각각 직분에 따라서 골고루 나누어 주어 생활의 밑천으로 삼게 하였다"(『고려사』권78, 식화지 전제 경리)라고 한 것을 보면 '전정'을 민 일반 즉 공직을 갖는 민-백성계층에게 '주었다'는 것은 매우 시사적이다.

앞에서 본 바와 같이 여기의 백성이 농민의 상층을 의미한다는 것은 명백한데 그는 벌써 국가공직을 가지고 '전정'이 주어지게 되었던 것이다. 이와 같이 '전정'을 받는 층은 백성 상층의 일부로서 당시 지배층에 속하는 신분계층이었다는 것이 더욱 확실하게 되었다.

이 사실은 같은 백성이면서도 하나는 공직에 있음으로 하여 '전정'을 받고 다른 하나는 일반 농민으로서 '정전'을 받게 되었다는 것을 의미한다.

이렇게 놓고 보면 '정전'의 '정'도 장정 한 사람을 대상으로 한다는 의미에서 온 것이 아니라 봉건국가에 대하여 일체 공부(현물조세와 부역노동)의 의무를 짊어진 농민들 즉 그들이 국역부담을 지고 있는 데서 온 것일 것이다. 이렇게 놓고 보면 '전정'과 '정전'은 국가공직의 직역과 일반 농민으로서의 국역 간의 차이에서 구별되고 있으나 '정전'과 '전정'이 다 같이 세습적으로 그 토지를 상속한다는 점에서는 동일하였다.

과연 '전정'과 '정전' 가운데 어느 것이 본원적인가에 대하여서는 알 길이 없다. 그러나 '정'을 토지에 결부시켜서 표현한 것을 보면 아무래도 광범한 층과 관련된 '정전'이 먼저 생기고 그것을 받아 '전정'이란 말이 씌어지게 된 것 같다.5)

다음에는 왜 '정'자를 국역과 결부시켰겠는가 하는 문제가 해명되어야

---

5) 고려시기에 와서 '정전'이라는 말은 벌써 사람들의 머리 속에서 사라지고 있었다면 반대로 '전정'은 거의 고려 전 기간 널리 써 왔고 고려 말부터 그 본래의 뜻을 상실하여 일반 수조지 혹은 경작지로 사용되다가 이조시기에는 점차 쓰지 않게 되었다는 것 등은 '정전'이 '전정'보다 앞선 용어로 볼 수 있게 한다.

할 것이다.

신라시기 '전정'이 일정한 토지면적을 의미하였다는 것은 「소부리군 전정주첩」이 토지측량대장에 적혀 있었다는 것으로써 명백하다. 이로써 '전정'이 일정한 기준에 의하여 구획되었을 것이라는 것이 또한 자명해진다. 다만 여기에 어떠한 기준, 어떠한 원칙에 의하여 토지를 구획하여 '전정'의 단위를 설정하였겠는가 하는 문제가 매우 중요하게 제기된다.

신라시기의 '전정'을 촌락단위로 보아야 한다는 견해가 있다. 그러나 이것을 긍정한다면 「장적」에서 보는 바와 같이 107결 내지 180여 결이 한 '전정'으로 되어 일정한 기준이 없을 뿐 아니라 이와 같은 매개 촌의 총경지를 곧 '전정'이라고 하면 일정한 면적을 표시하는 '전정'을 구태여 설정할 필요가 없게 될 것이다.

'전정'을 일정한 토지구획으로 보는 것은 직역의 대가로 공직자에게 토지를 주었다는 것과 관련된 것이었다. 따라서 한 사람에게 그것도 백성 출신의 하급관리에게 주었다는 '전정'이 촌락단위가 될 수 없다는 것은 명백한 것이다.

고려 말 전제개혁의 주창자들의 견해를 보면 '전정'을 10결, 15결, 20결 정도로 보고 있지만 『고려사』에 "국가가 토지 17결을 한 족정(足丁)으로 하여 군인 한 명에게 주는 것은 옛날 토지제도가 끼친 법이다"6)(권81, 병1 오군 공민왕 5년 6월조)라고 한 것은 고려 초 전시과제에서 최하 단위가 15결 또는 17결로 되고 있는 것과 어떠한 관련이 있어 보인다.

'전정'은 앞서 인용한 바와 같이 각각 그 직분과 복무한 연한에 따라서 각이한 면적의 토지를 준 것이었다고 한 만큼 동일한 시기를 놓고 보더라도 그 크기는 모두가 똑같을 수는 없다.

일반적으로 농업생산력의 발전에 따라 '전정'의 면적도 점차 줄어든다는 것을 하나의 법칙으로 볼 수 있다면 신라시기는 고려 때의 '전정' 17결 내

---

6) '족정'에 대하여서는 많은 미해명 문제들이 있으므로 여기서는 다만 그것이 '전정'의 내용을 규정한 용어('족전정'의 약칭)가 아니겠는가하는 의견만 제기한다.

외보다는 더 컸을 수 있다고 보아야 한다.

이렇듯 경작자인 백성농민에게 '주었다'는 '정전'도 일정한 면적의 토지로 우선 이해한다면 '전정'의 크기와 거의 같은 크기가 아니겠는가 하는 추측을 할 수 있다. 혹은 다른 측면에서 '정전'을 고찰해 본다면 '정'을 장정으로 보고 한 장정에게 '준' 토지로 볼 수도 있다.

그러나 신라에서의 구체적 실정은 그것들과는 다른 사정을 보여준다. 앞서 본 바와 같이 「장적」에 보이는 '연수유'는 호단위로 토지를 '받았다'는 것을 가리키고 있다. 당시 관청문서인 「장적」을 부정할 수 없는 만큼 '정전'을 매개 장정에게 준 토지로는 도저히 이해할 수 없는 것이다.

여기의 '전정'이 공직자의 직역과 관련되고 두 글자를 바꾸어 놓은 '정전'을 백성농민 일반이 봉건국가에 지는 국역과 관련되었다는 것을 상기할 필요가 있다. 이렇게 보면 '정전'의 '정'도 결코 한 사람의 장정과는 직접 관련이 없는 말이라는 것을 알 수 있다. 즉 '정전'의 '정'은 농민들이 짊어진 국가공부와 관련되는 개념으로서 그것이 국가적으로 수탈되고 있었다는 사실과 분리하여 생각할 수 없는 것이다. 때문에 '정전'이라고 할 때 그 '정'자는 산 사람으로서의 장정 그 자체를 의미한 것이 아니었다. 사실에 있어서 토지는 호를 단위로 하여 '준' 것이었다.

이것은 봉건국가가 일체 국가적 수탈의 기준을 호에 두었다는 것과 관련되지만 호란 결국 장정을 중심으로 그 가족을 구성하고 있다는 것을 고려하여야 할 것이다. 물론 자연호를 보면 거기에는 장정수가 많고 적은 차이가 심할 것이며 따라서 봉건국가는 일정한 기준을 세워서 자연호들을 몇 개 등급으로 편성하게 되었던 것이다. 이것이 「장적」에서 보는 9등급의 편호제였다.[7]

이 편호는 봉건국가의 공부수탈을 위한 호의 등급을 규정한 것으로 여기에서 장정수가 기준으로 되고 있는 것은 자명한 것이다.

이로써 '정전'은 매 호의 장정수를 기준으로 하여 호단위로 토지를 '주

---

7) 『삼국사기』 권48, 도미전에 보이는 백제의 '편호소민', 고려 때 9등분의 편호가 또한 그것을 말해준다.

었'을 것이라고 보아야 한다. 그러나 '정전' 실시를 기본상 매 호가 소유하고 있던 토지를 등록하는 형식으로 그 실시를 보았다면(물론 토지없는 호에게는 국유지, 개간할 수 있는 토지, 주인없는 토지 등을 주었다는 것을 배제하지 않는다) '정전'의 크기는 또한 각이한 양상을 띠었을 것이다.

그러나 「장적」이 보여주는 바와 같이 '정전제' 실시 후 거의 100년이 지난 시기에도 촌락들의 토지면적은 인구수에 비하여 많았다. 이것은 비단 「장적」에 나타난 청주 근방에서의 특이한 현상은 아닐 것이다. 경주 근방을 제외한 모든 지방은 대체로 「장적」에서와 같은 실태에 놓여 있었다고 볼 수 있다.

그렇다면 토지가 인구에 비하여 부족하면 몰라도 상당한 정도로 많은 조건에서 매 호에 '주었다'는 '정전'의 크기가 다르다고 하여 문제될 것도 없을 것이다.

즉 '정전'은 매 백성호를 일정한 단위로 평균한 데 기초하여 일정한 면적의 토지(그 기준은 전혀 알 수 없다)를 '준' 것을 가리키며 이 때에 본래부터 가지고 있던 농민의 토지는 그대로 '정전'이란 이름(「장적」에는 받아가진 땅)으로 등록되었다. 그리하여 사실상 '정전'의 크기는 일률적일 수 없었다. 바로 이러한 '정전'은 본래 봉건국가의 농민수탈을 기본 목적으로 설정된 것으로서 여기의 장정수는 중요한 기준으로 되지 않을 수 없었던 만큼 일반적인 의미에서의 '전'과 구별하여 '정전'이란 말을 쓰게 된 것 같다.

즉 이 두 글자를 바꾸어 놓은 '전정'에서의 '정'에 대한 해석도 '정전'의 '정' 해석에서 온 것으로, '정'은 봉건국가에 대한 국역(공부 등)·직역과 관련된 의미로 씌어진 것이다.

5. 정전제와 계연(計烟)

'정전제'가 신라 봉건국가의 공부·요역 등 농민수탈체제와 관련되는 것이라면 그것이 「신라장적」의 계연과 불가분리적인 관계에 놓여 있으리라는 것은 추측하기 어렵지 않다.

「장적」에는 호를 공연(孔烟)과 계연(計烟)으로 두 측면에서 기록하고 있다. 여기의 공연이 자연호를 가리키는 것이라는 것은 사해점촌에서 5명의 가족을 가진 공연이 다른 지방으로 이사간 것을 보면 명백하다. 그런데 계연이 과연 무엇을 의미하는 것이었는지 얼핏 보아서는 알 수 없다. 다행히 계연이 공연에 계속하여 기록되어 있고 또 계연 몇 개와 그 나머지 몇 개라는 식으로 「장적」에 기록되어 있는 것으로 보아 계연은 공연을 일정한 기준에 의하여 묶은 것이며 그리하여 여기의 나머지 수가 나오게 되었으리라는 것을 알 수 있게 한다. 공연을 일정한 기준에 의하여 편성한 것, 즉 공연을 몇 개씩 묶어 놓은 것이 계연이라면 계연은 봉건국가가 농민대중에 대한 일체 수세, 부역 수탈을 위하여 인위적으로 만든 과호(課戶)로 볼 근거가 충분히 있다.

계연이 공연에서 나온 것인 만큼 그 산출의 기초로 된 것이 무엇이었겠는가 하는 문제가 제기된다.

「장적」은 공연을 상·중·하로 나누고 다시 그것을 각각 상·중·하로 나누어 9등분하였는데 이것은 고려시기 9등분 편호제와 같은 것이었다는 것을 보여준다.

고려시기의 9등분 편호에 관한 기록을 보면 "편호는 장정이 많고 적은 것에 따라 9등분으로 나누어 그 부역을 정하였다"(『고려사』 권84, 형1 호혼조)고 하였다. 이로써 편호가 장정수에 의하여 규정되었으며 그것은 봉건국가의 부역체제의 한 고리로서 인민대중의 일체 국가부담의 기준으로 되었다는 것을 말하고 있다.

고려의 편호 규정이 신라 「장적」의 9등분제와 같은 것이라면 신라의 편호도 역시 봉건국가의 인민수탈체제와 관련되어 있었다는 것을 명백히 알 수 있게 한다.

그러면 「장적」의 하하연은 어느 정도의 장정을 기준으로 하였겠는가.

「장적」에서 비교적 단순한 편호 구성을 보여주고 있는 촌은 서원경 ○○촌이다. 이 서원경 ○○촌을 보면 하중연 1, 하하연 9로 구성되어 있는

데 그 장정 총수는 47명이었다. 만일에 하하연의 장정(남녀의 장정)[8]을 5
명 정도로 보면 하하연만 해도 45명하고 2명밖에 남지 않는다. 그러나 하
중연의 장정을 2명으로 볼 수는 없는 만큼 하하연의 장정을 모두 5명으로
고르게 볼 수는 없다. 또 그것을 4명으로 보면 하하연만 36명이 되고 나머
지가 11명이 되니 하중연의 장정은 11명이나 되게 된다. 이것은 더욱 맞
지 않는 것이다. 여기서 5명 이하의 장정수를 가진 것을 하하연으로 계산
한다면 하중연 1, 하하연 9로 된 자연호의 47명의 장정수는 그 구성비례
가 근사한 것으로 된다.

이렇게 하면 하하연은 장정 5명 이하의 호로 보고 하중연을 6~7명, 하
상연을 8~9명, 즉 2명씩 불어나는 장정수에 의하여 9등분의 편호가 편성
되었다고 가정할 수 있다.

이상과 같은 편호 구성의 장정수에 대한 가정을 설정하고 그것을 대비
할 수 있는 3개 촌의 실제 장정수와 맞추어 보면 다음과 같다.

<도표 2>

촌 명	실제장정수	가정한 장정수의 범위(명)	계 산 방 법
사해점촌	63	82~60	최대 $11 \times 4 + 9 \times 2 + 5 \times 4 = 82$ 최소 $10 \times 4 + 8 \times 2 + 1 \times 4 = 60$
살하지촌	72	99~63	최대 $11 \times 1 + 9 \times 2 + 7 \times 5 + 5 \times 7 = 99$ 최소 $10 \times 1 + 8 \times 2 + 6 \times 5 + 1 \times 7 = 63$
서원경 ○○촌	47	52~15	최대 $7 \times 1 + 5 \times 9 = 52$ 최소 $6 \times 1 + 1 \times 9 = 15$

* 실제 장정수에는 새로 들어온 장정수도 포함되어 기록되었으므로 여기서도 포함
시켜서 계산하였다.

** 노비의 장정은 제외하였다.

이 도표에서 보는 바와 같이 실제 장정수가 가정한 장정수 범위 안에
들어가고 있는 것으로서 이상의 가정이 잘못된 것이 아니었다는 것을 알

---

8) 신라 진성왕 때(887~897)의 기사로 되고 있는 효녀 지은에 대하여 표창으로
   서 "일체 부역을 면제하였다"(『삼국사기』 권48, 효녀 지은전)는 것을 보면 당
   시 남정뿐 아니라 여정들도 국가부역을 짊어지고 있었다는 것을 알 수 있다.

수 있다.

계연은 이와 같이 일정한 장정수를 기준으로 하여 이루어진 과호 즉 일정한 기준수에 의하여 공연을 묶은 것이다.

그러면 어떠한 기준수에 의하여 계연이 편성되었겠는가.

이를 해명하기 위하여 고려시기 편호 실태를 고찰하기로 하자.

고려 말에 이르러서는 벌써 9등분에 의한 편호제는 무너지고 있었다. 그리하여 봉건통치자들은 그를 수습하기 위하여 여러 가지로 봉건국가적인 '대책안'들을 제출하였던 것이다. 그 가운데서 대호·중호·소호로 나눈 3등분제를 들 수 있다. 이에 의하면 그 비례를 소호 3, 중호 2를 각각 대호 1과 같은 크기로 하고 있다(『고려사』 권84, 형1 호혼 신우 원년조).

이렇게 하여 봉건통치자들은 인민대중의 국가부역을 고르게 한다는 것인데 이 편호법에서의 대·중·소호의 비율법은 9등분 편호의 그 기본수를 끄집어 내는 데 있어서 매우 중요한 내용을 제공한다. 즉 이상의 소호 3호를 기준으로 삼고 있는 것을 「신라장적」의 9등분제 편호에 적용하면 하하연 9호가 상상연 1호와 대등하게 될 것이다. 이것을 거꾸로 계산하여 하하연을 하나로 볼 때 하중연은 하하연의 2개, 하상연은 그 3개, 중하연은 그 4개 그리고 상상연은 하하연의 9개와 맞먹는 크기로 될 것이다.

이러한 계산에 근거하여 「장적」의 3개 촌(기록이 많이 지워져서 촌 이름을 알 수 없게 된 것도 있다)을 모두 하하연으로 환산하면 다음과 같은 도표를 얻을 수 있다.

<도표 3>

촌명	공연수	중하연	하상연	하중연	하하연	하하연으로 환산한 수	계연수
사해점촌	10	4	2		(4)5	25	나머지(2) 4 3
살하지촌	15	1	2	5	(7)6	26	나머지(2) 4 2
서원경 ○○촌	10			1	9	11	나머지(2) 1 5

* ( )는 문서 작성자에 의해 고쳐졌어야 할 수[9]

위의 도표에서와 같이 「장적」 작성자의 잘못된 기록을 바로 시정한 조건에서 비로소 계연 편성의 기본수를 정확히 찾아볼 수 있게 되었다.

그 기본수를 찾기 위하여 역시 서원경 ○○촌의 예를 들어보면 하중연 1, 하하연 9로써 하하연으로 환산하여 11호였다. 그런데 계연은 1하고 나머지가 5라고 하였으니 11에서 5를 빼면 6이란 숫자를 얻게 된다. 바로 이 6은 하하연 6호가 한 계연이라는 것으로 되며 따라서 한 계연의 기본수는 하하연 6호라는 것을 말하여 준다.

이 기본수 6을 가지고 사해점촌과 살하지촌에서 환산한 하하연 각각 26을 나누어 보면 과연 계연 4하고 나머지가 각각 2라고 한 「장적」의 수와 완전히 일치한다. 이리하여 신라 계연 산출의 기본수는 하하연 6이라는 것을 명백히 알 수 있게 되었다.

이상으로써 장정 5명 이하의 하하연 6을 한 개 단위로 하여 계연이란 과호를 편성하고 이에 근거하여 신라 봉건국가는 일체의 국가수탈을 촌내 농민들에게 부과시킨 것으로 추측된다(그 나머지 수는 어떻게 처리되었는지 아직은 알 수 없다).

그렇다면 1계연의 장정수는 최소의 경우를 놓고 보아 6명이 되며 최대의 경우 30명의 범위를 포괄할 것인데 대체로 「장적」에서 유동한 하하연의 장정수가 3명 내외 정도로 되고 있는 것으로 보아 1계연의 장정수는 18~20명 정도였을 것이다.

그런데 촌 안의 경지면적과 장정수는 앞에서 본 바와 같이 전혀 대응관

---

9) 사해점촌의 기록에서 문서작성자가 공연 11을 10으로 고쳐놓은 것은 새로 「장적」을 작성할 때 그 전년에 이미 공연 하나가 다른 지방으로 이사간 후였으므로 고쳐놓은 것이다. 그런데 이 이사간 집은 가족수가 5명이며 장정수는 2명으로서 하하연이었던 것을 알 수 있다. 그러나 문서작성자는 그 내역을 밝히는 데서도 응당 하하연의 수를 고쳤어야 할 것인데 이사간 하하연수는 고쳐놓지 않았다. 즉 하하연 5를 4로 고쳐놓지 않았으며 따라서 계연도 종전의 것을 그대로 두는 틀린 기록을 남겼다. 또 살하지촌에서도 문서작성자는 새로 이사온 집을 공연수에 계산하였는데 그 편호에는 계산하지 않았다. 이 새로 이사온 집도 가족이 불과 4명인 것으로 보아 응당 하하연이 되겠으므로 문서에서 하하연 6이 아니라 7로 고쳤어야 할 것이었다.

계에 놓여 있지 않을 뿐 아니라 「장적」에서는 토지면적의 변동에 대하여서도 관심을 돌리지 않고 있는 것이다.

이것은 '정전제'가 이른바 '토지분여 문제'라고 하지만 사실에 있어서는 봉건국가의 공부체제와 직접 관련된 문제였다는 것을 말하여 준다. 때문에 농민들에 대한 봉건국가의 공부수탈의 기초단위였던 계연을 '정전제'와 통일적인 연관 속에서 파악하여야 할 것이다.

앞서 인용한 바와 같이 매개 촌 안의 '연수유전답'만 놓고 보더라도 그것을 노력과 대비하여 지나치게 많다는 것을 알 수 있다. 물론 당시 아무리 조방식 농법으로 농사하였다고 하더라도 모든 토지를 다 다루었다고는 볼 수 없다. 특히 매개 촌에서 '연수유' 밖에 '관모전답'·'내시령답'·'마전'을 경작해야 했고 적지 않은 소와 말 그리고 뽕나무·잣나무·호두나무를 관리해야 하는 등 정상적인 농민들의 부담이 이만저만한 것이 아니었던 조건에서 촌내 '연수유'의 모든 면적을 매해 경작하였다고 하기는 어려운 것이다. 고려 때에도 한 해 혹은 두 해 묵이다가 부치는 땅들에 대한 세부담이 규정되어 있는 것을 찾아볼 수 있다(『고려사』 권78, 식화1 전제 문종 8년조).

이렇게 놓고 볼 때 당시 신라 봉건국가가 경지면적 자체에 대하여 그리 큰 관심을 가지지 않을 수 있었다는 근거를 더욱 명백히 하여 주고 있으며 따라서 토지를 다루는 사람의 머리수, 즉 장정수에 보다 수탈의 기준을 두게 되었으리라는 것을 알 수 있게 한다.

이로써 장정수에 기초하여 편성된 계연을 단위로 농민에 대한 봉건국가의 공부수탈이 진행되었을 것은 의심할 바 없게 되었다.

「장적」을 놓고 특히 그것이 봉건국가의 농민수탈을 위한 기본대장이었다는 점을 고려할 때 공부수탈은 토지면적에 기준을 둔 것이 아니라 장정수에 두었다는 것을 뚜렷이 보여주는 것이다.

'정전제'가 종전부터 소유하고 있던 백성농민의 경작지를 새로 등록한 데 지나지 않았기에 그 크기도 각이하였지만 그것이 토지 자체의 면적에 기본을 둔 것이 아니라 백성농민들을 토지에 얽어맴으로써 그들이 짊어진

국역, 다시 말하여 일체 공부부담 부과에 초점을 두고 실시하였던 만큼 공부부과의 단위로 된 계연과 보다 밀접한 관계를 가지는 것으로 보아 잘못이 없을 것이다. 즉 공연에 '준 것'이 '정전'이라면 계연은 '정전'을 주는 단위로 모인 공연을 일정한 기준에서 묶은 과호였던 만큼 봉건지배층에게는 '정전'의 크기는 여하튼간에 '정전'을 '받은' 공연의 장정수에, 다시 말하여 '정전'을 '받은' 호의 장정수에 기초하여 작성된 계연이 보다 문제시되었던 것이다. 그것은 그들이 농민들을 수탈하는 데서 '정전'의 크기에 의한 것이 아니라 계연을 단위로 하는 농민수탈을 기본으로 하였기 때문이었다.

6. 신라 봉건국가의 토지제도상에서 본 정전제

봉건국가의 제반 제도는 인민대중의 자주성을 유린 말살하고 그들에 대한 지배계급의 착취를 강화하기 위한 도구에 불과하다. 신라의 '정전제'는 신라 봉건국가의 토지제도의 한 고리인 동시에 농민대중에 대한 봉건국가의 수탈체제의 중요한 구성요소를 이룬다.

신라 '정전제'의 본질을 더욱 명백히 밝히려면 당시 봉건적 토지소유관계와 봉건국가의 토지제도에 대한 실제적인 고찰로부터 시작해야 할 것이다.

봉건사회는 토지제도에 대한 봉건적 소유에 기초한 사회인 것만큼 지주들의 토지소유가 확대되어 나가는 반면에 자유소농민들인 백성은 부단한 계급적 분화를 일으켜 오랜 선조 때로부터 부쳐 오던 자기의 토지마저 잃어버리게 된다.

이러한 현상은 『삼국사기』나 『삼국유사』에서 흔히 찾아볼 수 있는데 토지없는 백성의 출현(『삼국사기』 권48, 효녀 지은전), '용작' 농민들의 증대(『삼국유사』 권5, 진성사효선쌍미), '용전제'(『삼국유사』 권5, 대성효2세부모) 등이 그것이다.

여기의 용작은 품을 팔아서 생계를 유지하는 것으로 직접 토지문제와는 관련이 없지만 용전은 매우 흥미있는 사실을 보여준다. 즉 신문왕 때(681

~692)에 대성이란 사람이 집안이 몹시 가난하여 부잣집의 품팔이를 하였는데 그 보상으로 부잣집에서 얼마간의 밭을 주어 먹고 살아갈 밑천으로 삼았다는 이야기가 있다. 여기에서 받은 땅을 용전이라고 하였는데 대성은 그 땅을 자기 마음대로 절간에 희사하였다는 것이다. 즉 품파는 대가로 받은 용전을 자유 처분할 수 있었다는 것을 말한다. 그것은 지주의 측에서 볼 때 계속 자기 집일을 하는 조건에서 그 용전의 처분에는 상관하지 않았다는 것을 의미하는 것이다. 용전은 일정한 토지를 용작인에게 떼어 준 것인데 이것을 바꾸어 말하면 용전을 준 대신에 토지소유자의 집일을 계속 시킨 것으로 된다.

이렇게 본다면 여기서 봉건적 착취관계는 노동지대 형식에서 맺어졌다는 것을 직감적으로 알 수 있게 한다. 물론 다른 자료가 없다고 하여 이러한 설화 하나만 가지고 당시의 착취관계를 속단하는 것은 좀 무리한 감도 없지 않지만 이러한 노동지대 형태에서 맺어지는 봉건적 관계는 당시 흔히 있었던 현상인 것 같다. 예컨대 경덕왕 때(742~765)에 "내일도 바쁜데 주인집 방아 찧으라네"(『삼국유사』권5, 욱면비염불서승)라는 속담이 있었던 것은 그러한 사정을 잘 반영한 것이라고 볼 수 있다.

물론 이에 대하여서는 앞으로 더 많은 연구를 거쳐서 결론될 문제이다. 신라시기의 토지제도에 관한 문제를 고찰하는 만큼 봉건적 지대문제를 간단히 스쳐 버릴 수는 없는 것이다.

우리 나라 노예소유제 사회에서는 노동노예가 크게 발전한 것이 아니라 가내적인 노예제도가 보다 일반적인 형태로서 보편화되었었다면 봉건제 사회로 넘어오면서는 일찍이 현물지대 형태가 발생 발전하였을 가능성이 보다 많았다고 할 수 있다. 그런데 지금까지 신라시기의 현물지대에 대한 뚜렷한 자료를 찾지 못한 것만은 사실이다. 그렇다고 하여 당시 현물지대가 전혀 없었다고 속단할 수는 없는 것이다.

『삼국유사』에서 귀족들이 절간에 재산들을 바친 사실들을 세밀히 따져 보면 대체로는 토지나 그 밖의 재물로 되고 있다. 그러나 867년에 왕실의 한 여자인 단월옹주가 절간에 토지와 함께 노비를 바친 기사가 보인다

[『조선금석총람(상)』, 93쪽].

여기의 노비를 그 토지를 부치던 소위 재외노비로 볼 것인가 또는 그 토지의 경작자와는 관계없는 노비로 볼 것인가 하는 것은 갑자기 결론할 수 없으므로 이것만으로 지대 형태를 끄집어 낼 수는 없다. 그런데 주목되는 것은 8세기 중엽(경덕왕 때) 강주(진주)지방의 귀진이란 한 귀족이 절간에 '전민' 즉 '토지·인민'을 바치었다는 사실이다(『삼국유사』권5, 욱면비염불서승). 여기의 인민은 말할 것도 없이 절간에 바친 물건으로 취급되고 있는 것으로 보아 노비였으리라는 것은 자명한 것이다. 바로 이 '전민'이란 표현은 그 토지를 경작하던 '민'을 가리키는 것으로 이해되며 따라서 토지와 함께 절간에 바친 그 '민' 즉 노비는 거의 의심할 바 없이 그 토지를 부치던 노비였을 것이다. 이로써 귀진은 자기 토지를 자기의 노비로써 경작시키고 있었다는 것을 알 수 있는 동시에 지주와 농민과의 관계는 현물지대 형태에 의하여 이루어졌었다는 것도 명백해진다. 왜냐 하면 토지와 노비를 고스란히 절간에 바친 사실을 보면 바로 그 노비가 부치고 있던 토지와 함께 주인을 바꾸어 절간에로 넘어가게 되었으며 따라서 여기에는 노비가 자기의 생계를 위한 또 다른 토지가 없었다는 것이 명백하기 때문이다. 바로 그 노비는 지주(상전)의 토지를 얻어 가을에 가서 현물지대를 바치었다고 보이는 것이다.

물론 이 한 가지 단편적인 사실만을 가지고 현물지대 형태 전반을 설명할 수는 없지만 그 후 고려시기 이후로는 이와 같이 '전민'을 기증하는 현상이 일반적인 것으로 되고 있는 것은 또한 주목해야 할 점이다.

개인들이 절간에 토지를 바치는 현상들이 유행하여 일시 국가적으로 금지령을 내렸던 사실까지 있었으며 그 후에도 개인들이 절간에 토지를 바치는 현상이 더욱 성행하였다는 것을 『삼국유사』에서 많이 찾아볼 수 있다. 더욱이 지증이란 중은 전장 12구획의 땅 500결을 절간에 기증한 사실도 있었다[『조선금석총람(상)』, 문경봉암사 지증대사적조탑비].

이상에서 첫째로 지주들이 토지없는 농민들을 예속시키고 있었을 뿐 아니라 그 가운데에는 큰 지주들도 있었다는 것, 둘째로 지주들 속에는 절간 자체가 큰 지주로 등장한 사실도 있었다는 것 등을 찾아보았다.

이제 지주들의 토지집중 현상을 기록에서 좀더 찾아보자.

김유신에게 많은 토지가 주어졌다는 것은 잘 알려진 사실이며 그의 아들 원술이 전쟁터에서 용맹을 떨치지 못하여 집에 들어가지 못하고 '전원'에 숨어서 생활하였다는 것(『삼국사기』 권43, 김유신전)은 그 자신이 전장을 가지고 있었다는 것을 말하여 준다. 또 신라 말의 최치원이 한때 합포현 별장에서 지냈다는 것(『삼국사기』 권46, 최치원전)도 그가 지기의 전장을 가지고 있었다는 것을 증시한다고 볼 수 있다.

이와 같이 당시 신라귀족들 속에서 전장들을 경영한 것은 결코 특수한 현상 같지도 않아 보인다.

이러한 전장은 특히 사원들에서 크게 경영되었는데 "운문산선원의 경제표에 남쪽은 아니재, 동쪽은 가서현"이라고 한 기사(『삼국사기』 권4, 보양이목)를 보면 당시 그 절간 소유지가 큰 벌을 차지한 것 같다.

그러면 이러한 전장들이 어떻게 경영되었겠는가. 그 일단을 조신에 관한 설화에서 찾아볼 수 있다. 즉 이 설화는 조신이 세규사의 지장(전장 관리자)이 되어 그 전장이 있던 곳에 가게 되었다는 한 토막의 이야기이다(『삼국유사』 권3, 조신). 이것만으로써는 당시 전장 경리의 구체적 내용을 알 수 없지만 전장에는 지주가 파견하는 전장 관리자로서의 지장이 자기의 사무소인 장사에서 일정한 기간 상주하고 있었다는 것만은 명백히 알 수 있다. 물론 이 설화 내용만 가지고서는 전장에서의 수탈 형식이 노력지대였는지 현물지대였는지는 전혀 알 수 없다. 그러나 지장이 전장의 장사에서 일정한 기간 상주하였다면 그 관리자인 지장은 단순히 가을 추수를 위하여서만 파견된 것 같지는 않다.

이상에서 상당한 정도의 지주(사원 포함)의 토지소유제가 발전하고 있었다는 것을 찾아볼 수 있을 것이다. 이러한 형편에서 토지 기증은 물론이고 그 저당·매매도 십분 인정해야 할 것이다.

숭복사비명에서 798년 원성왕이 죽자 그의 무덤을 축조하기 위하여 주변의 토지를 1결에 10섬씩을 주고 200결을 사들이고 있는 것[『조선금석총람(상)』]을 보면 당시 토지매매 현상은 보통 일로 되고 있었다는 것을 알 수 있다.

그러나 이상과 같은 사적토지집중은 신라의 수도나 지방도시 등 중심지들에서 보다 발전하였을 것이다. 그리하여 전국적 범위에서 볼 때 토지소유관계는 다른 측면에서 고찰되어야 할 것이다. 당시까지만 하여도 지방 촌락들에서의 형편은 도시 주변에서와 같이 토지집중화 과정이 활발하게 진행된 것이 아니라 매우 굼뜨게 진행될 수밖에 없었던 것이다.

「신라장적」의 실례에서 보는 바와 같이 문서내용만 가지고서는 토지소유관계는 물론이고 토지집중 정도를 전혀 알 수 없다. 그러나 '정전제'가 실시되어 거의 100년이 지난 때인 「장적」 작성시기에 와서는 촌 안의 촌주들, 토착호족 세력을 비롯한 백성의 상층들의 소유토지가 사실상 확대되고 있었다고 볼 수 있다. 그렇지 않았다면 촌락들은 너무도 침체적이며 목가적인 별천지에 놓여 있게 된다. 그렇게는 도저히 될 수 없었던 것은 10~15호 정도의 작은 촌 안에도 노비들이 9~10명씩이나 있었다는 사실이 잘 설명해 주는 것이다. 물론 노비들이 가정을 이루지 못하고 있었다는 것은 그들의 연령 구성에서 실증되고 있다. 예컨대 사해점촌에서는 장정노 1명에 장정비 5명으로 되고 있으며 살하지촌에서는 장정노 4명, 장정비 3명으로서 여기서는 장정노비밖에 없었다는 것들을 통하여 잘 알 수 있다. 이러한 계급적 내용으로 보아 촌내 빈부의 차이, 그에 따르는 착취관계는 응당한 정도로 인정해야 할 것이며 이러한 형편에서 토지를 못 가지고 용전 형식으로 봉건적 관계에 예속된 층도 발생했을 수 있었다고 보아서 결코 무리한 생각이 아닐 것이다.

그런데 「장적」은 총경작지를 오직 '연수유전답'과 '관모전답', '내시령답', '마전' 등의 구분으로 기록하였고 '연수유' 속에 '촌주위답'을 따로 밝혀 포함시켰을 뿐이다.

여기의 '관모전답'은 관유지, '내시령답'은 국왕직속지로 보고 '연수유'만이 '정전'이었다고 이해한다면 과연 '관모전답', '내시령답' 등은 무슨 노력에 의하여 경작되었겠는가 하는 의문이 제기된다.

　물론 앞서 본 촌 안의 노비만으로써는 그 경작에 대하여 생각할 수 없는 만큼 '관모전답' 등의 경리가 국가직영지가 아니었다는 것은 자명해진다. 이렇게 볼 때 그 토지 역시 촌 안의 농민들의 힘에 의하여 경작되었다는 것은 거의 의심할 바 없게 된다. 만일에 '관모전답', '내시령답' 등이 다만 그 조세수탈의 측면에서 설정된 것이라면 '연수유'의 농민 이외에 또 다른 계층의 농민 즉 고려시기의 '전객'이나 '처간'과 같은 농민층이 있었을 것이다. 그러나 「장적」의 기사 전반 형식을 볼 때 일반 '연수유'의 농민과 또 다른 계층의 농민층을 촌 안에서 찾아볼 수 없다. 그렇다면 '관모전답' 등을 부치던 농민은 '연수유'의 농민 이외에 다른 노력이 아니었으며 결국 그 농민의 힘에 의하여 경작되었다고 보는 것이 자연스럽다.

　그러면 왜 '관모전답' 등과 '연수유전답'을 명백히 갈라 놓았겠는가.

　우선 '관모전답'·'내시령답' 등은 봉건국가가 직접 촌의 논밭 가운데서도 가장 좋은 토지를 떼내어 장악했을 것인데 여기에 앞에서 본 용전의 예를 결부시켜 보는 것은 전혀 무의미한 것이 아닐 것이다.

　이를 고찰하기 전에 당시 '마전' 경리 형태를 보자. 앞서 아달성의 실례에서 본 바와 같이 성 안의 전체 주민의 부역동원에 의하여 '마전'이 경작되고 있었다. 이로써 「장적」에 보이는 매 촌에 1경 정도의 '마전'도 그 촌 안의 주민 즉 장정(남녀)들의 노동에 의하여 공동으로 경작되었다는 것이 명백하다. 따라서 그 수확물은 전적으로 봉건국가에서 걸어들여 갔을 것은 더 말할 것도 없다.

　바로 '관모전답'이나 '내시령답'도 '마전' 경작 형식에 의하여 '연수유'의 촌내 백성농민들의 공동경작으로 경영되었겠다는 것은 납득될 수 있는 문제이다. 여기서 물론 그 수확물은 응당 관가·왕실 소유로 되었을 것은 말할 것도 없고 농민들은 그만큼 봉건국가에 의하여 노력 착취를 당한 것으로 된다.

　그렇다면 '연수유'의 소출은 백성농민들의 몫으로 일단 보아야 할 것이다(후에 다시 논하겠지만 여기에서도 문제가 있다). 이러한 점에서 용전제에서 본 바와 같은 지주제와 예농민 간의 관계 즉 노동지대적 형태에서 맺어지는 관계와 매우 비슷한 것을 여기서도 찾아보게 되는 것이다.

다만 여기의 노동지대적이라고 본 것은 봉건국가와 농민 간의 관계의 특수성에서 오는 것으로서 용전제에서와 같이 지주와 예농 간의 1대 1의 관계가 아니라 봉건국가와 촌 안의 농민집단 간의 관계였다. 이것을 더 구체적으로 말하면 촌 안의 장정남녀는 '연수유전답'을 갈아먹을 수 있도록 (본질에서는 봉건국가가 농민수탈을 보장할 목적에서였다) '보장'을 받고 '관모전답'·'내시령답'·'마전' 등에서 노동지대적 형태로써 집단적 수탈을 당한 것이었다.

이러한 전제 밑에 촌 안의 토지관계에 대한 분석을 좀더 파고 들어가 보자.

'연수유전답' 가운데는 촌주의 몫이 명백히 기록되어 있다. 그것은 봉건국가가 촌주의 직역에 대한 보상으로써 19결 70부의 토지를 '촌주위답'이란 이름으로 '연수유' 가운데서 구별해 놓은 것이다. 그러나 촌주가 자기 몫인 이 '촌주위답'을 자체로 경작했으리라고는 생각되지 않는다. 보다는 촌주의 관할 밑에 있는 여러 촌의 장정들을 동원하였을 것이 명백하다.

그렇다면 촌주의 몫으로 '연수유' 가운데 들어 있는 '촌주위답'도 결국 촌 안의 '연수유'의 백성농민 장정들의 공동경작으로 되고 그 수확은 고스란히 촌주의 것으로 되었을 것은 자명하다.

앞에서 논한 바와 같이 '연수유' 안에는 실제에 있어서 촌 안의 토호층의 소유지도 있었다고 보아 잘못이 없다면 '연수유'의 농민들 가운데는 사실상 자기의 토지를 소유하지 못한 농민들이 있었다고 인정하는 것도 결코 무리한 것이 아니다. 따라서 '연수유'란 이름을 갖는 토지에는 사실상 그 내막을 따져 보면 봉건적 생산관계에 의하여 맺어진 복잡한 관계가 있었다는 것을 반드시 고려해야 할 것이다. 물론 그것이 어느 정도의 발전수준에 놓여 있었겠는가 하는 것은 말할 수 없지만 바로 그러한 봉건적 관계를 전제로 하여 신라 말에 급속히 확대된 봉건적 분산성, 지방토호세력들의 정치군사적 대두의 경제적 지반을 설명할 수 있을 것이다.

이상에서 후기신라시기의 봉건적 토지소유관계에 대하여 큰 테두리에서나마 고찰해 보았다.

그러면 「장적」에서 보는 바와 같이 토지소유관계 문제에 대하여 봉건국가가 보다 관심을 덜 돌린 것은 무엇 때문인가.

「장적」이 신라 봉건국가 토지제도의 일단을 반영하고 있는 것인 만큼 「장적」을 통하여 봉건국가의 토지제도를 전국적 범위로 확대해 볼 필요가 있다.

「장적」의 사해점촌을 예로 들면 전체 논 총계에 대한 '관모답'·'내시령답'·'촌주위답'이 27.1%를 차지하고 있으며 여기에 장정 10~11명이 있는 '중하연'이 4호이다. 그 가운데 1호를 촌주의 호라고 보면 나머지 3호와 장정수 8~9명을 가지고 있는 '하상연' 2호를 합쳐 촌주와 대등한 대가족이 모두 5호나 된다. 그런데 소가족인 '하하연'은 4호밖에 없었으니 '하하연'이 차례지고 있던 땅은 사실상 '연수유'의 적은 부분을 차지하였을 것이고 그것도 보다 척박한 땅이었으리라는 것을 알 수 있다. 그 가운데서 토지를 사실상 소유하지 못한 집도 있을 수 있었겠다고 하는 것은 '하하연' 한 호가 다른 지방으로 이사간 것으로 추측할 수 있다.

「장적」에서 이사가고 이사오는 집들은 모두 영세소가족으로 되고 있는 것은 이상의 추측을 더욱 가능케 해 준다.

사해점촌에 대한 이와 같은 분석을 전제로 하고 전국의 국가소유토지를 보기 위하여 「장적」의 '관모전답'·'내시령답'과 전체 경지면적에 대한 비례를 보기로 하자.

<도표 4>

촌 명	전 답 총 계	관모전답	총경지에 대한 관모전답(%)	내시령답	총경지에 대한 내시령답(%)
사해점촌	답 102결02부 4속 전 62, 10, 0	4,00,0	3.9 0	4,00,0	3.9
살하지촌	답 63, 64, 9 전 119, 05, 8	3,63,7	5.7 0		
?	답 71, 67, 0 전 58, 07, 1	3,00,0	4.2 0		
서원경 ○○촌	답 29, 19, 0 전 77, 19, 0	3,20,0 1,00,0	11.0 1.3		

도표에 의하여 한 촌 안의 형편을 보면 봉건국가의 소유지는 그리 큰 것 같지 않지만 그것을 전국적 규모로 확대해 보면 봉건국가가 직접 소유한 토지가 결코 적은 것이 아니었다는 것을 짐작할 수 있다. 그것도 거의 대부분 논이었다는 점에 주의할 필요가 있다.

그런데 귀족관료들은 자기 소유토지 외에 녹읍을 가지고 있었다. 이 녹읍은 앞에서 본 바와 같이 신라에서는 오랜 제도였겠지만 일시 녹읍 대신에 봉건국가가 직접 조세를 수탈하여 벼를 주는 '월봉제'로 넘어갔다가 다시 복구되었었다. '정전제'를 선포했던 때는 바로 귀족관료에게 월봉(사실에 있어서는 연봉으로 보인다)으로 벼를 주던 시기였다면 「장적」 작성 당시는 녹읍제가 실시되던 때였다.

녹읍제에 대한 연구는 거의 진행되지 않고 있다. 여기서 다만 신라 말기 지방토호들이 장군·성주의 이름으로 대두하던 시기 그들의 녹읍은 그의 세력근거지 근방의 고을들이었다는 것을 이야기할 수 있다.

이와 함께 주목되는 것은 "신성조 100섬을 매해 준다"(『삼국사기』 권46, 강수전), "남성조를 매해 1,000섬 준다"(『삼국사기』 권43, 김유신전) 등인데 여기에 매해 주는 조의 출처를 밝히고 있다. 또한 이러한 예로서 뚜렷한 것은 한 절간에 대하여 "하서부의 도내 여덟 고을의 세납을 네 가지 일의 비용으로 충당할 것이다"(『삼국유사』 권3, 대산오만진신)라고 한 것들이다.

이러한 사실들은 녹읍이 어떤 특정된 구역에만 설정된 것이 아니라 각지에 설정되었다는 것을 시사하여 준다고 볼 수 있다.

이 귀족관료들의 녹읍은 봉건국가가 장악 지배했다고 보이는 만큼(그것은 일시 봉건국가가 직접 조세를 수탈하여 현물로 나누어 주는 '월봉제'로 실시되었었다는 사실에서) 「장적」에서 보는 '관모전답'과 같은 것이 그에 해당되는 것이라고 할 수 있다(녹봉제를 실시하던 시기). 이렇게 본다면 그 녹읍은 한 고을이나 촌락의 이름을 가졌다 하여도 그 전 지역을 가리키는 것이 아니라 지역 안의 일정한 구획으로 될 것이다. 이것은 '신성조'를 준다고 하는 것도 그 곳의 조를 다 준다는 것이 아니라 그 곳에서 걷어

들이는 조의 일부를 준다고 한 것과 부합된다.

이처럼 「장적」에서 '내시령답'·'관모전답'·'마전'·'연수유전답' 등으로 경지를 구분해 놓은 것은 봉건국가로 하여금 농민들에 대한 수탈을 강화하기 위한 것으로서 신라 봉건국가의 토지제도상 문제였다.

그러면 신라 봉건국가가 어떠한 입장에서 토지소유관계 문제를 다루었는가에 대하여 좀더 구체적으로 고찰하자.

앞서 인용한 지증이란 중이 자기 소유토지의 전장 12구획을 절간에 희사할 때 그는 "비록 내 땅이라고 하지만 왕토에 사는 국민인 만큼 이 땅을 절간에 기부하는 데 대해서는 국왕의 승인을 받아야 한다"[『조선금석총람(상)』, 숭복사비]고 생각하고 그렇게 실행한 것은 당시 봉건적 '왕토' 관념이 지배층 내에 강하게 유포되고 있었다는 것을 말하여 준다.

이와 같이 '왕토' 관념이 지배하고 있었다는 또 하나의 실례로서는 앞서 인용한 원성왕의 무덤을 축조할 때 "국내의 모든 토지는 다 왕토, 즉 국가의 땅이지만 지금 왕릉 구축을 위하여 구하려는 땅들은 공전이 아니므로 2,000섬을 주고 사들였다"는 것이다.

앞의 것은 875년의 일이며 뒤의 것은 798년의 일이니 신라 말기까지도 '왕토' 관념이 강하게 이 사회에서 지배하였던 것을 알 수 있다.

이러한 견지에서 볼 때 「장적」에서 '연수유'라는 용어를 쓰게 된 근거를 쉽게 이해할 수 있을 것이다. 즉 그것은 '왕토' 관념의 산물이며 거기에서 산생된 표현법이었다. 따라서 그 내막에는 이러저러한 유형의 토지소유관계가 얽혀 있다고 하여도 봉건국가로서는 모두 '연수유'라는 한 마디로 쓰고 있는 것이다.

전국 토지에 대하여 '왕토'라고 말은 하였지만 사실에 있어서는 개인의 사유토지였다. 비록 왕릉 하나 축조하는 것조차 왕실에서는 많은 쌀을 주고 개별적 지주로부터 토지를 사들이지 않으면 안 되었다. '연수유'라고 한 것도 그것이 봉건국가적 입장에서 사용한 한갓 관용어에 불과하였으며 실제상 그 내막을 들여다보면 개개인의 사적토지소유관계에 놓여 있었으며 일부는 토지집중도 일정하게 진행되고 있었던 것이다.

실지 토지를 누가 가지고 있었던 간에 봉건국가는 전국의 토지를 '왕토' 관념 밑에서 마치도 봉건국가를 토지소유 자격에 놓고 백성농민들의 소유지든 아니든 간에 상관할 바 없이 봉건국가가 나누어 준 것으로 표방하였던 것이다. 이리하여 '관모전답'·'내시령답'·'마전' 등 국유지 경작에 농민들을 공동으로 내몰았다. 그것은 마치도 개별적 지주에 의한 노동지대적 수탈의 형태를 국가적 수탈 형태에서 취한 것이었다. 그렇다고 하여 '연수유'의 소출이 모두 농민의 몫으로 될 수는 물론 없었다. 왜냐 하면 봉건국가는 바로 이 '연수유'에 대한 일체 공부수탈에 중심을 두고 농민착취체제를 세우고 있었던 만큼 '연수유'의 소출이 말로써만 농민의 몫이었지 실제에서는 그 적지 않은 부분이 또한 봉건국가에 의하여 착취되었던 것이다.

이상과 같은 '왕토' 관념에 의한 봉건국가의 토지지배체제를 가지고 일부 토지국유제설을 주장하고 있다고 보이지만 그것은 어디까지나 봉건국가의 토지제도상에서 오는 농민수탈체제의 문제이며 토지소유관계 그 자체를 말하는 것과는 엄격히 구별되는 것이라고 보아야 한다.

물론 적지 않은 토지가 왕실을 비롯하여 직접 봉건국가의 소유토지로 되고 있었고 일부 국유지, 개간되지 않은 땅, 주인없는 땅들이 봉건국가 권력에 의하여 토지없는 농민에게 주어지게 되는 경우도 있었던 것이다 (농민수탈을 강화하기 위해서였다). 그러나 이것은 당시 신라 수도나 지방중심지들에서보다는 인구에 비하여 토지가 많은 곳에서 진행되었을 것이다. 물론 당시 신라사회를 총체적으로 놓고 볼 때 농업생산력이 비교적 낮은 조건에서 경주나 지방중심지를 제외한 지역에서는 토지집중이 그다지 촉진될 수 없었을 것이다. 이러한 형편을 고려할 때 8세기 전반기 신라에서의 토지집중은 사회적 문제로까지 날카롭게 제기되었으리라고 생각되지 않는다. 바로 이러한 환경에서 '정전제'와 같은 토지제도의 실시도 쉽게 선포될 수 있었다고 보인다.

봉건국가의 토지소유도 말하자면 봉건지배계급의 집단적 소유이며 그것 역시 사적토지소유에 기초한 소유형태에 불과하였다. 바로 봉건지배계급은 이것을 포함하여 전국의 토지를 '왕토' 관념 밑에 몰아넣고 토지관계를 모호한 형태의 외피 즉 토지국유적 형태로 전국 토지에 대한 지배체제를 확립하려 하였던 것이다.

이러한 토지지배체제를 확립하기 위하여 실시된 것의 하나가 바로 722년 백성농민에게 처음으로 '주었다'는 '정전제'였다.

이상에서 본 바와 같이 '정전제'의 실시를 통하여 신라 봉건국가는 중앙집권체제를 편성 강화하면서 전국 토지에 대한 '왕토' 관념을 선전 유포하며 백성농민들을 토지에 더욱 붙들어매려고 꾀하였던 것이다.

이러한 목적에서 실시된 신라의 '정전제'는 농민들을 장악 지배하기 위한 봉건국가의 전면적 수탈체제의 중요 고리로서 봉건지배계급들에 의하여 조작된 음흉하고 교활한 인민대중에 대한 억압과 구속의 정치적 기구였다.

그러나 신라의 '정전제'는 원래 자체의 취약성을 내포하고 출현하였으므로 그 후 오래 발전 강화될 수 없었으며 농민대중의 자주성을 옹호하기 위한 끊임없는 투쟁, 특히는 9세기 전국을 휩쓴 농민폭동의 확대로 인하여 그 '정전제' 체제는 파산을 면치 못하게 되었다.

(『력사과학』 1977-4, 1978-1)

서평 : 『조선 고대사』에 대하여

미제국주의의 무장침공을 반대하는 정의의 조국해방전쟁의 곤란한 시기인 1951년 12월에 조선력사편찬위원회는 『조선 고대사』를 출판하였다. 당시 조선력사편찬위원회 일꾼들은 많은 애로와 곤란을 극복하고 조선역사의 통사를 계획하였는바, 그 첫 권으로 출판된 것이 이 『조선 고대사』였다.

일찍이 조선력사편찬위원회에서는 전전 평화적 건설시기에 조선통사를 계획하고 그 일부를 『력사 제 문제』에 연재하였으나 전쟁의 발발과 동시에 이 사업은 중단되었다. 조국해방전쟁이 장기화되면서 조선력사편찬위원회는 다시금 이 사업을 계속하게 되었으며 용감히 그 첫 권을 세상에 내놓았다. 『조선 고대사』는 5장 19절로 되어 있는바, 권두에 서론과 매 장마다 간단한 결론을 주고 있다.

서론에는 매우 간단하게 우리나라의 원시공동체 사회의 유적들이 소개되어 있으며, 또한 조선고대사의 주요한 문제로 되고 있는 '고조선'의 위치에 대한 문제와 고대 국가들의 사회경제적 구성에 대한 문제들에 대하여 언급되어 있다. 우리는 이 부분에서 편자의 방법론적 문제와 이 책의 서술방향에 대하여 즉각적으로 그 오류를 발견할 수 있었다.

그것은 첫째로 우리나라의 원시공동체 사회의 유적을 서술하는 데 있어 파편적인 유물들과 기타 후세의 문헌들에서 여러 가지 사료들을 깊이 분석·검토도 하지 않고 무미건조하게 나열한 데 불과하고 말았다. 이와 같은 서술방식은 역사 서술에 있어 거의 무의미한 것이다. 왜냐 하면 대중은 사료를 이론적으로 분석·정리·종합하여 과학적으로 체계화시키고 풍부한 과학적 내용과 계급적 입장에 튼튼히 선 고상한 당성에 충만된 이러한 조국역사에 기대를 가지고 있기 때문이다. 이 점에서 이 책은 출발점부터 대중의 기대에 어그러졌다.

둘째로 더욱 엄중한 것은 방법론적으로 어떠한 사회단계도 넘어뛸 수 없으며 정식화된 그대로 매 단계를 경과하여야 한다는 데로부터 출발하고 있다. 그리하여 "우리가 만일 레닌의 이러한 정신에 의하여 신라사회의 발전 형태를 고찰한다면 신라의 가부장적 원시사회가 계급적 분열이 없이 바로 농노제도로 넘어갈 수 없다는 것과 고구려의 식읍제도가 직접 봉건영주의 제도가 될 수 없다는 것을 알 수 있다"(『조선 고대사』, 12쪽)라고 하였으며 심지어 "만일 고구려의 식읍제도를 봉건제도와 동일한 범주에서 생각한다면 사회발전법칙의 일정한 단계로 보아서 고구려는 주몽왕 이전에 이미 노예사회의 일반적 형태를 경과하여야 한다. 그러나 주몽왕 이전의 고구려는 그러한 형태의 고전적 국가를 형성하였으리라고 할 만한 아무런 근거도 아직 적발할 수가 없다"(동서, 12~14쪽)라는 이론을 세우고 있다.

이것은 방법론상의 오류이다. 왜냐 하면 오늘 상식 있는 사람은 누구나 다 아는 바와 같이 역사적 사실—예를 들면 고대 슬라브족이나 고대 게르만족, 기타는 노예제 사회를 넘어뛰었다는 것을 보여주고 있기 때문이다. 뿐만 아니라 만일 맑스=레닌주의 창시자들에 의하여 정식화된 명제들을 『조선 고대사』 편찬자와 같이 이해한다면 현재의 아프리카, 기타 지방의 낙후한 주민들이 세계의 6분지 1 지역에서 이미 사회주의 건설을 완성하고 점차적으로 공산주의의 사회에로 과도하는 소비에트 인민의 형편에까지 도달하려면 이렇게나 저렇게나 매개의 단계를, 즉 노예적, 봉건적, 자본주의적 관계를 경과하여야 할 것이다. 그러나 역사는 그렇게 되지 않았으며 또 그렇게 될 수 없다. 매 개 사회, 국가, 민족들의 특수성에 의하여 사회단계를 비약할 수 있으며 특히 오늘 앞서 나가는 선진적 인민들의 영향과 방조 하에서 사회단계를 비약할 수 있다. 이 이론이 결코 맑스=레닌주의 창시자들에 의하여 정식화된 계기적 사회발전의 합법칙과 모순되는 것은 아니며 도리어 소요 사회, 국가, 민족의 특수성이 세계사적 합법칙성과 변증법적 통일 하에서 관철되고 있다는 것을 말해주는 것이다. 때문에 『조선 고대사』의 편찬자들의 방법론적 오류는 엄중한 것이라 아니할 수 없다. 사실 본론에 있어서도 이와 같이 맑스=레닌주의 명제들을 기계적으로 적용하려는 시도들은 여러 곳에서 발로되었던 것이다.

저자는 어디까지 구체적인 사료에 입각하여 이것을 맑스=레닌주의 이론으로 적용 해명하여 그 논거에서 노예제 사회를 설명해야 할 것이었다. 조선역사가 가지는 복잡하고 특수한 면들을 이론적으로 해명하는 데 있어 특히 조선의 노예제 사회를 이 책에서와 같은 방법에서 끄집어낸다면 이 것은 노예제를 인정하는 입장에 선 학설에 대한 중상이 될 것이다.

이상과 같이 이 책이 가지는 근본적인 오류로 생각되는 점들을 지적하면서 본론에 대한 몇 가지 문제에 대하여 비판을 하려 한다.

제1장에는 '고조선'을 비롯한 조선 고대의 여러 국가들의 형성 내용이 서술되어 있다. 여기서 편자의 결론은 민족주의자들이 부르짖고 있는 것을 형태를 바꾸어 암암리에 되풀이하였다.

이 책의 제1장의 결론을 좀 보기로 하자. 결론에서 편자는 "요하 부근에 위치하였던 고조선……", "예맥과 부여는 요하 동안에 거주한 오랜 종족으로서……", "부여에서 파생된 고구려는……", "백제는 고구려족이 남하한 것으로서……"라고 하였으며 또한 신라도 "이 6부 촌락의 주민들은 모두'조선 유민'—고조선의 유민이란 뜻—이라고 하였다"(75쪽)라고 한 『삼국사기』의 기록을 하등의 과학적 비판도 없이 인용함으로써 요하 지방의 '고 조선' 주민의 후손으로 설명하려는 기도를 보이고 있다.

사실 여러 곳에서 편자는 종족, 종족동맹, 국가란 말을 사용하고 있다. 이 역사적 술어들을 호상 혼용하고 있는바, 예컨대 삼한(三韓)이 통일되어 진국(辰國)의 이름으로 서술(34쪽 참조)되기도 하고 또 어떤 데서는 삼한이 각각 원시적 종족동맹체로서(37쪽 참조) 설명되고 있다.

때문에 제1장은 어느 것이 국가이고 어느 것이 아직 원시적 상태에 머물러 있는 종족동맹인지 구별되어 있지 않으며 때로는 국가가 원시사회로 돌아갔다가 다시 국가를 형성하는 것 같은 인상을 주게까지 되었다. 즉

"위만의 세력이 확대됨에 따라 진국의 세력은 점점 동방으로 위축되었다. 그러나 위만의 난을 피하여 이주하는 고조선 인민들과 그 후 한사군 세력과 함께 증가되는 한족의 이주로 인하여 진국인의 구성 요소는 비교적 복잡하였으며 인구는 조밀하였다. 한국은 마한, 진한, 변한 등 삼 개 명칭으로 구분되어 있었으니 이것이 곧 삼한이요 삼한은 다시 제각기 수다한 작은 부족의 집단을 형성하였으니 마한은 54개 부족, 진한과 변한은 각각 12개의 부족을 연합하여 동맹체를 형성하였다"(34쪽)고 한 것이 그 좋은 실례이다. 특히 이 장에서(다른 장들에서도 그렇지만) 역사발전의 법칙성들이 무시되고 있다.

국가 형성을 서술하느니만큼 원시사회가 붕괴하는 경제적 발전과 여기에 사유재산제의 발생, 빈부의 차별, 부의 축적, 계급의 분열, 지배계급의 압박기구로서의 계급국가의 형성 등이 순차적으로 설명되어야 할 것인데 『조선 고대사』에는 기계적으로 이상의 술어들을 간혹 두서 없이 나열하면서 먼저 국가 형성을 서술하고 그 국가의 경제적 토대는 그 국가의 생산관계를 서술하는 데서 그도 체계 없이 ― 마치 반동역사가들이 국가를 초계급적인 것으로 왜곡 선전하듯이 국가를 먼저 말하고 다음에 경제적 관계를 약간 언급하는 체제를 따고 있다. 이 책의 편자는 생산관계를 이야기하고 또다시 중복하여 '사회제도' '정치제도' '권력기구' 등의 항목을 설정하고 있으나 내용에 있어서 완전히 변증법적 방법은 적용되어 있지 않고 있다.

계급적 구성을 설명하는 데 있어 특히 이 시기의 자유민들이 전혀 무시되어 있다. 심지어 간혹 자유민의 이야기는 하면서도 그의 계급적 본질을 노예로 간주하고, 말하는 도구로서 지배층에 의하여 가혹하게 착취되었다는 등의 논리적 비약을 여러 곳에서 뒤풀이하였다. 예컨대 서론에서 "토지와 완전 분리된 노력 대중은 즉 공동체 성원으로부터 전락한 자유민과 정복당한 약소 부락의 귀화민과 전쟁의 포로들이 그 주요 성원이 되는 노예군이었다"(10쪽)라고 하였으며 "'대가'의 수는 전국을 통하여 일만여 인이나 되는데 그들은 모두 노동하지 않고 안일한 생활을 하였으며 그 나머지의 인구는 모두 '하호'였는데 '하호'는 즉 노복과 빈농민들이었으며 '하호'들은 '대가'들의 생활자료를 공급하기 위하여 자기들의 노동을 무상으로 제공할 의무가 있었다"(51쪽)라 하여 무리하게 노예소유자와 노예의 양대 계급의 구성을 그려냈다. 이리하여『조선 고대사』에서는 많은 부분의 자유민들까지도 전부 노예로 되고 말았다. 그러나 역사적 사실은 고전적 노예소유자 국가이던 희랍＝로마에 있어서도 적지 않은 자유민들이 있었으며 이들은 노예가 결코 아니었던 것이며 더욱이 우리 역사에서 보는 바와 같이 공동체적 형태들이 많은 부분에서 계속 남겨졌고 여기에 계급국가가 형성된 조건 하에 있어서는 보다 자유민들의 많은 부분을 인정할 수 있는 근거가 있는 것이다.

제2～4장은 삼국의 발전, 전쟁들, 그리고 신라의 삼국통일 등이 서술되어 있다. 제2장 1절 5항 같은 데서는 국왕들의 활동들만이 서술되어 있으며 인민들의 역사로서의 면모는 거의 찾아볼 수 없었다. 마치 역사가 국왕이나 장군들에 의하여 움직여지는 감을 독자에게 주었다. 이와 같은 점은 여러 기타 면에서도 중복되고 있는바, 즉 100～101쪽에서 적지 않은 부분이 인민들과는 그리 관련이 없는 왕실의 왕위계승 문제가 지루하게 취급되고 있으며 또는 104쪽에서 위나라 관구검의 침략군을 격퇴하는 장면 등에서도 인민들의 활동이 무시되어 있다. 요컨대 이 책이 왕조사로서의 결함을 벗어나지 못하고 있다는 것과 계급투쟁의 역사로서 서술되어 있지 못하였다고 말할 수 있을 것이다. 사료들을 깊이 분석하고 이것을 옳은 과학적 체계에 올려세우지 못하였다. 사료들의 취사 선택은 역사가로서 가장 중요한 점의 하나로 될 것인데 이 편자들은 자기들이 알 수 있었던 사료들은 되도록 다 기록하려는 데로부터 정당한 비판도 없이 사료들을 나열하게 된 것이 아니겠는가 하는 의심을 주고 있다. 그것은 사료들을 사료 그대로서가 아니라 잘 정리되어 소화되어 산 재료로서 서술되지 못한 것과 또는 개개의 사변들이 시대적 계기성에서 변증법적으로 요리되어 서술되지 못하고, 또 사변들에 대한 옳은 역사적 평가를 주지 못하고 말았다는 것이 그것을 증명할 것이다.

특히 적지 않은 곳에서 형이상학적 관념체계에서 서술되고 있는바, 예를 들어 백제의 일시적 안정기를 설정한 곳에서 편자는 "20년간 지속되는 국내의 안정은 결국 귀족들의 안일성과 방종성을 초래하였을 뿐 아니라 그들의 정권쟁탈의 야욕을 흥기시켰고 인민착취의 수단을 강화시켰다"(120쪽)라고 대담하게 표현하고 있는 것들을 볼 수 있다.

제3장 제목에서는 훌륭히 고구려의 반침략전쟁의 큰 제목을 설정하고 있으나 내용에서는 수나라의 침략군이나 고구려나 할 것 없이 호상 국력 신장을 위한 투쟁으로 서술되었으며 용감한 고구려 인민들의 정의의 반침략전쟁의 성격을 뚜렷이 그려내지 않았다. 이와 같은 침략전쟁을 반대하는 정의의 전쟁들, 예를 들면 101~102쪽에서 관구검의 침략군과의 전쟁의 서술에 있어서도 그와 같은 오류가 있었던 것이다.

『조선 고대사』의 편자는 침략전쟁에 대하여 맑스＝레닌주의적 분석을 주지 못하였으며 오직 수나라가 고구려의 영토에 공격하여 왔다는 것으로 침략전쟁을 이해하였다.

이 점에서 편자는 역사에 있어 객관주의적 오류를 범하였다. 이 저서에서 이와 같은 객관주의적 오류는 또한 큰 결함으로 된다. 물론 사료에 '충실'한다는 주관적 견해로 그리되었는지는 몰라도 조국의 역사를 서술하는 데 있어 특히 역사를 계급투쟁사로서 서술하여야 한다는 우리의 원칙에 대하여 반대의 입장에 섰던 것이다.

이와 같은 객관주의적 오류는 또한 신라의 연당정책, 또는 신라의 삼국통일 등의 서술에 있어서도 폭로되었다.

특히 이 저서가 조선역사에서 노예제 사회를 인정한 만큼 그 붕괴 과정과 봉건제도의 발생에 대한 명확한 이론적 전개를 우리는 기대하였던 것이다. 그러나 노예제 사회를 논리 정연히 독자로서 수긍되도록 증명되지 못한 결과는 우리의 기대에 실망을 주었다. 또한 노예제 사회로부터 봉건제도에로 이행하는 대목이 너무나 졸렬하기 짝이 없는 것으로 되고 말았다.

『조선 고대사』에는 노예제 사회로부터 봉건제 사회에로의 이행의 중심적 고리를 중앙집권적 정치체제의 강화에서 찾아볼 수 있다고 주장하고 있다. "신라에 있어서 6세기 초로부터 정치경제의 국왕 중심의 중앙집권화운동은 신라의 노예사회의 해체와 봉건국가에로의 발전의 길을 보여준 것으로서 특히 주목을 끄는 바이다"(139쪽)라고 한 이론에 기초하여 제4장 3절에서 봉건제도의 성립이란 제목 하에서 극히 간단히 중앙집권화가 강화되는 여러 사료들을 나열하였다.

물론 이 시기의 봉건제에로의 이행을 증명할 만한 원만한 자료들은 매우 부족하여 이 방면에 관심을 가진 학도로 하여금 매우 곤란을 주고 있는 것은 사실이다. 그렇다고 경제적 면에서의 고찰을 일언반구도 하지 않고—다만 일반적인 이론을 인용하기는 하나—정치적 형태만을 운운함으로써는 충분한 설명이 될 수 없을 것이다.

조선역사에 있어 노예제 사회의 존부에 대한 문제는 오늘 이 방면에 관심을 가진 학도들의 큰 과제의 하나로 되고 있다. 이 문제는 반드시 빠른 시일 내에 해명되어야 할 것이다.

오늘 역사학계에 있어 노예제 사회를 인정하는 학설이 결코 이 책이 주장하는 정도에 머물러 있지는 않을 것이다. 이 저서에서는 말로는 노예제도를 인정하면서도 서술의 내용으로 본다면 도리어 봉건제도에 가까운 경제구성에 대하여 설명하였던 것이다. 즉 여러 곳에서 토지획득을 위한 지배층의 모습을 묘사하고 있는바, "토지의 소유는 주몽(朱蒙)으로 하여금 전제적 왕권의 기초를 닦게 되고 그의 동반자들은 군사적 귀족으로 되었다"(41쪽). 이 대지주들의 소유토지에는 '하호(노예)'들이 생산을 담당하였다는 것이다. 이 이론은 다음 구절에서 농노적(?) 형태를 띠고 나타나고 있다. 즉 "토지에 대한 소유권은 원래 촌락공동체에 속하였던 것이었으나 경전개발사업이 국가관리 하에 진행된 때로부터 토지는 국가의 공유로 되었으며 공동체 내의 자유농민은 자기 소유의 조잡한 도구를 가지고 국가관리의 토지를 경착하게 되었다"고 하였는바, 여기의 자유농민이 이 저서가 주장하는 바와 같이 노예에 불과한 층이었다면 이들은 국가소유 토지의 노예군이 될 것이다. 그런데 이 자유민에 대하여 "군장은 …… 현물지대를 면세하기도 하여 그들(자유민)을 고착시키기에 노력하였다"(82쪽)라고 전후 모순되는 내용을 보여주고 있는 것이다.

과연 현물지대를 바치는 노예라면 어떠한 노예를 가리키는 것이 될 것인가? (조선적 '특수한' 형태의 노예? 이렇게도 될 수 없고) 우리에게 적지 않은 의혹을 던져주고 있다.

또한 여러 곳에서 신라국가는 분명히 그 형성 초기부터 토지국유제에 선 국가로 규정해 놓고(그러면서 일면 대토지소유제의 발전을 운운) 또한 중앙집권적 국가로 서술하면서 이것이 삼국통일 이후 좀더 강화되었다고 하여 질적으로 다른 즉 노예제 국가이며, 다른 하나는 봉건제 국가가 된다는 이론적 근거가 어디 있는지 도무지 이해하기 곤란한 것이다.

이와 같은 결함들은 꼭 노예제 사회는 있어야 하겠는데 하는 견지에서 억지로 노예제 사회를 끄집어내려는 고심에서가 아니었던가 생각된다.

마직막으로 제5장의 삼국의 문화를 서술하였는바, 삼국의 문화에 대한 많은 부분이 전장의 서술과는 아무런 연계도 없이 동떨어져 있다. 즉 사상사, 문화사 내지는 미술사의 각 부분사로 되고 있으며, 통사로서는 너무나 어려운 전문적인 내용과 마치 골동 호사가들이 개별적 골동품을 소개하는 형식을 면치 못한 점이 적지 않다.

확실히 조선통사를 기도한 이 책은 통사로서의 자기의 체계를 갖추지 못하였으며 하나의 제도사가 가지는 제도별로 분류되어 있어 많은 중복을 가져왔던 것이다.

이상에서의 지적들은 『조선 고대사』가 가지는 엄중한 오류들 중 몇 가지에 불과할 것이다. 또한 편자는 무슨 의도에서였는지 어려운 한자를 많이 써서 대중들이 널리 읽을 수 없게 하였다. 특이 이 책이 개인의 저서가 아니라 조선력사편찬위원회(현재 해산되어 이 학술기관은 존재하지 않는다)의 집체적 노작이었던 만큼 이상의 오류들은 더욱 엄중하다고 아니 할 수 없는 것이다. 인민 대중의 다대한 기대 속에서 출판된 이 저서는 도리어 대중의 천대를 면치 못하였던 것은 숨길 수 없는 사실일 것이다.

그러나 당시 이 책이 가지는 의의는 다른 면에서 즉 비교적 사료들을 널리 소개하였다는 점에서 긍정적 면을 가졌다. 당시 재료의 빈곤을 느끼던 역사 교원들에게 있어서 어느 정도의 방조로 되었던 것은 사실이며 이 점에 있어 일정한 평가를 세상에서 받게 되었던 것도 사실일 것이다.

당시 조선력사편찬위원회에서 국판으로 333쪽에 걸치는 이 책을 내놓으면서 많은 고려와 주저가 있었던 모양으로 그것은 비록 조그마한 글자로 또는 정가표 옆이지만 '잠정판'이라고 밝혀 놓은 것으로 그리 해석되거니와 확실히 이 책의 출판은 모험이었다. 이 모험은 우리가 아직 조선통사를 가지고 있지 못하고 있다는 점에서 단행되었을 것으로 생각된다. 그러나 이 모험은 많은 부분에서 대중의 기대에 어그러졌던 것이다.

우리는 또 다시는 이러한 모험을 하여서는 아니 될 것이며 또한 이상과 같은 초보적인 오류들을 뒤풀이할 수는 없다. 과학적 내용이 풍부하며 옳은 방법론에 선 높은 수준의 조선통사를 요구하는 대중의 목소리는 오늘 높아져 가고 있는 것이다.

(『력사과학』 1955-1호)

찾아보기

【ㅈ】

민족문화 학술총서를 내면서

  21세기의 새로운 미래를 향해 나아가는 현 시점에서 한국학 연구는 새로운 전기를 맞이하고 있다. 한국은 물론이고, 아시아·구미 지역에서도 한국학에 대한 관심은 고조되고 있으며 여러 분야에서 다각도로 심층적인 분석이 이루어지고 있다. 이러한 추세에 발맞추어 우리 나라의 한국학 연구자들도 지금까지의 연구를 기반으로 하여 방법론뿐 아니라, 연구 영역에서도 보다 심도 있는 연구가 요청되고 있는 형편이다. 따라서 우리는 동아시아 속의 한국, 더 나아가 세계 속의 한국이라는 관점에서 민족문화의 주체적 발전과 세계 문화와의 상호 관련성을 중시하는 방향에서 연구를 진행해야 할 것이다.

  본 한국민족문화연구소는 한국문화연구소와 민족문화연구소를 하나로 합치면서 새롭게 도약의 발판을 마련한 이래 지금까지 민족문화의 산실로서 중요한 역할을 수행해 왔다. 그런 중에 기초 자료의 보존과 보급을 위한 자료총서, 기층 문화에 대한 보고서, 민족문화총서 및 정기학술지 등을 간행함으로써 연구소의 본래 기능을 확충시켜 왔다. 이제 이러한 성과를 바탕으로 한국학 연구자의 연구 성과를 보다 집약적으로 발전시켜 나아가기 위해서 민족문화 학술총서를 간행하고자 한다.

  민족문화 학술총서는 한국 민족문화 전반에 관한 각각의 연구를 체계적으로 정리함으로써 본 연구소의 연구 기능을 극대화하는 역할을 할 것으로 기대한다. 또한 본 학술총서의 간행을 계기로 부산대학교 한국학 연구자들의 연구 분위기를 활성화하고 학술 활동의 새로운 장이 되기를 바란다.

  아울러 본 학술총서는 한국학 연구의 외연적 범위를 확대하는 의미에서 한국학 관련 학문과의 상호 교류의 장이자, 학제간 연구의 중심 기능을 수행함으로써 명실상부한 한국학 학술총서로서 자리잡을 수 있도록 해야 할 것이다.

1997년 11월 20일

부산대학교 한국민족문화연구소

임건상전집

임건상 저

초판 1쇄 인쇄 · 2001년 9월 15일
초판 1쇄 발행 · 2001년 9월 20일

발행처 · 도서출판 혜안
발행인 · 오일주
등록번호 · 제22 - 471호
등록일자 · 1993년 7월 30일
121 - 836 서울 마포구 서교동 326 - 26
전화 · 02) 3141 - 3711, 3712
팩시밀리 · 02) 3141 - 3710

값 18,000원

ISBN 89 - 8494 - 141 - 7 93910